U0503725

2021年
上海法院
案例精选

主 编 陈 昶
副主编 郑天衣

上海人民出版社

2021 年上海法院案例精选编委会及相关工作人员名单

编委会主任:陈　昶

编委会委员:(按姓氏笔画排序)

田文才　刘军华　汤兵生　孙衍荣　吴耀君　余冬爱
宋劬侃　罗健豪　金晓峰　郑天衣　单素华　侯丹华
曹红星　韩　峰　翟国强　潘云波　薛　振

主　　　编:陈　昶
副　主　编:郑天衣
案例点评人:

金可可　葛伟军　李　峰　彭诚信　王国华　袁秀挺
张　栋　张淑芳

编　　　辑:

牛晨光　陆　齐　高明生　董　燕　张　俊　徐晨平

兼职通讯员:

丁莎莎　拜金琳　陈　兵　陆迪春　翟　爽　卞贵龙
胡勇敏　吕　健　阮琛莹　刘　勇　阮彦宁　钱　茜
周　圣　余　聪　金卫兵　顾　静　罗　荟　曹　丹
郭海娜　郑　妮　高　丹　杨建军

编者的话

　　《2021年上海法院案例精选》由上海市高级人民法院组织编写,系根据2020年上海法院百例精品案例的评选结果、在全市法院审结的86万余件刑事、民事、商事、知识产权、海事、金融、行政、执行等案件中精选而成,共99件,具有典型性、疑难性或新颖性的特点,从一个侧面体现了上海法院审判工作的成果。本书在体例上分标题、案情、审判和点评四个部分,在如实介绍案件事实和审判情况后,邀请专家学者着重从法律适用和提炼审判经验的角度进行了点评,对审判实践和理论研究具有一定借鉴和参考价值。

　　最高人民法院于2010年11月发布了《关于案例指导工作的规定》,优秀案例在司法实践中的参考、示范和指导功能得到不断强化,在创新法律规则方面的作用也日益突出,案例的编选工作也日益显示出其重要性、紧迫性和必要性。2012年3月上海市高级人民法院制定了《关于进一步加强上海法院案例工作的规定》,并继续将上海法院百例精品案例评选与《上海法院案例精选》编辑出版工作相结合,与报送最高人民法院指导性案例、公报案例等相结合,进一步发挥案例在审判指导和法制宣传中的重要作用。

　　限于时间和水平,本书在编辑过程中可能存在疏漏和不足,敬请广大读者批评指正。

目 录

民 事

商　事

知 识 产 权

执 行

民　事

1. 上海索朗太阳能科技有限公司诉姚某某抵押合同纠纷案

——抵债物是否交付对以物抵债协议性质的影响及类型化审理思路

案 情

原告上海索朗太阳能科技有限公司

被告姚某某

被告姚某某曾是原告上海索朗太阳能科技有限公司(以下简称索朗公司)员工。2012年10月9日,索朗公司作为甲方,姚某某作为乙方签订《车辆抵押协议》,约定:"甲方由于资金困难,无法支付乙方近期的工资,因此甲方同意将乙方一直使用的车辆进行抵押用于支付乙方全部或部分未付的工资……就车辆抵偿工资的相关事宜达成以下协议。一、如至2012年12月31日,甲方由于资金的匮乏仍不能全额支付乙方的工资,甲方同意将乙方一直在使用的车辆用于抵偿全部所欠工资;如至2012年12月31日,甲方仅支付了乙方部分工资额(以财务数据为准),则甲方同意,根据该车辆经评估后的市场价值用于抵偿;市场价值减去尚需支付的工资,多余部分由乙方用现金方式退还甲方。二、双方确认,截至2012年10月9日,甲方应向乙方清偿欠款共计人民币50 528.43元(以下币种均为人民币)。三、甲方拥有的、一直由乙方使用的机动车(包含车辆牌照)的情况如下:车辆型号明锐牌SVW7166FSD,车牌号码……发动机号码……四、甲方对该车辆享有所有权或者合法的处分权……"2013年2月1日,索朗公司与姚某某达成劳动仲裁《调解书》,内容涉及:双方劳动关系于2012年10月13日终结;索朗公司于调解书生效之日起3日内一次性支付姚某某50 528.43元等。系争明锐牌汽车系索朗公司于2011年5月3日买入,登记的车主为索朗公司,自购买至今一直由姚某某占有使用。索朗公司至今仍拖欠姚某某工资款全部未付。

原告索朗公司诉称,被告姚某某曾经是索朗公司的员工,根据浦劳人仲(2013)办字第1070号调解书,姚某某与索朗公司的劳动关系于2012年10月13日终结。索朗公司现已经进入破产清算程序,管理人发现,登记在索朗公司名下的系争车辆仍由姚某某占有,遂要求其返还。姚某某不同意,认为根据有关协议其已经取得车辆所有权,并向索朗公司提供一份《车辆抵押协议》,该协议显示的签署日期为2012 年 10 月 9 日。从《车辆抵押协议》的内容来看,该协议虽冠名为抵押协议,内容却并未涉及任何抵押及相关手续的办理,其确认索朗公司欠付姚某某工资50 528.43 元,归还时间为 2012 年 12 月 31 日,并在第一条就约定以车辆抵偿工资的事项。双方在 2012 年 10 月 9 日(即偿还期限尚未届满时)就约定以车辆直接抵偿工资,且无需经过评估、拍卖等程序进行结算,依法属于无效的流质契约。因上述协议无效,且在索朗公司与姚某某劳动关系终结后,姚某某无权继续使用系争明锐轿车,姚某某应当向索朗公司支付车辆占有使用费。故索朗公司诉至法院,请求法院判决:(1)确认索朗公司、姚某某于 2012 年 10 月 9 日签订的《车辆抵押协议》无效;(2)姚某某将系争轿车、行驶证等返还给索朗公司;(3)姚某某以每日 110 元为计费基数,自 2012 年 10 月 13 日起至实际返还之日止向索朗公司支付车辆占有使用费等。

被告姚某某辩称,不同意原告的诉讼请求。第一,《车辆抵押协议》是在工资债务到期后达成的以物抵债协议,是合法有效的。第二,因车辆所有权属于姚某某,故索朗公司要求姚某某支付占有使用费没有依据。第三,即便系争协议不构成以物抵债,也属于让与担保,根据有关执法意见,合同有效。姚某某并非恶意占有和使用车辆,不需要支付使用费,只在在法院判决姚某某应当返还而其未返还的情况下,姚某某才需付使用费。

审 判

一审法院经审理认为,本案的争议焦点在于:第一,系争协议的性质及效力;第二,被告是否应当向原告返还系争车辆、行驶证等,是否需要支付车辆使用费;如需支付使用费,标准如何计算。针对上述焦点,分述如下:

第一,关于系争协议的性质及效力。索朗公司与姚某某之间存在工资债务,双方在《车辆抵押协议》中约定"如至 2012 年 12 月 31 日,甲方由于资金的匮乏仍不能全额支付乙方的工资,甲方同意将乙方一直在使用的车辆用于抵偿全部所欠工资",即用车辆抵偿工资债务,该条款在性质上应属以物抵债条款。

《车辆抵押协议》签订于 2012 年 10 月 9 日,所涉工资债务虽形成于协议签订前,但协议约定的债务履行期限为 2012 年 12 月 31 日,可以看出双方是在债务履行期届满前就作出了以物抵债的约定,且并未约定需经过评估或清算程序。由于债权尚未到期,如不经过清算和评估,债权数额与抵债物的价值可能存在较大差距。如果此时直接认定该约定有效,可能会导致双方利益显失公平,参照《中华人民共和国物权法》(以下简称《物权法》)关于禁止流押、流质的相关规定,《车辆抵押协议》中约定直接将系争车辆用于抵偿全部工资的条款,违反《物权法》关于"流质契约"的禁止性规定,应属无效。姚某某认为系争车辆已归其所有的意见,法院不予认可。但是,该条款无效,并不影响合同其他条款的效力。因此,系争协议性质整体上应属"以物抵债协议",但部分条款无效。

第二,关于姚某某是否应当向索朗公司返还系争车辆、行驶证等,是否需要支付车辆使用费;如需支付使用费,标准如何计算。从双方约定来看,双方本意是将系争车辆作为抵债物,且在协议签订前,姚某某就已经占有系争车辆并实际使用。车辆作为特殊动产,登记并非物权设立的生效条件,索朗公司用作抵债物的车辆已经交付给姚某某,双方之间的关系可以参照质押关系处理,在索朗公司清偿债务或提供替代担保之前,姚某某无需向索朗公司返还系争车辆。因索朗公司至今尚未清偿其所欠姚某某的债务,其无权要求姚某某返还系争车辆及行驶证等凭证;对于系争车辆,双方可参照《物权法》关于质权实现的相关规定处理。

对于索朗公司主张的车辆使用费。法院认为,参照《物权法》中关于质押的规定,质权人在质权存续期间,未经出质人同意,擅自使用、处分质押财产,给出质人造成损害的,应当承担赔偿责任。双方在签订《车辆抵押协议》时,系争车辆已经由姚某某占有和使用;《车辆抵押协议》中也对此进行了确认,应视为索朗公司已经同意姚某某无偿使用系争车辆,双方已经就系争车辆使用事宜达成合意,双方均应恪守。另外,《车辆抵押协议》签订后,索朗公司与姚某某在劳动仲裁、强制执行等过程中,索朗公司也从未对姚某某占有使用系争车辆提出异议。因此,可以推定索朗公司已同意姚某某无偿使用系争车辆,无权要求姚某某支付车辆使用费。

综上,一审法院依照《中华人民共和国合同法》第五十二条第(五)项、第五十六条、第六十条之规定,判决:一、确认索朗公司与姚某某签订于2012年10月9日的《车辆抵押协议》中"如至2012年12月31日,甲方由于资金匮乏仍不能全额支付乙方的工资,甲方同意将乙方一直使用的车辆用于抵偿全部所欠工资"的约定无效;二、驳回索朗公司的其他诉讼请求。

一审宣判后,双方当事人均未上诉,案件已经生效。

点　评

本案为抵押合同纠纷,有关案件事实关系较为清楚,但涉及以物抵债协议的法律关系则相对复杂。争议焦点为两方面:第一,系争协议的性质及效力;第二,被告是否应当向原告返还系争车辆、行驶证等,是否需要支付车辆使用费;如需支付使用费,标准如何计算。

通常而言,债权人与债务人之间存在金钱债务,双方之间另行达成协议,由债权人受领他种给付以替代原金钱债务的清偿,进而使原债权债务关系归于消灭,即构成以物抵债。在债务尚未到期情况下,认定以物抵债协议有效,以担保物所有权转移给债权人实现债权消灭,可能导致债务清偿显失公平,违反原物权法中禁止性规定。本案判决按照《全国法院民商事审判工作会议纪要》(九民会议纪要)的思路,厘清双方的法律关系,既确认以物抵债条款无效,又驳回原告要求返还车辆并支付使用费的诉讼请求。其原因在于,一方面本案系争标的物应参照质押法律关系处理,另一方面原、被告之间拖欠工资问题系劳动争议,致使涉案法律关系多样化。法院针对原、被告诉讼请求及抗辩进行判决,认定以物抵债协议无效且驳回其他诉讼请求,可由双方另行起诉或者协商解决,裁判合法,具有可接受性。

法院基于以物抵债协议多样性以及类型化处理的理解,较好处理了法律适用问题,实现案件审理的实质正义,具有较强的指导价值。同时,值得关注的是,法院审理此类当事人可能存在法律关系错误认识的案件,应当进行必要释明,给予当事人充分的程序保障,以尽可能实现纠纷的一次性解决。

案例提供单位:上海市浦东新区人民法院

编写人:吴金水　张宏毅

点评人:李　峰

2. 上海市人民检察院第二分院诉冷桂林等产品销售者责任民事公益诉讼案

——高度现实危险行为在食药品公益诉讼中应当被认定为侵权

案 情

原告(公益诉讼起诉人)上海市人民检察院第二分院

被告冷桂林

被告王国旗

2017年2月,被告冷桂林在担任速肴上海公司实际负责人期间,向他人购买大量无质量合格证明、检验检疫证明的美国、加拿大走私牛肉,同时伙同被告王国旗安排工人将牛肉外包装上的外文标识擦去后,改换包装按正规牛肉出售至上海市多家餐饮企业。同年4月19日10时许,公安机关在仓库查获前述牛肉约32.7吨。经鉴定,其中2.213吨含有瘦肉精(莱克多巴胺)成分。2017年11月,上海市宝山区人民检察院以冷桂林、王国旗销售有毒、有害食品罪提起公诉。同月,上海市宝山区人民法院认定冷某某、王某某犯销售有毒、有害食品罪,分别对两被告判处徒刑并处罚金。

原告上海市人民检察院第二分院(以下简称市检二分院)诉称,两被告共同实施的行为危害了不特定公众的身体健康,损害了社会公共利益,提出诉讼请求:判令两被告共同承担相当于涉案牛肉价值十倍的惩罚性赔偿8 675 208.64元并在上海市省级纸质媒体刊登声明向社会公众赔礼道歉。

两被告辩称,本案诉请范围内的牛肉并未实际销售,而是在仓库中被查获,侵权行为尚未实施,更没有损害社会公共利益或消费者权益的实际损害结果发生,既不符合法定的侵权构成要件,也不符合检察公益诉讼的起诉条件,不同意承担十倍惩罚性赔偿和赔礼道歉的侵权责任。

审 判

一审法院经审理认为,根据《中华人民共和国民事诉讼法》第五十五条第二款规定:"人民检察院在履行职责中发现破坏生态环境和资源保护、食品药品安全领域侵害众多消费者合法权益等损害社会公共利益的行为,在没有前款规定的机关和组织或者前款规定的机关和组织不提起诉讼的情况下,可以向人民法院提起诉讼。前款规定的机关或者组织提起诉讼的,人民检察院可以支持起诉。"市检二分院在履行了督促相关机关提起民事公益诉讼的法定诉前程序却无任何有权机关和组织提起民事公益诉讼的情形下,提起本案消费民事公益诉讼符合法律规定,法院予以支持。关于本案两被告是否构成侵权,我国《侵权责任法》第一条明确规定了"为保护民事主体的合法权益,明确侵权责任,预防并制裁侵权行为,促进社会和谐稳定"的宗旨。《最高人民法院关于审理消费民事公益诉讼案件适用法律若干问题的解释》第一条中也相应规定:"对经营者侵害众多不特定消费者合法权益或者具有危及消费者人身、财产安全危险等损害社会公共利益的行为提起消费民事公益诉讼。"据此,上述规定不仅针对已发生实际损害后果的侵权行为进行制裁和惩罚,也包括对有可能危及众多不特定消费者人身、食品安全、损害社会公共利益、具有现实危险行为的预防。本案中,2.213 吨含瘦肉精的牛肉已经生效刑事判决书认定系有毒、有害食品。其余在库未销售走私牛肉同样不符合我国《食品安全法》第九十二条规定,前述牛肉均属不符合我国食品安全标准的食品。两被告的行为若非公安和相关行政机关发现及时,涉案牛肉必然已经流入市场危及不特定消费者的身体健康与生命安全,两被告行为具有现实高度危险性,危及整个社会的食品安全体系,应当依法认定构成侵权并承担相应的侵权责任。赔礼道歉是法定的侵权责任承担方式,为避免更多消费者的合法权益受损,警示社会公众提高食品安全意识,公益诉讼起诉人要求两被告承担在本市省级纸质媒体刊登声明向社会公众赔礼道歉的诉请于法有据,法院予以支持。

对于两被告应否承担《食品安全法》第一百四十八条第二款所规定的十倍惩罚性赔偿责任,公益诉讼起诉人主张两被告应承担涉案牛肉价款十倍的惩罚性赔偿金 8 675 208.64 元,应提供相应证据证明公共利益受损的具体情况。涉案牛肉没有实际销售,不存在价款,公益诉讼起诉人要求两被告承担十倍惩罚性赔偿责任的诉请因缺乏依据,法院不予支持。

综上所述,一审法院根据审委会讨论决定,依照《中华人民共和国侵权责任法》第一条、第二条、第四条、第六条第一款、第八条、第十五条,《中华人民共和国食品安全法》第三十四条第八项、第九十二条,《最高人民法院关于审理消费民事公益诉讼案件适用法律若干问题的解释》第一条、第十三条第一款,《中华人民共和国民事诉讼法》第五十五条,《最高人民法院关于适用〈中华人民共和国民事诉讼法〉的解释》第九十条,《最高人民法院、最高人民检察院关于检察公益诉讼案件适用法律若干问题的解释》第四条、第十三条之规定,判决:一、被告冷桂林、被告王国旗应于判决生效之日起十日内在上海市市级纸质媒体上刊登向社会公众公开赔礼道歉的声明。声明内容需经法院审核,于判决生效之日起十日内提交法院,并于审核通过之日起六十日内刊登。如未履行前述义务,则由法院代为刊登判决指定的内容,所需费用由被告冷桂林、被告王国旗连带负担;二、驳回公益诉讼起诉人市检二分院的其余诉讼请求。

一审宣判后,各方当事人均未上诉,案件已生效。

点 评

本案为检察机关提起民事公益诉讼,主要争点为:高度现实危险行为在食药品公益诉讼中是否构成侵权。

《最高人民法院关于审理消费民事公益诉讼案件适用法律若干问题的解释》第一条规定:"对经营者侵害众多不特定消费者合法权益或者具有危及消费者人身、财产安全危险等损害社会公共利益的行为提起消费民事公益诉讼。"原侵权责任法第一条也明确规定"为保护民事主体的合法权益,明确侵权责任,预防并制裁侵权行为,促进社会和谐稳定……"。根据上述立法意旨,涉案"毒牛肉"虽然尚未销售给消费者,但已经进入市场流通体系,危及消费者人身安全,构成侵权。对该行为提起诉讼,是有效预防并制裁侵权行为的手段。同时,根据《最高人民法院、最高人民检察院关于检察公益诉讼案件适用法律若干问题的解释》第四条、第十三条规定,人民检察院以公益诉讼起诉人身份提起公益诉讼,依照民事诉讼法、行政诉讼法享有相应的诉讼权利,履行相应的诉讼义务。人民检察院发现食品药品安全领域侵害众多消费者合法权益等损害社会公共利益的行为,拟提起公益诉讼的,应当坚持谦抑原则,首先依法公告,公告期间为 30 日,公告期满,法律规定的机关和有关组织不提起诉讼的,人民检察院可以向人民法院提起诉讼。本案人民检察院提起民事公益诉讼,法院认定被告行为构成侵权均有事实与法律依据。鉴于"毒牛肉"尚未销售给消费者,未产生销售价格,依法驳回十倍价格赔偿的诉讼请求亦属合理合法。

另外,本案裁判文书以撰写规范、裁判说理充分为其突出特色。判决书对起诉人与被告人提交的证据材料逐项说明是否采信及其理由,显著增强裁判说服力,值得推广借鉴。

案例提供单位:上海市第三中级人民法院
编写人:鲍韵雯 张 逸
点评人:李 峰

3. 上海奔富贸易有限公司诉深圳市酒魔方投资有限公司名誉权纠纷案

——涉商标的自媒体文是否侵犯法人名誉权之认定

案 情

原告上海奔富贸易有限公司

被告深圳市酒魔方投资有限公司

案外人东方明日(晋江)进出口有限公司(以下简称东方公司)于 2014 年 7 月 14 日注册"奔富酒园"商标,并于 2016 年 6 月 1 日授权原告上海奔富贸易有限公司(以下简称奔富公司)唯一拥有和使用该商标的权限。2016 年 12 月 1 日,东方公司授权原告对该商标的侵权行为有权提起诉讼。2019 年 11 月 20 日,东方公司将该商标转让给晋江利富茶叶有限公司,对原告的授权继续有效。

被告深圳市酒魔方投资有限公司(以下简称酒魔方公司)于 2018 年 4 月 8 日成立,经营范围包括酒类批发与零售、教育培训等。其于同年 6 月 6 日注册"葡萄酒侦探社"微信公众号,于 6 月 21 日更名为"葡萄酒真探社",又于 2019 年 7 月 4 日更回原名。

2018 年 12 月 17 日,公证机关对"葡萄酒真探社"公众号进行证据保全,并于 12 月 19 日出具公证书。经公证,"葡萄酒真探社"公众号简介为"葡萄酒培训与葡萄酒文化推广平台"。2018 年 12 月 5 日,被告在该公众号发布了涉案文章一,介绍如何甄别国外名酒;第三部分介绍"奔富 Penfolds"品牌,置有"奔富酒园 Rush Rich"葡萄酒图片,在上方配文"还有这款,也特别提醒一下,奔富酒园 Rush Rich,同样,也与 Penfolds 没有任何关系哦",在下方配文"哥们儿,别急着投诉,没说你是假酒,就是不是 Penfolds 而已。据说年底,你们已经杀到北上广深了,好怕怕呦",后置有题为"奔富酒园加大北上广深等一线市场广告投放量"新闻的截屏。截至公证之日,该文阅读量为 2 421。

2018 年 12 月 12 日,被告在该公众号发布了涉案文章二,第一条资讯主要介绍 (2016)京 73 行初 5835 号行政判决。在"编者按"中表述"……至于这款酒的口碑,我不说,大家自己看吧",随之附有评论截屏,包括"还大言不惭的说本意是奔向共同富贵?拿着这么肮脏手段获得的钱,你富裕的时候,不怕后代为你的缺德行为折寿遭灾么?","又想起姓潘的,操盘完山寨卡斯特又操盘垃圾奔富酒园,汝个垃圾显,可以不,小编?","中国就是这类人渣太多才叫老外看不起的,当贱狗抱澳大利亚的腿想分杯羹,恶不恶心你祖宗……"等。截至公证之日,该文阅读量为2 585;截至本案一审判决之日,该文阅读量为3 481。

另外,2018年12月8日,"葡萄酒商业观察"公众号发布《独家|"奔富酒园"商标拥有者起诉商标评审委员会一审败诉,"囤积商标"成为判决重要依据》一文(以下简称"商业观察文"),涉案文章二后附评论系截取该文"精选留言"。2018年12月11日,"葡萄酒商大联盟"公众号发布《一周酒讯|"奔富酒园"商标持有者起诉商标评审委员会一审败诉!拼多多酒商状告媒体!》一文,涉案文章二"编者按"之前的内容系转载上述文章。

原告奔富公司诉称,"奔富酒园"系列酒在国内知名度较高,原告作为该品牌在中国总代理,高度重视其口碑。被告没有事实根据,虚构原告的葡萄酒为"假酒、烂酒、山寨酒",严重误导消费者的选择和判断,对原告名誉权造成严重侵害。故原告诉至法院,请求:(1)判令被告立即删除两篇涉案文章;(2)判令被告在《新食品》杂志非中缝位置及其公众号"葡萄酒真探社"上公开向原告赔礼道歉,时间不得少于三十天;(3)判令被告赔付律师费90 000元、公证费2 270元。

被告酒魔方公司辩称,被告是一家经核准从事葡萄酒文化推广、培训的机构。"葡萄酒真探社"成立于2016年,初衷是让公众了解葡萄酒专业知识,提供线上线下课程。原告不具有本案诉讼主体资格,对原告代理权限和范围持异议。两篇涉案文章以宣教普及为目的,并无对原告及其产品进行贬损之意图。涉案文章一中明确仅指奔富酒园与Penfolds没有任何关系,并非称其是假酒。涉案文章二系转载而来,属于事实报道,亦未侵害原告及其产品名誉。原、被告之间不存在竞争利害关系,没必要诋毁原告声誉。因此,被告发布涉案文章并不构成侵权,请求驳回原告诉请。

审 判

一审法院经审理认为,本案争议焦点为:第一,原告是否具有本案诉讼主体资格;第二,被告发布两篇涉案文章是否对原告名誉权构成侵害;第三,如是,应如何承担侵权责任。

关于争议焦点一。原告经"奔富酒园"商标注册人授权唯一拥有和使用该商标的权限,且与商标注册人共同经营"奔富酒园"葡萄酒,对该商标、相关产品及法定代表人等名誉的侵犯,亦会造成对原告法人名誉权的侵害。因此,原告对于本案具有诉讼主体资格。

关于争议焦点二。首先,被告发布涉案文章一旨在通过展示不同品牌葡萄酒的外包装照片,帮助消费者鉴别多款国外名酒,并非仅针对"奔富酒园"品牌。在"Penfolds"品牌部分,强调并非意旨"奔富酒园"品牌酒系假酒,而非真正"Penfolds"酒。该部分意思表示明确,表述的内容亦系客观事实。普通阅读者不会产生误解,从而对"奔富酒园"商标或产品的评价产生贬损。故,涉案文章一对原告名誉权并不构成侵害。

其次,关于涉案文章二,一是侵权行为的成立须要求侵害他人权利的行为具不法性。该文第一条资讯主要依据司法裁判文书,反映的事实基本客观真实。至于转载内容,自媒体应对此尽到合理的审核义务。该文截取并转载"商业观察文"部分"精选留言",所用言辞失当,存在侮辱性用语,对"奔富酒园"商标、产品及公司相关负责人进行贬损。随着自媒体不断发展,要素齐备的标题已取得和主文一样的作用,成为阅读者获取信息的独立来源。该文处于"假酒资讯"栏目,而"假酒"通常包含以工业酒精勾兑及仿冒名牌两种含义。尽管"奔富酒园"商标长期处于争议及涉讼中,但并无证据证明任一"假酒"情况的存在,该文标题本身易对阅读者造成误导。因此,涉案文章二缺乏合法性基础。

二是行为人主观上应存在过错。原"精选留言"并非皆为负面评论,涉案文章二倾向性地选取并转载。结合"编者按",其目的在于展示"奔富酒园"品牌酒的"不良口碑"。虽非被告评论,但已作为其观点的"佐证",构成该文重要部分。故被告在发布该文时存在主观过错。至于原告提出被告系同业竞争者,发文是舆论攻击的手段,具有较强的主观恶意。对此法院认为,虽然被告经营范围包括酒类销售,但并无证据证明其实际从事该业务,故对于原告上述意见,法院不予采纳。

三是认定原告名誉权是否存在被侵害之事实,应以法人社会评价的降低为判定依据。当前越来越多的消费者通过网络获取信息。截至判决之日,该文阅读量为三千多,足以造成社会公众对原告社会评价降低之后果。

综上,法院认为被告发布涉案文章二构成对原告名誉权的侵害,应承担相应的侵权责任。

关于争议焦点三。首先,原告要求被告立即删除涉案文章二,于法有据,法院予以支持。对于要求删除涉案文章一的主张,法院不予支持。其次,赔礼道歉、消除影响的范围应与侵权行为所造成的不良影响范围相当。涉案文章的载体系被告运营的微信公众号,在该公众号上刊登致歉声明,即能达到恢复名誉、消除影响之效果。故法院对其相关主张予以支持,刊登时间酌定连续十五日;对于原告其余主张,不予支持。再次,财产损害赔偿的范围,应以实际产生的直接损失确定,并限定于合理范围。原告支出的公证费及律师代理费,均有相关票据为证,且因被告侵权行为所发生,故法院予以照准。具体金额根据案件难易程度、实际工作量等因素酌情支持共计 20 000 元。

综上,一审法院依照《中华人民共和国民法总则》第一百一十条第二款、第一百七十九条第一、三款,《中华人民共和国民法通则》第一百零一条、第一百二十条,《最高人民法院关于贯彻执行〈中华人民共和国民法通则〉若干问题的意见(试行)》第一百四十条第二款的规定,判决:一、被告酒魔方公司于判决生效之日起七日内删除在微信公众号"葡萄酒侦探社"上刊登的题为《假酒资讯|"奔富酒园"商标持有者一审败诉;拼多多商家状告酒媒体;河南 2 年共查处 4 亿元假酒》之文;二、被告酒魔方公司于判决生效之日起十日内在微信公众号"葡萄酒侦探社"上连续十五日刊登对原告奔富公司的致歉声明(道歉声明内容由法院审定);如逾期未履行,法院将公布判决书内容,相关费用由被告酒魔方公司负担;三、被告酒魔方公司于判决生效之日起十日内赔偿原告奔富公司公证费、律师代理费合计 20 000 元;四、驳回原告奔富公司的其余诉讼请求。

一审宣判后,原、被告均未提出上诉,该判决已生效。

点 评

本案系自媒体平台上对名誉权侵权的案件。自媒体作为一种开放的信息平台,拥有着更为自由和宽泛的话语权,易存在名誉权侵权的情形。同时对商标及相关产品的负面评价,亦会构成对法人名誉权的侵犯。本案是此类的典型案件。

经法院审理认为,本案争议焦点为:第一,原告是否具有本案诉讼主体资格;第二,被告发布两篇涉案文章是否对原告名誉权构成侵害;第三,如是,应如何承担侵权责任。关于第一个争议点,经法院查明认定,原告对于本案具有诉讼主体资格。法人名誉权的核心是商业信誉,外在表现为品牌、产品所获得的社会评价。对商标及相关产品的负面评价,亦会构成对法人名誉权的侵犯。关于第二个争议点,法院审理认为,被告发布涉案文章构成对原告名誉权的侵害,应承担相应的侵权责任。关于争议焦点三,原告要求被告立即删除涉案文章,于法有据,法院予以支持。赔礼道歉、消除影响的范围应与侵权行为所造成的不良影响范围相当。财产损害赔偿的范围,应以实际产生的直接损失确定,并限定于合理范围。

本案因牵涉商标争议,需在商标权、名誉权及言论自由等方面实现平衡。法院裁决在保障合法商标、维护法人名誉及实现网络言论自由之间展开平衡,对相同类型案件具有一定的指导与示范意义。

案例提供单位:上海市浦东新区人民法院

编写人:俞 硒

点评人:王国华

4. 高某某等诉北京拜克洛克科技有限公司生命权纠纷案

——共享单车企业投放单车行为的性质及管理义务的界定

案 情

原告高某某

原告梅某某

被告北京拜克洛克科技有限公司

两原告为受害人高某的父母，被告北京拜克洛克科技有限公司（以下简称拜克洛克公司）为 ofo 共享单车的经营者，该共享单车系投放于城市公共区域，供注册用户使用移动互联网终端获取密码并付费使用的租赁自行车。涉案 ofo 共享单车车身上未张贴不满 12 周岁未成年人不得骑行的警示标识，采用的是固定密码机械锁，锁车步骤包括将锁杆插入锁壳、拨乱密码两步，若上一使用人未拨乱密码，则他人一按按钮即能开锁，使用人是否锁牢车辆与计费无关。2017 年 3 月 26 日下午，受害人高某（事发时未满 12 周岁）与三位同伴未通过 App 程序获取密码，各自解锁一辆 ofo 共享单车后上路骑行。高某骑行 ofo 共享单车与案外人王某驾驶的大型客车发生碰撞，高某经抢救无效于当日死亡。该起交通事故经交警部门认定，高某未满 12 周岁驾驶自行车在道路上逆向行驶，疏于观察路况，负事故主要责任，王某负事故次要责任。后两原告将肇事机动车方及其保险公司诉至法院，要求赔偿相应损失。法院生效判决认定肇事机动车方承担 40% 的赔偿责任，由保险公司及肇事机动车方赔偿两原告各项损失共计 55 万余元（含精神损害抚慰金 2 万元）。

两原告诉称，被告作为 ofo 共享单车的经营者，投放的涉案共享单车采用固定密码的机械锁，易于被手动破解，且使用完毕后的锁定程序不符合习惯，存在重大安全隐患，对于涉案事故的发生存在过错，故请求判令：（1）被告立即收回所有 ofo 机械密码锁具单车，并将机械密码锁具更换为更为安全的智能锁具；（2）被告赔偿两原告各项损失共计 602 820 元；（3）被告赔偿两原告精神损害抚慰金 7 000 000 元。

被告拜克洛克公司辩称，涉案 ofo 共享单车的各种功能装置、制动系统均处于正常状态，并不存在安全隐患；受害人高某死亡系道路交通事故所致，被告对此并无过错,不应承担赔偿责任,故请求驳回两原告的全部诉讼请求。

审 判

法院经审理后认为,第一,被告拜克洛克公司对于受害人高某因交通事故死亡存在过错。被告拜克洛克公司作为新型的互联网自行车分时租赁服务的经营者,应当对投放的共享单车尽到合理限度的管理义务。该管理义务除了确保投放在公共场所的车辆质量合格,即车辆部件装置功能处于正常状态之外,更多地表现为,通过必要的技术措施对于城市公共区域中不特定使用对象进行资格审核,确保使用对象具备使用共享单车参与道路交通活动的驾驶资格条件。我国相关行政法规明确规定,在道路上驾驶自行车必须年满 12 周岁。因此,具体到本案中,被告拜克洛克公司合理限度的管理义务,是指采取合理措施确保其车辆正常流通的情况下,城市公共区域中不特定的、未满 12 周岁的未成年人无法依通常方法取得车辆进行骑行。而涉案共享单车的锁车步骤不符合民众使用习惯,存在一定比例的车辆锁具密码未被拨乱,任何人只需按下锁杆按钮即可解锁并使用的情况,而且被告拜克洛克公司也不否认一个未满 12 周岁的未成年人能够手动破解机械锁四位数密码。故涉案 ofo 共享单车的锁具设计未达到通常意义上的有效阻却不满 12 周岁的未成年人依通常方法使用车辆的合理标准。因此,被告拜克洛克公司对其投放的涉案共享单车未尽合理限度的管理义务,对于受害人高某骑行涉案共享单车因交通事故伤害致死的发生存在过错。

第二,被告拜克洛克公司未尽合理限度的管理义务,与受害人高某死亡之间存在因果关系。我国相关行政法规关于驾驶自行车必须年满 12 周岁的规定,系为了消除未成年人骑自行车参与道路交通活动的危险性,保护少年儿童免受道路交通事故的伤害。被告拜克洛克公司对于涉案 ofo 共享单车未尽合理限度的管理义务,使得受害人高某轻易获取涉案 ofo 共享单车,增加了受害人遭受道路交通事故伤害的风险,并且最终也实际发生了损害后果。而被告拜克洛克公司能够通过车辆锁具的设计,阻却受害人高某轻易获取涉案 ofo 共享单车,从而减少或避免因骑行单车而发生道路交通事故伤害的风险。因此,被告拜克洛克公司未尽合理限度的管理义务与受害人高某骑行 ofo 共享单车发生交通事故死亡之间存在一定的因果关系。

第三,两原告未尽监护职责,系导致本案交通事故发生的重要原因。受害人高某未通过正常使用 App 程序,解锁涉案 ofo 共享单车,属于未经许可擅自使用他人财产的行为,同时高某还存在逆向骑行、疏于观察路况、未确保安全驾驶等行为。反映出两原告作为受害人高某的父母在对于培养高某形成正确的公私财物道德观念,以及增强日常的安全及规则意识等日常家庭教育上存在缺失。而事发当天两原告未能及早发现高某的外出活动,也反映出在履行监督保护职责上存在不足。因此,两原告在对高某的日常行为教导、交通安全教育和监督保护等监护职责的履行上,存在严重的过错,与本案交通事故的发生具有直接的关系。

第四,被告拜克洛克公司投放共享单车的行为与个人停放自行车的行为,在性质上有本质区别,不可相提并论。个人在路边停放自行车,系对个人财产的临时性处置。一般而言,车主不允许他人私自骑行,没有与他人建立法律关系的主观意愿,该停放行为亦不会为车主增设对车辆的额外管理义务,故他人私自骑行发生的伤害后果不应由车主承担。而被告拜克洛克公司系共享单车的经营企业,其在公共场所投放共享单车属于商业行为,目的是希望他人骑行其车辆,通过他人骑行来赚取一定的利益。故被告拜克洛克公司对于投放的共享单车,理应承担相应的管理义务。若其未尽合理限度的管理义务导致发生损害,则应当承担相应的赔偿责任。

综上,受害人高某的死亡系多方原因所造成,各方应当按照各自的过错程度及原因力大小承担相应的责任。考虑到本案事发时被告拜克洛克公司从事的互联网自行车分时租赁服务属于新兴行业,企业的管理义务、服务水平和满足社会公众需求的能力均处在不断努力探索和完善的过程之中,并综合考量被告拜克洛克公司对本案损害后果发生的过错程度以及其过错行为与损害后果之间的原因力,法院酌定被告拜克洛克公司对于受害人一方在前案中除肇事机动车方及保险公司已经赔付的损失之外的其余损失,按照 10% 的比例承担赔偿责任。两原告要求收回所有机械锁具 ofo 共享单车并更换锁具的诉请,系针对社会公共利益。而两原告作为个体,在本案中主张该项诉请,缺乏法律依据。同时两原告在前案中已获赔付精神损害抚慰金,故在本案中再次主张,缺乏事实和法律依据。据此,一审法院依照《中华人民共和国侵权责任法》第六条第一款、第十二条,《中华人民共和国道路交通安全法实施条例》第七十二条第一项之规定,判决如下:一、被告拜克洛克公司支付两原告赔偿款 67 060.44 元;二、驳回两原告的其余诉讼请求。

一审判决后,双方当事人均未上诉。一审判决已发生法律效力。

点 评

本案是全国首例不满 12 周岁未成年人骑行共享单车遭受道路交通事故死亡引发的侵权损害赔偿案。

关于涉案共享单车企业在经营过程中对于投放的共享单车应当尽到何种管理义务,现行法律尚无明确的规定,本案在法律适用上存在一定的争议。法院经审理后认为,第一,被告拜克洛克公司对于受害人高某因交通事故死亡存在过错。第二,被告拜克洛克公司未尽合理限度的管理义务,与受害人高某死亡之间存在因果关系。第三,两原告未尽监护职责,系导致本案交通事故发生的重要原因。第四,被告拜克洛克公司投放共享单车的行为与个人停放自行车的行为,在性质上有本质区别。若其未尽合理限度的管理义务导致发生损害,则应当承担相应的赔偿责任。

法院的裁判处理积极回应了社会舆论的关注,对相关争议问题进行了深入的理论分析。本案既分析界定了共享单车企业在经营过程中合理限度的管理义务,又强调了父母对于未成年人履行监护职责的重要意义,兼顾促进新经济形态发展与保护未成年人合法权益,有利于促进家庭、企业、社会共同努力为未成年人营造安全和谐的生活环境,有一定的导向作用和警示教育意义。

案例提供单位:上海市静安区人民法院
编写人:丁德宏　宋东来
点评人:王国华

5. 唐某等诉夏某等共有纠纷案

——家庭成员以预期征收补偿利益抵债
合同的法律关系分析及认定

案 情

原告(被上诉人)唐某

原告(被上诉人)孙某某

原告(被上诉人)孙小某

原告(被上诉人)唐某某

原告(被上诉人)唐小某

被告(上诉人)夏某

被告(上诉人)齐某

唐某与唐某某系姐妹关系,其母亲夏甲与夏某系姐妹关系。唐某与孙某某系夫妻关系,生育一子孙小某。唐某某与唐小某系母女关系。两被告系母女关系。上海市黄浦区福佑路某弄某号房屋(以下简称涉案房屋)系公有居住用房,于 1982 年由夏某、唐某某的外祖父夏乙(已故)承租的上海市黄浦区小桃园街某号房屋以及夏甲承租的上海市黄浦区福佑路某号房屋通过"二并一"交换获得,承租人为唐某、唐某某的外祖母胡某某。唐某曾在涉案房屋居住至 2000 年结婚搬离,唐某某在小学期间曾在涉案房屋短暂居住,后于 1988 年左右回宁波父亲处生活。孙某某、孙小某和唐小某从未在涉案房屋居住。夏某与案外人齐某某于 1983 年 8 月结婚,生育女儿齐某,于 1991 年离婚。1993 年,夏某再婚,未生育子女,于 2001 年离婚。夏某在两段婚姻存续期间因夫妻感情不睦曾陆续回涉案房屋居住,2001 年后携女儿回涉案房屋居住直至购置下南路房屋后搬离。之后,涉案房屋由夏某对外出租。

2002 年 8 月 30 日,夏某和齐某因购房所需,向唐某、唐某某借款。原告出具《借条》一张,载明"兹有胡某某、夏某和齐某三人因购房需要向唐某某和唐某借人民币壹拾伍万元整,待福佑路某弄某号二楼东边厢房国家动迁时,该房屋政府补偿费中属于我们三人 50% 部分,全部房屋或补偿费作为归还此笔借款,该房屋另 50% 本属唐某某和唐某等人,与其他人均无涉,本借条具有法律效果"。借款人处有齐某、夏某、胡某某签字及手印。借条签署时,涉案房屋户籍在册人员为两被告、唐某、唐某某和孙某某、胡某某(案外人)。之后,唐某、唐某某的父亲汇款 15 万元至唐某某名下账户,两被告将上述款项用于购买下南路房屋。两被告否认《借条》的存在并就《借条》上"夏某""齐某"指印以及签名申请司法鉴定,鉴定意见为《借条》上需检的"齐某"签名处指印、"夏某"签名处指印分别是两被告各自的右手食指所留;"齐某""夏某"签名分别是两被告所写。

2018 年 9 月 28 日,涉案房屋被纳入征收范围,房屋在册户籍人员为原、被告七人。2018 年 10 月 20 日,上海市黄浦区住房保障和房屋管理局(甲方)与夏某(乙方)签订《上海市国有土地上房屋征收补偿协议》,涉案房屋以全货币方式共得征收补偿款 6 465 955.77 元。随后,征收部门向夏某发放征收补偿款项存单。

1989 年 11 月 20 日,因原住房拥挤,齐某某经单位分配取得本市陕西南路某号甲(以下简称陕西南路公房,15.20 平方米)公房一处,受配人为两被告和齐某某。1993 年,夏某和齐某某离婚时约定女儿归夏某抚养,陕西南路公房由齐某某租赁使用,夏某住房自行解决,户籍同时迁出,齐某某补贴其房屋款 1 500 元。

2001 年 6 月 29 日,孙某某原户籍地本市张家宅路某弄某号公房(建筑面积 28.16 平方米)动迁,该户获得安置房屋位于本市石门二路某弄某号某室房屋一套(使用面积 64.51 平方米,建筑面积 98.25 平方米),《旧住房成套改造购买协议书》显示,经孙某某在内的同住人以及承租人孙甲确认,上述房屋为孙乙个人所有。

五原告诉称,《借条》是在肯定原、被告双方均具有同住人资格的前提下签订的,一方面,原告作为同住人可享有相应的征收补偿利益;另一方面,两被告让渡其在涉案房屋内的征收补偿利益作为向原告借款 15 万元的对价。综上,原告要求取得涉案房屋的全部征收补偿利益。

两被告辩称,不同意原告诉请。两被告确实有向唐某、唐某某父亲借款 15 万元购置房屋的事实,但未向原告出示过涉案《借条》,且从未承诺以涉案房屋的预期征收补偿利益来偿还借款。本案中,法院应当根据征收政策就同住人作出认定并在同住人间就征收补偿份额进行分割。若法院认定借条的证据效力,被告认为以预期征收补偿利益抵债的方式属于"流质"性质,当属无效。

审 判

一审法院经审理后认为,原告表示《借条》肯定其作为涉案房屋同住人身份对预期征收补偿利益的期待利益,同时,两被告亦作出让渡涉案房屋的预期征收补偿利益偿还借款的意思表示,原告据此主张全部征收补偿款归其所有。故本案的争议焦点为涉案房屋同住人的认定以及《借条》的法律效力。

一、通过认定同住人判定《借条》是否侵犯协议外法定安置对象权益

根据征收政策,公房因被征收所获的征收补偿利益应由该房屋的承租人及共同居住人共同享有。共同居住人是指作出房屋征收决定时,在被征收房屋具有常住户口,并实际居住生活一年以上(特殊情况除外),且在本市无其他住房或虽有其他住房但居住困难的人。此处的"其他住房"是指福利性质取得的房屋。

本案中,唐某作为户籍在册人员,自幼随母亲在涉案房屋共同居住至结婚,他处未享受过福利分房,应享有涉案房屋相应的征收补偿利益。唐某某户籍于 1982 年 11 月 26 日因房屋交换迁入涉案房屋,他处从未享受过福利性质分房,其短暂居住涉案房屋系因父母两地分居的客观条件所致,故应享有涉案房屋相应的征收补偿利益。孙某某在户籍迁入涉案房屋前,其户籍所在本市张家宅路某弄某号房屋因拆迁取得本市石门二路某弄某号某室公房一处,孙某某抗辩其在上述动迁中未获得任何动迁利益,但根据已查明的事实,在拆迁协议及《旧住房成套改造购买协议书》同住人一栏均有孙某某签名,故其未能取得相关动迁利益系自主放弃权利的结果,并不改变其户籍地房屋曾因动迁获益的事实,故孙某某不符合涉案房屋同住人条件。夏某作为受配人获得陕西南路公房一处,其与前夫离婚时约定获得房屋补贴进而放弃房屋居住权系双方对离婚时财产分割的具体方式,并不改变其取得福利分房的性质,故不应作为涉案房屋同住人再次享受相应的征收补偿利益。齐某在受配陕西南路公房时尚未成年,并非作为独立的民事主体获得福利分房,而是附随于父母的居住利益,不属于他处有房的情形。齐某嗣后将户籍迁入涉案房屋并实际居住,应当作为同住人享有相应的征收补偿利益。孙小某、唐小某作为户籍在涉案房屋的未成年人,无法作为独立的民事主体享受征收补偿利益,但其监护人唐某、唐某某可基于该请节酌情予以多分。

二、以预期征收补偿利益抵债合同的法律效力

《借条》约定被告夏某、齐某以及案外人胡某某向唐某某、唐某借款 15 万元并以三债务人享有的涉案房屋预期征收补偿利益来偿还借款。被告抗辩该《借条》内容具有流质性质应属无效,因"流质"是指借款双方以特定物作为担保,在履行期限届满前约定到期不能偿还款项时直接由债权人取得特定物的所有权。在本案《借条》中,被告明确作出以预期征收利益来还款这一意思表示,不存在双方约定还款本息的前提下另行以预期征收利益作为担保并在到期不能偿还时进行抵债的情形。因还款的时间和金额需待涉案房屋被征收这一法律事实成就后方能确定,双方实质上是经合意达成的附生效条件的有偿合同,故法院不予采纳被告的抗辩意见。

该《借条》形成时,涉案房屋的承租人为案外人胡某某,在册户籍人员为借条上涉及的五人以及唐某配偶孙某某,故《借条》内容不存在侵害第三人权益的情形,亦未违反法律强制性规定,应当认定为合法有效。虽经认定齐某作为同住人享有的征收补偿金额远高于其借款金额,但唐某、唐某某主张债权须待涉案房屋被征收这一不确定事实的发生而成就,在此过程中,债务人之一的胡某某已经过世,也一并丧失作为涉案补偿安置对象的资格,故债权人权利何时兑现、能否实现存在较大的不确定性。《借条》达成时,协议双方作为成年人应当具备承担约定内容可能带来的利益和风险的意识,并应恪守诚信信用原则履行相应的约定义务。

现夏某已经实际领取征收款存单,故唐某、唐某某作为涉案房屋同住人以及《借条》债权人的双重身份有权向夏某主张全部征收补偿款。

据此,一审法院依照《中华人民共和国民法通则》第五十五条、第六十二条,《中华人民共和国物权法》第九十四条之规定,判决被告夏某应当于判决生效之日起十日内向原告唐某、唐某某支付上海市黄浦区福佑路某弄某号房屋征收补偿款 6 465 955.77 元。

一审判决后,夏某、齐某不服提出上诉。

二审法院经审理后认为,一审判决认定事实清楚,法律适用正确,判决驳回上诉,维持原判。

点 评

本案为共有纠纷。案件争议发生的动因是,五原告以其自身享有征收补偿利益以及取得两被告涉案房屋的预期征收补偿利益为由,主张全部征收补偿款归其所有。本案争议焦点为涉案房屋同住人的认定以及"借条"的法律效力。

本案处理涉及多重法律关系,法律适用问题较为复杂。法院对案件事实与法律问题的理解认定准确,审理裁判具有如下突出特点:一方面,法院对多重法律关系系统分析。通过抽丝剥茧的方式理出两个关键法律关系,即户籍在册的家庭成员就公房预期征收补偿利益形成的共有财产分割法律关系、预期征收补偿利益直接抵债的合同关系,该双重法律关系既密切关联,又相对独立,是案件审理的基本法律框架。另一方面,准确理解相关概念,定性准确。关于本案被告抗辩意见的"流质"主张,审理法院明确提出,"流质"是指借款双方以特定物作为担保,在履行期限届满前约定到期不能偿还款项时直接由债权人取得特定物的所有权。本案"借条"中,被告明确作出以预期征收利益来还款这一意思表示,不存在双方约定还款本息的前提下另行以预期征收利益作为担保并在到期不能偿还时进行抵债的情形。因还款的时间和金额需待涉案房屋被征收这一法律事实成就后方能确定,双方实质上是经合意达成的附生效条件的有偿合同。法院据此判定此附条件生效的有偿合同有效。

法院判决建立于复杂法律关系的分别梳理认定,同时基于房屋征收预期利益处分的特殊经验法则判断事实,使案件审理保证了实质公正,具有较强的指导借鉴意义。

案例提供单位:上海市黄浦区人民法院

编写人:魏乐陶

点评人:李　峰

6. 郭某某诉帝客服饰商贸(上海)有限公司肖像权纠纷案

——摄影作品中肖像权的行使与保护

案 情

原告(被上诉人)郭某某

被告(上诉人)帝客服饰商贸(上海)有限公司

被告帝客服饰商贸(上海)有限公司(以下简称帝客公司,委托方)与案外人上海艾伦广告有限公司(承办方)签署合约,约定承办方负责拍摄艺人,在杂志内页中应含艺人身穿委托方指定品牌服装拍摄照片1页。另约定委托方、承办方有权免费在网络以及品牌、官网、新媒体等平台合法转发、推广、宣传且标明出处,委托方网店推广图片只能用于产品详情的产品描述区域,可写艺人名字同款。后原告郭某某(系模特、影视演员)接受拍摄,授权在《STREAM》杂志刊登摄影作品。

其后,被告帝客公司在其官方商城、京东、天猫等线上旗舰店使用原告郭某某身着帝客公司品牌服饰所拍摄的图片(以下简称案涉图片)进行宣传。在帝客公司官方网站上有案涉图片,使用如下文字进行描述:"明星同款 #抢明星们喜欢的#郭某某 图片来源于《STREAM》",另对郭某某的身份情况及演艺情况进行了描述。在京东商城官方旗舰店、天猫商城官方旗舰店首页上对服饰描述:"益达女神 郭某某 同款",另在服饰描述中使用了案涉图片(图片上标注STREAM),并对郭某某的身份情况及演艺情况进行了描述。

原告郭某某诉称,被告帝客公司以商业宣传为目的擅自使用原告郭某某肖像、姓名的行为,已经侵犯了郭某某肖像权、姓名权,给郭某某造成了经济损失和不良影响,故提起本案诉讼请求:(1)判令帝客公司向郭某某赔礼道歉及消除影响,出具书面的致歉声明,在全国发行的报纸上刊登内容相同的致歉声明(致歉版面不小于6 cm×9 cm),并在侵权官方商城、京东旗舰店、天猫旗舰店上连续30天发布内容相同的致歉声明;(2)判令帝客公司赔偿郭某某经济损失500 000元、公证费2 000元、律师费5 000元、精神损害抚慰金20 000元。

被告帝客公司辩称,帝客公司委托案外人寻找明星宣传帝客公司产品,要求明星身着帝客公司品牌服饰拍摄产品目录,郭某某明知穿着帝客公司服饰而进行拍摄,是对帝客公司品牌的代言的行为,是同意帝客公司使用该图片。帝客公司是根据帝客公司与案外人的合约使用该图片,未对图片进行修改或编辑,未在实体店铺内使用,且仅上架使用了一个月左右,影响极小。此外,郭某某身穿帝客公司品牌服饰可以增加其本身知名度,对郭某某没有损失,其主张没有依据。

审 判

一审法院经审理认为,被告帝客公司在其经营的店铺网页上使用原告郭某某肖像进行产品展示,其行为构成以营利为目的使用肖像。帝客公司提供的其与案外人签署的广告合约,并不代表郭某某同意帝客公司可以通过其他方式使用案涉图片。帝客公司侵犯了郭某某肖像权,理应赔礼道歉、消除影响。对于经济损失及精神损失的具体数额,根据郭某某的知名度、帝客公司的过错程度、侵权行为的情节等因素酌情确定。

综上,一审法院依照《中华人民共和国民法总则》第一百一十条第一款、第一百七十九条第一款、第三款,《最高人民法院关于确定民事侵权精神损害赔偿责任若干问题的解释》第一条、第十条第一款的规定,判决:一、帝客公司应于判决生效之日起十日内在官方商城(www.dickies.com.cn)、京东商城 dickies 官方旗舰店(mall.jd.com)、天猫商城 dickies 官方旗舰店(dickies.tmall.com)的首页连续七日刊登声明,对使用郭某某肖像及姓名发布公开赔礼道歉的声明(声明内容须经法院审核,如不履行,将在相关媒体上公布判决的主要内容,费用由帝客公司负担);二、帝客公司应于判决生效之日起十日内赔偿郭某某经济损失 120 000 元、精神损害抚慰金 30 000 元、公证费 2 000 元、律师费 5 000 元。

一审判决后,被告帝客公司不服,提出上诉。

二审法院经审理认为,案涉照片作为拍摄自然人肖像的摄影作品,其上权利除著作权人的著作权外,亦附着被拍摄人的肖像权,两者权利主体、客体与内容并不相同,不可等同而语。上诉人帝客公司未举证证明获得肖像权人被上诉人郭某某的直接或间接授权。帝客公司行为侵犯了郭某某的肖像权。郭某某作为演艺人士,其肖像、姓名承载着精神利益,在商业宣传中具有一定的商业价值,帝客公司未经许可,擅自在相关网站上使用,理应承担相应的侵权责任。关于精神损害抚慰金,帝客公司虽存在侵权行为,但所使用的照片及文字未丑化、侮辱郭某某的公众形象,为其带来消极影响,亦未降低受众群体对其评价,难称对其造成严重后果。

综上,二审法院判决:一、维持一审判决第一项;二、撤销一审判决第二项;三、帝客公司应于判决生效之日起十日内赔偿郭某某经济损失 120 000 元、公证费

2 000元、律师费5 000元;四、驳回帝客公司其余上诉请求。

点 评

本案是一起因帝客公司未获得郭某某授权情况下,在其官方商城、京东、天猫等线上旗舰店使用郭某某身着帝客公司品牌服饰所拍摄的图片进行宣传所造成的肖像权纠纷。

本案的主要争议焦点为肖像摄影作品同时存在的肖像权和著作权,若权利主体不同,肖像权和著作权的冲突和保护。肖像摄影作品附有肖像权和著作权,两种权利的行使会产生冲突。肖像权人与著作权人如一方欲行使相关权利需取得另一方之许可,如他人欲行使相关权利,需取得双方之许可。但若产生不可调和的冲突,肖像权当高于著作权。在本案中肖像权人的基本权利,自始享有。而拍摄公司著作权是一种派生的、后来的权利。从法益位阶来讲,基本权利高于派生权利。因此拍摄公司对作品的使用虽取得了拍摄方的许可,但仍侵犯了肖像权人的肖像权。本案中拍摄公司未经肖像权人许可,将其肖像用于网上商城之服装宣传,分别侵犯了其肖像的精神利益和肖像的商业性使用的财产利益,因此拍摄公司应为其侵犯肖像权行为承担责任。

《中华人民共和国民法典》对肖像权在内的人格权保护进行了强化,肖像摄影作品中所包含的肖像权和著作权的权利及边界进行了界定,第三人以营利为目的使用他人肖像摄影作品的,应取得著作权人与肖像权人的双重授权,否则将承担相应的侵权后果。该案对于处理此类肖像权侵权事件具有指导价值。

案例提供单位:上海市第一中级人民法院

编写人:王剑平　陈　姝

点评人:王国华

7. 管某某诉邹某某委托合同纠纷案

——就医请托性质和效力的司法认定

案 情

原告(被上诉人)管某某

被告(上诉人)邹某某

原告管某某的舅舅身患重病。2019 年 3 月,管某某通过亲属介绍认识被告邹某某,想让邹某某帮其舅舅入住某医院治疗。

2019 年 3 月 6 日,管某某与邹某某通过微信取得联系。邹某某发消息给管某某:"1.明天病人做好入某医院准备,带好医保卡及全部病历检查片子。2.打 2 万元给我微信里,作为安排进院和抢救红包。3.收到钱后 24 小时内安排入院,并安排某医院最好的主任负责救治。4.入院时由卫生局领导和某医师陪同安排进医院。"邹某某在微信中还表示:"收不了床,全退。"

2019 年 3 月 7 日上午,管某某通过微信转账向邹某某支付 20 000 元。

2019 年 3 月 7 日上午,邹某某通过微信向管某某发送消息:"今天下午三点,带上所有报告及病例及病人本人到某医院汇合。病人先不办出院手续,等某医院落实好了再处理后面的事。某某路某号,徐老师 1788799＊＊＊＊。"

2019 年 3 月 7 日下午,徐老师告知管某某医院无法收治其舅舅。

此后,原告管某某认为被告邹某某无法帮其舅舅入住某某医院要求退还 2 万元钱款。邹某某认为其已经帮忙办理了入院手续,是因为管某某舅舅未到场才导致无法入住某某医院,故其拒绝退款。双方因此涉诉。

原告管某某提出诉讼请求:(1)邹某某归还管某某 2 万元;(2)邹某某以 2 万元为基数,按照银行同期贷款利率,支付管某某自判决生效日起至实际清偿日止的利息。

被告邹某某辩称,管某某与邹某某之间不是委托合同关系,而是其他合同纠纷。管某某支付的 2 万元系购买邹某某的特殊优势价值。邹某某提供了这种价值,双方交易已经终了。邹某某已经完成了其合同义务,是因为管某某违约导致其舅舅无法入住某某医院。综上,邹某某不同意管某某的诉讼请求。

审　判

一审法院经审理后认为,委托合同是委托人和受托人约定,由受托人处理委托人事务的合同。本案中,管某某让邹某某帮其舅舅入住某医院治疗,符合委托合同关系的法律特征,应当认定管某某与邹某某之间成立委托合同关系。然而,合法有效的委托合同关系应以不存在法律规定的无效情形为前提。本案中,双方均明确管某某支付的 2 万元钱款系作为安排进院和抢救的红包。一审法院认为救死扶伤系社会的善良风俗,任何个人或者医疗机构均不应当以此为由向患者及其家属收取额外钱款。即使社会上存在此种现象,但存在不意味着合理,对此类行为应持明确的否定态度。故一审法院认为管某某与邹某某之间的委托合同关系因违背公序良俗而无效。合同无效后,因该合同取得的财产,应当予以返还。双方都有过错的,应当各自承担相应的责任。故一审法院对管某某要求邹某某退还 2 万元的诉讼请求予以支持。同时,一审法院认为管某某与邹某某对于委托合同的无效均存在过错,故管某某要求邹某某支付利息的诉讼请求,一审法院不予支持。

综上,一审法院依照《中华人民共和国民法总则》第一百五十三条第二款、第一百五十七条之规定,判决:一、邹某某退还管某某 2 万元;二、驳回管某某的其余诉讼请求。

一审判决后,邹某某不服,提起上诉。

二审法院经审理后认为,一审法院对本案法律关系定性准确,对本案合同作无效处理,系正确适用法律。故上诉人的上诉请求,不予支持。二审法院据此判决驳回上诉,维持原判。

点　评

本案是一起因就医请托未成,请托人请求返还请托钱财的纠纷。

本案的主要争议焦点为就医请托的法律关系,该法律关系的效力,以及请托人是否享有返还请求权。法律关系方面,就医请托具有其特殊性,但其本质在于请托人支付受托人钱财,受托人帮忙完成请托事务,符合委托合同"由受托人处理委托人事务"和"受托人完成委托事务的,委托人应当向其支付报酬"的特征,构成委托合同关系。效力方面,从法律政策的角度考量,如果认为请托有效,无异于变相鼓励请托行为,作为公共资源的医疗服务可能变成个人牟利的工具,收治及抢救不是以病情作为判断标准,该行为会加重患者负担、加剧医患矛盾。应当认定请托无效。返还请求权方面,本案中法院作为司法机关认为救死扶伤系社会的善良风俗,对向患者及其家属收取额外钱款一类的社会现象持明确的否定态度,故一审法院认定管某某与邹某某之间的委托合同关系因违背公序良俗而无效。因该合同取得的财产,应当予以返还。双方都有过错的,应当各自承担相应的责任。

就医请托中,请托人请求受托人帮忙完成入院手续,受托人承诺并收受请托人钱财,符合委托关系的法律特征,应当认定双方成立委托关系。受托人收受就医请托人钱财的行为导致委托关系因违反公序良俗而无效。在受托人未兑现请托目的的情况下,鉴于就医请托人违法的轻微性,应当赋予请托人返还请求权,有权请求受托人返还因请托而收受的钱财。该案对于处理委托合同纠纷具有指导意义。

案例提供单位:上海市徐汇区人民法院

编写人:诸海云

点评人:王国华

8. 黄某某诉上海悠枚商务信息咨询有限公司竞业限制纠纷案

——继续履行竞业限制协议的法律适用

案 情

原告(上诉人)黄某某

被告(被上诉人)上海悠枚商务信息咨询有限公司

原告黄某某于 2016 年 10 月 13 日与上海久愿化妆品有限公司(以下简称久愿公司)建立劳动关系,合同期限为 5 年,担任咨询师,工作内容包括寻找客户,给予客户咨询服务。黄某某入职时签订竞业限制协议,约定其在离职后 2 年内不得为与公司在产品、市场或服务方面直接或间接竞争关系的企业或机构工作、任职或提供任何性质的服务,或自己直接、间接或为他人经营与公司有竞争关系的同类产品或业务,竞业限制补偿金为 20 000 元/月。若黄某某违反协议项下竞业限制义务,公司有权终止履行在本协议下的任何未履行义务,黄某某应全额返还已收取的竞业限制经济补偿金(若有),并同时向公司支付违约金,违约金的金额应相当于协议约定的竞业限制补偿金的总额。若该违约金不足以弥补因违约行为给公司造成的实际损失,则赔偿金为竞业限制补偿金总额的三倍。2016 年 10 月 17 日久愿公司被吊销营业执照。2017 年 1 月 15 日,被告上海悠枚商务信息咨询有限公司(以下简称悠枚公司)、原告黄某某、久愿公司三方签订劳动合同主体变更协议书,将黄某某和久愿公司在原合同下的权利和义务(包括岗位聘用协议、保密协议、竞业限制协议)变更为由黄某某和悠枚公司继续履行。同日,黄某某与悠枚公司签订劳动合同,约定双方劳动合同期满日期依照原合同的期满日期确定。2018 年 12 月 27 日,黄某某向悠枚公司提出辞职。

2019 年 1 月 23 日,被告悠枚公司安排专人去原告黄某某处咨询脸部整容的相关事宜,原告对其脸部整容提出相关整形方案。

悠枚公司向劳动人事争议仲裁委员会申请仲裁,要求黄某某支付违反竞业限制违约金 480 000 元、继续履行竞业限制协议。仲裁委裁决黄某某支付悠枚公司竞业限制违约金 125 000 元、继续履行竞业限制协议。

原告黄某某诉称,原告在久愿公司及被告隐瞒事实的情况下,与久愿公司、被告签订劳动合同主体变更协议书,约定原告的用人单位由久愿公司变更为被告。上述合同签订后久愿公司及被告并未履行用人单位义务,从未向原告履行支付劳动报酬及缴纳社会保险的义务,原告并未与被告建立劳动关系。原、被告不存在劳动关系,且原告和久愿公司之间签订的竞业限制协议自始无效,相关约定不对原告产生约束力,原告对仲裁裁决不服,涉讼。

被告悠枚公司辩称,原告于 2016 年 10 月与久愿公司建立劳动关系,随后被告代替久愿公司成为用人单位,久愿公司法人主体资格并未终止,劳动合同主体变更具有法律效力,各方应当遵守劳动合同;原告负有竞业限制义务,双方约定了竞业限制义务,原告离职后即违约;原告主观恶性极大,给公司带来巨大影响,故要求驳回诉讼请求。

审 判

一审法院经审理认为,黄某某违反竞业限制协议,悠枚公司有权依照该协议约定,终止履行任何尚未履行的义务,不再支付竞业限制补偿金,且有权要求黄某某支付违约金、继续履行协议。一审法院遵从公平合理原则、虑及黄某某的工作年限、违约过错程度、竞业限制期限等因素及黄某某的违约行为可能对悠枚公司造成的损害等,酌定黄某某应付竞业限制违约金 100 000 元。遂判决:一、黄某某于判决生效之日起十日内支付悠枚公司竞业限制违约金 100 000 元;二、黄某某应继续履行其与悠枚公司之间的《竞业限制协议》。

一审判决后,黄某某不服提起上诉。

二审法院经审理认为,竞业限制是通过对劳动者择业自由进行一定程度的限制,来保障用人单位的商业秘密和竞争优势的一项法律制度。劳动者违反竞业限制约定,向用人单位支付违约金后,用人单位有权要求劳动者继续履行竞业限制协议。现黄某某要求不履行竞业限制协议,于法无据。然而需要指出的是,在竞业限制制度中,因劳动者的就业权及生存权均受到一定影响,法律通过用人单位对劳动者进行补偿的方式,来实现劳动者和用人单位之间的利益平衡,故竞业限制补偿金的给付具有强制性。用人单位不得利用自身优势地位通过合同约定方式免除其支付竞业限制补偿金的法定义务。只要劳动者履行了竞业限制协议,即有权主张竞业限制补偿金。在劳动者违反竞业限制协议的情况下,用人单位可通过主张违约金等方式维护权益、弥补损失,并同时要求劳动者继续履行竞业限制协议。基于前述原因,劳动者支付违约金后继续履行竞业限制协议的,用人单位仍须支付竞业限制补偿金。本案中,悠枚公司已主张违约金用以弥补其遭受的损失并对黄某某的违约行为进行了惩罚,嗣后,双方若继续履行竞业限制协议,悠枚公司仍须支付其竞业限制补偿金。一审法院认为悠枚公司可按照约定不再支付竞业限制补偿金,有失妥当,予以纠正。判决驳回上诉,维持原判。

点 评

众所周知,用人单位与劳动者通常存在事实上的此强彼弱地位关系,实现两者之间订立劳动关系的平等性极为困难,劳动立法理当坚持劳动者权益特殊保护的基本原则。与此同时,对劳动者特殊保护并不意味着可以忽视用人单位的合理利益诉求,劳动法的立法与司法向来立足于两者利益关系的衡量,对两者利益均有合理、适度的关照。

就本案而言,因用人单位商业秘密、技术秘密等商业利益合理保护的需要,基于合意基础上签订竞业禁止协议具有正当性。但是,竞业禁止必要性向来属于难以审查的内容,用人单位在签订协议时处于强势地位,劳动者时常出于就业压力缔结的协议未能体现完全的真实意志。加之竞业禁止协议本身限制劳动者的就业权与发展权,是对劳动者利益的减损,用人单位须承担对待给付义务,支付竞业限制补偿金,以使双方利益适度平衡。同时,支付竞业限制补偿金,还是判断通过竞业禁止保护用人单位商业利益必要性的重要方法。如果用人单位不愿意支付一定的竞业禁止补偿金,较大可能的原因是所宣称的商业利益并非真实存在,或者该利益低于竞业禁止补偿金,不具备对劳动者竞业禁止的必要性。因此,即使在劳动者因违约已承担返还已支付竞业限制补偿金、竞业限制违约金等违约责任的情况下,用人单位若要求继续履行竞业禁止协议,仍须支付竞业禁止补偿金。否则,违背了相关法律规定的立法意旨,加剧双方权利义务失衡,助长用人单位滥用竞业禁止条款,损害劳动者的合法就业权利,阻碍劳动力资源的合理化配置,加剧企业之间的不正当竞争行为。

在当下国内外经济增长乏力,劳动者就业日趋艰难的大背景下,本案判决对促进经济发展与保障劳动者权益,具有重要的借鉴意义。

案例提供单位:上海市第二中级人民法院

编写人:赵　静　储继波

点评人:李　峰

9. 李某某等诉闫向东等财产
损害赔偿纠纷案

——比特币的法律属性及其司法救济

案 情

原告(被上诉人)李某某

原告(被上诉人)布某

被告(上诉人)闫向东

被告(上诉人)李敏

被告(上诉人)孙飞

被告(上诉人)岑升方

2018 年 6 月 12 日 21 时 30 分许,被告闫向东、李敏、岑升方、孙飞至上海市静安区沪太路原告李某某、布某的住处,采用控制手机、限制自由的方式,要求布某解锁被冻结的天空币账户,其间闫某某、李某等人对李某某、布某有过殴打行为和威胁言行,后布某、李某某被迫将持有的 18.88 个比特币、6 466 个天空币转入闫向东等人指定的账户内。四被告经上海市静安区人民法院审理后认为双方存有经济纠纷,但无证据证实纠纷的过错方系李某某、布某,四被告在共同实施限制李某某、布某人身自由的非法拘禁行为时,还有过威胁的言行,四被告在所起作用上难以认定为次要或辅助,故以非法拘禁罪分别判处闫向东有期徒刑八个月;判处李敏有期徒刑七个月;判处岑升方有期徒刑七个月;判处孙飞有期徒刑六个月十五日。该案经上海市第二中级人民法院二审维持原判。此外,上海市第二中级人民法院刑事裁定书还载明:闫向东、李敏、岑升方、孙飞自愿返还从被害人处获取的财物。

两原告诉称,2018 年 6 月 12 日,四被告采用控制手机、限制自由的方式,采用殴打和言行威胁,要求原告解锁被冻结的天空币账户,两原告被迫将持有的 18.88 个比特币、6 466 个天空币转入被告等人指定的账户内。四被告的行为经上海市静安区人民法院以非法拘禁罪判处刑罚,且四名被告在庭审中均表示自愿返还从原告处获取的财物。但四被告至今尚未返还相关财物,故原告起诉请求:(1)判令四被告返还两原告 18.88 个比特币、6 466 个天空币;如不能返还上述财产,判令四被告赔偿上述财产 2018 年 6 月 12 日时价作人民币 1 419 339 元(以下币种均为人民币);(2)判令四被告赔偿两原告以 1 419 339 元为本金,自 2018 年 6 月 12 日起,按照同期银行贷款利率,计算至实际清偿之日止的利息损失。

四被告辩称,其并未获得这些货币。比特币及天空币并非法律意义上的财产,故其 2018 年 6 月 12 日的行为法院最终以非法拘禁罪定罪。比特币及天空币系虚拟货币,在国内市场不能流通,因此无法确认其价值。目前天空币已经下架,无法交易,且因为涉及双方的争议,比特币及天空币的账户被冻结。比特币及天空币不属于法律规定的"物",故不具备返还的效力。不认可原告主张的比特币、天空币与美元的比价,故不同意原告的诉讼请求。

审 判

一审法院经审理后认为,目前我国未认可比特币、天空币等所谓"虚拟货币"的货币属性,禁止其作为货币进行流通使用等金融活动,但并未否定上述虚拟货币可以作为一般法律意义上的财产受到法律的平等保护,因此四被告以比特币、天空币等本身系非法"虚拟货币",不受法律保护的抗辩意见,不予采纳。行为人因过错侵害他人民事权益,应当承担侵权责任。四被告因与布某之间存在经济纠纷为由,采取非法拘禁的犯罪行为,强迫李某某、布某将账户内的 18.88 个比特币、6 466 个天空币转入闫某某等人指定的账户内,其行为具有过错,侵害了李某某、布某的财产所有权,现李某某、布某要求返还,符合法律规定,应予支持。由于四被告的共同侵权行为致李某某、布某财产受到侵害,故应由四被告共同承担侵权责任。侵害他人财产的,财产损失按照损失发生时的市场价格或者其他方式计算。因此,若不能返还,应当折价赔偿。据此,李某某、布某主张按 2018 年 6 月 12 日的市场价格计价赔偿,符合法律规定。关于市场价值的认定,一审法院根据 CoinMarketCap.com 网站 2018 年 6 月 12 日公布的比特币、天空币交易收盘价及当日美元牌价确定。李某某、布某主张利息损失,无法律规定,不予支持。

综上,一审法院依据《中华人民共和国侵权责任法》第六条、第八条、第十九条、《中华人民共和国民事诉讼法》第一百四十四条的规定,判决:一、闫向东、李敏、孙飞、岑升方共同返还李某某、布某比特币 18.88 个、天空币 6 466 个,若不能返还,则比特币按每个 42 206.75 元、天空币按每个 80.34 元赔偿;二、驳回李某某、布某其他诉讼请求。

一审判决后,四被告不服提出,上诉称:第一,目前我国法律并不认可比特币、天空币的财产属性,未将比特币、天空币作为我国法律意义上的物或者财产,故李某某、布某不具有物权返还请求权。第二,布某是天空币的创始人,根据中国人民银行等七部门发布的《关于防范代币发行融资风险的公告》，任何组织和个人不得非法从事代币发行融资活动。故比特币、天空币在我国法律上属于非法，不受法律保护。第三，一审法院根据 CoinMarketCap.com 网站公布的 2018 年 6 月 12 日比特币、天空币的交易收盘价及当日美元牌价确定比特币、天空币的价值无任何事实和法律依据。CoinMarketCap.com 网站不是我国官方网站，而是国外私人网站，不具有权威性。故请求二审法院撤销一审判决，改判驳回李某某、布某的一审诉讼请求，或将本案发回重审。

二审法院经审理认为，本案系涉外财产损害赔偿纠纷，依据《中华人民共和国涉外民事关系法律适用法》第四十四条之规定，应适用中华人民共和国法律作为案件准据法。本案的争议焦点为：（1）比特币是否具有财产属性，是否应受法律保护；（2）闫某某等四人是否应将比特币返还给李某某、布某，如存在返还不能的情况，是否应赔偿损失以及赔偿金额如何确定。

关于第一个争议焦点。在评判上诉人的行为是否构成侵权前，应对比特币的法律属性作出评价。只有比特币具有虚拟财产属性，被上诉人据此才享有相应的财产权利以及侵权请求权的基础和依据。二审法院认为，比特币属于网络虚拟财产，应受法律保护。理由如下：第一，《中华人民共和国民法总则》第一百二十七条规定："法律对数据、网络虚拟财产的保护有规定的，依照其规定。"因此，法律对网络虚拟财产的保护持肯定态度。第二，系争比特币属于网络虚拟财产，应受法律保护。比特币是以区块链技术为基础的加密型"货币"，其生成机制为：通过"矿工""挖矿"生成，"挖矿"可以由身处全世界任何地点的任何人担任，"挖矿"是指"矿工"根据设计者提供的开源软件，提供一定的计算机算力，通过复杂的数学运算，求得方程式特解的过程，求得特解的"矿工"得到特定数量的比特币作为奖赏。比特币的物理形态为成串复杂数字代码。要获得比特币，既需要投入物质资本用于购置与维护具有相当算力的专用机器设备，支付机器运算损耗电力能源的相应对价，也需要耗费相当的时间成本，该过程及劳动产品的获得凝结了人类抽象的劳动力，同时比特币可以通过金钱作为对价进行转让，并产生经济收益。因比特币具有价值性、稀缺性、可支配性等特点，故其具备了权利客体的特征，符合虚拟财产的构成要件。中国人民银行等部委曾发布《关于防范比特币风险的通知》（2013 年）、《关于防范代币发行融资风险的公告》（2017 年）等文件，虽然否定了此类"虚拟货币"作为货币的法律地位，但上述规定并未对其作为商品的财产属性予以否认，我国法律、行政法规亦并未禁止比特币的持有。《关于防范比特币风险的通知》中更提及，"从性质上看，比特币应当是一种特定的虚拟商品"。因此，比特币具备虚拟财产、虚拟商品的属性，应受到法律的保护。

关于第二个争议焦点。上诉人实施犯罪行为取得的比特币理应返还被上诉人。《中华人民共和国侵权责任法》第六条规定:"行为人因过错侵害他人民事权益,应当承担侵权责任。"《中华人民共和国侵权责任法》第十五条第一款第四项规定,承担侵权责任的方式主要有:"……(四)返还财产;……(六)赔偿损失……"根据生效刑事判决查明的事实,上诉人至被上诉人住处,采用控制手机、限制自由、殴打和威胁的方式,迫使被上诉人将持有的比特币等虚拟币转入闫某某等人指定的账户内,上诉人的行为构成非法拘禁罪。从民事角度而言,上诉人迫使被上诉人转出比特币的行为,侵犯了被上诉人的财产权利。生效刑事裁定书中还载明,上诉人自愿返还从被上诉人处获取的财物。因此,无论从法律规定,还是上诉人在诉讼中曾作出的承诺看,上诉人均应将系争比特币返还被上诉人。侵占他人财产,若不能返还的,应当折价赔偿。通常,赔偿金额的确定需要考虑财产受损时的市场价格、被侵权人取得财产的价格、侵权人获得的收益、双方就赔偿金的主张金额等因素,综合案件的实际情况予以确定。本案中,CoinMarketCap.com 网站并非我国认可的虚拟币交易价格信息发布平台,故不能将该网站上比特币的交易价格数据直接作为被上诉人损失的认定标准。被上诉人无法向法院提供其获得比特币的价格,上诉人陈述比特币被冻结,即本案也无侵权人的获利金额。二审中,就上诉人如需向被上诉人返还比特币而上诉人返还不能的情况下,如何确定比特币的折价赔偿标准问题,上诉人向法院确认比特币按每个 42 206.75 元予以赔偿,被上诉人对该折价赔偿标准亦予以接受,故法院对比特币按每个 42 206.75 元的标准计算赔偿金额。一审认定事实清楚,判决结果亦无不当。二审中,被上诉人表示自愿放弃向上诉人追索 6 466 个天空币,系对其自身权利的处分,于法不悖,法院予以准许。据此,法院对一审判决主文中天空币的相关内容予以变更。

综上,二审法院判决:(1)维持一审判决第二项;(2)变更一审判决第一项为"上诉人闫向东、李敏、孙飞、岑升方于判决生效之日起十日内共同返还被上诉人李某某、布某比特币 18.88 个,若不能返还,则按每个 42 206.75 元赔偿"。

点 评

本案是一起新型网络民事纠纷案,有关问题的认定处理为司法机关提出新的挑战,也为案件审理裁判积累了一定的经验。

根据我国法律及相关金融政策规定,比特币、天空币并非法定货币,但具有虚拟财产属性。闫某某、李某等迫使李某某、布某转出比特币的行为,侵犯其财产权利,除接受刑事制裁之外,还应当承担民事侵权责任。

本案难点是如何计算受害人的财产损失。在民事诉讼中,财产损失的计算分两种方式:一种是按法定标准计算,另一种为法官自由心证。由于本案比特币、天空币并非法定货币,也无此类虚拟财产损失计算的法律规定,那么本案虚拟财产损失的计算只能采取法官自由心证的方式。自由心证的基础建立于充分的诉讼证据,受害人被迫转出比特币为 18.88 个、天空币 6 466 个,一审法院根据 CoinMarketCap.com 网站 2018 年 6 月 12 日公布的比特币、天空币交易收盘价及当日美元牌价确定损失数额。但 CoinMarketCap.com 网站并非我国确认的、合法的虚拟币交易价格信息发布平台,在一方当事人(闫某某、李某等)拒绝认可的情况下,法官关于损失数额内心确信的基础面临证据合法性质疑。二审程序中,受害人放弃天空币损失的赔偿请求权,加害人则认可 CoinMarketCap.com 网站的交易价格,从而实现双方当事人对证据的一致认可,解决了心证可接受性的难题,使得本案判决具有较高的公正性和可接受性。

本案属于新型网络民事纠纷案件,有关事实认定的经验法则尚不充分明确,本案件特殊的事实认定方法还不具有广泛的可复制性。以后应加强案件专门问题查明、法官释明等制度与方法的运用,继续探索、积累新型网络民事案件的审理方法。

案例提供单位:上海市第一中级人民法院

编写人:刘　江

点评人:李　峰

10. 李某某诉上海市体育彩票管理中心、蒋某某等委托合同纠纷案

——委托购买彩票纠纷中可预见性规则的适用

案 情

原告(上诉人)李某某

被告(被上诉人)蒋某某

被告(被上诉人)陈某某

被告(被上诉人)上海市体育彩票管理中心

第三人马某某

被告陈某某系某体育彩票销售终端的经营者,该彩票销售点内另有福利彩票销售,福利彩票销售终端的实际经营者为第三人马某某。上述体育彩票销售终端和福利彩票销售终端均由蒋某某操作对外销售彩票。2016 年 11 月 14 日,原告李某某因购买体育彩票与被告蒋某某相识。经协商,双方口头约定,李某某自 2016 年 11 月 15 日开始将当日需购买的"排列三"和"排列五"体育彩票的号码和倍数提前通过微信方式告知蒋某某并将购彩款转账交付给蒋某某,再由蒋某某打印纸质彩票并代为保管。此后,李某某每日均在开奖前通过微信方式告知蒋某某需购买的号码及倍数,并转账交付购彩款。2016 年 12 月 1 日约 6 时 21 分,李某某告知蒋某某当次购买"排列三"的号码。开奖后,李某某号码对应的中奖金额为 956 000 元(税后)。次日,李某某与蒋某某联系兑奖事宜,但蒋某某告知已于 11 月 28 日回乡操办母亲后事,未按其指示打印彩票,双方因此产生争议。审理中,陈某某自愿补偿李某某 15 000 元。

原告李某某诉称,2016 年 12 月 1 日,李某某购买的彩票号码中奖,但蒋某某在收取李某某当期购彩款后因个人原因并未实际打印出票,造成李某某无法兑奖。故请求判令蒋某某、陈某某、上海市体育彩票管理中心共同赔偿李某某 956 000 元。

被告陈某某辩称,蒋某某系其与马某某共同雇用的彩票销售人员。本案中,李某某和蒋某某约定的购彩方式,不符合体育彩票销售的相关规定,相应责任应由蒋某某个人承担。

被告上海市体育彩票管理中心辩称,纸质体育彩票系李某某与彩票管理中心建立合同关系的唯一凭证,没有纸质彩票,管理中心就没有承兑奖金的义务。且,李某某与蒋某某之间的委托购彩行为违反需当场付款、当场取票的体育彩票购买流程和销售管理的禁止性规定,属于无效行为。

被告蒋某某未作答辩。

第三人马某某述称,其系福利彩票销售终端的实际经营者,不参与体育彩票的销售。因此,李某某的损失与马某某无关。

裁 判

一审法院经审理认为,本案争议焦点为:(1)原告李某某诉称的委托被告蒋某某购买体育彩票并中奖的事实是否成立;(2)若原告李某某诉称的事实成立,被告蒋某某行为的性质,系个人行为还是履行职务的行为;(3)本案承担赔偿责任的主体及金额。

首先,就原告李某某诉称的委托被告蒋某某购买彩票的事实问题,李某某已提供微信记录、纸质彩票、蒋某某出具的情况说明等证据为证。从微信记录中可以反映出自 2016 年 11 月 15 日开始,李某某即连续指示蒋某某按期购买"排列三"和"排列五"体育彩票,并已实际转账交付相应的购彩款。上述指示内容与李某某提供的部分当期纸质彩票基本吻合,说明双方确就委托购彩事宜达成一致,蒋某某也已实际履行。并且,李某某指示购买的彩票品种是固定的,前后期号码和倍数虽有小幅调整,但均包含 2016 年 12 月 1 日中奖的"951"及"95103"号码,也不存在事后伪造的可能。再者,在陈某某及马某某提供的事发后与蒋某某的短信记录、蒋某某遗留的便条以及借条中,蒋某某的陈述内容与其提供给李某某的情况说明一致,也与李某某诉称的事发经过一致。因此,李某某诉称的事实可予认定。

其次,就本案中被告蒋某某行为性质的问题,李某某认为蒋某某接受委托购买彩票系履行职务的行为,但陈某某与上海市体育彩票管理中心均认为系个人之间的委托关系。法院认为,雇员从事雇佣活动是指从事雇主授权或者指示范围内的生产经营活动或其他劳务活动,或者虽超出授权范围,但其表现形式是履行职务或者与履行职务有内在联系的活动。综合本案实际案情,蒋某某的行为不应认定为履行职务的行为,理由如下:第一,在陈某某与上海市体育彩票管理中心签订的彩票代销协议以及附件《中国体育彩票代销行为规范》中,已明确注明"排列三"和"排列五"体育彩票的销售规则为现场提出投注内容、当场确认投注数据、足额收取购彩金额、当场出票并当面全部交给彩票购买者,不允许非现场方式接受投注数据或者投注要求。因此,蒋某某作为陈某某雇用的销售人员,其职责权限应与上述销售规则一致。但本案中其与李某某约定的确认、购买和交付彩票的方式已超出销售规则允许的范围,应认定为越权行为;第二,李某某庭审中也表示"我购买了 10 多年的彩票","因体彩不能通过短信购买,故都是到销售点去购买",可见李某某作为一名资深的彩民,对只能在彩票销售网点通过现场投注的方式才能购买体育彩票,在主观上系明知的;第三,本案中,李某某发出购彩指示并转账交付购彩款一般是在每日凌晨 6 时左右,不在体育彩票的销售时间和蒋某某的工作时间之内,对此李某某在庭审中亦认可系知晓的,故李某某在该时间发出的购彩指示难以认定系要求蒋某某履行职务打印出票的行为;第四,根据已查明的事实,蒋某某已于 2016 年11 月 28 日回乡,在已无法继续履行委托事务的情况下,其仍然多次收取李某某的购彩款,明显不属于正常的履职行为,亦与履行职务没有内在的关联。综上,综合分析蒋某某的职责内容、行为特征以及李某某的主观认识等因素,仅能认定李某某系基于对蒋某某体育彩票销售人员身份的轻信而委托其个人购买体育彩票,且蒋某某在本案中的行为系个人行为,并非履行职务的行为。

最后,根据相关法律规定,受托人应当按照委托人的指示处理委托事务。当事人一方不履行合同义务或履行合同义务不符合约定,给对方造成损失的,损失赔偿额应相当于违约造成的损失,包括合同履行后可以获得的利益,但不得超过违反合同一方订立合同时预见或应当预见到的因违反合同可能造成的损失。本案中,原告李某某委托被告蒋某某购买彩票并就委托方式、钱款给付等事宜达成一致,且已实际履行,双方之间成立委托关系,蒋某某应按照李某某的指示处理委托事务。但蒋某某在需处理个人事务无法完成委托事项的情况下,仍隐瞒真实情况,未通知李某某自行或者另行委托他人购买彩票,并且作为彩票销售人员,其对于李某某存在中奖的可能应当也是能够预见的。因此,蒋某某的行为在主观上存在过错,客观上也造成李某某丧失中奖的机会和奖金金额的损失,应承担相应的违约赔偿责任。考虑到李某某与蒋某某之间系无偿委托,并且蒋某某由此可能获取的提成收益与中奖金额相比存在巨大的差额,若按李某某诉请的奖金总额确定赔偿金额,则会出现权利义务失衡和不对等的情况。并且,李某某在熟知彩票销售规则的情况下,仍然委托他人购买彩票,也是事发的重要原因,对损失后果也应自行承担相当的责任。因此,法院综合本案实际情况,酌情确定蒋某某承担 10% 的赔偿责任,赔偿金额为 95 600 元。陈某某及上海市体育彩票管理中心并非委托关系的当事人,且李某某亦未举证证明陈某某及上海市体育彩票管理中心对蒋某某的违规行为系明知且同意的,故李某某要求陈某某及上海市体育彩票管理中心共同赔偿的诉讼请求,无事实及法律依据,法院不予支持。审理中,陈某某自愿补偿李某某 15 000 元,系对自身财产权利的处分,于法无悖,法院予以准许。此外,在争议发生后,蒋某某曾向李某某转账交付 3 600 元,该款李某某称系蒋某某退回的未购彩票款。但经法院核算,李某某通过微信转账方式共交付蒋某某购彩票款 4 264 元,而李某某提供蒋某某已实际购买的纸质彩票的金额为 1 464 元,差额仅为 2 800 元,故上述 3 600元中另有 800 元应认定为蒋某某已实际给付的赔偿款,应从赔偿金额中扣除。

综上,一审法院依照《中华人民共和国合同法》第五条、第八条、第一百零七条、第一百一十三条、第三百九十九条、第四百零六条,《中华人民共和国民事诉讼法》第一百四十四条之规定,判决:一、被告蒋某某自判决生效之日起十日内赔偿原告李某某 94 800 元;二、被告陈某某自判决生效之日起十日内给付原告李某某 15 000元;三、原告李某某的其他诉讼请求,不予支持。

一审判决后,原告李某某不服,提出上诉。

二审法院经审理认为,本案的争议焦点之一是违约损失的可预见性在受托参与射幸合同中应如何考量以及违约损失应如何分担。

本案中,被告蒋某某受托购买彩票,但双方并未约定系有偿委托。彩票合同系射幸合同,在订立双方委托合同时蒋某某也无法正常预见到原告李某某将中大奖,仅能预见到存在中奖的机会,中奖机会并不能与中奖结果画等号。更为重要的是,李某某作为资深彩民,也自认知晓体育彩票只能通过现场投注的方式才可购买,只有取得机打彩票,才能作为兑奖的唯一凭证,故其应当认识到委托他人购买彩票所可能存在的风险,据此,李某某理应自担主要责任。同时,蒋某某在明知因故无法购买彩票的情况下,仍然通过点击微信转账的方式收取彩票款,亦存在明显过错,故应承担一定的违约责任。至于违约责任的承担,对于一审确定的 10% 之责任比例,缺乏足够的法律依据,但一审酌定的赔偿金额,尚属合理,故对判决结果予以维持。

据此,二审法院判决驳回上诉,维持原判。

点 评

本案是一起因委托代买彩票中奖未果引发的委托合同纠纷。

本案的主要争议焦点是违约损失的可预见性在受托参与射幸合同中应如何考量以及违约损失应如何分担。彩票合同系射幸合同,无法预见到是否会中大奖,仅能预见到存在中奖的机会,体育彩票以现场投注取得机打彩票,作为兑奖的唯一凭证,故委托他人购买彩票具有可能存在的风险,委托双方均应承担责任。根据原《中华人民共和国合同法》第一百一十三条规定,违约损害赔偿的范围应受可预见性规则的限制,可预见性规则是立法者关于守约方和违约方的利益平衡的价值判断。公平正义原则作为可预见性规则出发的前提和基础,在根据可预见性规则认定违约方的违约损害赔偿范围时,应当确保违约损害在合同当事人之间公平分配。

彩票的射幸属性使得司法实践对于可预见性规则如何在此类案件中适用存在严重分歧。违约方在订立合同时能够预见到违约损害的类型,则应当将该损害纳入违约损害赔偿范围。为避免可预见性规则给受托人带来巨大的不利益,受托人只有预见到损害的类型与程度,才能将该损害计算入违约损害赔偿范围。在确定受托人预见的损害类型与程度时,法官应当结合当事人的身份、履行合同的获益、合同的内容要素进行综合判断。该案对于处理委托合同纠纷具有指导意义。

案例提供单位:上海市第二中级人民法院

编写人:季 磊 潘 喆

点评人:王国华

11. 卢某晖等与韩某某
申请变更监护人案

——失去行为能力成年人的监护人之裁量准则

案 情

申请人卢某晖

申请人崔某某

被申请人韩某某

案外人卢某声系智力残疾人,自 1998 年 11 月起被诊断患有精神分裂症,其父母卢某某、李某心共育有三子,卢某声为长子,另有次子卢某晖(新加坡籍且长居新加坡,崔某某系其配偶)、小儿子卢某峰(美国籍且长居美国),均已成年。卢某声未婚也无子女,其母李某心于 1993 年 4 月 26 日去世,其父卢某某为其原监护人。

2017 年 2 月 27 日、4 月 15 日,卢某某先后签署《关于财产分割的协议书》及相关书面材料,表示有关卢某声的监护工作,由卢某晖负责。

2017 年 6 月 2 日,卢某某去世,同年 6 月 8 日,卢某晖、卢某峰及其舅舅李某修、李某杰、李某伯在普陀区某饭店召开家庭会议,讨论卢某某遗产继承及卢某声监护等事宜,在该会议上,卢某晖未提及卢某某遗嘱指定其担任监护人,亦未出示相关书面材料,但明确表示不愿无偿担任监护人。

2018 年 3 月 2 日,卢某峰向法院申请指定其为卢某声的监护人,后考虑其长居美国故撤回申请,转而由其岳父韩某某向法院提出申请。2018 年 5 月 29 日,由于韩某某系卢某峰岳父,与卢某某住同一栋楼且与卢某声为社区结对帮扶关系,且社区居委及卢某声的舅舅们均书面表示同意,法院遂判决指定韩某某为卢某声的监护人。

2018 年 12 月 3 日,申请人卢某晖、崔某某以卢某某生前留有遗嘱指定卢某晖担任监护人,且韩某某行为不当不宜担任监护人为由,申请变更卢某声的监护人。法院经审理认为,卢某晖常年居住国外,客观上欠缺担任监护人的条件,崔某某作为卢某晖的配偶自愿承担卢某声的监护责任,结合崔某某的经济条件、居住情况、与卢某声间的近亲属关系等因素,判决指定崔某某、韩某某共同担任卢某声的监护人。

申请人卢某晖、崔某某依据民事诉讼法相关司法解释规定,对(2018)沪 0107 民特 415 号民事判决提出异议,请求撤销韩某某监护人资格,指定卢某晖、崔某某担任卢某声的监护人。

审 判

一审法院经审理认为,本案系由申请确定卢某声监护人而引发,在相关争议涉诉前后过程中,卢某晖、崔某某、卢某峰、韩某某四人均表示愿意担任卢某声的监护人,但对他人能否担任则存有异议。对此,法院从两个方面予以认定:

一是卢某晖、卢某峰均无法单独取得并履行监护权。

从上述四人的监护资格及顺位来看,四人并非处于同一监护顺位。卢某晖、卢某峰系卢某声的兄弟,在监护顺位上优先于崔某某和韩某某,但二人在监护权来源方面存有争议,法院认定如下:

申请人卢某晖认为其应依据原监护人遗嘱取得监护权。鉴于卢某声原监护人为其父亲卢某某,卢某晖、崔某某提供卢某某生前书写的《关于财产分割的协议书》等书面材料,认为卢某某已明确卢某声监护权归属于卢某晖。卢某峰、韩某某对卢某某书写材料时的精神意志状况提出质疑。对此,法院认为,卢某某作为卢某声父亲及原监护人,生前为充分考虑卢某声的生活保障,提前对其监护事宜作出安排,与常理相符。卢某峰、韩某某对卢某某精神意志状况的质疑仅因其年事已高,并无相关证据证明,法院难予采信。对卢某某该意思表示的真实性可予确认。

案外人卢某峰称其系依据家庭会议协商取得监护权。卢某峰提出,卢某晖在家庭会议上表示担任监护人要多分遗产,否则不做"雷锋",表明其本人不愿担任监护人。参会亲属表示,会上各方均同意由卢某峰担任监护人。卢某晖表示家庭会议对于卢某某遗产分配的问题未达成一致意见,亦未讨论过由谁监护卢某声,况且父亲卢某某已明确监护权归属,无讨论必要。对此,法院认为,在卢某某去世后,家庭会议仅讨论遗产继承事宜,而不涉及卢某声的监护事宜,不符合常理。而卢某晖自认会上未出示卢某某指定监护人的书面材料,表明其当时没有接受指定监护的意愿。参会亲属虽旁听(2018)沪 0107 民特 415 号案件庭审,但与本案无利害关系,且在多次谈话中的表述无矛盾之处,其陈述可予采信。故卢某晖在家庭会议上表示不愿无偿担任监护人,可为各方证实,而卢某峰能否担任监护人,则因未形成明确的书面协议,无法确定各成员就此达成一致意见。

从监护权行使的客观实际来看,申请人卢某晖作为新加坡籍人士,2017 年至今长达 1 年多时间不在国内,即便依照卢某某遗愿,也有心无力,无法正常看护、照料卢某声的日常生活,不具备履行监护职责的现实可能性。卢某峰长期在美国居住,难以履行监护职责,正因于此,经法院释明后,其在(2018)沪 0107 民特 89 号案件中撤回担任卢某声监护人的申请,并征得其岳父韩某某同意后,由后者向法院申请担任监护人。换言之,卢某晖、卢某峰二人因长期在国外工作、居住,在履行监护职责上均存在现实障碍,不适宜担任监护人。

二是崔某某、韩某某在获得居委会同意的前提下,可以担任卢某声的监护人。

在法律层面,应首要遵循被监护人最佳利益保护原则。作为监护人,不仅要行使权利,也必须履行义务,包括对被监护人资产的管理、对其生活起居的护理、处理与被监护人有关的法律诉讼、代被监护人选择疾病治疗方案等,具有持续时间长、涉及内容多等特点。卢某声系无民事行为能力人,其本人无法表达意愿,其权益保护处于易受侵害的脆弱状态,因此,理应对维护其人身和财产权益作出特别关照。卢某晖、卢某峰旅居国外,无法妥善承担监护职责。崔某某、韩某某虽非卢某声近亲属,但均愿意并已实际履行过一定的监护、照顾职责,系满足被监护人最佳利益保护原则的适当人选。不过,因亲属之间目前存在一定信任缺失,为避免其中任何一人履行监护职责的行为不被理解,防止误解加深,如由两人共同担任监护人,能够相互督促、相互配合,更加谨慎勤勉履行职责,彼此之间亦可起到"补缺"作用,更有利于保护被监护人权益。

从亲情层面,应积极弘扬互敬互爱的家庭美德。崔某某、韩某某在卢某声父母已故,兄弟均无法履行监护职责的情况下,出于亲情和善意,主动参与家庭内部事务,承担监护职责,其行为值得肯定和鼓励。崔某某虽与卢某某、卢某声不在同一居住社区,但在卢某某年老体弱的情况下,代为前往探望照料卢某声,帮助管理卢某声的银行卡及相关证件,支付医疗、护理等相关费用,并无损害卢某声利益的情况;韩某某与卢某某是儿女亲家,在社区又是结对帮扶关系,在卢某峰无法照料父亲、兄长日常生活起居的情况下,无偿帮助并积极履责,得到卢某声家中舅舅、舅妈等长辈们的一致认可。上述均系诚信、互助等良好家风之体现,也是社会主义核心价值观的生动实践,司法实务中理应予以弘扬。

在家庭伦理层面,应充分兼顾关系紧密亲属的意见态度。卢某声家中舅舅、舅妈等长辈,在卢某某去世后,为最大限度照顾好卢某声的后续生活,不让卢某声监护问题悬而未决,第一时间召集卢某晖、卢某峰进行商议,并在卢某晖、卢某峰两兄弟产生隔阂,引发纠纷后,从各地赶赴法院,并多次以函件、电话等形式表达支持由崔某某、韩某某共同担任卢某声监护人的意愿,同时希望卢某晖、卢某峰两兄弟以和为贵,修复亲情,恢复家庭和谐,并表示将督促卢某晖、卢某峰、崔某某、韩某某共同照顾好卢某声,此举体现了和谐、友善之家庭氛围,有助于营造良好的社会风气。

综合上述法情理考量及各方利益平衡,法院依法确定由崔某某、韩某某共同担任监护人,法院判决并无不妥。崔某某、韩某某二人应当加强沟通配合,保护好卢某声的人身权利、财产权利以及其他合法权益。

据此,一审法院依照《中华人民共和国民法总则》第二十八条、第三十一条第一款、第三十四条第一款、第三十五条第一款,《最高人民法院关于贯彻执行〈中华人民共和国民法通则〉若干问题的意见(试行)》第十一条,《最高人民法院关于适用〈中华人民共和国民事诉讼法〉的解释》第三百七十四条第一款之规定,裁定驳回申请人卢某晖、崔某某的异议。

点 评

本案是一起关于失去行为能力成年人的监护人的确定与变更的特别程序案件。

本案的争议焦点在于卢某晖、崔某某能否申请变更成为卢某声监护人的问题。首先关于卢某晖、卢某峰能否单独取得并履行监护权的问题,法院认为,卢某晖、卢某峰二人因长期在国外工作、居住,在履行监护职责上均存在现实障碍,不适宜担任监护人。其次崔某某、韩某某担任卢某声监护人的问题,在居委会同意的前提下,法院从法律层面认定要遵循被监护人最佳利益保护原则,崔某某、韩某某虽非卢某声近亲属,但均愿意并已实际履行过一定的监护、照顾职责,系满足被监护人最佳利益保护原则的适当人选。最终法院认定崔某某、韩某某共同担任监护人,驳回申请人卢某晖、崔某某的异议。

本案的意义在于监护人的确定和变更首先要遵循被监护人最佳利益保护原则,不仅要行使权利,也必须履行义务。其次应附带考量监护监督,更有利于保护被监护人权益,最大程度发挥成年监护制度的效用。在司法层面弘扬了诚信互助的良好家风,家庭成员对于监护人的确定,意见统一且无不正当或关联利益的,法院应当予以尊重,促进家庭文明建设。

案例提供单位:上海市普陀区人民法院

编写人:蒋　浩

点评人:王国华

12. 马红某等诉上海巴士第三公共交通有限公司等机动车交通事故责任纠纷案

——机动车一方无事故责任时的赔偿认定

案 情

原告(被上诉人)马红某

原告(被上诉人)王某

被告上海巴士第三公共交通有限公司

被告(上诉人)中国太平洋财产保险股份有限公司上海分公司

原告马红某、王某系夫妻关系,婚后生育案外人马文某等两子。2019 年 7 月 11 日 20 时 57 分许,马文某驾驶电动自行车沿上海市普陀区曹杨路由南向北在非机动车道内行驶,当行驶进兰溪路南约 20 米处时车辆失控,马文某及电动自行车后座乘客杨某某的身体向左侧跨过机非隔离墩倾倒在地,马文某的头部被同向在最右侧机动车道内等候绿灯放行后,刚起步行驶的公交车的右侧后轮碾压,马文某当场死亡,杨某某手部受伤。经上海市公安局普陀分局交通警察支队(以下简称普陀交警支队)委托鉴定:电动自行车前后轮制动装置及转向装置均功能有效;事发时马文某的血液中乙醇含量为 1.30 mg/ml;电动自行车的车速不能根据现有材料作出准确鉴定意见;可以排除公交大客车因机械原因而诱发事故的可能性;马文某是电动自行车事发时的驾驶人可以成立;公交大客车的车速约为 14 km/h;可以排除公交大客车事发时与其他车辆(含电动自行车)发生过碰撞的可能性;杨某某事发时血液中乙醇含量为 1.35 mg/ml;马文某系道路交通事故致颅脑损伤死亡。2019 年 8 月 2 日,普陀交警支队出具事故认定书,认定马文某醉酒后驾驶电动自行车违反载人规定在道路上行驶,因操作不慎导致车辆失控发生交通事故,违反《中华人民共和国道路交通安全法实施条例》第七十二条第一款第二项及《上海市非机动车管理办法》第三十一条第一款第一项之规定,负事故的全部责任;朱某及杨某某无过错行为,不负事故责任。嗣后,原告马红某对事故认定有异议并在规定时间内向上海市公安局交通警察总队提出复核申请。上海市公安局交通警察总队经审查,作出道路交通事故复核结论,维持普陀交警支队作出的上述道路交通事故认定。

本案涉案公交车在被告中国太平洋财产保险股份有限公司上海分公司(以下简称太保上海分公司)处投保交强险(医疗费用赔偿限额 10 000 元、死亡伤残赔偿限额 110 000 元、财产损失赔偿限额 2 000 元以及被保险人在道路交通事故中无责任的医疗费用赔偿限额 1 000 元、死亡伤残赔偿限额 11 000 元、财产损失赔偿限额 100 元)及商业三者险(限额为 150 000 元,无不计免赔),事发时在保险期限内。

原告马红某、王某诉称,其系死者马文某的父母亲,马文某未婚未育,原告方系马文某的第一顺序继承人。朱某系被告上海巴士第三公共交通有限公司(以下简称巴士三公司)的员工,系履行职务行为,涉案公交车在被告太保上海分公司处投保交强险以及商业三者险,上述被告应各自承担相应赔偿责任。原告现请求:被告赔偿原告死亡赔偿金 1 360 680 元、精神损害抚慰金 50 000 元、丧葬费 52 590 元、家属误工费 7 440 元、交通费 3 000 元、住宿费 9 000 元、餐饮费 3 600 元、律师代理费 5 000 元,共计 1 491 310 元,要求太保上海分公司在机动车交通事故责任强制保险(以下简称交强险)无责任限额范围内赔偿 11 000 元,另根据《中华人民共和国道路交通安全法》(以下简称道交法)第七十六条第一款第二项规定,机动车与非机动车发生事故,机动车一方没有过错的,承担不超过百分之十的赔偿责任,故被告巴士三公司应对超出交强险部分承担百分之十的责任,对于该部分先由被告太保上海分公司在商业三者险内承担,不足部分由被告巴士三公司承担。

被告巴士三公司辩称,对事故经过及责任认定均无异议,朱某事发时系履行职务行为,该公司在本案中承担雇主责任。由于朱某无责,本起事故是因为死者的危险行为导致,太保上海分公司在交强险内承担赔偿责任,超出交强险部分被告巴士三公司不承担赔偿责任,如果需要赔偿超出交强险部分,不应直接认定百分之十的赔偿比例,且亦应先进入商业三者险赔偿,因保险条款没有约定无责需要适用不计免赔,故保险公司应全额赔偿。对于赔偿项目,认可死亡赔偿金按照农村标准计算,原告提供的证据有瑕疵,最终由法院审核;餐饮费,该费用不是针对本案发生的,在一般的机动车事故中都会发生,与本案无关,不予认可;因被告方无过错,不同意赔偿精神损害抚慰金、律师代理费;对其余诉请无异议。

被告太保上海分公司辩称,对事故经过及责任认定均无异议,事故车辆在其处投保交强险和商业三者险(限额 150 000 元,无不计免赔),事发时在保险期间内。同意在交强险无责任死亡伤残限额内赔偿 11 000 元,因被告方无责,且死者马文某驾驶非机动车载人,并以醉酒状态行驶,车后乘员身体左倾,撞在机动车右后轮上,事故是死者间接故意造成的,根据道交法第七十六条第二款及商业险属于无责不赔的规定,不同意在商业三者险内承担赔付责任。关于赔偿,原告户籍为农业户口,没有上海居住证,无法证明是否在上海生活,死亡赔偿金是否适用城镇标准由法院核实。由于被告方无过错,不同意赔偿精神损害抚慰金;餐饮费、律师代理费不属于保险理赔范围。

审 判

一审法院经审理认为,本案争议焦点为:第一,机动车一方无事故责任时是否需要承担赔偿责任,即对道交法第七十六条第一款第二项如何理解以及"机动车一方没有过错的,承担不超过百分之十的赔偿责任"的适用是否有限定条件等;第二,本案交强险及商业三者险如何处理。

首先,机动车一方无事故责任时是否需要承担赔偿责任问题。第一方面,关于法律依据问题。《中华人民共和国侵权责任法》第七条规定,行为人损害他人民事权益,不论行为人有无过错,法律规定应当承担侵权责任的,依照其规定。该法的第四十八条规定,机动车发生交通事故造成损害的,依照道交法的有关规定承担赔偿责任。本案原告提出诉讼的请求权基础是道交法第七十六条第一款第二项,即"机动车与非机动车驾驶人、行人之间发生交通事故,非机动车驾驶人、行人没有过错的,由机动车一方承担赔偿责任;有证据证明非机动车驾驶人、行人有过错的,根据过错程度适当减轻机动车一方的赔偿责任;机动车一方没有过错的,承担不超过百分之十的赔偿责任"。因此,机动车一方在无事故责任时承担不超过百分之十的赔偿责任具有法律依据。第二方面,关于限定条件或除外情形问题。基于机动车交通事故适用无过错责任这一原则,机动车一方无事故责任时承担不超过百分之十的赔偿责任的适用原则上只需同时具备两个条件,即机动车无过错以及非机动车驾驶人、行人负事故全部责任。根据规定,被侵权人对损害的发生有过错的,可以减轻侵权人的责任,但损害是因受害人故意造成的,行为人不承担责任,即交通事故的损失是由非机动车驾驶人、行人故意造成的,机动车一方不承担赔偿责任。另,机动车属于高速运转的机械装置,在道路上通行过程中对于其他非机动车驾驶人、行人等交通参与者而言存在高度的危险性,但若机动车处于静止状态时的危险性对于其他参与者而言明显降低,且对交通事故损害后果的发生不发生积极作用,不存在事故损害上的原因力,故在非机动车驾驶人、行人与处于静止状态的机动车发生交通事故时,机动车一方无交通事故责任的,亦不应承担赔偿责任。

其次,关于交强险及商业三者险如何处理问题。第一,交强险的"责任限额"应分责与分项。交强险的"责任限额"赔偿未对机动车造成交通事故时是否有责任进行区分,也未对医疗费、死亡伤残赔偿金、财产损失等分项进行区分。《机动车交通事故责任强制保险条例》(以下简称交强险条例)第二十三条规定,机动车交通事故责任强制保险在全国范围内实行统一的责任限额。责任限额分为死亡伤残赔偿限额、医疗费用赔偿限额、财产损失赔偿限额以及被保险人在道路交通事故中无责任的赔偿限额。原中国保险监督管理委员会发布《中国保险监督管理委员会关于调整交强险责任限额的公告》,公布其会同有关部门确定的现行的机动车交通事故责任强制保险分责、分项限额方案,即分为机动车一方有责任分项限额和无责任分项限额。理论上,作为下位法及行政法规的交强险条例有关交强险分项、分责赔偿的规定与作为上位法及法律的道交法之间以及与交强险的立法目的之间是否存在冲突等在认识上存在分歧,且不同认识之间均具有相应的法理依据,而有权解释机关亦尚未正式对此加以明确和解释。就实践来看,该种分责、分项的赔偿方式从有利于结合人身伤亡和财产损失的风险特点进行有针对性的保障,有利于减低赔付的不确定性,从而就有效控制风险等方面而言具有积极作用。在新的法律、行政法规、司法解释对此作出明确规定之前,该种赔偿方式不失为一种优化选择,亦更能体现社会公平。第二,关于商业三者险能否一并处理及适用原则。需要考虑机动车商业三者险能否一并处理,即在机动车一方无事故责任时该保险的保险人是否需要承担赔偿责任。如上文所述,机动车在交通事故中的责任包括引起事故成因的事故责任,亦包括侵权法律关系中的赔偿责任,而事故责任和赔偿责任系两个不同的概念。商业三者险本身属责任保险,基于责任保险的保险标的即为被保险人对第三者依法应负的赔偿责任,即保险人是否应承担赔偿责任应依据被保险人应否承担赔偿责任来确定,而不应依据被保险人在事故中是否负有事故责任进行确定,因为对于投保人或被保险人而言,缔约目的在于分散社会风险及转移损失,该损失是其在发生交通事故后造成自己财产的损失以及其对第三方所应承担的赔偿责任。《道路交通安全法》第七十六条第一款所确定的交强险责任限额以外"不足的部分"的损失显然包括商业三者险,同时结合上述司法解释的规定,"仍有不足的"损失即超出商业三者险的损失由侵权人赔偿,故鉴于机动车一方无事故责任时承担不超过百分之十的赔偿责任系法定赔偿责任,且本案中原告方申请商业三者险在本案中一并处理,故在机动车一方无事故责任时,被告太保上海分公司作为涉案机动车的商业三者险保险人仍应在商业三者险范围内承担赔偿责任。第三方面,关于商业三者险的赔付原则,对于被保险机动车发生交通事故造成第三者人身伤亡、财产损失的,在司法实践中保险人一般根据机动车一方应承担的赔偿责任比例履行保险责任,且保险合同中往往会约定事故责任免赔率,即保险人根据机动车一方所负的事故责任扣除不同比例的金额,而机动车一方的事故责任约定为全部事故责任、主要事故责任、同等事故责任、次要事故责任等,事故责任越大则免赔率越高、事故责任越小则免赔率越低,两者呈正向比例关系,这主要考虑到,机动车造成第三者人身伤亡、财产损失的,被保险人对第三者依法应负的赔偿责任由保险人承担,如被保险人承担的事故责任越大则免赔率越高,这可以鼓励引导公民遵守交通规则,符合公序良俗和保险的本质,亦有利于维护社会公平正义。针对机动车一方无事故责任的情形,根据上述逻辑分析,免赔率应低甚至排除适用,此种才能更能符合事故责任免赔率的初衷。

综上,一审法院依照《中华人民共和国侵权责任法》第十六条、第二十二条、第三十四条第一款、第四十八条,《中华人民共和国道路交通安全法》第七十六条第一款第二项及《最高人民法院关于审理道路交通事故损害赔偿案件适用法律若干问题的解释》第十六条之规定,判决被告太保上海分公司应在机动车第三者责任强制保险责任限额内赔偿原告马红某、王某各项损失共计 11 000 元、在商业三者险范围内赔偿原告马红某、王某各项损失共计 142 100.80 元等。

一审判决后,被告太保上海分公司不服,提出上诉。

二审法院经审理后认为,一审判决认定事实清楚,适用法律正确,判决驳回上诉,维持原判。

点 评

本交通事故责任赔偿纠纷案的处理充分体现出立法与司法活动中的利益衡量原则。

本案涉及机动车、非机动车与行人的交通风险的合理分配。原《侵权责任法》第七条规定,行为人损害他人民事权益,不论行为人有无过错,法律规定应当承担侵权责任的,依照其规定。该法第四十八条规定,机动车发生交通事故造成损害的,依照道路交通安全法的有关规定承担赔偿责任。为前述机动车、非机动车与行人交通事故责任另行制定规范提供了依据。因此,《道路交通安全法》第七十六条规定,机动车与非机动车驾驶人、行人之间发生交通事故,机动车一方没有过错的,承担不超过百分之十的赔偿责任。交通事故的损失是由非机动车驾驶人、行人故意碰撞机动车造成的,机动车一方不承担赔偿责任。此种风险分配即缘于通行中的机动车比非机动车与行人具有更高危险性,同时机动车路权分配事实上一般优于非机动车与行人,因而法律规定了客观归责原则,除非非机动车驾驶人或行人故意导致事故结果,无过错的机动车一方也需承担不超过 10% 的赔偿责任。本案中,当事人之间的讼争与法院审理均围绕上述责任分配进行。

同时,本案审理中,法院适用《最高人民法院关于审理道路交通事故损害赔偿案件适用法律若干问题的解释》,也体现了保险法的立法意旨,依照风险合理分担原则解释有关条文的意涵及运用,确认交强险分责分项赔偿、商业三者险一并处理并且不适用免赔率,裁判结果及说理令人信服,对类似情况处理具有借鉴作用。

案例提供单位:上海市普陀区人民法院

编写人:吴大成

点评人:李　峰

13. 毛甲等诉鲍某某探望权纠纷案

——祖辈对孙辈行使探望权应当遵循的原则

案 情

原告(上诉人)毛甲

原告(上诉人)罗某某

被告(被上诉人)鲍某某

被告人鲍某某与案外人毛乙于 2013 年 5 月 20 日登记结婚,2014 年 4 月 29 日生育一子毛丙。毛甲、罗某某系毛乙的父母。毛乙于 2016 年 11 月 6 日因病去世。

案外人毛乙曾于 2015 年 10 月起诉离婚,后该案按撤诉处理。毛乙去世后,毛甲、罗某某曾起诉鲍某某、毛丙析产、继承纠纷案,对毛乙的遗产进行了分割,后历经一审、二审,于 2018 年 4 月判决生效。鲍某某、毛丙还曾于 2017 年 8 月起诉毛丁、邢某(系毛甲、罗某某的女儿、女婿)名誉权纠纷,经法院审查认定,毛丁、邢某通过微信及网络发帖的方式公开鲍某某的姓名及相关职业等个人隐私信息,并存在对鲍某某进行辱骂、贬低人格等情形,构成对鲍某某的名誉侵权,判决毛丁、邢某赔偿鲍某某精神损害抚慰金共计 3 500 元。判决已生效。

原告毛甲、罗某某诉称,毛甲、罗某某多次要求探望毛丙,鲍某某均拒绝配合。虽然法律未规定祖父母对孙辈的探望权,但毛甲、罗某某作为丧子老人,对有血缘关系的孙辈进行探望,是获得精神慰藉、抚平心理创伤的重要途径,也能一定程度弥补毛丙失去的父爱,利于毛丙健康人格的培养,符合社会公德、公序良俗。故提出诉讼请求确认毛甲、罗某某享有对孙子毛丙的探望权,具体为上学期间,于双月的第二个周六 8 时至周日 19 时,暑假期间于 7 月 16 日 10 时至 7 月 31 日 19 时探望毛丙,由毛甲、罗某某负责至鲍某某处接送毛丙,鲍某某给予协助。

被告鲍某某辩称,毛甲、罗某某从未主动要求来探望毛丙,也未在物质和精神方面对毛丙提供过任何帮助。毛丙年幼,对毛甲、罗某某非常陌生,与祖父母贸然接触不利于毛丙身心健康;且毛甲、罗某某常住外地,在上海无固定居所,现实也不具备探望的可操作性。《中华人民共和国婚姻法》(以下简称《婚姻法》)对于实施探望权的主体仅规定为不直接抚养的父或母,而毛甲、罗某某作为祖父母,并不享有法律规定的探望权主体资格。即使从公序良俗角度出发,毛甲、罗某某对毛丙未尽过任何抚养义务,本身道德存在重大瑕疵,故不应该享有对毛丙的探望权。故请求驳回毛甲、罗某某的诉讼请求。

审 判

一审法院经审理后认为,根据《婚姻法》,夫妻离婚后,不直接抚养子女的父或母,有探望子女的权利,另一方有协助的义务。对于探望权的行使主体,法律规定仅限于父或母,并没有规定其他近亲属可以享有探望权。当然探望权作为亲权的延伸,适当拓宽其行权边界,尤其是对于丧子老人,代替去世子女一方去行使对孙辈子女的探望权,共享天伦,一方面可以消弭老人子女离世的伤痛,一方面也可以弥补单亲子女所缺失的亲情关爱,故在某些情形下,将这一群体纳入行使探望权的主体资格中,未尝不可。但这一群体享有对孙辈子女的探望权,不是绝对、必需的。本案中,毛甲、罗某某虽也系丧子祖父母,但在目前情况下并不适宜对孙子毛丙行使探望权。

需要指出的是,本案虽以祖父母提起探望权而起,但实质症结在于毛甲、罗某某与儿媳鲍某某的多年积怨。因为毛乙的英年早逝,毛甲、罗某某以及鲍某某均经历了丧子之痛、丧夫之痛,原本应当拧成一股绳、共渡难关的一家人现在却出现隔阂,甚至反目成仇。逝者已逝,而毛丙的身上流淌着双方的血液,本应系连接双方关系的纽带,毛甲、罗某某倘若希望维系与孙子毛丙的关系,应当主动关心、关爱毛丙,体谅鲍某某作为单亲母亲的不易,必要时可以予以一定的物质帮助;鲍某某也应当抛开成见、放下积怨,包容过往,共同为毛丙的成长构建更加和谐、温暖的环境。

综上,一审法院依照《中华人民共和国民法总则》第十条、《中华人民共和国婚姻法》第三十八条规定,判决驳回毛甲、罗某某的全部诉讼请求。

一审判决后,原告毛甲、罗某某不服,提起上诉。上诉人毛甲、罗某某上诉请求,撤销原审判决,改判支持上诉人原审诉请或发回重审。毛甲、罗某某是毛丙的祖父母,对孙子的关爱程度并不亚于孩子父母的关爱。毛甲、罗某某虽长期居住在成都,但通过转账钱款、来沪照顾等方式尽心体现对孩子的爱护,尤其在其子毛乙去世后,对孙子尤加思念。长期以来,由于被上诉人鲍某某的阻挠,导致无法探视孩子。法律不可能剥夺祖父母探望孙子女的权利,且根据我国相关立法修订草案(《民法典》婚姻家庭编当时尚未公布施行,编者注)中也规定祖父母、外祖父母探望孙子女、外孙子女,如果其尽了抚养义务或者孙子女、外孙子女的父母一方死亡的,可以参照适用父母离婚后探望子女的有关规定。希望二审法院改判支持上诉人作为祖父母隔代探望孙子的权利,聊以安慰在有生之年思念孩子之情。

被上诉人鲍某某辩称,不同意上诉人的上诉请求。根据现行《婚姻法》第 38 条的规定,探望子女的主体应为父母,并未规定其他近亲属。相关婚姻法司法解释及会议纪要规定,父母去世一方,其祖父母必须对孩子尽到抚养义务,方才可以考虑。毛甲、罗某某非但未对孩子有任何爱护、关心,而且毫无道德底线,采取不择手段夺取毛丙财产,严重侵害孩子的权益。上诉人家人造谣、诽谤,毫无悔改之心,侵害鲍某某名誉权的侵权行为已为生效判决所认定。上诉人提出探望权诉讼,实际是将孩子作为作难孩子母亲的工具,如真心关心爱护孩子,应通过合适的方式和渠道进行。原审法院查明事实清楚,请求二审维持原审判决。

二审法院经审理查明,原审法院查明事实无误,依法予以确认。

二审法院认为,行使探望未成年子女权利的主体,应为不直接抚养子女的父亲或母亲,从有利于孩子身心健康出发,享有与未成年子女交往联系及短期生活等权利。根据现行相关法律规定,孩子的祖父母或外父母不享有对孩子的探望权。当然,正如《第八次全国法院民事商事审判工作会议(民事部分)纪要》所指出,如祖父母、外祖父母对父母已经死亡或父母无力抚养的未成年孙子女、外孙子女尽了抚养义务,其定期探望孙子女、外孙子女的权利应当得到尊重,并有权通过诉讼方式获得司法保护。但在本案中,根据查明的事实,毛甲、罗某某作为孩子的祖父母,未长期与孩子共同生活,也未尽到相应的抚养义务,不符合探望权行使的必要条件,其提出行使探望权缺乏事实及法律依据,故不予支持。原审法院已详尽阐述不予支持的理由和依据,二审法院均予以赞同,在此不再赘述。另,虽然各方之间发生多起民事诉讼,产生相当的隔阂乃至于对立矛盾,但仍应以孩子血缘关系考量,从有利于孩子身心健康出发,希望各方能逐步摒弃前嫌、化解矛盾,努力营造和谐友善的社会关系。

综上所述,上诉人的上诉请求不能成立,应予驳回;一审判决认定事实清楚,适用法律正确,应予维持。二审法院审理后,判决驳回上诉,维持原判。

点 评

本案为探望权纠纷,核心问题为祖父母、外祖父母探望孙子女、外孙子女的权利条件的理解。

根据原《婚姻法》第 38 条、《民法典》第 1086 条规定,离婚后,不直接抚养子女的父或者母,有探望子女的权利,另一方有协助的义务。父或者母探望子女,不利于子女身心健康的,由人民法院依法中止探望。可见,探望权作为一种法定权利,乃父母对子女的权利。而司法实践中,在限定条件下承认祖父母、外祖父母对孙子女、外孙子女享有一定的探望权,即对于子女去世的祖父母或者外祖父母,应当在代替死亡子女对孙子女或外孙子女尽到抚养义务的情况下,才享有对孙子女、外孙子女探望的权利。本案一审、二审均准确认定了案件事实,正确理解适用法律及相关司法解释、司法经验,判决合法合理。

值得提倡的是,一、二审法院并非仅仅限于事实查明与法律适用,依托情、理、法,分析双当事人讼争产生的症结,条分缕析,深入说理,耐心劝导,力促双方当事人捐弃前嫌,互谅互助,共同营造友善和谐的社会关系,优化子女成长的环境,共享天伦之乐。判决书中的法官说理诚恳耐心、言语得当、意味深长,是典型的社会主义核心价值观进裁判文书的实例,应大力推广,同时不断研究其中的规律与经验,提升法官说理水准。

案例提供单位:上海市徐汇区人民法院

编写人:陆　佳

点评人:李　峰

14. 上海海隆置业有限公司、米翰等诉温州东信公司等房屋租赁合同纠纷案

——以诉讼代表人制度的新思路破解诉讼僵局

案 情

原告(被上诉人)上海海隆置业有限公司

原告暨代表人(被上诉人)米翰

原告暨代表人(被上诉人)凯利

原告(被上诉人)布某等十人

被告(上诉人)温州东信集团有限公司

被告(上诉人)上海珀丽酒店投资管理有限公司

被告上海珀丽酒店管理有限公司

上海市浦东新区民生路 1433 号金隆大厦(以下简称系争房屋)第一层至第四层的房屋产权人是上海海隆置业有限公司(以下简称海隆置业公司)(103 室除外),第五至二十四层为 400 套房屋,其中 31 套房屋的产权人是海隆置业公司,其余 369 套房屋的产权分属 341 位小业主,即翰隆等 314 人、米力等 27 人,该 341 位业主均为外国国籍。341 位小业主曾授权委托米克、当诺代为出租房屋、收取租金、出售房屋等,并可直接代为委托律师、签收法律文书等,委托期限为 10 年,在委托期限内,委托人同意任何一位受托人就其受托事项可行使转委托权等。

2006 年 8 月 23 日,米克以小业主授权代表、海隆置业公司等(甲方)的名义与被告温州东信集团有限公司(以下简称温州东信公司)(乙方)签订房屋租赁合同,约定由被告承租系争房屋,合同对房屋面积、租赁用途、租赁期限、免租期、租金、物业费、保证金及支付方式、违约责任等作了约定。2006 年 8 月 31 日,双方签订补充合同,就金隆大厦租金支付担保函的具体操作进行约定。2008 年 6 月 10 日,双方再签补充协议,就金隆大厦商业裙房第一层、第二层租金等事宜进行补充约定。2006 年 11 月 21 日,温州东信公司根据房屋租赁合同的约定,设立被告上海珀丽酒

店投资管理有限公司(以下简称珀丽投资公司),由珀丽投资公司实际使用金隆大厦,经营酒店业务;后珀丽投资公司与温州东信公司共同向原告支付租金、交涉租赁相关事宜。房屋租赁合同履行过程中,温州东信公司、珀丽投资公司存在长期拖欠巨额租金,拒不提供租金支付担保函,拒不配合将共管账户内资金划转至原告指定账户等违约行为。

2015 年 7 月 2 日,凯利作为 341 名小业主的委托代理人,与海隆置业公司共同向一审法院提起诉讼,案号为(2015)浦民一(民)初字第 25313 号,要求解除房屋租赁合同等。一审法院于 2015 年 11 月 17 日就该案件出具裁定,认为米克和当诺于 2014 年 6 月 20 日出具不可撤销委托书,将小业主委托书项下的受托权限转委托给米翰和凯利,但同日米克和当诺又另出具辞职声明,明确辞去小业主的委托书中所授予的受托人的职务,故凯利在未得到小业主授权的情况下,无权代理小业主提起诉讼,故裁定驳回起诉。之后,翰隆等 314 人出具经认证的委托书,委托米翰、凯利、王某某为代理人,委托事项包括出租、管理、出售相关事宜而涉及的争议和解、诉讼等事宜,并可直接代为委托律师等。

2016 年 1 月 11 日,海隆置业公司、米翰等 314 人以温州东信公司、珀丽投资公司、上海珀丽酒店管理有限公司(以下简称珀丽酒店公司)为被告,米力等 27 人为第三人向一审法院提起房屋租赁合同诉讼。一审法院于 2018 年 2 月 28 日作出(2016)沪 0115 民初 5678 号民事判决(以下简称 5678 号案件)。被告温州东信公司、珀丽投资公司不服该判决,提起上诉。二审期间,被告温州东信公司、珀丽投资公司提出有十余名外国小业主已经死亡。二审法院于 2019 年 2 月 25 日作出(2018)沪 01 民终 8141 号民事裁定,发回重审。

原告海隆置业公司、小业主原告代表人米翰、凯利、原告布某等十人诉称,本案的诉讼请求、租赁标的、权利义务、违约责任等均不可拆分,属于必要共同诉讼。但 300 多名自然人业主均系外国国籍,且年事已高(本案起诉时已有六人死亡),他们的生存状态及继承人情况难以及时查明、追加,甚至无法查明、追加。米翰、凯利作为大多数业主的受托人,申请作为诉讼代表人进行诉讼,符合《民事诉讼法》第五十三条规定。对于未经授权或已死亡的业主,可以参照《民事诉讼法》第五十四条规定进行公告、登记,由法院为其指定代表人。确定代表人之后,被代表的业主理应退出当事人序列,此乃代表人制度区别于代理人制度之所在。原告请求法院判令:(1)解除原、被告签订的房屋租赁合同、补充合同及补充协议;(2)三被告将系争房屋返还给原告;(3)三被告支付租金及逾期利息;(4)三被告支付解除合同违约金;(5)三被告支付房屋使用费;(6)三被告支付欠付的电费。

被告温州东信公司辩称,本案属于必要共同诉讼,全体业主均应参加诉讼。部分业主已经死亡,应当中止本案诉讼,由法院依职权查明死亡业主及其继承人情况,并等待继承人表明是否参加诉讼。现采取适用于普通共同诉讼的代表人诉讼,属于法律适用错误。法院确定的诉讼代表人米翰、凯利亦可能已全部死亡。未就案件实体问题进行答辩。

被告珀丽投资公司、珀丽酒店公司未作答辩。

审 判

一审法院经审理认为,案件涉及系争房屋的数百名自然人业主,因部分自然人业主死亡、部分自然人业主情况不明,经大多数业主申请,法院决定采取代表人诉讼,并刊发公告,通知相关自然人业主(或其继承人)至法院进行登记。经登记,自然人业主米翰、凯利、布莱迪、德拉柏、瑞金、莫科勒、库莱利、多力、托马斯、伍兹、凯利、考伦自行参加诉讼;其余自然人业主(或其继承人)推选或经法院指定,由米翰、凯利作为代表人进行诉讼,该些自然人业主(或其继承人)不再列入当事人序列;上述代表人的诉讼行为对全体被代表的当事人发生效力,案件裁判结果及于全体被代表的当事人。

被告温州东信公司申请中止审理缺乏依据,法院不予准许。被告温州东信公司和珀丽投资公司对原告主体资格的抗辩意见,一审法院审理意见同 5678 号案件意见,不予采纳。一审法院查实被告温州东信公司有未开具银行履约保函、迟延支付租金等行为,构成根本违约,出租方依约享有解除权。租赁合同因被告温州东信公司、珀丽投资公司根本违约导致解除,原告要求温州东信公司、珀丽投资公司返还房屋、支付租金及违约金,符合合同约定。合同解除后,被告温州东信公司、珀丽投资公司因未及时返还租赁物,还应承担相应的使用费(包括电费)。被告温州东信公司、珀丽投资公司未按期支付租金,应按照合同约定支付逾期付款违约金,支付至租赁合同解除之日。合同解除后,双方进入结算、清理阶段,原告再主张解除之后的逾期付款违约金,法院不予支持。

综上,一审法院依据《中华人民共和国合同法》第九十三条第二款、第九十七条、第一百零七条、第一百一十四条,《中华人民共和国民事诉讼法》第一百四十四条之规定,判决:一、原告与被告温州东信公司签订的租赁合同、补充合同及补充协议于 2015 年 12 月 16 日解除;二、三被告将系争房屋返还给原告;三、三被告向原告支付租金差额;四、三被告向原告支付违约金;五、三被告向原告支付房屋占有使用费;六、三被告向原告支付电费;七、驳回原告的其余诉讼请求。

一审判决后,被告温州东信公司、珀丽投资公司不服,提出上诉。

二审法院经审理认为,租赁合同履行过程中,大部分业主授权代理人发函要求解除租赁合同,该代理人获得 314 位自然人业主的授权,在人数和面积上均已达到绝大多数,可以认定代表大多数业主的意志。本案一审审理中,经大部分业主申请,请求采取代表人诉讼提起本案诉讼,亦可以认定代表大部分业主的意志,且与法律法规的禁止性规定并不冲突。温州东信公司、珀丽投资公司关于一审法院采用的代表人诉讼有误的上诉意见,法院不予采纳。二审法院审理后判决驳回上诉,维持原判。

点 评

本案是一起房屋租赁合同纠纷案,系通过诉讼代表人制度的新思路解决房屋租赁合同纠纷的一个范例。

本案的争议焦点在于若因外籍当事人死亡无法确定继承人或无法明确诉讼委托事宜而不断中止诉讼,将使案件陷入遥遥无期的停滞僵局时,采用何种诉讼制度来确保实体审理有效推进。结合案件实际情况,本案采用诉讼代表人制度予以应对,简化诉讼程序的同时,更加注重灵活运用现有的程序规则。对于生存状态确定且可以有效联系的当事人,允许其推选诉讼代表人或自行参加诉讼;对于无法确定生存状态或继承人的,采用公告与指定诉讼代表人相结合的方式推进诉讼,行之有效地破除了本案的程序障碍。

本案适用诉讼代表人制度解决相关程序性难题,通过技术性操作对现行程序性规则进行补缺,妥善解决了阻碍审判程序推进的技术性问题。赋予旧法条以新内涵,起到了良好的裁判示范作用。

案例提供单位:上海市浦东新区人民法院

编写人:蒋 炜

点评人:王国华

15. 任某某等诉上海携程国际旅行社有限公司等旅游合同纠纷案

——在线旅游产品"未成团"的举证责任及证明标准

案 情

原告(上诉人)任某某

原告(上诉人)胡某某

被告(被上诉人)上海携程国际旅行社有限公司

被告(被上诉人)上海科友国际旅行社有限公司

2018 年 3 月 24 日,原告任某某、胡某某分别通过携程旅行网预订"巴西＋阿根廷＋智利＋秘鲁 24 日 20 晚跟团游(4 钻)·10 人排领队高端定制＋入住原始森林酒店＋深入伊基托斯原始部落有机会与粉色海豚同游＋瓦尔帕莱索有轨缆车＋马丘比丘＋小飞机空中观赏纳斯卡大地画＋复活节岛＋全程 WIFI"旅游产品(以下简称涉案旅游产品),订单号分别为 4671225804、4671225392,原告为此支付旅游费用共计 114 592 元。

同日,被告上海携程国际旅行社有限公司(以下简称携程国际旅行社)向原告发送《团队出境旅游合同》,载明出境社为携程国际旅行社。第十二条"出境社解除合同"约定:未达到约定的成团人数不能成团时,出境社解除合同的,应当采取书面等有效形式。出境社在行程开始前 30 日以上提出解除合同的,不承担违约责任。第十七条"出境社的违约责任"第 1 款约定:出境社在行程开始前 30 日以内提出解除合同的,或者旅游者在行程开始前 30 日以内收到出境社不能成团通知,不同意转团、延期出行和改签线路解除合同的,出境社向旅游者退还已收取的全部旅游费用,行程开始前 29 日至 15 日,支付旅游费用总额的 2% 违约金。如支付的违约金不足以赔偿旅游者的实际损失,出境社应当按实际损失对旅游者予以赔偿。第十七条第 3 款约定:出境社具备履行条件,经旅游者要求仍拒绝履行本合同义务的,出境社向旅游者支付旅游费用总额 30% 的违约金。第二十条"线路行程时间"约定:出发时间 2018 年 12 月 12 日,结束时间 2019 年 1 月 4 日,共 24 天。第二十四条"拼团约定"约定:旅游者同意采用拼团方式拼至上海科友国际旅行社出境社成团。第十三条"旅游者解除合同"约定:未达到约定的成团人数不能成团时,旅游者既不同意转团,也不同意延期出行或者改签其他路线出团的,出境社应及时发出不能成团的书面通知,旅游者可以解除合同。旅游者在行程开始前 30 日以上收到旅行社不能成团通知的,旅行社不承担违约责任。第二十七条"其他约定事项"载明"产品说明":最少成团人数 6 人,出发前 30 天如您未收到成团通知,携程会短信询问您是否愿意等待。如您预订时距出发日期已不足 30 天,携程不保证一定成团,下单后请您耐心等待是否成团通知……宣布成团前,旅游者和出境社取消订单的,双方互不承担违约责任。"违约条款"约定:旅行社违约,在行程前解除合同的,必要费用扣除标准为——行程前 75 日至 1 日,退还全额旅游费用,支付旅游费用总额 70% 的违约金。

2018 年 10 月 10 日,被告携程国际旅行社致电原告,主要通话内容如下:携:这个团的话现在好像是有一些问题,好像不知道能不能成团,那您可以先跟他发邮件沟通好吗。原:他这个邮件是不是你发给我的是吧? 携:是的,我已经发到您短信里面,您看看应该已经收到了……原:这个团怎么不成团呢? 携:我也不清楚,我们没有收到通知,我刚刚给他打电话问签证的问题的时候,他才告诉我的,具体的话您可以跟他邮件沟通问一下他。

同日,原告收到被告携程国际旅行社发送的短信,主要内容如下:【携程网】供应商材料接收地址……单位全称:上海科友国际旅行社有限公司(以下简称科友国际旅行社),联系人:朱某某,手机:156＊＊＊＊5715。

后原告致电朱某某,主要通话内容如下:科:你们订那个 24 天那个团不成团了。原:不成团啦? 科:对。原:那什么原因啊。科:就是之前那会儿 12 月份那个机票航班有那个出现问题了……科:但是现在是这种情况,因为像南美这边的产品,它就是成团率确实比较低,而且有些会出现各种情况。

2018 年 10 月 13 日,被告携程国际旅行社向原告退还全部旅游费用。

两原告诉称,2018 年 3 月以来国际油价上涨、美元升值和合同价格低等因素,是产生本案旅游合同违约纠纷的根本原因。被告为了转移经营风险,以机票航班出现问题作为不成团的理由,单方解除合同,没有任何法律依据,已构成恶意违约,应当承担违约责任。原告为此多次与两被告沟通,但未果,遂诉至法院,请求判令:(1)被告携程国际旅行社支付原告违约金 80 214.40 元;(2)被告科友国际旅行社就上述诉请承担连带支付责任。

被告携程国际旅行社辩称,其不存在违约行为,不同意原告要求其承担违约金的诉讼请求。理由如下:(1)涉案旅游产品下单人数共计 6 人,除两原告外,剩余 4 名下单人员在出行前取消订单,导致本案成团人数不足,无法成团。(2)原告预订了南美 4 国 24 游(出行日期为 2018 年 12 月 12 日),被告携程国际旅行社于

2018 年 10 月 10 日,即行程前 63 天通知原告旅游产品不能成团,并建议原告考虑其他产品,因原告予以拒绝,故最终解除合同。被告携程国际旅行社已经退还原告所支付的全部旅游费用。(3)根据双方签订的旅游合同及产品确认单,均明确约定宣布成团之前,旅游者和出境社取消订单,双方互不承担违约责任,宣布成团后,旅游者和出境社取消合同,按照双方约定承担各自违约责任。该条款双方自愿确认,并赋予同等解除权,合法有效,被告携程国际旅行社不存在违约情形。

被告科友国际旅行社辩称,不同意原告要求其承担连带责任的诉讼请求。理由如下:(1)被告科友国际旅行社不是本案的适格主体。涉案旅游合同系原告与被告携程国际旅行社签订,根据合同相对性原则,涉案合同中的权利义务与被告科友国际旅行社无关,科友国际旅行社亦不是携程国际旅行社履行合同义务的担保人。(2)涉案旅游合同明确约定宣布成团之前,旅游者和出境社取消订单,双方互不承担违约责任,被告携程国际旅行社在宣布成团前解除合同,无需承担违约责任。

审 判

一审法院经审理认为,本案争议焦点在于:第一,两被告辩称的因"未成团"而解除合同且无需承担违约责任是否成立? 第二,合同解除后的责任如何承担。

关于争议焦点一。法院认为,根据查明的事实,被告科友国际旅行社在原告致电询问未成团的原因时所作的答复为机票航班问题。审理中,两被告又陈述未成团的原因为未达到约定的成团人数,被告前后陈述不一致,其向法庭提供的涉案旅游产品订单详情等证据内容上存在明显瑕疵,无法佐证该产品实际的参团情况及成团人数不足的事实,故两被告的上述抗辩,难以采纳。本案纠纷的实质是被告以不成团为由,单方解除合同。因此,原告主张两被告就此存在违约情形,法院予以支持。

关于未履行通知义务的争议。根据法律规定,旅行社招徕旅游者组团旅游,因未达到约定人数不能出团的,组团社可以解除合同。但出境旅游应当至少提前三十日通知旅游者。涉案旅游合同亦约定,未达到约定成团人数不能成团时,出境社解除合同的,应当采取书面等有效形式。根据查明的事实,原告任某某系于 2018 年 10 月主动致电被告携程国际旅行社时得知涉案旅游产品未成团,此时距离出行日期 2018 年 12 月 12 日剩 2 个月左右时间。故被告以电话方式提前向原告确认不成团不能视为必然违反合同约定。但两被告在明确涉案旅游产品不成行的情况下采取消极放任态度,未及时主动通知原告,其服务存在明显不妥当之处,给消费者造成不良的消费体验,在今后的经营中应予以改进。

关于争议焦点二,原告主张根据涉案旅游合同第二十七条第 9 款约定,由被告

携程国际旅行社承担 70% 的违约金,被告科友国际旅行社承担连带责任。两被告对此均不予认可。就该项争议,法院分述如下:

关于违约金的争议。根据查明的事实,第二十七条第 9 款约定旅行社在行程前 75 日至 1 日前解除合同,必要费用扣除标准为退还全额旅游费用,支付旅游费用总额 70% 的违约金。法院认为,该条款约定系关于旅行社违约的情况下扣除必要费用的约定,并不适用于本案情形。原告依据该合同条款要求被告承担旅游费用 70% 的违约金,法院不予支持。根据涉案旅游合同第十七条第 3 款约定,出境社具备履行条件,经旅游者要求仍拒绝履行本合同义务的,出境社向旅游者支付旅游费用总额 30% 的违约金,故法院认定被告携程国际旅行社应当支付原告违约金 34 377.60 元。

关于责任承担主体。法院认为,根据法律规定,因未达到约定人数不能出团的,组团社经征得旅游者书面同意,可以委托其他旅行社履行合同。组团社对旅游者承担责任,受委托的旅行社对组团社承担责任。根据查明的事实,涉案旅游合同明确约定组团社为携程国际旅行社,旅游者同意采用拼团方式至被告科友国际旅行社,故本案的责任承担主体应为被告携程国际旅行社。原告要求被告科友国际旅行社承担连带责任的诉请,缺乏法律依据,法院依法不予支持。

综上,一审法院依照《中华人民共和国合同法》第六十条第一款、第一百零七条、第一百一十四条第一款,《中华人民共和国旅游法》第六十三条,《最高人民法院关于适用〈中华人民共和国民事诉讼法〉的解释》第九十条之规定,判令:一、被告上海携程国际旅行社应于判决生效之日起十日内支付原告任某某、胡某某违约金 34 377.60 元;二、驳回原告任某某、胡某某的其余诉讼请求。

一审判决后,两原告不服,提出上诉。

二审法院经审理后认为,一审判决认定事实清楚,法律适用正确,判决驳回上诉,维持原判。

点 评

本案是一起旅游合同纠纷案,系在线旅游产品"未成团"举证责任及证明标准的问题。

本案争议焦点在于:一是,两被告辩称的因"未成团"而解除合同且无需承担违约责任是否成立?二是,合同解除后的责任如何承担。对于焦点一,法院认为,根据查明的事实,旅行社单方面解除合同构成违约,并且旅行社在涉案旅行产品不成行的情况下没有履行通知义务,应当改进。对于焦点二,关于责任承担主体,法院认为,涉案旅游合同明确约定组团社为携程国际旅行社,旅游者同意采用拼团方式至被告科友国际旅行社,故本案的责任承担主体应为被告携程国际旅行社,科友旅行社不承担连带责任。

本判决明确旅行社应就"未成团"这一导致法律关系消灭(合同解除)的事实承担举证责任。同时,本判决立足于在线旅游产品的参团及签约交易惯例以及电子数据的固有特征,明确在存在事实争议时旅行社应提供更原始、直接的证据,否则视为未达到证明标准。本案裁判对于规范旅游市场的健康发展,在新形势下维护消费者权益,以及同类案件的审理,均具有积极意义。

案例提供单位:上海市长宁区人民法院

编写人:章晓琴　周泉泉

点评人:王国华

16. 桑某某诉上海楷摩汽车销售有限公司买卖合同纠纷案

——二手车消费欺诈的认定与处理

案 情

原告(被上诉人)桑某某

被告(上诉人)上海楷摩汽车销售有限公司

2018 年 3 月 24 日,原、被告签订购车协议一份,约定原告向被告购买发动机号为 4BJ235295 的昂科雷二手车一辆,协议载明公里数在 98 400 公里之内,成交价 147 000 元。协议签订后,原告付清了车款 147 000 元。被告将车辆交付原告使用。原告使用后发现车辆的实际公里数截至 2017 年 10 月 17 日已达 276 727 公里,与车内里程表上显示的被告承诺的公里数严重不符。

原告桑某某诉称,双方于 2018 年 3 月 24 日签订购车协议中,被告对该车辆的发动机、变速箱、公里数等车辆交易要素进行了书面保证,现车辆实际公里数远远大于被告在协议上所保证的"公里数在 98 400 公里之内"。原告认为被告在出售该车辆的过程中存在严重的欺诈行为,故起诉要求解除双方签订的购车协议、退一赔三,并要求被告承担因履行合同产生的损失。

被告上海楷摩汽车销售有限公司未应诉答辩。

审 判

一审法院经审理认为,原、被告于 2018 年 3 月 24 日签订购车协议,购车协议载明车辆的公里数在 98 400 公里之内,然根据法院查明的事实,该车在出售给原告之前实际的公里数已达 276 727 公里,表明该车辆的里程表显示的公里数被故意更改。被告故意更改里程数的行为构成欺诈。故原告要求撤销双方签订的协议,于法有据,应予支持。合同撤销后,被告应向原告退还已支付的购车款,同时原告应将系争车辆返还被告。对于原告主张三倍赔偿,法院认为,本案被告作为车辆出卖方应对其所出售车辆的各类信息尽到如实告知的义务,被告故意隐瞒车辆真实里程数的行为可认定为《中华人民共和国消费者权益保护法》第五十五条规定的经营者欺诈,故对原告主张三倍赔偿的诉请,法院予以支持。至于原告要求被告赔偿损失 6 632.95 元及律师费 20 000 元,法院认为相关损失有原告提交的证据予以佐证,系原告因购车合同实际产生的损失,应由被告承担;但合同并未就律师费进行约定,律师费的主张没有法律依据,难以支持。

综上,一审法院依照《中华人民共和国合同法》第五十四条第二款、第五十八条、第六十条第一款,《中华人民共和国消费者权益保护法》第五十五条第一款及《中华人民共和国民事诉讼法》第一百四十四条之规定,判决:一、撤销原告桑某某与被告上海楷摩汽车销售有限公司于 2018 年 3 月 24 日签订的《购车协议》;二、被告上海楷摩汽车销售有限公司于判决生效之日起十日内返还原告桑某某购车款 147 000 元,同时原告桑某某将系争车辆返还被告上海楷摩汽车销售有限公司;三、被告上海楷摩汽车销售有限公司于判决生效之日起十日支付原告损失 6 632.95 元及三倍赔偿款 441 000 元,合计 447 632.95 元;四、原告桑某某的其余诉讼请求,不予支持。

一审判决后,被告不服提出上诉。

二审法院经审理后认为,一审判决认定事实清楚,法律适用正确,判决驳回上诉,维持原判。

点 评

本案是一起关于二手车买卖车合同纠纷案,系二手车消费欺诈的认定与处理。

本案的争议一是车辆表显公里数与实际不符,是否属于消费欺诈,适用三倍赔偿。法院认定被告汽车销售公司存在欺诈行为,法律规定,经营者提供商品或者服务有欺诈行为的,应当按照消费者的要求增加赔偿其受到的损失,增加赔偿的金额为消费者购买商品的价款或者接受服务的费用的三倍。因购买车辆产生的保险费、轮胎、机油等相关费用也应由汽车销售公司一并承担。

本案裁判将更改表显里程认定为消费欺诈,且适用三倍赔偿,维护了《消费者权益保护法》第五十五条为消费者因受欺诈维权建立的惩罚性赔偿制度。对法院如何认定经营者欺诈以及惩罚性赔偿金计算基数的确定,具有指导意义。考虑到汽车作为特殊的大型高价值物品,对区分根本性欺诈与局部性欺诈的特殊规则的探讨亦具有实践意义。

案例提供单位:上海市崇明区人民法院

编写人:陈　凌

点评人:王国华

17. 上海博京律师事务所诉项某某法律服务合同纠纷案

——风险代理条款无效情形下律师服务收费标准之判断

案 情

原告(上诉人)上海博京律师事务所

被告(上诉人)项某某

2018 年 4 月 11 日,被告项某某(甲方)与原告上海博京律师事务所(以下简称博京律所)(乙方)签订聘请律师合同,约定:"项某某女士委托上海博京律师事务所处理有关甲方与郑某某有关婚姻及夫妻财产事宜。一、乙方接受甲方的委托,指派吴某某律师团队为甲方处理委托事项,具体委托事项如下:1.为甲方向郑某某发出律师函,主张财产权(具体由甲方确定);2.律师函发出后,如郑某某未做任何反馈,也未实现给付的,则代表甲方向郑某某主张权利,进行交涉或谈判,以实现甲方主张;3.律师函发出并与郑某某交涉或谈判未果的,代表甲方向郑某某提起诉讼,具体诉讼请求在甲乙方讨论基础上进行确定……四、经双方协商,甲方按如下方式向乙方支付律师费:1.第一项委托事项:律师函发出前,甲方先向乙方支付律师费人民币叁万元;2.第二项委托事项:通过交涉或谈判实现甲方主张的,则甲方同意按其配偶支付的一个月生活费标准向乙方支付律师费,该律师费甲方于第一个月生活费到账后 3 日内支付 50%,第二个月生活费到账后 3 日内再支付 50%;3.第三项委托事项:上述两项均未实现甲方主张的,则甲方委托乙方对郑某某提起离婚诉讼(一审、二审、调解、和解和执行等全部诉讼程序),甲方于正式起诉前再付 5 万元律师费,余款将通过诉讼或调解或和解而主张到的权益的 10% 作为律师费支付给乙方。"

同日,被告项某某在原告博京律所提供的《关于聘用律师合同的说明》落款处签名,具体内容如下:"本人与贵所于 2018 年 4 月 11 日签署的《聘请律师合同》第四条第 3 款说明如下:本案金额大、案情复杂、周期长,通过与上海博京律师事务所协商,考虑到本人诉前没有经济能力直接按《上海市律师服务收费管理办法》规定的标准支付律师费,故最后确定所有阶段全包收费比例 10%,并申请缓交律师费,经协商最后确定余款将通过诉讼或调解或和解而主张到的权益后再向上海博京律师事务所支付。"同日,博京律所向郑某某发送律师函,郑某某未予回复。

2018 年 4 月 24 日,原告博京律所为被告项某某拟写离婚起诉状,向法院申请立案。离婚起诉状由博京律所律师打印格式文本,项某某在落款"原告"处签名。起诉状中诉讼请求为:"1.依法解除原被告之间的婚姻关系;2.依法分割夫妻双方的财产。"在条款 2 打印文本之后手写添加"暂估人民币 6 亿元整"字样。博京律所陈述该手写添加部分由李某某律师在征得项某某同意后在法院立案时添加。项某某对此不予认可,认为在签署离婚起诉状时并未约定财产标的,博京律所前往立案时填写财产标的金额未与其进行沟通。

离婚起诉状后附有财产清单及估值表,暂估金额为 2 640 000 000 元。该表格由原告博京律所律师制作,被告项某某未签名。

2018 年 5 月 2 日,原告项某某诉案外人郑某某离婚纠纷案立案。2018 年 5 月 10 日,法院作出(2018)沪 0104 民初 9160 号民事裁定书,冻结案外人郑某某的银行存款人民币 600 000 000 元或查封、扣押其等值财产。

2018 年 7 月 24 日,被告项某某与案外人尹某某在博京律所签订委托调查协议,委托尹某某代为调查取证郑某某有无婚外情,合同签订首付款 25 000 元,调查终结后付款 25 000 元。费用 25 000 元由项某某交付博京律所李某某律师,再由律所支付给尹某某。

原告博京律所接受被告项某某委托后,开展律师服务工作,为离婚案件诉讼调取相关人员身份信息资料、代为缴纳诉讼费及保全费、申请调查令、申请限制郑某某出境、准备保全材料并申请保全、草拟调解方案、与项某某子女及郑某某律师进行沟通等相关工作。

2018 年 9 月 29 日,经调解当事人自愿达成(2018)沪 0104 民初 9160 号离婚调解协议并签收调解书。

原告博京律所提供证人孙某某、鲍某某的证人证言及公证书,证人孙某某、鲍某某系夫妻关系,证人与项某某系朋友关系。证人陈述,鲍某某出于同情让孙某某帮项某某找律师,在将选择的律师事务所及律师情况告知项某某后,项某某确定后就委托事宜与孙某某商讨,之后委托孙某某与吴某某律师交涉:(1)恳请吴律师代理此案;(2)律师费可否优惠?或按风险代理。吴律师答复:(1)风险代理不可做,司法部有规定;(2)建议先调解,不成再诉;(3)律师费可以按规定分期支付。被告项某某提出方案:前期少付点,结案按收益 10%结清。吴律师同意。之后项某某自行与律所签约,证人未参与。

2018 年 4 月 11 日被告项某某向原告博京律所转账 30 000 元,2018 年 4 月 26 日转账 50 000 元,合计 80 000 元。原、被告一致认可上述 80 000 元系支付离婚案件律师费。项某某另向吴某某律师交付现金 40 000 元,博京律所主张系办案费,现尚有余额 27 620.20 元,项某某认为系合同签订后给予博京律所的好处费,除差旅费外超出部分应予返还;调查费 25 000 元因违法应予返还,保全费 5 000 元由项某某刷卡支付。

户籍资料记载项某某的文化程度为文盲或半文盲。项某某于 2003 年 1 月 30 日初次领取驾照,有效期至 2025 年 1 月 30 日。

原告博京律所诉请,项某某支付博京律所律师费 45 239 930 元,后变更为 23 704 873 元。计算方式如下:离婚案件中涉及夫妻财产金额约 2 964 116 100 元,其中起诉前根据律师调查所确定的夫妻财产金额约 2 656 000 000 元,诉讼期间进一步调查确定的金额 308 116 400 元,根据《上海市律师收费管理办法》,博京律所按规定可收取的律师费区间为 15 543 582 元至 31 866 164 元,现根据上述标准按中间比例收取费用,即 23 704 873 元。

被告项某某辩称,原告博京律所的诉请无事实依据,请求驳回全部诉讼请求,或者在 250 000 元以内酌定原告合理成本。(1)博京律所及其指派的吴某某、李某某律师严重违反系争合同约定,以牟取违法利益为目的,恶意损坏家庭关系,构成根本违约,无权主张律师费。(2)系争《聘请律师合同》第四条第 3 款“通过诉讼或调解或和解而主张到权益的 10%作为律师费”的约定属于风险代理收费,离婚案件禁止风险代理收费,故该收费标准约定无效。(3)项某某系文盲,在合同订立时不理解系争条款内容,《关于聘请律师合同的说明》不是其真实意思表示,对其不产生效力。(4)《聘请律师合同》中的讼争律师收费畸高,诉讼过程中,博京律所仅进行常规法律工作,工作难度低,耗时少,不符合重大、疑难、复杂的案件标准。(5)报酬计算应以其实际付出的工作量为基准。根据博京律所提供的工作清单梳理诉讼服务时间统计表,全部工作时间最多 106 小时,根据两人的执业经历和年限,吴某某律师按最高 3 000 元每小时计算,李某某律师按每小时 1 500 元计算,律师费至多 477 000 元。考虑到原告过错,至多在 250 000 元以内支付原告报酬。(6)原告起诉时主张的 600 000 000 元,未经被告确认,被告亦从未变更离婚诉讼标的为 2 964 116 100 元,标的额应当限定在被告取得的财产范围内,即 55 000 000 元,参考政府指导价,正常履行且有收益的可得报酬底线为 773 000 元。即使就高计算调解书涉及的财产总额,也仅 400 000 000 元(案件受理费 2 000 000 元,减半收取 1 000 000 元,法院确定诉讼标的约 40 020 000 元),正常履行且有收益的可得报酬底线为 2 720 000 元。基于原告违法、违约中的过错程度、原告实际工作量及原、被告之间专业知识和地位差异等因素,可在此基础上按 25%计算,即在 193 250 元之内确定原告报酬,最高不超过 680 000 元。

审 判

一审法院经审理认为,被告项某某与原告博京律所签订聘请律师合同,委托博京律所处理离婚纠纷一案,双方建立法律服务合同关系。户籍资料记载的文化程度并不能客观反映当事人的真实情况,即便文盲也并非无民事行为能力或限制民事行为能力,结合项某某取得驾照、正常处理日常生活事务的情况,且在离婚诉讼中,项某某本人到庭陈述其要求离婚的意愿,并经调解离婚的事实,足以证明离婚系项某某本人意愿,其为处理离婚事宜委托律师,签订聘请律师合同,系当事人真实意思表示。

原告博京律所与被告项某某约定的按实际实现的权益的 10% 收取律师费,属于风险代理。婚姻案件按风险代理收费不利于维护家庭和睦、有违善良风俗,亦容易引发道德风险,属于《中华人民共和国合同法》第五十二条第四项规定的"违反社会公共利益"的情形,因此合同中关于收费标准的约定应属无效。但博京律所在项某某与郑某某离婚纠纷诉讼过程中实际履行了代理义务,项某某亦接受了代理服务,故仍应根据律师收费管理办法的规定支付律师代理费用。

首先,《聘请律师合同》关于收费约定内容可以明确系争律师费用的收取以财产相关标的计算,双方在签订时对诉讼标的金额未有明确约定,但可以明确排除以财产总额收取律师费用。其次,在离婚案件诉讼过程中,博京律所律师作为项某某的诉讼代理人对夫妻双方财产标的金额的主张虽多有变动,但多次变动金额未经离婚案件双方当事人一致认可,亦未经法院最终确认,不足以影响对最后实现的财产权益标的的确定。再次,离婚案经调解结案,对财产价值也未作最后的评估确认。综合考虑以上因素,法院依照离婚案件最终结案确定的诉讼标的额 400 000 000 元计算项某某应支付博京律所的律师代理费用为宜。

根据《上海市律师服务收费政府指导价标准》,诉讼标的额为 400 000 000 元的收费在 2 723 000 元至 6 225 000 元之间,原告博京律所实际履行服务内容,且自被告项某某对博京律所提供的法律服务从未提出异议,最终离婚调解协议亦由代理人陪同项某某至法院签署,现项某某辩称博京律所构成违约缺乏事实及法律依据。根据博京律所提供的法律事务的难易程度、耗费的工作时间、委托人的承受能力、律师的社会信誉和工作水平等因素,参考上海市律师服务收费政府指导价标准,酌定为 4 500 000 元。

根据双方一致认可,被告项某某已向原告博京律所支付各项费用合计 1 445 000 元,扣除其应承担的保全费 5 000 元、诉讼费 1 299 525 元、调查费 25 000 元、差旅费 5 000 元,尚余 110 475 元,该部分费用应在律师代理费中一并结算。综上,项某某尚需支付博京律所律师费 4 389 525 元。

综上，一审法院依照《中华人民共和国民法通则》第五条，《中华人民共和国合同法》第六十条、第三百九十六条、第四百零五条之规定，判决：一、项某某于判决生效之日起十日内支付上海博京律师事务所律师费 4 389 525 元；二、驳回上海博京律师事务所其余诉讼请求。

一审判决后，双方当事人不服判决，均提出上诉。

二审法院经审理后认为，一审判决认定事实清楚，法律适用正确，判决驳回上诉，维持原判。

点 评

本案是一起法律服务合同纠纷，系风险代理条款无效情形下律师服务收费标准之判断。

本案争议点在于在风险代理条款无效下，律师服务费的收费标准如何判断。根据《律师服务收费管理办法》的规定，博京律所与项某某约定的按实际实现的权益的 10% 收取律师费，该约定对财产范围、价值衡量均处于不确定状态，并非对诉讼标的额的约定，符合风险代理的特征，属于风险代理。婚姻案件按风险代理收费不利于维护家庭和睦、有违善良风俗亦容易引发道德风险，属于《中华人民共和国合同法》第五十二条第四项规定的"违反社会公共利益"的情形，因此合同中关于收费标准的约定应属无效，但博京律所在项某某与郑某某离婚纠纷诉讼过程中实际履行了代理义务，项某某亦接受了代理服务，故仍应根据律师收费管理办法的规定按诉讼标的额比例支付律师代理费用。

本案裁判认定在风险代理条款无效，双方无其他约定的情况下，律师收费方式应当充分考量合同相对方的真实意思表示，了解当事人签署合同时的过程及背景，综合考量被代理人已支付律师费的情况、有无补充说明、有无明确提及按时收费等各种因素。法院依据代理案件结案标的，结合原告工作的难易程度、耗费的工作时间、委托人的承受能力、律师的社会信誉和工作水平等最终判定律师服务费。

案例提供单位：上海市徐汇区人民法院
编写人：张冬梅
点评人：王国华

18. 上海合全药业股份有限公司诉吉某某竞业限制纠纷案

——变相竞业行为及违约金合理区间的认定

案　情

原告(被上诉人)上海合全药业股份有限公司

被告(上诉人)吉某某

原、被告于2016年7月1日签订一份期限自2016年7月1日起至2021年6月30日止的劳动合同,约定被告应根据本合同以及双方另行签订《雇员保密信息和发明转让协议》及《竞业限制协议》的规定,履行相关义务。被告在该劳动合同中确认其有效送达地址为"江苏省苏州市工业园区新加花园17-202"。同日,双方签订《雇员保密信息和发明转让协议》及《竞业限制协议》。《竞业限制协议》中载明:1.生效条件:(a)本人同意,本竞业限制协议将在本人离职时或离职前公司通知本人在离职后应履行竞业限制义务之时即刻生效,竞业限制地域为中华人民共和国地域范围内……(b)本人同意,是否要求本人履行离职后的竞业限制义务将完全由公司单独决定,无需另行征得本人的同意……2.离职后本人应履行的义务:(a)本人同意,如本竞业限制协议生效,在本人与公司的聘用关系终止后6个月("竞业限制期")内,无论有无原因,本人均不能直接或间接地通过任何手段为自己、他人或任何其他实体的利益或与他人或任何其他实体,联合科研或开发、要约科研或开发、参与或提议科研或开发、招揽科研或开发与药明康德研发的化学分子、化合物、中间体等相同或相类似的化学分子、化合物、中间体,和/或从事与药物安全评价研究业务、药物临床前及临床试验研究业务、药物研究开发服务等相同或相似的业务。为有效保护公司保密信息,本人同意离职之日起两年内不与任何一公司客户签订聘用合同、顾问合同或存在事实劳动关系。(b)本人同意,如本竞业限制协议生效,在竞业限制期内(不论是否在营业时间内),本人不会从事与公司目前所经营的或其打算经营的业务相竞争的任何活动,本人也不会协助任何其他人或组织从事任何与公司目前所经营的或其打算经营的业务相竞争之业务。该等竞业限制的具体内容包括但不限于:不考虑以任何方式,本人在竞业限制期内不直接或间接地自营与公司有竞争的业务,也不直接或间接地在与公司业务相竞争的任何公司、单位等实体中任职(包括但不限于担任董事、经理、职员、顾问等职务,不管是全职的还是兼职的),亦不得将任何公司的规章制度、SOP、公司客户的规章制度和 SOP、公司与客户的合同、协议等文件以直接或间接方式借阅、复制、复印、提供给任何第三方……3.经济补偿金及支付方式:(a)本人同意,如本竞业限制协议生效,将接受公司给予本人的竞业限制的经济补偿金。经济补偿金按照如下方式计算:本人与公司的聘用关系终止前 12 个月(不足 12 个月按实际月数)的月平均收入的 20%作为月经济补偿金;经济补偿金的总额按照月经济补偿金额乘以实际履行竞业限制义务的月数计算。(b)本人同意,如本竞业限制协议生效,本人将按照如下约定时间和方式领取经济补偿金:(i)本人同意,在每次领取经济补偿金前应向公司提交如下证明材料:如与公司结束雇佣关系,在竞业限制期内如到任何新的实体任职(以及从此实体离职再到其他单位就职),本人将向公司提交本人与上述所有的新实体的劳动合同(或确定双方劳动关系或服务关系的其他合同、协议)复印件及社会保险管理部门出具的每月社保缴纳证明原件;如与公司结束雇佣关系,在竞业限制期内处于失业状态,则本人同意向公司提交有效的失业证明。本人确认并同意,按照本条款的约定向公司提交全部、真实、有效的证明材料是公司按照以下约定向本人支付经济补偿金的前提条件……4.违约金:本人同意以上述第 3 条(a)款所确定的经济补偿金总额的二十倍作为本人违反竞业限制义务的违约金,并且违约金的约定及执行不影响本人在竞业限制协议下的任何义务的继续履行……5.未尽事宜:本竞业限制协议作为《雇员保密信息和发明转让协议》的附件,未尽事宜按照《雇员保密信息和发明转让协议》的约定执行……

被告吉某某因个人原因于 2018 年 1 月 15 日提出辞职,于同年 2 月 13 日正式离职。被告提交的辞职申请表上"人力资源部确认"一栏处载明该员工辞职时尚未履行的义务有竞业限制,"部门领导确认"一栏中载明结束工作日期定为 2018 年 2 月 13 日,该员工需要履行竞业禁止协议,被告在最后的辞职申请人处签字,落款日期为 2018 年 2 月 13 日。

2018 年 2 月 7 日,原告按照被告在劳动合同中确认的送达地址向被告发出履行竞业限制协议的通知,物流信息显示于次日投递并签收,他人收。该通知要求被告自正式离职之日起 12 个月内履行保密和竞业禁止义务,作为补偿,原告将支付补偿金,金额为每月 21 510.30 元。至 2018 年 6 月 15 日,原告已按照 21 510.30 元/月标准支付被告竞业限制补偿金共计 86 041.20 元。

2018 年 6 月 15 日,原告按照被告在劳动合同中确认的送达地址向被告发出通知,要求被告于 6 月 19 日 17 时前,按照竞业限制协议的约定,向人力资源部的刘某某提交履行竞业限制证明文件,在被告提交履行竞业限制证明文件以前,原告将行使先履行抗辩权,暂时不予支付经济补偿金,且原告仍要求被告遵守竞业限制协议,如有违约,原告仍将要求被告承担相应的违约责任。物流详情显示次日签收。

2017 年 2 月至 2018 年 1 月期间,被告工资总额为 733 091.54 元,2017 年 3 月发放了 2016 年度奖金 283 718.26 元。

原告经营范围:药品生产(凭许可证及批文生产);从事药用化合物、化工原料的研发(危险品除外);药用化合物的批发和进出口(易制毒化学品除外);药用中间体的研发和生产;销售自产产品等。

重庆博腾制药科技股份有限公司(以下简称博腾公司)成立于 2005 年 7 月 7日,上市日期 2014 年 1 月 29 日,法定代表人居某某,注册地址重庆市(长寿)化工园区精细化工一区,办公地址重庆市北碚区水土园区方正大道重庆博腾制药科技股份有限公司新药外包服务基地研发中心。股东有居某某、张某某、徐某某等,徐某某于 2018 年 2 月辞去董事、副董事长、总经理等职务。经营范围:原料药生产(按药品生产许可证核定事项和期限从事经营);创新药品的技术开发、技术服务;化学原料药研究开发(含中小规模试剂)、技术转让、技术服务;医药中间体、精细化学品的生产、销售(不含危险化学品、易制毒化学品等许可经营项目);化学药品制剂制造(须取得相关行政许可或审批后方可从事经营)等。

重庆润生科技有限公司(以下简称润生公司)成立于 2014 年 10 月 8 日,原法定代表人居某某,2017 年 10 月 16 日变更为曹某,住所地重庆市北碚区水土高新技术产业园云汉大道 5 号附 190 号。股东有先进制造产业投资基金、重庆聚心投资有限公司等。居某某、徐某某任公司董事,张某某任监事会主席。经营范围:计算机软硬件及辅助设备开发、销售、技术咨询及技术服务;医药研究、技术开发、技术转让、技术咨询、化工产品(不含危险化学品和一类易制毒品)研究、技术开发、技术转让、技术咨询、销售及技术服务等。

2018 年 5 月 31 日,被告吉某某进入上海市闵行区紫竹科技园区紫月路 1299号博腾公司重庆园区,后多次进出。同年 6 月 11 日、13 日、14 日、21 日、29 日,被告吉某某均有出入。

"人才星工厂—重庆博腾"的网页上"接过'领导者之剑'——启明星二期五模块"(发布者:博腾制药,发布时间:2018-06-12)中载有"……为了让二期学员们对基于公司的战略目标之一向 API 业务转型所面临的挑战与机遇加深认识和理解,我们特邀 API 从业经验丰富的大咖——Justin(即被告)和梁主任进行了经验分享……有着丰富的 API 业务经验的 Justin 就'API 业务转型对资源的要求'深入浅出地分析了 API 业务各个阶段的标准与要求、重要时间节点控制等,并基于公司现有 CMO 资源情况,分别分析了加强 CRO API 业务我们需要如何简化流程、提高效率、建立模块化平台的资源调配体系,快速响应客户需求;基于 CMO API

业务合规性要求更加严格,提出了更为细致、更高标准的要求下,如何做好内部的 PMO、采购、研发、技术、生产等资源的匹配及应对、提升策略等……"。"关于我们—重庆博腾"网页上"公司简介"中载有"重庆博腾制药科技有限公司成立于 2005 年 7 月,是一家按照国际标准为跨国制药公司和生物制药公司提供医药定制研发生产服务的高新技术企业……以重庆、成都和上海相辅相成的三大研发中心……公司的主要服务内容包括为创新药提供医药中间体的工艺研究开发、质量研究和安全性研究,以及为创新药提供医药中间体的定制生产服务,包括研发阶段的小规模生产服务到商业化阶段的大规模生产服务,公司主要服务于临床试验至专利药销售阶段的创新药……公司致力于成立世界创新药公司优选的一站式医药定制研发生产合作伙伴……","联系我们—重庆博腾"网页上载明的博腾公司的研发中心包括上海博腾研发中心,地址是上海市闵行区紫竹科技园区紫月路 1299 号。

2018 年 6 月,原告处法务邱某某与被告的通话录音中,邱说:"关于您的竞业禁止的问题。"被告说:"竞业禁止有什么问题?我最近收到一个函件,是没有提供一些相关的文件是吧。"邱说:"对,我现在就是因为你这里一直没有跟我们提供相关材料,不知道您现在呢,是上班了还是没上班呢?"被告说:"没上班。"邱说:"没上班,那就是您现在是一直待着,待业在家吗?"被告说:"对。"邱说:"……咱们当面把一些事情再聊一聊。"被告说:"不提供这个文件的话也是我的权利吧。我不需要你们的补偿。"

微信号"博腾股份 Porton"2019 年 1 月 12 日发布的公司事件"博腾股份参加国盛证券 2019 年资本市场年会并发表主题演讲"一文中内容载有"2019 年 1 月 12 日杭州——近日,'国盛证券 2019 年资本市场年会'在杭州隆重举行,重庆博腾制药科技股份有限公司('博腾股份''公司')研发副总裁吉某某先生……受邀参加,吉某某先生代表公司发表了主题为'CDMO 行业探讨解析'的演讲……公司研发副总裁吉某某先生作为特邀嘉宾,在会议上发表题为'CDMO 行业探讨解析'主旨演讲……最后,吉某某先生表示,'CDMO 行业推动了欧美制药产业过去二十多年的深度分工和发展,博腾作为中国 CDMO 的第一梯队成员,有责任、有能力引领整个行业为中国制药产业的变革发展,并有希望真正跻身成为全球领先的制药服务平台,让新药更快惠及更多患者'"。

2018 年 6 月 28 日,原告申请劳动仲裁,要求:(1)继续履行竞业限制协议;(2)被告退还原告已支付的竞业限制补偿金 86 041.20 元;(3)被告支付原告违反竞业限制协议违约金 2 581 236 元。上海市金山区劳动人事争议仲裁委员会于 2018 年 8 月 14 日作出裁决:(1)被告支付原告违反竞业限制义务违约金 977 455.20 元;(2)被告返还原告竞业限制补偿金 37 168.44 元;(3)对原告本案其他仲裁请求不予支持。仲裁裁决书下达后,原、被告对裁决书均不服,提起民事诉讼。

原告上海合全药业股份有限公司诉称,2015 年 6 月 23 日,被告入职上海合全药物研发有限公司工作。2016 年 7 月 1 日,被告入职原告处,并与原告签订了劳动合同。同日,双方签订《竞业限制协议》,约定被告离职后 6 个月内不会从事与原告目前所经营的或其打算经营的业务相竞争的任何活动,也不会协助任何其他人或组织从事任何与原告目前所经营的或其打算经营的业务相竞争之业务,具体内容包括但不限于:不考虑以任何方式,在竞业限制期内不直接或间接地自营与原告有竞争的业务,也不直接或间接地在与原告业务相竞争的任何公司、单位等实体中任职(包括但不限于担任董事、经理、职员、顾问等职务,不管是全职的还是兼职的)。被告同意以竞业限制经济补偿总额的 20 倍作为违反竞业限制义务的违约金。2018 年 1 月 15 日,被告申请辞职,其在原告处最后工作日为同年 2 月 13 日。原告于同年 2 月 6 日及 13 日,分别以特快专递、书面通知的形式,告知被告要求其履行竞业限制义务,故双方签订的《竞业限制协议》自同年 2 月 6 日起生效。根据协议,原告支付被告经济补偿为 16 947 元/月(月平均工资 84 734.15×20%)考虑到被告在原告处的重要性以及为照顾被告在竞业限制期间的生活,原告主动将竞业限制补偿提高至 21 510.30 元/月,并已支付被告 4 个月经济补偿共计 86 041 元。被告在竞业限制期内一直告知原告工作人员其处于失业状态,然经原告工作人员调查发现,其实际已至博腾公司任职,而该公司与原告为竞争对手。故请求判令:(1)被告返还原告已付竞业限制经济补偿金 86 041.20 元;(2)被告支付原告违反竞业限制协议违约金 2 581 236 元。

被告吉某某辩称,不同意原告的全部诉讼请求。竞业限制协议中载明的"药明康德"与被告无劳动关系,故原告要求被告履行竞业限制义务属于无效约定;被告离职后与润生公司签订顾问咨询协议,与重庆新科讯人力资源信息咨询有限公司(以下简称新科讯公司)签订劳务聘用协议,故未违反竞业限制协议;原告主张违约金金额是竞业补偿的 20 倍,该金额明显过高。被告于 2016 年 7 月 1 日与原告形成劳动关系,于 2018 年 2 月 13 日离职。入职时,双方除签署劳动合同之外,同时签署了竞业限制协议,约定了竞业限制范围、期间(离职时起 6 个月)及补偿(离职前 12 个月平均工资的 20%)等。离职后,原告按月支付被告竞业限制补偿 21 510.30 元。之后,原告以被告在博腾公司办公场所出入为由,单方面认为被告违反了竞业限制义务,并停止支付补偿。事实上,被告出入博腾公司办公场所是因为其提供顾问的润生公司在博腾公司的办公楼内租用了实验室,同时润生公司还将其沙美特罗原料药的研发业务委托给了博腾公司,被告提供服务的公司是润生公司而不是博腾公司,润生公司作为一家呼吸用药仿制药公司,与原告新药研发服务平台属完全不同的业务模式,不具有竞争关系,不属被告竞业限制范围。现被告对劳动仲裁裁决亦不服,故起诉请求判令:(1)被告不支付原告违法竞业限制义务违约金

977 455.20 元;(2)被告无需返还原告竞业限制补偿金 37 168.44 元。

针对被告的诉讼请求,原告辩称,不同意被告的全部辩解。被告在润生公司工作仅是其单方面陈述,从仲裁到现在其未能提供证据证明为该公司提供劳务,且博腾公司与润生公司是关联公司,不能以此认定被告为润生公司提供服务。退一步讲,如果认定被告为润生公司提供服务,该公司亦是原告的竞争对手,该公司的主营业务包括医药研究及化工产品的研发,与原告的业务存在重合,故即使被告入职润生公司,其行为亦构成违约。由于被告违反竞业限制义务,故应当把原告已付的经济补偿返还。

审 判

一审法院经审理认为,本案的争议焦点之一在于双方签订的竞业限制协议是否有效及是否属于劳动争议案件的受理范围。根据规定,对负有保密义务的劳动者,用人单位可以在劳动合同或者保密协议中与劳动者约定竞业限制条款,并约定在解除或者终止劳动合同后,在竞业限制期限内按月给予劳动者经济补偿。劳动者违反竞业限制约定的,应当按照约定向用人单位支付违约金。原、被告于 2016 年 7 月 1 日签订了劳动合同、雇员保密信息和发明转让协议及竞业限制协议,上述协议系双方自愿签订,且不违反法律法规之规定,故属合法有效。被告主张竞业限制协议第 2 条(a)款提及的"药明康德",其全称为药明康德新药有限公司,系原告的控股股东,而被告从未在该公司工作,协议中要求被告向该公司履行竞业限制义务没有依据,该约定应属无效条款。法院认为,双方所签订的竞业限制协议中即便部分条款无效,亦不影响整个协议的效力,故被告应当履行其与原告约定的竞业限制义务。故对被告主张双方签订的竞业限制协议无效的意见,法院不予采纳。被告主张双方签订的竞业限制协议涉及竞业禁止的规定,不属于法院审理的范围。法院认为,《劳动合同法》第二十三条对竞业限制条款作出规定,且系履行劳动合同所产生的附随义务,而双方所签订的竞业限制协议约定的内容,符合劳动合同法中规定的竞业限制条款内容,故应当在劳动争议案件中处理。对被告主张不属于劳动争议案件审理范围的意见,法院亦不予采纳。

本案争议的焦点之二在于双方签订的竞业限制协议是否生效。根据双方签订的竞业限制协议的约定,该协议在被告离职时或离职前公司通知被告在离职后应履行竞业限制义务之时即刻生效。2018 年 2 月 7 日,原告按照被告在劳动合同中确认的送达地址通过 EMS 快递方式向被告发出履行竞业限制协议的通知,次日已签收。虽然被告抗辩其未收到,但该送达地址系被告填写的有效送达地址,其未通知过原告变更送达地址,故系有效送达,该通知签收之日竞业限制协议即生效。该通知要求被告自正式离职之日起 12 个月内履行保密和竞业禁止义务,并告知被告,原告将支付其补偿金,金额为 21 510.30 元/月。该通知中要求被告履行的竞业限制义务的内容与双方签订的协议内容确实发生了变更,变更的内容未经双方协商一致,故对被告不产生约束力,但原告要求被告履行竞业限制义务的意思表示已经到达被告处,被告仍应当按照双方签订的竞业限制协议履行相应的义务。退一步讲,即便被告未收到该通知,但被告所填写的辞职申请表上,原告亦明确要求被告履行竞业限制协议,而被告最后签字落款日期是 2018 年 2 月 13 日,因此,被告应于该日已经知晓原告要求其履行竞业禁止义务,故双方的竞业限制协议于该日亦已生效。对被告主张原告的通知无效,如需被告履行竞业限制协议,需重新发出通知的意见,法院不予采纳。

本案的争议焦点之三在于被告是否违反竞业限制义务。根据规定,当事人对自己提出的诉讼请求所依据的事实或者反驳对方诉讼请求所依据的事实,应当提供证据加以证明,但法律另有规定的除外。在作出判决前,当事人未能提供证据或者证据不足以证明其事实主张的,由负有举证证明责任的当事人承担不利的后果。本案中,原告为证明被告入职博腾公司,违反竞业限制义务,提供了视频资料(2018 年 5 月 31 日至 6 月 29 日期间,出入博腾公司上海研发中心、重庆园区)、2018 年 6 月 12 日博腾公司网页发布的文章(被告为博腾公司学员进行培训)、微信公众号于 2019 年 1 月 12 日发布的文章(被告作为博腾公司研发副总裁发表主旨演讲)等一系列证据,而被告对此予以反驳,针对视频资料,其认为出入上海市闵行区紫竹科技园区紫月路 1299 号是受崟岭公司的邀请前去访问,但其仅提供一份书面证言,未提供其他证据予以印证,结合博腾公司 2016 年 6 月 12 日发布的被告为该公司学员在上海研发中心进行培训这一事实,故对被告的此项辩解意见,法院难以采纳;针对出入重庆园区,被告主张系其履行与润生公司的顾问咨询协议,因润生公司租赁博腾公司办公楼用于办公,故而出现出入该园区的情况,但被告并未提供其实际履行顾问咨询协议的相关证据,再结合博腾公司在其网页及微信公众号发布的文章,润生公司与博腾公司存在的关联性,故对被告的此项辩解意见,法院亦难以采纳。另,根据规定,人民法院认为有必要的,可以要求当事人本人到庭,就案件有关事实接受询问。负有举证证明责任的当事人拒绝到庭、拒绝接受询问或者拒绝签署保证书,待证事实又欠缺其他证据证明的,人民法院对其主张的事实不予认定。法院要求被告本人于 2018 年 12 月 11 日、2019 年 2 月 15 日及 3 月 22 日到庭,而被告三次均未到庭,仅提供一张 2018 年 11 月 25 日从无锡飞往重庆的机票,无法成为其不到庭的客观理由,故应当对其主张的事实承担不利后果。此外,法院认为,在审理劳动争议案件中,亦应当运用诚实信用原则。其一,根据双方竞业限制协议的约定,被告有义务向原告提交就业或失业的相关材料用以证明其履行了竞业限制协议,该义务是支付经济补偿金的前提。原告处法务于 2018 年 6 月 21 日要求被告提供其履行竞业限制义务的相关材料,而被告认可其待业在家,却告知不提供材料是其权利,其不需要原告的补偿。其二,被告从仲裁直至 2018 年 12 月 11 日庭审,一直陈述其目前没有工作,处于无业状态,等诉讼结束后再找工作。在 2019 年 2 月 15 日庭审中,原告提供了博腾公司微信公众号发布的文章,用以证明被告担任该公司研发副总裁,之后,被告才认可其于 2018 年 10 月 1 日(在竞业限制期满后)已入职博腾公司,但认为并不违反竞业限制义务,此后才向法院提交了相关劳动合同等。鉴于被告与博腾公司之间存在利害关系,且被告存在不属实的陈述,故法院难以认定其于 2018 年 10 月 1 日才与博腾公司建立劳动关系。综上,法院认为被告最晚于 2018 年 5 月 31 日已经在为博腾公司工作。关于原告与博腾公司之间是否存在竞争关系,对照双方营业执照上的经营范围及双方在仲裁阶段确认博腾公司与原告系竞争对手、存在竞争关系的事实,故对原告主张其与博腾公司之间存在竞争关系的意见,法院予以采纳,从而对原告主张被告已违反竞业限制协议的意见,法院亦予以采纳。

本案的争议焦点之四在于竞业限制经济补偿的金额。根据竞业限制协议的约定,以被告劳动合同解除前 12 个月的月平均工资的 20% 作为月经济补偿金。2017 年 2 月至 2018 年 1 月期间,被告应发工资总额为 733 091.54 元,故月平均工资为 61 090.96 元,竞业限制经济补偿为 12 218.19 元/月。原告主张将 2017 年 3 月发放的 2016 年度奖金 283 718.26 元计算为该期间的工资,法院认为,该奖金并非 2017 年度的工资收入,仅是在 2017 年 3 月发放,故不能作为该期间的工资,对原告的此项意见,法院不予采纳。在实际履行过程中,原告自愿高于协议约定按照 21 510.30 元/月标准支付被告竞业限制补偿金,并无不当,法院予以确认。原告并未提供证据证明 2018 年 2 月 14 日至 5 月 30 日期间被告违反竞业限制协议,故原告应当支付被告该期间的经济补偿共计 75 426.34 元,而原告已付 86 041.20 元,故被告应当返还原告多付的经济补偿 10 614.86 元。

本案的争议焦点之五在于竞业限制违约金的金额。根据竞业限制协议的约定,以经济补偿金总额的 20 倍作为违反竞业限制义务的违约金,而经济补偿金的总额则按照月经济补偿金额乘以实际履行竞业限制义务的月数计算。对于"实际履行竞业限制义务的月数"理解上,双方存在争议,原告主张应当理解为双方约定的竞业限制期限 6 个月,被告主张应当理解为被告已经履行的竞业限制期限。法院认为,如果按照被告的理解来看,被告越早违反竞业限制协议,则其支付的违约金就越低,也就是说,如果被告在离职后的第一天就违约,则其不需要支付任何违约金,这显然不符合双方签订竞业限制协议的本意。故法院认为"实际履行竞业限制义务的月数"应当理解为双方约定的实际应当履行的竞业限制期 6 个月。关于违约金的基数,原告主张以其实际支付的月经济补偿金额 21 510.30 元计算,法院认为,该标准系原告自愿提高标准支付的经济补偿,并非竞业限制协议约定的标准,且该标准并非双方协商一致变更,故不能作为违约金的计算基数,对原告的此项意见,法院不予采纳,应当按照月经济补偿 12 218.19 元计算违约金。经计算,经济补偿金总额为 73 309.14 元(12 218.19 元/月×6 个月),违约金为 1 466 182.80 元(73 309.14 元×20 倍)。对于被告主张约定的违约金过高的问题,法院认为,根据规定,当事人主张约定的违约金过高请求予以适当减少的,人民法院应当以实际损失为基础,兼顾合同的履行情况、当事人的过错程度以及预期利益等综合因素,根据公平原则和诚实信用原则予以衡量,并作出裁决。当事人约定的违约金超过造成损失的百分之三十的,一般可以认定为《合同法》第一百一十四条第二款规定的"过分高于造成的损失"。本案中,被告在原告处担任研发部门的负责人,其掌握原告的经营保密信息及技术保密信息,而被告离职后却去原告的直接竞争对手博腾公司担任研发副总裁。对于创新药研发企业而言,高效、专业的技术团队是公司核心竞争力的重要组成部分,也是公司赖以生存和发展的基础和关键,而被告原是原告研发团队的负责人,被告的离去势必会导致原告研发团队的损失,同时又会增加对手的竞争力,故原告的损失可谓不可估量,而且在短期内亦难以计算。被告在离职后一直声称未就业,其存在违反竞业限制义务的主观恶意,如果真如被告所言在为其他公司提供劳务或者顾问咨询,完全可以在第一时间通知到原告,并将相关材料按照竞业限制的约定提交给原告,然被告却迟迟不肯提交,直至本案诉讼过程中,被告亦未如实告知其就业状态,显然违反了诚实信用原则。结合被告在原告处的收入颇高,且有理由相信其在博腾公司的收入会更高,约定的违约金并不会对其生活造成巨大影响。因此,在无法估量原告实际损失的情况下,法院结合被告的岗位性质、收入情况、过错程度及预期利益等进行判断,认定双方约定的违约金并不过高,对被告主张对违约金进行调整的意见,法院不予采纳,即被告应当支付原告违反竞业限制义务违约金 1 466 182.80 元。

综上所述,一审法院依照《中华人民共和国劳动合同法》第二十三条第二款,《最高人民法院关于适用〈中华人民共和国民事诉讼法〉的解释》第九十条、第一百一十条及《中华人民共和国民事诉讼法》第一百四十二条之规定,判决:一、被告吉某某于判决生效之日起十日内返还原告上海合全药业股份有限公司竞业限制经济补偿 10 614.86 元;二、被告吉某某于判决生效之日起十日内支付原告上海合全药业股份有限公司违反竞业限制义务违约金 1 466 182.80 元;三、驳回原告上海合全药业股份有限公司的其他诉讼请求;四、驳回被告吉某某的其他诉讼请求。

一审判决后,原告不服,提起上诉。

二审法院经审理后认为,一审判决认定事实清楚,法律适用正确,判决驳回上诉,维持原判。

点 评

本案为竞业限制纠纷。在双方争议的几个焦点中,被告是否存在违反竞业限制义务的行为是审理的重点内容。

审理上述问题涉及证明责任分配、经验法则与推定、法庭举证质证的基本规定与方法运用。根据民事诉讼法规定,当事人对自己提出的诉讼请求所依据的事实或者反驳对方诉讼请求所依据的事实,应当提供证据加以证明,当事人未能提供证据或者证据不足以证明其事实主张的,由负有举证证明责任的当事人承担不利的后果。本案中,原告为证明被告入职博腾公司,违反竞业限制义务,提供了视频资料、博腾公司网页发布的文章、微信公众号文章等证据。依据相关经验法则,可本推定被告就职于存在竞争关系公司的事实很可能存在,被告虽然对此予以反驳,但其仅提供一份书面证言,未能提供充分证据否定原告主张的事实。更为重要的是,法庭质证活动对被告不利,根据规定,人民法院认为有必要的,可以要求当事人本人到庭,就案件有关事实接受询问。负有举证证明责任的当事人拒绝到庭、拒绝接受询问或者拒绝签署保证书,待证事实又欠缺其他证据证明的,人民法院对其主张的事实不予认定。法院曾三次要求被告本人到庭,而被告均未到庭,且无不到庭的充分证据,明显缺乏配合法庭调查的积极态度,实际放弃了一些程序权利。根据直接言词原则,法官形成不利于被告的心证,即被告存在违反竞业限制义务的行为。以此基本事实作出本案判决。本案法官熟悉民事证据的基本原理和程序规范,对实体问题与程序问题分析深刻到位,裁判规范准确,具有较强的说服力。

案例提供单位:上海市金山区人民法院

编写人:唐军花　张　琳

点评人:李　峰

19. 上海丽兴房地产有限公司诉上海领先餐饮管理有限公司房屋租赁合同纠纷案

——履约瑕疵合同解除权的认定标准

案 情

原告(反诉被告、被上诉人)上海丽兴房地产有限公司

被告(反诉原告、上诉人)上海领先餐饮管理有限公司

原告上海丽兴房地产有限公司(以下简称丽兴公司)系上海市淮海中路某号房屋权利人。2010 年 5 月 8 日,丽兴公司与被告上海领先餐饮管理有限公司(以下简称领先公司)签订《香港广场房屋租赁合同》(以下简称《租赁合同》)一份,约定:(1)丽兴公司将位于上海市淮海中路某号香港广场商场南座 01、02、03 室房屋出租予领先公司使用(合同 1-1);(2)系争房屋禁止领先公司进行转租、转包、出借、与他人交换或共同使用等非领先公司独立自用之行为(合同 12-8-1);(3)如领先公司擅自改变系争房屋之专卖品牌或系争房屋之营业名称或领先公司无所出售品牌商品之合法有效委托授权书,如领先公司违反合同项下约定且经丽兴公司书面催告后 7 日内仍未予完全按约履行并致丽兴公司合同权益实质受损,如领先公司未经丽兴公司书面同意即擅自转租房屋、转让承租权或与他人交换各自承租之房屋,如领先公司未能按合同附件三所规定商品名称进行经营或在系争房屋内经营之主要产品或提供之主要服务或其类型不符合合同附件三所作规定,出现上述情形之一,丽兴公司有权终止合同并要求领先公司交还房屋,合同自丽兴公司将终止合同通知书送达领先公司之日起即行终止(合同 16-2-3、8、9、14 及合同 16-3);(4)当发生上述(3)所涉情形及领先公司提前解约时,丽兴公司有权没收领先公司缴付之全部保证金,领先公司在系争房屋之装修、装潢全部无偿归丽兴公司所有,领先公司并应付清本合同项下一切应付款项,包括补付已享用之装修期租金(合同 16-4);(5)未经双方协商一致,领先公司单方面违约要求提前终止合同,或因领先公司违约行为导致丽兴公司提前解除合同时,丽兴公司有权不予退还领先公司已付保证

金,此外,丽兴公司有权向领先公司追偿丽兴公司基于领先公司完全履约考虑而给予领先公司享有之装修期、免租期之租金损失,并有权向领先公司追偿因领先公司违约行为导致丽兴公司追究领先公司违约责任期间所形成之房屋闲置期之租金、物业管理费、推广费及其他费用(合同 17-3、17-5)。合同附件二约定:(1)系争房屋租赁面积为 1 802 平方米;(2)租期自 2010 年 9 月 18 日起至 2018 年 9 月 17 日止;(3)装修期为 4 个月,自 2010 年 5 月 18 日起至 2010 年 9 月 17 日止,装修期内免租金,但领先公司须按人民币 60 元/平方米/月(以下币种均为人民币)合 108 120 元/月支付物业管理费;(4)系争房屋仅限于用作"日式美食广场"品牌下之商品经营用途。合同附件三明确系争房屋所涉商品服务之商品名称为日式餐饮。合同附件五约定:(1)租金按先付后用、按月支付原则,领先公司须于每月首 5 日(包括该日)内支付当月租金及物业管理费;(2)租金按保底租金或提成租金中较高者支付,首 2 年每日每平方米租金为 8 元合每月 438 486.67 元,之后 4 年每日每平方米租金为 8.30 元合每月 454 929.92 元,最后 2 年每日每平方米租金为 8.80 元合每月 482 335.33 元;(3)物业管理费支付方式同租金,每月每平方米为 75 元合每月 135 150 元;(4)丽兴公司负责物业之整体推广,领先公司自租赁期开始之日起按每月每平方米 10 元合每月 18 020 元支付推广费;(5)领先公司应于合同签订同时缴交租赁保证金 1 147 273.34 元,该款项相当于系争房屋 2 个月之保底租金及物业管理费之和。签约后,丽兴公司、领先公司履行各自合同义务,丽兴公司交付系争房屋,领先公司缴纳租赁保证金 1 147 273.34 元,并实际支付截至 2017 年 11 月 30 日止之租金及物业管理费。

被告领先公司承租期间曾在系争房屋处以"A&M Bakery"品牌售卖蛋糕甜品。丽兴公司就此明确告知领先公司承租系争房屋仅限于用作"日式美食广场"品牌下之商品经营用途,而领先公司增设"A&M Bakery"品牌甜品经营已违反房屋经营用途之限制规定,故要求领先公司立即停止"A&M Bakery"品牌经营。2016 年 2 月 29 日,领先公司致丽兴公司《A&M Bakery 情况说明》,称"A&M Bakery"系领先公司特创之旗下品牌,系针对原甜品口味及创新之不足,特别创立及聘请高手艺甜品研发团队所推出具有美式主题之蛋糕甜品。其间,领先公司仍继续以"A&M Bakery"品牌进行甜品经营。针对"A&M Bakery"品牌下之商品经营,丽兴公司与领先公司多次交涉并明确领先公司该经营行为系属"涉嫌转租"行为。2017 年 7 月,领先公司向丽兴公司申请拟将原"甘味屋"区域改造调整为"上海情怀弄堂菜",因该项申请内容与房屋仅限于用作"日式美食广场"品牌下商品经营用途之合同约定内容相悖,故未获丽兴公司认同。

2015 年 1 月 23 日,因被告领先公司在经营过程中存在违法操作行为,上海市黄浦区市场监督管理局对领先公司作出罚款、行政警告处罚。对此,领先公司完成整改并予正常经营。

2017 年 9 月 29 日,原告丽兴公司致被告领先公司《解约通知》,称因领先公司长期存在涉嫌转租事宜,经丽兴公司催告仍未作合理解释及整改,且领先公司存在卫生、经营管理等问题,故自 2017 年 11 月 1 日起解除丽兴公司与领先公司所签租赁合同,领先公司须于 2017 年 10 月 31 日 17 时之前清结租赁费用、清空及恢复房屋原状并与丽兴公司办理房屋交还手续。2017 年 10 月 10 日,领先公司复函称丽兴公司解约行为缺乏合同或法律依据,如丽兴公司擅自解约,则丽兴公司须承担违约责任。对此,丽兴公司于 2017 年 10 月再次发函重申解约事宜。2017 年 10 月 31 日,领先公司未与丽兴公司办理解约事宜。2017 年 11 月 5 日,丽兴公司致领先公司《关于停止水电供应及收回房屋场地之通知》,称因领先公司未能按照解约通知办理房屋交还手续,故告知领先公司最迟应于 2017 年 11 月 7 日 17 时清空并交还房屋,如逾期,则丽兴公司将自行收房并停止供应水电煤及其他物业服务。2017 年 11 月 8 日,因领先公司未予交还系争房屋,丽兴公司遂对系争房屋停止供应水电。2017 年 11 月 15 日,领先公司致函丽兴公司称系争房屋内物品已予搬迁完毕。2017 年 11 月 20 日,法院基于领先公司申请委托上海现代建筑设计集团工程建设咨询有限公司(以下简称现代咨询公司)对系争房屋装修残值进行司法鉴定。2018 年 9 月 4 日,现代咨询公司出具《工程审价司法鉴定意见书》,鉴定结论明确系争房屋装修残值为 1 332 250 元。

原告丽兴公司诉称,因领先公司承租期间违反合同约定,且经丽兴公司催告后仍未予整改,故丽兴公司与领先公司所签租赁合同经丽兴公司书面通知解约后实际于 2017 年 10 月 31 日予以解除,而领先公司对于合同解除应予按约承担违约责任。诉讼请求:(1)确认丽兴公司与领先公司所签租约于 2017 年 10 月 31 日予以解除;(2)领先公司迁出系争房屋并变更或注销以系争房屋地址进行登记的相应证照,包括但不限于工商营业执照、餐饮卫生许可证等;(3)领先公司支付房屋空置期之租金、物业管理费及推广费共计 1 906 515.99 元(按 3 个月空置期计);(4)领先公司支付 2010 年 5 月 18 日至 2010 年 9 月 17 日装修期之租金 1 753 946.68 元。

被告领先公司答辩并反诉称,领先公司承租经营期间并无违约情节,丽兴公司书面通知解约系属擅自解约行为,而丽兴公司于 2017 年 11 月 8 日对系争房屋停止供应水电导致原告、领先公司所签租赁合同实际于该日予以解除,丽兴公司对于合同解除负有责任,丽兴公司就此应予赔偿领先公司因合同解除所遭受之损失,并与领先公司清结相关租赁费用。同时,领先公司提供《工程设计服务合同》《解除劳动合同补偿协议》、会员卡注销及退款明细、相关费用支付凭证等,称领先公司因合同解除实际遭受设计费损失 33 125 元、终止劳动合同所涉员工经济补偿金损失 51 126.45 元、会员储值卡退款金损失 278 043.60 元及装修残值损失 1 332 250 元,且丽兴公司应予退还领先公司所缴租赁保证金及领先公司所付租赁费用。

审 判

一审法院经审理认为,本案所涉《租赁合同》系原告丽兴公司与被告领先公司据各自真实意思表示依法签订,具有法律效力,丽兴公司与领先公司作为签约方均应恪守合同约定之义务。租赁合同针对被告承租期间进行经营活动作出以下限制,即(1)房屋内商品服务名称仅限于"日式餐饮";(2)系争房屋仅由领先公司独立自用;(3)领先公司不得擅自改变系争房屋之专卖品牌或营业名称;(4)领先公司不得将系争房屋予以转租或与他人共用;(5)系争房屋仅限于用作"日式美食广场"品牌下之商品经营用途。根据上述约定内容,领先公司对于系争房屋须保证独立自用,且经营活动须保证"纯日式"。领先公司承租期间增设"A&M Bakery"品牌甜品经营,领先公司于 2016 年 2 月 29 日就该品牌所出具情况说明中亦明确特创"A&M Bakery"品牌系为推出具有美式主题之蛋糕甜品。由此,"A&M Bakery"品牌下之商品服务已非租赁合同特别约定之"纯日式",领先公司该经营活动已违反合同对于经营活动所作出之限制性约定,丽兴公司就此要求领先公司整改,但领先公司仍继续进行非"纯日式"之商品服务,丽兴公司基于领先公司该项违约经营行为得以取得合同解除权。之后,在领先公司不予纠正之前违约经营活动情形下,却更进一步拟将原"日式餐饮"风格之"甘味屋"调整为非"日式餐饮"风格之"上海情怀弄堂菜"时,丽兴公司针对领先公司此项坚持不予纠正违约经营之行为予以行使合同解除权,且书面通知限定领先公司须于 2017 年 10 月 31 日 17 时腾空交房,根据解约通知之文意,法院对丽兴公司要求确认租赁合同于 2017 年 10 月 31 日予以解除之诉请依法予以支持。对于丽兴公司要求领先公司迁离并办理工商登记事宜之诉请,鉴于领先公司于本案审理期间已实际迁离,而工商登记事宜不属法院审理范围,故对丽兴公司该项诉请依法予以驳回。对于丽兴公司诉请之房屋空置期费用损失及装修免租期租金损失,鉴于丽兴公司诉请存在合同依据,而丽兴公司将房屋空置期定为 3 个月亦属合理,鉴此,对丽兴公司上述诉请依法予以支持。对于领先公司要求确认停水停电日期即 2017 年 11 月 8 日系合同解除日之反诉诉请,鉴于租赁合同经丽兴公司行使合同解除权后已实际于 2017 年 10 月 31 日予以解除,而停止供应水电仅系丽兴公司在合同解除后针对领先公司不予交还房屋所采取之对应措施,故对领先公司该项反诉诉请依法予以驳回。对于领先公司要求丽兴公司退还 2017 年 11 月 8 日至 2017 年 11 月 31 日期间租金及物业管理费之反诉诉请,鉴于丽兴公司与领先公司对于领先公司实际支付费用至 2017 年 11 月 30 日止均予确认,而租赁合同实际于 2017 年 10 月 31 日予以解除,且丽兴公司针对合同解除后之房屋费用已通过空置期费用损失进行主张,鉴此,丽兴公司应予退还领先公司所缴 2017 年 11 月 1 日至 2017 年 11 月 30 日期间租赁费用,但因领先公司要求退还租赁费用之起计时间为 2017 年 11 月 8 日,故仅在领先公司诉请范围内对该项反诉诉请依法予以支持。对于领先公司要求丽兴公司退还租赁保证金之反诉诉请,鉴于租赁合同系因领先公司违约而予提前解除,合同约定丽兴公司在该情形下可予没收领先公司缴付之租赁保证金,故对领先公司该项反诉诉请依法予以驳回。对于领先公司要求丽兴公司赔偿各项损失之反诉诉请,鉴于租赁合同系因领先公司违约而致提前解除,领先公司作为违约方要求丽兴公司赔偿损失缺乏法律依据,对此项反诉诉请依法予以驳回。

综上,一审法院依照《中华人民共和国合同法》第八条、第六十条第一款、第九十三条第二款、第九十六条第一款、第一百一十四条第一款之规定,判决:一、丽兴公司与领先公司于 2010 年 5 月 8 日所签《香港广场房屋租赁合同》于 2017 年 10 月 31 日予以解除;二、领先公司于判决生效之日起十日内赔偿丽兴公司 3 个月房屋空置期租金、物业管理费及推广费损失 1 906 515.99 元;三、领先公司于判决生效之日起十日内赔偿丽兴公司装修免租期租金损失 1 753 946.68 元;四、驳回丽兴公司的其他本诉请求;五、丽兴公司于判决生效之日起十日内退还领先公司 2017 年 11 月 8 日至 2017 年 11 月 30 日期间租金及物业管理费 473 405.33 元;六、驳回领先公司的其他反诉请求。

一审判决后,被告领先公司不服,提起上诉称:(1)一审法院认定"A&M Barkery"蛋糕店违反房屋租赁合同的限制性约定,与事实不符。"A&M Barkery"蛋糕店之前是"银座蛋糕店",除店名不同外,"A&M Barkery"蛋糕店与银座蛋糕店经营的商品类型并无不同,且蛋糕店经营场地的布局和装修均未发生根本变化。银座蛋糕店调整为"A&M Barkery"蛋糕店属于定期的商家策略,为了吸引顾客的档口升级,不属于违反专卖品牌。另,"A&M Barkery"蛋糕店只有 30 平方米,东京食尚有 1 800 多平方米,仅名称的变化不可能影响整体品牌和风格。一审法院自行将合同附件三约定的"日式餐饮"解读为"纯日式",无事实和法律依据。(2)一审法院认为领先公司拟将原"甘味屋"区域改造调整为"上海情怀弄堂菜"是进一步违约,丽兴公司有权在此时行使合同解除权,与事实不符。虽然领先公司确实从商业角度考虑经营"上海情怀弄堂菜",并向丽兴公司提出了申请,但由于丽兴公司的反对,领先公司不仅未装修,更未经营,且丽兴公司在一审中也无任何证据证明领先公司经营"上海情怀弄堂菜"。(3)丽兴公司解约通知并未提及所谓改变系争房屋之专卖品牌,解约通知的理由与本案认定事实不符。2017 年 9 月 29 日,丽兴公司发出第一次解约通知,认为领先公司"长期以来涉嫌转租""后厨卫生、经营管理方面各项问题不予改进",同年 10 月 17 日,丽兴公司发出《解约通知(2)》,解约理由同样是"长期以来涉嫌转租事宜"。以上两次解约理由均未涉及所谓改变系争房屋之专卖品牌。(4)2017 年 11 月 8 日起,丽兴公司采用停水停电、封堵领先公司餐厅的全部出入口等违约手段强行解除《房屋租赁合同》,领先公司据此认为,2017 年 11 月 8 日为《房屋租赁合同》的解除日。综上,请求判令:(1)撤销一审判决第一项、第二项、第三项;(2)改判确认领先公司与丽兴公司的《房屋租赁合同》于 2017 年 11 月 8 日解除;(3)改判丽兴公司退还领先公司租赁保证金 1 147 273.34 元;(4)改判丽兴公司赔偿领先公司租赁房屋装修的残余净值共计 1 332 250 元;(5)改判丽兴公司赔偿领先公司设计费折价费 33 125 元(设计费共计 318 000 元,租期为 8 年,尚余 10 个月,折价费 33 125 元);(6)改判丽兴公司赔偿领先公司向员工支付提前终止劳动合同的经济补偿金 51 126.45 元;(7)改判丽兴公司赔偿领先公司储值卡退款金 278 043.6 元。

二审中各方当事人一致确认,"A&M Bakery"蛋糕店的经营面积约 30 平方米,其前身亦是蛋糕店。丽兴公司陈述,其系行使约定解除权,解除权自 2016 年 2 月发现领先公司经营"A&M Bakery"蛋糕店时产生。领先公司陈述,其所承租的 1 802 平方米的整个承租范围都是以"东京食尚"的统一名称对外推广经营,可以理解为整个承租范围的是一个名字叫"东京食尚"的美食广场。"东京食尚"设立十个档口,分别提供不同的餐饮服务。丽兴公司陈述,"东京食尚"系领先公司针对系争房屋的经营所设定的一个对外宣传的商业品牌,凸显其经营的商业业态和内容。其约定"日式餐饮"的目的一方面是为了规范经营类别、避免同业竞争,另一方面是为了避免承租人变相转租。丽兴公司运营部负责租户的日常运营管理,会派员日常在现场巡楼查看,针对卫生、经营、管理等各项问题与租户沟通。领先公司擅自变更经营范围,虽未达到同业竞争致使其他租户经营冷淡退租等极端损害情况,但仅就经营业态合理分布、同业竞争等方面考虑,领先公司擅自变更经营品牌同样影响其他相关租户的正常经营,从而损害作为出租人的丽兴公司的利益。

二审法院经审理认为,合同解除权是形成权,合同一旦解除对双方当事人权利义务影响巨大,法院应对合同解除权条件的成就与否进行审慎审查。本案中,丽兴公司于 2017 年 9 月 29 日发函解除合同,理由是领先公司长期存在涉嫌转租事宜,经催告仍未做合理解释及整改。在法院审理期间,丽兴公司并未对领先公司转租进行举证,领先公司亦不认可其存在转租行为,因此,丽兴公司就其因领先公司存在转租而致合同解除承担举证不能的责任。

一审法院认为原告丽兴公司基于被告领先公司经营"A&M Bakery"品牌下之商品服务而取得合同解除权有所不当,难以认同。具体分析如下:首先,合同中虽有"日式美食广场""日式餐饮"等约定,但其合同中对违约条款中亦有"或在该房屋内经营的主要产品或提供的主要服务或其类型不符合本合同附件三的规定"的约定,从其"主要产品""主要服务"的合同表述中,无法得出经营活动必须保证"纯日式"的结论;其次,领先公司在审理中所提供的"东京食尚"的餐牌,丽兴公司虽不予认可,但并未提供相反证据予以否认。结合双方当事人对"东京食尚"业态的描述,对该证据予以采信。双方所签订的租赁合同对经营范围作出特别约定,丽兴公司亦有专门的工作人员对租户的卫生、经营、管理进行巡查,对领先公司在租赁期间的经营范围应推定为其知晓。在该餐牌中除日系餐饮外还出现中式、韩式菜系,与上述"主要产品""主要服务"的约定相印证。现在案并无证据证明丽兴公司曾对此提出异议,亦能证明所谓"日式餐饮"应为"主要产品""主要服务";再次,系争房屋地处综合性商业广场的地下一层,在整个商业综合体中的餐饮档次的定位特征,且经营面积1 800余平方米,无论从其经营场所所处的位置还是经营面积,要求"纯日式"经营显然不符合商业逻辑;最后,退一步讲,即使"A&M Bakery"蛋糕店系美式蛋糕,不符合"日式餐饮"的合同约定,但该店面积仅为30平方米,在整体租赁面积中占比极小,且前身亦是蛋糕店,品类并未更改,属于领先公司履约瑕疵,并非根本违约。且丽兴公司于2016年2月发现后,此后双方虽多次沟通,但丽兴公司于2017年9月行使解除权时并未将此作为理由,缺乏合理性。丽兴公司在长达一年多的时间内照常收租,其主要合同目的未受到影响。丽兴公司在一审法院审理中主张其行使合同解除权的合同依据均未能提供证据予以证明,应承担举证不能的后果。综上,在双方履约过程中,丽兴公司无合同解除权。丽兴公司主张合同于2017年10月31日解除缺乏依据,不予支持。就其依照丽兴公司违约所主张的房屋空置期之租金、物业管理费及推广费、2010年5月18日至2010年9月17日装修期之租金均不予支持。

原告丽兴公司于2017年11月8日擅自停止供应水电,致使被告领先公司无法按照租赁目的使用系争房屋,合同目的无法实现,领先公司主张租赁合同于该日解除,符合法律规定,予以支持。就领先公司主张退还超付的租金及物业管理费,一审法院所作判决并无不当,予以认可。因合同无法继续履行,领先公司主张丽兴公司返还租赁保证金符合法律规定,予以支持。因丽兴公司原因以致领先公司无法按照合同约定期限使用房屋,房屋的装修价值无法用尽,由此造成的损失应当由丽兴公司赔偿。根据司法鉴定意见,系争房屋装修造价残值1 332 250元,领先公司要求照价赔偿具有事实及法律依据,予以支持。关于领先公司主张丽兴公司赔偿因提前终止劳动合同向员工所支付的经济补偿金,酌定支持3万元。理由如下:领先公司承租1 800余平方米的经营面积经营餐饮,因提前解约,导致部分劳动合同无法继续履行以致需支付经济补偿金符合相关法律规定。结合领先公司所承租的面积及用工规模,现领先公司仅主张其赔偿两名员工的经济补偿金具有合理性。虽丽兴公司对领先公司提供的相关证据不予认可,但并未提供相反证据,结合上述分析,对丽兴公司关于此项的意见不予采纳。领先公司所主张的金额中部分金额系工资,予以扣除后酌情确定丽兴公司需赔偿领先公司 3 万元。领先公司所主张的剩余租期设计费折价款、储值卡退款金均缺乏法律依据,不予支持。综上所述,一审法院对本案部分处理有所不当,予以纠正。

综上,二审法院判决:一、维持一审判决第五项;二、撤销一审判决第一、二、三、四、六项;三、丽兴公司与领先公司于 2010 年 5 月 8 日所签《香港广场房屋租赁合同》于 2017 年 11 月 8 日予以解除;四、丽兴公司应于判决生效之日起十日内返还领先公司租赁保证金 1 147 273.34 元;五、丽兴公司应于判决生效之日起十日内赔偿领先公司装修损失 1 332 250 元;六、丽兴公司应于判决生效之日起十日内赔偿领先公司因提前终止劳动合同向员工所支付的经济补偿金 3 万元;七、驳回丽兴公司的诉讼请求;八、驳回领先公司的其他反诉请求。

点 评

本案为房屋租赁合同纠纷,由于原告起诉后被告提出反诉,案件事实与法律关系的认定较为复杂。案件审理的主要问题在于合同解除条件的理解适用,尤其是合同履行瑕疵是否构成合同解除条件。合同解除分为约定解除与法定解除。前者为合同约定解除条件成就时合同予以解除,或者合同当事人各方协商一致解除合同;后者为出现法律规定的合同解除事由时,由享有合同解除权的一方当事人解除合同,终止合同的权利义务,当事人一方违约致使合同目的不能实现即为法定解除事由之一种。本案审理也需从约定解除与法定解除两个方面进行权衡。

在约定解除方面,丽兴公司主张的解除合同的约定条件尚未成就。合同约定"主要产品或提供的主要服务符合本合同附件三的规定",可证明合同中列明的经营产品或者提供服务有主有次,领先公司经营"A&M Bakery"品牌甜品占地只有 30 平方米,相对于 1 800 多平方米的经营场所,明显属于次要,尚不能构成违约,至多属于履约瑕疵。且丽兴公司明知此情况下仍照常收取租金,无法认定领先公司违约且解除合同的条件成就。在法定解除方面,丽兴公司的行为构成根本违约。丽兴公司在领先公司明确不同意提前解除合同的情况下,擅自对租赁房屋停水停电,致使涉案房屋场地无法正常经营使用,领先公司租赁此房屋经营餐饮的合同目的无法实现,也即出现法律规定的合同解除事由,丽兴公司应承担相应的违约责任。因此,二审法院在认定一审法院查明的事实基础之上,准确分析合同解除法律规定的适用条件,依法改判。

案例提供单位:上海市第二中级人民法院

编写人:王晓梅　高　勇

点评人:李　峰

20. 上海联大向峰物业管理有限公司诉上海强生置业有限公司物业服务合同纠纷案

——合同漏洞填补规则的理解与适用

案　情

原告上海联大向峰物业管理有限公司

被告上海强生置业有限公司

2003 年 7 月,联大房地产公司(甲方)与原告(乙方)签订《前期物业管理服务合同》,其中约定:第一条,甲方将虹桥银城委托给乙方实施物业管理。物业类型为办公楼。第二条,大厦坐落位置上海市长宁区中山西路某号。占地面积 3 611 平方米,建筑面积 30 860.28 平方米。第十三条,乙方负责向业主和物业使用人收取物业管理费每月 20 元/平方米(建筑面积)(含保洁、保安、房屋设备运行维修、养护费用)等。第十七条,委托管理期限自 2003 年 7 月 20 日起至 2006 年 7 月 19 日止。第二十一条,管理费由乙方按建筑面积每平方米 20 元向业主收取。对业主和物业使用人逾期交纳物业管理费的,乙方可以从逾期之日起按应缴费用千分之三加收滞纳金。第二十三条,车位和使用管理费由乙方按下列标准向车位使用人收取:……车库车位:1 800 元/只(自由车位);800 元/只(机械车位)。

此后,原告与联大房地产公司多次续签《前期物业管理服务合同》,委托管理期限延长至 2020 年 5 月 19 日,合同第二十一条约定的管理费一直为每平方米 20 元标准。第二十三条约定的车位和使用管理费标准于 2016 年 5 月 20 日至 2020 年 5 月 19 日期间变更为车库车位 1 200—1 500 元/只。其余有关委托管理事项、逾期付款滞纳金等条款未予以调整。

2008 年 1 月,被告成为涉案车库所在商务楼 1 楼及 3 楼房屋的产权人。之后,原告向其发放该大厦的《管理公约》及《用户手册》。自 2008 年起,被告按每平方米 20 元的标准向原告支付物业费。

2010 年 12 月 30 日,涉案地下室权利人登记为案外人陈某某。

2017 年 9 月 6 日,被告通过司法拍卖方式购得涉案地下室。

2018 年 4 月 11 日,被告签收《虹桥银城大厦用户手册》。该《用户手册》载明:第一章物业简介,虹桥银城大厦坐落于中山西路某号,大厦占地 3 611 平方米,总建筑面积约 3 万平方米,共 31 层,其中地上 30 层,地下 1 层为机械式停车库及设备房。第六章用户需付的费用,第 6.1 条,物业管理费 20 元/每月每平方米(建筑面积)。用户需在接收楼宇时缴纳 3 个月的物业管理费。用户在每月五日前,应将物业管理费及其他费用交付于管理处。逾期缴纳费用的,应支付滞纳金,滞纳金每日按 0.2% 计算。第 6.6 条大厦停车场收费中第 6.6.1 条地下车位一栏为空白。被告确认上述《前期物业管理服务合同》及《用户手册》对其具有约束力,且《前期物业管理服务合同》中载明的总建筑面积中包含涉案地下室建筑面积。

被告认为,地下室属于民防工程,合同中未明确约定地下室物业费收费标准,20 元/每月每平方米的标准不适用于地下室。

2018 年 8 月 10 日,上海联大向峰物业管理有限公司(以下简称联大物业公司)以强生公司为被告向法院提起物业服务合同纠纷,诉请,强生公司支付联大物业公司上海市长宁区中山西路某号 3 楼 2018 年 1 月 1 日至 2018 年 8 月 31 日的物业管理费 144 120 元(按每月 20 元/平方米的标准计算)。该案中,强生公司以其与联大物业公司就地下室收益分配存在争议以及联大物业公司的物业服务存在瑕疵之由进行抗辩。该案一审法院认为,双方之间有关地下车库收益的纠纷与该案无关,双方应另行协商或处置,不能成为拖欠物业费的理由,遂判决支持联大物业公司的全部诉讼请求。后强生公司不服一审判决提起上诉,二审法院判决驳回上诉,维持原判。

虹桥银城大厦未设立业主委员会。

关于涉案地下室的使用情况,原、被告一致确认地下室为车库,用于车辆停放,使用对象主要为楼内业主、租户等,外来车辆的停放需经被告同意。地下室现有 43 个停车位,其中 1 个占用消防通道,故实际可使用车位 42 个。

关于涉案地下室的收费情况,原告陈述:(1)地下室原为联大房地产公司所有,其为原告的母公司。从 2003 年 7 月 20 日原告开始管理虹桥银城大厦起至 2010 年 12 月 30 日地下室产权变更为陈某某之前,联大房地产公司同意地下车库的收入全归原告所有,用于补贴原告的成本,原告不再向其收取物业费。(2)2011 年 1 月 1 日起至 2016 年 10 月 31 日止,原告按每月 2 万元的标准向陈某某支付地下车库的包干费,其余车位收入归原告所有,陈某某不再向原告支付物业费。2016 年 11 月 1 日起,原告收取车位费后未再向陈某某或第三方支付 2 万元包干费,也未收取陈某某物业费。(3)经原告自行统计,2013 年至 2017 年期间,地上地下停车位年收入(未扣除应向陈某某支付的每年 24 万元)分别为:2013 年 401 366.90 元、

2014 年 475 520 元、2015 年 535 918.20 元、2016 年 532 685.80 元、2017 年 596 902.83 元。(4)地下室拍卖时,被告曾向原告了解相关情况,原告建议其不要购买。同时告知被告,若采用前产权人陈某某的包干模式,给付的包干费仍沿用每月 2 万元;若不能达成一致意见,被告需按合同约定的每平方米 20 元标准支付物业费,地上地下收费一致。(5)被告取得涉案地下室产权后至今未向原告支付过物业费或其他费用。即便原告免除了前两手产权人支付物业费的责任亦不可作为被告拒付物业费的抗辩理由。

对此,被告陈述:(1)对第一、二阶段的收费情况基本认可。被告知晓陈某某将地下车库交由原告管理,原告向其每月支付 2 万元。(2)拍卖前,被告确曾向原告了解过地下室的情况,但对方未谈及物业费按 20 元标准收取之事。(3)拍卖后,双方曾多次沟通地下车库收益分配事宜,但因金额存有差距,导致协商未果。

原告诉称,其系虹桥银城大厦的物业管理公司,被告为地下室的业主。根据原告与开发商签订的前期物业服务合同及续签合同第二十一条的约定,被告应按每平方米 20 元的标准支付物业费以及逾期付款的滞纳金。

被告辩称,不同意原告的诉讼请求:(1)地下室物业费收费标准不明确。过去十几年中,开发商及原产权人均未向原告缴纳物业费。被告并不知晓每平方米 20 元的物业费标准涵盖地下室部分。因此,前期物业服务合同、业主公约中约定的每平方米 20 元物业费标准不适用于地下室。(2)原告依托与开发商的关联关系,随意约定物业费标准,与实际提供的物业服务质量不一致。同时,地下室物业服务设施配备标准与楼上商业办公场所有区别,地下室物业费理应低于每平方米20 元。合同约定的价格背离商业惯例,有失公允。(3)由于原、被告对物业费收费标准存有争议,故被告未付物业费不存在过错,不应支付滞纳金。

因被告对涉案地下室物业费收费标准持有异议,其向法院申请司法评估。后法院委托信衡公司进行物业费价格评估。2020 年 3 月 2 日,该公司出具《物业服务价格评估报告》,评估结论为:根据评估对象的实际情况及物业服务内容和标准要求,经成本核算得出评估对象物业服务平均单价为每月 9.43 元/平方米。因当事人未提供该大厦的共用设施设备明细表和设施设备使用权限划分明细表,故设备设施日常运行、保养、维修等费用按大楼总建筑面积分摊测算。若有差异,需提供经法院认可的共用设施设备明细表和设施设备使用权限划分明细表,物业服务价格再作调整。

2020 年 4 月 5 日,原告当庭表示,愿意根据信衡公司的要求提供相关的物业资料。2020 年 5 月 29 日,信衡公司根据原告提供的资料就已出具的评估报告中的相关参数进行优化和调整,并作出《补充说明》:核算单价调整为每月 11.75 元/平方米。

审 判

一审法院经审理后认为,本案的争议焦点在于《前期物业服务合同》第二十一条约定的每平方米 20 元物业费标准是否适用于地下室;原告是否应按此标准履行付款义务。对此,法院本着尊重当事人意思自治的原则,先行审查《前期物业服务合同》中是否有关于地下车库管理费收取的特殊约定,若有则优先适用,反之则考虑适用第二十一条的约定。《前期物业服务合同》第二十三条约定,车位和使用管理费用由原告按每个车位 1 200 元至 1 800 元不等的价格向车位使用人收取。由于原告系地下车库的管理方而非产权人,不直接享有车位对外出租的租金收益,故对该条款进行文意解释及目的解释后可以看出,一则,原告收取的费用实际由车位租金以及车位管理费两部分组成;二则,合同赋予原告代为收取上述费用的权利,但未进一步约定租金及车位管理费的分配原则。据此,法院认为,虽然合同第二十三条未能明确反映地下车库管理费的收费标准,尚需结合查明的其他事实加以认定,但该条确属针对车库管理费的特殊约定,即将地上办公楼物业费与地下车库管理费分列于不同条款,且采用不同的收费原则。因此,法院认定合同第二十一条中有关每平方米 20 元的标准不直接适用于地下室。关于地下车库管理费的金额认定,需结合本案第一、二阶段的实际收费情况加以判断。在第一阶段,开发商与原告达成的合意是,其将所有收入的归属权让渡于原告以补充原告的成本支出。在第二阶段,陈某某与原告的实际履行方式变更了第一阶段的约定,双方达成了新的合意,陈某某享有 2 万元固定车位租金收益,余款均归原告所有,陈某某不再另行支付物业管理费。据此,可以发现,在第一阶段,因原告代为收取的费用均归其一方所有,故车位管理费的具体数额无法明确。在第二阶段,虽陈某某的收益明确,但从原告自行制作的车位收入统计表来看,剩余款项因每年收入上下浮动,导致无法推断出车位管理费的具体数额。由于合同第二十三条以及第一、二阶段的分配模式均无法确定车位管理费的收费标准或比例,同时前两手产权人与原告于合同外另行协商确定的不同收益结算模式对被告亦不当然具有约束力,故在合同条款约定不明的情况下,原、被告双方可就相关费用重新协商。然,在被告获得涉案地下室产权后,双方就车位收入如何分配无法达成一致意见。原告继而放弃分配模式,要求被告按建筑面积乘以单价的方式支付物业费,被告亦同意适用该计算方式,故双方的主要争议已转化为物业费单价的标准认定。根据相关规定,物业服务收费应当遵循合理、公开以及费用与服务水平相适应的原则。如前所述,前期物业服务合同第二十一条并不直接适用于地下室,但本案地下室的物业费收费是否可参照适用地上办公楼每平方米 20 元的标准,还是应采纳评估报告结论每平方米 11.75 元的标准,需结合上述原则加以认定。考虑到地下车库系地上办公楼的配套

（辅助）用房,原告在为整栋大厦提供物业服务的过程中,地上办公楼的服务内容,诸如安保、清洁的频次、标准等均高于地下室,大楼内设施设备诸如电梯、中央空调的使用数量、能源消耗量的分配等,地上办公楼亦多于地下室,故若参照适用每平方米20元的统一标准显然有失公允。现评估机构通过现场勘查并结合现有资料,根据原告对地下室提供的物业服务内容及水平,评估出地下室物业费按建筑面积计算单价为每平方米11.75元,折合成一个车位的管理费为490余元,此与商业办公楼地下车位管理费收费的行业惯例基本相适应,体现了质价相当的原则,法院予以采纳。据此,法院认定,现有情况下,被告可按每月每平方米11.75元的标准向原告支付相应的地下室物业费。至于原告主张的逾期付款滞纳金,因双方对地下室物业费收费标准存有较大争议,被告未付物业费的行为并不构成恶意拖欠,属事出有因,故对于原告的该项诉讼请求,法院不予支持。

综上,一审法院依照《中华人民共和国合同法》第六十条第一款、第六十一条、第六十二条,《物业管理条例》第二十一条、第四十条、第四十一条之规定,判决:一、被告应于判决生效之日起十日内向原告支付上海市长宁区中山西路某号地下室2017年12月4日至2019年2月28日的物业管理费315 506.58元;二、驳回原告的其余诉讼请求。

一审判决后,原、被告均未提起上诉,本案现已生效。

点 评

本案为物业服务合同纠纷。案件审理的难点为地下室物业费收费标准的判定,而此方面内容涉及合同漏洞填补规则的理解与运用。

案件审理中,法院依据当事人意思自治原则准确判明双方争执的关键为地下室物业费收费标准问题。根据订立的合同条款与履行过程,认为前期物业服务合同第二十一条约定并不直接适用于地下室,原告放弃了对地下室收费双方分成的模式,要求被告按建筑面积乘以单价的方式支付物业费,被告亦同意适用该计算方式,故双方的主要争议已转化为地下室物业费单价的标准认定。同时,法院根据交易习惯与公平原则判定收费标准,因评估报告的意见为收费标准11.75元/平方米,低于其他部分双方约定的20元/平方米,法院认为地下车库系地上办公楼的配套用房,原告在地上办公楼的服务内容,诸如安保、清洁的频次、标准等均高于地下室,大楼内设施设备诸如电梯、中央空调的使用数量、能源消耗量的分配等,地上办公楼亦多于地下室,故地下收费若参照适用20元/平方米的统一标准显然有失公允,按单价为11.75元/平方米,与商业办公楼地下车位管理费收费的行业惯例基本相适应,体现了质价相当的原则,应予采纳。

法院关于案件事实认定与法律适用的分析层层递进,符合法律思维规范,准确理解合同漏洞填补的规则与运用方法。同时,充分采用心证公开的方法,对评估意见并非简单表态采纳与否,而是披露所参照的经验法则,说明采纳的理由,以理服人,增强了裁判的权威性和准确性,可为类似案件的审理提供借鉴。

案例提供单位:上海市长宁区人民法院

编写人:吴 丹

点评人:李 峰

21. 上海首旗建筑工程有限公司诉南通建工集团股份有限公司建设工程施工合同纠纷案

——违法分包中合伙关系的认定

案 情

原告(反诉被告、被上诉人)上海首旗建筑工程有限公司

被告(反诉原告、上诉人)南通建工集团股份有限公司

第三人南通市友诚建筑劳务有限公司

2016年7月31日,原告上海首旗建筑工程有限公司(以下简称首旗公司)法定代表人楼某某与第三人南通市友诚建筑劳务有限公司(以下简称友诚公司)法定代表人章某某签订《合作协议》约定,楼某某与章某某共同出资出力,以被告南通建工集团股份有限公司(以下简称南通建工)资质参加徐工集团临港奉贤一期B项目(A0302地块)厂房改造工程投标工作。如果此投标项目由南通建工中标,是双方共同努力出资的成果。双方一致协商决定,以章某某为代表与被告签订内部承包协议,此协议书公证后报送一份至被告财务部,明确在此项目中需要支出一些费用时必须双方(楼某某与章某某)共同签字后才能生效,否则不能支出。双方共同承担合同总价2%为公司管理费,共同管理施工过程,承担债权债务及违约责任。平均分配税后利润。在施工过程中,双方共同定夺、劳务分包、材料采购单价、厂家必须由双方共同决定。

第三人友诚公司法定代表人章某某(乙方)与被告(甲方)签订《分包合同》约定,临港奉贤一期B项目(A0302地块)厂房改造工程施工合同,劳务由乙方承包,材料由甲方委托乙方采购,乙方承担劳务承包采购材料的一切经济、法律责任,自行采购的材料与甲方无关,不得以甲方名义签订经济合同。甲方收取工程结算价2%作为甲方管理费。

2016年10月20日,原、被告签订《建设工程施工劳务分包合同》约定,被告将"上海徐工B项目下料车间B项目(A0302地块)厂房改建工程"中的"水暖电气安

装等",具体内容为电气、给排水、暖通、设备安装等,分包给原告施工。价格为固定总价 15 159 113 元。全部工作完成,经工程承包人认可后 14 天内,劳务分包人向工程承包人递交完整的结算资料,双方按照本合同约定的计价方式,进行劳务报酬的最终支付。工程承包人不按约定核实劳务分包人完成的工程量或不按约定支付劳务报酬或劳务报酬尾款时,应按劳务分包人同期向银行贷款利率向劳务分包人支付拖欠劳务报酬的利息,并按拖欠金额向劳务分包人支付每日千分之十的违约金。原、被告确认该合同没有预算和报价单。

2016 年 10 月 20 日,被告(甲方)与第三人(乙方)签订《劳务分包合同》约定"上海徐工 B 项目下料车间 B 项目(A0302 地块)厂房改建工程"中的"施工图纸(含变更、会审纪要、技术核定单等)范围内所有土建及室内装饰工程"由被告发包给第三人施工,工程量以施工图纸为准,固定总价为 11 487 778 元。固定单价包干费包含一切图纸显示和未显示与本工程有关的工作内容(包括甲方的各项指令)。

2016 年 10 月 25 日,被告与第三人再次签订《上海徐工 B 项目下料车间 B 项目(A0302 地块)厂房改建工程劳务分包合同补充协议》,乙方指定房某某、楼某杰收货。还约定,除甲方供应材料外,同等条件下,经甲方批准同意,乙方可自行采购部分材料并承担自行采购材料的一切经济和法律责任。经甲方批准同意乙方自行采购的材料如需甲方加盖公章签订合同,向甲方缴纳 7% 采保费。甲方同意乙方聘请甲方技术负责人张某某为乙方项目经理。乙方同意补贴张某某每月人民币8 000 元工资。其他人员酌情考虑(乙方管理人员名单见附件一)。

2017 年 8 月,原告施工部分竣工。2017 年 12 月上述工程整体竣工。

2017 年 8 月 10 日,章某某、楼某某作为委托方与受托方马某某签订《建设工程造价咨询委托协议书》,委托马某某对临港奉贤一期 B 项目厂房改造工程进行结算编制。根据委托人提供的竣工图纸、施工合同、招投标文件、签证等完整的结算依据资料,完成结算编制工作并参与审计单位的核对。

2017 年 12 月 24 日,原、被告补签订《劳务合同》,约定被告将"上海徐工 B 项目下料车间 B 项目(A0302 地块)厂房改建工程"中的"合同外机电、装饰装修增加工程"劳务分包给原告。暂估价 16 500 000 元。取费标准:人工、机械、辅材费规费及税金。最终按实结算。

2018 年 2 月 2 日,被告与发包人签订《上海市建设工程竣工结算价确认单》,确认徐工集团临港奉贤一期 B 项目(A0302 地块)厂房改造工程,竣工结算确认价为138 627 804 元。

2018 年 2 月 5 日,楼某某与章某某签订《工程分包结算审定书》,分包人为原告的劳务费用审定金额为 3 150 086.99 元。审定单上签字,分包人为楼某某,生产经理为冒某某,执行经理也为楼某某,项目经理为章某某。原告认为:章某某与冒某某系被告方工作人员;其作为执行经理是其既系原告法人也是这个工程代表公司的总负责人,是项目分包的执行经理;审定金额存在笔误实际上应该为 31 500 286.99 元。被告认为:章某某系土建分包人,冒某某系章某某聘请的人员;章某某与楼某某系合伙关系。

楼某某出具《项目部叙述》言明:临港项目顺利完成,决算快速完成,资金到位及时,项目部利润微薄,望公司领导尽快批复,项目部能按合同支付相应单位。同时,叙述管理费,第一期按总工程款百分之一点五征收,项目部无异议。测算了扣除管理费、印花税、张某某费用、保函等费用后的实际金额。同时,向被告南通建工上海分公司出具《项目决算申请函》言明在签订内部协议前提下,带领项目部其他人员完成项目。项目部还有许多应付款待支付给供应商与劳务班组。项目部与公司财务部有过对账过程。望公司出具内部决算清单。下方有项目部负责人章某某签字。项目部管理人员:楼某某、张某某、冒某某、房某某均进行签字。

关于分包合同,原告认为,楼某某曾经意愿与章某某合伙,但因为合伙不成,其以劳务分包人身份参与工程,事实上所有劳务工作均由其完成,第三人并未参与劳务施工;被告认为,其将涉案工程整体分包给章某某,但是将土建劳务和安装劳务分别分包给原告及第三人,这是两个平行的关系,但分包及材料商的选择都经与章某某商量,经其同意;第三人认为,被告将涉案工程整体分包给章某某与楼某某合伙。

关于工程款,原、被告双方对于第一份合同无异议,认为合同结算价即为固定总价 15 159 113 元,但原、被告均已经无法提供该份合同预算书。对于已付款 28 300 000 元也没有异议。但对于第二份合同,增加工程部分,双方没有任何预算,也没有任何签证单。被告认为增加工程系业主增加,其内容为变更门卫 1、2,变更室外总体,变更主厂房,其他增加项目。原告认为,增加包括整个工程的厂房内的土建项目,包括装饰装修均由原告施工,由于闭口合同还未施工完毕就出现了增加工程,所以闭口合同和增加工程合同难以区分,只能进行全部结算。第三人认为,所谓分包合同均是为了合伙的走账,原告及第三人共同完成了施工,故所有分包合同均没有预算且决算时由楼某某及章某某共同委托马某某就全部工程整体决算。

原告提供的项目组主要人员联系清单及施工总包单位名单中,章某某作为项目总监,张某某作为项目经理,楼某某为项目副经理。

原告首旗公司诉称,原、被告于 2016 年 10 月 20 日签订《建设工程施工劳务分包合同》约定被告将"上海徐工 B 项目下料车间 B 项目(A0302 地块)厂房改建工程"中的"水暖电气安装等"劳务分包给原告。合同固定劳务报酬为 15 159 113 元。2017 年 2 月 25 日,原、被告签订《劳务合同》,约定被告将"徐工集团临港奉贤一期 B 项目(A0302 地块)厂房改建工程"中的"合同外机电、装饰装修增加工程"劳务分包给原告。合同暂估价 16 500 000 元(机电、装饰装修部分最终按实结算)。《劳务合同》第八条工程价款的拨付及结算方式:每月按照审核的月形象进度款支付 80%。工程竣工验收后一周内付至工程合同价的 95%,余款在质保期一个月后付清。双方约定管辖为工程所在地人民法院。上述两份合同签订后,原告履行了合同约定的全部施工义务,被告仅向原告支付了 28 300 000 元,剩余款项 3 270 286.99 元未付。劳务承包期间,为不影响工程进度如期完工,原告受被告指示向其他供应商垫付了部分货款和支付被告管理人员工资,共计 11 613 350 元,至今被告未支付上述垫付款。故向法院提出诉讼请求:(1)被告支付工程劳务款 3 200 286.99 元;(2)被告支付劳务款违约金(以 2 383 228.30 元为本金自 2017 年 8 月 20 日起;以 817 058.69 元为本金,自 2017 年 9 月 12 日起;均按每日千分之一的标准,计算至实际支付日止);(3)被告支付垫付款 13 953 737.22 元,并以该数字为基数自 2018 年 1 月 1 日起至实际清偿日止,按中国人民银行同期贷款利率支付利息损失;(4)被告支付维修费 149 169.60 元。

被告南通建工辩称,首先,不存在欠付工程款,原被告双方签订两份合同,第一份是固定总价合同,第二份增加工程需按实结算,但双方尚未对第二份合同进行结算。根据被告与工程发包人的结算,涉及第二份合同的工程款仅 60 余万元,而被告已经支付工程款 2 830 万元,已经超付。其次,关于原告主张垫付工程款的事实,垫付需要被告委托,但原告并没有举证证明被告委托的事实,关于垫付相关人员工资,原告所谓项目工作人员实际是原告自己的人员,被告也未要求原告垫付,原告所称被告的代理人张某某、章某某,均非被告代理人。最后原告主张的维修费用,原告本身负有保修义务,原告的证据也不能证明该金额。

第三人友诚公司述称:第三人的法定代表人章某某个人和原告的法定代表人楼某某达成合伙协议以章某某的名义承包了被告的工程,以章某某的名义整体转包。由第三人负责土建劳务,原告负责安装工程,是为了配合章某某、楼某某合伙完成承包施工合同便于工程款进账的举措。承包施工合同工程量与实际并不符,并非真实合同。原告主张的大量费用是属于第三人进行的劳务施工费用,该部分费用原告无权主张。章某某以合伙代表人的身份向被告进行分包,并不属于被告公司工作人员。

被告南通建工反诉称:2016 年 10 月 20 日,反诉原、被告签订《建设工程施工劳务分包合同》,约定反诉原告将上海徐工 B 项目下料车间厂房改建工程的水暖电气安装劳务分包给反诉被告施工,合同总价为 15 159 113 元。2017 年 8 月 12 日,建设单位对涉案工程进行竣工验收。随后,反诉被告提出因施工过程中存在增加工程量的问题,且为了便于财务开票,希望就合同外增加的工程量另行签署合同,故反诉原、被告于 2017 年 12 月 24 日签订《劳务合同》约定,反诉原告将徐工集团临港奉贤一期 B 项目厂房改建工程中的"合同外机电、装饰装修增加工程"劳务分包给反诉被告,合同总价暂定为 16 500 000 元(机电、装饰装修部分最终按实结算)。反诉原告工作人员认为既然最终按实结算,未对反诉被告提交的合同条款进行修改。最终反诉原告与建设单位核算,该合同结算最多为 601 399.04 元。涉案工程造价最多为 15 760 512.04 元,反诉原告已付款 28 300 000 元,反诉原告多支付 12 539 487.96 元,反诉被告应予退还并支付利息损失。故提出反诉诉讼请求:(1)反诉被告向反诉原告返还超付工程款 12 539 487.96 元;(2)反诉被告向反诉原告支付以上述款项为基数,自 2018 年 2 月 13 日起按照中国人民银行同期贷款利率计算至实际返还之日的利息。

反诉被告首旗公司辩称,反诉原、被告就闭口合同以外的合同结算金额已经明确。发包人与反诉原告之间的结算,反诉被告没有参与,这个结算也是发包人与反诉原告之间协商的结果,并非司法鉴定的结论,在其结算时的人工费和反诉原、被告之间的劳务费用的内涵是不一致的,发包人与反诉原告之间的结算不包含任何附加费,但反诉原、被告之间的劳务费包含税费等的综合费用。故以发包人与反诉原告之间的结算来推断反诉原、被告之间的劳务费是不合理的。被告支付款项应该有严格的流程,并且被告支付款项是分期支付的,即便是在竣工结算后,被告知道已经超付的情况下,还向原告支付了两笔劳务款,其所谓的超付是错误的说法,是不成立的。

审 判

一审法院经审理后认为,第一,章某某与楼某某系合伙承包涉案工程的盖然性大于被告直接将劳务分包给原告。原告以其与第三人之间的《合作协议》未实际履行,其分包全部劳务为由主张工程款,但根据《合作协议》,原告法人与第三人法人合伙承接涉案工程,以第三人法人章某某名义与总承包人即被告签订内部承包协议,共同承担管理费且共同管理费用支出需双方签字生效。这与第三人提供的其与被告签订的《分包合同》可以互相印证。且根据原告法人楼某某出具的《项目部叙述》也梳理了工程应扣除款项包括管理费,其又以项目部管理人员身份签署《项目决算申请函》,原告提供的《结算审定表》中楼某某作为项目经理签字,原告提供的《材料、设备费用支付(借)款审核单》上,有楼某某在领导审核意见一栏签字,也有其在《请款单》上总经理处签字,楼某某与章某某还作为共同委托人委托案外人进行整体决算,项目部工作人员中存在原告工作人员,楼某某在章某某笔记本上签字,确认收到涉案工程相关票据等一系列证据均可互相印证。第二,本案系两个合伙人共同管理进行施工。故原告持分包合同及由原告楼某某既作为分包人又作为项目经理,章某某签署的《结算审定书》主张被告支付拖欠工程款,难以支持。第三,本案第三人法人与章某某之间并非代理人与被代理人,本案不构成表见代理。原告庭审中清楚表示章某某与被告的承包关系,而原告与第三人之间的合作协议签订在分包合同之前,原告所谓章某某系被告员工,形成表见代理的陈述,难以采纳。第四,第三人章某某与被告签订的分包合同因欠缺资质而无效,但是涉案工程已验收合格,可以据此主张工程款。但因存在合伙事实,且所谓增加工程亦未进行决算,因此反诉原告主张已经多支付的工程款的请求以难以支持。原告与第三人与被告分别签订的分包合同,均没有相应预算,双方对于第三人是否参与施工、施工内容、施工范围均存在争议,结合最终结算也是两个合伙人共同委托整体结算,本院认为关于原告主张的垫付款,其没有提供证据证明被告指示原告进行垫付,且由于楼某某与章某某合伙协议约定"在施工过程中,双方共同定夺、劳务分包、材料采购单价、厂家必须由双方共同决定"。可见这是双方在履行合伙协议过程中支出款项,上述部分证据即购销合同原件的取得在被告撤离时,原告在共同办公室收拾整理所得,故原告以此向被告主张,法院难以支持。基于存在合伙的事实,且所谓增加工程亦尚未进行决算,反诉原告主张已经多支付工程款的请求,法院难以支持。

综上,一审法院依照《中华人民共和国合同法》第二百七十二条,《最高人民法院关于审理建设工程施工合同纠纷案件适用法律问题的解释》第一条、第二条,《中华人民共和国民事诉讼法》第六十四条第一款的规定,判决:一、驳回原告(反诉被告)上海首旗建筑工程有限公司全部诉讼请求;二、驳回被告(反诉原告)南通建工集团股份有限公司全部反诉诉讼请求。

一审宣判后,被告南通建工向上海市第一中级人民法院提起上诉,二审中被告南通建工撤回上诉。该案现已生效。

点 评

本案为建设工程合同纠纷。案件审理的法律关系及事实关系均较为复杂,法院依照证明责任、证明标准认定案件事实并理清相应法律关系,判定各方法律责任。

案件由本诉与反诉合并审理。又因原告事实主张与有关材料显示友诚公司与本案审理存在法律上的利害关系,故而将其追加为诉讼第三人,形成了复杂的多数当事人之诉。依据证明责任分配规则,当事人对自己的诉讼主张有义务提供证据加以证明,无证据或者不能证明的,承担不利法律后果。根据各方当事人举证情况,法院认为本案存在多个违法分包关系,原告与第三人法定代表人合伙承包涉案工程的盖然性大于被告直接将劳务分包原告。尽管此合伙承包协议无效,但根据建设工程有关司法解释,对已经竣工验收的工程,可以主张工程款。不过,案件本诉、反诉的各方当事人所提供的证据残缺不全,严重不足,且增加工程尚未决算,致使各自诉讼请求均无充分的证据支持,法官无法形成确定的心证,因而驳回本诉原告、反诉原告各自的诉讼请求。法院裁判文书针对所提供的证据材料逐个披露心证并说明理由,判决依据明确,对同类案件审理具有参考价值。

案例提供单位:上海市奉贤区人民法院

编写人:张　慧　陈婉青

点评人:李　峰

22. 上海首选建材有限公司诉上海红峪投资有限公司等房屋租赁合同纠纷案

——特殊用途房屋租赁合同纠纷适用法律关系辨析

案 情

原告(反诉被告)上海首选建材有限公司

被告(反诉原告)上海红峪投资有限公司

被告(本诉被告)上海乐璟会养老服务有限公司

2015 年 12 月 2 日,原告上海首选建材有限公司(以下简称首选公司)(签约甲方)与红晖企业管理咨询(上海)有限公司(签约乙方,后将合同权利义务概括转让给上海红峪投资有限公司)签订《协议书》一份,约定甲方拟将其拥有的上海市济宁路 488 号房屋经改造后设置成养老机构,实施对外经营,该项目改造所需的行政许可手续正在办理中。甲方同意将改造后的房屋所在四至八层装修成符合乙方要求的养老机构。甲方承诺于交付日前负责以乙方或乙方指定主体名义,办理与乙方承租范围及面积相匹配的养老机构经营相关所有证照并移交乙方。工程经乙方验收全部合格,并按协议约定取得并移交养老机构经营相关所有证照后,甲乙双方均应按照协议及附件《房屋租赁合同》的约定,甲方负有同意按协议约定条件出租、乙方负有按协议约定愿意承租的义务,任何一方违反此项约定即为重大违约。

2017 年 9 月 1 日,原告首选公司(签约甲方)、被告上海红峪投资有限公司(以下简称红峪公司)(签约乙方)与上海红宁投资有限公司(签约丙方,后企业名称变更为上海乐璟会养老服务有限公司,以下简称乐璟会公司)签订《房屋租赁合同》一份,约定甲方为上海市济宁路 488 号建筑物业的所有权人,乙方为国内知名养老产业投资机构,丙方为上海红宁投资有限公司。甲乙双方为开拓中国养老产业,甲方出租系争房屋,乙方向甲方承租系争房屋,丙方为乙方的担保方,用于开办养老机构并经营。系争房屋在交付乙方之前,是乙方提供的图纸,甲方为满足乙方养老院的用途,根据乙方的要求已多次更改过装修,乙方自愿使用装修并支付装修费用。

甲方应在系争房屋正式交付日交付时,提供给乙方现有的供水、电、燃气设施抄表数字。签约前,乙方已对系争房屋的状况(包括周边情况)进行全面了解,并已咨询过相关行政部门。租赁期限为 15 年。鉴于甲方交付乙方房屋为全装修房,乙方同意向甲方支付装修款 1 465 万元。合同还对租金、交付条件、违约责任等作了约定。

2017 年 11 月 9 日,首选公司向红峪公司及乐璟会公司发出《要求支付合同约定款项通知函》一份,要求红峪公司及乐璟会公司向首选公司支付租赁保证金、首期租金、租赁补偿金、装修款、物业管理费共计 11 203 137 元。

2019 年 1 月 21 日,红峪公司向首选公司发出《关于上海市济宁路 488 号项目催告函》,认为根据 2015 年 12 月 2 日的协议书约定,首选公司应在不晚于 2016 年 6 月 1 日前,负责办理完成与承租范围及面积相匹配的养老机构经营相关所有证照原件,养老床位数不低于 220 个等交付条件,首选公司尚未能办理完成,要求首选公司在 2019 年 1 月 31 日前办理完毕。

2012 年 7 月 19 日下午二时三十分在杨浦区规划和土地管理局 1716 会议室召开“济宁路 488 号公租房改建项目设计方案及审批意见征询会”,会议就济宁路 488 号公租房改建项目形成意见,按照公共租赁住房改建项目审批流程进行行政审批,原则同意此项目可以插层。同时会议形成如下问题:(1)房屋改建后增加的建筑面积以及容积率,缺少认定的依据。(2)此项目可进行插层,按照公共租赁住房审批流程办理,缺乏具体的实施细则规定来操作。

首选公司办理了系争房屋的《建设项目环境影响登记表》《建设工程消防验收意见书》《民办非企业单位登记证书》《食品经营许可证》《设置养老机构备案回执》。

2019 年 5 月 7 日,上海市杨浦区规划和自然资源局出具《政府信息公开申请告知书》一份,载明:经审查,上海市杨浦区规划和自然资源局未制作杨浦区济宁路 488 号建筑改建的《建设工程规划许可证》。

系争房屋未对外实际经营,被告部分家具、设施设备已进场安装完毕,并有红峪公司的 2 至 3 名员工照看现场。2019 年 11 月 29 日,双方在法庭的主持下办理了房屋交接手续,并明确该交接不代表红峪公司认可已经接收过房屋。

原告(反诉被告)首选公司诉称,红峪公司于 2017 年 9 月 1 日入住系争房屋后,未能按约支付租金、租赁保证金、租赁补偿金、装修款、物业费合计 21 108 958.5 元,已构成违约,要求法院判令:(1)解除首选公司与红峪公司于 2015 年 12 月 2 日签订的《协议书》及 2017 年 9 月 1 日签订的《房屋租赁合同》;(2)红峪公司支付从 2016 年 6 月 1 日至 2017 年 8 月 31 日租金 5 850 000 元、自 2017 年 9 月 1 日起至 2019 年 11 月 29 日租金 11 060 238.90 元、物业费 1 446 461.28 元、剩余装潢款 6 650 000 元、水、电、燃气费 533 653.52 元,合计 26 063 573.70 元;(3)红峪公司支付解除合同违约金

12 000 000 元;(4)乐璟会公司对红峪公司的上述第 2、3 项诉讼请求承担连带付款责任;(5)判令房屋内装潢残值及不可搬离的设施、设备均归首选公司所有。

被告(反诉原告)红峪公司辩称,首选公司与红峪公司确实因合作开办养老院于 2015 年 12 月签订了合作《协议书》。按照《协议书》约定,首选公司应当提供有证或经规划批准的合法建筑及开办养老院的合法证照给红峪公司。但双方签订《协议书》之后,首选公司未能按约履行。直至 2017 年 9 月 1 日,红峪公司在首选公司的强烈要求下,双方签订了系争房屋的租赁合同。但是之后红峪公司发现,首选公司即将出租的房屋系违章建筑,房屋原始结构是四层厂房,每层 6 米,系争房屋如需将四层改建成八层楼的建筑,首选公司应当重新办理规划审批,取得建设工程规划许可证。如果首选公司在法庭辩论前都没有办法提供,双方签订的租赁合同应属无效。基于合同无效,红峪公司无需向首选公司支付租金,事实上首选公司也未将系争房屋交付给红峪公司,红峪公司只是将设施设备、家具于 2016 年下半年开始陆续搬入,至今未营业。首选公司主张的水电煤费系装修过程中产生的费用,不应当由红峪公司负担。综上,红峪公司无需支付房屋使用费、物业费及水电煤费。关于装修款,首选公司应当将符合合同约定的租赁标的出租给红峪公司,因首选公司未能按约提供相关证照和交付房屋,红峪公司无需支付装修款,鉴于本案的实际情况,装修补偿款同意由法院判决。红峪公司提出反诉诉讼请求:首选公司返还红峪公司保证金 100 万元及利息损失。

被告(本诉被告)乐璟会公司辩称,同意红峪公司的答辩意见。因《房屋租赁合同》无效,故担保合同无效,乐璟会公司不承担任何民事责任。《房屋租赁合同》也未约定乐璟会公司需承担的担保责任,故未明确约定担保方式的,担保关系不成立。

针对反诉原告红峪公司的反诉,反诉被告首选公司辩称,红峪公司反诉要求首选公司返还租赁保证金的基础是解除《协议书》,不应当合并审理,应当另案诉讼。双方签订的《协议书》已转为租赁合同,即便解除《协议书》,也是红峪公司违约在先。

经一审法院释明,如 2017 年的《房屋租赁合同》无效,首选公司要求红峪公司及乐璟会公司赔偿房屋使用费及违约金,具体金额和其他内容同原诉请。红峪公司、乐璟会公司对《房屋租赁合同》无效的后果处理同本诉答辩意见。红峪公司于 2019 年 7 月 8 日明确在解除 2015 年《协议书》的基础上要求首选公司返还保证金 100 万元及赔偿相应的利息损失。

审 判

一审法院经审理后认为,本案的争议焦点有:第一,2015 年签订的《协议书》及 2017 年 9 月 1 日签订的《房屋租赁合同》的合同效力;第二,合同无效或导致合同解除的责任;第三,合同解除或无效的后果处理。

关于第一个争议焦点。法院认为,根据 2016 年 5 月 12 日,首选公司、红峪公司及红晖企业管理咨询(上海)有限公司签订的《济宁路 488 项目主体变更协议》之约定,2015 年首选公司与案外人红晖企业管理咨询(上海)有限公司签订的《协议书》中红晖企业管理咨询(上海)有限公司的权利义务转由红峪公司承担。故首选公司与红峪公司受 2015 年《协议书》权利义务的约束。根据 2015 年《协议书》的约定,系争房屋权利人为首选公司,首选公司将改造后的四至八楼、三楼裙房及楼顶等房屋按照红峪公司的要求装修,首选公司负责办理改造所需的行政许可手续及办理与红峪公司承租范围及面积相匹配的养老机构经营相关所有证照,之后,双方签订房屋租赁合同,由首选公司将系争房屋出租给红峪公司,红峪公司支付相应的租金。该份《协议书》系双方当事人真实意思表示,于法不悖,合法有效。但在首选公司尚未取得系争房屋改造行政审批手续之前,首选公司与红峪公司、乐璟会公司于 2017 年 9 月 1 日签订了一份《房屋租赁合同》。根据相关法律规定,出租人就未取得建设工程规划许可证或者未按照建设工程规划许可证的规定建设的房屋,与承租人订立的租赁合同无效。本案中,首选公司将原一至四层插层改建为八层,并将其中的四至八层租赁给红峪公司,但未就改建部分办理相应的行政许可,虽部分房屋系有证建筑,但拆分履行必然会影响合同的效果,也无法就有效部分单独履行,故租赁房屋的合同目的已无法实现,各方签订的《房屋租赁合同》无效。首选公司向法院提供的 2012 年的两份《会议纪要》,仅能证明相关部门对系争房屋改建公共租赁房进行了商讨,同时《会议纪要》也明确要求首选公司需按照规定办理项目相应手续及按照审批流程办理。但至一审法庭辩论前,首选公司仍未向法院提交相应的建设工程规划许可证等材料,故首选公司关于《房屋租赁合同》有效之主张,于法无据,法院不予采信。

关于第二个争议焦点。鉴于本案的实际情况,各方已无继续履行 2015 年《协议书》的可能。首选公司诉请要求解除 2015 年《协议书》。红峪公司亦在 2019 年 7 月 8 日庭审中明确在解除 2015 年《协议书》的基础上要求返还保证金 100 万元。为避免当事人诉累,法院认定该份《协议书》于 2019 年 7 月 8 日解除。关于 2017 年的《房屋租赁合同》无效的责任问题。法院认为,首选公司作为出租方,将未取得产权证或建设工程规划许可证的部分房屋出租,未履行《协议书》承诺的办出改建项目的行政许可,导致合同无效,应当承担主要责任。红峪公司虽在签订《协议书》时并无过错,但其在明知改建项目尚未办理相应行政审批手续之前即与首选公司签订《房屋租赁合同》,未尽合理审查义务,应当承担次要责任。

关于第三个争议焦点。根据《合同法》第五十八条之规定,合同无效或者被撤销后,因该合同取得的财产,应当予以返还;不能返还或者没有必要返还的,应当折价补偿。有过错的一方应当赔偿对方因此所受到的损失,双方都有过错的,应当各自承担相应的责任。2015 年《协议书》有效,2017 年《房屋租赁合同》无效,如红峪公司实际使用了系争房屋,应当支付相应的房屋使用费。双方就系争房屋是否交付存在争议。法院认为,2015 年《协议书》明确约定工程交付条件为办理完成与出租范围及面积相匹配的养老机构经营相关所有证照,首选公司并不符合合同约定的交付条件。红峪公司虽有部分员工在现场看管家具、设备等,但其并未对外实际经营。双方也未按照合同约定签订《房屋交接书》、确认水电煤抄件数。综上,不能认定红峪公司已经实际接收了系争房屋应当支付相应的房屋使用费及物业费。关于首选公司主张的水电煤费用,法院认为,首选公司并未举证证明该费用由红峪公司或乐璟会公司使用所支出,但客观上,红峪公司确有部分人员在现场看管会产生一定的费用,故法院在原告主张的金额基础上酌情确定。关于装修损失。法院认为,双方对已装修的价值均无争议,首选公司诉请亦要求归其所有,首选公司可对装修部分予以利用,对此法院予以准许。如上所述,首选公司对房屋租赁合同无效承担主要责任,红峪公司承担次要责任,法院在结合双方过错大小、装修价值、当事人是否可以利用等情况,综合考量,酌定红峪公司赔偿首选公司装修损失、水电煤等损失 400 万元,固定装修、未搬离的设施、设备归首选公司所有。首选公司主张红峪公司已支付装修费用 800 万元,根据已查明的事实,该款项系由案外人马强支付给叶江海,双方签有《借款合同》,不能认定为红峪公司支付的装修款,故法院对首选公司的该项主张,不予支持。因合同无效,违约金的约定亦归于无效,首选公司要求红峪公司支付违约金 1 200 万元之本诉诉请,于法无据,法院不予支持。2015 年的《协议书》已无法继续履行,红峪公司主张返还 100 万元,于法有据,法院予以支持。红峪公司主张的利息损失,考虑双方的履约情况,不再支持。

关于被告乐璟会公司的民事责任。法院认为,《房屋租赁合同》无效,担保合同亦无效,但乐璟会公司在未取得建设工程规划许可证的房屋所订立的《房屋租赁合同》上盖章存在过错,故其应当在红峪公司不能清偿部分的三分之一范围内承担清偿责任。

综上,一审法院根据《中华人民共和国合同法》第五十二条、第五十八条、第九十三条、第九十七条,《最高人民法院关于审理城镇房屋租赁合同纠纷案件具体应用法律若干问题的解释》第二条、《中华人民共和国担保法》第五条,《最高人民法院关于适用〈中华人民共和国担保法〉若干问题的解释》第八条之规定,一审判决:原告(反诉被告)上海首选建材有限公司与被告(反诉原告)上海红峪投资有限公司签订的《协议书》于 2019 年 7 月 8 日解除;原告(反诉被告)上海首选建材有限公司与被告(反诉原告)上海红峪投资有限公司、被告(本诉被告)上海乐璟会养老服务有限公司签订的《房屋租赁合同》无效;被告(反诉原告)上海红峪投资有限公司应于判决生效之日起十日内支付原告(反诉被告)上海首选建材有限公司损失 4 000 000

元;上海市杨浦区济宁路 488 号房屋内四至八楼、三楼裙房、九楼机房中的固定装修、尚未搬离的设施、设备归原告(反诉被告)上海首选建材有限公司所有;原告(反诉被告)上海首选建材有限公司应于判决生效之日起十日内返还被告(反诉原告)上海红峪投资有限公司保证金 1 000 000 元;被告(本诉被告)上海乐璟会养老服务有限公司对上述第三条被告(反诉原告)上海红峪投资有限公司应向原告(反诉被告)上海首选建材有限公司支付的全部款项中不能清偿部分的三分之一承担清偿责任;驳回原告(反诉被告)上海首选建材有限公司其余本诉诉讼请求;驳回被告(反诉原告)上海红峪投资有限公司其余反诉诉讼请求。

一审判决后,首选公司不服提出上诉,二中法院经审理后判决驳回上诉,维持原判。

点 评

本案为房屋租赁合同纠纷,因被告提出反诉,且有诉讼第三人参加诉讼,案件事实关系与法律关系较为复杂,争议焦点主要在于原、被告之间签订《协议书》《房屋租赁合同》的效力认定及法律责任。

作为拟开展养老服务特殊用途的房屋租赁,伴有房屋开发活动内容,具有周期长、风险大、法律关系复杂多样等特点。法院处理本案有两个阶段的基本思维:第一阶段,合同效力认定。当事人之间签订合作《协议书》,明确房屋开发目的、各方在此房屋开发中的权利义务,体现各方自主意志,且无违反法律规定之处,合同应属有效。但对于《房屋租赁合同》,因租赁房屋须按照合同目的进行前期改建,而改建房屋又因不符合法定条件无法取得行政部门许可,致使房屋租赁开发目的不可能实现。在此情况下当事人提前签订的《房屋租赁合同》属于无效合同。在《协议书》与《房屋租赁合同》之间,由于后者无效,又使前者合同目的无法实现,符合法定解除条件,因而法院判定《协议书》解除。第二阶段,法律责任的判断。依照法律规定,不论合同解除还是合同无效,应根据各方当事人对合同解除或者无效的过错大小予以判断,认定首选公司、红峪公司、乐璟会公司分别承担主要、次要、再次要的责任,由此明确各方当事人的具体权利义务。另外,诉讼中法院及时通过释明手段促使当事人调整诉讼主张,减少诉累,准确判定法律关系,值得借鉴。

案例提供单位:上海市杨浦区人民法院

编写人:龚立琼

点评人:李　峰

23．上海威盟斯建筑工程有限公司诉中国建筑第二工程局有限公司等重复起诉不予受理案

——重复起诉构成要件的准确理解与适用

案 情

原告(上诉人)上海威盟斯建筑工程有限公司

被告(被上诉人)中国建筑第二工程局有限公司

被告(被上诉人)上海国际主题乐园有限公司

2018年2月,中国建筑第二工程局有限公司(以下简称中建二局)向上海市浦东新区人民法院(以下简称浦东新区法院)起诉上海威盟斯建筑工程有限公司(以下简称上海威盟斯公司),案号为(2018)沪0115民初12565号(以下简称12565号案件),请求判令上海威盟斯公司返还超额支付的工程款47 756 687.03元。在12565号案件的审理过程中,经中建二局申请,以业主上海国际主题乐园有限公司(以下简称上海乐园公司)结算报告为依据,对上海威盟斯公司完成的工程造价进行鉴定,浦东新区法院委托上海东方投资监理有限公司进行鉴定。上海威盟斯公司对鉴定结论提出异议,并提出其实际施工的诸多项目没有被计入总造价。浦东新区法院最终认定系争工程造价为161 342 391元,中建二局已支付给上海威盟斯公司工程款174 496 394.45元,故上海威盟斯公司应当返还给中建二局13 154 003.45元。浦东新区法院于2019年12月20日作出判决,上海威盟斯公司返还给中建二局工程款13 154 003.45元。上海威盟斯公司不服该判决,向上海市第一中级人民法院提出上诉。

至2020年5月,一审法院受理原告上海威盟斯公司诉中建二局、上海乐园公司建设工程施工合同纠纷案止,上述上海威盟斯公司上诉案正在审理中。

2020年5月7日,一审法院收到原告上海威盟斯公司的起诉状。原告上海威盟斯公司向一审法院提出诉讼请求:(1)判令被告中国建筑第二工程局有限公司、被告上海国际主题乐园有限公司向原告支付剩余工程款人民币(以下币种相同)

1 亿元;(2)判令两被告以 1 亿元(暂计)为基数,支付自 2016 年 9 月 14 日起至判决日止的利息;(3)判令两被告承担本案的诉讼费用。事实和理由为:中建二局系上海迪士尼乐园项目 GC-8 宝藏湾施工(以下简称宝藏湾项目,包含 500、501、502、503、504、505、506、507、508 九个子项目)总承包商,其与上海乐园公司签有《上海迪士尼乐园项目 GC-8 宝藏湾施工总承包工程合同》(以下简称《总包合同》),工程造价约 6 亿元。中建二局将宝藏湾项目 500、501、502、504、508 等五个部分的装饰工程分包给原告施工,中建二局对土建部分及 503、506、507 的装饰工程自行施工。2014 年 1 月至 2016 年 3 月,原告与中建二局分别签订《上海迪士尼宝藏湾项目 502 装饰工程施工专业分包合同》《上海迪士尼宝藏湾项目 500 标段硬景/绿化装饰工程施工专业分包合同》《上海迪士尼宝藏湾项目 501 木平台/假山装饰工程施工专业分包合同》《上海迪士尼宝藏湾项目 504-8 装饰工程施工专业分包合同》《上海迪士尼宝藏湾项目 502 装饰工程施工专业分包合同补充协议》《上海迪士尼宝藏湾项目 502 装饰工程施工专业分包合同补充协议三》《上海迪士尼宝藏湾项目 502 装饰工程施工专业分包合同补充协议四》共计七份合同(以下简称案涉合同),涉及的工程暂定金额为 103 243 478 元。鉴于实际施工中出现雇主设计变更、招标时工程清单漏项、材料采购来源唯一、主题项目变更、施工工艺复杂及大量赶工等情况,2015 年 8 月 6 日,中建二局与上海乐园公司签署了《上海迪士尼乐园项目 GC-8 宝藏湾施工总承包工程合同之补充协议》(以下简称《总包补充协议》),对宝藏湾工程的计量和计价条款进行了重新约定。原告施工完工后,于 2016 年 8 月 30 日按照《总包合同》及《总包补充协议》的结算标准向中建二局提交了分包工程结算书,工程造价为 581 696 844 元。2018 年 8 月,上海乐园公司和中建二局出具了总包工程的《审价结算报告》。上海乐园公司和中建二局在结算原告施工工程价款时,大量项目漏算、不算、少算和错算。其一,两被告对原告实际施工的大量实体和索赔项目未予结算,累计漏算金额 22 643 909.61 元;其二,两被告在相当部分的业主指定材料施工项目、设计变更项目、新增施工内容、主题类施工项目、海盗船等项目结算中,少算价款或者结算标准低于被告中建二局自行施工的同类项目,同时,大量项目的结算款低于材料采购价,累计少算价款 244 751 818 元;其三,中建二局与原告的二次结算中,在税收、规费、措施费、下浮等内容上,以及在施工人员宿舍租金水电费、工伤赔偿、防火封堵、扬声器盒、502 区域污水溢流返工、代为施工项目上拒不结算,涉及价款 12 146 839.3 元。

审 判

一审法院经审理后认为,首先,案涉合同的相对方系原告上海威盟斯公司和被告中建二局,上海乐园公司作为发包方并非案涉合同的相对方,故本案系上海威盟斯公司与中建二局之间的建设工程施工合同纠纷,上海乐园公司并非本案的适格被告。

其次,在 12565 号案件中,中建二局系基于其与上海威盟斯公司之间就宝藏湾项目 500、501、502、504 和 508 装饰工程所产生的建设工程施工合同的工程款起诉上海威盟斯公司要求返还多支付的工程款,而上海威盟斯公司同样系基于上述建设工程施工合同的工程款提起本案诉讼,故本案的当事人及诉讼标的与 12565 号案件均相同。

再次,上海威盟斯公司在本案中的诉讼请求是要求中建二局向其支付剩余工程款,而 12565 号案件的判决结果为上海威盟斯公司向中建二局返还多付的工程款,故本案的诉讼请求实质上系对 12565 号案件判决结果的否定。

综上所述,本案与 12565 号案件的当事人相同、诉讼标的相同、诉讼请求相反,符合重复起诉的构成要件。根据"一事不再理"的原则,当事人不得对争议事实再次提起诉讼。一审法院依照《中华人民共和国民事诉讼法》第一百二十三条、《最高人民法院关于适用〈中华人民共和国民事诉讼法〉的解释》第二百四十七条之规定,裁定对上海威盟斯建筑工程有限公司的起诉,不予受理。

一审裁定后,原告上海威盟斯公司不服,提起上诉。

上诉人上海威盟斯公司上诉称,本案起诉与浦东新区人民法院作出的 12565 号案件当事人、诉讼标的均有不同,诉讼请求也不存在相互否定的问题。

首先,两案诉讼当事人不同。12565 号案件原告是中建二局,被告是上海威盟斯公司。而本案原告是上海威盟斯公司,被告是中建二局和上海乐园公司。上海乐园公司为涉案工程发包人,上诉人为涉案工程实际施工人。根据《最高人民法院关于审理建设工程施工合同纠纷案件适用法律问题的解释》第二十六条规定,实际施工人以发包人为被告主张权利于法有据,上海乐园公司是适格的诉讼主体。同时,上诉人与被上诉人中建二局签署有工程分包合同,分包合同约定双方的结算参照中建二局与上海乐园公司之间的《总包合同》相应内容的结算价。上诉人有足够证据证明,中建二局和上海乐园公司之间针对总包工程中上诉人施工内容的结算严重偏离《总包合同》的约定,伤害了上诉人的合法权益。法院未进行实体审理前,径行否定上海乐园公司的被告资格,属于未审先判,剥夺了上诉人的合法诉权。

其次,两案的诉讼标的不同。12565 号案件诉讼标的是中建二局已与上海乐园公司结算的、归属于上诉人的相关工程款。本案诉讼的是上诉人施工的,但中建二局与上海乐园公司未予结算的部分,也即上诉人在 12565 号案件反诉后又撤回的部分。同时,中建二局在 12565 号案件诉讼中依据的是四份合同,本案诉讼中上诉人依据的是七份合同。上诉人在 12565 号案件反诉时法院受理并收取了诉讼费用，根据《最高人民法院关于适用〈中华人民共和国民事诉讼法〉的解释》第二百一十四条规定，反诉受理后，上诉人撤回诉讼，现同一诉讼请求再次起诉，法院应当受理。一审认为12565号案件基于的事实与本案相同，所以诉讼标的就相同是错误的。12565号案件诉讼标的是项目工程的一部分，即中建二局与上海乐园公司之间结算的部分，而结算之外遗漏的部分不是诉讼标的。而本案诉讼针对的是结算之外遗漏的部分。

最后，两案的诉讼请求不同。中建二局与上海乐园公司之间仅就上诉人实际施工的部分项目而不是全部项目进行了结算。12565号案件中建二局的诉请是中建二局与上海乐园公司之间结算报告为基础是否多付工程款给上诉人。而本案诉请是以整个施工项目为基础来确认中建二局是否少付上诉人工程款。一审裁定认为本案是主张要求剩余工程款，而12565号案件判决为多付工程款，故本案是对12565号案件判决结果的否定是错误的。实际上12565号案件判决的是部分工程款的结算，而本案要解决的是全部工程款的结算，双方之间并不矛盾。

上诉人上海威盟斯公司认为，一审裁定认定事实不清，适用法律错误，请求撤销一审裁定，指令一审法院对本案立案受理。

二审法院经审查后认为，《最高人民法院关于适用〈中华人民共和国民事诉讼法〉的解释》第二百四十七条规定："当事人就已经提起的事项在诉讼过程中或者裁判生效后再次起诉，同时符合下列条件的，构成重复起诉：（一）后诉与前诉的当事人相同；（二）后诉与前诉的诉讼标的相同；（三）后诉与前诉的诉讼请求相同，或者后诉的诉讼请求实质上否定前诉裁判结果。当事人重复起诉的，裁定不予受理；已经受理的，裁定驳回起诉，但法律、司法解释另有规定的除外。"该条是关于民事诉讼中"一事不再理"原则及判断标准的规定。因此，是否构成重复起诉应围绕上述三个方面进行判断。

首先，无论当事人在诉讼中仅为形式当事人，还是正当当事人，都要承受作为诉讼结果的判决的既判力约束，不能就相同的诉讼标的或审理对象再次提起诉讼。具有"同一性"的当事人包括通常当事人、诉讼担当人、有独立请求权第三人、当事人的继受人等。因此，根据"一事不再理"原则，重复起诉的第一个构成要件后诉与前诉的当事人相同，在适用时应作目的解释，即当事人相同不限于形式上的当事人数量、诉讼地位完全相同，而应指争议的法律关系中的当事人相同。本案原告上海威盟斯公司为前诉12565号案件的被告，而前诉的原告中建二局是本案的被告，双方诉讼地位完全相反，且又增加了一名当事人上海乐园公司，从形式上看后诉与前诉的当事人数量和诉讼地位均为不同，但究其本质来看，本案增加被告上海乐园公司，上海威盟斯公司的起诉理由在于上海乐园公司为涉案工程的发包人，然上海乐园公司的责任依附于中建二局，本案争议的法律关系实际仍为上海威盟斯公司与中建二局之间的建设工程施工合同关系,故应当认定本案与 12565 号案件当事人相同。

需要指出的是,《中华人民共和国民事诉讼法》第一百一十九条对于被告主体资格的规定要求是起诉时"有明确的被告",即原告能够提供被告的姓名或者名称、住所等信息具体明确,足以使被告与他人相区别。法律要求"有明确的被告",该条件的重点在"有"字,至于被告是否必须是适格的被告,需要人民法院经实体审理后才能作出判断,人民法院一般不能在立案阶段在未经实体审理的情况下即以被告不适格为由裁定对案件不予受理。原审法院在立案阶段认为上海乐园公司并非本案适格被告,存在不当,法院予以纠正。

其次,诉讼标的是指当事人在实体法上的权利义务或者法律关系。后诉与前诉的诉讼标的相同,应指案件争议的法律关系相同。在 12565 号案件中,中建二局系基于其与上海威盟斯公司之间就"宝藏湾项目"500、501、502、504、508 装饰工程所产生的建设工程施工合同纠纷起诉上海威盟斯公司要求返还多支付的工程款,而本案上海威盟斯公司亦基于上述建设工程施工合同纠纷起诉要求中建二局支付剩余工程款。后诉与前诉争议的法律关系均为建设工程施工合同关系,且后诉与前诉所指向的均为上海威盟斯公司与中建二局之间的上述建设工程施工合同工程款。因此,本案与 12565 号案件诉讼标的相同。

再次,诉讼请求是建立在诉讼标的基础上的具体声明,后诉的诉讼请求实质上否定前诉裁判结果,主要是指后诉提起相反请求的情况。本案上海威盟斯公司主张其施工的大量项目漏算和不算、少算和错算,并基于此要求被告支付剩余工程款,但其在 12565 号案件中均就上述主张提出了抗辩,该案对其主张能否成立亦均进行了审查和认定,且该案件判决结果为上海威盟斯公司向中建二局返还多支付的工程款,因此,本案诉讼请求与前诉诉讼请求相反,实质上系否定 12565 号案件判决结果。12565 号案件判决后,上海威盟斯公司向上海市第一中级人民法院提起上诉,该院已经受理并在审理中,其可以请求二审法院就上诉请求的有关事实进行审查。

综上,本案与 12565 号案件当事人相同、诉讼标的相同、诉讼请求相反,构成重复起诉。上诉人关于本案应当受理的上诉请求不能成立,二审法院认为原审裁定结论正确,应予维持。

二审法院依照 2017 年《中华人民共和国民事诉讼法》第一百七十条第一款第一项、第一百七十一条规定,二审法院裁定驳回上诉,维持原裁定。

点 评

本案审理的内容为上海威盟斯公司是否构成重复起诉。

根据《最高人民法院关于适用〈中华人民共和国民事诉讼法〉的解释》第二百四十七条之规定,当事人就已经提起诉讼的事项在诉讼过程中或者裁判生效后再次起诉,同时符合三条案件的,构成重复起诉:即后诉与前诉的当事人相同;后诉与前诉的诉讼标的相同;后诉与前诉的诉讼请求相同,或者后诉的诉讼请求实质上否定前诉裁判结果。重复起诉是目前民事诉讼理论与实践中的难点,争议较大。其原因是涉及上述条件中的一些基本概念尚未在立法上予以明确界定,学理上也缺乏公认的统一学说。例如:当事人就存在程序意义当事人、实体意义当事人、正当当事人等概念;诉讼标的判定依据有旧实体法说、一分肢说与二分肢说、新实体法说等。因此,重复起诉条件的判断宜将三个条件统合协调起来进行判断,抓住"一事不再理"这一立法意旨,三要件判断均同时指向"一事"的,即可构成重复起诉。就本案而言,即使按照不同的当事人、诉讼标的学说理解,也比较容易判断原告上海威盟斯公司构成重复起诉,法院判决驳回起诉并无不当。

应指出的是,在前诉正处于二审之中的情况下,上海威盟斯公司完全可以在审理中就本案重复起诉涉及的事实与法律进行攻击防御,此时重复起诉显然为干扰法院判断,徒增诉累,违背民事诉讼诚实信用原则。

案例提供单位:上海市高级人民法院

编写人:戴　曙

点评人:李　峰

24. 上海裕开石油制品有限公司诉周某华等撤销权纠纷案

——经执行程序后的撤销权纠纷和债权人代位析产纠纷可合并审理

案 情

原告上海裕开石油制品有限公司

被告周某华

被告孟某萍

第三人周某萱

原告上海裕开石油制品有限公司(以下简称裕开公司)因买卖合同纠纷,向宝山区人民法院起诉被告周某华等,宝山区人民法院于 2018 年 3 月 6 日立案受理,2018 年 7 月 6 日作出该案判决,判令周某华退还裕开公司货款 1 004 850 元并支付相应利息。该判决生效后,原告向宝山区人民法院申请执行。法院执行后,周某华去向不明,执行过程中,法院通过房产、银行、证券、车辆、社保、公积金等部门查询,未发现被执行人在本市有可供执行的财产,据此,法院裁定终结本次执行程序。

不动产登记信息显示,竹韵路房屋原系周某华、孟某萍、周某萱共同共有,2018 年 10 月 31 日,该房屋产权信息变更为孟某萍占三分之二,周某萱占三分之一。在《上海市不动产登记申请书》上手写有"本人周某华同意将该产权属于自己的份额变更给配偶孟某萍一人所有",下有"周某华"签字。

江苏省滨海县民政局婚姻登记处出具的离婚证和离婚协议复印件,显示孟某萍与周某华于 2018 年 11 月 20 日协议离婚。离婚协议写有:"一、男女双方自愿协议离婚。二、婚后育有两个孩子。长子周某生(1997 年 12 月 22 日出生)、长女周某萱(2005 年 8 月 4 日出生)都随女方生活,都由女方抚养⋯⋯三、男女双方婚后共同财产都归女方所有。夫妻关系存续期间共同债权债务都归男方享有及偿还⋯⋯"

原告裕开公司诉称,原告裕开公司与被告周某华因买卖合同纠纷诉至法院,法院判决确认周某华应返还原告货款 1 004 850 元及利息,并承担保全费、公告费等。判决生效后,周某华拒不履行义务,原告在申请法院执行过程中发现,周某华将其名下的上海市宝山区竹韵路258弄7号102室房屋(以下简称竹韵路房屋)的1/3产权无偿变更给配偶即被告孟某萍,致使判决无法履行。根据我国《合同法》的相关规定,原告提起本案诉讼,请求判令:(1)撤销周某华将其拥有的竹韵路房屋份额赠与被告孟某萍的行为;(2)确认周某华对竹韵路房屋拥有1/3产权份额。

被告周某华无正当理由未到庭,也未提交答辩意见。

被告孟某萍(并代表其女第三人周某萱)辩称,欠债是周某华的个人行为,经营所得未用于家庭生活,与孟某萍及周某萱无关。孟某萍与周某华已经离婚,系争房屋没有周某华的份额,不同意原告的诉请。

第三人周某萱在本案诉讼时14岁,其意见由其母亲(法定代理人)孟某萍代为表述,与孟某萍相同。

审 判

一审法院经审理后认为,本案原告裕开公司的债权已经生效判决书确认,且经过执行程序但因被执行人周某华名下无可供执行财产而被法院裁定终结执行程序。本案系争房屋原登记权利人为周某华、孟某萍、周某萱三人共同共有,而在关于裕开公司和周某华债务纠纷的民事判决作出后不久,系争房屋变更登记为孟某萍、周某萱两人共有,无证据显示孟某萍支付过对价。故周某华将其房产权益份额赠与孟某萍的行为损害了债权人裕开公司的利益,裕开公司诉请撤销该赠与行为,符合我国《合同法》第七十四条的规定,法院予以采纳。

债权人代位析产诉讼是指在法院民事强制执行过程中,在被执行人(债务人)与他人享有共同共有的财产而不主动析产清偿债务的情况下,由申请执行人(债权人)依法代替被执行人提起的析产诉讼,目的在于析出被执行人对共有财产的份额以便于执行。《最高人民法院关于人民法院民事执行中查封、扣押、冻结财产的规定》第十四条第三款对此明确规定:"共有人提起析产诉讼或者申请执行人代位提起析产诉讼的,人民法院应当准许。诉讼期间中止对该财产的执行。"这是债权人代位析产诉讼的法律依据。本案原告裕开公司在诉请撤销周某华的赠与行为的同时诉请析出周某华对竹韵路房屋的产权份额。

虽然撤销权诉讼和债权人代位析产诉讼系两个诉讼,但在被执行人将共同共有的财产权益无偿或不合理低价转让给其他共有人的情形下,债权人请求撤销该转让行为和请求代位析产该共有财产的诉求前后紧密关联。如果片面要求债权人分开提起两起诉讼,徒增当事人诉讼成本和讼累,也不利于债权人合法权益的保护及破解执行难题;何况在被执行人与共有人已离婚的情况下,将转让的共有财产恢复至共同共有状态已没有法律基础。本案周某华将其对系争房屋的共有权益转让给孟某萍后不久两人便离婚,若再恢复系争房屋至原有的共同共有状态既不合适,也不利于对系争房屋采取执行措施以保护债权人利益。

故本案在撤销被告周某华对被告孟某萍赠与行为的基础上,应在同一诉讼中一并对系争房屋予以析产为宜。在无特殊事由的情况下,系争房屋的原登记共有人周某华、孟某萍、周某萱应平均享有该房屋的份额,即各享有三分之一的产权份额。

综上,依照《中华人民共和国合同法》第七十四条、《最高人民法院关于人民法院民事执行中查封、扣押、冻结财产的规定》第十四条第三款、《中华人民共和国民事诉讼法》第一百四十四条之规定,一审法院判决:一、撤销周某华将其对竹韵路房屋所拥有的产权份额赠与给孟某萍的行为;二、竹韵路房屋由被告周某华、被告孟某萍、第三人周某萱各持有三分之一产权份额。

一审判决后,各方当事人均未上诉,一审判决已生效。

点 评

本案涉及撤销权、代位析产请求权纠纷。

根据原《合同法》第七十四条规定,因债务人放弃其到期债权或者无偿转让财产,对债权人造成损害的,债权人可以请求人民法院撤销债务人的行为。周某华在与上海裕开公司诉讼期间,与妻子孟某萍协议离婚,将家庭房屋自己名下的份额无偿赠与给孟某萍,涉案房屋共有份额设定为孟某萍占三分之二、周某萱占三分之一。因周某华无其他可供执行的财产,该行为损害了债权人合法权益,违背民法中的诚实信用原则,依法应予撤销。由于周某华无偿赠与房屋所有权份额之前,属于共同共有,没有划分所有份额。即使撤销周某华的无偿赠与行为,仍需对周某华的房屋财产份额析出,方可为法院执行创造条件。因而,在法院释明后,原告提出撤销无偿赠与行为诉讼请求的同时提出代位析产诉讼请求。按照司法实践中通常理解,可以将两个诉讼请求合并审理,以防止增加诉累,减少当事人诉讼负担,保障当事人的程序利益。从诉讼标的理论变革的角度而言,由于周某华无偿赠与房产份额,逃避执行,原告主张撤销并代位请求析产,实际可认为基于同一事实关系,仍为一个诉讼标的、一个诉讼,法院将当事人前述多个诉讼主张一并审理并无程序法理障碍。

本案为执行的程序与实体方面提出一些值得研究的问题。民事强制执行法立法进程快速推进,显示民事强制执行规范化、精细化需求日趋强烈,法院强制执行工作存有较大的能动空间。根据实体正义与程序正义统合的理念,分析个案中的具体法律适用问题,是法院常态化执行工作内容的一部分,从这一意义上讲,强制执行阶段的复杂性丝毫不亚于审判阶段。例如,除本案诉讼标的的理解外,即使法院判决析出周某华的三分之一房屋财产份额,鉴于余下三分之二房屋财产的所有权人并非被执行人,其居住合法权益亦需保护,法院如何处分该房屋仍然面临法律依据不明的问题,申请执行人、被执行人、案外人之间的利益平衡值得进一步研究。

案例提供单位:上海市宝山区人民法院

编写人:徐子良　史雅丽

点评人:李　峰

25. 孙飞诉上海紫竹半岛地产有限公司房屋买卖合同纠纷案

——冒用他人名义实施民事法律行为的效力认定

案 情

原告孙飞

被告上海紫竹半岛地产有限公司

第三人上海银行股份有限公司卢湾支行

第三人周某某

第三人李某某

第三人周某某、李某某系夫妻关系,案外人李某系周某某、李某某之子。2010年 7 月,李某死亡,户籍未注销。

2010 年 12 月 4 日,原告孙飞以李某的名义与被告就涉案房屋签订《认购单》。同日,双方签订《定金合同》,原告孙飞向被告支付 100 000 元。

2010 年 12 月 17 日,原告孙飞冒用李某的身份信息补办了姓名为李某、照片为原告本人的二代身份证。

2010 年 12 月 25 日,原告孙飞以李某的名义(乙方、买方)与被告(甲方、卖方)签订《上海市商品房预售合同》,约定:乙方向甲方购买涉案房屋,建筑面积 95.97平方米,单价 28 248 元,总价 2 710 961.00 元。甲方定于 2012 年 6 月 30 日前将该房屋交付给乙方。乙方于 2010 年 12 月 25 日前应支付房款 200 000 元;于 2011 年1 月 17 日前应支付 520 961.00 元;于 2011 年 4 月 25 日前应支付 1 890 000.00 元。

同日,原告孙飞向被告支付 200 000 元。2011 年 1 月 17 日,原告向被告支付520 961 元。

2011 年 1 月 26 日,上海市房地产登记处出具《上海市房地产登记证明预告登记(预售商品房)》(登记证明号闵 201112003675),载明涉案房屋的预告登记权利人为李某。

2011 年 4 月 22 日,原告孙飞以李某的名义(甲方、主借款人与共同借款人)与第三人上海银行股份有限公司卢湾支行(以下简称上海银行)(乙方、贷款人)、案外人上海市住房置业担保有限公司(丙方、保证人)、被告(丁方、阶段性保证人及预售商品房开发商)签订《个人住房借款担保合同》,约定:甲方向乙方借个人住房商业性贷款金额为 1 890 000 元,借款期限为 360 个月,预计从 2011 年 4 月 20 日起至 2041 年 4 月 20 日止。利率适用中国人民银行当期公布的与本合同约定的商业性借款期限同期同档次的基准年利率,现为 6.8%,执行利率为基准利率的 0.85 倍。甲方选择等额本息方式还款,在当前利率水平下,每月归还本息金额为 11 065.62 元。

2011 年 4 月 29 日,第三人上海银行办理涉案房屋抵押权登记(登记证明号闵201112013754),债权数额 1 890 000 元,期限从 2011 年 4 月 20 日至 2041 年 4 月 20 日。2011 年 5 月 4 日,第三人上海银行向被告支付贷款 1 890 000 元。其后,原告按期向第三人上海银行归还贷款,截至 2020 年 7 月 20 日,剩余贷款 669 291.75 元。

2013 年 6 月 16 日,被告向原告交付涉案房屋并移交办理小产证资料。双方在《房屋交接书》上确认涉案房屋总价为 2 695 707.08 元,原告已付全部房款,被告已开具发票给原告。

2013 年 9 月 24 日,涉案房屋权利人登记为被告。

2014 年 1 月 14 日,李某户籍注销。

2014 年 2 月 21 日,闵行法院作出(2014)闵刑初字第 332 号《刑事判决书》,认定原告冒用李某的身份信息补办了姓名为李某、照片为原告本人的二代身份证及户口簿、医疗保险卡等,原告使用医疗保险卡在上海就医,获取医疗保险统筹支付金,构成诈骗罪,判处拘役五个月,并处罚金 5 000 元,退缴的赃款发还被害单位,扣押在案的相关赃物予以没收。2014 年 3 月 28 日,原告孙飞刑满释放。

第三人周某某、李某某与原告于 2012 年 6 月 5 日签订《遗赠抚养协议》并办理公证,又于 2014 年 8 月 7 日签订《协议书》,解除《遗赠抚养协议》并办理公证。第三人周某某、李某某于 2017 年 5 月 11 日起诉原告、案外人陆某、陆某某,要求偿还借款 300 000 元及利息。安徽省蒙城县人民法院于 2017 年 11 月 30 日作出(2017)皖 1622 民初 3595 号民事判决书,判决原告返还第三人周某某、李某某借款本金300 000 元及利息,陆某、陆某某承担连带清偿责任。陆某、陆某某提起上诉,安徽省亳州市中级人民法院于 2018 年 11 月 19 日作出二审判决,驳回上诉,维持原判。安徽省蒙城县人民法院于 2019 年 9 月 4 日出具《结案证明》,证明该案履行完毕。

2014 年 9 月 30 日,原告孙飞与陆某丽结婚。目前原告及陆某丽名下均无不动产登记。截至 2020 年 8 月 12 日,原告已缴纳上海市社会保险费 75 个月。原告于2020 年 8 月 12 日支付涉案房屋贷款余额 670 000 元至法院代管款账户。

原告孙飞诉称,2010 年 12 月 25 日,原告以李某(2010 年 7 月已经死亡)的名义与被告签订《上海市商品房预售合同》,被告将上海市闵行区东川路 333 弄某号房屋(以下简称涉案房屋)出售给原告,约定房屋总价 2 695 707.08 元,原告向被告支付首付款 820 961 元,剩余尾款 1 890 000 元以抵押贷款方式结清,该贷款一直由原告归还。2013 年 6 月 16 日,被告向原告交付了房屋。该房屋实际购买人及贷款人系原告。现请求:(1)第三人上海银行配合涤除上海市东川路 333 弄某号房屋上登记证号为闵 201112013754 的抵押登记;(2)被告配合撤销上海市东川路 333 弄某号房屋上登记证号为闵 201112003675 权利人为李某的预告登记;(3)被告配合原告将上海市东川路 333 弄某号房屋变更登记至原告名下。

被告上海紫竹半岛地产有限公司辩称,原告孙飞的诉请缺乏法律和合同依据,请求驳回。被告与李某就涉案房屋签订了《定金合同》和《上海市商品房预售合同》,被告已根据合同约定履行了全部义务,不存违约或违反法律规定的情形,不应当将被告作为本案被告。被告不能撤销涉案房屋的预告登记,只有房地产交易中心才能撤销登记。即便法院判令被告配合将涉案房屋过户至原告名下,也应当明确配合的具体内容。被告与原告之间不存在合同关系,合同的相对方是李某,签订合同时李某已死亡,合同应为无效。

第三人上海银行述称,如原告结清剩余贷款,上海银行同意配合涤除抵押登记,但是抵押权人是李某,需要明确上海银行配合谁去涤除抵押。并且涤除是在房地产交易中心,上海银行无权涤除。

第三人周某某、李某某述称,不同意原告的诉讼请求。李某死亡后,原告冒用李某的户口与证件、盗用李某生前的钱款、骗取房贷都是违法行为,欺诈被告。死人不可能买房子,不可能与被告签署合同。

审 判

一审法院经审理后认为,本案的争议焦点为:原告孙飞冒用死者李某的名义与被告签订的《认购单》《定金合同》及《上海市商品房预售合同》(以下简称涉案合同)的效力认定。

《中华人民共和国民法总则》第一百四十三条规定:"具备下列条件的民事法律行为有效:(一)行为人具有相应的民事行为能力;(二)意思表示真实;(三)不违反法律、行政法规的强制性规定,不违背公序良俗。"认定涉案合同的效力,应从民事法律行为有效的构成要件进行具体分析:

一、行为人是否具有相应的民事行为能力

本案中,与被告签订涉案合同的行为人是原告,享有相应民事权利并承担相应民事义务的主体也是原告,原告为完全民事行为能力人,符合民事法律行为有效的主体要件。死者李某作为名义载体,签约行为并非李某实施,行为后果亦不及于李某,李某是否具有民事行为能力与本案无关。

二、意思表示是否真实

原告与被告签订涉案合同,原告的意思表示是向被告购买房屋,真实,明确。被告的意思表示是向他人出售房屋,至于"他人"是"孙某"或是"李某",并不影响其决定是否出售房屋,意思表示亦为真实。

三、是否违反法律、行政法规的强制性规定

原告冒用李某的身份信息补办姓名为李某、照片为原告本人的二代身份证及户口簿、医疗保险卡等后,使用医疗保险卡就医、获取医疗保险统筹支付金的行为违反了法律的规定,构成诈骗罪,已受到刑法处罚。其他的冒用行为,亦可能受到行政或刑事的相关处罚。但是,原告冒用李某名义与被告签订涉案合同的行为,并未违反法律、行政法规的强制性规定。

四、是否违背公序良俗

公序良俗包括公共秩序和善良风俗两个方面。

在公共秩序方面。本案原告冒用死者李某名义与被告签订涉案合同,所涉公共秩序主要指房地产市场交易秩序。原告与被告签订涉案合同的时间为 2010 年 12 月,根据当时的政策,原告不属限购对象,不论以李某的名义,还是以自己的名义,原告均可购买房屋,并未违反房屋限购政策,亦未对房地产市场交易秩序产生不良影响。

在善良风俗方面。原告冒用死者名义购房的行为虽有违一般道德,但涉案合同项下原告的义务已履行完毕,冒用行为未损害被告的利益,未损害抵押权人的利益,未损害死者父母的利益,未损害国家、集体的利益,未造成严重后果,故不宜认定为违背善良风俗。

综上所述,原告冒用死者李某的名义与被告就涉案房屋签订的涉案合同应为有效。现原告已履行全部合同义务,其要求涤除抵押、撤销预告登记、过户登记的主张,合法有据,应予支持。

据此,一审法院依照《中华人民共和国民法总则》第一百四十三条、第一百五十三条,《最高人民法院关于适用〈中华人民共和国民事诉讼法〉的解释》第九十条之规定,一审法院判决:一、原告孙某于判决生效之日起十日内向第三人上海银行股份有限公司卢湾支行结清上海市东川路 333 弄 27 号 801 室的贷款本金及利息;二、第三人上海银行股份有限公司卢湾支行于原告孙某结清上海市东川路 333 弄房屋贷款余额后十日内配合涤除上海市东川路 333 弄房屋登记证号为闵 201112013754 的抵押登记;三、被告上海紫竹半岛地产有限公司于判决生效之日起三十日内配合撤销上海市东川路 333 弄房屋上登记证号为闵 201112003675 权利人为李某的预告登记;四、被告上海紫竹半岛地产有限公司于判决生效之日起四十五日内配合原告孙某依据原告孙某以李某名义与被告上海紫竹半岛地产有限公

司于 2010 年 12 月 25 日签订的《上海市商品房预售合同》将上海市东川路 333 弄房屋过户登记至原告孙某名下。

一审判决后，双方均未提出上诉，一审判决已发生法律效力。

点 评

本案审理的重点难点为冒用死者姓名签订房屋买卖合同的效力问题。

应当明确，本案原告冒用死者身份信息办理身份证件等行为已经触犯刑法，在本案纠纷发生之前被判处徒刑且执行完毕。本案仅涉及原告冒名购买房屋的民事行为评价部分。根据我国民事法律规定，民事法律行为具备如下几个条件方为有效：行为人具有相应的民事行为能力；意思表示真实；不违反法律、行政法规的强制性规定，不违背公序良俗。就本案原告冒用死者姓名贷款购买房屋的行为而言，原告具有相应民事行为能力，签订贷款购买房屋合同时意思表示真实，由于其具有购房资格，也未违反法律法律、行政法规的强制性规定。但是否违背公序良俗且因此而否定前述购房合同效力，判断较为困难。

分析民事法律行为效力的原理，其有效条件的设定目的在于明确民事活动的社会导向，违反即无效，对行为人产生民事法律上的不利益，具有对违规行为的惩罚意涵。不过，此种不利后果的赋予应符合比例原则，通过利益衡量保持行为与后果相适应。同时，公序良俗文义具有一定的模糊性，是否违反，也渗透着利益衡量精神。一般而言，冒用死者姓名购买房屋，有可能影响死者的社会评价，对死者亲属造成一定的精神损害，不符合传统伦理习惯，一定程度上违反善良风俗。但若因此判定违反公序良俗将导致房屋购买合同无效，涉案房屋的购买早在十年之前，当下价值已经数倍于购买时，如果因购房合同无效导致当事人各自退还购房款和房屋，原告很可能无力在上海再购买房屋，其居住利益遭受重大损害。鉴于原告冒名购买房屋无直接损害公共秩序和相关当事人的经济利益，违反善良风俗的行为较为轻微，以此剥夺前述重大居住利益显然不符合比例原则。法院基于此方面的利益衡量判定不构成违反公序良俗，合同有效，符合司法正义，体现一定的创造性思维，具有借鉴意义。

案例提供单位：上海市闵行区人民法院

编写人：朱秋晨

点评人：李　峰

26. 王某诉浙江莱茵博亚克贸易有限 公司网络购物合同纠纷案

——网络店铺以代购为名现货销售无明确、合法来源的 进口食品应承担食品安全惩罚性赔偿责任

案 情

原告(上诉人)王某

被告(被上诉人)浙江莱茵博亚克贸易有限公司

2019年7月6日,原告王某通过淘宝网在被告浙江莱茵博亚克贸易有限公司(以下简称博亚克贸易公司)经营的店铺内购买了"现货日本宝丽POLA镁白丸18新版全身美肤祛淡痘印180粒90天量"(以下简称涉案产品)4份,单价1 120元,王某共支付价款4 480元。

原告王某诉称,被告博亚克贸易公司所售产品为进口食品,未进行中文说明,且生产地区为核污染地区,系不符合食品安全标准的食品,故诉至法院,请求判令博亚克贸易公司全额返还购物款人民币4 480元、十倍赔偿44 800元。

被告博亚克贸易公司辩称,双方就系争的网络购物交易应当属委托代购关系。原告起诉陈述的事实不全属实,原告在2018年就有类似案件诉讼,且原告购买女性产品又称送人不是事实,原告系职业打假人,动机手段不纯,另涉案商品生产地在静冈,研发地在横滨,涉案产品在国内有直属独资企业,所以不存在产品不安全的情况。故不同意原告诉请,请求驳回。

一审审理中,原告王某提交的订单信息及物流信息均显示,其购买涉案产品当天,被告博亚克贸易公司即从浙江衢州发货。博亚克贸易公司提交的店铺公告显示,涉案产品均系从日本采购而来,系国内现货;王某提交的产品照片显示,涉案产品外包装均为日文标识,并无中文标签。同时,博亚克贸易公司认为,王某、博亚克贸易公司间为委托代购关系。

审 判

一审法院经审理后认为,原告王某认为被告博亚克贸易公司所售产品没有进

行中文说明,且涉案产品来自核污染区,明显不符合食品安全标准。博亚克贸易公司提供证据证明涉案产品的生产地在静冈,研发地在横滨;同时认为王某并无证据证明博亚克贸易公司所售商品存在不符合食品安全的事实;还认为王某非正当的消费者,其目的是为了获取不法利益。王某针对博亚克贸易公司抗辩无反证推翻,故王某之诉请主张佐证依据不足。一审判决驳回王某的全部诉请。

原告王某不服一审判决,提起上诉。

上诉人王某上诉称,其与被上诉人博亚克贸易公司就涉案产品形成买卖合同关系,而非委托代购关系。涉案产品无中文标签,未经检验检疫进口,系违法进口的食品。现博亚克贸易公司未举证证明涉案产品来源合法,符合食品安全标准,故应当承担"退一赔十"的责任。而且根据《最高人民法院关于审理食品药品纠纷案件适用法律若干问题的解释》的规定,只要经营者销售明知是不符合食品安全标准的食品,购买者就可以主张十倍赔偿,故王某的身份问题不影响主张权利。

二审法院经审理后认为,本案二审中争议焦点有二:一是上诉人王某与被上诉人博亚克贸易公司间构成何种法律关系;二是涉案产品是否系不安全食品,上诉人王某主张十倍惩罚性赔偿依据是否充分。

关于焦点问题一,王某从博亚克贸易公司购买涉案产品后,博亚克贸易公司当天即从浙江衢州发货,且博亚克贸易公司店铺公告也明确表示系国内现货,而非根据王某商品之指示要求另行代为购买后发货。故从整个实际交易情况看,双方之间之交易更符合买卖合同关系之本质,而非委托代购关系。

关于焦点问题二,据博亚克贸易公司所称,涉案产品系从日本采购而来。然而,在案并无证据显示涉案产品系经正规进口渠道进口、经检验检疫机构检验、加贴有中文标签,且博亚克贸易公司亦未提供相应采购凭证。因此,涉案产品不符合食品安全标准,明显存在重大安全隐患,属于不安全食品。博亚克贸易公司对于该涉案食品存在上述不符合食品安全标准之情形属于明知,根据我国《食品安全法》第一百四十八条之规定,理应承担价款十倍之惩罚性赔偿责任。

综上,二审法院二审改判退货退款、博亚克贸易公司支付十倍赔偿款44 800元。

点 评

本案审理的核心问题有两方面:一方面,原被告之间为委托合同关系还是买卖合同关系;另一方面,所购商品是否符合安全标准。

委托合同是委托人和受托人约定,由受托人处理委托人事务的合同。如果属于委托意义上的境外代购,应是消费者明确境外代购的商品名称、规格、价格、产地、时间、代购费用等委托内容,商家接受委托后,根据消费者要求在境外有针对性地购买目标商品,因此达成相应交易,在消费者和商家之间形成委托合同关系。本案中,被告店铺公告明确表示所售商品系国内现货,原告下单后,被告当天从浙江衢州发货。所以,原告下单当时,被告已取得涉案产品所有权,而非按照原告对商品要求另行代为购买后发货,这显然不具备委托合同关系的特征。根据法律规定,买卖合同是出卖人转移标的物的所有权于买受人,买受人支付价款的合同。那么原被告之间的交易过程符合买卖合同关系的实质,应以此为基础审视双方的法律责任。

本案商品为进口食品,根据食品安全法规定,进口食品应当经出入境检验检疫机构依照进出口商品检验相关法律、行政法规的规定检验合格。进口的预包装食品,应当有中文标签,预包装食品没有中文标签的,不得进口。从被告所售商品及店铺公告内容可知,其对国家关于进口食品相关法律规定应属知晓,在此情况下,其仍然销售无检验检疫合格证明、无中文标签、无境外购买凭证的涉案产品,可以认定为经营明知是不符合食品安全标准的食品。应根据《食品安全法》第一百四十八条之规定,理应在退还货款同时承担价款十倍惩罚性赔偿责任。

在本案事实认定与法律适用方面,一审法院的判决存在错误,二审法院予以改判,有效保护了境外代购中消费者的合法权益,同时对境外代购纠纷的事实认定与法律规定的理解具有指导作用。

案例提供单位:上海市第一中级人民法院
编写人:潘静波
点评人:李 峰

27. 王某某等与陈某名誉权纠纷案

——网络个人求助引发的名誉权侵权认定

案　情

原告王某某

原告杨某某

被告陈某

2017 年 11 月,女童王小某不幸患上双侧眼球内母细胞瘤(俗称"眼癌")。其母杨某某(本案原告)通过微信、水滴筹等途径寻求社会救助并陆续获得爱心捐款。2018 年 4 月,被告陈某通过其实名认证的、拥有数十万粉丝的"作家陈岚"微博,陆续发布涉及王小某家属的言论,包括"骗捐不治疗""愚昧狠毒的心""虐待""疑似被亲生父母虐待致死"等内容,引发热议。网友纷纷指责王小某家人涉嫌诈捐、所筹款项未用于治疗、善款资金流向不明等问题。然在此过程中,作为求助方的原告杨某某以及相关网络求助平台未能及时回应,以致双方矛盾和社会舆论的影响进一步扩大,演变为一场网络公共事件。2018 年 5 月,王小某去世。媒体澄清王小某父母为女儿治病费用的来源,当地警方表示"诈骗""虐待女童"没有相关证据。

　　原告王某某、杨某某诉称,原告杨某某在女儿王小某得病后,尽到监护责任,将其辗转送到多家正规医院诊疗,经确诊患眼母细胞瘤。在此期间,原告杨某某通过水滴筹、微信等网上救助平台筹得捐款 38 638 元,其中绝大部分款项已用于王小某的医疗、交通、住宿及生活用品等事项,剩余的 1 301 元捐款也已在王小某身故后捐给当地慈善组织。被告陈某自称资深公益人士,其注册的新浪微博上拥有数十万的粉丝量。被告不顾社会影响,从 2018 年 4 月 9 日起,仅凭志愿者发来的视频就主观臆断,在未核实真相的情况下,通过其实名新浪微博以诅咒的语气陆续发表诸如指责王小某遭受虐待致死、家属骗捐不给治疗、不给喂食喂水、王小某死亡等不实言论,并以实名方式报假警,最终引起网民对王小某家属的公愤,造成两原告的人格尊严受损。被告又随意"@"其他微博大 V,并在微博上泄露原告实际住址、手机号码等个人隐私,造成此次事件进一步升级。事件发生后公安部门介入调查,在调查结论公布之前,被告仍故意贬损原告名誉,继续散布不实言论,甚至在微博和接受采访中提及遗弃、虐待等刑事犯罪行为,误导他人先入为主地推测原告涉嫌违法犯罪,进一步煽动其他微博大 V 和不知情网友抨击原告,部分网友在微博上发起"骗捐、不配为人父母、杀人、虐待、虎毒不食子、死全家"等议论,网络平台上亦相继出现"有槽网""明白漫画"等传播的虚假信息。被告的行为导致原告承受邻居的白眼、亲戚的冷漠、众多社会人员的声讨辱骂等巨大压力,并收到大量包含威胁及咒骂用语的短信,家庭生活受到极大影响。原告杨某某经医院诊断患有重度抑郁症,靠药物维持治疗,已陆续支出各类医疗费用共计 8 365 元。两原告原为改善经济收入而自种及承包他人的二十多亩田地,因无心打理而荒废,其他家庭成员也因事件发生无心打工,造成整个家庭直接经济损失达 80 000 元。被告的一系列行为严重侵害原告的名誉权,故两原告诉至法院,请求如下:(1)判令被告停止侵害两原告名誉权的行为;(2)判令被告在河南的《大河报》、上海的《新民晚报》《澎湃新闻》公开向两原告赔礼道歉、消除影响、恢复名誉;(3)判令被告在其实名新浪微博上公开置顶道歉,并且置顶不少于两个月;(4)判令被告赔偿原告杨某某精神损害抚慰金人民币(以下币种相同)50 000 元、医疗费 8 365 元、两季庄稼损失 36 360元、误工费损失 8 000 元;(5)判令被告赔偿原告王某某两季庄稼损失 18 180 元、误工费损失 17 460 元;(6)判令被告赔偿两原告律师费 30 000 元。

被告陈某辩称,不同意原告的全部诉讼请求。首先,原告王某某的诉讼主体不适格。本案所谓的侵权事实都是围绕王小某的家属在获得网络捐款后,王小某是否得到医院有效救治的主题展开,被告在微博中评论的也是王小某的监护人在获得捐款后采取保守治疗的行为。由于使用、管理捐款的是王小某的监护人,如果因此遭受网络攻击,也应当是王小某的父母名誉受损。原告王某某既不是监护人,也不是遭到谩骂的对象,没有主张名誉受损的主体资格。其次,被告对社会动态及焦点问题享有自由发表言论的权利。本案争议焦点在于原告在整个事件中未披露与所得捐款数额匹配的医疗费用票据等信息,不能证明王小某得到有效治疗,因此涉案捐款是否按筹款目的得到合理使用,是本案评判的关键。被告发布讼争博文的用意在于利用自己的公益影响力引起更多人关注,以达到帮助、救治王小某的目的,以及表达对未能挽回孩子生命的痛心,且讼争博文有视频、可信的志愿者及王小某亲属亲口陈述等可靠来源,并在客观事实的基础上进行合理评价,并无故意贬低原告人格或通过捏造事实误导社会大众的意图。原告主张构成侵权的博文中,仅有四条博文系被告原创,其余转发的均是当时的相关治疗情况及网友的评论回复。在被告原创的博文中,网络实名向警方反映犯罪线索属于报案行为,王小某疑似死亡的言论源于志愿者调查及原告的亲口确认,在得知王小某"活过来"之后被告已经立即删除。家庭地址、户籍、手机号码等信息均为原告杨某某通过视频公布,不属于隐私,这些言论均未构成侵权。由于原告未按筹款用途救治王小某等原因,以及之后他人在"有槽网"发布《王小某小朋友之死》的博客等其他社会评论,方才导致王小某家属遭受他人的过激行为,但此与被告发表的博文无涉。而且在出现大量网上舆论质疑捐款被挪用的情形下,被告未再发文及转发,故原告主张的损害后果与被告无涉。退言之,恢复名誉、消除影响的范围,应与侵权所造成不良影响的范围相当,被告仅在微博上发表讼争言论,原告无权要求被告在其他媒体上承担赔礼道歉等民事责任。再次,原告主张的各项经济损失缺乏事实依据,不能成立。原告杨某某患精神重度抑郁的诊断结论基于无资质的乡镇医院根据病患个人陈述得出,不具有证明力,加之现有证据表明原告在被告发布讼争博文前已遭他人攻击,故原告杨某某诉称所患疾病与被告行为之间没有因果关系,其主张医疗费、精神损害抚慰金等损失缺乏事实依据。其他费用中,由于两原告未能证实过往经济收入、现有种植情况,且原告对案外人的误工费用亦没有代为求偿的权利,故不予认可;律师费缺乏委托、支付依据,其金额明显超出市场行情,同样不予认可。

审　判

一审法院经审理后认为,网络个人求助的方式为人们的爱心行为建立起更加广泛、便捷的渠道,使更多困难家庭得到及时救助并渡过难关,应当予以倡导;与此同时,网络个人求助也常有鱼目混珠的现象发生,透支公众的爱心和信任,应该予以规范。个人求助者在获得捐助后,理应诚信、合理使用善款,以实现捐助人的捐助目的。在享有受捐赠权利的同时,应基于权利义务相一致原则,以合理适当的方式,披露必要的善款使用信息,适时适度地回应捐赠者和社会公众对于捐款效用的关注。如未能适时适当披露,个人求助者应对公众和媒体出于舆论监督对其人格权益产生的不利影响在一定限度内予以容忍。而微博大 V 作为具有一定网络影响力的自媒体,基于其在网络空间的特殊身份和较大影响,应当承担与其身份性质、影响范围相适应的较高注意义务,在介入热点事件并公开发表意见时,即便出于公共利益考量,也应遵循消息真实、评价恰当原则,避免不实或过激言论借助微博本身的影响力使他人权利遭受侵害。

本案中,被告陈某发布的部分博文带有强烈主观色彩和道德指控,其言论的尺度超过了个人求助者因未能适当披露捐款使用信息而负有的容忍限度,产生了名誉侵权的事实,构成名誉侵权。故对原告杨某某的相关诉求,法院予以支持。因讼争博文明确指责的对象是原告杨某某,文中所指家庭应当理解为王小某及其父母,难以认定作为女童祖父的原告王某某的名誉因此受损,故驳回原告王某某的全部诉讼请求。

综上所述,一审法院依照《中华人民共和国民法总则》第一百一十条、第一百七十九条,《最高人民法院关于审理利用信息网络侵害人身权益民事纠纷案件适用法律若干问题的规定》第十六条、第十八条,《最高人民法院关于确定民事侵权精神损害赔偿责任若干问题的解释》第八条、第十条之规定,一审法院判决:一、被告陈某于判决生效之日起十日内在其实名认证为"作家陈某"的新浪微博中持续置顶三十日发表对原告杨某某的道歉声明(声明具体内容需经法院审核,如被告陈某逾期不履行,法院将依原告杨某某的申请采取公告、登报等方式,刊登判决书的主要内容,所需费用由被告陈某承担);二、被告陈某于判决生效之日起十日内赔偿原告杨某某精神损害抚慰金5 000元;三、被告陈某于判决生效之日起十日内赔偿原告杨某某律师费5 000元;四、驳回原告杨某某的其他诉讼请求;五、驳回原告王某某的全部诉讼请求。

一审判决后,双方当事人均未提起上诉,该判决现已生效。

点 评

本案为名誉权纠纷。案件的实体问题与程序问题处理有诸多可取之处,在确保司法公正,弘扬社会主义核心价值观,修复社会关系方面产生良好效果。

首先,实体问题判断准确。法院在本案名誉侵权的要件认定及法律责任判断方面,结合网络求助、网络言论传播的特殊形式,确立了网络个人求助者的合理披露义务与微博大V的较高注意义务两项原则,通过两原则平衡侵权人与受害人的利益,既妥当判断侵权人法律责任,又使该责任限定于合理范围之内。两项原则对充实类似民事纠纷的法律适用具有重要指导意义。

其次,程序运用精细得当。本案开始采用简易程序审理,因案件影响范围大、法律问题较为复杂,后改为普通程序审理。鉴于本案纠纷已形成社会热点事件,侵权构成及侵权程度的判断须立足于丰富的网络生活经验,为确保事实认定与法律适用的权威性,采用七人组成合议庭的大合议制。同时,庭审中的程序运作、证据采信也采用释明、心证公开等方式,保障了当事人的程序利益,以及程序运作的精准高效。

第三,注重个案审理与社会效益的统合。本案判决书后附有《法官寄语》,既肯定包括本案当事人在内的社会各界对病人的关爱与帮助,又指出侵权人因法律意识不足,意气用事,主观臆断,道德绑架,好心办坏事,酿成大家都不愿意看到的民事纠纷。希望各界推崇法治、弘扬道德、追求和谐,共同营造互敬互爱、互相帮助的美好社会环境。《法官寄语》言语诚恳,阐法释理,语重心长,感人至深,充分渗入社会主义核心价值观,相信会引起当事人以及有关人员的内心触动。从当事人服判息诉的结果看,法官将情、理、法综合运用于审判过程,取得良好效果,审判经验可资参考借鉴。

案例提供单位:上海市闵行区人民法院

编写人:尹学新　王静波　王　伟

点评人:李　峰

28. 吴某骏等诉彭某等抵押权纠纷案

——被"代持"抵押权的法律效力认定

案 情

原告(被上诉人)吴某骏

原告(被上诉人)施某筠

原告(被上诉人)周某君

被告(上诉人)彭某

被告(被上诉人)陈某

第三人(上诉人)唐某雯

2011 年 11 月 14 日,被告陈某与被告彭某签署《抵押借款协议》一份,约定陈某向彭某借款 200 万元,借期至 2012 年 11 月 13 日止,陈某将名下的上海市凯旋北路××××弄×号××××室房屋(以下简称系争房屋)向彭某作抵押。该协议签订后,当事人于 2011 年 11 月 18 日完成房产抵押登记,抵押权人为彭某,债权数额为 200 万元。

2013 年 10 月 12 日,原告吴某骏、施某筠、周某君(以下简称吴某骏方)作为买受方,被告陈某作为出售方就系争房屋签订《上海市房地产买卖合同》一份,约定房价款为 590 万元,2014 年 2 月 15 日前完成房屋交接。之后,陈某出具三张收条确认收到吴某骏方支付的房款共计 360 万元。2014 年至 2015 年期间,交易双方多次签订确认书对房屋过户日期及违约责任进行了补充约定,其中 2014 年 3 月还通过签署房屋交接书的方式对房屋进行了验收交接,但始终未完成房屋产权的过户。

2016 年 5 月 23 日,第三人唐某雯与被告陈某就借贷纠纷通过上海市长宁区人民法院达成(2016)沪 0105 民初 8337 号民事调解书,确认陈某应于 2016 年 6 月 15 日前向唐某雯归还借款本金 386 万元及相应利息,否则唐某雯可对系争房屋进行折价或申请拍卖、变卖后行使优先受偿权。

2017 年 7 月 14 日,上海市长宁区人民法院就原告吴某骏方与第三人唐某雯、被告陈某关于前述民事调解书的撤销权之诉作出(2017)沪 0105 民撤 1 号民事判决,认为因唐某雯并非系争房屋抵押权人,其在陈某已将房屋向吴某骏方出售并由吴某骏方付款且对房屋实现占有使用后,再与陈某达成对系争房屋优先受偿的协议损害了吴某骏方的民事权益,故将(2016)沪 0105 民初 8337 号民事调解书中赋予唐某雯对系争房屋的优先受偿权撤销。

2017 年 12 月 1 日,原告吴某骏方向上海市普陀区人民法院提起(2017)沪 0107 民初 28910 号民事诉讼,请求判令被告陈某继续履行买卖合同并支付违约金,该案除查明吴某骏方与陈某就系争房屋的买卖关系,吴某骏方履行了部分付款义务,房屋已完成交接等事实外,还查明陈某为系争房屋的产权人,彭某为房屋的抵押权人之一,上海市长宁区人民法院对房屋采取了司法限制措施。2018 年 8 月 15 日,上海市普陀区人民法院就该案作出判决,以系争房屋产权已被采取司法限制措施而不具备过户条件为由对吴某骏方诉请不予支持。

原告吴某骏、施某筠、周某君诉称,原告与被告陈某于 2013 年 10 月 12 日就陈某将系争房屋向原告转让签订了编号为 1858468 的《上海市房地产买卖合同》,房价款定为 590 万元,合同还对过户手续的办理、违约责任等进行了约定。签订合同时,原告未查实房屋的产权状况,也不了解随陈某到场的唐某雯、彭某等一行人的身份,更不知晓系争房屋上除银行外还设有彭某为抵押权人的登记。合同签订后,原告分别于 2013 年 10 月 12 日、11 月 30 日向陈某支付了 360 万元,并办理了审税等相关手续,但其却未按约定将原告支付的房款用于偿还债务,导致设定于房屋上的抵押未涤除而无法完成产权过户手续。2014 年 3 月 7 日,双方完成了房屋的实体交接并自此开始因陈某之故不断签署各类协议推迟过户日期,陈某承诺涤除设定于房屋之上的抵押、协助原告办理产权过户、向原告支付违约补偿金等。2016 年 5 月 23 日,上海市长宁区人民法院作出(2016)沪 0105 民初 8337 号民事调解书,确定陈某与唐某雯之间有借贷关系,并将系争房屋的拍卖、变卖、优先受偿等权利赋予了唐某雯,原告知悉后遂于 2017 年 3 月 1 日就该案提起了撤销之诉,为此上海市长宁区人民法院于 2017 年 7 月 14 日作出(2017)沪 0105 民撤 1 号民事判决,依法撤销了唐某雯的优先受偿权且未采信其认为其属于陈某与彭某签订的抵押借款协议的实际放贷人的辩称。根据上述事实,原告认为:(1)根据前案查明的事实,唐某雯在债务人超出约定期限仍未履行还款义务的情形下仍继续放贷有悖常理,其于诉讼中陈述的放贷主体、借款金额、本金与利息的归还方式等均与陈某、彭某签订的抵押借款协议之约定不一致,故彭某、唐某雯与陈某之间借款的真实性存疑,更难以与唐某雯所认为的隐名借款抵押行为相匹配;(2)依照不动产物权登记的公示原则,房屋上设定的抵押权人应与债权人的身份保持一致,彭某与陈某之间的债务关系已被前案判决所否定,唐某雯以其曾隐名委托彭某作为上述债务的抵押权人为由仍主张对房屋的优先受偿权既缺乏证据又不符合法律规定;(3)原告为积极履行房款支付义务的善意买方,且在本案诉讼中已代陈某付清其须偿还的银行贷款,系争房屋上设有的以银行为抵押权人的抵押登记即将涤除。综上所述,被告应将设于系争房屋之上的、以彭某为抵押权人的抵押登记予以涤除,否则侵害原告的合法权益,故提起诉讼,请求判决:

(1)两被告办理抵押权登记解除手续;(2)本案诉讼费由被告负担。

被告彭某辩称,第三人唐某雯对被告陈某有债权,但唐某雯基于职务不便作为抵押权人,遂委托其员工彭某出面与陈某办理了系争房屋的抵押登记手续,将抵押权登记于彭某名下,陈某对此未持异议,其与原告进行房产交易时,彭某或唐某雯还到场向陈某提出了还款请求,故原告对陈某、彭某、唐某雯三人之间的借款抵押关系明知。根据上述事实可知,彭某只是名义上的房产抵押权人,唐某雯则是该抵押权的实际享有人,此类委托抵押并不为法律所禁止,前案判决撤销的为唐某雯对房屋的优先受偿权而非彭某对房屋的抵押权,故原告要求撤销抵押权的诉请缺乏法律依据,对其诉请不能同意。

被告陈某辩称,陈某虽为系争房屋所有权人但非实际居住人,将房屋抵押用于借款、将房屋出售并收取房款、与唐某雯就借贷进行诉讼调解的均为陈某之胞兄,陈某只是应其要求出面与彭某签订了借款抵押合同、与原告签署了房屋买卖合同,签合同时唐某雯与彭某虽然在场,但陈某并不了解两人中谁为钱款的实际出借方,也不清楚确切的借款金额,目前部分借款可能已由陈某之胞兄清偿。对原告诉请不发表意见,由法院依法判决。

第三人唐某雯述称,唐某雯与彭某原为同事,常将自有闲置资金对外放贷并为操作便利由彭某以出借方及抵押权人的身份出面签订借款抵押合同并办理抵押物登记手续。唐某雯通过朋友介绍与陈某之胞兄相识后,按其所需向其出借资金并以陈某名下的系争房屋作为抵押物、彭某则受唐某雯委托成为名义上的出借方与抵押权人。考虑到最初还款状况稳定,唐某雯陆续出借的钱款数额高于借款合同的约定且有转账凭证为据。陈某将系争房屋向原告出售时,唐某雯与彭某均到场参与了协商,中介亦向原告明示了两人的身份及房屋的抵押权设立状况。之后因还款义务未得到履行,彭某又拒绝出面,唐某雯只得以自身的名义提起了诉讼。根据上述事实,本方同意彭某的辩称意见,即公示的抵押权人与实际的债权人虽不一致,但唐某雯作为本次抵押借款中的实际抵押权人,其抵押行为符合"隐名委托"的法律规定,而原告在进行房产交易时未核实房屋的产权登记信息存在重大过失,故本方对系争房屋仍享有优先受偿权。

审 判

一审法院经审理后认为,设定于系争房屋之上的、抵押权人为彭某的抵押登记应予以撤销,理由为:(1)经本案及他案查明,吴某骏方与陈某之间签订的关于系争房屋的买卖合同合法有效,吴某骏方作为买受方已履行了大部分付款义务并实际占有房屋,其有权要求出售方陈某履行房屋产权过户并在此过程中排除相应的隐患或侵害,虽然吴某骏方在交易时对设定于房屋之上的抵押权有审慎与注意义务,但当该抵押权的设立不符合法律规定或虽符合法律规定但符合撤销、注销条件的，其仍有权要求排除该妨害以维护其买受方的合法权益；(2)系争房屋得以办理抵押登记手续并以彭某为抵押权人显然是基于其与陈某签订的抵押借款协议，现彭某自认其本人并未按合同约定向陈某出借钱款，故彭某取得该抵押权缺乏约定或法定依据；(3)对不动产享有抵押权应以具有公示公信效力的登记手续为依据，唐某雯并非系争房屋的登记抵押权人，而民事活动中所谓的"隐名"或"委托"均以不侵害善意第三方为前提，目前并无证据证实吴某骏方在购房时明确知晓彭某对系争房屋的抵押权系代唐某雯行使，房屋产权人陈某对此亦未予以确认，故唐某雯认为其基于向彭某的委托对系争房屋仍享有优先受偿权的主张未得到相关房产权益方的认可，亦与抵押登记制度有悖。综上，彭某对系争房屋之抵押权的设立不符合法律规定，吴某骏方的诉请于法有据，法院予以支持，因陈某与彭某之间事实上并不存在房产抵押关系，故该抵押权依法不成立而应直接撤销。

一审法院依照《中华人民共和国民法总则》第三条，《中华人民共和国担保法》第三十三条、第四十一条、第四十二条之规定，判决如下：撤销设定于上海市凯旋北路××××弄×号××××室房屋之上的、抵押权人为彭某的抵押登记。

一审判决后，被告彭某、第三人唐某雯不服，提起上诉。

二审法院经审理后认为，抵押合同是主债权债务合同的从合同，抵押权的设立目的主要为担保债务的履行，因此抵押权具有从属性，其设立应以主债权债务关系的存在为基础。本案中，彭某与陈某签订《抵押借款协议》后登记为系争房屋抵押权人，且彭某认可其与姐姐彭某某向陈某转账系代唐某雯出借资金，加之另案生效调解书也已确认唐某雯对陈某享有债权，因此案涉抵押权实质上是为了担保唐某雯所享有的债权能顺利实现而设立。针对抵押权人与债权人不一致的情形，法院认为，该不一致仅是登记上的形式不一致，而实质上的抵押权人与债权人仍相统一，只是债权人须通过登记的抵押权人来实现其抵押权利。由此可见，案涉抵押权的设立具有相应的债权债务基础，并未突破抵押权的从属性，符合法律规定。此外，关于案涉抵押权所担保的具体债权数额，因与本案的审理无涉，法院对此不予涉及。

根据法律规定，经依法登记的抵押权对外具有公示公信的效力，能够保护交易安全及利害关系人对公示的信赖利益。根据已查明的事实，案涉抵押权登记于2011 年 11 月 18 日，而案涉房屋买卖合同签订于 2013 年 10 月 12 日，明显晚于抵押权登记之时。因此，案涉抵押权登记时被上诉人吴某骏方尚未购买系争房屋，该抵押权的设立显然不存在侵害其合法权益的情形。同时，被上诉人吴某骏方作为购房人，其在交易时应对设定于系争房屋上的抵押权尽到审慎的注意义务，并据此作出购买与否的决定。本案中，被上诉人吴某骏方称其签约时并不知晓案涉抵押权的存在，对此其应承担相应责任。现系争房屋因该抵押权而无法完成过户，房屋买卖合同履行受阻,根据合同相对性,吴某骏方仅有权向陈某主张权利。据此,吴某骏方作为房屋买卖合同当事人一方,起诉主张撤销设立在先的案涉抵押权缺乏法律依据,法院对此无法支持。综上所述,上诉人彭某、唐某雯的上诉请求成立,法院依法予以支持。

据此,二审法院依照 2017 年《中华人民共和国民事诉讼法》第一百七十条规定,二审法院判决:一、撤销上海市普陀区人民法院(2018)沪 0107 民初 29014 号民事判决;二、驳回吴某骏、施某筠、周某君的全部诉讼请求。

点 评

本案审理的关键问题是,当事人基于意思自治主动选择将抵押权登记在非债权人名下,该抵押权是否有效?

根据我国民事法律规定,抵押权人为债权人,抵押权作为债权的从权利,为保证债权的实现而设立。根据《第九次全国法院民商事审判工作会议纪要》规定,债权转让坚持"从随主"规则,除法律另有规定或者当事人另有约定外,抵押权一并转让。由于转让合同履行等原因,债权转让可能造成债权人与抵押权人分别归于不同主体,抵押人以受让人不是抵押合同的当事人、未办理变更登记等为由提出抗辩的,人民法院不予支持。《民法典》第 547 条规定也同样体现这一规则之例外的精神。本案的特殊性在于,有关当事人在债权形成阶段就约定债权与抵押权归于不同主体,而非债权转让形成此结果。法律是否允许?从民法的基本规定可以看出,立法导向是债权人与抵押权人应当一致,以保证交易便利以及公示公信效力,例外情况只在债权转让中有规定。因此,当事人意思自治能否突破该范围,确有争议。一审法院、二审法院对此出现不同的理解,判决亦不相同。

司法判决应追求个案正义与一般正义的统一,当法律适用存在模糊空间,难以统一认识时,个案正义应是首要衡量目的,以个案正义化解一般正义的决断难题。二审法院结合该抵押权的设立是否存在债权基础、该抵押权是否损害信赖登记的善意第三人利益及将该抵押权撤销是否损害债权人利益等因素综合认定抵押权约定为债权人之外主体的法律效力。这些内容的衡量体现了意思自治原则、公平原则、诚实信用原则等,充分关照了本案实际情况,判定抵押权约定有效,具有更强的说服力,也为相关理论研究提供了有益的实践样本。

案例提供单位:上海市第二中级人民法院

编写人:王晓梅　高　勇

点评人:李　峰

29. 杨某翔诉中国东方航空股份有限公司服务合同纠纷案

——常旅客计划中旅客不当行为的规制与权益保护

案 情

原告(上诉人)杨某翔

被告(被上诉人)中国东方航空股份有限公司

原告杨某翔于 2016 年 7 月起成为被告中国东方航空股份有限公司(以下简称东航公司)"万里行"白金卡会员,其通过购买并乘坐东航公司的航班,获取了大量的"达人券"(购买机票的优惠券)及积分(截至 2018 年 12 月 3 日,杨某翔账户共有消费积分 432 999 点,另有因杨某翔退票而产生的尚未到账的积分 547 000 点)。为延长"达人券"的使用期限(该券有效期为航班成行后 180 个自然日内),杨某翔使用"达人券"购买可能迟延的航班,再予以退票,一方面退票后返还的"达人券"使用期限可自动顺延一个月,另一方面因航班迟延可全额退票,自 2017 年 1 月至 2019 年 1 月,杨某翔本人共计购买机票 1 118 张,退票 830 张,已使用的客票为 161 张。

被告东航公司发现原告杨某翔存在上述行为后,以滥用会员权利做出处理,并于 2018 年 11 月 27 日、12 月 4 日通过电邮将处理措施两次告知杨某翔:(1)已将其会员账户降级为普卡;(2)其"万里行"会员账户将于 2018 年 12 月 31 日关闭。鉴于账户中仍有未使用的消费积分 432 999 点,如需要继续使用账户内的消费积分,请提前七个工作日致电会员服务热线申请,之后账户将自动关闭。

原告杨某翔诉称,其合理利用规则并非滥用权利,东航公司制定的条款属于约定不明,被告东航公司无权行使约定解除权,被告东航公司的上述行为损害了其合法利益,故而诉至法院,请求判令:(1)被告东航公司继续履行合同,恢复其白金卡会员等级以及其所应当享有的会员权利;(2)被告东航公司恢复其会员卡内979 999 积分、"达人券"220 张;(3)被告东航公司赔偿其因会员卡降级以及会员卡关闭所导致的各项损失 6 000 元。

被告东航公司辩称,原告杨某翔的会员账户已经被关闭,积分不能继续累积和使用,但是"达人券"的使用并不受影响,现被告不同意恢复原告的白金卡会员资格,亦不同意承担赔偿责任。理由如下:其一,"东方万里行"会员服务是被告基于与旅客的航空旅客运输合同,给予旅客的额外优惠,是被告单方、无偿的付出,而是否加入被告的会员,完全由原告自主选择,故本案不能适用格式合同条款进行规制;其二,原告分别在被告和中国南方航空双重累积常客积分,违背了《"东方万里行"会员手册》(以下简称《会员手册》)只能在一家航空公司积分的规定;其三,原告为延长"达人券"的有效期,通过大量购票后又大量退票的方式滥用权利,不仅扰乱了被告的备餐安排,而且使被告丧失了机票再销售的机会,给被告造成了严重的经济损失。原告的上述行为违背了《会员手册》的规定,故被告有权取消原告的会员账户、累积的积分以及会员权益。

审 判

一审法院经审理后认为,虽然涉案条款系东航公司单方提供的格式合同,且涉及免除、减轻东航公司一方责任,但会员积分和"达人券"都属于会员履行航空运输特定义务之后,航空公司单方对会员做出的奖励行为,故该条款并未导致双方当事人权利义务的失衡,应为合法、有效。原告杨某翔大量购票、迟延退票的行为属肆意滥用其权利,应认定为涉案条款约定的不当行为。被告东航公司据此解除与原告杨某翔间的服务合同关系于法有据。故一审法院判决驳回原告杨某翔全部诉讼请求。

原告杨某翔不服一审判决,上诉要求改判支持其一审全部诉讼请求。

二审法院经审理后认为,上诉人杨某翔频繁购票退票的行为超出了正常积累和使用积分、"达人券"的方式,且目的不具有正当性,该行为占用了航空出行资源,影响机票的二次销售,不仅给航空公司机票销售和正常运营带来不利影响,与《会员手册》确定的合同主要目的相悖,也损害了其他旅客的合法利益。故上诉人杨某翔涉案行为构成合同约定的不当行为,东航公司据此可行使合同解除权。东航公司取消上诉人杨某翔由于频繁退票尚未到账的积分 547 000 点具有相应的事实和法律依据。上诉人杨某翔账户内尚有未使用的消费积分 432 999 点,而该笔积分具有财产属性,根据《会员手册》法律条款第一条,航空公司取消积分应提前 6 个月通知,东航公司称该期限系针对整个业态调整而非会员的不当行为,然其作为《会员手册》的制作方和提供方,应作不利于东航公司的解释,依法认定提前 6 个月通知的约定适用于本案情况。东航公司未提前 6 个月通知导致会员无法使用账户内积分,违反了合同约定,杨某翔要求恢复该笔积分的上诉请求,应予支持。杨某翔要求赔偿损失,但未对此举证,难以采信。关于涉案"达人券",双方当事人在一审时均表示能够使用,现并无证据表明东航公司对杨某翔使用"达人券"进行了限制,故对杨某翔要求恢复"达人券"220 张的上诉请求,不予支持。

据此,二审法院依照《中华人民共和国民法总则》第三条,《中华人民共和国合同法》第六条、第七条、第四十一条、第六十条、第九十三条第二款,《中华人民共和国民事诉讼法》第一百七十条第一款第二项之规定,判决:一、撤销原审判决;二、某航空股份有限公司返还上诉人杨某翔积分 432 999 点;三、驳回上诉人杨某翔的其余诉讼请求。

点 评

原告利用双方约定的合同规则漏洞,故意通过购买机票与飞机晚点退票获得利益,是否属于合同中约定的不当行为? 这是本案审理的关键点,也是难点。其中最重要的问题是民法中诚实信用原则的理解运用。诚实信用原则的外延和内涵具有相当的不确定性,一般是指民事主体在不损害他人利益和社会公益的前提下,追求自己的利益。同时,诚实信用原则还要求当事人之间的利益均得到平衡的、合理的关照,实现当事人的利益关系平衡,以维持和谐有序的私法秩序。问题在于,诚实信用原则与意思自治原则、公平原则交互衡量时,通常存在模糊地带,不同视角可能得出不同的结论。鉴于涉案合同为航空公司制订的格式合同,可以认定航空公司对合同条款的意涵与法律后果进行了认真审查,且本案原告也有一部分航班为实际乘坐的,其上述行为是否处于可容忍的范围,可能会产生极大争议。

法院首先判断涉案合同为双务合同,然后通过合同目的、诚实信用原则两方面来审视原告这一日常生活中罕见行为的正当性,指出其大量购票、退票获得积分,延长"达人券"使用期限,属于非正常航空消费的行为,违背合同目的,逃避应承担的合同义务。同时,利用规则漏洞退票的行为,也可能占用航空资源,损害其他乘客与航空公司的利益,违背诚实信用原则。因而,原告行为属不正当,航空公司解除合同依据充分,但同时又判决航空公司退还原告乘机获得的积分,适当平衡了双方的利益。可见,法院判断原告行为不正当的理由主要立足于目前的社会主流观念,使得判决结果具有相对的可接受性,丰富了有关疑难案件处理的司法经验。

案例提供单位:上海市第一中级人民法院

编写人:唐春雷　张　秀

点评人:李　峰

30. 杨某林诉徐某华等房屋买卖 合同纠纷案

——履行期限届满的民间借贷关系转化为房屋买卖关系的认定

案 情

原告杨某林

被告陈某慧

被告徐某华

被告杨某亭

第三人上海农村商业银行股份有限公司川沙支行

系争房屋于 2011 年 2 月 25 日登记至被告陈某慧、杨某亭名下。第三人上海农村商业银行股份有限公司川沙支行系系争房屋的抵押权人,债权数额 90 万元,债务履行期限为 2009 年 9 月 14 日至 2039 年 9 月 14 日。

2011 年 9 月 23 日,被告徐某华出具《借据》,内容为:"今由本人徐某华向杨某林借人民币 140 万元,借期为一年,如提前归还按每月得叁万叁仟叁佰叁拾元扣除。如往后也是按每月叁万叁仟叁佰叁拾元增加,但必须归还第一年的肆拾万,借款日期从 2011 年 9 月 23 日至 2012 年 9 月 23 日。"当日,原告杨某林向被告徐某华转账 100 万元。双方确认,上述借据中 100 万为借款,40 万元为一年的利息。上述借据于 2013 年 7 月 16 日归还给原告杨某林。

2013 年 1 月 21 日,借款人徐某华出具借条,内容为:兹由本人徐某华向杨某林借人民币 10 万元,还款日期 2013 年 3 月 31 日。

2013 年 7 月 16 日,原告杨某林(甲方)、被告徐某华(乙方)、被告杨某亭、被告陈某慧(丙方)、签订《购房及还款协议书》内容为:甲、乙、丙三方经自愿、友好、平等协商,就甲方向丙方购房和乙方向甲方还款事宜达成如下协议:第一条约定,截止到 2013 年 7 月 10 日前,乙方已向甲方累计借款本金 170 万元;第二条约定,甲、乙和丙三方一致同意,丙方将坐落于上海市青浦区徐泾镇育才路 555 弄某号房屋建筑面积 121.1 平方米房屋以 220 万元的价格出售给甲方;第三条约定,购房款及还款的付款方式:(1)本协议签订并办理抵押登记后,甲方支付给丙方第一期购房款

人民币贰拾万元整;(2)丙方最迟应于 2013 年 8 月 15 日前向甲方交房,交房后甲
方支付丙方第二期购房款人民币叁拾万元整;(3)待甲方通知丙方将上述房屋过户
给甲方或甲方指定人后,甲方累计借给乙方的借款人民币壹佰柒拾万元整转为甲
方支付给丙方的购房尾款。顺利过户后,乙方向甲方的借款无需再归还,甲方对丙
方的购房款亦已全部付清;第四条约定,经三方协议,该房屋在甲方通知后办理过
户手续,所以在未办理过户手续之前,丙方自愿将其名下具有合法产权的房屋坐落
于上海市青浦区徐泾镇育才路 555 弄某号房屋(建筑面积 121.1 平方米)抵押给甲
方,抵押金额为人民币贰佰贰拾万元整,并办理相关抵押登记手续,作为对本协议
的担保,担保范围包括但不限于借款本金、利息、违约金、诉讼费、律师费和评估拍
卖等费用;第五条约定,担保期限:自本协议签订之日起至该房屋实际过户之日止;
第六条约定,违约责任:若经甲方通知,丙方拒绝办理过户手续的,甲方有权要求丙
方支付总房价的 20% 作为违约金,乙方则自愿承担连带责任。

被告陈某慧、杨某亭(甲方)与原告杨某林(乙方)签订了《房屋抵押借款合同》,
约定:甲方同意将系争房屋,总价值 320 万元,作为抵押向乙方借取人民币 220 万
元。借款期限为 2013 年 7 月 16 日至 2015 年 7 月 15 日止。2013 年 7 月 16 日,双
方办理抵押登记,2013 年 7 月 18 日核准。债权数额 220 万元,期限自 2013 年 7 月
16 日至 2015 年 7 月 15 日止。

2013 年 7 月 17 日,被告徐某华出具收条,内容为:“本人徐某华收到杨某林的
房款人民币 40 万元”。2013 年 7 月 30 日,徐某华出具收条,内容为:“本人徐某华
收到杨某林的房款人民币 10 万元”。2013 年 7 月 18 日,杨某林登记为系争房屋的
抵押权人,债权数额 220 万元,债务履行期限:2013 年 7 月 16 日至 2015 年 7 月 15
日止。

原告杨某林诉称,2013 年 7 月 16 日,杨某林与杨某亭、陈某慧、徐某华签订一
份《购房及还款协议书》。协议签订后,杨某林于 2013 年 7 月 17 日向徐某华支付
房款人民币 40 万元,收到房款后,陈某慧、杨某亭和杨某林于 2013 年 7 月 18 日至
上海市青浦区房地产交易中心办理抵押权登记,2013 年 7 月 30 日,杨某林向徐某
华支付房款人民币 10 万元。陈某慧、杨某亭于 2013 年 8 月 15 日将上述房屋交付
杨某林及其家人居住使用至今。此后,经杨某林多次催促要求办理房屋产权变更
登记手续,陈某慧、杨某亭均不予理睬,拒绝办理,故诉至法院,请求:(1)杨某亭、陈
某慧、徐某华协助杨某林办理上海市青浦区徐泾镇育才路 555 弄某号房屋过户手
续。(2)杨某亭、陈某慧、徐某华向杨某林支付违约金人民币(以下币种均为人民
币)44 万元。

被告陈某慧辩称,不同意杨某林的诉讼请求。2011 年 9 月 23 日,杨某林借给
陈某慧的父亲徐某华 100 万元,杨某林多次催款,2013 年徐某华没有能力还清借

款故将系争房屋抵押给杨某林。后又签订了《购房及还款协议书》，签订协议后，杨某林又向徐某华支付了 50 万元。在《购房及还款协议书》签字系徐某华所逼，并非本人真实意思表示。认可杨某林向徐某华支付的 50 万元为向陈某慧、杨某亭支付的购房款。

被告徐某华辩称，不同意杨某林的诉讼请求。《购房及还款协议书》无效。2011 年 9 月 23 日，杨某林借给徐某华 100 万元。出售系争房屋并非徐某华的真实意思表示。双方当事人之间系借贷关系并非房屋买卖关系。如认定双方为房屋买卖关系，也只有 100 万元转为购房款。

被告杨某亭未进行答辩。

第三人上海农村商业银行股份有限公司川沙支行述称，上海农村商业银行股份有限公司川沙支行系争房屋的抵押权人。陈某慧、杨某亭拖欠银行按揭贷款。按揭贷款还清后，同意涤除抵押。

审 判

一审法院经审理后认为，本案当事人的争议焦点在于：第一，涉案借贷关系是否转化为房屋买卖合同关系，如转为房屋买卖合同关系，其效力如何认定？第二，系争房屋过户的条件是否成就。法院对争议焦点作如下评判：

关于第一项争议焦点，被告徐某华与原告杨某林于 2011 年 9 月 23 日形成的借款关系的还款期限已经届满，徐某华无力还款。经杨某林多次催讨后，徐某华仍无力还款，后双方达成以房抵债的一致意思表示。系争房屋登记在徐某华的女儿陈某慧及陈某慧的前夫杨某亭名下，杨某亭、陈某慧亦在以房抵债的协议签字确认；该协议具备房款的支付、房屋交付、过户等房屋买卖合同中必备的重要条款；杨某亭、陈某慧、徐某华已经将系争房屋交付给杨某林居住使用；故徐某华与杨某林借贷关系已经转化为杨某林与杨某亭、陈某慧、徐某华之间房屋买卖合同关系。该协议形成与债务履行期限届满之后，系双方当事人真实意思表示，并不存在违反法律、法规强制性规定的内容，应为合法有效。本案双方经协商一致终止借款合同关系，建立房屋买卖合同关系，并非为双方之间的借款合同履行提供担保，而是借款合同到期徐某华难以清偿债务时，通过将徐某华的女儿陈某慧及陈某慧的前夫杨某亭名下所有的商品房出售给债权人杨某林的方式，实现双方权利义务平衡的一种交易安排。该交易安排并未违反法律、行政法规的强制性规定，不属于《中华人民共和国物权法》第一百八十六条规定禁止的情形，亦不适用《最高人民法院关于审理民间借贷案件适用法律若干问题的规定》第二十四条规定。尊重当事人嗣后形成的变更法律关系性质的一致意思表示，是贯彻合同自由原则的应有之意。徐某华所持本案买卖合同无效的主张,不予采信。

关于第二项争议焦点,法院认定,上述借款关系中,原告杨某林向被告徐某华转账 100 万元为借款本金,其余 70 万为 2011 年 9 月 23 日起至 2013 年 7 月 16 日之间的借款利息。《购房及还款协议书》签订后,杨某林分别于 2013 年 7 月 17 日、7 月 30 日向徐某华支付了购房款 50 万元。

但在确认商品房买卖合同合法有效的情况下,由于双方当事人均认可该合同项下已付购房款系由原借款本息转来,且徐某华提出 70 万元为高额利息。在当事人请求司法确认和保护购房者合同权利时,人民法院对基于借款合同的实际履行而形成的借款本金及利息数额应当予以审查,以避免当事人通过签订商品房买卖合同等方式,将违法高息合法化。经审查,双方之间借款利息的计算方法,已经超出法律规定的民间借贷利率保护上限。对双方当事人包含高额利息的欠款数额,依法不能予以确认。由于法律保护的借款利率明显低于当事人对账确认的借款利率,故应当认为杨某林作为购房人,尚未足额支付合同约定的购房款。按照的民间借贷利率保护上限年利率 24%,2011 年 9 月 23 日起至 2013 年 7 月 16 日之间的借款利息 441 333.33 元。故应当认为杨某林作为购房人,尚未足额支付合同约定的购房款,故对其主张的逾期过户违约金法院不予支持。

本案审理中,原告杨某林将尾款交至法院代管,可履行支付购房款的合同义务。杨某林为系争房屋的抵押权人,同意自行涤除。杨某林同意代杨某亭、陈某慧偿还系争房屋的按揭贷款,上海农村商业银行股份有限公司川沙支行亦同意收到按揭贷款后涤除抵押,上述表示系当事人真实意思表示,法院予以准许。综上,系争房屋不存在过户障碍,故对杨某林过户的诉请一审法院予以支持。据此,依照《中华人民共和国合同法》第五十二条、第六十条、第一百零七条、第一百三十五条,《中华人民共和国物权法》第一百八十六条,《最高人民法院关于审理民间借贷案件适用法律若干问题的规定》第二十四条、第二十六条,《中华人民共和国民事诉讼法》第九十二条、第一百四十四条的规定,一审法院判决:一、杨某林于判决生效之日起十日内向上海农村商业银行股份有限公司川沙支行代杨某亭、陈某慧归还上海市青浦区徐泾镇育才路 555 弄某号房屋按揭贷款本金及利息,具体金额以还款日上海农村商业银行股份有限公司川沙支行出具的数据为准;二、上海农村商业银行股份有限公司川沙支行于收到上海市青浦区徐泾镇育才路 555 弄某号房屋按揭贷款本金及利息后十日内涤除上述房屋的抵押;三、杨某林于判决生效之日起十日内涤除上述房屋的抵押;四、杨某亭、陈某慧于抵押登记被注销之日起十日内,协助杨某林办理上海市青浦区徐泾镇育才路 555 弄某号房屋的过户手续,将该房屋房地产权利登记至杨某林名下(过户产生的税费各自负担);五、驳回杨某林的其余诉讼请求。

一审宣判后,各方当事人均未提起上诉,一审判决已发生法律效力。

点 评

本案审理涉及流押禁止规则的理解问题。原《物权法》第 186 条规定:"抵押权人在债务履行期届满前,不得与抵押人约定债务人不履行到期债务时抵押财产归债权人所有。"原《担保法》第 40 条规定:"订立抵押合同时,抵押权人和抵押人在合同中不得约定在债务履行期届满抵押权人未受清偿时,抵押物的所有权转移为债权人所有。"这是禁止流押的规定。此规则源于民法上公平原则以及抵押权的法律属性所决定。一些债务人为经济困难所迫,会提供高价值的抵押财产担保较小的债权,而债权人可能乘人之危,迫使债务人订立流押流质合同,造成对抵押人实质上的不公平。同时,抵押权是一种变价受偿权,抵押财产未经折价或者变价,就预先约定抵押财产转移抵押权人所有,违背抵押权的法律属性。不过,流押禁止在理论上也存在争议,《民法典》对原物权法与担保法禁止流押的规定作了柔化处理,第四百零一条规定:抵押权人在债务履行期限届满前,与抵押人约定债务人不履行到期债务时抵押财产归债权人所有,只能依法就抵押财产优先受偿。也即在流押条款无效的前提下,规定可以通过折价、拍卖、变卖等方式实现抵押权。在本案中,此前确实存在民间借贷法律关系,但是有关当事人为解决偿债问题,经过协商以房抵债,订立完整的、具有房屋买卖内容的合同,形成房屋买卖法律关系,那么涉案房屋进行抵押登记,是为了担保抵债房屋的顺利过户,而不能认定对借款的担保。因而,此处的以房抵债不属于流押禁止规则的适用对象,为清偿债务而订立的房屋买卖合同是有效的。

案例提供单位:上海市青浦区人民法院

编写人:邱素琴

点评人:李 峰

31. 郑某霏诉上海库珀文化传媒有限公司、赵某伟其他合同纠纷案

——网络店铺私下转让合同效力探究

案 情

原告郑某霏

被告上海库珀文化传媒有限公司

被告赵某伟

第三人浙江天猫技术有限公司

第三人浙江天猫网络科技有限公司

被告上海库珀文化传媒有限公司(以下简称库珀公司)系天猫店铺"熊客旗舰店"的经营者,其与第三人浙江天猫技术有限公司(以下简称天猫技术公司)、第三人浙江天猫网络科技有限公司(以下简称天猫网络科技公司)间签订有《天猫商户服务协议》,约定被告库珀公司在使用天猫服务过程中须使用天猫账户及自设密码登录天猫网站及客户端,库珀公司应自行妥善保管天猫账户及密码信息;因账户关联甲方及天猫的商业信息并可能涉及消费者利益,未经天猫同意,甲方不得向他人转让或授权他人使用,否则天猫可终止对该天猫账户提供服务;天猫网络科技公司作为 tmall.com 域名的所有者通过其网站页面为甲方展示其商品和服务信息,为库珀公司和消费者提供交易、交流的载体;天猫网络科技公司根据《天猫店铺命名规范》允许甲方使用带有其品牌关键字、商号等标识的二级域名;二级域名的所有权归天猫网络科技公司,天猫网络科技公司可根据第三方的依法投诉或天猫自用等原因收回二级域名。该协议附件载明商户保证金金额为 1 万元。

2015 年 3 月 23 日,原告郑某霏与被告库珀公司签订《公司及网络店铺转让合同》1 份,载明:库珀公司以 22 万元的价格把库珀公司旗下熊客旗舰店转让给原告全权使用,库珀公司在网店转让后,不得以各种方式向网店所在网络平台找回或者修改会员账号及密码,也不得有转移账号内资金的行为,不能申请关闭店铺,或者其他不限于对店铺扣分、降权等行为,并保证库珀公司不会向任何第三方举报、提供信息或主动承认而造成网店被查封、网店被盗等;库珀公司转让店铺后若身份证

信息发生变更或过期,库珀公司有义务为原告提供身份更新资料以及必要文件的配合;原告在受让网店后应严格遵守所在平台的经营规则,受让后的经营风险和法律风险将由原告自行承担;一方无正当理由解除合同的,应承担违约责任;在原告不同意的前提下,库珀公司不可单方面收回店铺,若库珀公司要收回店铺,需跟原告协商处理,并提前六个月向原告提出,退还原告已支付费用;如库珀公司要强制提前收回,须赔偿原告双倍支付费用以及收回店铺对原告造成的经济损失,若库珀公司强制收回店铺,必须给原告追加三个月的运营时间,让原告完成店铺客户的交接等。

2015 年 3 月 16 日,原告郑某霈通过支付宝转账方式向被告赵某伟(被告库珀公司法定代表人)支付 5 万元;2015 年 3 月 25 日,原告通过银行转账方式向赵某伟支付 18 万元。

2016 年 7 月,原告郑某霈与被告赵某伟就收回熊客旗舰店事宜微信协商未果,被告赵某伟遂修改熊客旗舰店登录密码。原告实际独立经营熊客旗舰店的期间为 2015 年 3 月 24 日至 2016 年 7 月 14 日。

被告库珀公司成立于 2010 年 11 月 1 日,成立时法定代表人为赵某伟,股东为赵某伟、肖某。2015 年 12 月 22 日,库珀公司股东变更为赵某伟、赵某华。2016 年 10 月 26 日,赵某伟分别与案外人郑某树、郑某桑、郑某攀签订《股权转让协议》各 1 份,将其持有的库珀公司 15% 的股权转让给郑某树,将其持有的库珀公司 20% 的股权转让给郑某攀,将其持有的库珀公司 60% 的股权转让给郑某桑,同日,赵某华与郑某树签订《股权转让协议》1 份,将其持有的库珀公司 5% 的股权转让给郑某树。2016 年 11 月 2 日,库珀公司法定代表人变更为郑某桑,股东变更为郑某树、郑某桑、郑某攀。2017 年 9 月 29 日,库珀公司法定代表人变更为曾某强,股东变更为曾某强、卫某梁。2018 年 3 月 6 日,库珀公司的股东变更为曾某强、龚某龙。2019 年 5 月 31 日,库珀公司的股东变更为曾某强、龚某龙、骆某波。2019 年 8 月 22 日,库珀公司法定代表人变更为龚某龙,股东变更为骆某波、龚某龙。2020 年 1 月 17 日,库珀公司股东变更为熊客文化传媒(上海)有限公司。

因与被告协商未果,原告向法院提起诉讼,诉请:(1)要求解除原告与库珀公司于 2015 年 3 月 23 日签订的《公司及网络店铺转让合同》;(2)要求库珀公司返还原告店铺转让款 22 万元、退还原告保证金 1 万元;(3)要求库珀公司支付原告违约金 22 万元;(4)要求库珀公司赔偿原告经济损失 22 万元;(5)要求赵某伟对库珀公司上述付款义务承担连带责任。一审审理中,原告表示若法院经审理认为《公司及网络店铺转让合同》未生效,则提出备位诉请:(1)要求解除原告与库珀公司于 2015 年 3 月 23 日签订的《公司及网络店铺转让合同》;(2)要求库珀公司返还原告店铺转让款 22 万元、退还原告保证金 1 万元;(3)要求库珀公司赔偿原告经济损失 22 万元;(4)要求赵某伟对库珀公司上述付款义务承担连带责任。

被告库珀公司与赵某伟共同辩称,不同意原告的诉讼请求,理由如下:第一,库珀公司系与第三人共同签订《天猫商户服务协议》,并经实名认证取得熊客旗舰店的经营权,从熊客旗舰店的网站域名也可证实该域名所有权归属于第三人,库珀公司仅享有店铺经营权,库珀公司与原告签订《公司及网络店铺转让合同》,实际上是将其与第三人之间的《天猫商户服务协议》项下的权利义务一并转让给原告,但该转让行为未经第三人的同意,故《公司及网络店铺转让合同》系成立但未生效状态,故不存在合同解除的问题,库珀公司也无须承担违约责任。第二,原告在实际经营熊客旗舰店期间,违反天猫平台的经营规则,导致库珀公司受到天猫平台罚款而产生经济损失,同时亦受到税务机关的行政处罚,店铺保证金 1 万元也被天猫平台依规则划扣,赵某伟与原告多次沟通,原告对处罚的事情不提供解决方案,为防止损失扩大,两被告收回店铺,此外,原告在经营期间也有获益,因此库珀公司无须向原告返还转让款及保证金。第三,原告系明知网店转让须经天猫平台同意,也明知取得熊客旗舰店所有权须通过受让库珀公司股权的方式才能实现,但原告仍与库珀公司签订《公司及网络店铺转让合同》,原告存在重大过错,即使该合同有效,原告也不应同时主张违约金和经济损失,且原告主张的违约金过高,原告无证据证明其经济损失的存在,原告所提供的其与案外人聊天记录中显示熊客旗舰店的市场价仅是案外人的报价,且未成交过,无法证明该店铺的增值,并且虚拟店铺的价值很难用货币评估。第四,赵某伟并非《公司及网络店铺转让合同》的主体,不应承担合同责任,虽其存在代库珀公司收款的行为,但不能据此认定存在其与库珀公司财产混同或公司人格否认的情形。

第三人天猫技术公司、天猫网络科技公司共同述称,第一,熊客旗舰店属于网店,涉及二级域名,不属于本案原告或库珀公司任何一方所有,二级域名的所有权归属于天猫网络科技公司。因涉及品牌运营和品牌授权,为保证商品质量和商家诚信、保护消费者权益,天猫店铺在 2015 年前是禁止转让的,2017 年出台的《天猫店铺经营主体变更规则》所规定的变更条件也非常有限。第二,第三人不认可原告与库珀公司之间的店铺转让行为,原告和库珀公司签订的《公司及网络店铺转让合同》系私下签订,未经第三人同意,故第三人对该合同不予认可,该合同效力由法院依法认定,即使合同有效,第三人亦将不予配合履行熊客旗舰店经营主体变更事宜,原告系在用库珀公司名义冒名经营熊客旗舰店,第三人可依据《天猫商户服务协议》终止与库珀公司的相关协议。

审 判

一审法院经审理后认为,原告郑某霏基于《公司及网络店铺转让合同》有效提出五项诉讼请求,审理中又表示若该合同未生效,则提出四项备位诉讼请求,故法院应首先就原告与库珀公司签订的《公司及网络店铺转让合同》效力问题进行认定。

本案中,被告库珀公司与第三人天猫技术公司、天猫网络科技公司之间签订有《天猫商户服务协议》,该协议约定天猫网络科技公司允许库珀公司使用带有其品牌关键字、商号等标识的二级域名,未经天猫技术公司、天猫网络科技公司同意,原告不得向他人转让或授权他人使用熊客旗舰店的账户及密码。该协议内容经各方认可,且不存在违反法律、行政法规强制性规定、损害社会公共利益等情形,故协议各方之间形成合法、有效的合同关系,对协议各方均有法律约束力。结合在案证据显示的《天猫商户服务协议》演变过程,法院推定原告与库珀公司签订《公司及网络店铺转让合同》时,《天猫商户服务协议》中约束库珀公司擅自转让店铺的协议条款应已存在。

关于原告郑某霏与被告库珀公司签订的《公司及网络店铺转让合同》效力,法院认为,因熊客旗舰店系网络店铺,其二级域名的所有权归属于天猫网络科技公司,故该合同实质上系库珀公司将其在《天猫商户服务协议》项下的合同权利义务一并转让给原告。根据相关法律规定,合同权利义务的概括转让应当征得相对人的同意。结合《公司及网络店铺转让合同》中相关条款表述及原告与赵某伟之间微信往来内容,《公司及网络店铺转让合同》签订时,原、被告均系明知库珀公司未经第三人同意不得擅自转让店铺,换言之,即均明知,若实现熊客旗舰店之转让目的,需征得第三人同意。综上,法院认定《公司及网络店铺转让合同》虽已经依法成立,实为附生效条件之合同,所附条件即需征得天猫技术公司、天猫网络科技公司的同意。现天猫技术公司、天猫网络科技公司已明确表示不同意熊客旗舰店转让事宜,故《公司及网络店铺转让合同》的生效条件未能成就,该合同属于成立但未生效状态,故原告基于《公司及网络店铺转让合同》有效提出的诉讼请求,法院不予支持。

关于原告郑某霏第一、二项备位诉讼请求,法院认为,《公司及网络店铺转让合同》虽未生效,但已经依法成立,对原告郑某霏与被告库珀公司均有形式拘束力,双方当事人非经协商或具有法定事由,不得任意撤销、变更或解除该合同,两被告关于成立未生效合同不存在合同解除问题的辩称意见,于法无据,法院不予采信。根据相关法律规定,一方当事人明确表示或者以自己的行为表明不履行主要债务的,另一方当事人可以解除合同,合同解除后,已经履行的,可以要求恢复原状,并有权要求赔偿损失。现库珀公司实际取回并控制熊客旗舰店至今,符合合同法定解除之条件,故原告第一项备位诉讼请求,于法有据,法院予以支持。上述合同解除后,库珀公司基于该合同所取得的转让费 22 万元、保证金 1 万元,原告有权要求其返还,原告第二项备位诉讼请求,于法有据,法院亦予以支持。两被告辩称因原告违规导致店铺被处罚、原告在经营期间亦有获益等辩称意见,因无相应证据予以佐证,法院不予采信。

关于原告郑某霏第三项备位诉讼请求,法院认为,根据相关法律规定,当事人在订立合同过程中有违背诚实信用原则的行为,给对方造成损失的,应当承担损害赔偿责任。鉴于原告与库珀公司均在明知熊客旗舰店不得私下转让的前提下签订《公司及网络店铺转让合同》,双方均难以认定为善意,其中库珀公司作为《天猫商户服务协议》的一方合同主体、熊客旗舰店经营者,在《公司及网络店铺转让合同》缔结过程中更应处于主导地位,故本案中,损害赔偿责任应根据原告与库珀公司各自过错程度在双方之间进行分配。关于原告之损失,原告主张熊客旗舰店增值对其造成损失,但对该节事实未提供充分证据加以证明,且对网络店铺这一虚拟客体对应的货币价值尚未能形成较为一致的社会认知和市场标准,故法院对其主张的店铺增值损失一节不予采信,但原告并非除此之外不具有其他损失,法院认为,库珀公司本应于 2016 年 7 月取回熊客旗舰店之时将转让费 22 万元、保证金 1 万元返还原告,该款项至今所产生的资金占用利息损失,应由库珀公司赔偿原告,故法院根据双方缔约过程中的过错程度,酌定库珀公司应赔偿原告损失 5 万元。

关于原告郑某霏第四项备位诉讼请求,法院认为,原告提供的现有证据表明,《公司及网络店铺转让合同》的主体系原告与库珀公司,被告赵某伟作为库珀公司时任法定代表人与股东之一,在该合同履行过程中存在代库珀公司收取原告款项之行为,该偶发行为尚不足以证明库珀公司的财产与赵某伟的财产已然混同且无法区分,更不能进而认定库珀公司已不具有独立意思和独立财产、丧失其独立人格。另,库珀公司现股东已并非赵某伟,原告主张两被告之间存在人格混同缺乏事实及法律上的依据,故对于原告第四项备位诉讼请求,法院不予支持。

综上,一审法院依据《中华人民共和国合同法》第四十二条、第四十五条第一款、第八十八条、第九十四条、第九十七条,《最高人民法院关于适用〈中华人民共和国民事诉讼法〉的解释》第九十条之规定,判决:一、解除原告郑某霏与被告上海库珀文化传媒有限公司签订的《公司及网络店铺转让合同》;二、被告上海库珀文化传媒有限公司返还原告郑某霏转让款 22 万元、保证金 1 万元;三、被告上海库珀文化传媒有限公司赔偿原告郑某霏损失 5 万元;四、驳回原告郑某霏其他诉讼请求。

一审宣判后,各方均未提出上诉,一审判决已生效。

点 评

本案审理涉及的程序与实体两个问题值得关注。

首先,诉的客观预备合并问题。客观预备合并之诉是指原告在起诉时,考虑到其请求有可能不被法院所认可,预备性地提出另一请求,以备前者无理由时就后者请求法院进行审判。一般称第一个请求为主位请求,第二个请求为预备请求、备位请求。原告最希望法院支持的是其主位请求,主位请求获得支持时,法院无需再审理预备请求。若法院不支持主位请求,法院需要继续审理原告的预备请求。该制度目的在于求得纠纷的一次性解决,避免诉累,降低当事人负担,其适用基本条件限于同一案件事实且当事人相同。尽管民事诉讼法目前尚未明确规定诉的客观预备合并,但不少地区司法实践中多有采用。本案原告起初基于《公司及网络店铺转让合同》有效提出五项主位诉讼请求,审理中又表示若该合同被认定为未生效,则提出四项备位诉讼请求,法院对上述诉讼请求合并审理,符合相关程序法理与原则。

其次,网络店铺私自转让合同的成立与效力。关于原告与库珀公司签订的《公司及网络店铺转让合同》效力,法律规定合同权利义务的概括转让应当征得相对人同意。鉴于原、被告均明知未经第三人同意不得擅自转让店铺,实为附生效条件之合同,所附条件即需征得天猫技术公司、天猫网络科技公司的同意。现天猫技术公司、天猫网络科技公司已表示不同意熊客旗舰店转让事宜,故转让合同的生效条件未能成就,该合同属于成立但未生效状态。对依法成立但未生效的合同,双方当事人非经协商或具有法定事由,不得任意撤销、变更或解除该合同,否则应承担相应的法律责任。法院以此为基础,结合本案其他事实与法律作出判决,依据明确,理由充分。

案例提供单位:上海市虹口区人民法院
编写人:顾　飞
点评人:李　峰

32. 赵某等诉吴某菊排除妨害纠纷案
——赡养义务履行协议的行为性质与法律效果认定规则

案 情

原告(被上诉人)赵某

原告(被上诉人)张某红

被告(上诉人)吴某菊

被告吴某菊与案外人赵某康系夫妇关系,原告赵某系其子,原告赵某、张某红系夫妻关系。

上海徐汇区中山南二路 988 弄某号某室房屋(以下简称系争房屋)产权人为赵某、张某红,产权登记的建筑面积为 119.25 平方米,有三间卧室。赵某康生前及吴某菊本人在上海均无自有房屋。

赵某 1999 年到上海工作,2001 年落户上海,其刚开始住在姑姑家,后也曾经租房居住。2004 年左右,赵某购买了上海浦东五莲路的房屋,并且与吴某菊、赵某康同住。2003 年至 2007 年间,吴某菊持有一张赵某名下的中国光大银行卡,并持续性向该银行卡存入款项,单笔金额最高有 52 800 元,余下多为 1 000 余元、2 000 余元,五莲路房屋贷款的清偿款项从该银行卡支出。2008 年 12 月 27 日,张某红与赵某登记结婚,张某红于婚后搬入五莲路房屋居住。2011 年 1 月 2 日,赵某康去世,死亡医学证明记载其生前工作单位为天津建筑仪器厂,常住地址为浦东新区五莲路 780 弄某号某室。其后,五莲路房屋出售,所得房款用于购买系争房屋。2014 年,赵某、张某红、吴某菊共同搬入系争房屋居住。

2019 年 2 月 12 日,赵某与吴某菊经上海市徐汇区枫林路街道龙山新村第一居民委员会人民调解委员会签订人民调解协议(以下简称系争调解协议),内容是:争议事项:因家庭矛盾引起的纠纷;经调解,自愿达成如下协议:(1)由儿子赵某负责借一套 4 000 元左右的住房供母亲吴某菊居住,并由儿子赵某负责今后的租金;(2)张某红归还吴某菊 15 万元借款;履行方式、时限:立即执行。以下人民调解员宋某、金某、赵某与吴某菊签名,并加盖上海市徐汇区枫林路街道龙山新村第一居民委员会人民调解委员会印章。

调解协议签订后,赵某立即将 15 万元借款归还给吴某菊,但吴某菊拒绝搬迁。

此后,赵某、张某红与吴某菊在家庭生活过程中多次发生纠纷,并曾经报警几次。

原告赵某、张某红诉称,两原告与被告吴某菊的家庭矛盾由来已久,双方签订的调解协议约定由赵某负责借一套月租金 4 000 元左右的住房供被告居住,由赵某负责今后的租金,张某红归还被告 15 万元借款。后两原告支付了 15 万元,但被告拒不搬离,故诉请被告吴某菊搬出系争房屋。

被告吴某菊辩称,其对系争房屋有财产贡献,租房约定不是其真实意愿,其已经年逾古稀,身患多种疾病,需要长期就医服药,行动困难,租住房屋没有长期保障。其并不想激化家庭矛盾,可以搬到原告名下的上海徐汇区中山南二路 937 弄某号 404 室房屋(以下简称 404 室房屋)居住。两原告不尊重被告的合理要求,在不提供合适居所的情况下要求被告搬离,违背公序良俗,故不同意原告的诉请。

在一审审理过程中,赵某、张某红确认:在沪共有三套所有权房屋,分别为上海市宝山区城银路房屋,建筑类型为办公用房;与系争房屋同一小区的 404 室房屋(建筑面积为 51.66 平方米)以及系争房屋。404 室房屋已出租,租期届满日将在 2021 年。吴某菊可以迁至上海市宝山区城银路房屋,该房可以让吴某菊无偿居住。吴某菊表示,宝山区房屋偏离市区且是办公用房,吴某菊年老生活就医均不方便,故不愿意迁至该处房屋。

审 判

一审法院经审理后认为,系争房屋产权归赵某、张某红所有。所有权人依法对系争房屋有占有、使用、收益及处分的权利。现赵某、张某红与吴某菊因生活习惯等分歧越来越大,致使双方矛盾不断,影响全家生活质量。在本案审理过程中,吴某菊亦同意迁让,故赵某、张某红要求吴某菊迁让,有事实法律依据,应予以支持。吴某菊亦同意迁出系争房屋,但不愿意迁往赵某、张某红提供的上海市宝山区城银路房屋,根据该处房屋房地产信息以及双方确认,该处房屋的确偏离市区且是办公用房,吴某菊作为寡居老人生活就医均不方便。404 室房屋已经被赵某、张某红出租,租期届满至 2021 年,吴某菊亦无法迁入。鉴于赵某与吴某菊曾经达成过系争调解协议。该协议是双方真实意思表示且未违反法律、行政法规的规定,应合法有效。而且,赵某亦按照协议履行了返还借款 15 万元的部分协议。吴某菊自愿选择合适的居住地,由赵某按照系争调解协议的约定每月出资 4 000 元补偿吴某菊租赁房屋,符合赵某的经济能力及上海实际租金水平,予以准许。

据此,一审法院依照《中华人民共和国民法通则》第五条、七十一条,《最高人民法院关于民事诉讼证据的若干规定》第二条之规定,判决:一、吴某菊于判决生效之日起三十日内迁出上海徐汇区中山南二路 988 弄某号某室房屋;二、赵某、张某红于判决生效之日起十日内补偿吴某菊每月 4 000 元。

一审判决后,被告吴某菊不服,提起上诉。

二审法院经审理后认为:第一,关于上诉人吴某菊是否具有居住系争房屋的法定权利基础的问题。吴某菊曾经持续性清偿过五莲路房屋的贷款债务,而系争房屋的出资款中又包含了五莲路房屋的售房款,其对系争房屋作出了财产贡献;赵某自 2004 年起就与父母形成了共同居住的家庭习惯,张某红在婚后长达十余年的期间里也曾实际认可该居住方式。赡养义务包含住房保障义务,双方客观上已选择并形成了在系争房屋共同居住的赡养方式与长期习惯,吴某菊具有请求赵某、张某红保障其在系争房屋居住的权利基础。第二,关于系争调解协议的效力与后果应如何认定的问题。系争调解协议第一项本质上是为了安排老年人的住房,系赡养义务的履行方式合意,不属于单纯财产行为。第二项系对借贷财产债务的确认与清偿合意。该协议由两项独立的合意组成,两者的法律性质不同,并不构成对待给付关系。赡养协议并不当然具有合同法意义上的约束力,而是应当在法定标准的前提下,由人民法院根据其约定性质选择参照适用相应规则。赡养人对义务范围、标准的承诺,即使在缔约时得到了老年人同意,也不必然对老年人产生仅限于该约定履行的强制约束力。在自身存在合理需求,赡养人又具备实际能力的情况下,老年人可以主张按照法定标准继续完整履行。系争调解协议不能改变法定的赡养义务基础,实际履行也不能违背老年人意愿。即使双方达成了以租房分居替代共同居住的合意,也并不导致吴某菊就系争房屋依法享有的居住保障请求权消灭,吴某菊可以选择按照现有居住方式继续履行。第三,关于补偿租房费用是否属于赡养吴某菊的合理方式的问题。在赡养人可承受的财产及其他能力范围内,尽量使老年人合理必要的物质与精神需求得到充分满足,是法律的基本精神。吴某菊没有产权住房,又已失去了配偶的扶养照顾,其晚年生活不仅依赖赡养人的经济供养、住房保障,也需要生活照料与精神慰藉。仅由赡养人支付租房补偿费用,不仅不能妥善安排老年人住房,而且割裂了家庭的情感联系,不利于老年人的安全保障与精神满足。家庭纠纷非单方因素所致,吴某菊不存在严重的生活恶习,也不对同住人构成显著的人身安全威胁。吴某菊在审理中多次明确表示可以居住到 404 室房屋,该房屋对外租期即将在 2021 年届满,该方案已具有期待可行性,也有利于解决双方矛盾,但赵某、张某红在一审审理中以该房屋已出租为由拒绝,又在二审期间将该房屋挂牌,准备出售,难以认定其作为赡养人及协助履行人具有充分保证老年人合法利益与合理解决本案纠纷的主观意愿。

据此,二审法院依照《中华人民共和国民法总则》第二十六条第二款,《中华人民共和国合同法》第二条第二款,《中华人民共和国老年人权益保障法》第十三条、第十四条、第十六条第一款、第二十条第一款,《中华人民共和国民事诉讼法》第一百七十条第一款第二项之规定,二审法院判决:一、撤销一审判决;二、驳回赵某、张某红的诉讼请求。

点 评

本案审理的关键问题是对原、被告之间签订的人民调解协议效力的理解判断。

本案当事人在诉讼之前经人民调解机构调解,签订过人民调解协议,该协议并不违背法律强制性规定与社会公共利益,是当事人的真实意思表示,因而有效。问题在于,本协议是身份关系的协议,不宜完全按照财产关系的处理来理解。根据法律规定,赡养人应当履行对老年人经济上供养、生活上照料和精神上慰藉的义务,照顾老年人的特殊需要。也即赡养人负担经济供养、生活照料、精神慰藉的多重义务,且几种义务不能分割,互相影响,共同决定老人对赡养人行为的评价。在履行协议中,被告人的居住条件保障程度反映出赡养人的态度,进而可判断被告人的精神满足状况,通过案件具体情况、社会观念、生活常识等可以对上述问题进行判断。本案原告有多套住房,被告对其中的系争房屋取得也有财产上的贡献,原、被告长期共同居住,被告亦无严重的不良生活习惯,因而具有在系争房屋居住的权利。本案中,被告多次明确表示,为了缓和家庭矛盾,其可以选择居住到404室房屋。然而,在404室房屋的租期即将在2021年届满,该方案已具有期待可行性的情况下,原告在一审审理中以该房屋已出租为由拒绝,又在二审期间将该房屋挂牌出售,试图让被告在配套设施及生活环境较差的办公用房居住,明显缺乏充分保障老人利益的诚意。因此,尽管原、被告之间之前达成的调解协议是有效的,但是原告履行该协议中并未体现妥善照料老人生活、进行精神慰藉的努力,造成被告的不满。在此情况下,被告不再接受调解协议中的部分条款,属于社会观念可接受的范围,二审法院最终改判驳回了原告的诉讼请求,符合老年人权益保护法律、民法的基本立法精神。

案例提供单位:上海市第一中级人民法院

编写人:李 兴

点评人:李 峰

33. 上海亿佰建筑劳务有限公司诉中铁上海工程局集团有限公司建设工程施工合同纠纷案

——建设工程领域"黑白合同"的认定标准和处理原则

案 情

原告(被上诉人)上海亿佰建筑劳务有限公司

被告(上诉人)中铁上海工程局集团有限公司

2015 年 10 月 11 日,被告(甲方)中铁上海工程局集团有限公司(以下简称中铁公司)以中铁上海工程局集团有限公司黄浦江上游水源地连通管工程 C5 标项目经理部的名义和原告(乙方)上海亿佰建筑劳务有限公司(以下简称亿佰公司)签订《建设工程施工劳务分包合同》(以下简称工程合同一),约定工程名称为黄浦江上游水源地连通管工程 C5 标;劳务作业内容为黄浦江上游水源地连通管工程 C5 标沉井制作工程;合同价款确认为"合同为固定综合单价合同;本工程的各项劳务综合单价一次包干,不作调整……,本合同的暂定价格为人民币 8 664 431.80 元整,最终价格以经甲方验收合格的实际完成工程量乘以固定综合单价为准"。

2016 年 1 月 10 日,原告亿佰公司向被告中铁公司提交投标文件,投标项目为中铁上海市政 C5 标项目部(劳分)字(2016)-001 的沉井下沉工程,投标总报价为5 110 259.49 元。同日,被告中铁公司出具中标通知书,通知确定原告亿佰公司作为沉井下沉工程的中标单位,并要求原告亿佰公司持中标通知书和被告中铁公司签订《劳务分包合同》及办理进场手续。2016 年 1 月 18 日,被告(甲方)中铁公司以中铁上海工程局集团有限公司黄浦江上游水源地连通管工程 C5 标项目经理部的名义和原告(乙方)亿佰公司签订编号为中铁上海市政 C5 标项目部的《建设工程施工劳务分包合同》(以下简称工程合同二),该合同约定工程名称为黄浦江上游水源地连通管工程 C5 标;劳务作业内容为黄浦江上游水源地连通管工程 C5 标沉井下沉工程;合同价格的确认"合同为固定综合单价合同;本工程的各项劳务综合单价一次包干,不作调整……本合同的暂定价格为人民币 5 058 791.10 元整,最终价格以经甲方验收合格的实际完成工程量乘以固定综合单价为准"。

2016 年 3 月 4 日,中铁公司黄浦江上游水源地连通管工程 C5 标项目经理部出具情况说明一份,载明工程合同二系"为了应付我部上级部门以及公司流转及检查之用"。

2016 年 1 月 25 日、2016 年 1 月 28 日、2016 年 5 月 25 日、2016 年 7 月 25 日、2016 年 8 月 25 日,原告亿佰公司的签约人分五次签署结算单,合同价均为 5 058 791.10 元。

2016 年 9 月 23 日,原告亿佰公司和被告中铁公司签署《沉井下沉劳务分包工程量结算单》,其中载明二次下沉回填开挖土方总计 2 932 平方米,沉井下沉土方开挖工程量合计 34 818 平方米。原、被告另签署《沉井下沉劳务工程量清单》和《增加工程量签证单》。

2016 年 10 月 8 日,原、被告双方签署《合同封账协议》载明根据工程合同二,原告亿佰公司承建被告中铁公司的工程已于 2016 年 9 月 25 日全部决算完毕,工程决算总价款伍佰零贰万陆仟玖佰玖拾元玖角叁分。

截至起诉前,被告中铁公司支付工程款 4 760 000 元。原、被告双方均确认业主方尚有总工程款 5% 的质保金未付,质保金支付标准尚未达成。

原告亿佰公司诉称,原告亿佰公司先于 2015 年 9 月 20 日向被告中铁公司提供《沉井下沉劳务报价清单》,后双方签署工程合同一,约定原告亿佰公司分包系争工程的劳务部分,双方约定合同价格采取固定综合单价的方式。签订工程合同二仅为配合被告中铁公司内部检查、审计所用,而工程合同一系双方真实意思表示,原告亿佰公司一直按工程合同一履行义务。双方于 2016 年 9 月 23 日明确,原告亿佰公司实际完成的工程量造价为 8 229 500 元,尚欠 3 469 500 元未付,故请求判令被告中铁公司支付原告亿佰公司工程款 3 469 500 元。

被告中铁公司辩称,工程合同一是为了办理保险临时签订的,双方并未实际履行,双方履行的是经过招标投标程序后于签订的工程合同二。故依据工程合同二,被告中铁公司未支付的尾款金额为 266 990.93 元。

审 判

一审法院经审理后认为,原告已经承接被告分包的劳务工程并实际竣工验收,本案争议焦点在于被告是否应支付原告剩余工程款,即原被告已完工工程量如何计价结算。从结算角度来看,原、被告签有分期结算单五份及《合同封账协议》,但在签署上述结算单和《合同封账协议》的同时,原、被告又就系争工程的工程量签订《沉井下沉劳务分包工程量结算单》。上述《沉井下沉劳务分包工程量结算单》中载明的工程量计量单位、数量和其余结算单及《合同封账协议》所记载的工程量计量单位、数量存在明显差异。上述两组不同的结算材料所采用的结算依据来源于两份不同的分包合同,故确定哪组结算系双方的真实结算,首先要探究哪一份分包合同系真实有效的合同。

第一,从法律适用的角度,发包人将依法不属于必须招标的建设工程进行招标后,与承包人另行订立的施工合同背离中标合同的实质性内容,当事人请求以中标合同作为结算建设工程价款依据的,人民法院应予支持,该规定的前提在于双方签订的中标合同应属有效合同。本案中,招标前,原告已经实际进场施工并和被告签订了工程合同一。此后招标中,被告既未对原告已完工工程进行结算,也未通知原告停止施工,也未告知其他投标者原告已经实际施工的事实。被告邀请招标、原告提交投标申请、被告确定中标单位均系双方在进行招投标前已经确定,双方并非实质意义上的招投标。另原、被告在庭审中均确认原、被告在招标前已经进行过磋商,该行为悖于相关法律规定。原、被告招投标行为违反了招标投标法、合同法中的强制性、效力性规定,应属无效,双方根据招投标所签订的工程合同二亦应属无效合同。

第二,从意思表示的角度,一则,情况说明可以反映被告的项目副经理明确工程合同二系为应付上级部门及公司流转及检查之用。虽被告的项目副经理到庭陈述时认为该说明表意不清,但其确认该说明为其本人出具,且对该说明中的内容未能作出合理解释,故该说明可以反映其曾确认工程合同二非双方真实意思表示。二则,逻辑上,被告称签订工程合同一为了购买社保,则双方在签订工程合同一并购买社保后,再无须按照该合同履行及结算。然根据《沉井下沉劳务分包工程量结算单》,双方系按照工程合同一约定的工程量标准对于完成的工程量进行结算。上述结算的事实和被告就工程合同一仅为购买社保所用的陈述明显矛盾。相反,原告称双方签订工程合同二系配合被告内部检查之用,故之后存在两份不同的结算。该解释从逻辑上较为自洽,和情况说明相符,更具有可采性。从盖然性的角度,一审法院确认原、被告之间签订的工程合同一系双方真实的意思表示。其三,从具体施工过程来看,双方均确认原告自 2015 年 10 月进场施工,该事实明显和工程合同一的约定较为一致。

因工程合同一为真实有效的合同,而工程合同二系属无效,在原、被告之间存在两组不同结算的情况下,基于工程合同一所签订的结算材料,更符合双方的合同约定和实际履行,也系双方当事人的真实意思表示,故法院采纳原告的主张,以《沉井下沉劳务分包工程量结算单》作为双方的工程量的结算。

综上,一审法院依照《中华人民共和国合同法》第六十条第一款之规定,判决被告中铁上海工程局集团有限公司支付原告上海亿佰建筑劳务有限公司工程款

3 058 025 元。

一审判决后,被告中铁上海公司不服,提起上诉。要求撤销一审判决,改判驳回亿佰公司一审全部诉讼请求,或将本案发回重审。

二审法院经审理后认为,本案一、二审争议焦点为现有已完工程如何计价结算。工程合同一业经建设工程网上备案,签约后亿佰公司进场施工履约,而工程合同二系双方事后补签,该合同标的工程并非法定需招标项目,本案劳务施工项目亦无任何证据表明经合法、公开之招标程序进行,上诉人所谓以招标方式签约显然缺乏事实依据。被告的项目副经理就情况说明中载明"工程合同二系为应付上级部门及公司流转及检查之用"始终未能作出合理解释,亦无证据表明表意人当时受欺诈、胁迫或其他影响意思表示正确性的不当压力存在,故在现有证据条件下,该情况说明载明内容不具备适格之证明力。就施工履行行为而言,施工过程明显与工程合同一而非合同二相符;中铁上海公司主张签订合同一当时系为购买社保而作,但显然此类用途合同无需进行工程量结算,这与双方结算中已签订的《沉井下沉劳务分包工程量结算单》相矛盾。两份合同项下结算文件确认的工程量相差明显,而本案工程早已完工,实际工程量显然是客观确定,发包人中铁上海公司具有明显优势举证证明实际工程量,但其一、二审均未予以证明。综上,中铁上海公司的上诉请求不能成立,应予驳回。一审判决认定事实清楚,适用法律正确。

据此,二审法院依照《中华人民共和国民事诉讼法》第一百七十条第一款第一项之规定,判决驳回上诉,维持原判。

点 评

本案审理的关键问题为非强制招标投标工程中"黑白合同"的认定问题。

建设工程中存在两套不同的工程合同与结算文件,即形成所谓"黑白合同",审理裁判的核心问题是如何选择?一种观点认为,《最高人民法院关于审理建设工程施工合同纠纷案件适用法律问题的解释(二)》规定了当"黑白合同"内容不一致时候,应按照"白合同"执行,以"白合同"即中标合同结算工程款;另一种观点认为,坚持不告不理原则,如果当事人只提出一套合同及结算文件,只限于对当事人主张事实的审理,无所谓"黑白合同",只有双方当事人对两套不同的合同各执一词时,才有"黑白合同"的选择问题。此两种观点均有局限,因"黑白合同"可能涉及工程强制招标,可能违反法律强制性规定,因而需要全面审查"黑白合同"文件。即使属于非强制招标的工程合同,如果出现"黑白合同",两份不同的合同文件也不可能同时执行,也要在审查其效力的基础上进行选择。所以,"黑白合同"均应进行合同效力的审查认定,方可作为裁判双方当事人权利义务的基础。

本案中,原告按照"黑合同"进场施工,"白合同"(中标合同)系施工过程中签订的,且此合同的签订存在串标等行为,违反招投标法规定,应属无效。同时,双方提供的证明表明,"黑合同"内容系双方真实的意思表示,并据此制作结算文件,属于有效合同,一、二审法院判决依据明确,理由充分。

案例提供单位:上海市松江区人民法院

编写人:方美玲　张树腾

点评人:李　峰

34. 杜某兴等诉上海星珏投资管理有限公司股东知情权纠纷案

——有限合伙人代位主张合伙企业之股东知情权之路径

案 情

原告(上诉人)杜某兴

原告(上诉人)张某兵

原告(上诉人)陆某楠

原告上海准兴投资有限责任公司

被告(被上诉人)上海星珏投资管理有限公司

第三人芜湖星衡股权投资中心(有限合伙)

2012 年 3 月 29 日,芜湖星衡股权投资中心(有限合伙)(以下简称星衡企业)成立,执行事务合伙人为星浩(芜湖)股权投资基金管理有限公司(以下简称星浩股权公司),原告上海准兴投资有限责任公司(以下简称准兴公司)、原告杜某兴、张某兵、陆某楠作为有限合伙人。

2012 年 5 月 25 日,被告上海星珏投资管理有限公司(以下简称星珏公司)成立,星衡企业持有星珏公司 21.69%股权。2019 年 1 月 2 日,星珏公司全体股东形成决议,同意星衡企业将持有的星珏公司 21.69%的股权转让给上海闵光房地产开发有限公司。2019 年 1 月 4 日,星珏公司股东由星衡企业变更登记为上海闵光房地产开发有限公司。

原告准兴公司、杜某兴、张某兵、陆某楠诉请,星珏公司提供星衡企业持股星珏公司期间的公司会计账簿和会计凭证等经营材料供准兴公司、杜某兴、张某兵、陆某楠查阅、复制。

被告星珏公司辩称,不同意四原告的诉讼请求。四原告诉讼主体不适格,且无法律依据。第一,关于主体,四原告基于股东知情权起诉,但四原告并非被告股东。股东知情权有严格身份属性,根据《最高人民法院关于适用〈中华人民共和国公司法〉若干问题的规定(四)》的规定,原告起诉时不具备股东资格的,法院应驳回起诉。第二,关于诉请,四原告诉请内容已超出法律规定的股东知情权范围,如第一项诉请的会计凭证,第二项诉请的全部资料等,均无法律依据。第三,关于宣传,四原告所称的宣传册并不存在收益率的承诺,宣传册仅为预估,且有明确的风险提示,四原告要求保底承诺并不符合合伙企业风险共担的原则。第四,关于股权转让,被告不存在损害股东利益的情形,第三人将所持有的被告股权转让给闵光公司,系合法转让。

第三人星衡企业述称,不同意原告的诉讼请求,意见同被告星珏公司一致。

审 判

一审法院经审理后认为,准兴公司、杜某兴、张某兵、陆某楠不具备星珏公司股东的身份,提出本案主张,系主体不适格,应予以驳回。至于准兴公司、杜某兴、张某兵、陆某楠称星衡企业系星珏公司股东,准兴公司、杜某兴、张某兵、陆某楠系星衡企业的有限合伙人,因星衡企业执行事务合伙人怠于行使权利而提起本案诉讼。一审法院认为,合伙企业因对外投资而取得的股东权利,既是财产权也是身份权,法律并未规定准兴公司、杜某兴、张某兵、陆某楠所称情形可突破《中华人民共和国公司法》及其相关司法解释对于股东知情权行使主体的资格要求;况且,准兴公司、杜某兴、张某兵、陆某楠提起本案诉讼时,星衡企业已不再作为星珏公司股东,故准兴公司、杜某兴、张某兵、陆某楠此节意见,一审法院不予采纳。

据此,一审法院裁定,驳回准兴公司、杜某兴、张某兵、陆某楠的起诉。

原告杜某兴、张某兵、陆某楠不服,提起上诉。

二审法院经审理认为,根据《合伙企业法》第六十八条规定,有限合伙人不执行合伙事务,不得对外代表有限合伙企业,同时又规定有限合伙人的下列行为不视为执行合伙事务,其中包括在执行事务合伙人怠于行使权利时,有限合伙人督促其行使权利或者为了本企业的利益以自己的名义提起诉讼的行为。该条赋予有限合伙人在执行事务合伙人怠于行使权利时,有限合伙人为了企业的利益以自己的名义提起派生诉讼的权利。杜某兴、张某兵、陆某楠及准兴公司在提起本案诉讼前在已知范围内尽到了督促义务,星衡企业也未在本案诉讼中知悉有限合伙人的要求后表示愿意行使股东知情权。因此,在执行事务合伙人怠于行使权利的情况下,有限合伙人以自己名义提起知情权诉讼既未违反上述的法律规定,也有利于合伙企业权利的行使及利益的保护。因此杜某兴、张某兵、陆某楠及准兴公司提起本案诉讼的原告主体资格适格,法院应当对本案进行实体审理。

据此,二审法院依照《中华人民共和国合伙企业法》第六十八条第二款第七项、《中华人民共和国民事诉讼法》第一百七十一条、《最高人民法院关于适用的解释》第三百三十二条规定,裁定撤销上海市静安区人民法院(2019)沪 0106 民初 32419 号民事裁定,指令上海市静安区人民法院审理本案。

点 评

本案提出的问题是,在作为股东的合伙企业及其执行事务合伙人怠于行使其股东知情权的情况下,该合伙企业的有限合伙人可否基于合伙企业的利益考量,以自身作为原告直接向公司提起股东知情权诉讼。这里面涉及三层含义:第一,股东知情权诉讼;第二,合伙企业是公司的股东;第三,该合伙企业的有限合伙人以自己名义直接向公司提起股东知情权诉讼。

首先,股东知情权诉讼。广义上的知情权,其权利构成包括积极权能(查阅权、质询权)和消极权能(信息接收权)。相应地,股东知情权制度体系包括公司法上的股东查阅权、质询权制度和公司法、证券法上的信息披露制度。狭义上的知情权,仅指积极权能中的查阅权,即查阅公司文件和账簿的权利。赋予股东知情权的理由有三。第一,股东获得公司经营信息,是实现股东投资目的的必要保障。第二,股东行使查阅权,是公司治理的必要环节,有助于对董事的行为形成一种制约,防止董事利用其特殊地位,以牺牲公司利益为代价采取利己措施,从而降低代理成本。第三,查阅权的行使,可以提升公司的商事信用。

其次,合伙企业是公司的股东。公司的股东可以是自然人、法人或非法人组织。合伙企业虽然不具有独立法人地位,但是可以成为一个公司的股东,依法享有股东权利。合伙企业因向公司出资而获得股权,应当视为合伙企业的财产,归属全体合伙人共有。合伙企业可以委托执行事务合伙人,代表合伙企业行使股东权利。

最后,合伙企业的有限合伙人以自己名义直接向公司提起股东知情权诉讼。合伙企业作为股东,依法享有股东知情权,有权去了解公司的经营情况。该权利的行使,通常经过执行事务合伙人。但是,正如本案所显示的那样,如果执行事务合伙人怠于行使该权利,合伙企业的有限合伙人有权以自己名义直接行使股东知情权。一方面,《合伙企业法》第六十八条第二款第七项赋予有限合伙人这样的权利,即执行事务合伙人怠于行使权利时,督促其行使权利或者为了本企业的利益以自己的名义提起诉讼;另一方面,这也是有限合伙人制约权力集中且强大的执行事务合伙人、维护自身权益的必要途径。有限合伙人作为投资方,往往被合伙协议削弱或限制了参与合伙企业事务的权力,如果在执行事务合伙人怠于行事、合伙企业利益将被损害的情况下,有限合伙人仍无权代表合伙企业,那么于情于理都无法成立。

本案的裁判结果扩展了股东知情权行使的主体范围,丰富了股东知情权诉讼的裁判实践。

案例提供单位:上海市第二中级人民法院

编写人:李非易

点评人:葛伟军

35. 宁某诉彭某合同纠纷案

——预约合同的识别及违约责任认定

案 情

原告(被上诉人)宁某

被告(上诉人)彭某

茂丰合伙企业于 2011 年 8 月 4 日核准成立,合伙期限自 2011 年 8 月 4 日至 2021 年 8 月 3 日,执行事务合伙人为创丰公司,创丰公司和阚某某为普通合伙人,原告宁某、被告彭某等为有限合伙人。

2016 年 10 月 28 日,原告宁某与被告彭某签订《备忘录》,约定:双方就茂丰合伙企业出资份额转让事宜达成一致,宁某在茂丰合伙企业中认缴出资额人民币 2 444 444 元,已实际出资 2 444 444 元。宁某有权分别在 2017 年 8 月 1 日至 2017 年 8 月 31 日及 2018 年 8 月 1 日至 2018 年 8 月 31 日这两段期间提出将其在合伙企业的出资份额按下述约定转让给彭某,彭某承诺按下述约定受让:(1)如宁某在 2017 年 8 月 1 日至 2017 年 8 月 31 日向彭某提出转让要求,则彭某应按每 1 000 000 元实缴出资额对应 1 250 000 元转让款的价格受让;(2)如宁某在 2018 年 8 月 1 日至 2018 年 8 月 31 日向彭某提出转让要求,则彭某应按每 1 000 000 元实缴出资额对应 1 500 000 元转让款的价格受让;(3)双方应在宁某书面提出转让之日起 10 个工作日内签署转让协议,转让协议主要条款与本《备忘录》约定一致。彭某应于宁某提出转让当年 8 月 31 日前一次性支付全额转让价款。

2018 年 8 月 1 日,宁某通过邮政快递 EMS 向彭某发出《关于要求受让合伙人份额的通知函》,要求彭某按双方签订的《备忘录》的约定,受让宁某在茂丰合伙企业中的全部有限合伙人份额,并应在接获通知之日起的十个工作日内与宁某签订相关转让协议。彭某于同年 8 月 3 日签收。

原告宁某诉称,鉴于之前签订的《备忘录》,宁某通过短信向彭某再次提出签订转让协议的要求,彭某回复短信表示同意,但并未明确签订的时间和地点。后经原告多次催促,被告始终未按约履行,故原告诉至法院,诉请:(1)判令彭某支付宁某财产份额转让款 2 461 554 元;(2)判令彭某支付宁某自 2018 年 9 月 1 日起至实际清偿日止的逾期付款损失。

被告彭某辩称,不同意原告的诉讼请求,双方签订的《备忘录》仅为意向性质,而非转让协议,根据茂丰合伙企业《有限合伙协议》的规定,有限合伙人转让合伙份额的前置条件是转让方应提前 30 天取得普通合伙人的书面同意,而原告并未履行该义务,故被告支付转让款一事无从谈起;被告留存的档案中并没有原告提交的该份《备忘录》,据此质疑该《备忘录》的真实性;根据私募基金行业管理规定,私募基金不得承诺刚兑,根据《有限合伙协议》第 4.6 条约定,普通合伙人不应返还有限合伙人的投资,普通合伙人也不对投资人负有收回本金、收益的保证,有限合伙人取得的收益应来自有限合伙企业自身财产。

审 判

一审法院经审理后认为,本案中被告彭某、原告宁某签订的《备忘录》系双方真实意思表示,当属合法有效,双方均应恪守履行。双方虽在《备忘录》中约定需另行签订转让协议,但同时又约定了转让协议主要条款与《备忘录》约定一致,且该《备忘录》已对转让标的物、转让价格、转让时间等进行了明确约定,已具备了正式合同的主要条款,故本案双方已就由彭某受让宁某在茂丰合伙企业的全部财产份额达成了合意,彭某应按约向宁某支付转让款。

一审法院据此判决:一、彭某应于判决生效之日起十日内支付宁某合伙份额转让 2 461 544 元;二、彭某应于判决生效之日起十日内偿付宁某自 2018 年 9 月 1 日至实际清偿日止的逾期付款损失。

一审判决后,被告彭某不服,提起上诉。

上诉人彭某上诉称,双方签订的《备忘录》仅为转让意向书,不能认定为正式的转让协议。《备忘录》第三条明确约定,双方应另外签订转让协议,说明《备忘录》只是意向书性质。合伙企业份额转让必须签订相应的正式转让协议,并且符合《有限合伙协议》的约定以及工商登记机关的规定方可实施。即使意向书的内容约定具体,也只能认定为正式转让行为实施前的预约,法院不应越权代替双方将意向书认定为转让协议。

被上诉人宁某辩称,不同意彭某的上诉意见,请求驳回上诉、维持原判。本案双方已经达成明确转让合意。虽然双方只签订了《备忘录》,约定在登记机关办理手续之时需要按照登记机关格式重新签订协议,但是重新签订协议的主要条款必须要与备忘录一致。因此,即便根据合同法规定,一方当事人发出要约、另一方作出承诺的行为已经符合合同法规定的内容及有效要件,应当具有法律效力。一审判决认定事实清楚,适用法律正确,应予维持。

二审法院经审理后认为,本案当事人在二审中的主要争议焦点在于系争《备忘录》的性质为预约合同还是本约合同,以及违约责任的认定。

第一,预约合同,是当事人之间达成的在将来一定时间内缔结本约合同的约定。预约合同的目的在于订立本约。判断当事人之间订立的合同系本约还是预约的标准,应当根据当事人的真实意思表示,审查当事人是否有意在将来订立一个新的合同,以最终明确在双方之间形成某种法律关系的具体内容。本案中,彭某与宁某就茂丰合伙企业的出资份额转让事项签订了《备忘录》,从该份《备忘录》的内容来看,其第一条对宁某在合伙企业中的出资份额进行了确认,第二条约定了宁某有权选择在"2017 年 8 月 1 日至 2017 年 8 月 31 日"和"2018 年 8 月 1 日至 2018 年 8 月 31 日"两段期间内分别按照不同的价格将其在合伙企业份额转让给彭某,第三条明确约定"双方应在甲方书面提出转让之日起 10 个工作日内签署转让协议"等。从以上内容可以看出,本案当事人通过磋商,虽有订立份额转让的意向,但对于转让的时间、价格等合同要件均未予最终确定。故本案双方通过签订《备忘录》,明确在将来一定时间内签订正式的份额转让协议,符合预约合同的法律特征,故该《备忘录》的性质应为预约合同。

第二,关于违反预约合同的法律后果。预约合同,亦为独立合同,一旦成立生效即具有法律约束力,当事人负有按照诚信原则继续磋商、订立本约的合同义务。预约合同的履行标的是签订本约合同的行为,而非是金钱或财产的给付。换言之,若一方当事人违反合同约定不履行订立本约合同义务,应向对方承担违约责任,但该违约责任的内容,只能是请求对方继续履行签订本约的行为,或支付违约金或承担相应的损害赔偿责任,而不能直接请求对方当事人履行可能属于本约合同的权利义务内容。本案中,在双方当事人事后未签订正式份额转让协议、未对份额转让事项进行最终权利义务约定的情况下,被上诉人宁某直接请求上诉人彭某受让其在合伙企业的份额并支付份额转让款,其该项诉请尚缺乏法律依据,依法不能成立。但需要指出的是,彭某在本案中已明确表达不愿意再签订后续的份额转让协议,若宁某认为彭某这一行为违反《备忘录》约定并造成其损害的,依法可就因此而遭受的损失另行主张权利。

综上,二审法院依照 2017 年《中华人民共和国民事诉讼法》第一百七十条第一款第二项规定,判决:一、撤销一审判决;二、驳回宁某的一审全部诉讼请求。

点 评

本案涉及预约合同的认定及责任承担。本案当事人通过磋商,虽有订立份额转让的意向,但对于转让的时间、价格等合同要件均未予最终确定。双方通过签订《备忘录》,明确在将来一定时间内签订正式的份额转让协议,其性质应为预约合同。与预约合同相对应的概念是本约合同。

我国《民法典》第四百九十五条规定了预约合同,是指约定将来订立一定合同(即本约合同)的合同。预约合同本身也是一种合同,其成立、生效、履行、违约责任等适用合同编的一般规定。预约合同的履行标的是签订本约合同的行为,而不是金钱或财产的给付。如果一方当事人违反预约合同约定不履行订立本约合同的义务,应向对方承担违约责任,但该违约责任的内容,只能是请求对方继续履行签订本约的行为,或支付违约金或承担相应的损害赔偿责任,而不能直接请求对方当事人履行可能属于本约合同的权利义务内容。

在理解预约合同及其违约责任时,应当注意两个方面。首先,探究当事人的真实意图。在缔结预约合同时,当事人应当已经存在必然缔结本约合同的合意。如果不存在这样的合意,例如一方有选择权,可以选择是否缔结本约合同,导致本约合同有可能缔结也有可能不缔结,那么双方反映的仅仅是一个意向,不能构成预约合同。当事人采取的方式可能是多种多样的,认购书、订购书或预订书等,只要约定将来一定期限内订立本约合同,那么不管预约采取什么方式,都构成预约合同。

其次,预约有可能呈现出不同的层次。有时候,预约仅仅是一个意向。有时候,预约包含了本约的实质条件(如价格和数量等)。违反不同层次的预约,应承担的违约责任是不同的。如果仅仅是一个意向,那么当事人之间不构成预约合同,谈不上违约责任的问题。疑难之处在于,如果预约的内容包含了本约的实质条件,那么如何去判断。如果已经构成本约,那么应当按照本约合同去认定,并据此承担违约责任。如果仍然构成预约,那么这样的预约给一方当事人的预期是清晰且强烈的,例如呈现出一方将在一个明确的时间点,将以一个确定的价格和数量,向另一方出售产品。另一方对此产生了强烈的信赖利益,该利益的范围不应当仅仅是为了签订本约合同而发生的费用,应当是包含了该另一方对这些条款一旦履行即将产生的利益。该另一方对这些利益的信赖和期待,是清晰可见的。正是一方违反预约(该预约实质相当于本约)的行为,导致另一方的利益受损(或持续受损)。违反预约是否仅赔偿信赖利益,以及信赖利益的范围是多少,学术界和实务界存有争议,值得进一步探讨。

案例提供单位:上海市第二中级人民法院

编写人:何　云　及小同

点评人:葛伟军

36. 陆某等诉上海致骋投资中心其他合伙企业纠纷案

——合伙企业司法强制解散诉讼的审查

案 情

原告(被上诉人)陆某、郑某权等十八名

被告(上诉人)上海致骋投资中心

第三人董某

2015 年 8 月 12 日,陆某、郑某权等十八名原告与第三人董某共同签订合伙协议一份,约定设立合伙企业上海致骋投资中心(被告,以下简称致骋合伙企业);合伙目的为共同出资、共同设立、共担风险、共享收益;合伙企业经营范围为实业投资、创业投资、投资管理、投资咨询(除金融、证券)、商务咨询;合伙出资额为人民币1 000 万元(以下币种相同)。其中第三人董某为普通合伙人(认缴出资 100 万元,占总出资额的 10%),其余合伙人为有限合伙人(共认缴出资 900 万元,占总出资额的 90%);全体合伙人委托董某为执行事务合伙人,其他合伙人不再执行合伙企业事务。不参加执行事务的合伙人有权监督执行事务合伙人,检查其执行合伙企业事务的情况,执行事务合伙人应定期向其他不参加执行事务的合伙人报告事务执行情况以及合伙企业的经营状况和财务状况,其执行合伙事务产生的收益归合伙企业,所产生的亏损或者民事责任,由合伙企业承担;执行事务合伙人负责企业日常运营,对外代表合伙企业,执行事务合伙人不按照合伙协议约定或者全体合伙人决定执行事务导致违约发生的,执行事务合伙人应对其他合伙人造成的损失进行赔偿;合伙企业有下列情形之一的,应当解散:(一)合伙期限届满,合伙人决定不再经营;(二)合伙协议约定的解散事由出现;(三)全体合伙人决定解散;(四)合伙人已不具备法定人数满三十天;(五)合伙协议约定的合伙目的已经实现或者无法实现;(六)依法被吊销营业执照、责令关闭或者被撤销;(七)法律、行政法规规定的其他原因。

2015 年 8 月 28 日,被告致骋合伙企业经登记机关核准设立,出资额为 1 000 万元,合伙类型为有限合伙企业,合伙期限为 2015 年 8 月 28 日至 2035 年 8 月 27

日,执行事务合伙人为第三人董某。致骋合伙企业的合伙人及合伙投资份额与前述合伙协议约定一致。

被告致骋合伙企业因与案外人宁波福仕嘉汽车服务股份有限公司(以下简称福仕嘉公司)间企业借贷纠纷,于 2016 年 10 月 25 日向浙江省宁波市江东区人民法院(以下简称江东法院)提起诉讼。2016 年 12 月 30 日,江东法院依法作出(2016)浙 0204 民初 6359 号民事判决书,判决福仕嘉公司应归还致骋合伙企业借款本金 6 239 000 元及相应利息。因福仕嘉公司未能履行(2016)浙 0204 民初 6359 号民事判决书项下的付款义务,致骋合伙企业于 2017 年 6 月 12 日向浙江省宁波市鄞州区人民法院(以下简称鄞州法院)以股东损害公司债权人利益责任纠纷为由起诉陈某、叶某权、钱某达、徐某、郑某权、尤某君、包某波、陆某、张某举。2017 年 7 月 28 日,鄞州法院作出(2017)浙 0212 民初 6638 号民事判决书,判决:一、钱某达、徐某、郑某权、尤某君、陆某分别在减少出资 180 万元、240 万元、210 万元、1 200 万元、300 万元的范围内对(2016)浙 0204 民初 6359 号民事判决书中确定的福仕嘉公司拖欠上诉人的借款本金 6 239 000 元及相应利息不能清偿的部分承担补充赔偿责任;二、驳回致骋合伙企业其余诉讼请求。钱某达、徐某、郑某权、尤某君、陆某不服上述判决,向浙江省宁波市中级人民法院(以下简称宁波中院)提起上诉。2017 年 11 月 21 日,宁波中院依法作出(2017)浙 02 民终 3007 号民事判决书,判决:一、撤销鄞州法院(2017)浙 0212 民初 6638 号民事判决;二、钱某达、徐某、郑某权、尤某君、陆某分别在减少出资 180 万元、240 万元、210 万元、1 200 万元、300 万元的范围内对江东法院所作出的(2016)浙 0204 民初 6359 号民事判决书中确定的福仕嘉公司拖欠上诉人借款本金中于 2015 年 12 月 10 日前出借的 4 049 000 元本金及相应利息不能清偿的部分承担补充赔偿责任;三、其余诉讼请求不予支持。钱某达、徐某、郑某权、尤某君、陆某因不服上述宁波中院的判决,向浙江省高级人民法院提起再审申请。2018 年 10 月 19 日,浙江省高级人民法院依法裁定驳回钱某达、徐某、郑某权、尤某君、陆某的再审申请。2018 年 12 月 25 日,鄞州法院依法受理了致骋合伙企业申请执行(2017)浙 02 民终 3007 号民事判决的申请。2017 年 1 月 3 日,福仕嘉公司向宁波中院申请破产清算。宁波中院于 2017 年 4 月 13 日作出(2017)浙 02 破申 1 号民事裁定书,裁定受理福仕嘉公司的破产清算申请。

2019 年 10 月 21 日,宁波市友链企业发展有限公司(以下简称宁波友链公司)经工商登记注册成立,注册资本为 2 000 万元,致骋合伙企业为其股东之一。

陆某、郑某权等十八名原告、被告致骋合伙企业及第三人董某均确认,陆某、郑某权、徐某、钱某达、刘某胜、陈某、曾某坤、包某波、叶某权系福仕嘉公司的股东,上述九名原告合计持有福仕嘉公司 53% 的股权。十八名原告均一致表示不愿意退伙,亦不同意将经法院确认并执行到位的部分债权款项用于投资宁波友链公司。

陆某、郑某权等十八名原告诉称,第三人董某作为执行事务合伙人,未经其他合伙人同意,即将被告致骋合伙企业资金出借给由其担任总经理且连年亏损的公司,严重损害了十八名原告及被告的合法权益;同时,被告成立后并未实际开展业务,而各合伙人成立致骋合伙企业的目的就是投资福仕嘉公司,现福仕嘉公司已进入破产清算程序,故合伙企业的合伙目的已无法实现,为此诉请要求解散被告致骋合伙企业。

被告致骋合伙企业及第三人董某共同辩称,本案不属于民事诉讼案件受理范围,并提出致骋合伙企业不存在法定或约定解散情形等多项抗辩;但其同时确认,致骋合伙企业成立的目的之一即为投资福仕嘉公司,但认为福仕嘉公司为投资平台,即便福仕嘉公司进入破产清算程序,亦不影响致骋合伙企业后续的投资。

审 判

一审法院经审理后认为,虽然《合伙企业法》未对合伙人是否有权提起解散之诉作出明确规定,但《合伙企业法》及上诉人的合伙协议均对合伙企业的解散条件作出了规定。故在合伙人对合伙企业是否在应当解散情形发生争议的情况下,应当赋予当事人通过民事诉讼途径解决争议的权利。而且,被告是否应予解散,必将涉及十八名原告的财产权益,故十八名原告与上诉人、董某间的争议,应属人民法院民事案件的受理范围。此外,本案十八名原告作为被告的合伙人,以致骋合伙企业为被告,提出了要求解散合伙企业的明确诉请及具体的事实理由,故本案符合起诉条件。本案的争议焦点为,被告的合伙目的是否已无法实现,并是否应予解散。为此,应以各合伙人签订的合伙协议中关于合伙目的的约定为原则,并综合合伙企业的运营情况、决策机制、各合伙人的意见等基础事实,予以全面分析。第一,从运营状况看。根据在案证据显示,自合伙企业 2015 年创立开始至本案 2019 年 1 月受理之时,除有一笔向福仕嘉公司的借款外,并无证据证明被告在此期间有过对外投资或者经营行为,况且企业对外借贷亦不能评价为经营或者投资行为。在将近四年的时间里,被告既无任何投资举措,亦未有任何收益,其继续存续显然不符合各合伙人关于共享收益的约定。至于被告、董某辩称其在诉讼过程中进行了其他投资,上述投资事宜并未经过其余各合伙人一致认可,亦有悖共担风险的合伙目的。第二,从决策机制看。合伙协议中明确约定,执行事务合伙人应定期向其他不参加执行事务的合伙人报告事务执行情况以及合伙企业的经营状况和财务状况;执行事务合伙人不按照合伙协议约定或者全体合伙人决定执行事务导致违约发生的,执行事务合伙人应对其他合伙人造成的损失进行赔偿。但董某作为执行事务合伙人,并未在执行事务的过程中,履行应尽的报告义务或审批职责,甚至于本案诉讼过程中,在未经其他各合伙人同意的情况下,一人决定致骋合伙企业的对外投资事宜,显然违背了合伙企业内部决策机制应具备的共商共定原则。虽然各合伙人一致委托董某为执行事务合伙人,其他合伙人不再执行合伙事务,但该约定仅限对合伙事务执行的具体规定,并不意味着董某可以在任意情况下,均可不经内部共同决议决定,即由一人决定合伙企业的对外经营或投资,该做法既与合伙企业成立目的相悖,亦会导致合伙企业的内部决策程序和规则流于形式,导致企业内部治理失去平衡及制约。第三,从设立目的看。十八名原告认为被告成立的目的就是以其为持股平台,从而投资福仕嘉公司;而董某则认为,投资福仕嘉公司是被告成立的目的之一,但企业成立时只投资了福仕嘉公司,并未开展其他项目。现福仕嘉公司破产清算案件已由宁波中院依法裁定受理,上诉人各合伙人之间关于企业的设立目的已难以实现。即便董某、被告在 2019 年年初开始寻求其他投资目标,但该投资目的显然不同于各合伙人成立上诉人之初共同确认的投资目的,在该投资目的未经由各合伙人一致确认的前提下,难以认定各合伙人对致骋合伙企业的设立目的的改变形成一致意见。综上,合伙协议中约定的"共同出资、共同设立、共担风险、共享收益"的合伙目的已难以实现,企业治理陷入僵局,各合伙人之间亦无法通过其他内部途径予以解决,且合伙企业继续存续,也不利于各合伙人合伙权益的实现和保护,在持有合伙企业合伙份额 90% 的合伙人一致诉请要求解散合伙企业的情况下,合伙企业依法应予解散。

据此,一审法院依照《中华人民共和国合伙企业法》第八十五条之规定,判决解散被告上海致骋投资中心。

一审宣判后,被告致骋合伙企业不服,提出上诉。

二审法院经审理后认为,上诉人的上诉理由不成立,判决驳回上诉,维持原判。

点 评

本案涉及合伙企业的司法解散。原告(部分合伙人)认为,执行事务合伙人未经其他合伙人同意,即将被告(合伙企业)资金出借给由该执行事务合伙人担任总经理且连年亏损的公司,严重损害了原告及被告的合法权益;同时,被告成立后并未实际开展业务,而各合伙人成立合伙企业的目的就是投资某公司,现某公司已进入破产清算程序,故合伙企业的合伙目的已无法实现,为此诉请要求解散被告合伙企业。由本案引发的两个问题,需要注意。

首先,合伙企业解散与公司解散之不同。我国《公司法》规定了公司解散,分为自愿解散和强制解散,后者又分为命令解散和司法解散。公司的司法解散,是指公司经营管理发生严重困难,继续存续会使股东利益受到重大损失,通过其他途径不能解决的,持有公司全部股东表决权百分之十以上的股东,可以请求人民法院解散公司。《合伙企业法》虽然也规定了合伙企业的解散情形,但是并没有包括司法解散的条件或程序。不应对有权提起解散之诉的合伙人人数或份额进行限制,同时在判决是否解散时,一方面要看合伙协议是否有特别的约定,另一方面要看是否符合法律规定的解散情形(包括合伙目的是否能够实现等)。本案中,法院以各合伙人签订的合伙协议中关于合伙目的的约定为原则,并综合合伙企业的运营情况、决策机制、各合伙人的意见等基础事实,最终判决解散合伙企业是公平公正的。

其次,协议解除与企业解散之间的关系。公司和合伙企业是两类性质不同的商业组织。公司具有独立法人地位,所有权和经营权分离,股东承担有限责任;而合伙企业不具有独立法人地位,合伙人通常在合伙企业中任职,合伙人承担无限责任(有限合伙人除外)。更重要的是,两者的设立基础是不同的。公司的设立基础是章程,而合伙企业的设立基础是合伙协议。这就产生了一个问题,如果公司的股东提出要求解除合资合同或发起人协议,与公司解散之间是什么关系;同理,如果合伙人提出要求解除合伙协议或合伙合同,与合伙企业解散之间又是什么关系。对于前者,只要章程是有效的,股东之间签订的合资合同或发起人协议的解除,不会导致公司解散,因为公司存在的基础是章程而不是合同。而对于后者,如果合伙协议或合伙合同解除,那么合伙企业的根基不复存在,合伙企业将面临解散的后果。

案例提供单位:上海市嘉定区人民法院

编写人:高　岩

点评人:葛伟军

37. 费斯托(中国)有限公司诉 厦门市三友和机械有限公司 买卖合同纠纷案

——票据权利与原因债权竞合时赋予债权人选择权

案 情

原告费斯托(中国)有限公司

被告厦门市三友和机械有限公司

原、被告素有业务往来,由原告向被告供应气动设备。2018 年 10 月 15 日,被告向原告出具对账单,确认尚欠原告货款 427 221.95 元未付。2018 年 11 月 1 日,被告向原告出具还款计划,承诺于 2019 年 3 月 20 日前付清全部货款。此后,被告通过承兑汇票向原告支付货款 13 万元,并于 2019 年 1 月 16 日,向原告背书转让一张金额为 30 万元的电子承兑汇票,票据编号为 19076530000392018120730281840。上述汇票的出票人为重庆力帆乘用车有限公司,承兑人为重庆力帆财务有限公司(以下简称力帆财务公司),付款方式为到期无条件支付委托,被告从案外人处背书取得该汇票后,于 2019 年 1 月 16 日将该汇票背书转让给原告。2019 年 4 月 9 日,原告向承兑人力帆财务公司提示付款,力帆财务公司接收该提示付款申请后,未向原告支付汇票金额。2019 年 6 月 13 日,原告向重庆自由贸易试验区人民法院(以下简称重庆自贸区法院)起诉力帆财务公司、被告等所有前手以及出票人。重庆自贸区法院认为,持票人应当首先向付款人行使付款请求权而得不到付款时,才可以行使追索权,力帆财务公司作为承兑人,并未出具拒绝承兑的证明,原告在未行使付款请求权的情形下,直接行使票据追索权,且不具备法定除外情形,故其起诉不符合法定行使票据追索权的形式和实质要件,依法不应受理。故重庆自贸区法院于 2019 年 9 月 10 日作出(2019)渝 0192 民初 10417 号民事裁定书,驳回原告起诉,该裁定已生效。因原告所享有的权利未得到实现,故原告向法院提起本案诉讼。

原告诉称,被告向原告背书转让的汇票未得到承兑,故原告依据双方间的买卖合同关系请求判令:(1)被告支付货款 297 221.95 元;(2)被告自 2019 年 4 月 19 日起支付上述货款的逾期付款利息。

被告辩称,被告于 2019 年 1 月 10 日向原告背书转让金额为 30 万元的承兑汇票,原告取得票据权利并提示付款,被告的付款义务已完成,原告不应依买卖合同关系要求被告付款,双方应按票据法律关系处理。原告取得票据权利后未行使付款请求权,被告对此无过错,故原告丧失对前手的追索权。综上,被告已经履行付款义务,不应再次向原告支付货款及利息。

审 判

一审法院经审理后认为,本案的争议焦点在于,在原告取得被告背书转让的电子承兑汇票后却未得到付款的情况下,其是否可以选择主张票据权利或依原因关系主张货款?

首先,原告通过继受取得的方式取得涉案票据权利。依据《票据法》及相关司法解释的规定,票据权利包括两次请求权,其中第一次请求权为付款请求权,第二次请求权为追索权,具体来说,持票人作为票据权利人享有付款请求权,当付款请求权不能实现时,持票人才可以行使追索权,持票人的这两种请求权在行使时要遵循先后顺序。付款请求权是指持票人向票据第一债务人或其他付款义务人请求按照票据上所记载的金额付款的权利。追索权是指持票人享有的,当付款请求权遭拒绝或有其他法定原因存在时,向其前手或者其他票据债务人请求偿还票据金额等费用的票据权利。在重庆自贸区法院(2019)渝 0192 民初 10417 号案件的审理过程中,承兑人力帆财务公司明确表示,由于该公司面临资金困难且到期汇票数量较大,故无法迅速筹集资金并一次性兑付所有欠款。由此可见,力帆财务公司既未制作拒绝付款证明,又存在至今未向原告付款的迟延付款行为。在此情况下,重庆自贸区法院以原告未行使付款请求权为由,驳回原告关于追索权的起诉,客观上,原告的票据权利迄今未能实现。

其次,被告以背书涉案汇票的方式向原告支付货款,原告对该种付款方式的接受,并不意味着对其原因关系中债权的放弃。作为买方,被告按期、足额向原告支付货款既是约定义务又是法定义务,被告于 2018 年 11 月 1 日向原告出具还款计划,承诺于 2019 年 3 月 20 日前付清全部货款,在原告主张权利的情况下,被告向原告背书转让涉案承兑汇票,原告取得汇票的行为,系取得相应权利,不能因此给债权人实现合法权益增设不必要的障碍。原告曾试图通过追索权主张票据权利,如果依据《票据法》的规定,原告必须先行使付款请求权后再行使追索权,无疑将增加讼累。作为前手,被告向原告背书涉案汇票的行为,既是对原告实现汇票权利的担保,亦是对自己能够履行付款义务的担保。一审法院认为,法律并未规定债务人为清偿债务而交付票据时,原因关系中的债务因票据的授受而消灭。原因关系中的债务与票据债务同时并存,票据债务不履行,原因关系中的债务不消灭,只有当票据权利实现时,原因关系中的债务才随之消灭。据此,被告的抗辩理由不能成立,在原告未能实现票据权利的情况下,应视作被告迄今未能履行货款的支付义务。

据此,法院对原告要求被告支付货款 297 221.95 元的诉讼请求予以支持。原告提起本案诉讼,应视为对涉案票据权利的放弃,被告在原告起诉后拒绝向原告付款,应承担逾期付款的利息损失,而在原告提起本案诉讼前,被告不应承担违约责任。因 2019 年 8 月 20 日起中国人民银行贷款基准利率标准已被取消,被告于 2020 年 1 月 8 日收到原告的起诉状副本,故利息损失自次日起按照同期全国银行间同业拆借中心公布的贷款市场报价利率(LPR)计付。

综上,一审法院依照《中华人民共和国合同法》第一百零七条、第一百五十九条之规定,判决:一、被告厦门市三友和机械有限公司应于判决生效之日起十日内向原告费斯托(中国)有限公司支付货款 297 221.95 元;二、被告厦门市三友和机械有限公司应于判决生效之日起十日内偿付原告费斯托(中国)有限公司逾期付款利息损失(以 297 221.95 元为基数,自 2020 年 1 月 9 日起按同期全国银行间同业拆借中心公布的贷款市场报价利率(LPR)计付至偿清之日止)。

一审宣判后,原、被告均未上诉。一审判决已生效。

点 评

票据是指出票人签发的,由自己或委托他人无条件向收款人或持票人支付一定金额的有价证券。票据具有汇兑、支付、信用、融资、结算等功能。传统的票据是纸质的,随着科技的发展,出现了电子票据。中国人民银行在 2009 年颁布《电子商业汇票业务管理办法》,同年电子商业汇票系统正式建成运行,票据市场开始电子化进程。本案的票据即为电子承兑汇票。

本案的焦点问题是,在债权人取得债务人背书转让的电子承兑汇票后却未得到付款的情况下,其是否可以选择主张票据权利或依原因关系主张货款?涉及两个重要的概念,一个是票据关系,一个是票据权利。

票据关系,是指当事人之间基于票据行为或其他合法事由而发生的,体现在票据上的债权债务关系。与票据关系相对应的是基础关系,是指作为票据关系当事人之间之所以签发、转让票据的实质原因或以某一人为票据付款人的实质原因的法律关系,包括原因关系、资金关系和票据预约。本案中的债务人和债权人之间,既存在基础关系,也存在基于该基础关系而产生的票据关系。

票据权利,是持票人向票据债务人请求支付一定票据金额的权利,包括付款请求权和追索权。前者是持票人请求票据付款人或承兑人支付票据金额的权利,后者是持票人行使付款请求权不能实现或出现法律规定的影响付款请求权实现的事由时,向其前手要求清偿票据金额及其利息和相关费用的权利。票据权利具有双重性,在行使顺序上,付款请求权是第一顺序的权利,追索权是第二顺序的权利。此外,两者在行使对象、行使主体、行使条件、权利性质等方面存在差异。

在理解票据关系和基础关系之间的关系时,要注意票据关系的无因性原则。根据该原则,基于票据行为的票据关系一旦形成,就与基础关系相分离,两者彼此独立,基础关系是否存在或是否有效,原则上不对票据关系发生影响。该原则有一定例外。其一,如果原因关系与票据关系当事人范围一致,即持票人向其直接前手主张票据权利时,直接前手可以用原因关系对抗票据关系。其二,持票人取得票据时如无对价,则不得优于前手的权利。

本案中,债权人从债务人处取得票据,据此取得票据权利,并且发生票据权利和原因债权的竞合。债权人如果主张票据权利受阻,可以行使追索权。但是,如果无法按照票据法的规定去正常行使追索权时,债权人基于原因关系主张原因债权,应当是合理的。因为票据权利的取得,并没有消灭原因债权,两个权利同时并存。票据债务不履行,原因关系中的债务也没有消灭。法院在裁判中的说理,有助于进一步理解票据关系和基础关系之间的关系、票据权利和原因债权竞合时的权利主张等问题。

案例提供单位:上海市浦东新区人民法院

编写人:徐慧莉　范　颖

点评人:葛伟军

38. 北京密境和风科技有限公司诉上海香蕉计划电子游戏有限公司、王某其他合同纠纷案

——主播跳槽违约金调整的司法标准

案 情

原告北京密境和风科技有限公司

被告上海香蕉计划电子游戏有限公司

被告王某

2017 年 7 月 1 日，原告与两被告签订《直播服务合同》，约定被告上海香蕉计划电子游戏有限公司（以下简称被告香蕉公司）安排旗下艺人被告王某在原告的花椒直播平台提供独家直播服务一年，未经原告同意不得与其他平台合作，若被告违约应付违约金 400 万元等。2017 年 7 月至 12 月，被告王某在原告的花椒直播平台直播。涉案合同履行期间，原告向被告香蕉公司付款合计为 622 367.50 元。2018 年 1 月 1 日，被告王某擅自跳槽至虎牙直播。

原告诉称，王某的行为已严重违反《直播服务合同》的相关约定，构成根本违约，并致使原告遭受广告收入、流量红利及其他可期待利益的损失。2018 年 1 月 9 日，原告收到被告王某发出的《解除合同通知书》。故根据《中华人民共和国合同法》第九十四条的相关规定及《直播服务合同》第 5.16 条、第 9.4 条的相关约定，原告诉至法院，诉请：(1) 确认原告与两被告间的《直播服务合同》于 2018 年 2 月 11 日解除；(2) 两被告共同向原告返还已付服务费 622 367.50 元；(3) 两被告共同向原告支付违约金 400 万元。

被告香蕉公司辩称，对诉请第一项予以确认。不同意诉请第二项，原告要求返还的费用系已经履行的直播服务的对价，故无需返还。不同意诉请第三项，第一，香蕉公司严格履行了《直播服务合同》设定的己方义务，不存在违约行为。按照直播服务行业惯例，必须要有经纪公司参与，因而香蕉公司在合同上盖章，且根据合同性质，相关的违约责任应由被告王某承担，而非香蕉公司。第二，王某违反合同

约定,擅自在虎牙平台直播,属于王某单方违约,与香蕉公司无关。且香蕉公司坚决反对王某的违约行为,及时向其发出法务函进行劝阻和警告,但王某无视劝阻,故其在虎牙平台直播的行为应当由其本人承担责任。第三,香蕉公司对王某的直播事业投入了大量的人力物力,仅投入的人力成本就达到 131 余万元,而原告支付给香蕉公司的服务费仅 60 余万元,香蕉公司支付给王某服务费用 40 多万元,因此香蕉公司扣除成本后实际上尚未从王某或原告处获益,根据权利义务对等原则,香蕉公司不应当承担责任。第四,原告并未提供任何直接证据证明其存在损失,原告提及的对王某的投入,主要是为其进行了热门推荐,但王某作为原告平台的主播,提供直播位是原告的义务,不应类比适用其他广告主的费用,何况原告的热门推荐资源也并不一定都能找到广告客户。同时,王某作为有一定知名度的主播,原告将其放入热门推荐位也可为原告带来人气和流量,原告能够收取广告费也是基于主播提供的服务内容能够吸引人气和流量,两者之间本身也是相互依存的关系。因此,原告将对王某的热门推荐资源作为损失,没有事实与法律依据。另,合同约定的违约金过高,应以实际损失为基础进行调整。此外,原告诉请中,既主张返还原来已付的费用又主张给付违约金,要求返还费用应当建立在不主张其他的额外损失的基础上,原告不可同时主张两者。

被告王某辩称,对诉请第一项,审理中合同已经到期,不需解除。对原告此前在合同期限内主张解除合同,并无异议。但要说明的是,因原告在《直播服务合同》履行过程中,没有提供直播条件及维护主播经济利益及职业发展,利用王某人气为其他主播进行导流,上述行为导致双方合作信任基础丧失。合同只约定了直播平台的解约权,没有约定主播的解约权,双方权利义务关系显著不对等。而王某停止在原告处直播,系维护自己劳动权益的方式,并不构成违约。对诉请第二项,王某已经提供了劳务对价,即直播服务,双务合同已经部分履行完毕,不应当返还,而《直播服务合同》的第 9.4 条的规定显失公平,应属无效。对诉请第三项,即使按照合同的格式条款构成王某违约,诉请的违约金金额明显过高,根据相应的司法解释规定,违约金要以实际损失为基础,而原告对其主张的实际损失并未明确具体项目及金额,故请求法院予以调整。原告原提出的实际损失是 136 万元,其构成为原告对王某投入的成本费用、推广王某投入的资源、王某在原告处的预期收益。而王某作为成熟的艺人,以游戏主播的身份签约原告平台,原告事实上并没有对王某进行任何的培训,故不存在成本投入的损失。同时,原告作为直播平台,在自己的网页中为主播提供相应的主播位,系原告的经营行为,并非为主播进行广告投放。基于王某等主播为原告带来的人气,原告方可更好地向其他广告主销售广告。况且,王某离开原告直播平台后,礼物道具的预期收益总计仅十余万元。据此,原告向王某主张 400 万元违约金没有事实依据。同时,该份合同主要约束的主体是原告和香蕉公司,相应的法律责任应当由香蕉公司承担。

审 判

一审法院经审理后认为,被告王某擅自停止花椒直播而至虎牙直播,构成根本违约,两被告应依约共担违约责任。涉案网络直播系新兴行业,具有以下特征:一是流量是直播平台估值的重要指标;二是主播与观众之间的流量黏性强度很高,因而是直播平台的核心资源;三是迭代发展的新兴行业成本较高,但未来收益可期;四是恶意竞争挖角等使网络直播行业的价值具有泡沫化。所以,就违约金及损失界定上:第一,不应局限于显而易见的实际已发生的具体损失。还应考虑到主播跳槽使此前所占有、使用的平台巨大成本在剩余合同期间中沉没,无法释放并转化为平台可享受的流量红利、不再为平台产生效益而形成的损失,以及与主播正向关联度强的细分粉丝群流量的流失,使精准投放的广告收入减少、平台估值降低的损失。第二,主播跳槽所致损失难以量化,如对平台苛求过重的举证责任,有违公平原则。例如平台拥有众多主播,且存在流动性、播出时长、直播内容、流量黏性强度等诸多非财务性指标的变量,难以计算主播个体可产生的广告收益。原告以主播推荐位资源为据证明其损失客观存在,结合行业特点、遵循公平原则,考虑举证能力及成本,不应苛求举证具体金额,应适当减轻其举证责任。第三,应立足行业健康发展考虑违约金合理性。平台为提升流量而恶意挖角恶性竞争,使得市场价值泡沫化,具体则体现在直播费用及违约金数额上过高,理应适当调整。综上,法院结合合同履行期间、被告王某的收益情况及其过错程度,综合直播行业的特点、直播平台的投入、经纪公司的参与及主播个体的差异四个维度予以考虑,根据公平原则及违约金的惩罚性因素,并平衡各方利益,对于王某"跳槽"这一不符合诚实信用原则的行为之违约金,酌情确定为 200 万元。至于原告根据合同约定而要求返还已付费用 622 367.50 元,其中涉及王某未提供直播服务的半年期间对应的预付款9 万元,因合同解除尚未履行的部分不再履行,故理应返还;而剩余费用的返还,原告依据的是合同约定的被告违约所应承担的多项责任中的其中一种,对该部分内容,法院在酌情确定被告应当承担的违约金时已经一并予以考虑,故对剩余费用的返还请求,不予支持。

据此,一审法院依照《中华人民共和国民法总则》第六条、第七条,《中华人民共和国合同法》第九十三条第二款、第九十七条、第一百零七条、第一百一十四条,《中华人民共和国民事诉讼法》第六十四条第一款,《最高人民法院关于适用〈中华人民共和国民事诉讼法〉的解释》第九十条之规定,判决:一、确认原告北京密境和风科技有限公司与被告上海香蕉计划电子游戏有限公司、被告王某订立的《直播服务合同》于 2018 年 2 月 11 日解除;二、被告上海香蕉计划电子游戏有限公司、被告王某应于判决生效之日起十日内共同返还原告北京密境和风科技有限公司预付款 9 万元;三、被告上海香蕉计划电子游戏有限公司、被告王某应于判决生效之日起十日内共同给付原告北京密境和风科技有限公司违约金 200 万元。

一审宣判后,双方当事人均未上诉。一审判决已发生法律效力。

点　评

本案涉及网络主播跳槽引发的违约责任承担。原告与两被告签订《直播服务合同》,约定被告一安排旗下艺人被告二在原告的直播平台提供独家直播服务一年,未经原告同意不得与其他平台合作,若被告违约应付违约金 400 万元等。在该合同履行期间,被告二擅自跳槽至其他平台直播。原告因此遭受广告收入、流量红利及其他可期待利益损失,据此起诉,要求确认该合同解除,向原告返还已付服务费用,两被告共同向原告支付违约金 400 万元。由本案引发的两个问题,值得关注。

第一,被告二和被告一之间的关系。被告一认为,被告二擅自跳槽至其他平台,因此是被告二个人违约。被告二认为,其仅为被告一的艺人,不是本案一方当事人。两被告均认为不应由自己承担责任。虽然被告二是被告一旗下的艺人,但是两者之间的关系,是否员工和单位之间的关系,仍然需要检视双方是否签订过劳动合同,从而构成劳动法上的劳动者和用人单位。如果没有签订过劳动合同,那么被告二就不是被告一的内部员工。本案中,被告二和被告一没有缔结劳动关系。被告二作为独立的一方当事人,出现在合同中,应当承担相应的权利和义务。被告二擅自跳槽至其他平台,不仅导致其违约,也导致被告一构成违约,双方应当向原告共同承担违约责任。

第二,两被告提出本案合同约定的违约金过高,应以实际损失为基础调整,但是本案原告并未提供直接证据证明实际损失。本案发生在《民法典》施行之前,应当使用当时的《合同法》。《合同法》第一百一十四条关于违约金的条款,目前体现在《民法典》第五百八十五条当中,基本没有很大变化。如果约定的违约金过高或过低,人民法院或仲裁机构可以根据当事人的请求予以增加或适当减少。本案法院认为,涉案网络直播系新兴行业,就违约金及损失界定上,首先,不应局限于显而易见的实际已发生的具体损失,还应考虑到主播跳槽使此前所占有、使用的平台巨大成本在剩余合同期间中沉没,无法释放并转化为平台可享受的流量红利、不再为平台产生效益而形成的损失,以及与主播正向关联度强的细分粉丝群流量的流失,使精准投放的广告收入减少、平台估值降低的损失。其次,主播跳槽所致损失难以量化,如对平台苛求过重的举证责任,有违公平原则。最后,应立足行业健康发展考虑违约金合理性。基于此,法院结合合同履行期间被告二的收益情况及其过错程度,综合直播行业的特点、直播平台的投入、被告一的参与及主播个体的差异四个维度予以考虑,根据公平原则及违约金的惩罚性因素,并平衡各方利益,将违约金酌情调整为 200 万元,为此类案例的审理树立了一个较好的榜样。

案例提供单位:上海市静安区人民法院

编写人:陆维溪 吴 晶

点评人:葛伟军

39. 上海泰琪房地产有限公司诉迈克·默里·皮尔斯损害公司利益责任纠纷案

——以商业判断理论衡量董事履行忠实勤勉义务的行为性质

案 情

原告(上诉人)上海泰琪房地产有限公司

被告(被上诉人)迈克·默里·皮尔斯

第三人兴业银行股份有限公司上海市西支行

原告上海泰琪房地产有限公司系中外合资公司,公司有五名董事,外方股东委派的董事为被告、WANG LUO XIN、TAN BOON YEOW,中方股东委派的董事为何某、郑某俊,被告迈克·默里·皮尔斯(MICHAEL MURRAY PIERCE)系法定代表人、董事长,监事为王某新、王某,外方股东代表为 Benny、Jennifer,总经理为成某勇。

原告上海泰琪房地产有限公司章程第5.02条规定,董事会由五名董事组成,其中中方股东委派二名,外方股东委派三人,董事长一名由外方股东委派。第5.03条规定,董事会是合资公司最高权力机构,决定合资公司的一切重大事宜。除下列重大问题应一致表决通过外,其他事宜由参加董事会的董事或代表的半数以上表决通过:(1)合资公司章程的修改;(2)合资公司的清算、终止或解散;(3)合资公司注册资本的增加与转让;(4)合资公司与其他经济组织的合并;(5)年度利润分配方案。第5.10条规定,由参加董事会的董事或代表以半数以上通过表决决定的事宜,包括(但不限于)下列各项:(1)总经理提出的年度和长期的有关建筑、销售、财务、劳务、设备投资等经营管理的计划和实施报告;(2)流动资金贷款的最高限额的决定和超过该限额的借款、设备投资资金的借款、对合资公司拥有资产设定担保或提供保证;(3)发展基金、储备基金、职工福利和奖励基金提取比例、数额以及使用方案;(4)决定和修改有关合资公司经营管理的重要规章制度;(5)制定董事会会议规章;(6)董事会认为需要讨论的其他问题。第6.01条规定,合资公司设经营管理机构,负责合资公司的日常经营管理工作。经营管理机构设总经理一人。第 6.02 条规定,总经理的职责是执行董事会会议的各项决议,组织和领导合资公司的日常经营管理工作。总经理的职责如下:(1)执行董事会决议;(2)按董事会决议,组织和领导合资公司日常的经营管理;(3)在董事会授权范围内,对外代表合资公司与政府有关部门进行联系工作;(4)决定的合资公司人员之聘请、调任或辞退,并决定的职工薪金及福利制度。

2016 年 9 月 19 日,原告在第三人处开立账号为 21643010010613333 的结算账户和账号为 216430100200023414 的关联账户(以下统称账户)。从 2017 年下半年开始,原告总经理成某勇通过电子邮件征得被告、外方股东代表 Benny、Jennifer 同意后,将账户内资金在第三人处办理结构性存款。存款到期后,对是否办理结构性存款续期及存款的天数,成某勇每次均会通过电子邮件征询 Benny、Jennifer 的指示。最后一次结构性存款期限为 2018 年 7 月 12 日至 8 月 10 日,存款金额为 2 亿元。2018 年 8 月 1 日,成某勇通过电子邮件征询 Benny、Jennifer 是否办理结构性存款续期。8 月 8 日,Jennifer 回复成某勇:不续了,预备分红。8 月 10 日,Benny 回复成某勇:董事会并没有就公司分红通过任何决议,请跟银行安排结构性存款续期。

2017 年 7 月,原告账户的预留签章为财务专用章和郑某俊、Benny 的签字。2018 年 8 月 7 日,原告向第三人申请预留签章变更为财务专用章和财务总监刘某的私章。10 日,变更完成。13 日,被告发函第三人称,原告账户的指定签字人未经原告董事会批准被更改是严重且未经授权的行为,被告作为法定代表人通知第三人,截至发函日,原告未通过任何决议将账户内的资金提出、对外划转,董事会亦未通过任何决议案同意授权变更账户印鉴、指定签字人,请第三人于次日确认账户内的当前余额等信息,原告保留一切未经授权从原告账户提出资金而要求赔偿的权利。13、14 日,第三人与原、被告商谈后暂停了原告账户的对外结算支付功能。8 月 10 日之后,原告账户内的 2 亿元办理了 7 天智能存款。

2018 年 8 月 29 日,成某勇向被告发送电子邮件称,财务部门提议购买结构性存款可以增加公司收益,经与银行沟通,被告在附件文件上签字后,公司才可购买结构性存款,请被告签字后将文件寄回。被告未予回复。9 月 7 日,成某勇再次向被告发送电子邮件称,目前账户的存款利率为 1.35%,为增加公司收益,建议尽快安排购买结构性存款事项。被告未予回复。

同年 9 月 17 日,被告向静安区人民法院提起诉讼,请求确认原告、第三人、郑某俊变更账户预留签章的行为无效,恢复原先预留签章,并对账户申请了财产保全。静安区人民法院经审理,以本案被告不具有诉讼主体资格为由,裁定驳回被告的诉请。被告不服提起上诉,上海金融法院于 2019 年 3 月 22 日裁定驳回上诉,维持原裁定。

2019 年 3 月 27 日,被告向第三人发出律师函,要求第三人恢复原先预留签章或暂停依照预留签章对被告账户内的任何资金办理划转或其他付款结算操作。

2018 年下半年,原告就公司资金的使用,五名董事之间存在较大争议。

原告诉称,原告在第三人处开立账户。账户开设后,原告就将账户内的存款连续办理结构性存款业务,利率稳定在年化 4% 左右。2018 年 8 月 13 日,被告突然以个人名义并自称代表公司董事会致函第三人,要求冻结账户内的款项,致使账户内的 2 亿元存款无法办理结构性存款,只能转为活期存款,利率降至年化 1% 多,原告每月利息损失高达 40 万元左右。根据公司章程,董事长的职权是召集并主持董事会会议,除公司董事会的决议之外,公司的日常经营管理应由公司管理层及总经理负责,被告擅自越过董事会以个人名义要求冻结公司账户造成公司利益受损,违反公司章程和公司法规定的忠实和勤勉义务,应当承担损失赔偿责任,原告据此提起诉讼,要求被告赔偿原告自 2018 年 8 月 13 日起至案涉账户冻结解除之日止的利息损失。(以 2 亿元为本金,按年利率 2.5% 计算至原告可实际操作账户之日止)

被告辩称:(1)是否办理结构性存款属于公司的商业决策,司法不应予以干涉。在被告致函第三人之前,原告未对账户资金办理结构性存款形成一致有效决议,原告主张损失的前提基础不存在。并且,结构性存款的收益浮动不确定,原告所谓的损失亦难以确定。(2)被告是原告的法定代表人和董事,在中方人员擅自使用法定代表人人名章等、未经董事会授权变更账户预留签章的情况下,致函第三人说明情况,是维护原告利益和履行法定代表人和董事职责的正当行为。(3)从中方人员后来从原告其他银行账户转移了 6 000 万元资金的客观事实来看,被告向第三人发函说明情况的行为,实际上维护了原告的资金安全。因此,被告不同意原告的诉讼请求。

第三人陈述意见称,对于原告诉请不发表意见。

审 判

一审法院经审理后认为,本案系董事损害公司利益责任纠纷。根据我国公司法的相关规定,董事对公司负有忠实义务和勤勉义务,执行公司职务时违反法律、行政法规或者公司章程的规定,给公司造成损失的,应当承担赔偿责任。本案中,双方的争议焦点是被告向第三人发函通知账户暂停对外结算支付功能,及不配合办理结构性存款行为是否违反忠实和勤勉义务,是否应承担公司利息损失的赔偿责任。

首先,根据原告公司章程,董事会是公司的最高权力机构,五名董事由中方股东委派二名,外方股东委派三人,总经理在董事会授权下管理公司事务。可见,原告系中方股东和外方股东共同经营管理的合资公司,涉及公司经营管理的较为重大的事项,除法律、行政法规和章程另有规定外,原则上应由董事会决议通过,或董事会已授权的总经理决定,或中、外方股东达成一致决定。

其次,根据已查明的事实,被告向第三人发函的原因在于原告账户的预留签章变更,由财务专用章和中方委派董事郑某俊、外方股东代表 Benny 的签字变更为财务专用章和财务总监刘某的私章,预留签章变更意味着账户控制权变动,关系到账户内 2 亿元资金的支出和转移,无疑属于公司的重大事项,在该变更并无董事会决议通过,或董事会明确授权总经理决定,或中、外方股东达成一致决定的情况下,被告作为外方委派董事和公司法定代表人,发函通知第三人暂停账户的对外结算支付功能,并无明显不当。

再次,是否为账户内的 2 亿元资金办理结构性存款,显然属于公司的商业决策范畴,且因涉及大额资金的管理、使用,亦构成公司的重大事项,如前所述,应由董事会决议通过,或董事会已授权的总经理决定,或中、外方股东达成一致决定。被告提供的电子邮件证据亦证实,历次结构性存款的办理均是由总经理和外方股东代表、被告达成一致后办理,并非由总经理单方决定。原告主张办理结构性存款系总经理决策事项,缺乏事实和章程依据,不能成立。现就办理结构性存款事宜,原告公司并无董事会决议,或董事会授权总经理决定,或中、外方股东达成一致决定的情形,公司内部就资金的使用亦存在较大争议,被告在此情况下根据自己的判断决定不办理结构性存款,未违反法律、行政法规或者公司章程的规定,亦不足以认定被告违反了董事的忠实和勤勉义务。

据此,一审法院依照《中华人民共和国公司法》第一百四十七条第一款、第一百四十九条、第一百五十一条第一款,《最高人民法院关于适用〈中华人民共和国民事诉讼法〉的解释》第九十条之规定,判决驳回原告上海泰琪房地产有限公司的全部诉讼请求。

一审宣判后,原告不服,提起上诉。

二审法院经审理后,判决驳回上诉,维持原判。

点 评

本案虽然涉及董事的忠实和勤勉义务,却引发了关于商业判断规则的讨论。该规则从程序上判断董事是否要承担责任,是对董事会决议程序的判断。董事的责任变得很轻,对股东的保护一定程度上减弱。

董事在实践中的权力,过大还是过小? 法律的价值衡量,在于让董事多承担点责任,还是保护董事多一些?其实并不矛盾。董事多承担责任,是因为董事如果在应该承担责任的场合,却因为法律的不健全而逃脱了责任,会对公司或其他人造成损害。保护董事多一些,是让董事在某些场合能够免受责任,从而激发董事的工作热情。

商业判断规则,并不是普通法的一项普适性规则。广义上的普通法,包括英美法以及在此基础上更为广泛、性能相近的法域,其特点在于非成文法、遵循先例、对抗式庭审、法官享有自由裁量权等。狭义上的普通法,是与衡平法相对应的概念,发端于早期的英国。而商业判断规则是美国法下的概念,即使在同属于英美法系或普通法系的英国,也找不到相同或相近的称谓。因此,商业判断规则是一项纯粹美国法的规则。

在美国,该规则已有一百多年的发展历史,其目的在于保护董事的决策权,避免董事因其决策给公司带来损失而承担责任。如果董事可以享受该规则的保护,那么法院就不再对其商业决策进行干预。如果该规则不能适用,那么法院会进一步审查,该决策对公司或小股东而言,是否是公正的。该规则隐含的前提是,董事在没有自我交易、不涉及个人利益冲突的情况下,合理谨慎、善意地行事,那么董事应该比法院更有能力作出商业决策。如果在满足商业判断规则之条件的情况下作出决策,即使该决策给公司带来了巨大损失,董事也可以不用承担责任。

应当指出的是,商业判断规则与董事免责是两个不同的制度,在实践中容易混淆。第一,含义不同。于前者,只要满足一定条件,即可认为董事无需承担责任。该条件包括董事的知情判断、在交易中无利益、善意地认为有利于公司等。于后者,是指董事违反义务、应当承担责任之际,通过一些方法来免除其责任。第二,构成条件不同。于前者,其构成条件并不等同于董事义务(主要是勤勉义务)的构成要件。勤勉义务的构成要件包括主观和客观双重标准。于后者,其构成要件是免除的途径,既可以是法律直接规定,也可以是股东会通过决议,或者当事人在章程中事先约定(有些不可免除),还可以是法院免除(公共利益等)。第三,性质不同。于前者,是法院司法审查的手段。于后者,是董事义务的延伸,适用于忠实义务和勤勉义务。

案例提供单位:上海市黄浦区人民法院

编写人:沈　澜　高　文

点评人:葛伟军

商　　事

40. 陈某某与上海上器集团新能源科技有限公司申请公司强制清算案

——多数股东与公司清算事务存在利益冲突情形下强制清算启动条件的把握

案 情

申请人(上诉人)陈某某

被申请人(被上诉人)上海上器集团新能源科技有限公司

被申请人上海上器集团新能源科技有限公司(以下简称新能源公司)设立于 2009 年 4 月,股东为上海上器(集团)有限公司(持股 48%,以下简称上器集团公司)、申请人陈某某(持股 35%)和上海上器集团母线桥架有限公司(持股 17%,以下简称母线桥架公司)。自 2010 年起,新能源公司三股东间发生严重的矛盾对立,各方之间诉讼纠纷不断。2013 年 3 月,陈某某以上器集团公司、母线桥架公司共同损害新能源公司利益为由诉至法院,要求两股东赔偿相应损失。2018 年 5 月,上海市第二中级人民法院作出(2017)沪 02 民终 8899 号民事判决,认定上器集团公司、母线桥架公司通过股东会决议放弃原来应属于新能源公司的涉案工业用房建设项目,并在未对涉案项目进行价值评估,也未与新能源公司进行结算的情况下,由上器集团公司取得该涉案项目,损害了新能源公司的利益,判令上器集团公司、母线桥架公司赔偿新能源公司相应损失 4 449 万余元。该民事判决书发生法律效力后,上器集团公司、母线桥架公司未履行相应义务。陈某某代表新能源公司申请强制执行后,两公司仍未按照执行通知书履行义务,也未按照法律规定申报财产。同时,(2017)沪 02 民终 8899 号民事判决作出后,陈某某和上器集团公司均不服,分别向检察机关申请抗诉。2019 年 3 月 6 日,上海市高级人民法院(以下简称上海高院)作出(2019)沪民再 4 号民事裁定,裁定提审该案,再审期间,中止原判决的执行。

2018 年 8 月,申请人陈某某以被申请人新能源公司面临严重管理僵局,且无法通过自力救济为由,诉至法院要求解散被申请人新能源公司。2019 年 2 月 11 日,上海市嘉定区人民法院判决解散被申请人新能源公司。2019 年 4 月 19 日,新能源公司通知各股东于 2019 年 5 月 5 日召开临时股东会,审议成立清算组等事项。陈某某收到会议通知后未参加临时股东会,并向新能源公司寄送了书面意见,认为在公司股东间缺乏基本信任的情形下,新能源公司不应自行清算,而应当在法院主持下进行强制清算。2019 年 5 月 5 日,新能源公司召开临时股东会并决议成立清算组,清算组成员由三方股东各指派一人组成。

申请人陈某某诉称,新能源公司解散后无法成立清算组,且股东间缺乏基本信任,不能进行自行清算,故申请法院对新能源公司进行强制清算。

被申请人新能源公司及其股东上器集团公司、母线桥架公司共同辩称,新能源公司被判决解散后,已在法定期限内成立清算组,现清算工作无法开展,主要是因为(2019)沪民再 4 号案件尚在审理过程中,待该案裁判结果确定后即可推进清算工作。

审 判

一审法院认为,公司债权人或股东申请对公司进行强制清算,应当具有《中华人民共和国公司法》(以下简称《公司法》)第一百八十三条和《最高人民法院关于适用〈中华人民共和国公司法〉若干问题的规定(二)》(以下简称《公司法解释(二)》)第七条规定的情形。新能源公司解散后,已在法定期限内通过股东会决议成立清算组,后系因上海高院对(2017)沪 02 民终 8899 号案件提起再审而未能实施清算,该情形不属于故意拖延清算。故陈某某申请强制清算不符合前述法律和司法解释的规定。据此,依照《最高人民法院关于适用〈中华人民共和国公司法〉若干问题的规定(二)》第七条之规定,裁定如下:对申请人陈某某的申请,不予受理。

一审裁定作出后,陈某某不服,提起上诉。

二审法院查明的事实与一审一致。另查明,二审审理期间,上海市高级人民法院就(2019)沪民再 4 号案作出再审判决书,判决维持(2017)沪 02 民终 8899 号民事判决。该民事判决书生效后,上器集团公司、母线桥架公司仍拒绝履行相应义务;并表示已就该案向最高人民检察院申请抗诉,至少要等最高人民检察院作出是否抗诉的决定后,才能继续开展清算工作。二审期间,二审法院向新能源公司释明,公司清算组应当严格依照《公司法》等相关法律规定开展清算工作。但新能源公司仍未通知和公告债权人申报债权,未全面清理公司债权债务,也未开展其他清算工作。二审法院询问上器集团公司、母线桥架公司能否提出足以确保依法及时清算的有效措施,或者对此提供相应担保,但两公司均未能提出相应有效措施,或者提供有效担保。

二审法院认为,(2019)沪民再 4 号民事判决书发生法律效力后,新能源公司在一审中主张的公司自行清算的客观障碍已经不复存在,理应按照《公司法》相关规定尽快推进公司清算工作。但新能源公司两控股股东仍拒绝推进清算工作,也未履行生效裁判文书确定的义务。两控股股东的上述行为,已经构成"故意拖延清算"。同时,在法院释明相关法律规定后,新能源公司清算组至今未依法通知和公告债权人申报债权,属于"违法清算可能严重损害债权人或者股东利益"的情形。此外,上器集团公司、母线桥架公司曾有滥用股东权利,严重损害公司和其他股东合法权益的事实,并因此对公司负有巨额损害赔偿债务。本案所涉清算工作主要就是认定和追收两公司对新能源公司所负的债务。在此前提下,如果由上器集团公司和母线桥架公司主导公司清算过程,将与清算事务发生直接和严重的利益冲突,难以确保清算过程客观中立,存在发生故意拖延或者违法清算,严重损害债权人或者其他股东利益的现实可能性。现陈某某申请对公司进行强制清算,公司控股股东又不能提出足以确保依法及时清算的有效措施或者提供相应担保的,应当参照《公司法解释(二)》第七条第二款第二项、第三项和第三款的规定,对陈某某提出的强制清算申请予以受理。

综上,二审法院依照《最高人民法院关于适用〈中华人民共和国公司法〉若干问题的规定(二)》第七条第二款第二项、第三项和第三款,以及《中华人民共和国民事诉讼法》第一百七十一条和《最高人民法院关于适用〈中华人民共和国民事诉讼法〉的解释》第三百三十二条的规定,裁定:撤销一审民事裁定;指令一审法院裁定受理陈某某对新能源公司的强制清算申请。

点 评

本案涉及强制清算。公司解散后已成立清算组。如果由控股股东主导公司清算过程,将与清算事务发生直接和严重的利益冲突,难以确保清算过程客观中立,存在发生故意拖延或者违法清算,严重损害债权人或者其他股东利益的现实可能性。如果少数股东申请对公司进行强制清算,公司控股股东又不能提出足以确保依法及时清算的有效措施或者提供相应担保的,那么应当参照《公司法解释二》第七条第二款第二项、第三项和第三款(2020 年修正之前)的规定,对少数股东提出的强制清算申请予以受理。

清算是公司解散之后、注销之前的必经程序。清算一般可以分为自愿清算和法院清算,前者又包括股东的自愿清算和债权人的自愿清算,后者又称强制清算,是基于法院的命令而进行的清算。

英国 1986 年破产法详细规定了引发法院清算的事由,主要包括:(1)公司通过特殊决议决定由法院进行清算;(2)如果是公众公司的话,该公司没有取得公司登记部门颁发的证明,且登记已经超过一年;(3)公司是根据旧的法律而成立的公众公司;(4)公司自成立之日起一年内没有经营,或者歇业超过一年的;(5)除了私人公司以外,股东人数低于 2 名;(6)公司无力偿付债务;(7)法院认为公司进行清算是公正和公平的。但是在具体实践中,只有(6)和(7)发生时,才真正地引发法院清算。

在英国,有权向法院提出清算申请的人主要有:公司的任何债权人(包括可能产生的或预期的债权人)、对公司的债务承担连带责任的人、公司、公司董事、自愿协议的监管人、有关行政部门(如果公司未缴罚款)、国务大臣、破产事务官、接管人、管理人等。在实践中,绝大部分的法院清算都由公司债权人提出申请。向法院提出强制清算申请后,在法院作出决定之前,申请人可以请求法院指定一个临时清算人。临时清算人只能在法院赋予其的职能范围内开展活动。

我国《公司法》第一百八十三条涉及清算组的成立和组成,并没有详细规定法院清算的事由及申请人。《公司法解释二》第七条对此进行了拓展,并于 2020 年进行了修正,修改了前两款,删除了第三款。根据该条现行的规定,法院清算的申请人可以是债权人、公司股东、董事或其他利害关系人;申请法院清算的事由包括:(1)公司解散逾期不成立清算组进行清算的;(2)虽然成立清算组但故意拖延清算的;(3)违法清算可能严重损害债权人或者股东利益的。本案是适用该条的典型案例,有助于加深对法院清算的各类事由以及少数股东和多数股东之间关系的理解。

案例提供单位:上海市高级人民法院

编写人:彭　浩

点评人:葛伟军

41. 垫富宝投资有限公司诉付某某等民间借贷纠纷案

——网络垫款类纠纷的法律关系分析

案 情

原告(上诉人)垫富宝投资有限公司

被告(被上诉人)付某某

被告(被上诉人)上海红寇物流有限公司

原告垫富宝投资有限公司(以下简称垫富宝公司)的企业信用信息公示报告载明的经营范围不包括金融业务,而其运营的垫付宝平台截图显示该平台有消费贷、分期贷业务。

2018 年 4 月 14 日,原告垫富宝公司为甲方与被告付某某为乙方签订垫付宝领用合约,合约载明内容如下:(一)垫付宝额度:用于计量垫付宝会员间的交易金额,在垫付宝会员间,垫付宝额度数额等值于人民币金额,垫付宝额度的支付等同于人民币的交割。分为信用额度和现金额度,信用额度由甲方根据会员提供的信用资料授予,现金额度由商户销售商品或提供服务获得。由于信用额度由甲方授信得来,故甲方通过信用额度的划转替用户垫付消费款后,用户应在还款日前向甲方偿还等额人民币;而会员取得的现金额度,是销售商品或者提供服务所得,故商户取得现金额度后,既可自行决定提现时间及提现金额,要求甲方通过银行向其支付等额人民币,也可用其取得的现金额度,以用户身份到其他商户处消费。甲方负有无条件按照垫付宝会员合法持有的现金额度向其支付等额人民币的义务。(二)垫付宝服务:甲方为垫付宝会员提供的,在垫付宝会员之间通过指定网络平台达成交易时,甲方通过将用户垫付宝账户中的额度划转至垫付宝账户的方式,完成替用户向商户垫付消费款的服务,用户无需再向商户支付价款,即可取得相应的商品或服务。如用户使用的是授信额度,甲方通过信用额度的划转替用户垫付消费款后,用户应在还款日前向甲方偿还等额人民币;如用户使用的是现金额度,等同于其支付了自己所有的等额人民币。

2018 年 4 月 14 日,原告垫富宝公司作为甲方、被告上海红寇物流有限公司(以下简称红寇公司)作为乙方与付某某作为丙方签订卡车分期垫款服务及担保协议,协议载明:(1)丙方向乙方购买卡车;(2)丙方同意将本协议约定的从乙方购买的经营车辆抵押给甲方;(3)乙方以卡车分期的方式销售给丙方,丙方使用其垫付宝账户完成支付后,即代表丙方同意由甲方为其向乙方进行垫付,丙方已对甲方形成分期应付账款,丙方须按照《垫付宝(垫付卡)领用合约》履行还款责任,垫付金额以实际分期订单支付的金额为准;(4)甲方将扣除乙方分期垫款服务费后的剩余垫款实时支付到乙方的垫付宝现金账户;(5)乙方同意为丙方经营车辆的债务提供最高额保证,若丙方违约,甲方有权要求乙方赔偿损失,最高额度为人民币 10 万元;(6)乙方同意在丙方尚未偿还完经营车辆的分期垫款时,未经甲方书面许可,乙方不能为丙方的经营车辆办理车辆转出、转籍手续,否则造成甲方损失的,由乙方承担;(7)乙方同意须配合甲方实现丙方按期履约,同意接受甲方的委托,配合扣留该经营车辆;(8)乙方在开展分期购车垫付业务过程中,不得开展虚假交易(包括但不限于资料出现伪造、编造)过期等虚假情况,如丙方未真实与乙方发生过交易行为而误导甲方向丙方进行了垫付,则乙方和丙方不可撤销地同意对甲方向丙方发生的垫付款承担最高额保证还款责任,同时乙方和丙方自愿承担由此产生的民事、刑事责任。同日,红寇公司出具挂靠车辆最高额保证承诺函,自愿为付某某在领用合约项下的还款义务提供最高额 13 万元的担保。付某某出具挂靠车辆质押担保承诺函,同意将车辆质押给垫款方或者受让垫款方权利的债权人。

被告付某某的垫付宝网页截图显示,2018 年 4 月 17 日,付某某在红寇公司处消费 10 万元,备注为支出-1 号车城分期收款;2018 年 5 月 22 日至 2018 年 9 月 7 日,付某某账户还款共计 33 381.62 元。红寇公司的垫付宝网页截图显示,垫付宝卡号注册时间为 2017 年 4 月 21 日,认证时间为 2018 年 4 月 16 日;2018 年 4 月 17 日,付某某向其支付 10 万元,备注:收入-1 号车城分期收款。

机动车过户信息查询单载明,涉案车辆原所有人为红寇公司,变更日期为 2018 年 6 月 29 日,现使用人为深圳市聚贤二手车交易有限公司。

原告垫富宝公司诉称,垫富宝公司提供垫付宝平台替用户会员向商户会员垫付消费款。用户使用垫付宝额度消费后,需按期返还垫付款。2018 年 4 月 17 日,付某某在红寇公司处购买卡车,垫富宝公司通过前述方式为付某某向红寇公司垫付了部分购车款 10 万元。现付某某未依约履行还款义务。同时,根据双方协议,红寇公司对付某某的还款义务承担 13 万元的最高额保证担保,但上海红寇公司未还款。故诉至法院,请求:(1)付某某返还原告垫付本金 66 618.38 元;(2)付某某支付自 2018 年 8 月 23 日起至实际清偿之日止,以 66 618.38 元为基数,按照年利率 24% 计算的违约金;(3)红寇公司对付某某的还款义务承担 13 万元的最高额连带保证责任。

被告付某某辩称,垫富宝公司与付某某签订的合约、卡车担保协议违反法律强制性规定,无效;付某某与红寇公司没有买卖车辆的合意,车辆没有实际交付。

被告红寇公司辩称,合同无效,其不承担担保责任。

审 判

一审法院经审理后认为,领用合约因扰乱国家金融管理和信贷管理秩序而无效。卡车分期垫款服务及担保协议等因从属性无效。在案证据显示垫付款实际由红蔻公司取得、付某某未从系争合同中取得利益,故红蔻公司应返还该款。因红蔻公司已进入破产清算程序,故确认垫富宝公司对红蔻公司享有债权。因垫富宝公司表示,如果合同无效,产生的其他权利则另行主张,不在本案中一并处理。故原告如因合同无效而产生利息等损失,可另行主张,法院不宜直接在本案中处理。综上,依照《中华人民共和国银行业监督管理法》第十九条,《中华人民共和国合同法》第五十二条第五项、第五十八条,《中华人民共和国民事诉讼法》第一百四十二条规定,判决如下:一、确认被告红蔻公司欠原告垫富宝公司款项 66 618.38 元;二、驳回原告垫富宝公司其余诉讼请求。

一审判决作出后,垫富宝公司不服,提起上诉。

二审法院查明的事实与一审一致。另查明,2018 年 4 月 17 日,垫富宝公司在向红蔻公司支付 10 万元时分别扣除了 6 900 元及 1 000 元服务费。

二审法院经审理认为,关于三方的真实意思表示及法律关系。首先,车辆买卖关系因虚伪意思表示而无效。从资金受领过程看,付某某与红蔻公司系合谋以车辆买卖的形式包装出付某某向垫富宝公司借款的表面假象,并不追求车辆交易的实现,其真实目的是借名以实现红蔻公司向垫富宝公司借款。由此,垫富宝公司与付某某之间的垫款关系因缺乏一方借款的真实意思表示而不成立。其次,在垫富宝公司与红蔻公司之间成立借贷关系。涉案协议的形式为三方协议,各方意思联络相对紧密,对居于合同主导地位的垫富宝公司而言,其有条件和能力去了解和判断真实的意思表示及真实的借款人。查明事实显示,垫富宝公司并未将付某某视为实际借款人,故其在履行协议时应知晓红蔻公司为实际借款人。以虚假的意思表示隐藏的民事法律行为的效力,依照有关法律规定处理,故垫富宝公司通过平台以额度形式向红蔻公司发放借款,红蔻公司实际领用,双方的真实意思表示系红蔻公司向垫富宝公司借款。再次,垫富宝公司与红蔻公司借贷行为的效力。因垫富宝公司未取得金融业务从业资质,其采取授予信用额度出借的行为有违法律的强制性规定,依法应认定无效。故垫富宝公司与红蔻公司间的借贷行为系无效的民事法律行为。

民事法律行为无效后,行为人因该行为取得的财产,应当予以返还。红寇公司基于《卡车分期垫款服务及担保协议》收取款项,现该协议无论是形式上的垫款服务,还是实质上的借贷关系均认定为无效,而红寇公司是实际领用人,故应予以返还。因一审法院未依法扣减垫富宝公司收取的部分服务费(因法律行为无效而无依据),故二审法院在调整欠款金额后下判确认红寇公司对垫富宝公司的欠款。综上,依照《中华人民共和国民法总则》第一百四十六条第一、第二款及第一百五十七条,《中华人民共和国民事诉讼法》第一百七十条第一款第二项规定,判决如下:一、维持一审判决第二项;二、撤销一审判决第一项;三、确认红寇公司欠垫富宝公司款项 58 718.38 元。

点 评

本案涉及新型网络平台垫付行为,包含三方当事人,即平台、用户、商户。交易模式为:平台替用户向商户垫付消费款。用户需按期向平台返还垫付款;商户对用户的还款义务承担最高额保证担保。由于用户没有依照约定履行还款义务,同时商户也未还款,故平台诉至法院,要求用户返还垫付款,商户承担最高额连带责任保证。此处有两个问题需要注意。

首先,垫付行为涉及的各方当事人之间的法律关系:平台和用户之间是借贷法律关系,用户和商户之间是买卖合同或服务合同法律关系,平台和商户之间是担保法律关系。用户向商户购买产品或服务,但是由于资金不足,故先由平台予以垫付。因此,在平台和用户之间产生了借贷法律关系。同时,商户为用户的还款义务承担保证,因此在商户和平台之间存在担保法律关系。

其次,平台的垫付行为是否有效。本案中,平台垫款行为的本质是借用互联网这一载体,向不特定公众出借款项,行"民间借贷"之实。该行为属于国家特许经营范畴,由于平台并未获得相应经营牌照,故该平台所实施的垫款行为是无效的。平台已构成"职业放贷人"。

根据 2019 年 11 月 8 日最高人民法院《全国法院民商事审判工作会议纪要》第五十三条,未依法取得放贷资格的以民间借贷为业的法人,以及以民间借贷为业的非法人组织或者自然人从事的民间借贷行为,应当依法认定无效。同一出借人在一定期间内多次反复从事有偿民间借贷行为的,一般可以认定为是职业放贷人。民间借贷比较活跃的地方的高级人民法院或者经其授权的中级人民法院,可以根据本地区的实际情况制定具体的认定标准。

根据 2022 年 1 月 13 日最高人民法院《关于充分发挥司法职能作用 助力中小微企业发展的指导意见》第十一条,依法规制民间借贷市场秩序。对"高利转贷"

"职业放贷"等违法借贷行为,依法认定其无效。推动各地人民法院根据本地区实际情况建立"职业放贷人"名录制度。依法否定规避利率司法保护上限的合同条款,对变相高息等超出法律、司法解释规定的利息部分不予支持。在审判执行过程中发现有非法集资、"套路贷"、催收非法债务等犯罪嫌疑的,应当及时将有关材料移送相关部门。

实践中,此类案例层出不穷。民间借贷关系中,出借人没有发放贷款的资质,但长期、多次向不特定人员出借资金并收取较高利息,出借频率高、资金总量大,出借行为具有反复性、经常性、营利性,属于职业放贷行为,此类借款合同无效。(典型案例如:江苏省盐城市中级人民法院发布 2021 年度金融审判十大典型案例之十:孙某某与周某某、崔某某职业放贷无效案;最高人民法院第六巡回法庭 2019 年度巡回区典型参考案例之五:魏智与上海浦东发展银行股份有限公司兰州城关支行、乔国华借款合同纠纷案)

职业放贷人一般由多人组成团队,带有明显的产业链迹象,其内部分工明确,介绍人、放款人、收款人、收息人、催收人、起诉人、原告可能均非同一人。他们利用空白借条优势,随意填写出借人姓名,频繁更换诉讼"马甲"。出资人、还款收款人与原告不一致容易造成借贷事实难以查清,虚增债务、隐瞒还款、高利贷现象更是屡禁不止。[如温州市中级人民法院公布 8 起"套路贷"典型案例之七:陈某诉梅某、屠某、洪某民间借贷纠纷三案(2017)浙 0327 民初 9829 号、12320 号、12321 号]

本案裁判结果对于理解职业放贷人的含义及表现,具有重要意义。

案例提供单位:上海市第一中级人民法院

编写人:吴慧琼　须海波

点评人:葛伟军

42. 南通四建集团有限公司诉上海华辰通达物流有限公司等诉中财产保全损害赔偿纠纷案

—— 诉讼财产保全损害赔偿保险公司共同被告主体认定及受害人直接赔偿请求权的适用

案 情

原告(被上诉人)南通四建集团有限公司

被告(上诉人)上海华辰通达物流有限公司

被告(上诉人)中国平安财产保险股份有限公司

2013 年 6 月 20 日,被告上海华辰通达物流有限公司(以下简称华辰公司)、原告南通四建集团有限公司(以下简称南通四建)等签订施工合同,约定涉案工程中华辰公司为建设单位,南通四建为施工单位等。施工合同履行期间,2017 年 6 月 2 日,华辰公司与南通四建等签订结算协议,各方确认工程价款结算金额为 4.55 亿元,在此之前发生的停窝工损失、综合补偿、利息、违约金、诉讼费等已包括在上述结算价款内。华辰公司于 2017 年 7 月至 2018 年 2 月,分批支付南通四建工程款合计 154 526 466 元。工程款尚余 36 004 635.64 元未付。

2018 年 5 月至同年 10 月间,因涉案工程发生地下室独立柱开裂,被告华辰公司委托第三方公司出具加固技术文件。南通四建按要求将施工方案报项目监理单位审核通过,并将加固单位资质和专职管理人员及特种作业人员的资格证书等报项目监理公司备案。因华辰公司不同意施工单位进场施工致使修复工程未能正常实施。华辰公司亦未支付剩余 36 004 635.64 元工程款。南通四建遂于 2018 年 11 月 1 日诉至浦东新区人民法院[案号:(2018)沪 0115 民初 79675 号](以下简称 79675 号案),提出判令华辰公司支付工程款并承担违约责任等项诉讼请求。华辰公司以工程质量问题为由提出反诉,浦东法院新区人民予以合并审理,并于 2019 年 4 月 16 日作出一审民事判决,判令华辰公司支付南通四建工程款 36 004 635.64 元并承担违约责任,驳回华辰公司的反诉请求。二审判决对一审判决予以维持。

2019 年 1 月 16 日,浦东新区人民法院受理了华辰公司诉南通四建建设工程施工合同纠纷[案号:(2019)沪 0115 民初 6451 号](以下简称 6451 号案),华辰公司以工程工期延误为由起诉南通四建,诉请完成相关工程竣工验收、交付使用,以及南通四建承担工程逾期竣工违约金 4 030 万元等。诉讼期间,华辰公司申请查封、冻结南通四建名下价值 4 030 万元财产,并提交中国平安财产保险股份有限公司(以下简称平安保险)出具的保单保函作为担保。一审法院根据华辰公司的申请作出财产保全民事裁定并采取了相应保全措施,后南通四建、华辰公司就解除财产保全未能协商一致。法院告知南通四建可以向法院提交有效的等值担保,由法院审查后作出决定。南通四建与第三方签订《借款协议》商借 4 000 万元并约定年利率24%用于为上述保全提供等值有效担保以解除相应保全措施。2019 年 5 月 18 日,华辰公司就 6451 号案件申请撤回起诉。一审法院于同年 5 月 20 日解除对南通四建银行存款 4 030 万元的冻结。南通四建于 2019 年 5 月 29 日向上海市锦天城律师事务所支付律师费 40 万元。

2019 年 1 月 15 日,华辰公司与平安保险签订《平安诉讼财产保全责任保险投保单》显示,诉讼保全案件的被告为南通四建,案件号显示未立案,并注明在拟申请保全的诉讼纠纷案件立案之前,华辰公司与南通公司之间存在的其他纠纷为(2018)沪 0115 民初 79675 号建设工程施工合同纠纷。

原告南通四建诉称,华辰公司恶意诉讼,并申请冻结原告的银行存款,导致原告紧急向案外人上海九源经贸发展有限公司(下简称九源公司)借款 4 000 万元用于发放农民工工资,借款年利率 24%。原告为应诉支付律师费 40 万元。上述利息、律师费皆为华辰公司恶意诉讼及申请财产保全给原告造成的损失,应由华辰公司承担赔偿责任。被告平安保险为华辰公司恶意查封提供保全担保,应对原告的利息损失承担连带赔偿责任。故诉至法院,请求:(1)被告华辰公司赔偿原告利息损失 2 928 466.67 元(以 4 030 万元为基数,自 2019 年 1 月 30 日算至同年 5 月 20日,按照年利率 24%计算),被告平安保险公司对此承担连带清偿责任;(2)被告华辰公司赔偿原告律师费损失 40 万元;(3)两被告负担本案诉讼费。

被告华辰公司辩称,其有权起诉追究原告南通四建工期违约责任,不属于恶意诉讼,故其申请财产保全不存在过错。南通四建完全有能力完成 4 000 万元的资金运转,无需高息借贷。南通四建与出借方久源公司系关联公司,且财务混同,两者之间的借款关系是虚假的。华辰公司在法院调解时已明确表示可以为其提供金融机构发放的一般商业贷款,故南通四建以年利率 24%的顶格利率借贷明显不合理。

被告平安保险辩称,本案是南通四建起诉华辰公司财产保全损害责任,其作为保险人,虽然出具了保单、保函,但不应当作为本案被告。华辰公司起诉南通四建主观上不存在恶意,没有违反法律规定,也没有给南通四建造成损失,故不应承担损害赔偿责任。相应地,平安保险担保责任也不成立。

审 判

一审法院经审理后认为,华辰公司在 2019 年 1 月份起诉之前,其与南通四建在 2017 年 6 月 2 日签订的结算协议已将停窝工损失等计入工程价款的结算。根据该结算协议的约定,华辰公司不应再向南通四建主张工期延误损失,故华辰公司起诉南通四建主张工期延误责任,并申请财产保全,存在过错。南通四建提供证据不足以证明借款与财产保全之间存在必然的因果关系。因此,南通四建主张因财产保全导致利息损失 2 928 466.67 元依据不足,一审法院不予采信。南通四建银行账户存款被冻结期间的损失相当于同期银行贷款利息扣除同期银行存款利息。华辰公司应赔偿南通四建损失。平安保险作为担保人应当对华辰公司的错误保全造成的损失承担连带清偿责任。关于南通四建主张的华辰公司赔偿其为 6451 号案件支出律师费 40 万元,并非南通四建应诉的必要费用,不予支持。综上,依照《中华人民共和国民事诉讼法》第一百零五条,《中华人民共和国担保法》第十八条、第十九条、第三十一条的规定,判决:一、华辰公司应于判决生效之日起十日内赔偿南通四建利息损失(以 4 030 万元为基数,自 2019 年 1 月 30 日算至同年 5 月 17 日,按照中国人民银行同期人民币贷款基准利率减去同期人民币存款利率的标准计算);二、平安保险对上述第一项华辰公司的债务向南通四建承担连带清偿责任;三、平安保险承担清偿责任的,有权向华辰公司追偿;四、驳回南通四建其余诉讼请求。

一审判决作出后,两被告不服,提起上诉。

二审法院认定事实与一审一致。另查明:平安保险向一审法院出具《平安诉讼财产保全责任保险保单保函》,载明:(1)财产保全申请人:上海华辰通达物流有限公司。(2)财产保全被申请人:南通四建集团有限公司。(3)保险金额:人民币肆仟零叁拾万元整(小写:￥40 300 000 元)。(4)保险责任:被保险人(财产保全申请人)上海华辰通达物流有限公司与南通四建集团有限公司,因建筑工程合同纠纷一案,向法院提出财产保全申请,请求查封、扣押、冻结被申请人名下银行账户存款人民币肆仟零叁拾万元或其他等值财产。如申请人财产保全申请错误致使被申请人遭受损失,经法院判决由申请人承担的损害赔偿责任,保险人向被申请人在限额内进行赔偿。(5)本保函的有效期为:申请保全之日起至保全损害赔偿之诉诉讼时效届满之日止。(6)保全标的:被申请人银行账户存款人民币肆仟零叁拾万元或等值财产。附:保单及条款。该保单保函落款处为保险人:中国平安财产股份有限公司上海分公司,日期为:2019 年 1 月 16 日,并加盖"中国平安保险股份有限公司保单专用章"。

《中国平安财产保险股份有限公司平安诉讼财产保全责任保险条款》中载明:第一条　本保险合同由保险条款、投保单、保险单、保险凭证以及批单组成。凡涉及本保险合同的约定,均应采用书面形式……第三条　在保险期间内,被保险人向法院提出诉讼财产保全申请,如因申请错误致使被申请人遭受损失责任的,依法应由被保险人承担的损害赔偿责任,保险人根据本条款的规定在赔偿限额内承担赔偿责任……

二审法院经审理后认为,虽根据本案案由应审理侵权法律关系,且法律无明文规定(除机动车侵权责任纠纷外)保险公司应作为被告参加诉讼,但一是基于诉讼标的属于同一种类且有利于节约司法资源、保障保险人正当权利,保险公司应列为被告参加诉讼。二是平安保险基于与华辰公司保险合同,对南通四建具有利他性的赔偿责任约定,又保单保函系根据司法担保性质具有不可撤销的单方承诺属性,应视为满足《保险法》第六十五条而使南通四建享有对平安保险的直接请求权。华辰公司的损害赔偿责任与平安保险的直接赔付责任系针对南通四建同一项损失,构成不真正连带之债。华辰公司、平安保险任意一方完全履行其债务,另一方的赔偿义务消灭。依照《中华人民共和国保险法》有关规定,判决:一、维持一审判决第一项;二、撤销一审判决第二项、第三项、第四项;三、平安保险应于判决生效之日起十日内赔偿南通四建利息损失(以 4 030 万元为基数,自 2019 年 1 月 30 日算至同年 5 月 17 日,按照中国人民银行同期人民币贷款基准利率减去同期人民币存款利率的标准计算);四、南通四建从华辰公司或平安保险中的一方获得赔偿后,对另一方的相应债权即消灭;五、驳回南通四建其余诉讼请求。

点 评

本案涉及三方当事人,即华辰公司、南通四建、平安保险。华辰公司以工程工期延误为由起诉南通四建,诉请完成相关工程竣工验收、交付使用,以及南通四建承担工程逾期竣工违约金。诉讼期间,华辰公司申请查封、冻结南通四建名下财产,并提交平安保险出具的诉讼财产保全责任保险保单保函作为担保。有三个方面值得注意。

第一,诉讼财产保全责任保险,又称诉责险,是指投保人和保险公司签约,保险公司对被保险人的财产保全行为进行担保,如果被保险人申请保全错误导致被申请人遭受损失,法院判决由被保险人承担赔偿责任时,保险公司会进行赔偿。此类保险承保的是因诉讼造成的错误保全可能造成的对被申请人赔偿责任的风险。诉责险凭借其高效适用、低保费高杠杆的特点,受到当事人和法院的青睐。诉责险的保险责任包括以下五个条件:被保险人的诉讼财产保全申请错误;诉讼财产保全被申请人确有实际损失的存在;财产保全被申请人的损失的形成与被保险人的诉讼保全申请错误存在因果关系;错误保全的侵权赔偿责任及损失须经法院判决确认;保险人在赔偿限额内予以赔偿。

第二,责任保险中保险公司的地位。《保险法》第六十五条一共有两款。根据第一款,保险人对责任保险的被保险人给第三者造成的损害,可以依照法律的规定或合同的约定,直接向该第三者赔偿保险金。根据第二款,责任保险的被保险人给第三者造成损害,被保险人对第三者应负的赔偿责任确定的,根据被保险人的请求,保险人应当直接向该第三者赔偿保险金。被保险人怠于请求的,第三者有权就其应获赔偿部分直接向保险人请求赔偿保险金。第一款是法律有规定或合同有约定的情况;第二款是法律无规定或合同无约定的情况,此时如果满足"被保险人对第三人应负的赔偿责任确定""被保险人怠于请求"这两个条件,第三者可以直接向保险人请求赔偿。

第三,不真正连带之债,是指数个债务人基于不同的债之发生原因,对于同一个债权人,所承担的以同一给付为标的的数个债务,如其中之一债务人完全履行其债务,其他债务人的债务即因为债权人债权之实现而归于消灭的法律关系。其效力可以分为对外和对内两个方面。对外效力是指债权人与债务人之间的效力关系:债权人对于债务人之一人或全体,得同时或先后请求全部或一部分债务之履行;就某一债务人发生清偿、代物清偿、提存、抵销等足以满足债权人债权之事项时,其他债务人的债务即因债权人债权之实现而消灭;债权人单就某一债务人为履行请求、免除、混同、债务变更或时效完成,对于其他债务人,并不发生效力。对内效力是指不真正连带之债的各债务人之间的效力,实质上即是各债务人之间有无债务分担、得否发生求偿关系等问题。

二审法院认为,华辰公司的损害赔偿责任与平安保险的直接赔付责任系针对南通四建同一项损失,构成不真正连带之债,华辰公司、平安保险任意一方完全履行其债务,另一方的赔偿义务消灭,并在此基础上对一审判决作出改判。

案例提供单位:上海市第一中级人民法院

编写人:毛海波　陆俊伟

点评人:葛伟军

43. 上海方泱企业管理咨询有限公司诉上海添跃企业管理有限公司公司决议撤销纠纷案

——对章程实质性修改的董事会决议应予撤销

案 情

原告(上诉人)上海方泱企业管理咨询有限公司

被告(上诉人)上海添跃企业管理有限公司

第三人西藏大竹企业管理有限责任公司

被告上海添跃企业管理有限公司(以下简称添跃公司)成立于 2015 年 8 月,登记股东包括原告上海方泱企业管理咨询有限公司(以下简称方泱公司)及第三人西藏大竹企业管理有限责任公司(以下简称大竹公司),股权比例分别为 30%、70%,法定代表人为余某某。

原告方泱公司与第三人大竹公司共同签署公司章程,载明:第四条:公司住址上海市宝山区真大路 520 号 10 幢。第八条:股东会由全体股东组成,是公司的最高权力机构,行使的职权包括:决定公司的经营方针和投资计划;选举和更换非由职工代表担任的董事、监事,决定有关董事、监事的报酬事宜;审议批准董事会的报告……修改公司章程等事项。第十三条:股东会会议作出修改公司章程、增加或者减少注册资本等重大决议,必须经全体股东一致同意。第十四条:公司设董事会,成员三名,由股东双方委派,其中大竹公司委派两名,方泱公司委派一名……董事会的职权、召集按公司章程的规定执行,议事规则另行议定……董事会设董事长一人,由大竹公司委派的董事担任。第十五条:董事会行使下列权限:召集股东会会议,执行股东会的决议并向股东会报告工作;决定公司的生产经营计划和投资方案;决定公司内部管理机构的设置;批准公司的基本管理制度……聘任或者解聘总经理、副总经理、财务部门负责人,并决定其薪酬、奖惩。董事长行使职权包括:召集主持股东会、董事会会议;在董事会闭会期间检查董事会决议的执行情况,听取总经理关于董事会决议执行情况的汇报;审批年度、月度预算,或者月度预算之外的费用支出。第十六条:董事会会议由董事长召集和主持,应当于会议召开十天前通知全体董事……董事长认为必要的,董事长应当在十日内召集董事会议。第十七条:董事会决议的表决,实行一人一票;董事会对所决议事项作出的决定由全体董事人数一半以上的董事表决通过方为有效……董事会议应制作会议记录,出席会议的董事应当在会议记录上签名;董事会会议须由全体董事出席方可举行,董事如不能出席董事会会议的,可以书面委托其他董事代为出席,由被委托人依法行使委托书中载明的权力;如董事未能亲自出席或通过代理人代为出席董事会会议,则该次会议应延期七十二小时,在此延期期满之后如该董事仍未能亲自出席或通过代理人代为出席董事会会议的视为该董事已经出席该次会议。第十八条:公司股东会、董事会的会议召集程序、表决方式违反法律、行政法规或者公司章程,或者决议内容违反公司章程的,股东可以自决议作出之日起六十日内请求法院撤销。第十九条:公司实行总经理负责制,设总经理一名,由方泱公司委派。总经理全面负责公司经营管理,对董事会负责,行使下列权限:按照董事会确定的经营方针全面负责公司的生产经营管理工作……拟定公司内部管理机构设置方案,制订除应由董事会批准之外的公司各项管理规章制度……代表公司对外签署各类合同、文件,在董事会授予的权限内审批公司费用支出,等等。

被告添跃公司并未就董事会另行制定过专门的议事规则。

第三人大竹公司提交的《召开临时董事会会议通知》落款 2018 年 6 月 22 日,载明被通知人为被告添跃公司汤某某董事、冯某某董事,由添跃公司董事长余某某签名,内容包括召开会议的原因、时间(2018 年 6 月 28 日 15 时)、地点(上海市真大路 520 号昇 PARK 创意园区 1 号楼 302 会议室)、会议参加人员、列席人员、主持人及主要议题。2018 年 6 月 22 日,添跃公司董事长余某某通过微信向汤某某发送了前述通知的照片及关于会议时间、地点的文字通知。

第三人大竹公司提交的一份被告添跃公司的董事会会议记录,载明时间为 2018 年 6 月 28 日 15 时 00 分,主要内容为,鉴于汤某某董事没有按时参加当天的董事会会议,根据章程和会议通知,本次董事会会议推迟到 2018 年 7 月 1 日下午 15 时召开,地点不变。2018 年 6 月 28 日,余某某分别通过手机及电子邮件向汤某某发送了前述董事会会议记录。

2018 年 7 月 1 日下午 14 时 53 分,被告添跃公司董事长余某某向汤某某发出一则手机短信,询问汤某某和公司监事顾某某何时能到达会议地点。下午 15 时 07 分,顾某某向余某某发送一条微信:"1 号楼大量人员聚集,不适宜召开董事会,汤总和我已到,在灰空间等您和冯某某董事召开会议。"下午 15 时 15 分,余某某回复:"我已按照章程规定通知会议时间和地点,请汤某某董事顾某某监事到原地点开会。再等你 20 分钟即 15:30,如果不到,董事会会议准时召开。并且此次会议已向当地公安报备,且现场还有警察维持秩序。"下午 15 时 18 分,余某某向汤某某发送一则手机短信,内容同前述 15 时 15 分向顾某某所发微信。下午 15 时 22 分,顾某某向余某某发送一条微信:"鉴于近日有添跃公司员工人身安全受到威胁,本监事认为会议通知地点严重不适宜召开此次董事会,灰空间为公共区域,且有警察值守,安全有保障,本监事要求变更此次会议地点至灰空间。"余某某回复称:"依照章程,董事会召集是董事长的职责,监事没有职权要求对会议召开地点时间作出改变。"下午 15 时 53 分,汤某某向余某某发送一条微信:"董事会原本是磋商公司事宜,但是董事长派驻大量不明身份人员驻扎会议所在楼里,我认为不适合召开添跃公司董事会,且我有理由相信我本人的人身安全处于不确定危险中,我要求更换到园区公开安全的公共区域,并有警察值守,作为新的会议地点,未能获您同意,且您已关闭手机,不再予以联络,我们候至 3:40 未能等到您出席会议,不得不遗憾地离开,我要求更改时间另行安排董事会时间,特告。"

被告添跃公司形成的系争决议载明:时间 2018 年 7 月 1 日,地点上海市真大路 520 号昇 PARK 创意园区 1 号楼(以下简称 1 号楼)302 会议室,本次董事会议应到董事 3 名,实到 2 名;出席会议的董事包括余某某、冯某某;会议议题已提前通知公司董事;经会议表决通过十项决议;余某某、冯某某表决同意。董事会会议记录载明:时间 2018 年 7 月 1 日 15 时 30 分;地点 1 号楼 302 会议室;应到参加会议人为余某某、汤某某、冯某某;实到参加会议人为余某某、冯某某;应到列席人员为汤某某、顾某某;实到列席人员无;会议主持人为余某某;记录人为陈某某。

系争决议表决通过的事项包括:(1)加强公司印章证照重要文件管理,公司印章、证照、重要文件、重要合同由董事长负责保管管理;(2)加强对外合同签订内部管理,所有对外签订的合同需由承办人员逐级发起审批,最后由董事长审批后,方可由总经理或承办人员代为办理;(3)加强资金支出管理,经营团队必须按月度、季度、年度制定资金支出计划,所有资金、费用必须经董事长签字审批后方可执行;(4)公司办公地址全部搬迁至 1 号楼 301 房间,原用办公室对外出租;(5)通知各租户暂不将租金缴纳至公司被冻结银行账户,待新的收租账户信息确定后再通知租户缴纳;(6)和上海米地信息技术有限公司、上海米赢商务咨询有限公司协商由其暂时收取租金,租金全部汇入其指定账户,用于归还其募集资金,此后收取的租金按比例支付租金、工程款,归还其他借款本息;(7)同陈某某商洽拖欠的 4 500 万元租赁支付事宜,争取缓交租金;(8)推进第三方审计单位加快对约定合同价款 6 000 万元与住安公司所报结算价款 15 400 万元及已支付 7 588 万元之间的差异进行审计,在公司委托的第三方审计单位审计结果以及法院委托的司法鉴定机构司法审计意见出来后,同总包方住安公司洽谈落实工程款支付事宜,在此之前争取住安公司申请法院解除冻结公司银行账户;(9)解除与甄广物业公司物业管理合同,选聘新的物业公司；(10)解聘汤某某总经理职务，在方泱公司委派新的、被董事会决定聘任的总经理之前，暂时由董事长余某某代理总经理职务，代为履行总经理职权。

原告方泱公司向被告添跃公司出具过一份《总经理委派通知书》，内容为：根据公司章程规定，添跃公司的总经理由方泱公司委派，方泱公司通知添跃公司委派汤某某担任总经理，依法履行公司章程赋予的各项职权。

被告添跃公司于 2016 年 8 月提交公司登记机关备案的事项载明，汤某某为公司董事兼总经理，顾某某为监事。

第三人大竹公司向添跃公司出具落款 2018 年 4 月 17 日的《告知函》，内容为：经研究，委托刘某某为添跃公司公章、法人章、财务章共同保管人。

2018 年 7 月 1 日，被告添跃公司向总经理汤某某发出《解聘总经理职务通知书》。次日，添跃公司向公司全体员工发出《通知》，内容包括新的办公地址及解除汤某某总经理职务等。

原告方泱公司诉称，2018 年 7 月 1 日，添跃公司形成的董事会决议，通过该决议的董事会会议的召集程序、表决方式及系争决议的内容均违反添跃公司章程的有关规定，严重侵害其利益，诉至法院，请求判令撤销添跃公司于 2018 年 7 月 1 日形成的董事会决议。

被告添跃公司未作答辩。

第三人大竹公司述称，系争决议的程序、内容都符合法律及公司章程的规定，不应撤销。

审 判

一审法院经审理后认为，《公司法》第二十二条规定，董事会的会议召集程序、表决方式违反法律、行政法规或者公司章程，或者决议内容违反公司章程的，股东可以自决议作出之日起六十日内，请求人民法院撤销。

一、董事会会议的召集程序及表决方式问题

被告添跃公司的章程第十六条规定：董事会会议由董事长召集和主持，应当于会议召开十天前通知全体董事……董事长认为必要的，应当在十日内召集董事会议。章程第十七条规定：董事会决议的表决，实行一人一票，董事会对所决议事项作出的决定由全体董事人数一半以上的董事表决通过方为有效……董事会议应制作会议记录，出席会议的董事应当在会议记录上签名；董事会会议须由全体董事出席方可举行，董事如不能出席董事会会议的，可以书面委托其他董事代为出席，由被委托人依法行使委托书中载明的权力，如董事未能亲自出席或通过代理人代为出席董事会会议，则该次会议应延期七十二小时，在此延期期满之后如该董事仍未

能亲自出席或通过代理人代为出席董事会会议的视为该董事已经出席该次会议。

《公司法》第四十八条规定:"董事会的议事方式和表决程序,除本法有规定的外,由公司章程规定。"经查,被告添跃公司并未就董事会另行制定过专门的议事规则。在将查明的案涉董事会会议的召集程序(包括召集权人、通知程序等方面)、表决方式(包括表决权人、会议主持人、表决事项、表决权计算等方面)与添跃公司章程中与董事会会议的召集程序、表决方式相关的规定进行对照后,一审法院认为通过系争决议的董事会会议在召集程序及表决方式上未见明显瑕疵。

二、系争决议的内容问题

被告添跃公司的章程第八条规定,股东会由全体股东组成,是公司的最高权力机构,行使的职权中包括修改公司章程。章程第十三条规定,股东会会议作出修改公司章程等重大决议必须经全体股东一致同意。章程第十四条规定,公司设董事会,成员三名,由股东双方委派,其中大竹公司委派两名,方浃公司委派一名,董事长由大竹公司委派的董事担任。章程第十五条是关于董事会及董事长权限的规定。章程第十九条是关于总经理负责制的规定,总经理由方浃公司委派,总经理全面负责公司经营管理,对董事会负责,行使包括按照董事会确定的经营方针全面负责公司的生产经营管理工作、拟定公司内部管理机构设置方案、制订除应由董事会批准之外的公司各项管理规章制度、代表公司对外签署各类合同及文件、在董事会授予的权限内审批公司费用支出等权限。

前述章程内容均属公司组织机构方面的规定,属公司治理结构范畴,是公司所有者(即股东)对公司的经营管理及绩效改进进行监督、激励、控制和协调的一整套制度安排,通常由股东会、董事会(或执行董事)、经理层和监事会(或监事)组成,而每个机构的职权则由公司法及公司章程进行规定,并会因章程规定的不同而有所区别。各机构依据法律或章程所赋予的职权范围运作,彼此间既协作又相互制衡。具体到添跃公司,从其章程中关于股东会、董事会(或董事长)、总经理的职权范围的规定来看,公司实行总经理负责制,总经理由小股东方浃公司委派,全面负责公司经营管理,董事会有权聘任或者解聘总经理,可以看出小股东方浃公司在经营权控制、防止大股东大竹公司滥用表决权优势的考虑以及大竹公司就此作出的权利让渡,而相关制度安排应该在公司运作中被尊重和遵循。

系争决议共十项,第 1 项是关于公司印章、证照、重要文件的保管及管理,其中方浃公司与大竹公司已另行就共管添跃公司印章达成合意,故不属于添跃公司章程第十五条所规定的由董事会批准的基本管理制度,而证照、重要文件的保管及管理问题,在添跃公司章程中没有规定;第 2 项决定公司对外签订的合同由董事长审批,本属章程第十九条规定的总经理职权范围;第 3 项决定所有资金、费用的支出由董事长审批,而依照添跃公司章程第十五条及第十九条的规定,董事长只审批月度预算之外的费用支出,其他资金、费用的支出由总经理审批;第 4 项决定将公司办公地址全部搬迁至 1 号楼 301 房间,原用办公室对外出租,原用办公室即章程第四条规定的住所,迁至他处并将该场所对外出租,应视为公司住所的实质性变更;第 5 项关于通知各租户暂缓缴纳租金、第 6 项关于与案外两公司协商由其暂时收取租金、第 7 项同案外人商洽拖欠的租金支付事宜、第 8 项关于同总包方洽谈落实工程款支付等事宜、第 9 项关于解除物业管理合同等事宜,均应属于添跃公司章程第十九条规定的总经理所负责的生产经营管理工作范围;第 10 项解聘汤某某总经理职务,暂时由董事长余某某代理总经理职务,代为履行总经理职权,添跃公司章程规定董事会有权解聘总经理,但并未规定总经理被解聘后由董事长代行总经理职权,而一旦允许由大竹公司委派的董事长代行总经理职权,将导致方浃公司基本丧失对添跃公司的经营管理权,总经理负责制名存实亡。

通过上文将系争决议的内容逐项与被告添跃公司的章程进行比照后,根据被告添跃公司章程的规定,修改公司章程是股东会的职权范围,修改公司章程的决议必须经全体股东一致同意。因此,十项决议中,除了解聘汤某某总经理职务外的其余决议事项均构成对添跃公司章程有关规定的实质性变更,依法应予撤销。被告添跃公司根据系争决议已办理变更登记的,应向公司登记机关申请撤销变更登记。

据此,一审法院依照《中华人民共和国公司法》第二十二条第二款、第四款、第四十六条、第四十七条、第四十八条及《中华人民共和国民事诉讼法》第一百四十四条、《最高人民法院关于适用〈中华人民共和国民事诉讼法〉的解释》第九十条的规定,判决:一、被告添跃公司于 2018 年 7 月 1 日通过的董事会决议中除"解聘汤某某总经理职务"外的其余事项予以撤销;二、对方浃公司的其余诉讼请求不予支持。

一审宣判后,原告方浃公司与被告添跃公司均不服,提起上诉。

二审法院查明的事实与一审一致。

二审经审理后认为,方浃公司的上诉意见并无事实和法律依据。据此,二审法院依照《中华人民共和国民事诉讼法》第一百七十条第一款第一项规定,判决驳回上诉,维持原判。

点 评

本案中,公司章程规定,股东会会议作出修改公司章程等重大决议必须经全体股东一致同意。而董事会会议作出的十项决议中,除了解聘总经理职务外的其余决议事项均构成对公司章程有关规定的实质性变更。由此引发的三个问题,值得讨论。

首先,关于股东会和董事会的职权划分。有些公司事务,必须提交股东会表决;而有些事务,只要董事会通过就可以。职权划分具体可以分为三种情况。第一,有些权力是董事会专有或独享的,例如出售或保留公司财产、任命执行董事、宣告中期分红、以公司名义提起诉讼等权力只能由董事会享有,对于这些事项如果股东会决议与董事会决议不一致,那么股东会决议是无效的。第二,有些权力是董事会和股东会可以共享的,例如董事会为弥补董事会的空缺而任命董事、决定执行董事的薪酬等权力可以看作是共享的,如果章程没有规定这些权力被董事会专有或独享,那么股东会议决议可以取代董事会决议。第三,有些权力则是股东会专有或独享的,例如必须以特殊决议批准的事项(如修改公司章程和减少资本等)、批准与董事的重大财产交易、决定公司自愿清算等。

其次,关于公司章程修改。我国法律对于发动章程修改的主体、章程修改的程序、章程修改的原则或标准等问题,规定并不十分明确。对于股份有限公司,《公司法》第一百零二条第二款规定了股东的临时提案权,涉及股东的持股比例、提出时间以及董事会通知义务等内容;符合条件的股东可以启动程序,要求修改公司章程。对于有限责任公司,除了章程修改需要股东会特别决议之外(第四十三条第二款),无其他相应规定。本案中,章程规定章程修改必须经全体股东一致同意,提出了比《公司法》更高的要求,基于有限责任公司的人合性特征以及公司自治,该规定是有效的。

最后,关于董事会决议的撤销。《公司法》确立了决议效力的三分法,包括无效、撤销和不成立,各自所适用的条件或情形是不相同的。根据《公司法》第二十二条第二款,股东会或者股东大会、董事会的会议召集程序、表决方式违反法律、行政法规或者公司章程,或者决议内容违反公司章程的,股东可以自决议作出之日起六十日内,请求人民法院撤销。由此可见,如果董事会决议内容违反公司章程的,属于决议撤销之情形。本案中,董事会的决议构成对章程的实质性变更,而该等变更本属于股东会决议的事项,因此违反了章程规定,该董事会决议应当撤销。

案例提供单位:上海市宝山区人民法院

编写人:罗有敏

点评人:葛伟军

44. 上海轻享互联网科技有限公司诉宋某某买卖合同纠纷案

——区块链证据的司法审查认定

案 情

原告上海轻享互联网科技有限公司

被告宋某某

第三人杭州轻松住信息科技有限公司

原告系一家管理和运营支付宝小程序"轻松住租赁"服务平台的企业。"轻松住租赁"平台支持人脸识别功能,以电子合约方式保存租赁协议,并利用区块链技术进行租赁订单信息存证。被告系"轻松住租赁"平台的实名制验证注册用户。2019 年 10 月 30 日,被告通过该平台租用一台价值 3 958.68 元的小米电视 4A(65 英寸),并签订《轻松住租赁协议》(合同编号 QSZ-XYZ-QKL-012019103014),协议约定租赁期自 2019 年 10 月 30 日起至 2020 年 10 月 30 日止,月租金 274.91 元,共 12 期,若被告未按时足额支付当期租金超 15 个自然日,则会触发合同第十二条所约定的租赁物由租转售条款,被告应在收到原告通知后三日内一次性支付对应的买断款。合同签订次日,出租方即本案第三人轻松住公司将涉案商品通过京东快递发至《轻松住租赁协议》约定地点,被告于 2019 年 11 月 2 日签收。但是,被告在支付三期租金后便开始拖欠租金。原、被告缔约、履约等过程均已通过人民法院司法区块链统一平台(以下简称司法链平台)存证。2020 年 2 月 7 日,原告向被告发出逾期通知,要求被告及时支付租金,但被告仍未支付,原告遂于 2 月 24 日发出由租转售通知,要求被告支付买断款 2 997.59 元,被告收到前述通知后,未予回复亦未还款。

庭审过程中,原告就存证于司法链平台的电子数据进行核验操作演示,操作步骤如下:(1)原告打开域名为 https://sfl.court.gov.cn/pages/ 的网站,网站页面显示为"司法区块链平台"(现显示为"司法链"),在页面最下方注有"中华人民共和国最高人民法院版权所有京 ICP 备 05023036 号"说明。(2)选择页面上"司法链数据核验"选项,点击"开始核验",进入电子证据核验界面。(3)打开电子证据包,内有

6 栏信息,分别为:订单号、存证 token、存证时间、存证类型、存证内容、统一证据编号,其中存证类型项下有 4 项,分别为:合同信息存证、订单信息存证、第一期租金存证、物流信息存证,分别对应不同的存证时间、存证内容及统一证据编号。(4)核验界面的存证类型选择:文本,逐一将前述电子证据包中对应的统一证据编号即哈希值及存证内容即电子数据明文分别以复制粘贴方式输入核验页面对应的文本框内,确认输入无误后点击"查询核验"按钮。(5)跳出核验结果页面,4 项存证内容核验结果均显示:"核验通过,比对结果一致,电子证据已在司法区块链存证,电子数据包完整性校验通过,数据未被篡改。"经比对,电子证据包中存证内容与原告提供的证据所载信息一致。此外,核验结果页面还显示所在区块 hash、存证时间、块高、存证类型等内容。

原告诉称,在合同履行过程中,被告未按约支付租金,故诉至法院,请求:(1)判令被告向原告支付租赁商品租转售买断款 2 172.87 元;(2)判令被告向原告赔偿逾期付款利息损失(以 2 172.87 元为基数,自 2020 年 2 月 28 日起至实际清偿之日止,按照同期全国银行间同业拆借中心公布的贷款市场报价利率计算);(3)判令被告承担本案诉讼费。

被告宋某某未到庭应诉,亦未提交答辩意见。

第三人述称,对原告的全部诉讼请求、陈述的事实与理由均无异议,第三人系涉案商品的出租方,已通过京东快递将商品交付被告。

审 判

一审法院经审理认为,本案合同关系是通过支付宝小程序,使用电子签约的方式在网络上完成,原告提供的协议文本和订单信息、物流信息、支付信息等页面截图证据,其中记载有被告的个人信息,反映涉案交易的发生过程,具有一定的关联性,能够形成一定的证据优势。但这些证据的内容生成并存储于原告提供用于涉案交易的平台系统内,其实质为电子数据转化而成的书证,考虑到这些电子数据的存储平台为原告单方掌握,在被告未到庭质证确认的情况下,这些证据的证明力仍存在补强需求。此外,原告还提供了运用区块链方式存证的合同、订单、租金、物流电子信息,并当庭进行了核验操作,对此能否作为证据使用,能否起到对原告主张事实的证明作用,是本案审理的基础和焦点。

一、区块链存证电子数据的属性界定和审查依据

(一)区块链存证电子数据属于民事诉讼证据类型

根据《中华人民共和国民事诉讼法》第六十三条第一款第五项,电子数据是民事诉讼证据的类型之一。《最高人民法院民事诉讼证据的若干规定》(以下简称《民事诉讼证据的若干规定》）第十四条规定："电子数据包括下列信息、电子文件：……（五）其他以数字化形式存储、处理、传输的能够证明案件事实的信息。"本案原告提交的运用区块链方式存证的电子数据，是合同签约、履约过程中生成的交易信息及数据，包含协议文本和订单、物流、租金支付过程中产生的交易编号、时间、金额、个人地址、联系方式等交易条件和交易行为要素信息，并且同步存储于司法链平台，应当认为其属于证据形式中的电子数据。

（二）对区块链存证电子数据的审查依据

对经区块链存证的电子数据证据审查方法，目前仅在《最高人民法院关于互联网法院审理案件若干问题的规定》（以下简称《互联网法院审理案件若干问题的规定》）第十一条直接涉及，该条第一款对普通电子数据的真实性审查判断规定了六个方面的标准，第三款则明确了鉴定方式审查判断电子数据真实性的途径。该条第二款明确："当事人提交的电子数据，通过电子签名、可信时间戳、哈希值校验、区块链等证据收集、固定和防篡改的技术手段或者通过电子取证存证平台认证，能够证明其真实性的，互联网法院应当确认。"从该款规定可以看出，考虑到区块链存证形式在技术上具有较为显著的安全、可靠、不易篡改特征，故对此类电子数据真实性的审查标准是充分尊重这种技术保证的，明显有别于其他电子数据。虽然前述司法解释是就互联网法院审理案件所作的专门规定，但该条款作为对通过哈希值校验以及区块链等技术存证固证的证据真实性的确认方法，应当作为人民法院判定区块链电子数据证据的共识性标准。非互联网法院如果遇到区块链存证的电子数据，完全可以将前述司法解释条款作为证据真实性审查的参考法律依据。不仅如此，《民事诉讼证据的若干规定》第九十四条亦明确，除有足以反驳的相反证据外，若是电子数据证据"由记录和保存电子数据的中立第三方平台提供或者确认"，人民法院可以确认其真实性。该规定也为法院审查原告提供的区块链存证电子数据提供了原则依据。

二、区块链存证电子数据的真实性判定

如前所述，作为非互联网法院，完全可以认可区块链存证电子数据的证据效力，并依据《民事诉讼证据的若干规定》、参照《互联网法院审理案件若干问题的规定》规定的标准，对此类证据进行审查认证。法院应从涉案的司法链平台的可靠性、平台验证结果的可采性及运用验证结果认定事实的确切性等三个方面对本案电子数据的真实性作出判定。

（一）涉案的司法链平台的可靠性

原告提交的电子数据，存证于最高人民法院主导搭建运营的全国性区块链存证平台——司法链平台。该平台页面显示，司法联盟单位包含最高人民法院、多省市高级人民法院、各家互联网法院等司法机关，以及中国科学院国家授时中心、北京多元调解发展促进会等机构,作为区块链节点,见证链上活动。司法链平台提供数据上链存证、司法链数据核验功能,具有全链路可信(可信身份、可信环境、可信时间等)、全节点见证、全流程留痕(法律行为事前、事中、事后)等特征。因此,该平台属于中立的第三方平台,平台采取的这种分布式区块链技术,能够在电子数据存储、传输过程中,对数据的真实性及原始性进行验证,确保数据传输的可信关系。除非有相反证据否定,经该平台核验真实的电子数据,其真实性应当得到人民法院确认。

(二)司法链平台验证结果的可采性

区块链技术具有去中心化、自动执行、不可撤销、不可篡改等技术特征。本案核验的统一证据编号是电子数据存证时通过哈希算法转化的,具有不可篡改性。电子数据转化为证据编码后,司法链平台将证据编码打包为数据块(区块)并即时传输给全部节点机构服务器进行存储,各个节点机构服务器的区块连接成"链",通过共识机制对证据编码的一致性进行校验。因此,经司法链平台验证的结果具有可靠性。

(三)运用验证结果认定事实的确切性

在本案中,第三人与被告通过原告平台的自动信息系统签订了《轻松住租赁协议》,进行存证的合同信息、订单信息、物流信息等电子数据均是在各方立约、履约过程中形成,并储存于平台方即原告服务器中,原告服务器将上述电子数据在司法链平台存证后取得统一证据编码。庭审中,原告将上述电子数据明文及证据编码同时上传至司法链平台进行核验,核验结果均显示"核验通过、比对结果一致",该验证结果表明数据上链至今保存完整、未被篡改,原告提交的经核验的电子数据区块链存证内容真实性可以确认,且能够与其提供的原告平台保存其他电子数据证据文本和截图内容相互印证,足以证明原告主张的事实,法院均予以采信。

《轻松住租赁协议》系三方真实意思表示,该合同合法有效,对当事人均有约束力,各方均应严守。被告行为显已违约,第三人对原告起诉主张均予认可,依据协议约定,法院对原告要求被告支付买断款并赔偿逾期付款利息损失的诉讼请求予以支持。

综上,一审法院依照《中华人民共和国合同法》第六十条第一款、第一百零七条、第一百一十四条第一款、第一百五十九条,《中华人民共和国电子商务法》第四十八条第一款,《中华人民共和国民事诉讼法》第六十三条第一款、第一百四十四条,《最高人民法院民事诉讼证据的若干规定》第十四条、第九十三条、第九十四条之规定,判决:一、被告宋某某应支付原告买断款 2 172.87 元;二、被告宋某某应赔偿原告逾期付款利息损失。

一审判决作出后,各方当事人均未提起上诉,一审判决已生效。

点 评

区块链是一种由多方共同维护,使用密码学保证传输和访问安全,能够实现数据一致存储、难以篡改、防止抵赖的记账技术,也称为分布式账本技术。区块链凭借其独有的信任建立机制,正在改变诸多行业的应用场景和运行规则。凭借时间戳原理、分布式记账和极其精妙的共识机制设计等多重技术手段,区块链实现了去中心化和难以篡改的功能,创设出新的"技术信任"。在司法领域,利用区块链技术存储的电子数据作为证据,已经得到最高人民法院的认可,并在实践中越来越多地使用。

区块链在司法领域的应用,最早可以追溯到 2018 年杭州互联网法院的实践,当时法院首次在案件审理中确认了经区块链存证的电子证据的法律效力。随后在2018 年 9 月 6 日,最高人民法院发布《关于互联网法院审理案件若干问题的规定》,首次从法律层面正式肯定了区块链电子存证的真实性与有效性。

2021 年 6 月 16 日最高人民法院发布《人民法院在线诉讼规则》,其中第 16 条至第 19 条涉及作为证据提交的通过区块链技术存储的电子数据。该规则确认了区块链证据的效力,条件是通过区块链技术存证,并经技术核验后一致的,推定该证据材料上链后未经篡改,但是有相反的证据的除外,并规定了区块链证据的审核规则、上链前数据的真实性审查以及区块链证据补强认定。该规则有助于解决该类证据存证难、认定难的困境,提升了法院的办案效率。

2022 年 5 月 23 日,最高人民法院发布《关于加强区块链司法应用的意见》,设定到 2025 年关于区块链司法应用的总目标:建成人民法院与社会各行各业互通共享的区块链联盟,实现与工商、金融、征信等多个领域跨链信息共享和协同,司法区块链跨链联盟融入经济社会运行体系,"助力平安中国、法治中国、数字中国和诚信中国建设,形成中国特色、世界领先的区块链司法领域应用模式,为新时代我国经济社会数字化转型和高质量发展提供坚强有力的司法服务和保障"。该《意见》主要包括总体要求、人民法院区块链平台建设要求、充分运用区块链数据防篡改技术,进一步提升司法公信力、充分发挥区块链优化业务流程的重要作用;不断提高司法效率、充分挖掘区块链互通联动的巨大潜力;增强司法协同能力、充分利用区块链联盟互认可信的价值属性;服务经济社会治理、保障措施等七个方面。

在一些知识产权司法保护案件中,权利人维权成本高、取证难向来是个难题,而区块链证据可以有效应对这些问题。在美宜佳诉美宣佳便利店侵害商标权及不正当竞争纠纷案中,深圳法院首次在知识产权案件中采用区块链证据,取得了良好的效果。在成都律诺信息科技有限公司诉上海鸿众展览服务有限公司侵害作品信息网络传播权纠纷案中,作为运用司法区块链平台确认电子证据效力西部第一案,具有重要的开拓意义。

区块链具有不可篡改、不可抵赖、多方参与等特性,利用区块链技术建立司法区块链平台能够有效解决电子证据取证、存证成本高、效率低、认定难等问题。区块链证据应用前景广阔,其使用已从互联网法院扩展到非互联网法院,本案即为典型的一例。

案例提供单位:上海市普陀区人民法院

编写人:姜　山　金　一　陈晓彤

评议人:葛伟军

45. 鹰普(中国)有限公司诉北京天银(上海) 律师事务所等不当得利纠纷案

——指示支付效力否定后的不当得利认定

案 情

原告鹰普(中国)有限公司

被告北京天银(上海)律师事务所

被告北京市天银律师事务所

2016 年 7 月 25 日,仇士某(第一申请人)、仇莉某(第二申请人)作为申请人以原告鹰普(中国)有限公司(以下简称鹰普公司)为被申请人提起仲裁申请,请求裁决原告向仇士某支付股权转让价款 16 000 005.99 元及逾期付款损失等。上海国际经济贸易仲裁委员会作出 039 号案件的《裁决书》,《裁决书》查明与本案有关事实:

2014 年 11 月 27 日,两申请人和被申请人就南通市申海工业技术科技有限公司(现更名为南通申海工业科技有限公司,以下简称申海工业)的股权转让签订了《股权转让协议》及补充协议。同日,两申请人和被申请人及案外人樊某、黄某就申海投资的股权转让签订了《股权转让协议》及《股权转让补充协议》。

2015 年 5 月 29 日,被申请人将第二阶段股权转让款扣除 2015 年 3 月 30 日支付的款项、托管金、两申请人向申海工业的借款、保险理赔款等后的款项共计 127 958 564 元提存至江苏省无锡市锡城公证处。被申请人通过顺丰速递的方式向两申请人告知了上述提存的情况。

2015 年 7 月 31 日,第一申请人向案外人沈某出具委托书,委托沈某作为代理人到公证处及指定银行办理提款手续。

2015 年 8 月 7 日,两申请人和被申请人及申海工业共同签署了《补充协议》,就协议履行过程中的相关问题进行补充。

同日,第一申请人、申海工业及案外人北京市天银律师事务所(以下简称天银所)签署了终止《委托代理协议》合同。

2015 年 8 月 10 日,被申请人向第一申请人支付第二期股权转让款 72 041 915.80

元、向第二申请人支付股权转让款 11 414 385.96 元;同日,被申请人向案外人沈某及天银所分别支付人民币 800 万元。

《裁决书》认为,被申请人在 2015 年 5 月 29 日提存行为,是以保证将来符合条件的债务的履行,是一种担保提存,其行为不能构成清偿的法律后果。鉴于被申请人在 2015 年 8 月 7 日从公证处受领了提存物,故自 2015 年 8 月 7 日之后该提存公证不再具有法律效力。关于被申请人向案外人沈某及天银所的支付是否构成对第一申请人的清偿。第一申请人给予沈某的授权仅限于到公证处及指定银行办理提款手续,在提存款项由被申请人取回时,第一申请人给予沈某的授权即告终止,被申请人无需通过沈某可以直接向第一申请人付款。基于被申请人未能尽到合理审慎的义务,沈某的行为亦不构成表见代理。故被申请人已经向案外人沈某及天银所的支付不能构成对第一申请人的清偿,如果因为被申请人认为该项支付造成了其损失的,其可以通过法律途径向案外人进行追索。

据此,仲裁庭裁决:"(一)被申请人应向第一申请人支付股权转让款人民币 16 000 005.99 元;(二)被申请人应向两申请人支付律师费人民币 150 000 元;(三)驳回两申请人的其他仲裁请求;(四)本案仲裁费人民币 204 972 元由被申请人承担 70%,即人民币 143 480.4 元,两申请人自行承担 30%,即 61 491.6 元,鉴于两申请人已经全额预缴本案仲裁费,故被申请人应向两申请人支付人民币 143 480.4 元。"

2018 年 3 月 1 日,原告诉至法院,申请撤销上述仲裁裁决,法院裁定驳回原告申请。

2018 年 6 月 25 日,江苏省无锡市中级人民法院根据申请,分别于 2018 年 7 月 3 日、2018 年 7 月 6 日扣划原告款项 16 293 486.39 元、442 453.61 元。仲裁裁决执行完毕。

2015 年 8 月 7 日,申海工业、仇士某与两被告签订《终止〈委托代理协议〉合同》约定,各方决定终止申海工业与两被告于 2012 年 11 月 5 日签署的《委托代理协议》,截至合同签署之日,《委托代理协议》项下申海工业所有应付未付的服务费用由仇士某承担;《委托代理协议》项下所有申海工业未付款项及其他可能的责任皆由仇士某承担,申海工业无需再承担任何责任;申海工业所有应付未付的服务费用因逾期付款而产生的违约金、损失等皆由仇士某承担,申海工业不再对两被告承担任何付款义务,也不对两被告承担任何其他责任;两被告同意,《委托代理协议》终止后,申海工业不再参与《委托代理协议》的结算,经结算后任何本应由申海工业承担的法律责任均由仇士某承担,与申海工业无关,两被告同意与申海工业不再有任何争议;各方同意因本合同引起或与本合同有关的任何争议,均提交上海国际仲裁中心进行仲裁。

据交通银行回单显示,原告向被告北京天银(上海)律师事务所(以下简称天银上海所)支付 8 000 000 元时摘要备注为"提存款支付"。

葛某某律师代表两被告于 2018 年 2 月 5 日出具《南通市申海工业技术科技有限公司支付律师费事宜情况说明》。载明:"2015 年 6 月 8 日,本所向申海公司发送《南通市申海工业技术科技有限公司与天安财产保险股份有限公司间财产损失保险合同纠纷案工作报告》。申海公司收到该工作报告后,因当时该公司已由鹰普(中国)有限公司收购,申海公司对本所的上述工作报告提出异议。根据申海公司当时法定代表人程某某先生以及申海公司原法定代表人仇士某先生介绍,申海公司要求其原股东和法定代表人仇士某先生处理该律师费事宜,否则鹰普(中国)有限公司将拒付应向仇士某先生支付的第二笔股权转让款。仇士某先生认为,其已不是申海公司股东和法定代表人,特别是 6 000 多万元保险赔付款也由申海公司实际取得和享有,故本所律师费应由申海公司按约支付,其没有负责处理和承担本所律师费的义务和责任。但是,为及时取得鹰普(中国)有限公司应向其支付的第二笔股权转让款,其要求本所配合其根据鹰普(中国)有限公司要求签订终止前述《委托代理协议》的补充协议;同时,其承诺由其履行《委托代理协议》项下的律师费支付义务。

为此仇士某先生于 2015 年 7 月 9 日委托沈某女士向本所先行支付律师费 400 万元;并表示鹰普(中国)有限公司向其支付第二笔股权转让款时,支付律师费 800 万元;其余律师费由其另行支付。鉴于仇士某先生的上述承诺,本所同意配合其签订终止《委托代理协议》的补充协议。同时,为妥善处理转让股权所涉税务事宜,仇士某先生希望本所向其先行提供 1 200 万元的律师费发票,本所于 2015 年 7 月 31 日向仇士某先生开具面额为 1 130 万元的上海增值税普通发票(律师费),因当月月度发票不够,又于 2015 年 8 月 10 日补开面额为 70 万元的发票。

2015 年 8 月 7 日,因仇士某先生出国,其通过公证方式授权的沈某女士、本所授权的葛某某律师、申海公司法定代表人程某某先生、鹰普(中国)有限公司总经理陆某某先生在鹰普(中国)有限公司位于无锡市的办公室,共同签署相关文件以及办理款项支付事宜。其中,本所授权的葛某某律师与申海公司法定代表人程某某先生、仇士某先生共同签署《终止〈委托代理协议〉合同》。该合同文本由鹰普(中国)有限公司起草,仇士某先生事先签字后由沈某女士带至现场。该合同第 2、3 条明确约定,《委托代理协议》项下申海公司所有应付未付的服务费用由仇士某先生承担。签署该合同之同时,沈某女士根据仇士某先生授权指令鹰普(中国)有限公司向本所支付 800 万元。"

2018 年 10 月 8 日,被告天银所作为申请人以申海工业、仇士某作为被申请人针对《终止〈委托代理协议〉合同》向上海国际经济贸易仲裁委员会(上海国际仲裁中心)提起仲裁申请(案号为 SDX2018646)。被告天银所申请仲裁时提交的《仲裁申请书》中请求仇士某支付律师费21 000 000元,申海工业对仇士某该债务承担连带清偿责任。上述仲裁请求所依据的事实理由提及:2015年8月7日,两被告与申海工业、仇士某签订《终止〈委托代理协议〉合同》。根据该合同第2、3条的约定,《委托代理协议》项下申海工业应付未付的服务费用及其他可能的责任皆由仇士某承担。在被告天银所已收取的律师费中,包含2015年8月7日,仇士某委托沈某指定原告向被告天银所支付的8 000 000元。而2016年7月25日,仇士某向上海国际经济贸易仲裁委员会(上海国际仲裁中心)提出仲裁申请,不认可其授权沈某指令向被告天银所支付的8 000 000元的合法性,并得到了仲裁裁决支持。鉴于该裁决具有法律效力,且原告已向被告天银所提出返还其辅助仇士某履行的该8 000 000元的要求,故此,除申海工业支付的200 000元外,仇士某实际支付的律师费仅为7 000 000元,尚余21 000 000元未支付。

审理中,两被告于2019年2月25日的庭前会议中表示,原告支付涉讼款项的主观系明确的,是代申海工业或仇士某清偿对两被告的债务,原告代偿后应向申海工业或仇士某求偿。在2019年10月30日庭审中,两被告又表示,原告对于仇士某与两被告间关于律师费的债权债务关系、律师费金额系明知的,故原告支付涉讼款项系代仇士某清偿对两被告的债务。但同时,两被告又确认,2015年8月7日前关于1 200万元及此后关于300万元律师费的支付均仅与仇士某本人沟通,关于剩余律师费的金额及支付期限问题尚未与仇士某本人达成一致。故在本案诉讼发生前,被告天银所已先于2018年10月8日就剩余律师费的支付向仇士某、申海工业提出仲裁申请。

本案诉讼发生后,被告天银所变更了上述仲裁申请,且被告天银所的仲裁金额需视本案判决结果而定,故该仲裁案件暂搁置中。

两被告确认,被告天银所与被告天银上海所系总分所关系。

原告鹰普公司诉称,其根据仇士某的委托书及其代理人沈某的指示,支付了第二阶段股权转让价款,其中800万元付至沈某个人账户,另外800万元付至被告天银上海所账户。后仇士某提起仲裁申请,要求原告向其再支付16 000 000元。仲裁庭认为原告向被告天银上海所及沈某的支付均不构成对仇士某的清偿,因此裁决支持仇士某诉请,但释明原告可以通过法律途径另行追索。故原告诉至法院,请求提出诉讼请求:(1)被告天银上海所返还原告8 000 000元;(2)被告天银上海所赔偿原告自2018年7月3日起至清偿日为止的利息损失(计算方式为以8 000 000元为基数,根据中国人民银行公布的同期金融机构人民币贷款利率按天计算),暂计至2018年12月18日的利息金额为163 366.67元;(3)被告天银所对上述第1、2项诉请中被告天银上海所的支付义务承担补充责任;(4)两被告共同承担本案的案件受理费、财产保全申请费等相关费用。

被告天银上海所、天银所共同辩称,不同意原告的所有诉请,理由如下:本案涉及的法律关系是典型的代为清偿以及三人不当得利,仲裁裁决与本案无关。《终止〈委托代理协议〉合同》并未否定或者确认两被告的债权人主体地位和债权范围,原告作为申海工业的唯一股东,其向被告天银上海所支付 800 万元,是清偿仇士某或申海工业对两被告所负的债务,故其应向仇士某或申海工业行使求偿权。两被告取得 8 000 000 元是有合法依据的,不构成不当得利;即便构成不当得利,原告的诉请已超过二年的诉讼时效。

审 判

一审法院经审理后认为,关于原告起诉是否已过诉讼时效。本案所涉事实涉及多个主体及多层法律关系,原告打款及两被告收款的意图均因 039 号案件中仇士某的陈述及该案裁决书的认定发生改变。按照法律关于诉讼时效期间自权利人知道或者应当知道权利受到损害以及义务人之日起计算的规定,原告至(2018)沪 02 民特 59 号民事裁定书维持 039 号案件裁决对涉讼行为的认定时,原告方确认自身利益受损。因此,原告的起诉并未超出诉讼时效期间。

关于两被告是否应向原告返还涉讼款项。首先,涉讼款项性质为原告意欲支付给仇士某的股权转让款,被告天银上海所取得该股权转让款缺乏法律依据。审理中,两被告曾反复强调,其对于申海工业或仇士某在《委托代理协议》及《终止〈委托代理协议〉合同》项下拥有债权,故其取得涉讼款项存在法律依据。根据仲裁裁决,两被告所称的法律依据,其实质为律师费支付请求权,债权相对方为仇士某,与股权转让款及原告均无关联。同时,仇士某在前述仲裁案件及本案调查中均否认了沈某当日指令原告向被告天银上海所打款系经其授权,也否认其个人与两被告之间存在包括涉讼 800 万元在内的债权债务。两被告对仇士某的上述意见早已通过仲裁案件知晓,并因此在仲裁案件之后即自行向仇士某提起仲裁申请,要求仇士某支付包括 800 万元在内的律师费。虽两被告称在本案诉讼发生后,其向仲裁中心申请变更了仲裁申请,暂将 800 万元从仲裁申请中去除,待本案诉讼结果再定。但结合已查明事实以及对于两被告专业背景的综合考量,两被告在先行向仇士某主张 800 万元支付之后,又在本案辩称该款应由原告代仇士某履行,缺乏事实及法律依据。且就两被告主张的律师费的债权债务关系及债权金额,无论是基于各方间关于律师费纠纷的管辖约定,还是两被告已提起相关仲裁申请的客观事实,尚待仲裁机构作出进一步认定。

其次,结合两被告现有举证,其并无任何证据显示原告在按照沈某指令向被告天银上海所账户打款时存在代仇士某清偿律师费的意思表示。按照《终止〈委托代理协议〉合同》及各方有关事实部分的陈述,原告在 1 600 万元打款前及打款时,与两被告及沈某均无任何债权债务关系。至于原告为何会按沈某指令分账户打款,原告、两被告、沈某均确认系因当日沈某持有并出示了经公证的《委托书》,原告、两被告均基于该《委托书》对沈某的代理权产生了信赖。该信赖,还因当日沈某代表仇士某参与协商并完成签署《终止〈委托代理协议〉合同》而更进一步。虽仲裁裁决认为,"沈某的代理权在提存款项由被申请人取回时即告终止",但该份经公证的《委托书》及经原告、两被告确认的沈某的陈述仍可体现涉讼款项打款当日各方当事人对相关行为性质的认定。根据该份《委托书》记载:"我与鹰普(中国)有限公司因有股权转让纠纷,鹰普(中国)有限公司已将有关款项(共壹亿零肆佰陆拾肆万零叁佰零贰元捌角伍分人民币)提存至江苏省无锡市锡城公证处,因我要外出,现委托沈某为代理人,代为到上述公证处及指定银行办理提款手续,所提款项中捌仟陆拾肆万零叁佰零贰元捌角伍分人民币打入我名下的招商银行卡,其余壹仟陆佰万元人民币不指定账户及收件人。"可见,无论《委托书》还是沈某自述,仇士某、沈某当日从未有要求或指令原告代为清偿的意思表示。对此,仲裁裁决书亦有相应的认定,即"第一申请人给予沈某的授权仅限于到公证处及指定银行办理提款手续"。原告方面,第一,如两被告庭审陈述,其 2015 年 6 月向法定代表人变更后的申海工业提交工作报告后,程某某随即提出异议,原告遂将第二期股权转让款提存。后仇士某为取得股权转让款,便与两被告协商签订《终止委托代理协议》。事实上,当日打款前,原告、两被告、仇士某确实签订了《终止〈委托代理协议〉合同》,并约定两被告同意《委托代理协议》终止后,申海工业不再参与《委托代理协议》的结算,经结算后任何本应由申海工业承担的法律责任均由仇士某承担,与申海工业无关,两被告同意与申海工业不再有任何争议。有鉴于此,当日在仇士某一方并无代偿指令和代偿要求的情况下,原告没有主动代偿的理由。第二,打款当日,因公证处拒绝分账户提存,包括涉讼款项在内的提存款系先行回到原告账户,再按沈某指令打款的。即便如此,原告在涉讼款项打款时仍注明为"提存款支付"。而关于"提存款"的性质,仲裁裁决书已明确为股权转让款。因此,原告当日无论是向沈某还是向被告天银上海所的打款,其行为目的均为向仇士某支付股权转让款。综上,就两被告关于原告系代仇士某清偿债务的辩称意见,不予采纳。

第三,关于被告天银上海所是否因此取得利益,原告是否因此受损,以及因果关系。如前所述,原告并不构成代偿。同时,两被告主张的债权,无论是基于各方间的协议管辖,还是基于两被告早已提起相应仲裁申请的客观事实,均尚待两被告自行提起的仲裁案件予以进一步认定。在此情况下,被告天银上海所就涉讼款项的占有构成获益。另仲裁裁决已明确阐述,该裁决从未否认原告支付款项的目的及性质,仅认为"在提存款项由被申请人取回时,提存即失去法律效力,第一申请人给予沈某的授权即告终止,……被申请人理应知晓第一申请人应付天银所的代理费系金额尚未明确的债务,在此情况下,被申请人仅凭沈某的口头指示向案外人天银所支付了一定数额的款项,其显然没有尽到一般商事主体应该尽到的合理审慎义务"。对于原告是否因此受损,以及两被告获益及原告受损之间的因果关系的问题,仲裁裁决亦有表态,即"被申请人已经向案外人沈某及天银所的支付不能构成对第一申请人的清偿,如果因为被申请人认为该项支付造成了其损失的,其可以通过法律途径向案外人进行追索"。鉴于两被告对原告另有 1 600 万元款项被执行之事实不持异议,故现原告损失已实际发生,原告可基于自身损失向被告天银上海所提出主张。

综上所述,原告鹰普公司有权向被告天银上海所主张返还不当得利。现原告已举证证明另有 1 600 万元款项于 2018 年 7 月 3 日被执行扣划,并主张由被告天银上海所返还自该日起至清偿之日止,以 800 万元为基数,按银行同期贷款利率计算的利息。对此,两被告经本院多次释明后,明确表示对原告上述关于利息以及利息计算方式、计算标准的主张不作具体抗辩,同意由法院依法判决。基于此,依据法律规定,返还的不当得利,应当包括原物和原物所生的孳息。利息属于孳息的一种,且原告的利息主张于法不悖,应予支持。考虑到被告天银所与被告天银上海所系总分所关系,且原告要求先由被告天银上海所承担返还义务,不足以承担的部分由被告天银所承担,于法有据,予以支持。

综上,一审法院依照《中华人民共和国民法总则》第七十四条、第一百零八条、第一百二十二条,《最高人民法院关于贯彻执行〈中华人民共和国民法通则〉若干问题的意见(试行)》第 131 条,以及《最高人民法院关于审理民事案件适用诉讼时效制度若干问题的规定》第八条的规定,判决:一、天银上海所应返还鹰普公司8 000 000 元;二、天银上海所应返还鹰普公司利息;三、天银上海所不足以承担上述第一、二项返还义务的部分,由天银所承担。

一审判决后,两被告不服,提起上诉。

二审法院认定事实与一审一致。

二审法院经审理后认为,一审判决认定事实清楚,适用法律正确,判决驳回上诉,维持原判。

点 评

本案涉及对原告向被告所支付之款项性质的认定。具体而言,原告曾向被告支付一笔款项,其中一个争议焦点是,被告是否应当向原告返还该款项。

首先,对指示支付行为的理解。如果案外人指示原告向被告支付该笔款项的主张能够成立,那么构成指示交付。根据《民法典》第二百二十七条,动产物权设立和转让前,第三人占有该动产的,负有交付义务的人可以通过转让请求第三人返还原物的权利代替交付。换言之,原告作为第三人占有该笔款项,而该笔款项的权利人应当是案外人;现基于案外人和被告之间存在债权债务关系,故案外人将请求原告返还该款项的权利转让给被告,完成案外人对被告的交付。但是,本案经调查后发现,指示交付不成立。

其次,代为清偿与不当得利之区别。代为清偿,是指第三人基于为债务人清偿的意思而向债权人为清偿的行为。《民法典》第五百二十四条规定了第三人清偿规则。第三人由于其代为清偿而拥有代位权,第三人在求偿权的范围内,可以行使债权人的所有权利。代为清偿需要具备的条件包括:依合同性质,可以由第三人代为清偿,将专属性债务排除在外;债权人与债务人之间无不得由第三人代为清偿的约定;债权人没有拒绝代为清偿的特别理由,债务人也无提出异议的正当理由;代为清偿的第三人必须有为债务人清偿的意思。本案中,如果构成代为清偿,意味着原告(第三人)向被告支付该款项,是为了代案外人(债务人)向被告(债权人)清偿。

不当得利,是指没有法律根据,使他人受到损失而自己获得了利益。根据《民法典》第九百八十五条,得利人没有法律根据取得不当利益的,受损失的人可以请求得利人返还取得的利益,但是有下列情形之一的除外:(1)为履行道德义务进行的给付;(2)债务到期之前的清偿;(3)明知无给付义务而进行的债务清偿。《民法典》第九百八十六条规定,得利人不知道且不应当知道取得的利益没有法律根据,取得的利益已经不存在的,不承担返还该利益的义务。

可见,代为清偿和不当得利是两个不同的概念。其一,于前者,支付人是作为第三人的地位而出现的,其目的是代债务人向债权人清偿债务;于后者,支付人直接向得利人支付款项,主观上不具有代他人清偿债务的意思。其二,于前者,支付人完成支付之后,债务人对债权人的债务得以消灭,但是产生了支付人对债务人的代位请求权;于后者,支付人向得利人的支付行为,没有法律依据,可能是基于支付人自己的认识错误等原因发生的。其三,于前者,合法的代为清偿一旦完成,支付人不得要求债权人返还其所支付的款项;于后者,支付人可以请求得利人返还取得的款项,除非满足法律规定的例外情形。

本案判决对代为清偿和不当得利作出了准确的区分,保证了裁判结果的公正性。

案例提供单位:上海市长宁区人民法院
编写人:陈宇琦
点评人:葛伟军

46. 上海顶牧国际贸易有限公司诉马某合同纠纷一案

——职业经理未按照合同约定履行报批手续给公司造成损失的赔偿责任裁判规则

案 情

原告(反诉被告、上诉人)上海顶牧国际贸易有限公司

被告(反诉原告、被上诉人)马某

2017 年 6 月 7 日,原告上海顶牧国际贸易有限公司(以下简称顶牧公司)作为甲方,被告马某作为乙方,共同签订《经理人协议》,载明:甲方同意聘请乙方担任甲方公司的总经理,乙方同意受甲方委托,负责组织公司日常经营管理……一、聘用职务甲方聘请乙方担任顶牧公司总经理,在董事会领导下,受其委托,组织甲方的日常经营管理工作,对董事会负责并报告工作。二、聘用期限自 2017 年 6 月 7 日起至 2020 年 6 月 6 日止……三、聘用方式授权管理,部分授权经营。业绩考核、薪酬考核。四、经营目标乙方经营管理,必须完成下列经营目标:乙方保证甲方资金安全,且保证甲方的日常营运资本金回报率至少为年化 10%,资金回报任务分解到每月,逐月考核兑现。五、乙方的报酬。聘用期间乙方的报酬为月薪加利润分配两部分组成。月薪:20 000 元;利润分配:只有在公司的净利润超出 10% 的情况下,乙方才能够参与超出部分的利润分配。具体分配方案为:11%—30% 的净利润部分,乙方可分配 20%;31% 及以上的净利润部分,乙方可分配 30%。六、乙方的职责:……2.主持甲方的经营管理工作,负责安全经营,并保障资本金 100% 安全,组织实施董事会决议并将实施情况向董事会报告……七、乙方禁止性行为:……9.不得从事董事会批准外的业务,原则上,甲方董事会授权乙方仅能从事无风险的资金运作,如果乙方要从事任何有风险的资金运作或业务的,应事先取得甲方董事会的同意及特别授权……九、乙方违反公司法、章程、规章制度和本合同的处理。1.乙方必须严格按照其职权范围履行职务。发现乙方有滥用权利的行为、越权行为及不作为行为,甲方股东会或董事会有权制止,并可以解聘,造成甲方资本金损失的,甲方有权要求其按实际损失予以赔偿……十二、违约责任……(二)乙方违约责任……

5.如果乙方未按照双方的约定而给甲方造成的任何损失,应由乙方全部承担……

同日,顶牧公司召开股东会,夏某、马必某、朱某某、马某出席了会议,会议纪要记载:夏总对此次到会股东作了介绍,夏总、马总、朱总三人为公司实际出资股东。此次第一次股东会就目前公司的筹备期及现阶段工作开展进行了回顾,并对后期业务工作的开展和内部管理工作进行了探讨和展望,并提出要求……现阶段项目规划与开展,马某进行了具体的讲解与分析。业务方面分三大类:一、成品油项目;二、基于期现结合的商品期货套利;三、外汇套利。夏总和马总就成品油项目提出异议……商品期货套利及外汇套利全体股东无异议,由马某按照规划操作……二、进入会议提出的商品期货套利及外汇套利两大业务可即刻开展运作;成品油业务待进一步考察后,开股东会再作决定。三、所有风险业务在实施前马某必须向夏总汇报,再由夏总和马总、朱总沟通后,夏总再针对该业务做出指示。四、股东投资资元 20 000 000 元,美元 4 000 000 元分批到位,具体到位金额由马某提出申请,股东会决议后需到位 6 200 000 元,美元 1 000 000 元……当天,顶牧公司作出股东会决议,记载:……八、确定公司会议管理:1.每次会议必须有会议纪要……

2017 年 6 月 4 日,被告马某向夏某发送连铁 1801—1805(以下简称"一五")正套的方案;2017 年 8 月 25 日,马某向夏某发送卷螺"一五"正套建仓计划、连铁 1805—1809(以下简称"五九")正套建仓计划。

2017 年 10 月 30 日,原告顶牧公司召开全体员工例会,公司的会议纪要显示,参会人员为"夏总、马总、马某、黄某、李某、乐某某、薛某某"。会议内容为:公司成立以来 6 月份开始办公至 10 月份 5 个月工作每个人的工作汇报及后期工作开展作出讨论和指示。马总:总结半年以来期货操作经验及后期基本面运作……2.风险控制上,没有及时止损,后期操作在 5 个点损失时必须止损。3.仓位配置上,单个头寸太重,没有分散投资及头寸资金比例配比没有把控好,风险大大增加,后期分散头寸操作,最高头寸的配比 20%—30%……乐某某:期货下单工作方面的汇报及对将来操作方面、前景方面的信心……最后夏总及马总做了工作指示:马某需要及时调整好心态,要有信心打回亏损,先停薪发基本生活费 3 000 元/每月,追回亏损后补发暂停发放的工资。工作分配上在心态没调整好之前以分析基本面为主,不参与操作。黄某职位为副总经理,公司财务流程部门经理签字后到黄某签字,再到马某签字。工作方面单独建立一个账户操作资金,和马某一起负责决策方面的分析指导……

2017 年 11 月 13 日,被告马某向夏某发送操作计划。

2018 年 2 月 1 日,被告马某向夏某发微信,记载:夏总,很抱歉。我之前一直想把这个补回来。没和您及时汇报,都是我的问题……大概的数字如下:本金 6 200 000 元,您的利润 300 000 元,目前余额 1 240 000 元,费用和押金 1 470 000

元,期货亏损一共 3 790 000 元。

2018 年 2 月 3 日,原告顶牧公司作为甲方,被告马某作为乙方,签订《合作协议》,载明:甲、乙双方于 2013 年 2 月 3 日公开会议,就乙方赔偿甲方损失一事进行友好协商,达成如下一致协议:一、……乙方在该操作过程中,私自从事有风险的业务,并将损失刻意隐瞒董事会,从股东投入 6 200 000 元款项至今,乙方已经将该金额亏损了 3 588 443.49 元……甲方同意以 3 580 000 元为准计算亏损。乙方确认以上亏损都是由于其未按照《经理人协议》的相关约定,从事了有风险的业务,并未向董事会履行报批手续,才导致公司产生巨额的亏损。二、由于乙方上述行为,乙方承诺愿意承担上述 3 580 000 元的损失,并愿意以乙方自有房屋闵行区古龙路 66 弄某号房屋作为抵押来偿还本协议项下所有债务,包括但不限于以上债务。双方确认在该协议签署后 20 日内去房产局做上述房屋的抵押登记手续。三、为了帮助乙方偿还上述债务,双方协议约定由甲方再投入 6 000 000 元,由乙方操作该资金。乙方保证利用该资金在该资金入账后一年内将所有的上述亏损赚回,如果乙方未赚回,并且在该一年内的操作中继续亏损的,就其操作产生的所有亏损由乙方全部承担。乙方有责任保证甲方该 6 000 000 元资金的资本金安全,如果亏损 10% 的,必须立即平仓,如果乙方未在一年内将上述亏损补足的,该协议在一年到期后终止,乙方应在协议终止后 3 日内赔付 2017 年未补足的亏损和新产生的亏损(如果有的话)。四、甲方投入 6 000 000 元的前提条件是,乙方的自有房屋上面没有任何抵押权及其他他项权利,且乙方就该协议在房管局办理了抵押登记手续。五、协议终止条款。双方确认如果在甲方投入的 6 000 000 元亏损 600 000 元或亏损超过 600 000 元的情况下,协议立即终止,该亏损由乙方承担。甲方有权在资金亏损 600 000 元的情况下强制平仓该账户,以减少甲方损失,在此种情况下,甲方产生的损失也由乙方全部承担。乙方如果在该协议期间将上述亏损补足的情况下,该协议终止。如果双方有合作意向的,双方再另行协议合作模式。六、如果本合作协议与原《经理人协议》有冲突的,以原《经理人协议》为准。

2018 年 3 月 1 日,原告顶牧公司作为申请人向浦东仲裁委申请要求被申请人马某赔偿损失 3 580 000 元。2018 年 4 月 26 日,浦东仲裁委作出《裁决书》认为,虽双方于《合作协议》中确认被申请人应向申请人承担 3 580 000 元损失的赔偿责任,但该协议确定责任及赔偿所依据的系双方另行签署的《经理人协议》的相关约定,而《经理人协议》中的主要内容,均系双方基于《公司法》的规定,对被申请人作为总经理身份行使职权进行的权责关系的约定,有别于劳动法律法规调整下的劳动者与用人单位的劳动权利义务的约定。因此,依据该协议约定确定的赔偿数额及责任分担不属于劳动法律法规的调整范围,故裁决对申请人要求被申请人赔偿造成损失 3 580 000 元的请求不予处理。

原告顶牧公司于 2017 年 5 月 11 日设立,法定代表人为成某某,注册资金为 20 000 000 元,股东为王某某、成某某、史某某,由成某某担任执行董事。原告顶牧公司章程有约定:公司不设董事会,设执行董事一名,任期三年,由股东会选举产生。执行董事任期届满,可以连任。

案件庭审过程中,证人乐某某陈述,其于 2017 年 5 月底 6 月初应聘作为顶牧公司的贸易经理,后来做了期货下单的工作;马某是顶牧公司的总经理,招聘证人进入顶牧公司;马某曾打电话给夏某关于期货下单如何操作的问题,证人曾根据马某口述的内容写过铁矿石、卷螺期货方面的策略和计划,并亲眼看见马某将计划发给夏某看;证人见过马某打电话给夏某问如何操作;证人也曾写过现货方面的方案,但之后并未操作。

证人李某陈述,2017 年 3 月至 2018 年 5 月 31 日期间,证人在顶牧公司处任职,担任办公室主任职务,负责行政、内勤、人事、出纳等工作。马某在顶牧公司任职时的上司是夏某,还有另外三个股东。证人的工作均是由马某布置的,马某主要与老板对接,证人刚进入公司时以为马某是合伙人。顶牧公司从一开始就从事期货业务,顶牧公司事务由夏某全权负责,夏某和顶牧公司的三个股东是马某的上司。证人在公司时,负责全部会议纪要的记录。2018 年 2 月 3 日,顶牧公司召开会议,马某表示《职业经理人协议》没有带来,不明确合同的意义,马某仅是顶牧公司的员工,拿 10% 的提成,却要求马某承担全部损失不合理;马某将房屋用于抵押的事宜,需要与前妻商量。夏某说,今天协议签了再说,房子不能办理抵押,到时候再说;担保做不了,合同就算了,证人理解是作废的意思。当时夏某说,当时说话的语气很强硬,拍桌子说马某今天必须要签,不签不行。会议当天气氛很紧张,但未发生冲突,签了协议之后才有所缓和;合同打印出来一份之后,又修改一条说该合同时建立在《经理人协议》上,如果那份合同让马某承担亏损 3 000 000 元不成立,这份合同也不成立。

证人刘某陈述,2018 年 1 月底,其受夏某的委托对顶牧公司自设立以来的财务进行审计。由于马某未汇报亏损情况,故 2017 年度的财务报表没有体现亏损。证人当时把顶牧公司的两个期货账户数据全部导出,一一审核后确认顶牧公司自设立后的全部亏损为 5 000 000 余元。其中,期货亏损为 3 000 000 余元。2017 年 9 月和 10 月份亏损的最多,大概是 2 000 000 余元。所以,顶牧公司于 2018 年 2 月 13 日召开了会议。会议中,证人先汇报相应情况,马某承认确实亏了这些钱。股东和马某商量如何弥补亏损,问马某如何弥补,马某表示再给一些钱能补回来,股东意思亏了这么多也可以再投一点,但同时表示希望马某自己也投一点钱进入作担保。会议的整个过程气氛平和,给了马某充分的机会和时间考虑合同每个条款,夏总并未说过“你今天如果不签,我就对你采取行动”之类的话。马某当时并没有说要承担 3 000 000 余元的亏损，只是说他要挣回来。对于已经亏损的，当时没有说，是相信马某，说再给一笔钱让马某挣回来。当时由律师一条条制作出来，双方一条条对过之后再签署的协议。

原、被告双方确认，顶牧公司亏损的金额为 3 580 000 元；2018 年 2 月 3 日的会议上在场的人员有夏某、马必某、黄某、顶牧公司的代理人、审计人员刘某、李某、马某；会议持续了约四个小时；虽然，股东会决议确定顶牧公司的业务为三项，但成品油项目未实际操作；亏损的业务是"一五""五九"和焦炭的业务，其中，"一五"的亏损是由强制平仓（即期货交易所或期货公司强行了结仓位持有者的仓位）造成的。

顶牧公司称，马某的社保金是由顶牧公司缴纳；顶牧公司主要从事国际贸易，包括期现结合的商品期货套利、外汇套利、成品油项目；顶牧公司经营过程中，由夏某主管马某的工作，马某向夏某汇报工作，夏某是顶牧公司的股东代表，夏某再将情况反馈给马必某和朱某某，三名股东达成一致意见后，由夏某将意见反馈给马某；顶牧公司对马某的监管系建立在马某汇报的基础上，没有风险的业务马某可以自己去做，但马某一直以来未向顶牧公司进行汇报，顶牧公司对马某所做的业务都不知情；马某提供的微信里，夏某没有回复或同意的，就是不同意马某去做，所以没有表态；《合作协议》中约定顶牧公司股东再投入的前提是要马某先将房屋进行抵押，但马某未将房屋办理抵押，违约在先，故顶牧公司股东无法继续投入；《合作协议》第六项确实是在马某要求之下增加的；马某作为操作人，对账户的情况完全知晓，但没有预见到期货交易的风险、对持仓量控制操作不当，未控制好仓位，才导致了被平仓；马某在账户交易保证金不足的情况下，未向公司主动进行汇报，要求股东追加保证金，也没有主动进行减仓操作，任由事态发展，导致被强制平仓。

马某称，顶牧公司共有六人，除出纳、李某和财务会计外，操作期货的共有三人，马某作为总负责，一个研究员负责收集信息，乐某某负责下单；顶牧公司账户由乐某某负责管理密码，顶牧公司可以要求乐某某提供，但顶牧公司从未要求查看过账户；马某一共在顶牧公司处获得 60 000 余元的收入；2017 年 10 月亏损 2 000 000 余元时曾向夏某汇报，但 11 月底召开董事会时，董事会要求马某扭亏为盈，之后马某继续操作，亏损了 1 000 000 元；之后亏损的那笔 1 000 000 元操作是和夏某说过的，由于结果没有出来，所以没有向夏某汇报头寸的变化；马某按照 20 000 000 元资金的基础设计投资方案，但在马某需要加仓时，夏某未提供资金，导致被强制平仓；在被强制平仓之前，马某曾向夏某提出过要求补足资金，但夏某说已经亏损了，所以不给资金，但马某没有具体证据证明曾要求补足资金；2017 年 10 月上旬开始慢慢发生亏损，10 月底的时候"五九"也是浮亏，在公司账上看不出来，故没有进行讨论，讨论的是"一五"的亏损；10 月底之后只进行了"五九"的操作，也有买进卖出，是由于夏某命令马某才平仓，最终亏损；马某认为作为专业人士，判断出了问题,所以向夏某道歉;《合作协议》签订当天是周末,办公楼没有其他人员,会议上夏某语气很强势,马某表示不愿意签署《合作协议》,夏某马上从椅子上跳起来说,"你如果今天不签我马上采取措施";当时会议上这么多人,马某感觉人身受到了威胁;若当时与夏某发生争执,可能会人身安全会有危险,所以当时未作任何正面的冲突和驳斥。马某提供证据显示,铁矿石正套每年在 8 月底后就开始启动,之后差价逐渐拉开;但 2018 年 1 月和 5 月正套从 8 月底开始向着与往年相反的方向运行,价格呈下降走势。

原告顶牧公司诉称,马某未按照《经理人协议》的相关约定,从事了有风险的业务,并未向董事会履行报批手续,导致顶牧公司产生巨额亏损,双方签订《合作协议》,马某承诺愿意承担 3 580 000 元的损失,以其自有房屋作为抵押来偿还债务,并办理上述房屋的抵押登记手续。但马某并未按约办理抵押登记手续或向顶牧公司赔偿损失。故诉至法院,请求:(1)判令马某向顶牧公司赔偿人民币(币种下同)3 580 000 元及以 3 580 000 元为本金,自 2018 年 2 月 24 日起至实际支付之日止,按人民银行同期贷款利率计算的利息;(2)本案诉讼费由马某负担。

被告马某辩称,不同意顶牧公司诉请。马某的行为均为履行正常工作职责,相关损失为顶牧公司正常经营所致,不应由马某承担。《合作协议》是在顶牧公司的胁迫下签订的,且显失公平;《合作协议》本身不代表马某自认对 3 580 000 元承担责任,只是代表顶牧公司在期货业务方面的亏损金额,也不代表马某自认存在过错。故马某提出反诉,请求:撤销与顶牧公司于 2018 年 2 月 3 日签订的《合作协议》,若法院认为不存在可撤销的事由,则同意法院予以变更,去掉协议中马某承担 3 580 000 元损失的内容。

针对马某提出的反诉诉请,顶牧公司辩称,不同意马某的反诉诉请。劳动仲裁裁决已认定,本案并不属于劳动法范畴。《经理人协议》明确约定马某应确保资本金的安全,若操作有风险的业务,需征得董事会同意。因此,马某未征得股东会同意而产生的亏损,应由其承担。《合作协议》的条款是公平的,不存在显失公平的情形。《职业经理人》协议的约定符合行业惯例。

审 判

一审法院经审理后认为,本案双方当事人存在如下争议焦点:

第一,系争纠纷是否属于劳动争议。《经理人协议》中虽约定了马某的劳动报酬、薪酬考核、社会保险、职责范围等内容,并且双方就《经理人协议》外,并未签订单独的《劳动合同》。但从该协议约定的内容来看,双方除劳动关系所具备的必要内容外,还有利润分配,以及马某在担任顶牧公司高级管理人员身份时的各项职责内容、禁止性规定等。生效的《裁决书》也认为,《经理人协议》中的主要内容,均系双方基于公司法的规定,作为总经理身份行使职权进行的权责关系的约定,有别于劳动法律法规调整下的劳动者与用人单位的劳动权利义务的约定。实际经营过程中,马某作为顶牧公司的高级管理人员,负责公司全部具体的经营管理内容,与协议约定一致。因此,双方之间并非仅限于劳动关系,还包括马某作为高级管理人员与公司之间的权利、义务关系。现顶牧公司提起本案诉讼,要求追究马某的违约责任,并非属于劳动纠纷范畴,而属于民法调整范畴。

第二,《合作协议》是否具备可撤销事由。本案中,马某称夏某以"今天不签我马上采取措施"作为要挟。但"马上采取措施"并未明确造成马某的损害、加害,并不属于构成要件中的"要挟"。并且,虽然签署协议当天在顶牧公司的办公室进行,但从当天的录音来看马某一直在与顶牧公司就损失事宜进行协商,在四个小时的协商过程中形成了书面文件,最后还依马某的意思增加了第六条内容。可见,双方能平等地就协议进行协商,自由地发表意见,马某并未因夏某的言语,导致其表意不真实。因此,马某以签署《合作协议》时遭受胁迫,请求撤销该协议,无相应的事实和法律依据。

关于《合作协议》是否显失公平。显失公平的认定,应注重考察显失公平的原因,即"显失公平"是否在于乘人之危或恶意利用他人弱势导致。本案中,2018 年 2 月 3 日的会议上,围绕顶牧公司产生的损失进行协商。从顶牧公司提供的录音证据内容来看,协商过程中,顶牧公司与马某均平等、充分发表各自意见,顶牧公司并不存在乘人之危、恶意利用对方弱势等情节。马某所认为的危机和胁迫等感受,主要基于其主观认知产生,并非来自客观现实,并未陷于"危困状态、缺乏判断能力"等情境。马某以显失公平为由,请求撤销该协议,亦无相应的事实和法律依据。

综上,对于被告马某要求撤销《合作协议》的诉讼请求,不予支持。

第三,被告马某是否应按《合作协议》承担 3 580 000 元损失。从《合作协议》名称来看,该协议并非单纯关于马某与顶牧公司达成的赔偿协议。从协议内容来看,主要为双方就 3 580 000 元损失如何共同挽回的协议。故该协议约定由马某提供担保,顶牧公司继续追加投资的"合作"。从顶牧公司提供的 2018 年 2 月 3 日会议录音证据中也显示,马某反复强调全部由其承担损失不合理,而是要按照《经理人协议》来确定双方责任,并反复强调其所说的"承担",仅仅是承担"补回来""扳回来"的"责任",并非承担金钱赔偿责任。并且,联系上下文,协议第二条约定的"乙方承诺愿意承担 3 580 000 元的损失",也建立在马某提供了相应抵押,顶牧公司再投入 6 000 000 元的基础之上。证人李某陈述,当时夏某曾表示"先签署《合作协议》,若房子不能抵押,到时再说,协议就算了";合同打印出来一份之后,又修改一条说,该合同是建立在《经理人协议》上,如果那份合同让马某承担亏损 3 000 000

元不成立,这份合同也不成立。证人刘某表示,马某并未说要赔偿 3 000 000 元,只是说他要挣回来;对于已经亏损的,当时没有说,是相信马某,说再给一笔钱让马某挣回来。另外,《合作协议》中增加的第六条可以与李某的陈述相互印证。该细节也能与马某在 2018 年 2 月 3 日录音中其表示的,仅同意按《经理人协议》中约定的责任来承担损失一节相呼应。因此,可以印证双方在签署《合作协议》时的真实意思,并非是由马某认可承担损失的全部赔偿责任,而是由双方继续合作,通过再投资的收益来解决顶牧公司的损失。马某未提供抵押的房产,顶牧公司也未继续提供 6 000 000 元的资金。因此,《合作协议》内容并未实际履行,双方也未就协议未履行的情况下,马某应如何承担责任进一步明确,故顶牧公司要求马某承担 3 580 000 元损失,无相应的事实和法律依据。

第四,被告马某应承担的损失比例。由于《经理人协议》并非单纯的劳动合同,民事主体之间就损失的承担约定相应的违约责任,并无不妥。因此,在《合作协议》未明确责任分担的情况下,应结合《经理人协议》约定来确定马某承担损失的比例。根据《经理人协议》十二条第二款第五项的约定,马某承担责任的前提系存在违反协议约定的内容,马某承担责任的范围和比例也应根据违约行为与损失之间的因果关系确定。

1. 关于被告马某是否有违约行为

《合作协议》虽记载马某私自从事有风险的业务,并将损失刻意隐瞒董事会。但从马某提供的书面证据和证人证言来看,自马某入职以来,就是为顶牧公司从事期货业务。由于顶牧公司并无董事会等内设机构,主要经营负责人也与工商登记内容不符,工作机制较为松散,马某在实际操作业务过程中,也无法履行向董事会汇报、批准的《经理人协议》中约定的操作流程。《经理人协议》签署当天的股东会决议记载,马某实施所有风险业务前必须向夏某汇报。从马某与夏某之间聊天记录及证人乐某某的证言来看,马某不定期也会将投资计划和具体操作行为向夏某汇报,"一五""五九"的投资计划也均已向夏某发送。2017 年 10 月 30 日,原告顶牧公司在明知被告马某操作业务大额亏损的前提下,仍召开公司全体会议,要求马某调整好心态,打回亏损。因此,顶牧公司对于马某从事期货业务系明知。由于期货业务本身具有较强的风险性,故不存在《合作协议》中记载的,亏损都是由于马某从事了有风险的业务,并未向董事会履行报批手续导致的事实。因此,目前有相反证据推翻《合作协议》中记载的马某自认事实,故不能仅以《合作协议》中记载确定马某的责任,而应查明马某是否存在违反《经理人协议》约定的具体行为。

在原告顶牧公司提供的 2018 年 2 月 3 日的会议录音中显示,马某在 2017 年 10 月 30 日的会议上,仅向顶牧公司汇报了"一五"的亏损,但并未告知"五九"的情况,并表示当时没说"五九",是因为"五九"当时是挣钱的。但在庭审中,马某陈述

"五九"自 2017 年 10 月初就开始出现浮亏,而 2017 年 10 月底的会议上,马某并未将存在浮亏的事实告知顶牧公司。根据顶牧公司提供的微信聊天记录来看,马某也向夏某道歉,表示未及时进行汇报。可见,马某在操作"五九"业务的过程中,确实存在未及时将具体业务的实施情况向顶牧公司报告的情形,导致顶牧公司在该次会议上不能作出正确经营决策,因此马某确实存在违约情形。

2. 原告顶牧公司在协议履行中是否存在过错

根据《经理人协议》,马某在操作期货时虽有一定的自主实施的权利,但是在顶牧公司监管之下的行为,这是双方之间有别于委托关系的重要区别。马某将操作计划等通过微信发送给夏某后,夏某从未予以明确回复。而《经理人协议》约定,马某主要工作为组织和实施公司决议,但顶牧公司对于马某汇报的内容从未给予明确的决策意见,马某也无从正常开展和实施业务。因此,对马某的放任和疏于管理,也是造成损失的原因。

3. 被告马某承担损失的比例

期货业务属于高风险投资。顶牧公司自设立以来就从事有风险的期货业务,操作的主要内容为铁矿石期货。市场的整体走势对于期货业务的操作具有重大的影响,系争损失发生期间正值铁矿石期货产品价格走势下降,是造成损失的主要原因。顶牧公司作为投资主体,应承担市场固有风险造成的损失,并且顶牧公司在合同履行过程中存在一定过错。与此相比,马某虽存在违约情形,但仅仅系因未及时告知损失金额,影响了顶牧公司及时作出正确的经营决策,并非与全部损失之间均存在因果关系。

《经理人协议》约定,公司的净利润超出 10% 的情况下,马某有权参与超出部分的利润分配,11%—30% 的净利润部分,马某可分配 20%;31% 及以上的净利润部分,马某可分配 30%。本着公平以及风险收益对等的原则,参照马某可参与分配利润的相关约定,酌定马某承担全部损失的 25%,即 895 000 元。

第五,被告马某是否应向顶牧公司偿付逾期付款利息损失。《合作协议》签订后,双方对于损失承担比例,并未最终达成一致。直至本案诉讼,马某所应承担违约责任的金额才明确。因此,马某也无从向顶牧公司承担违约责任。故顶牧公司请求马某偿付逾期付款利息损失,无相应的事实基础和法律依据。

综上,一审法院根据《中华人民共和国合同法》第一百零七条的规定,判决:一、被告马某应偿付原告顶牧公司款项 895 000 元;二、驳回原告顶牧公司的其余诉讼请求;三、驳回反诉原告马某的反诉请求。

一审判决作出后,原告顶牧公司不服,提起上诉。

二审法院认定事实与一审一致。

二审法院经审理后认为,一审法院考虑到期货行业的高风险性、发生损失当年铁矿石的市场走势、本案双方当事人对于损失发生的过错程度以及被上诉人马某在《经理人协议》中可参与分配利润的比例等,酌情确定马某承担全部损失的 25%即 895 000 元,并无不当,上诉人顶牧公司的上诉请求不能成立,应予驳回。故判决驳回上诉,维持原判。

点 评

本案涉及经理与公司之间的关系。《公司法》和《民法典》对公司的组织架构作出了规定,该架构一般包括三会,即股东会、董事会和监事会,分别对应权力机关、执行机关和监督机关。经理由董事会聘任,对董事会负责,主管公司的日常经营管理。

本案中,经理和公司之间签订《经理人协议》,约定了经理的劳动报酬、薪酬考核、社会保险、职责范围等内容,但是双方并未签订单独的《劳动合同》。从该协议的内容来看,双方除劳动关系所具备的必要内容外,还有利润分配,以及经理的各项职责内容、禁止性规定等。《经理人协议》中的主要内容,系双方基于公司法的规定,作为经理身份行使职权进行的权责关系的约定,有别于劳动法律法规调整下的劳动者与用人单位的劳动权利义务的约定。换言之,经理和公司之间既可以缔结劳动关系,也可以缔结一般的合同关系(提供劳务)。类似原理或关系也适用于董事和公司之间,即董事可以是也可以不是公司的劳动者。

如果经理和公司缔结的是一般合同关系,那么应当受《民法典》调整,按照合同违约责任的裁判规则,依据公平原则、风险收益对等原则,综合考量经理与公司的过错程度、违约行为与损害后果的因果关系、公司经营风险等因素,合理确定经理应当承担的赔偿责任范围。

值得注意的是,如果拓展到公司章程,则另有一番解释。公司章程虽然和公司合同一样,都属于私人安排的方式,可以自由约定内容,但是公司章程的情形更加复杂。按照《公司法》第十一条,公司章程对公司、股东、董监高具有约束力。如何理解此处的"约束力"? 可以从两个层面加以解释,一个是规则的约束力,另一个是合同的约束力。按照前者(自治规则论),公司章程是一种自治规则;按照后者(契约论),公司章程是一种相关的合同。

即使将公司章程解释为合同,其也仅仅在公司和股东之间、股东和股东之间设立合同关系,并没有在公司和第三人之间设立合同关系。换言之,如果公司章程条款涉及公司和经理之间的约定,或者经理在公司章程中对公司作出某种合同性承诺,那么该条款是无效的,因为经理是第三人,而章程原则上不会在公司和第三人之间设立任何合同。即使该经理是股东,如果该约定或承诺与股东身份无关、仅与经理地位有关,那么该条款仍然是无效的,因为此时其是作为第三人而不是股东的身份作出该约定或承诺的。

案例提供单位:上海市闵行区人民法院

编写人:张文星　朱　任

点评人:葛伟军

47. 上海馨源文化传播有限公司诉上海高汉新豪投资管理有限公司其他合同纠纷案

——无独立请求权第三人责任承担的司法认定

案 情

原告(被上诉人)上海馨源文化传播有限公司

被告(上诉人)上海高汉新豪投资管理有限公司

第三人郎某某

2011 年 8 月 25 日,原告上海馨源文化传播有限公司(以下简称馨源公司)与第三人郎某某签订《买卖合同》一份,约定:郎某某向馨源公司购买宋三彩一件,规格长 100 cm 宽 50 cm、材质陶瓷、创作年代清代、成交价 400 万元;藏宝阁一件,规格高 200 cm 宽 120 cm、材质金丝楠木、创作年代清代、成交价 580 万元;雕花龙椅三件套,规格 180 cm×120 cm×173 cm、材质紫檀木、数量三件、创作年代清代、成交价 450 万元;雕龙柜一件,规格 200 cm×90 cm、材质紫檀木、创作年代清代、成交价 400 万元;镏金玄关三件套,规格 200 cm×200 cm、创作年代清代、成交价 360 万元。本合同总价款为 2 190 万元。交货时间为 2011 年 9 月 10 日,交货数量 9 件等。

2011 年 10 月 28 日第三人郎某某与民生银行上海分行签订《个人综合授信借款合同》。2011 年 10 月 13 日第三人郎某某向民生银行上海分行申请个人消费贷款 500 万元,期限自 2011 年 10 月 13 日起至 2012 年 9 月 13 日止,执行年利率为 7.26%。同年 10 月 28 日民生银行上海分行根据郎某某的指定,将个人消费贷款 500 万元汇入馨源公司银行账户。同年 11 月份,郎某某向民生银行上海分行申请个人消费贷款 400 万元,期限自 2011 年 11 月 17 日起至 2012 年 11 月 17 日止,执行年利率为 6.56%。同年 11 月 22 日,民生银行上海分行根据郎某某的指定,将个人消费贷款 400 万元汇入馨源公司银行账户。

2012 年 7 月 12 日,原告馨源公司与第三人郎某某又签订《买卖合同》一份,约定:郎某某向馨源公司购买铜质佛像一件,规格 30 cm×20 cm×15 cm、材质铜、创作年代十三世纪、成交价 300 万元;铜质上师像一件,规格 35 cm×25 cm×15 cm、材质铜、创作年代十三世纪、成交价 300 万元;西藏阿里地区佛像一件,规格 30 cm×20 cm×15 cm、材质铜、创作年代十三世纪、成交价 300 万元;程丛林画作,规格 200 cm×90 cm、材质油画、创作年代近代、成交价 200 万元;清螺钿红木家具七件套,材质红木、数量七件、创作年代清代、成交价 500 万元。本合同总价款为 1 600 万元。交货时间为 2012 年 7 月 30 日,交货数量 11 件等。

2012 年 8 月 30 日,被告上海高汉新豪投资管理有限公司(以下简称高汉公司)向时任该公司法定代表人尤某的招行中远两湾城支行账户汇款二笔,一笔 200 万元,一笔 50 万元。同年 9 月 3 日出借方即甲方高汉公司、借款方即乙方馨源公司和担保方即丙方尤某签订《借款协议》一份,约定乙方向甲方借款 250 万元,期限自 2012 年 9 月 3 日起至 2012 年 9 月 6 日止。借款期满后乙方保证返还借款,否则愿意承担一切法律责任。借款形式:甲方将本协议借款金额(人民币贰佰伍拾万元)通过银行划款形式支付给丙方,再由丙方将此借款支付给乙方。还款形式:本协议到期后,乙方直接通过银行划款形式归还甲方,或者乙方通过银行划款方式归还给丙方,再由丙方归还给甲方等。《借款协议》签订后,尤某于同年 9 月 4 日向郎某某的民生银行浦东支行账户汇款 250 万元。郎某某收到后,向民生银行上海分行归还借款本息合计 2 510 523.33 元。

2012 年 8 月 20 日,第三人郎某某与民生银行上海分行签订《个人综合授信借款合同》一份。2012 年 8 月 27 日和 9 月 4 日第三人郎某某分别向民生银行上海分行申请个人消费贷款 250 万元。民生银行上海分行于同年 9 月 5 日和 11 日根据郎某某的指定,向馨源公司银行账户各汇款 250 万元。馨源公司收款后即向高汉公司银行账户汇款二笔合计 500 万元。

2012 年 9 月 7 日,出借人即甲方高汉公司与借款人即乙方馨源公司和担保人即丙方郎某某签订《借款协议》一份,约定乙方向甲方借款 400 万元,期限自 2012 年 9 月 7 日起至 2012 年 9 月 14 日止。借款期满后乙方保证返还借款,否则愿意承担一切法律责任。借款形式:甲方将本协议借款金额(人民币肆佰万元),其中人民币贰佰万元通过银行划款形式支付给丙方,再由丙方将此全部款项支付给乙方。剩余人民币贰佰万元整通过现金形式直接交付给乙方。还款形式:本协议到期后,乙方可直接通过银行还款形式将本协议的全部款项归还给甲方,或乙方通过银行划款形式将本协议的全部款项归还给丙方,再由丙方归还给甲方等。《借款协议》签订后,高汉公司向尤某的招行中远两湾城支行账户汇款二笔,一笔 200 万元,一笔 72 万元。当月 10 日,尤某向郎某某的民生银行浦东支行账户汇款 250 万元。郎某某收款后即向民生银行上海分行归还借款本息合计 2 513 530 元。

2012 年 10 月 29 日,出借人即甲方高汉公司、借款人即乙方馨源公司和担保人即丙方郎某某签订《借款协议》一份,约定甲方向乙方出借 400 万元,期限自 2012 年 10 月 29 日起至 2012 年 11 月 2 日止。借款期限届满,乙方保证返还借款,否则愿意承担一切法律责任。借款形式:甲方将本协议借款金额(人民币肆佰万元),其中人民币贰佰万元通过银行划款形式支付给丙方,再由丙方将此全部款项支付给乙方。剩余人民币贰佰万元整通过现金形式直接交付给乙方。还款形式:本协议到期后,乙方可直接通过银行还款形式将本协议的全部款项归还给甲方,或乙方通过银行划款形式将本协议的全部款项归还给丙方,再由丙方归还给甲方等。签约当天,高汉公司向尤某的招行中远两湾城支行账户汇款 200 万元。同时,案外人(银行资金明细显示为 WESLEY WONG)向尤某上述银行账号汇款 100 万元。次日,尤某向郎某某的民生银行浦东支行账户汇款 300 万元。当天,郎某某的上述账户又收到钱款 100 万元。郎某某收款后即向民生银行上海分行归还借款本息合计 4 010 933.34 元。

2012 年 10 月,郎某某向民生银行上海分行申请个人消费贷款 400 万元。民生银行上海分行根据郎某某的指定,于同年 10 月 30 日向馨源公司银行账户汇款 400 万元。馨源公司收款后即向高汉公司银行账户汇款 400 万元。

第三人郎某某在一审中陈述:"2011 年 8 月 25 日自己与馨源公司签订《买卖合同》,自己向馨源公司购买古董,并向中国民生银行上海分行浦东支行借款 900 万元以支付馨源公司货款,馨源公司收款后未履行交货义务。2012 年 7 月 12 日,双方又签订新的《买卖合同》,但馨源公司仍未将古董交付自己,引发相关诉讼。馨源公司向高汉公司借款 900 万元是帮助自己归还民生银行 2011 年的 900 万元贷款。"

2014 年 5 月 4 日上海市宝山区人民法院受理郎某某诉馨源公司、缪某某买卖合同纠纷一案[案号为(2014)宝民一民初字第 3721 号]。郎某某以馨源公司未履行《买卖合同》等为由,要求解除双方签订的《买卖合同》,馨源公司返还货款 900 万元及其利息,缪某某承担连带责任。经二审终审,判决馨源公司返还郎某某 900 万元,并按银行同期贷款利率支付利息(自 2012 年 10 月 31 日计算至判决生效之日止),缪某某承担连带责任等。该案执行中,缪某某履行了该判决义务。

审理中,被告高汉公司陈述,2012 年 10 月 29 日,高汉公司指令案外人 WESLEY WONG 向尤某的招行中远两湾城支行账户汇款 100 万元。同年 10 月 30 日,高汉公司又指令案外人邵某某向郎某某的民生银行浦东支行账户汇款 100 万元。同年 10 月 31 日高汉公司向案外人 WESLEY WONG 和邵某某银行账户分别汇款 100 万元。

原告馨源公司诉称,原告馨源公司与第三人郎某某签订《买卖合同》后,第三人向原告共计支付了 900 万元。因原告在收款前已与第三人合意解除买卖合同,故原告在收到每笔款项的当日即按照第三人的指示将款项悉数转入被告账下。后第三人起诉原告及原告法定代表人,要求返还上述 900 万元款项并支付相应利息,该案判令支持第三人诉请。被告在与原告并无任何合同关系的情况下接受了 900 万元的款项,此后既未转交第三人也未返还原告,被告的行为显然已构成不当得利,其所得利益应全部返还原告。故诉至法院,请求:(1)被告返还原告 900 万元;(2)被告向原告支付利息损失。

被告高汉公司辩称:(1)原告偿还欠款、归还借款,不存在损失;被告收支平衡,不存在不当得利;本案 900 万元涉案资金流转的依据是原、被告双方之间的三份《借款协议》。(2)本案的银行流水与借款合同,以及邵某某和 WESLEY WONG 的两个账号两借两还的客观存在,印证被告不存在不当得益。(3)第三人与被告系法律上两个独立的主体,被告收到 900 万元,是基于原告归还的借款。故要求法院依法判决驳回原告的诉讼请求。

第三人郎某某述称,2011 年 8 月 25 日第三人与原告签订买卖合同,第三人向原告购买一批古董,第三人向民生银行借款 900 万元,原告将 900 万元分五次挪作他用,原告并未履行交货义务。2012 年 7 月 12 日,双方又签订新的买卖合同,但原告仍未将古董交付第三人,引发相关诉讼。原告向被告借款 900 万元其目的是归还第三人于 2011 年民生银行的 900 万元贷款。在签订第二份合同时,由于要偿还第一笔合同的消费贷款,原告通过第三人的账户偿还第一份合同的消费贷款。

审 判

一审法院经审理后认为,被告高汉公司在与原告馨源公司并无对价的情况下接受了 900 万元的款项,此后既未经馨源公司授权转交他人也未返还馨源公司,高汉公司的行为已构成不当得利。第三人向民生银行办理了个人消费贷款申请,银行应第三人申请将涉案 900 万元划入馨源公司账户。馨源公司得款后又通过银行将上述款项转入高汉公司账下(未注明款项用途)。后第三人通过诉讼,法院已判令馨源公司及其法定代表人共同返还第三人货款 900 万元并支付相应利息。高汉公司确认收到涉案款项,但主张系馨源公司归还其借款,因高汉公司举证不力,一审对该主张不予认可。因此,高汉公司占有馨源公司涉案款项 900 万元缺乏合法根据,理应及时返还。

据此,一审法院依照《中华人民共和国民法通则》第九十二条及《中华人民共和国民事诉讼法》第一百四十二条之规定,判决:被告高汉公司返还原告馨源公司不当得利款 900 万元。

一审判决后,被告高汉公司不服,提起上诉。

二审法院认定事实与一审一致。

二审法院经审理后认为,综合前案生效判决认定及本案实际情况,一审法院认定上诉人高汉公司占有被上诉人馨源公司 900 万元属不当得利而应予返还的意见,并无不当。故判决:驳回上诉,维持原判。

高汉公司不服,申请再审。

二审判决后,上诉人申诉审查法院审理后,指令再审。再审法院经再审,裁定发回一审法院重审。

重审中,原审原告馨源公司诉称,2012 年 9 月初,郎某某需资金周转,请求馨源公司向高汉公司借款。馨源公司与高汉公司陆续签订《借款协议》三份,约定向高汉公司借款合计 900 万元。签约后,高汉公司将借款汇入时任该公司法定代表人尤某的银行账户,再由尤某转账给郎某某。同时,郎某某持 2012 年 7 月与馨源公司签订的《买卖合同》,向民生银行申请个人消费贷款 900 万元。2012 年 9 至 10 月间,馨源公司陆续收到民生银行发放的郎某某个人消费贷款 900 万元。馨源公司基于和郎某某已达成解除《买卖合同》,照理应将此款退还郎某某,但馨源公司与高汉公司签订《借款协议》所约定的还款时间已到,馨源公司即将该 900 万元转账至高汉公司。2014 年 3 月,郎某某以馨源公司未履行《买卖合同》为由,起诉要求馨源公司返还货款 900 万元及其利息,得到支持,馨源公司履行了还款义务。同时,高汉公司未正确履行《借款协议》约定的付款义务,具有过错应承担责任。故变更诉讼请求:(1)判令郎某某返还馨源公司 900 万元;(2)判令郎某某按银行同期贷款利率向馨源公司支付前项 900 万元的利息,其中以 250 万元为基数,自 2012 年 9 月 6 日起计算至判决生效之日止;以 250 万元为基数,自 2012 年 9 月 12 日起计算至判决生效之日止;以 400 万元为基数,自 2012 年 10 月 31 日起计算至判决生效之日止;(3)判令高汉公司对郎某某上述还款义务承担连带责任。

原审被告高汉公司辩称,同意馨源公司向郎某某主张返还钱款 900 万元及其利息的诉讼请求。高汉公司已全面履行三份《借款协议》的义务,请求驳回馨源公司要求高汉公司对郎某某还款义务承担连带责任的诉讼请求。

原审第三人郎某某未作答辩。

重审法院经审理后认为,第一,本案案由应确定为其他合同纠纷。本案审理中,馨源公司依据原审、再审等阶段查明的事实,将诉讼请求变更为要求郎某某返还钱款 900 万元及其利息,并要求高汉公司承担连带责任。馨源公司与高汉公司和郎某某等签订三份《借款协议》的目的是为了替郎某某归还个人消费贷款。郎某某用馨源公司的借款 900 万元归还自己的个人消费贷款后,馨源公司向郎某某主张返还该钱款及利息于法有据。虽馨源公司与郎某某之间并未明确彼此间系何种民事法律关系,但该法律关系明显不属于不当得利法律关系。根据民事案由应当依据当事人主张的民事法律关系的性质来确定的标准,结合查明的事实和馨源公司在本案中的诉讼请求,重审确定本案案由为其他合同纠纷,故对原审案由予以调整。

第二,郎某某应当返还馨源公司钱款 900 万元及其利息。(1)从郎某某还款的时间和三份《借款协议》签约的时间上分析。2011 年,郎某某向民生银行上海分行申请个人消费贷款 900 万元。根据双方约定,郎某某应当在 2012 年 9 月 13 日和同年 11 月 17 日归还银行个人消费贷款 500 万元和 400 万元及利息。馨源公司在郎某某还款前夕即 2012 年 9 月 3 日、9 月 7 日和 10 月 29 日分别与高汉公司等签订三份《借款协议》,约定向高汉公司借款 1 000 余万元。馨源公司的签约行为可以印证为郎某某归还银行个人消费贷款所作的准备。(2)从三份《借款协议》项下的借款用途分析。馨源公司与高汉公司等签订三份《借款协议》后,协议项下的借款 900 万元由出借人高汉公司通过尤某等银行账户汇给了郎某某,郎某某收款后用于归还自己的个人消费贷款。虽然馨源公司以后又收到郎某某给付的个人消费贷款 900 万元,但郎某某通过诉讼向馨源公司取回该 900 万元。可以确定三份《借款协议》项下的借款 900 万元由郎某某使用。(3)从本案当事人的主张、抗辩和陈述分析。馨源公司主张,2012 年 9 月郎某某因个人资金周转需要,请求其向高汉公司借款用于周转。高汉公司抗辩,与馨源公司签订三份《借款协议》并履行借款义务,系帮助馨源公司替郎某某归还个人消费贷款的请求。郎某某在原审中陈述,馨源公司向高汉公司借款 900 万元目的是归还自己于 2011 年向民生银行的贷款 900 万元。综上,馨源公司向高汉公司借款用于郎某某归还个人消费贷款,郎某某不仅认可,而且已实际使用该钱款,双方由此产生权利和义务。馨源公司系债权人,郎某某系债务人。由于两者之间并未约定何时履行还款义务,现馨源公司向郎某某主张返还 900 万元及其利息符合事实和法律规定,应予支持。审理中,馨源公司主张从郎某某收到钱款的次日起,分别按照银行同期贷款利率计算至判决生效之日止的利息,但馨源公司未提供双方对利息计算的约定和法律依据。现馨源公司向郎某某催告后,郎某某仍然不返还该钱款,故馨源公司可以要求郎某某支付自催告之日后比照银行同期贷款利率计算的利息。另,馨源公司要求利息计算至判决生效之日止的诉讼请求,于法不悖,予以支持。

第三,高汉公司不应承担本案的连带责任。适用连带责任必须具有充分的法律规定或明确的合同约定为前提。高汉公司依照三份《借款协议》约定,将借款陆续支付给协议中的丙方,并没有违反约定。虽然甲方直接将借款给付郎某某而非借款人馨源公司,但馨源公司并未提出异议,且按约归还高汉公司出借的借款 900 万元。从本案查明的事实可以确定,馨源公司已实现三份《借款协议》的目的,协议双方不存在违约的情形。鉴于馨源公司与郎某某之间系另一法律关系产生的纠纷,馨源公司要求高汉公司对郎某某的还款义务承担连带责任缺乏事实和法律依据。

综上,重审法院依照《中华人民共和国民法总则》第一百七十六条、第一百七十九条第一款第四项、第八项,《最高人民法院关于适用〈中华人民共和国民事诉讼法〉的解释》第二百四十条之规定,判决:一、原审第三人郎某某返还原审原告馨源公司钱款 900 万元;二、原审第三人郎某某支付原审原告馨源公司钱款 900 万元的利息,自 2019 年 3 月 21 日起,按银行同期贷款利率计算至判决生效之日止;三、原审原告馨源公司要求原审被告高汉公司对原审第三人郎某某返还钱款 900 万元本息承担连带责任的诉讼请求不予支持。

本案重审判决后,各方当事人均未提起上诉。

点 评

本案最值得关注之处在于法院判令无独立请求权的第三人承担全部责任。

一审、二审法院均认为本案系不当得利纠纷,判令被告高汉公司向原告馨源公司返还不当得利 900 万元及其利息。后经高汉公司上诉而发回重审。重审中,法院结合原审、再审查明的事实,确定本案案由为其他合同纠纷,对原审案由予以调整。

重审中,法院查明高汉公司接受馨源公司的 900 万元并非无法律根据,而系馨源公司履行其与高汉公司《借款协议》的还款义务。但馨源公司借款系为郎某某归还银行贷款,且直接汇入郎某某账户,为郎某某实际使用。基于上述事实,在馨源公司与郎某某之间形成债权债务关系。但郎某某为原审无独立请求权第三人,判令无独立请求权的第三人承担责任是否具有合理性,有不同的观点:一种观点认为,基于《最高人民法院关于适用〈中华人民共和国民事诉讼法〉的解释》第八十二条,无独三制度应当具有一次性彻底解决纠纷的目的,为此可判令其承担责任;另一种观点认为,无独三制度是为了保护第三人利益,无独三不应承担民事责任,否则无人愿以此身份申请参加诉讼。从现行法的规定看,应认为前一观点较为合理。纠纷所涉实质权利义务关系确实发生在当事人与无独三之间时,若仍拘泥于原被告之间,忽略当事人与第三人之实质法律关系进行裁判,可能会造成司法资源的浪费,亦有损当事人利益,加重当事人诉累。当然,是否可判令无独三承担责任,应当把握以下两个核心标准:一是实体法律关系确实成立;二是不会导致无独三程序权利的减损。

本案判决紧扣纠纷实质,依据确切证据,认定真实的权利义务发生在原审原告与原审第三人之间,突破性地判令原审第三人承担全部责任,避免当事人诉累,对类似案件的处理有一定的借鉴意义。

案例提供单位:上海市虹口区人民法院
编写人:丁汉良 陶刘婷
点评人:金可可 莫旺珊

48. 张某某诉上海财通资产管理有限公司金融委托理财合同纠纷案

——资管产品管理人职责的认定

案 情

原告张某某

被告上海财通资产管理有限公司

2016 年 8 月 31 日,原告张某某与被告上海财通资产管理有限公司(以下简称财通公司)签订《财通资产—中粮地产深圳云景国际特定多个客户专项资产管理计划资产管理合同》(以下简称《云景资管计划合同》)。约定:第二节释义资产管理计划、资管计划、计划:"景时深光基金、有限合伙企业、合伙企业:指专门为投资深圳市中粮地产云景国际项目而设立的,并由上海景时股权投资基金管理有限公司担任普通合伙人的有限合伙企业","景时深光基金的 A2 类有限合伙份额:指有限合伙企业有限合伙人认缴出资中约定业绩比较基准的优先级有限合伙份额";第四节资产管理计划的基本情况,资产管理计划的名称"财通资产—中粮地产深圳云景国际特定多个客户专项资产管理计划",资产管理计划的存续期限"本资产管理计划的存续期限预计为 24 个月,自资产管理计划成立之日起算","若资产管理计划预计存续期限到期时,委托财产未全部变现的,资产管理计划将自动延期至委托财产全部变现之日止";第九节当事人及权利义务,资产管理人,第 3 款资产管理人的义务第 8 项"以资产管理人的名义,代表资产委托人利益行使诉讼权利或者实施其他法律行为";第十一节资产管理计划的投资,投资范围"本资产管理计划募集资金将认购景时深光基金的 A2 类有限合伙份额",风控措施第 2、3 项"(2)普通股合伙人流动性无条件差额不足义务:景时基金公司承诺将以自有资金对资管计划中委托人的投资收益与业绩比较基准之间的差额部分进行补足。(3)项目公司股权质押:景时深光合伙将其持有的项目公司 49% 的股权为景时基金公司的上述资金补足义务提供股权质押保证担保"。风险收益特征"基于本资产管理计划的投资范围及投资策略,本资产管理计划不承诺保本及最低收益,具有一定投资风险,适合具有一定风险识别、评估、承受能力的合格投资者"。第十九节报告义务,运作期报告

"资产管理人向资产委托人提供的报告种类、内容和提供时间"。第二十四节资产管理合同的效力"本合同于资产管理计划初始销售期限结束报中国证券投资基金业协会备案并获中国证券投资基金业协会书面确认之日起生效"。《云景资管计划合同》另约定,原告为资产委托人,原告委托资金为130万元。

同日,原告张某某向《云景资管计划合同》指定资金募集账户支付130万元。2016年9月2日,"财通资产—中粮地产深圳云景国际特定多个客户专项资产管理计划"(以下简称云景资管计划)在中基协完成备案并成立,《云景资管计划合同》依双方约定生效。该月7日,云景资管计划所募集资金1.391亿元被划付至上海景时深光投资中心(有限合伙)(以下简称景时深光合伙)账户。其时,上海景时股权投资基金管理有限公司(以下简称景时基金公司)为景时深光合伙的普通合伙人,景时深光合伙持有中粮地产(深圳)实业有限公司(以下简称中粮实业公司)49%股权,景时深光合伙已经将其持有的该中粮实业公司49%股权质押给被告财通公司。

依原、被告约定,云景资管计划应于2018年9月2日到期,但自2018年9月10日起,被告连续发布7份临时公告、5份季度报告及2018年年度报告,披露了该计划延期、涉案项目的进展等相关信息。2020年4月20日,上海金融法院受理了财通公司与景时基金公司等合伙协议纠纷一案,案号为(2020)沪74民初415号。

原告张某某诉称,云景资管计划于2018年9月2日存续期届满后,被告却多次发布公告,将云景资管计划分配期限一再延期,不仅未及时按照约定履行分配本金和收益之义务,而且未依法披露其按照《云景资管计划合同》执行上述风控措施的相关文件和信息。故诉至法院,请求:(1)被告财通公司披露案外人景时基金公司向涉案资产管理计划的委托人承诺差额补足的相关文件;(2)被告财通公司披露案外人景时深光合伙将其持有的中粮实业公司49%的股权质押给涉案资管计划委托人的有关质押合同、质押登记等证明文件;(3)被告代表原告利益对景时基金公司、中粮实业公司行使诉权并采取诉讼保全措施;(4)本案的诉讼费用由被告承担。

被告财通公司辩称,不同意原告的诉讼请求。对于原告的第一、二项诉讼请求,被告已全面履行了《云景资管计划合同》第十九节约定的信息披露义务,且根据中粮实业公司公共信用信息查询显示,景时深光合伙已经将其持有的中粮实业公司49%股权质押给被告;原告所主张的质押文件、风控文件、承诺文件等都不属于信息披露的范围和对象;被告曾多次告知委托人其已全面履行了上述风控措施。对于原告的第三项诉讼请求。被告始终积极履行相关管理人义务,和景时基金公司、中粮实业公司等都有过多次交涉,相关谈判也在一直进行当中;被告已根据整个谈判交涉过程的进展情况,谨慎选择了行使诉讼权利,对景时基金公司等提起的合伙协议纠纷诉讼已由上海金融法院于2020年4月20日受理,但被告经综合考虑没有对景时基金公司采取诉讼保全措施;因云景资管计划与中粮实业公司不具有直接的法律关系,故被告没有法律依据对中粮实业公司提起诉讼。

审 判

一审法院经审理后认为,原、被告签订的《云景资管计划合同》,是双方当事人的真实意思表示,依法成立并生效。被告作为针对特定投资者发行的云景资管计划资产的管理人,应为委托人利益履行诚实信用、勤勉尽责义务;原告作为委托人自担投资风险并获得收益。本案的主要争议焦点在于,被告作为管理人是否已经全面履行云景资管计划的信息披露义务,以及是否为委托人的最大利益有效履行相关防范和控制风险的谨慎管理义务。

关于第一项争议焦点,首先,资产管理计划信息披露的内容应由双方资产管理合同约定。但双方并未要求云景资管计划管理人披露其所应当采取风控措施的具体内容。其次,被告应当采取的风控措施所涉文件的具体内容,不应属于双方上述约定的"可能影响资产委托人利益的重大事项"。再次,若资管计划合同约定的披露内容未涉及或低于法律法规要求披露的信息内容的,应依据相关法律法规的规定予以披露。原告举证的法律法规亦不存在明确要求资产管理产品管理人披露原告主张内容的相关规定。因此,原告要求被告财通公司披露案外人景时基金公司向云景资管计划委托人承诺差额补足的相关文件,以及案外人景时深光合伙将其持有的中粮实业公司49%的股权质押给云景资管计划委托人的有关质押合同、质押登记等证明文件之诉讼请求,不予支持。

关于第二项争议焦点,首先,被告庭审中陈述了作为专业机构,在涉案云景资管计划延期,出现违约情形后所实施的相关法律行为,并据此认为,相较于直接对景时基金公司等采取诉讼措施,已采取的举措对全体委托人更为有利。在原告没有提供证据证明如对景时基金公司等行使诉权并采取诉讼保全措施,可以使得全体资管计划委托人获得更大利益的情形下,被告的上述解释,法院予以尊重。其次,在本案诉讼期间,被告在经与景时基金公司协商无果后,已经对景时基金公司提起诉讼,原告要求被告代表原告利益向景时基金公司提起诉讼的诉讼请求已经丧失事实基础;被告在庭审中陈述了目前景时基金公司的财产不存在灭失风险,如采取诉讼保全措施将会另行产生保全费、保全担保费等而增加诉讼成本,故被告没有对景时基金公司采取诉讼保全措施。在原告没有提供相反证据予以证明的情形下,被告的上述解释,法院予以尊重。再次,中粮实业公司既非《云景资管计划合同》的相对方,亦非与云景资管计划存在利害关系的相关当事人,被告认为云景资管计划与中粮实业不存在直接的法律关系,原告要求被告对中粮实业采取诉讼措施缺乏法律依据之辩称,法院亦予以尊重。

综上,一审法院依照《中华人民共和国合同法》第六十条,《中华人民共和国信托法》第二条,《中华人民共和国证券投资基金法》第三条、第九条、第九十五条,《最高人民法院关于适用〈中华人民共和国民事诉讼法〉的解释》第九十条规定,判决:驳回原告张某某的全部诉讼请求。

一审判决作出,双方当事人均未提出上诉,一审判决已发生法律效力。

点 评

由《云景资管计划合同》(以下简称资管合同)内容可知,受托财产的管理权和处分权仅归属于受托人,且受托人不受委托人指示,故案涉合同并非委托合同,而是信托合同,且属自益信托(委托人与受益人同一)。

本案争议焦点在于信托合同中委托人(受益人,下同不赘)的权利范围。

问题一:委托人知情权的范围。原告要求披露案外人与受托人之间就受益权预定数额的差额补足责任合同及相应担保。法院认为,就风控措施的具体合同内容,资管合同并未直接约定披露义务,差额补足责任合同(及其担保)的具体内容也非约定所称"可能影响资产委托人利益的重大事项",又无法律规定其属于披露义务的范围,故受托人没有义务作相应披露。裁判的总体思路值得肯定,披露义务之有无,取决于有无法律规定或相应约定。此外,差额补足责任合同(及其担保)直接关系受益权的价值与实现,其有无及其内容、效力如何,对受托人权益影响甚巨,令其充分了解相关信息,有助于维护其权益,在特定个案中,认定为"可能影响资产委托人利益的重大事项"或法定披露义务的内容,亦无不可。在资管计划严重延期情形,更是具有一定的正当性。当然,具体尚应取决于个案之案情。

问题二:委托人对受托人有无指示的权利。信托关系中,委托人对信托财产原则上没有管理权,对受托人亦无指示权,因为委托人基于信义关系让渡了管理权,受托人的判断通常更加专业,若许委托人对受托人作指示,反而可能有害于受益人,在有数个受益人时,更为明显。此外,资管合同亦未特别约定委托人有指示权。故本案委托人对受托人无指示之权利。

该判决平衡了自益信托中委托人与受托人间的权利义务,对类似案件有一定的指导意义,对资管行业的健康有序发展起到相应的促进作用。

案例提供单位:上海市浦东新区人民法院

编写人:王　鑫　王朝辉

点评人:金可可　高启宇

49. 郑某某诉三星财产保险(中国)有限公司财产保险合同纠纷案

——招揽租车用户致机动车危险程度显著增加行为的司法认定

案 情

原告郑某某

被告三星财产保险(中国)有限公司

沪 BWV×××小型轿车为原告郑某某所有。原告郑某某为该车向被告三星财产保险(中国)有限公司(以下简称三星公司)投保机动车综合商业保险,保险期间自 2018 年 8 月 10 日至 2019 年 8 月 9 日止;《机动车综合商业保险保险单》使用性质一栏注明"非营业个人";重要提示一栏注明"被保险机动车因改装、加装、改变使用性质等导致危险程度显著增加以及转卖、转让、赠送他人的,应书面通知保险人并办理变更手续"。

原告郑某某将系争轿车租赁给案外人宋某某(微信名)。2018 年 12 月 23 日,宋某某将系争轿车租赁给案外人于某某,并收取租金及押金共计 3 100 元。于某某将该车交由肖某驾驶。2018 年 12 月 23 日 23 时 40 分许,肖某驾驶该车沿浙江省平湖市独山港镇九龙山度假景区内道路行驶至事发路段时因避让动物导致车辆失控冲出路面,与山体相撞,造成车辆损坏的事故。平湖市公安局交警大队认定肖某负全部责任。

2019 年 1 月 14 日,被告三星公司向原告郑某某出具《机动车辆保险拒赔通知书》,对系争轿车在上述事故中产生的损失以不属于保险责任赔偿范围为由,拒绝赔偿。

原告诉称,2018 年 6 月 26 日,原告在被告处投保了车损险及不计免赔险,保险期间内发生事故致使原告车辆受损。被告拒绝理赔。故原告诉至法院,请求:(1)被告赔偿原告 149 946 元(维修费 145 786 元、施救费 250 元、评估费 3 910 元);(2)案件受理费由被告负担。

被告三星公司辩称,对原告所述事故发生经过、交警责任认定以及车辆投保情况无异议,但是被告不同意赔偿。因为被保险车辆是在租赁期间发生的事故,原告改变了被保险车辆的用途导致危险显著增加,依据《保险法》第五十二条的规定,不予赔偿。

审 判

一审法院经审理后认为,关于系争轿车的用途是否改变的问题,原告郑某某投保时双方约定系争车辆的用途为"非营业个人","非营业"相对的概念是"营业"。营业一词,从文义解释来看,《现代汉语词典》给出的解释是"(商业、服务业、交通运输业等)经营业务",根据该解释"非营业"应当排除经营业务。从行业规范来看,公安部发布的《中华人民共和国公共安全行业标准机动车类型 术语和定义》中明确"非营运机动车是指个人或者单位不以获取利润为目的而使用的机动车",该规范所附的《机动车使用性质细类表》中列明营运类机动车包括:公路客运、公交客运、出租客运、旅游客运、租赁、教练、货运、危化品运输。本案中,双方约定的系争车辆的用途为"非营业个人",排除了对系争车辆以营利为目的的商业性使用。根据被告提供的证据,并结合原告本人的陈述,法院有理由相信原告将系争车辆出租于案外人宋某某,宋某某又将系争车辆转租于次承租人。显然,系争车辆的使用性质已经不同于原、被告双方约定的"非营业个人",而是转变为以获取租金收益为目的的商业性使用。

关于系争轿车的用途改变是否导致危险程度显著增加且超出保险人应当预见范围的问题。本案中,系争车辆危险程度的增加体现在以下方面:首先,原告将车辆出租给微信名为宋某某的案外人,而宋某某通过网络发布广告,向不特定人员低价招揽租车用户的方式客观上大幅提高了车辆的出行频率、扩大了出行范围,车辆在运行过程中出险的几率也相应大幅提高,导致被告方所承担的风险远远超过原、被告双方按"非营业个人"的用途所确定保费的承受范围。其次,系争车辆用途的改变同时伴随着车辆管理人与使用人的改变。原告将车辆交付宋某某管理。庭审中原告的陈述表明其对宋某某的真实身份情况并不清楚,因此无证据证明宋某某具备经营车辆租赁所必需的对车辆进行规范管理、维护、对客户进行风险管控的专业能力;而宋某某承租车辆的目的在于转租再谋利,没有证据表明宋某某在车辆转租过程中对相对人的风险控制能力进行了必要的审查。因此,系争车辆管理人的改变也足以导致危险几率的提高,而原告与宋某某对危险几率的提高均采取了放任的态度。在此情况下,系争车辆危险程度的增加完全超出了保险人可预见的范围,如果由保险人来承担风险,将违反财产保险合同中对价平衡的原则,不利于保险业的健康长久稳定发展。根据《最高人民法院关于适用〈中华人民共和国保险法〉若干问题的解释(四)》第四条的规定,应当认定系争轿车的危险程度显著增加且超出保险人应当预见的范围。

据此,一审法院依照《中华人民共和国保险法》第五十二条,《最高人民法院关于适用〈中华人民共和国保险法〉若干问题的解释(四)》第四条第一款第一项、第五项之规定,判决驳回原告郑某某的诉讼请求。

一审判决作出后,双方当事人均未提起上诉,一审判决现已生效。

点 评

本案系非营运机动车的保险合同纠纷,争议焦点在于原告的行为,是否导致案涉机动车的危险程度显著增加。

原告将该车租予网上新结识的陌生租车中介(且应当知道该中介没有运营资质),供其向不特定人招租,亦未明确合同的期限,间接将该车投入经营性使用,不仅导致车辆使用频率增加,也导致原告没有能力控制该机动车由谁驾驶、如何驾驶,可认为显著增加该车的危险程度。此种增加的危险,不属于保险合同订立时保险人预见或者应当预见的承保范围。原告出租前,亦未履行通知义务。综上,因该机动车危险程度显著增加而发生的保险事故,保险人不承担保险责任。

该判决并未机械套用最高人民法院引用的裁判,综合考虑各项因素,作出符合具体案情的裁判,实现保险人与被保险人间利益的平衡。

案例提供单位:上海市闵行区人民法院

编写人:席建林　陆　淳

点评人:金可可　高启宇

50. 光大证券股份有限公司诉叶某某融资融券交易纠纷案

——投资者应对其自行采取"绕标"手段规避监管导致的损失承担责任

案 情

原告(反诉被告)光大证券股份有限公司

被告(反诉原告)叶某某

2017 年 5 月 18 日,原告光大证券股份有限公司(以下简称光大证券)、被告叶某某签署《融资融券合同》,约定:被告信用账户维持担保比例低于 130% 时且未在下一个交易日补充担保物或偿还融资融券负债,使维持担保比例达到追保线以上的,原告有权对被告账户内资产予以强制平仓;若被告信用账户内证券被实行风险警示,从该证券被实行风险警示之日起的第 21 个交易日开始,该证券市值折扣调整为 0%。

签约后,被告于 2017 年 5 月 22 日至 23 日期间针对 300ETF 指数基金等标的证券进行频繁融资融券交易,且通过"绕标"的方式将融资融券款项套取变为自有资金。2017 年 10 月起,被告用上述通过"绕标"方式获得的自有资金大量买入非标的证券"尤夫股份"["绕标"具体操作步骤为:步骤 1. 先融券卖出 300ETF 等标的证券,产生融券负债;步骤 2. 再通过融资买入相同数量的 300ETF 等,产生融资负债;步骤 3. 将步骤 2 融资买入的 300ETF 等以现券还券的方式偿还步骤 1 的证券,由此使得融券负债解冻变为自有资金;步骤 4. 用步骤 3 套现的自有资金买入尤夫股份(非标的证券)]。2018 年 2 月 8 日,"尤夫股份"被实施风险警示,原告根据合同约定于 2018 年 3 月 15 日将该股票市值折扣调整为 0%,由此导致被告信用账户维持担保比例低于平仓线 130%,并触发强制平仓;此后该股票于 2018 年 3 月 23 日至 2018 年 5 月 7 日期间连续跌停,致使原告在跌停期间无法实行强制平仓。2018 年 5 月 8 日,该股票开盘,被告将该股票自行平仓并产生严重亏损,后被告无力归还融资款。

原告光大证券诉称,叶某某在光大证券处开展融资融券交易,拖欠光大证券融资本金及利息未还,故诉至法院,请求:(1)判令被告向原告偿还融资本金 6 171 182.95 元;(2)判令被告向原告偿还截至 2019 年 5 月 8 日的融资利息 149 992.67 元;(3)判令被告向原告支付自 2018 年 5 月 9 日起至实际清偿之日止的利息(以 6 171 182.95 元为基数,按 7.5%×天数/360 为标准);(4)判令被告向原告支付自 2018 年 5 月 9 日起至实际清偿逾期欠款之日止的逾期利息(以逾期欠款金额为基数,按每日万分之五计算);(5)判令被告向原告支付律师费 30 000 元;(6)本案公证费 10 000 元由被告承担。

被告叶某某辩称,原告光大证券作为证券公司在交易过程中违反监管规定允许客户进行"绕标"交易,应承担由此给被告造成的部分损失,故提出反诉请求:(1)判令被告返还原告 2 334 414.43 元,并按照中国人民银行贷款利率支付自 2018 年 5 月 8 日起至实际付清之日止的利息损失;(2)本案全部诉讼费用由原告承担。

原告光大证券针对被告反诉辩称,本案所涉尤夫股份系非标的证券,被告通过"绕标"手段套取两融资金变为自有资金,故被告以其信用账户中的自有资金买入的该股票在案涉交易期间属于可充抵保证金证券,在该股票被实施风险警示后原告将该股票移出可充抵保证金证券范围,故原告并不违反监管规定。对于被告自行采取的"绕标"行为,原告不具有限制其进行"绕标"操作的法定义务,故不同意被告反诉请求。

审 判

一审法院经审理后认为,本案争议焦点为:原告光大证券是否须为被告叶某某"绕标"操作产生的损失承担责任。

首先,从此类绕标交易模式来看,尽管被告买入"尤夫股份"的最初资金来源确系通过两融交易套现获得,但其一开始获取资金的过程(即操作步骤 1、2、3)均系针对标的证券进行融资交易或融券交易,完全符合《证券公司融资融券业务管理办法》(以下简称《两融管理办法》)规定。之后,被告使用以绕标手段获取的自有资金买入"尤夫股份"(即操作步骤 4),鉴于沪深交易所的《融资融券交易实施细则》(以下简称《两融交易实施细则》)均规定投资人可以在信用证券账户下用自有资金买入可充抵保证金证券,而涉案"尤夫股份"在被告购买该股票时属于原告认可的可充抵保证金证券,可见此交易模式并未违反现行监管规则的禁止性规定。

其次,从责任承担来看,证券公司对投资人的交易行为所产生的风险与损失承担责任的前提应基于其未能履行相关法定义务或约定义务。根据上述监管规定,原告作为证券公司并无限制投资人进行绕标操作的相关法定义务。根据《融资融券合同》约定来看,原告亦不具有控制绕标的合同义务。因此,被告采取绕标操作买入非标的证券后产生亏损,应由其个人承担相应的交易风险,其要求原告承担责任缺乏法律依据或合同依据。

综上,一审法院依照《中华人民共和国合同法》第六十条第一款、第一百零七条、第二百零五条第一款、第二百零六条以及第二百零七条之规定,判决:(1)被告(反诉原告)叶某某应归还原告(反诉被告)光大证券股份有限公司融资本金6 171 182.95元;(2)被告(反诉原告)叶某某应支付原告(反诉被告)光大证券股份有限公司截至 2018 年 6 月 20 日止的融资利息 149 992.67 元、逾期利息 135 905.57元,以及自 2018 年 6 月 21 日起至实际清偿之日止以融资本金及融资利息之和6 321 175.62元为基数按日万分之五的标准计算的逾期利息;(3)被告(反诉原告)叶某某应支付原告(反诉被告)光大证券股份有限公司律师费 30 000 元;(4)被告(反诉原告)叶某某应支付原告(反诉被告)光大证券股份有限公司公证费 10 000元;(5)原告(反诉被告)光大证券股份有限公司的其他诉讼请求,不予支持;(6)被告(反诉原告)叶某某的诉讼请求,不予支持。

一审宣判后,原、被告双方均未上诉。该判决现已生效。

点 评

本案系融资融券绕标交易引发的证券纠纷,原告券商要求被告绕标交易投资者返还融资款项,投资者反诉券商赔偿其因强制平仓所受损失。

根据《两融管理办法》,通过融资融券所获资金只能购买指定标的证券,且须按一定的比例提供担保。绕标产生的原因在于投资者为将融资资金或融券出售的资金用于购买其他收益更高的资金证券,先出售标的证券,再以融资购买标的证券还券,将融资款项转化为自有资金,进而以此资金购买标的外证券,规避证交所对两融业务标的范围的监管。

2021 年,监管部门下发《规制"两融套现"风险促进业务回归本源》文件,指出券商诱导或指导投资者利用特定交易手法实施"两融套现",或为该行为专项提供融资授信、系统操作便利等,均属于违反"不得为客户进行不正当交易活动提供便利"原则的行为。

本案裁判的亮点为:明确证券公司无须为投资者自行绕标交易产生的损失承担责任。其理由如下:其一,出售融券证券和通过融资所得购入证券均属于标的证券,不违反《两融管理办法》第十八条;此后利用转化的自有资金购买的尤夫股份亦属于光大证券认可的可充抵保证金证券,不违反沪交所《两融交易实施细则》第二十条或深交所《两融交易实施细则》2.18 条。第二,证券公司并未诱导或指导投资人进行绕标,其不具有限制投资人"自行"绕标交易的法定及约定的义务,故不存在义务违反。

本案裁判的结果值得赞同。就理由一,或可补充一点:被告虽未直接违反上述规定,但其迂回实现以融资资金购买非标的证券之结果,属于规避行为,实质上违反了融资资金仅得购买标的证券之规定,行为具有违法性。就理由二,证券公司显然有义务管控融资资金仅用于购买标的证券,避免融资资金用于购买非标的证券,对相应规避行为亦有相应义务;至于规避行为较为隐秘,难以监管,则是过错有无问题;即使证券公司有监管上过错,考量相应义务的规范目的,非在防免规避者的损失,而在于特定金融秩序的维护,故就此不负损害赔偿责任(损害赔偿因果关系中的"规范目的考量")。正如公安机关若因过错未能及时阻止殴打行为,但就违法实施殴打行为者反而遭受的损失,显然不必负赔偿责任。

本案裁判紧扣纠纷实质,结合监管目的,认定证券公司未为不正当交易提供便利时,投资者应当自负"自行绕标"造成的损失,平衡了证券公司和投资者的利益,对类案处理具有重要的借鉴意义。

编写人单位:上海市静安区人民法院

编写人:刘　婷

点评人:金可可　岳　崧

51.中海信托股份有限公司诉同益实业集团有限公司等公司债券交易纠纷案

——法定代表人擅自以公司名义对外提供担保的效力认定

案 情

原告(被上诉人)中海信托股份有限公司

被告(被上诉人)同益实业集团有限公司

被告(上诉人)抚顺中石油昆仑燃气有限公司

2016年1月15日,被告同益实业集团有限公司(以下简称同益公司)发行"16同益债"。根据《募集说明书》及《同益公司公开发行2016年公司债券发行公告》(以下简称《发行公告》)的约定,债券为5年期固定利率债券,附第3年末发行人调整票面利率选择权及投资者回售选择权。起息日为2016年1月15日,付息日为2017年至2021年间每年的1月15日。发行人发出关于是否调整本期债券票面利率及调整幅度的公告后,投资者有权选择在本期债券的第3个计息年度付息日将持有的本期债券按票面金额全部或部分回售给发行人。发行人将按照上交所和债券登记机构相关业务规则完成回售支付工作。债券持有人的回售申报经确认后不能撤销,相应的公司债券面值总额将被冻结交易。若债券持有人行使回售选择权,则回售部分的本期债券的兑付日为2019年1月15日,计息期限为2016年1月15日至2019年1月14日。当发行人未按时支付债券的本金、利息和/或逾期利息,或发生其他违约情况时,债券受托管理人将依据《债券受托管理协议》代表债券持有人向发行人进行追索。如果发行人未按《债券受托管理协议》履行其职责或有其他违约行为的,债券持有人有权追究发行人的违约责任,发行人应依法赔偿债券持有人或债券受托管理人由此遭受的经济损失。

2018年12月3日,被告同益公司发布《2016年公司债券票面利率不调整公告》及《同益公司2016年公司债券回售实施公告》(以下简称《回售实施公告》),宣布不调整系争债券票面利率,投资者有权选择在投资者回售登记期内进行登记,回售登记期为 2018 年 12 月 6 日、2018 年 12 月 7 日、2018 年 12 月 10 日。2018 年 12 月 14 日,同益公司发布《2016 年公司债券回售实施结果公告》,同益公司确认"16 同益债"回售有效期登记数量为 935 094 手,回售金额为 935 094 000 元。2019 年 1 月 7 日,同益公司发布《2019 年付息公告》,承诺本期债券付息日为 2019 年 1 月 15 日。截至 2019 年 1 月 15 日,同益公司仍未能支付本期债券已登记回售债券的本金 935 141 522.57 元及年度利息 74 800 000 元。原告中海信托股份有限公司(以下简称中海信托)于 2018 年 12 月 6 日提交回售申请,行使债券回售权。2018 年 11 月 16 日,中银国际证券股份有限公司(以下简称中银国际)召开"16 同益债"2018 年第一次债券持有人会议。会议未通过《关于授权受托管理人向发行人采取法律措施并由债券持有人承担全部费用的议案》。

原告中海信托提供签署于 2018 年 9 月 4 日的《担保合同》一份,担保人为被告抚顺中石油昆仑燃气有限公司(以下简称中石油昆仑公司)、债券发行人为同益公司、债券持有人为中海信托。合同约定,中海信托为债券发行人发行的同益公司 2016 年非公开发行公司债券(第一期)、2016 年非公开发行公司债券(第二期)、2016 年公司债券之债券持有人,中石油昆仑公司愿意为债券发行人向债券持有人提供不可撤销的连带责任保证。担保范围为债券持有人代表"中海信托—浦江之星 307 号集合资金信托计划"所持有的"16 同益 01""16 同益 02""16 同益债"对应的债券发行人应向债券持有人偿付的本金及利息、复利、罚息、违约金、损害赔偿金、实现债权及担保权利的费用。中石油昆仑公司对于《担保合同》中该公司的公章真实性予以认可,但认为该合同的签署未经公司内部及上级公司的合法授权,公司从未召开过股东会及董事会,《担保合同》上的签章系法定代表人王某洋超越职权、擅自所为。中海信托称其在签订系争《担保合同》时阅看了中石油昆仑公司的《公司章程》,中海信托无权阅看中石油昆仑公司及其上级公司的内部规定。中石油昆仑公司章程中未约定公司对外担保的决议机关。

原告中海信托诉称,中海信托购买了同益公司发行的"16 同益债",并于 2018 年 12 月 6 日行使投资者回售权,故同益公司应当向中海信托履行还本付息的义务。中海信托与中石油昆仑公司签订了《担保合同》,中石油昆仑公司应当承担担保责任。故诉至法院,请求:(1)判令同益公司归还债券本金 3 112.50 万元;(2)判令同益公司以 3 112.50 万元为基数,按年利率 7.48% 的标准向中海信托支付自 2018 年 1 月 13 日起至实际支付之日的利息;(3)判令同益公司支付律师费 50 000 元;(4)判令中石油昆仑公司对同益公司上述付款义务承担连带保证责任;(5)同益公司、中石油昆仑公司共同承担诉讼保全保险服务费 33 357.50 元;(6)同益公司、中石油昆仑公司承担本案诉讼费、保全费。

被告同益公司辩称,"16 同益债"目前尚未到期,债券持有人会议没有单方面宣布债券到期的权利;同益公司无法确定中海信托是否行使了回售权。因此,同益公司不同意中海信托的诉讼请求。

被告中石油昆仑公司辩称,第一,《担保合同》系法定代表人未经法定程序对外签订,且未经中石油昆仑公司追认,应当被认定无效。中海信托作为专业金融机构,未依法依规进行合规审查,存在严重过错。第二,就形式而言,担保合同是对主债权到期后的担保。合同签订后,同益公司向全体持有人发出回售要约,并且中海信托也确认按回售公告完成回售登记。双方已达成新的买卖合同法律关系,中海信托正是基于该事后成立的买卖合同主张债权,该债权明显不属于担保合同形式上所担保的债权。故,即使《担保合同》有效,中石油昆仑公司也无需承担担保责任。

审 判

一审法院经审理后认为,被告同益公司发行"16 同益债",《募集说明书》《发行公告》是确定票据发行人与持有人之间权利与义务的载体,构成双方之间的有效合同。发行人及持有人均应按照《募集说明书》《发行公告》的约定全面履行各自的义务。

关于原告中海信托的诉讼主体资格问题。《公司债券受托管理人执业行为准则》(以下简称《执业行为准则》)第二十一条规定,发行人不能偿还债务时,受托管理人应当督促发行人、增信机构和其他具有偿付义务的机构等落实相应的偿债措施,并可以接受全部或部分债券持有人的委托,以自己名义代表债券持有人提起民事诉讼、参与重组或者破产的法律程序。《募集说明书》约定当发行人不能偿还债务时,债券受托管理人根据债券持有人会议之决议接受全部或部分债券持有人的委托提起民事诉讼(或仲裁)、参与发行人整顿、和解、重组或者破产的法律程序。如果发行人未按《债券受托管理协议》履行其职责或有其他违约行为的,债券持有人有权追究发行人的违约责任,发行人应依法赔偿债券持有人或债券受托管理人由此遭受的经济损失。"16 同益债"2018 年第一次债券持有人会议未通过《关于授权受托管理人向发行人采取法律措施并由债券持有人承担全部费用的议案》。综上,根据上述《执业行为准则》的规定及《募集说明书》的约定,受托管理人向发行人提起诉讼应当基于债券持有人的委托,现中海信托作为债券持有人并未委托受托管理人采取法律措施,而直接以自己名义提起诉讼,其诉讼主体资格符合法律规定。

关于违约损失的计算标准。对于 2019 年 1 月 15 日之后的利息损失,根据《发行公告》以及同益公司发布的《回售实施公告》《2019 年付息公告》的约定,同益公司应按约兑付本息。同益公司未按期兑付本金,造成中海信托的经济损失,中海信托要求按债券合同原约定的利率计算资金被占用期间的利息损失,符合法律规定,应予支持。对于中海信托主张的律师费以及诉讼保全保险服务费,债券作为一种证券,具有文义性特征,持券人的权利一般限于债券记载范围。上述两项费用在合同中并未明确约定,故不予支持。

关于被告中石油昆仑公司是否承担担保责任。根据《中华人民共和国公司法》第十六条的规定,公司向其他企业投资或者为他人提供担保,必须依照公司章程的规定,且应当由董事会或者股东会、股东大会决议通过。对外担保行为不是法定代表人所能单独决定的事项,而必须以有关公司机关的决议作为授权的基础和来源。法定代表人在没有董事会或者股东会、股东大会授权的情况下,无权单独决定对外担保事项。本案中,中石油昆仑公司的法定代表人在未得到公司相关会议明确授权的前提下签署担保合同,构成越权代表。而中海信托签订担保合同时没有严格依据公司法的规定审核,对法定要件之一的公司董事会或股东会、股东大会决议文件缺失竟未予注意,显有疏忽过错。且其在《担保合同》签订后也从未向债券的受托管理人及持有人会议披露担保合同信息,致使中石油昆仑公司不能通过债券相关公告得知《担保合同》的存在,及时提出异议。故中海信托在该担保关系中难以被认定为善意相对人。综上,本案所涉《担保合同》不是中石油昆仑公司真实的意思表示,未得到中石油昆仑公司的追认,系其法定代表人个人越权代表行为,债权人中海信托对该越权代表行为未按照法律规定的标准进行必要审查,亦存在过错,故涉中石油昆仑公司的《担保合同》无效,中海信托要求中石油昆仑公司承担保证责任的诉讼请求,不予支持。根据《最高人民法院关于适用〈中华人民共和国担保法〉若干问题的解释》的规定,主合同有效,担保合同无效,债权人、担保人有过错的,担保人承担民事责任的部分,不应超过债务人不能清偿部分的二分之一,因此,中石油昆仑公司应在此责任范围内承担相应的赔偿责任。中石油昆仑公司没有进行有效管控,导致其法定代表人未按公司管理规定,未经相关决议机关决议即在《担保合同》上加盖公章,应承担相应责任。综合债权人中海信托与担保人中石油昆仑公司的过错程度,结合本案的实际情况,酌定中石油昆仑公司应承担同益公司不能清偿部分二分之一的责任。

据此,一审法院依据《中华人民共和国合同法》第六十条、第一百零七条、第一百一十三条,《中华人民共和国民法总则》第一百四十三条第一款,《中华人民共和国公司法》第十六条,《最高人民法院关于适用〈中华人民共和国担保法〉若干问题的解释》第七条之规定,判决:一、同益公司向中海信托支付债券本金 3 112.50 万元;二、同益公司以 3 112.50 万元为基数,按年利率 7.48%的标准,向中海信托支付自 2018 年 1 月 15 日起至本金实际支付之日止的利息;三、中石油昆仑公司对同益公司上述主文第一、二项所确定的付款义务中不能清偿部分,承担二分之一的赔偿责任;四、中海信托公司的其他诉讼请求,不予支持。

一审宣判后,中石油昆仑公司不服,提起上诉。

二审法院查明事实与一审一致。另查明,中海信托于 2017 年 7 月 18 日成立中海—浦江之星 307 号集合资金信托计划,并用部分信托计划资金购买了"16 同益债",持有债券本金为 3 112.50 万元。

二审法院经审理后认为,一审判决认定事实清楚,适用法律正确,应予维持。二审法院依照《中华人民共和国民事诉讼法》第一百七十条第一款第一项规定,判决驳回上诉,维持原判。

点 评

本案系公司法定代表人越权担保纠纷,债权人要求担保人根据担保合同承担担保责任。

本案的争议焦点为法定代表人越权对外担保合同效力。根据《公司法》第十六条规定,公司对外担保需要经过公司决议程序来决定。若为关联担保,需要通过股东(大)会决议;若为非关联担保,则需要通过董事会或股东(大)会决议。根据《全国法院民商事审判工作会议纪要》(以下简称《九民纪要》)第十七条,若未经公司决议程序,法定代表对外担保系越权担保,判断担保合同效力需要进一步区分订立合同时债权人是否善意。根据《九民纪要》第十八条,债权人善意与否,取决于债权人能否证明其在订立担保合同时对董事会或股东(大)会决议进行了形式审查,包括同意决议的人数是否符合公司章程或法律的规定。若尽此必要的注意义务,则担保合同有效,反之则不能直接有效。

就本案而言,法定代表人虽在担保合同中签字并加盖公司公章,但并无董事会或股东会的相关决议,构成越权代表。债权人作为专业机构,在订立担保合同时也未注意到相关决议文件的缺失,存在过失。债权人认为,公司章程未规定对外担保事项需要经过董事会或股东(大)会决议,因此,公司对外担保无须经过决议程序,自己也无需进行审查,不存在过失。但是,根据《公司法》的规定以及《九民纪要》的相关精神,对外担保须经董事会决议或股东(大)会决议决定,此规定目的在于保障公司及股东重大利益,为强制性规定。公司章程虽未作规定,对外担保仍须经董事会或股东会决议。因此,债权人若未审查相应决议,即系违反形式审查义务,具有过失,非属善意,越权担保合同未经追认即属无效。

该判决贯彻《九民纪要》对公司越权担保纠纷确立的审判标准,为今后类似案件的审判提供了参考,为公司及中小股东的合法权益提供了有力的司法保障。

案例提供单位:上海市黄浦区人民法院

编写人:张晓立　江凝妤

点评人:金可可　邓秋蓉

52. 中国银行股份有限公司烟台分行诉比利时联合银行股份有限公司上海分行物权确认纠纷案

——同一标的物上浮动抵押与质押竞存时的处理规则

案 情

原告(上诉人)中国银行股份有限公司烟台分行

被告(被上诉人)比利时联合银行股份有限公司上海分行

第三人烟台鹏晖铜业有限公司

2011 年 11 月 8 日,被告比利时联合银行股份有限公司上海分行(以下简称比利时银行上海分行)与第三人烟台鹏晖铜业有限公司(以下简称烟台鹏晖公司)签订《仓储物及仓单质押协议》,就质押财产和担保债务作了约定。2012 年 6 月 26 日,比利时银行上海分行、烟台鹏晖公司与案外人理资堂公司就质押财产的监管事宜签署《担保物监管协议》,指定理资堂公司提供担保物监管服务。在收到运抵仓储设施的货物时,理资堂公司应清点并确认货物数量,理资堂公司和烟台鹏晖公司应根据比利时银行上海分行的唯一指令,在同一天签署每日库存报告;每日库存报告被认为是烟台鹏晖公司向比利时银行上海分行作出的质押承诺,可视为烟台鹏晖公司对比利时银行上海分行质押权的确认;每日库存报告应按数字编号,并且应替换前一天所做的每日库存报告。2014 年 12 月 23 日,烟台鹏晖公司与理资堂公司共同向比利时银行上海分行出具编号为 KBC/YTPH/SH08/DIR2548 的《每日库存报表》,明确质押物为位于烟台鹏晖公司厂房内二车间(6 万吨车间)、三车间(3 万吨车间)的电解铜 1 056.493 吨(铜产品,具体包括阳极板、阴极铜、残极铜、阳极泥),二车间内的电解槽 432 块(包括阳级板 3 504.384 吨、阴极铜 85.363 吨)、三车间内的电解槽 272 块(包括阳极板 2 093.312 吨、阴极铜 50.864 吨)。

2014 年,比利时银行上海分行起诉烟台鹏晖公司,法院立案受理,2014 年 12 月 26 日,根据依比利时银行上海分行的财产保全申请,法院保全查封了位于烟台鹏晖公司厂区内 6 万吨电解铜车间内的电解槽 432 个,单独存放在该车间一楼的阳极板 392 个(片),母片 1 300 片,阳极板 500 个(片)等质押物。2015 年 6 月 26 日,法院作出一审判决,判令烟台鹏晖公司归还比利时银行上海分行贷款本金美元 29 706 377.57 元及利息。若烟台鹏晖公司届期不履行上述判决义务的,比利时银行上海分行可以依法与烟台鹏晖公司协议,就编号为 KBC/YTPH/SH08/DIR2548 的《每日库存报表》上记载的质押物折价,或者以拍卖、变卖该质押物所得价款,在判决确定的债权金额范围内优先受偿。后该案经二审审理后维持原判。烟台鹏晖公司未履行上述生效判决,比利时银行上海分行于 2015 年 12 月 8 日向上海市第一中级人民法院(以下简称上海一中院)申请执行。

原告中国银行股份有限公司烟台分行(以下简称中行烟台分行)于 2011 年 12 月 15 日与第三人烟台鹏晖公司为办理银行授信业务,签订《最高额动产抵押合同》,并于 2011 年 12 月 19 日在烟台工商行政管理局芝罘分局(以下简称工商芝罘分局)办理动产抵押登记,载明"以烟台鹏晖公司现有及将有的粗铜、阳极板、阴极铜、铜精矿、黄金、白银、硫酸、阳极泥等存货作为抵押财产,登记的被担保债权数额为 48 145 万元"。此外,烟台鹏晖公司另行向中行烟台分行提供若干土地使用权和房屋所有权作为抵押物。2014 年 7 月 10 日,中行烟台分行与烟台鹏晖公司为办理银行授信业务,在工商芝罘分局办理编号为 2014-020 的动产抵押登记,以烟台鹏晖公司现有及将有的粗铜、阳极板、阴极铜、铜精矿、黄金、白银、硫酸、阳极泥等存货作为抵押财产,登记的被担保债权数额为 70 000 万元。中行烟台分行与烟台鹏晖公司租赁合同、借款合同等九起合同纠纷案件,分别于 2015 年 10 月 20 日、11 月 5 日宣布债权提前到期后,向烟台市中级人民法院(以下简称烟台中院)起诉烟台鹏晖公司,烟台中院轮候查封了系争财产。烟台中院分别于 2016 年 1 月 22 日、27 日、28 日作出民事判决,主要内容为中行烟台分行就系争财产在最高额 7 亿元内折价或者拍卖、变卖的价款优先受偿。另对于九份判决确定的债权,中行烟台分行有权以登记于烟台鹏晖公司名下的相关土地使用权和房屋所有权分别在最高额 42 814.89 万元、64 285.78 万元内折价或者拍卖、变卖的价款优先受偿。

原告中行烟台分行诉称,其就系争财产办理抵押登记手续的时间早于被告比利时银行上海分行对系争财产质押权的设立时间,其抵押权应优先于被告的质押权。且原、被告系对同一财产享有不同担保权利,依照最高人民法院相关司法解释规定,原告的抵押权亦应优先于被告的质权。故诉至法院,请求:确认中行烟台分行对上海一中院查封的第三人烟台鹏晖公司名下阳极板(包含残极板)24 859 片(计 3 459.24 吨)、阴极铜 18 080 片、始极板 11 757 片(计 835.314 吨)的财产变价款优先于比利时银行上海分行受偿。

被告比利时银行辩称,原告诉请系确权之诉,并未提起排除执行权利之诉,故其诉请不能成立。本案原告抵押物特定化时间为 2015 年 10 月,被告质权设立于

2014 年,早于原告,原告不具有其所称的优先权,请求驳回原告诉讼请求。

第三人烟台鹏晖公司述称,对原告诉请事实部分无异议。

审理过程中,第三人烟台鹏晖公司确认系争财产仍存放于其仓库内,被告比利时银行上海分行主张其质权成立于 2014 年 12 月 23 日,原告中行烟台分行主张其抵押物的特定化日期为其向烟台中院起诉之日,各方当事人对此均无异议。

审 判

一审法院经审理后认为,原告中行烟台分行所提诉请实质为确权之诉,法院依法调整本案案由。同一财产上抵押权与质权并存时,抵押权和质权具有相同效力的,应以权利确定时间的先后顺序受偿。原告系争抵押权实质是浮动抵押权,该种抵押权虽自合同生效时设立,但直至抵押财产特定化前抵押权尚不具有排他性质。原告就系争财产享有之抵押权系确定于其向烟台中院起诉之日,晚于比利时银行质权生效之日,故应认定中国银行的抵押权确定晚于比利时银行的质权,中国银行主张的优先受偿权并不成立。

据此,一审法院依照《中华人民共和国物权法》第二条、第一百八十一条、第一百八十九条、第一百九十六条,最高人民法院《关于适用〈中华人民共和国民事诉讼法〉的解释》第三百零五条第一款第二项之规定,判决:驳回中行烟台分行的诉讼请求。

一审判决作出后,原告中行烟台分行不服,提起上诉。

二审法院查明事实与一审一致。另查明:2011 年-037 号《动产抵押登记书》载明"该公司现有及将有的粗铜、阳极板、阴极板、铜精矿、黄金、白银、硫酸阳极泥等存货,金额不少于 96 290 万元"。2014 年-020 号《动产抵押登记书》关于此表述除"金额不少于 1 000 000 万元"外其他相同。此表上有中行烟台分行、烟台鹏晖公司和工商芝罘分局管理科的公章印。比利时银行上海分行从工商芝罘分局调取的 2011 年-037 号、2014 年-020 号《动产抵押登记书》档案材料中发现有《烟台鹏晖铜业有限公司存货抵押明细》,其中备注载明:"抵押物不包括当前和未来的 6 万吨电解车间(第二电解车间)之内的阳极铜、阴极铜、残极板、阳极泥。"两份《存货抵押明细》均盖有烟台鹏晖公司字样的公章印。

原告中行烟台分行与第三人烟台鹏晖公司有关抵押合同、抵押登记以及授信等相关情况:根据(2015)烟商初字第 146、153、154 号民事判决书等认定,双方于 2011 年 12 月 15 日签订的烟台鹏晖公司抵字第 005 号《最高额动产抵押合同》第二条约定,主债权除依法另行确定或约定发生期间外,在 2011 年 12 月 15 日起至 2014 年 7 月 7 日止主合同项下实际发生的债权,构成本合同之主债权。2014 年 7

月 7 日,双方签订 2014 年烟台鹏晖公司动抵字第 14001 号《最高额动产抵押合同》第二条约定,本合同项下主债权包括之前抵押权人与债务人之间已经签订、尚未履行完毕的借款和贸易融资合同等产生的主债权。上述两个抵押合同分别于 2011 年 12 月 19 日、2014 年 7 月 10 日在工商芝罘分局办理了相关动产抵押登记。2011 年 12 月 15 日签署的烟台鹏晖公司协字第 001 号的《授信业务总协议》第三条约定,业务合作期限规定本协议下单项授信业务的合作期限为自协议生效之日起至 2014 年 7 月 7 日止。上述期限届满时,经双方协商一致,可以补充协议形式延长合作期限。2014 年 7 月 7 日,双方通过签订《补充协议》,将上述《授信业务总协议》授信业务合作期限修改为至 2017 年 7 月 7 日。

诉讼财产保全相关情况:2014 年 12 月 26 日,上海一中院查封烟台鹏晖公司厂房包括六万吨电解铜车间、三万吨电解铜车间以及货场堆放的阳极板等(具体以清单为准),查封期间为 2014 年 12 月 26 日—2015 年 12 月 25 日。2015 年 5 月 27 日,上海一中院对上述查封物变更查封(移库)至烟台鹏晖公司厂区 1.5 万吨电解铜车间内。(2015)烟商初字第 146、153、154 号判决均认定上海一中院在相关案件中的查封时间为 2015 年 5 月 27 日。

本案所涉中行烟台分行与烟台鹏晖公司在最高额抵押合同相对应的主债权产生时间等相关情况:2014 年 11 月 6 日,双方签订 SDPH2014001 号贵金属租赁交易合同,中行烟台分行向烟台鹏晖公司出租黄金 250 KG,烟台鹏晖公司需按期归还且支付租赁费,租期自 2014 年 11 月 6 日起为期一年。2015 年 11 月 5 日,因烟台鹏晖公司届期未还,中行烟台分行垫付款项 59 106 136.16 元。2014 年 12 月 16 日,双方签订 2014 年烟台鹏晖公司借字第 002 号流动资金借款合同,中行烟台分行向烟台鹏晖公司出借美元 695 万元,借款期为 2014 年 12 月 17 日起至 2015 年 12 月 16 日。2015 年 3 月 20 日,中行烟台分行与烟台鹏晖公司签订 2014 年烟台鹏晖公司借字第 006 号流动资金借款合同,中行烟台分行向烟台鹏晖公司出借 8 750 万元,借款期为 2015 年 3 月 23 日起至 2016 年 3 月 22 日。借款用途为借新还旧。

二审法院经审理后认为,本案的争议焦点在于:(1)涉案担保物的范围应如何认定;(2)就涉案担保物,中行烟台分行的动产浮动抵押权是否优先于比利时银行上海分行的质权受偿。

对于第一项争议焦点,主要涉及两个方面的问题。第一,关于查封财产是否属于比利时银行上海分行的质押物。中行烟台分行所主张的抵押物财产范围应以中行烟台分行与烟台鹏晖公司之间的最高额动产抵押合同,即中行烟台分行在烟台中院起诉烟台鹏晖公司的诉讼请求范围作为依据,并以中行烟台分行向烟台中院起诉之日作为最终确定抵押物范围的特定化日。涉案抵押物经法院查封、扣押,且在多方监管下进行了移库,尽管移库时对于查封财产的统计与《每日库存报告》上记载的质押物范围不一致,但上述财产均理应包括在经登记的动产浮动抵押物范围内。至于中行烟台分行、比利时银行上海分行双方分别就上述财产行使抵押权、质权后在多大范围内实际受偿,应在本案执行阶段予以解决。

第二,中行烟台分行所具抵押权的浮动抵押物是否包括当前和未来的6万吨电解车间(第二电解车间)之内的存货。《动产抵押登记书》表明该公司现有及将有的粗铜、阳极板、阴极板、铜精矿、黄金、白银、硫酸阳极泥等存货,金额不少于96 290万元(2014年登记为1 000 000万元)。此表有中行烟台分行、烟台鹏晖公司和工商芝罘分局市场合同管理科的公章印。而《存货抵押明细》中确实有备注表述"抵押物不包括当前和未来的6万吨电解车间(第二电解车间)之内的阳极铜、阴极铜、残极板、阳极泥"。但该清单上仅盖有烟台鹏晖公司的公章印,没有中行烟台分行和工商芝罘分局市场合同管理科的公章印。对此,应当以《动产抵押登记书》为准认定动产抵押物的范围。主要因为:首先,《动产抵押登记书》系经双方当事人和登记机构盖章确认,《存货抵押明细》却只有烟台鹏晖公司单方盖章。中行烟台分行对该《存货抵押明细》不予认可,并认为可能是后期被人擅自添塞进去的,烟台鹏晖公司则表示因时间久远、人员变动难以说清。虽然中行烟台分行的辩解明显不足以支持其意见,但本案中确实没有足够证据表明《存货抵押明细》系中行烟台分行的真实意思表示。其次,从《动产抵押登记书》上载明的内容看,其并未说明以《存货抵押明细》作为其一部分,故也不能以《存货抵押明细》规定抵押物具体范围。再次,抵押登记一般应当以抵押合同为依据,《最高额动产抵押合同》第四条规定的抵押物范围与《动产抵押登记书》的表述相同,但与《存货抵押明细》的表述明显不同。

对于第二项争议焦点,即关于中行烟台分行的动产浮动抵押权是否优先于比利时银行上海分行的质权受偿?应从《物权法》的规定与立法本意,结合本案的实际情况,对于本案所涉的动产浮动抵押权和质权的设立以及效力加以综合考量。主要有以下五个方面:

第一,浮动抵押权的设立及其与质权的效力冲突问题。《物权法》第一百八十九条规定:"企业、个体工商户、农业生产经营者以本法第一百八十一条规定的动产抵押的,应当向抵押人住所地的工商行政管理部门办理登记。抵押权自抵押合同生效时设立;未经登记,不得对抗善意第三人。"《物权法》第一百九十六条规定:"依照本法第一百八十一条规定设定抵押的,抵押财产自下列情形之一发生时确定:(一)债务履行期届满,债权未实现;(二)抵押人被宣告破产或者被撤销;(三)当事人约定的实现抵押权的情形;(四)严重影响债权实现的其他情形。"从上述规定可知,动产抵押登记是动产浮动抵押的对抗要件而非设立要件,抵押物经登记公示后,即具备对抗第三人的效力。而浮动抵押财产的确定系指抵押物的具体化,即由不特定的抵押物转化为特定的抵押物,其功能在于确定抵押权人优先受偿的抵押财产范围,并不产生设立抵押权的法律效力。从《物权法》的立法本意分析,动产抵押登记的目的在于赋予登记对抗效力,此种对抗效力的产生与否在于设定物权担保的先后顺位,其目的在于保障登记在先的抵押权优先于设立在后的担保物权受偿,维护交易安全。质押物的转移占有与动产抵押登记均为法定物权公示方法,在动产上既设立经登记的抵押权,又设立质权的,应按照两者设立并公示的先后顺序确定受偿顺序。中行烟台分行的上述抵押权于 2011 年 12 月 15 日签订《最高额动产抵押合同》时设立。待前述抵押期间届满,双方于 2014 年 7 月 7 日签订了 2014 年烟台鹏晖公司动抵字第 14001 号《最高额动产抵押合同》。上述两个抵押合同分别于 2011 年 12 月 19 日、2014 年 7 月 10 日在工商芝罘分局办理了相关动产抵押登记。对于上述抵押权的效力,也已经由生效的烟台中院(2015)烟商初 146、153、154 号等判决确认。

第二,最高额动产抵押合同主债务范围问题。比利时银行上海分行认为 2011 年的抵押登记已到期,本案中只能依据 2014 年抵押登记确定相应主债权。对此,2011 年最高额动产抵押合同第二条约定主债权除依法另行确定或约定发生期间外,在 2011 年 12 月 15 日起至 2014 年 7 月 7 日止主合同项下实际发生的债权,构成本合同之主债权。2014 年《最高额动产抵押合同》第二条约定本合同项下主债权包括之前抵押权人与债务人之间已经签订、尚未履行完毕的借款和贸易融资合同等产生的主债权。2011 年烟台鹏晖公司协字第 001 号的《授信业务总协议》第三条业务合作期限规定本协议下单项授信业务的合作期限为自协议生效之日起至 2014 年 7 月 7 日止,并约定上述期限届满时,经双方协商一致,可以补充协议形式延长合作期限。2014 年 7 月 7 日,双方通过签订《补充协议》,将 2011 年烟台鹏晖公司协字第 001 号的《授信业务总协议》授信业务合作期限修改为 2017 年 7 月 7 日。中行烟台分行与烟台鹏晖公司对抵押以及主债权作出安排具有合同依据且履行了登记,并不违反法律规定,应当认可其效力。

第三,最高额动产抵押合同相应主债权的确定问题。对于中行烟台分行在本案中主张的(2015)烟商初 146 号、153 号、154 号民事判决书所确认的三笔债权,比利时银行上海分行认为唯(2015)烟商初 153 号债权产生于查封时间之前,其余两笔债权均产生于查封之后,故不得归入该最高额抵押的主债权范围。根据《物权法》第二百零六条规定,抵押财产被查封、扣押的,抵押权人的债权确定。本案所涉抵押物于 2014 年 12 月 26 日被上海一中院查封,作为抵押权人的中行烟台分行的债权应当确定。况且,在本案中即使按照 2014 年 12 月 26 日为判断主债权确定节点,也并不影响中行烟台分行享有抵押权。关于(2015)烟商初 146 号民事判决所确认的债权,其相对应的合同是 SDPH2014001 号贵金属租赁交易合同,合同起始时间为 2014 年 11 月 6 日,因为该交易是黄金租赁融资业务,在该交易过程中,中行烟台分行在烟台鹏晖公司获得黄金租赁时即负有垫付义务,故其债权产生应当系在查封之前。关于(2015)烟商初 154 号判决所确认的债权,其相对应的合同是 2014 年烟台鹏晖公司借字第 006 号流动资金借款合同,其借款虽发生于 2015 年 3 月 20 日,确在查封时间之后,但该笔借款的用途是借新还旧,旧借款的发生时间早于上海一中院查封之日,债的主体及担保主体并未发生变化,将其归入该最高额抵押合同相应的主债权并未有不当。至于(2015)烟商初 153 号判决所确定的债权归入最高额抵押合同相应的主债权,各方并不持异议。综上,将本案所涉上述三份判决所确认的债权归入最高额抵押合同相应的主债权,应当予以确认。

第四,关于比利时银行上海分行的质权设立时间问题。《物权法》对于抵押权设立与质权设立的方式是有差异的,质权是自动产交付质权人时设立,这一认定标准在流动质押中同样适用。比利时银行上海分行与烟台鹏晖公司于 2011 年 11 月 8 日签订的《仓储物及仓单质押协议》第 3.1-2 条规定,该质押在全部质押财产上以该协议规定的方式设立质权,仓库保管人接收货物后出具会签的出质通知给质权人,并交付正本仓单。2012 年 6 月 26 日与烟台鹏晖公司、理资堂公司签订《担保物监管协议》。约定每日库存报告被认为是烟台鹏晖公司向比利时银行作出的质押承诺,可视为烟台鹏晖公司对比利时银行的质权的确认。2014 年 12 月 23 日,理资堂公司向烟台鹏晖公司出具《每日库存报表》,明确质押物为位于烟台鹏晖公司厂房内的二三车间的电解铜、电解槽。从上述合同可以看出,二三车间内的存货按照前述约定为依据,以交付理资堂公司监管为完成动产交付之方式,因此涉案质权应当设立于 2014 年 12 月 23 日。二审中,比利时银行上海分行还主张其质押自 2007 年 11 月或 2012 年 6 月签订合同聘请监管商进行监管时设立的抗辩。二审认为,动产质权设立的必须条件就是要将质押物交付给质权人占有,具体方式可以是质权人自行占有,也可以是由质权人委托第三方保管、占有,而与第三方监管商签订监管协议进行监管,只是作为判断是否实现间接交付的其中一环,不能证明质押物已经完成交付,也就不产生质权设立的效果。

综上,就本案所涉的同一担保物,既设立了浮动抵押权,又设立了质权,其担保物的价款优先受偿孰先问题,应当比较担保物权设立及其产生效力先后顺序等情况判断。中行烟台分行与烟台鹏晖公司于 2011 年 12 月 15 日、2014 年 7 月 7 日设立浮动抵押权,且于 2011 年 12 月 19 日、2014 年 7 月 10 日完成动产抵押登记,则其最晚于 2014 年 7 月 10 日已产生对第三人的对抗效力,何况根据已生效判决这个时间点应该是在更早的完成第一次动产抵押登记的 2011 年 12 月 19 日。而比利时银行上海分行质押物在 2014 年 12 月 23 日实现交付,则其质权也应是在此时得以设立。需要特别指出的是,本案当事人诉争的核心问题是对同一担保物存在两个生效判决抵押权、质权的行使中谁更为优先受偿的顺位问题,双方当事人都指向了生效判决的效力。但生效判决依法具有既判力应当得以维护。如比利时银行上海分行认为烟台中院判决抵押权效力认定有问题,应当依照法定程序提出救济。但比利时银行上海分行至今并未通过第三人撤销之诉或申请再审等得以动摇该生效判决。本案虽然对涉案烟台中院判决认定的部分事实在有相反证据情况下作了不同的认定,但对于抵押权这样的具有生效判决绝对既判力的问题,在没有充分依据情况下非经法定程序亦难以作出相反认定。更何况,经过审查,并未发现有足以改变生效判决处理结果的事实与理由。综上,中行烟台分行的该项主要上诉理由依法成立,一审法院对此认定有误,应当依法予以纠正。

综上,二审法院依照《中华人民共和国民事诉讼法》第一百七十条第一款第二项、第一百七十五条的规定,判决:一、撤销一审判决;二、中行烟台分行对上海一中院查封的第三人烟台鹏晖公司名下阳极板(包含残极板)24 859 片(计 3 459.24 吨)、阴极铜 18 080 片、始极板 11 757 片(计 835.314 吨)的财产变价款优先于比利时银行上海分行受偿。

点 评

本案系动产浮动抵押与浮动质押竞存时受偿顺位的确权纠纷,一方要求确认其浮动抵押权优先于另一方的质权优先受偿。

本案争议焦点之一,是存货动态质押交易中应如何确定质权设立的时点。一方主张,其质权自签订合同聘请监管商进行监管时设立。法院认定,此类交易实质上仍系以设立质权为融资手段,故应依《物权法》第二百十二条,质权自出质人"交付"质押财产时设立。《最高人民法院关于适用〈中华人民共和国民法典〉有关担保制度的司法解释》第五十五条第一款以"实际控制货物"为质权设立时点,就此,学理上有不同解读。①然无论采何种观点,本案当事人签订监管合同之时,其并未取得存货的占有,亦未实现对存货的实际控制,质权自然无从设立。判决的结论值得赞同。

本案争议焦点之二,是完成登记的浮动抵押与质押的优先受偿顺位应如何确定。判决指出,其顺位应按照公示(抵押登记与质物交付)先后确定。经法院查明,浮动抵押登记完成于 2014 年 7 月 10 日,就质押而言,监管公司于 2014 年 12 月 23

---

① 有学者主张,质权人与出质人取得共同占有是存货动态质押的质权设立标准。参见常鹏翱:《供应链金融背景下存货动态质押的疑点问题研究——以"民法典担保制度司法解释"第 55 条为中心》,载《清华法学》2021 年第 4 期。

日取得存货的实际控制,故浮动抵押权应优先于质权受偿。上述裁判,符合《民法典》第四百十五条确立的抵押权与质权并存时的顺位规则,应予肯定。当然,在《全国法院民商事审判工作会议纪要》出台之前,对于浮动抵押与质权之间的顺位关系,并没有明确的规则,学理上也有不少学者认为我国的浮动抵押是英式浮动抵押,顺位恒为最劣,再加上此前并没有统一的动产担保登记系统,动产浮动抵押系在各地工商部门登记,查询不便,因此,在若干个案,认定嗣后的质权人属于抵押登记不得对抗的善意第三人,也可能实现公平合理的结果。

本案法院在裁判过程中紧扣本案纠纷的实质,正确把握浮动抵押与浮动质押竞存的受偿顺位规则,理由充分,逻辑融贯,且与最高人民法院有关担保纠纷的最新法律适用意见相符,具有较强的示范价值。

案例提供单位:上海市高级人民法院

编写人:董　庶　华　蓉

点评人:金可可　迟洪鑫

53. 恒旺商业保理(深圳)有限公司诉广州南华深科信息技术有限公司等其他合同纠纷案

——上市公司对外关联担保的效力认定

案 情

原告(被上诉人)恒旺管理咨询(深圳)有限公司

被告广州南华深科信息技术有限公司

被告(上诉人)湖南天润数字娱乐文化传媒股份有限公司

被告赖某某

2018 年 10 月 29 日,原告恒旺管理咨询(深圳)有限公司(以下简称恒旺公司)与被告广州南华深科信息技术有限公司(以下简称南华深科公司)、被告湖南天润数字娱乐文化传媒股份有限公司(以下简称天润公司)、被告赖某某签订《商业保理合同》,约定被告南华深科公司以应收账款债权转让方式向原告恒旺公司申请融资,恒旺公司为南华深科公司提供"有追索权循环额度隐蔽国内保理服务",被告天润公司与被告赖某某同意为此提供无限连带保证担保。同日,天润公司、赖某某分别向恒旺公司出具《担保函》,承诺对应收账款转让方履行《商业保理合同》义务承担无限连带担保责任。上述合同签订后,恒旺公司于 2018 年 11 月 5 日、11 月 6 日共计向南华深科公司发放保理融资款 5 500 万元。

原告恒旺公司诉称,被告南华深科公司未归还保理融资款,故其诉至法院,请求:(1)被告南华深科公司支付原告融资本金 5 500 万元、资金占用费 155 万元,合计 5 655 万元;(2)被告南华深科公司支付原告以融资本息 5 655 万元为基数,自 2019 年 2 月 6 日起至实际清偿之日止,按日利率万分之五计算的逾期付款违约金;(3)被告南华深科公司支付原告因本案发生的律师费 30 万元;(4)被告南华深科公司向原告支付因本案发生的诉讼保全保险费 45 040 元;(5)被告天润公司、被告赖某某对上述第 1 至 4 项债务承担连带清偿责任。

被告南华深科公司辩称,根据《商业保理合同》第三条约定计算,2018 年 11 月

6 日至 2019 年 2 月 5 日 91 天的资金占用费为 2 742 465.75 元,扣除已支付的 120 万元,尚欠 1 542 465.75 元。逾期付款违约金应该以融资本金 5 500 万元为基数计算。原告主张的律师费过高,请求法院予以调整。

被告天润公司辩称,被告天润公司为上市公司,《公司法》第十六条规定,公司为公司股东或者实际控制人提供担保的,必须经股东会或股东大会决议。被告赖某某同为天润公司及南华深科公司的实际控制人,天润公司为实际控制人赖某某控制的另一家公司提供担保,系属关联担保,未经股东大会同意,该担保行为为法定代表人越权行为。被上诉人恒旺公司作为专业的金融机构,明知上述事实却不审查股东会决议,也未注意到上市公司未就该担保事宜进行公告,恒旺公司并非善意一方,因此担保无效。

被告赖某某未作答辩。

审 判

一审法院经审理后认为,首先,纵观《商业保理合同》关于原、被告的权利义务,并结合《商业保理合同之补充协议》第 3 条之约定,原告诉请的逾期付款违约金计算基数应包含资金占用费。其次,根据现有公示的工商信息,天润公司与南华深科公司并不存在关联关系。根据《公司法》第十六条及公司章程规定,天润公司对外担保事项经出席董事会会议的三分之二以上董事同意即可。恒旺公司以该决议证明其在订立《商业保理合同》时已尽到了审查义务,天润公司应承担担保责任的主张,应予支持。

据此,一审法院依照《中华人民共和国合同法》第六十条第一款、第一百零七条、第一百一十四条第一款,《中华人民共和国担保法》第十八条、第二十一条、第三十一条,《中华人民共和国民事诉讼法》第一百四十四条之规定,判决:一、被告南华深科公司应返还原告恒旺公司融资本金 5 500 万元并偿付资金占用费 1 542 465.75 元,合计 56 542 465.75 元;二、被告南华深科公司应偿付原告恒旺公司以 56 542 465.75 元为基数,自 2019 年 2 月 6 日起至实际清偿之日止,按日利率万分之五计算的逾期付款违约金;三、被告南华深科公司应偿付原告恒旺商业保理(深圳)有限公司律师费 30 万元;四、被告南华深科公司应偿付原告恒旺公司诉讼保全保险费 45 040 元;五、被告天润公司、赖某某对被告南华深科公司的上述第一至四项付款义务承担连带保证责任。被告天润公司、赖某某履行了保证责任后,有权向被告南华深科公司追偿。

一审判决作出后,被告天润公司不服,提起上诉。

二审查明事实与一审一致,另查明:被上诉人恒旺公司(甲方)与原审被告南华深科公司(乙方)、上诉人天润公司(丙方)、原审被告赖某某(丙方)签订的《商业保理合同》第五章担保事宜第十四条载明:"丙方为乙方提供担保,承担无限连带担保责任:(一)丙方系乙方实际控制人,若乙、丙方情况变化可能影响甲方,丙方应及时通知甲方。"天润公司 2017 年年度报告显示,天润公司的控股股东为广东恒润华创实业发展有限公司,持股比例 18.86%,天润公司的最终控制方是赖某某。2019 年 10 月 31 日,恒旺商业保理(深圳)有限公司更名为恒旺管理咨询(深圳)有限公司。

二审经审理后认为,上诉人天润公司年度报告显示,上诉人天润公司的实际控制人为原审被告赖某某,据《商业保理合同》载明,各方均确认,丙方(天润公司及赖某某)为南华深科公司的实际控制人。故案涉担保是天润公司为其实际控制人赖某某所控制的另一家公司提供担保。根据《公司法》第十六条的立法目的和精神,应认定本案担保亦属法律规定的"公司为公司股东或实际控制人提供担保,须经公司股东会或股东大会决议"的关联担保之情形。天润公司法定代表人未经公司股东大会决议通过,擅自签署《担保函》,属于公司法定代表人超越权限订立合同的行为。恒旺公司作为《商业保理合同》明知上述控制关系,未对天润公司内部有效决议做审慎审查,不属于善意相对人,案涉《担保函》无效。恒旺公司审查不严对于案涉《担保函》无效存在过错,天润公司内部管理不规范,对于案涉《担保函》无效,亦有重大过错。依照《最高人民法院关于适用〈中华人民共和国担保法〉若干问题的解释》第七条规定,综合考虑双方当事人过错和全案情况,二审改判天润公司应对南华深科公司不能清偿本案债务的二分之一向恒旺公司承担赔偿责任。

据此,二审法院依照《中华人民共和国公司法》第十六条,《中华人民共和国合同法》第五十条,《最高人民法院关于适用〈中华人民共和国担保法〉若干问题的解释》第七条、第四十二条,《中华人民共和国民事诉讼法》第一百七十条第一款第二项之规定,判决:一、维持一审判决第一至四项;二、变更一审判决第五项为:赖某某对南华深科公司的上述一至四项付款义务承担连带保证责任,赖某某承担保证责任后,可以向南华深科公司追偿;天润公司对南华深科公司的上述第一至四项付款义务不能清偿部分的二分之一承担赔偿责任,天润公司承担赔偿责任后,可以向南华深科公司追偿;三、驳回天润公司的其余上诉请求。

点 评

本案系公司为实际控制人所控制的其他公司提供担保,公司主张此为关联担保,未经股东大会决议而无效。

本案的争议焦点之一是为实际控制人控制的其他公司担保,是否可扩张解释为关联担保。根据《公司法》第十六条第二款,关联担保包括公司为股东或实际控制人提供担保,关联担保必须通过股东(大)会决议,从程序上看,表决人员需要排除被担保股东或实际控制人控制的股东,由出席会议的其他股东所持表决权的过半数通过。首先,关联担保必须通过股东(大)会决议,而非如一般对外担保中可由董事会决议,可避免实际控制人或大股东操控董事会以保障其自身利益。其次,表决程序排除大股东和实际控制人的表决权,由其他股东进行表决,能够真正体现公司整体的意志,也能保障中小股东和公司的利益。本案中,公司为实际控制人所控制的公司提供担保是否属于关联担保存在争议。实际控制人能够轻易操纵董事会,规避《公司法》第十六条第二款的规定,且公司为实际控制人所控制的公司提供担保,本质上也是为实际控制人分担风险,故从立法目的出发,关联担保应作扩张解释,包括为实际控制人控制的公司提供担保。

本案的争议焦点之二是债权人善意审查标准。根据《全国法院民商事审判工作会议纪要》第十八条,债权人仅需进行形式审查,即在非关联担保中应审查董事会或股东(大)会决议文件,在关联担保中应审查股东(大)会决议文件。债权人以其审查了董事会决议为由,主张自己为善意,但其系专业金融机构,且明知债务人和担保公司均为实际控制人所控制,应能意识到此或为关联担保。法院认为,从公平而言,担保公司是上市公司,债权人能以较低的交易成本了解其法定代表人的权限及股东大会的重大决议事项,故应负担更高的注意义务。债权人是否善意,仍应视其是否已尽形式审查义务,就此,应根据债权人的专业知识及知情程度,确定其须审查何种决议文件。

该判决的价值在于,将为实际控制人所控制的公司提供担保,扩张解释为关联担保,避免实际控制人操纵董事会规避《公司法》第十六条第二款,且细化了债权人审查义务的判断标准,为今后类似案件的审判提供指引,为公司及中小股东的合法权益提供了有力的司法保障。

案例提供单位:上海金融法院

编写人:朱颖琦

点评人:金可可　邓秋蓉

54. 许某某等诉上海普天邮通科技股份有限公司证券虚假陈述责任纠纷案

——基于"多因子量化模型"精确核定证券虚假陈述投资者损失

案 情

原告(被上诉人)许某某

原告(被上诉人)厉某某

原告(被上诉人)胡某

原告(被上诉人)王某某

被告(上诉人)上海普天邮通科技股份有限公司

1993 年 10 月 18 日至 2019 年 5 月 23 日期间,上海普天邮通科技股份有限公司(以下简称普天公司)在上海证券交易所上市交易,其公开发行的 A 股股票代码为 600680,B 股股票代码为 900930。

2015 年 3 月 21 日,被告普天公司发布 2014 年年度报告,公布了公司的基本情况、会计数据和财务指标、股本及股东情况等事项。

2017 年 1 月 19 日,被告普天公司发布《关于收到中国证券监督管理委员会立案调查通知的公告》。公告称:"普天公司于 2017 年 1 月 17 日收到中国证券监督管理委员会(以下简称中国证监会)《调查通知书》,因涉嫌违反证券期货相关法律法规,中国证监会根据《证券法》的有关规定,决定对普天公司立案调查。"

2018 年 1 月 10 日,被告普天公司发布关于收到中国证券监督管理委员会上海监管局(以下简称上海监管局)《行政处罚事先告知书》的公告。公告称,普天公司于 2018 年 1 月 9 日收到上海监管局《行政处罚事先告知书》。告知书称,普天公司涉嫌信息披露违法违规案已由上海监管局调查完毕,上海监管局依法拟对普天公司作出行政处罚。拟作出行政处罚所根据的违法事实如下:普天公司为弥补 2014 年度利润缺口、完成利润指标,2014 年 9 月至 11 月,与上海晟飞商贸有限公司、深圳巴斯巴科技发展有限公司进行了两笔三方贸易,虚增营业收入 1 783.12 万元人民币(以下如无特别说明,币种均为人民币),虚增利润总额 134.73 万元;2014 年 11 月,与上海成雨能源科技有限公司、上海中瀚企业发展有限公司进行一笔三方贸易,虚增营业收入 2 478.63 万元,虚增利润总额 863.67 万元。上述三笔三方贸易共导致普天公司 2014 年度虚增营业收入 4 261.75 万元,虚增利润总额 998.4 万元,占普天公司 2014 年度合并财务报表利润总额 1 354.96 万元的 73.68%。经查,在上述三方贸易中,贸易合同的标的货物相同,签订合同以及支付款项的时间相同或相近,在流程上均是由普天公司对外销售,最后又由普天公司购回,贸易流程与资金划转形成闭环,且所涉及的货物均以虚拟库的形式出入库,不发生实物流转,属于虚假贸易。普天公司披露的 2014 年年度报告存在虚假记载的行为,违反《证券法》第六十三条"发行人、上市公司依法披露的信息,必须真实、准确、完整,不得有虚假记载、误导性陈述或者重大遗漏"的规定,构成《证券法》第一百九十三条所述"发行人、上市公司或者其他信息披露义务人未按照规定披露信息,或者披露的信息有虚假记载、误导性陈述或者重大遗漏"的行为。上海监管局据此拟决定对普天公司责令改正、给予警告,并处以 40 万元罚款。

2018 年 3 月 15 日,上海监管局作出沪〔2018〕4 号行政处罚决定书。决定书认定的被告普天公司违法事实与前述行政处罚事先告知书的认定一致。上海监管局根据普天公司违法行为的事实、性质、情节与社会危害程度,依据《证券法》第一百九十三条第一款的规定,决定:普天公司责令改正、给予警告,并处以 40 万元罚款。

四名原告均在 2015 年 3 月 21 日后买入普天公司的股票,相关交易记录以法院向中国证券登记结算有限公司调取的为准。四原告以 2015 年 3 月 21 日作为本案虚假陈述实施日,被告普天公司对虚假陈述实施日为 2015 年 3 月 21 日无异议。

2017 年 1 月 19 日,普天公司 A 股股价跌幅达到 10.01%,B 股股价跌幅为 7.46%,A 股股价十日累计跌幅达 13.89%,B 股股价十日累计跌幅为 16.39%。

2017 年 1 月 26 日、2017 年 2 月 25 日、2017 年 4 月 15 日,普天公司连续三次发布《关于公司股票可能被实施退市风险警示的提示性公告》。2017 年 3 月 28 日,普天公司股票 ST。2017 年 4 月 22 日,普天公司发布《关于公司股票实施退市风险警示暨停牌的公告》,提示投资者,如公司 2017 年度经审计的净利润若继续为负值,公司股票可能被暂停上市。敬请广大投资者注意投资风险。2017 年 4 月 25 日,普天公司股票 *ST。

2018 年 1 月 31 日、2018 年 3 月 3 日、2018 年 3 月 20 日、2018 年 4 月 26 日、2018 年 4 月 27 日,普天公司多次发布股票暂停上市风险提示公告。2018 年 4 月 28 日至 5 月 1 日为非交易日,普天公司股票于 2018 年 5 月 2 日起开始停牌。

2019 年 5 月 17 日,上海证券交易所作出决定,对普天公司股票予以终止上市,根据上海证券交易所安排,于 2019 年 5 月 23 日对普天公司 A 股和 B 股予以摘牌,普天公司股票终止上市。

2015 年 9 月 29 日,国务院办公厅发布《关于加快电动汽车充电基础设施建设

的指导意见》(国办发〔2015〕73 号);2016 年 1 月 11 日,财政部等五部委联合发布
《关于"十三五"新能源汽车充电基础设施奖励政策及加强新能源汽车推广应用的
通知》(财建〔2016〕7 号)。上述文件发布期间,与新能源汽车和充电桩概念相关的
市场热度上升。普天公司 A 股股价 2015 年 9 月上旬为 15 元左右,至 2015 年 10
月上旬上升至 32 元左右。之后股价仍持续上涨,至 2015 年 11 月 13 日达到高点
61.72 元,之后直至 2015 年 12 月 31 日期间,股价始终处于 50 元左右的高位上下
波动。2016 年开始,普天公司股价震荡下行,直至 2017 年 1 月 19 日普天公司被中
国证券监督管理委员会立案调查前,股价再次回到 30 元至 35 元左右。

四原告共同诉称,其出于对普天公司信息披露文件的信赖,投资交易了普天公司
发行的股票。后普天公司因信息披露违法违规行为受到行政处罚,导致股价大幅下
跌,导致其股票投资受到损失,故诉至法院。原告许某某请求:判令被告支付因虚假
陈述引起的投资损失之侵权赔偿款项 7 576.46 元(含投资差额损失7 561.34 元、印花
税 7.56 元、佣金 7.56 元)。原告厉某某请求:判令被告支付因虚假陈述引起的投资损
失之侵权赔偿款项 14 691.82 元(含投资差额损失 2 322 美元,按照 1 美元=6.314 6
人民币的汇率折合为 14 662.50 元、印花税 14.66 元、佣金 14.66 元)。原告胡某请
求:判令被告支付因虚假陈述引起的投资损失之侵权赔偿款项15 426.40 元(含投资
差额损失 2 438.10 美元,按照 1 美元=6.314 6 人民币的汇率折合为 15 395.62 元、
印花税 15.39 元、佣金 15.39 元)。原告王某某请求:判令被告支付因虚假陈述引起
的投资损失之侵权赔偿款项 83 602.93 元(含投资差额损失 13 213.20 美元,按照 1
美元=6.314 6 人民币的汇率折合为 83 436.07 元、印花税 83.43 元、佣金 83.43
元)。佣金损失和印花税损失的计算方法按照投资差额损失的千分之一计算。

被告普天公司辩称,不同意原告投资者的诉讼请求。理由是:(1)对原告投资
者主张的普天公司虚假陈述行为揭露日、基准日以及基准价不予认可。2017 年 1
月 19 日为本案虚假陈述行为揭露日。以 2017 年 1 月 19 日为揭露日,普天公司 A
股的基准日应当为 2017 年 3 月 21 日、基准价为 31.59 元,普天公司 B 股的基准日
应当为 2018 年 3 月 5 日、基准价为 0.792 美元。(2)本案原告投资者并非基于普天
公司实施的虚假陈述行为买入普天公司股票,其损失与本案虚假陈述不具有交易
因果关系。(3)如认定普天公司应承担民事赔偿责任,本案应以移动加权平均法而
非原告投资者起诉时采用的普通加权平均法计算买入均价,并且,原告投资者即使
存在投资损失,部分损失也是由证券市场系统风险和普天公司自身经营情况恶化
等非系统风险因素叠加造成的,故在计算时应当扣减相应的比例。(4)不同意原告
投资者以千分之一比例计算佣金损失的主张,原告投资者应先举证证明存在佣金
损失,在此前提下,普天公司同意按万分之三的比例赔付。

本案审理过程中,上海交通大学中国金融研究院接受法院委托,于 2020 年 2

月 19 日出具《损失核定意见书》,对投资者因普天公司虚假陈述产生的投资差额损失进行了核定。

审 判

一审法院经审理后认为,本案争议焦点为:第一,如何认定普天公司虚假陈述行为的揭露日、基准日以及基准价;第二,普天公司的虚假陈述行为与原告投资者买卖普天公司股票是否存在交易上的因果关系,即原告投资者买卖普天公司股票是否受虚假陈述行为诱导所致;第三,原告投资者的损失是否系由普天公司的虚假陈述行为造成,损失或部分损失是否系由证券市场系统风险或其他因素所导致;第四,应当如何确定投资者投资差额损失的赔偿金额,如果存在证券市场系统风险等其他因素,应当如何确定其影响程度及相应的扣除金额;第五,原告投资者是否存在佣金、印花税损失,其计算方式应如何确定。

关于揭露日的认定问题,根据《最高人民法院关于审理证券市场虚假陈述案件司法解释的理解与适用》(以下简称《虚假陈述司法解释》)第二十条第二款关于虚假陈述揭露日的定义,以及揭露日的意义在于向证券市场充分释放警示信号,提醒投资者重新判断股票价值,承载着阻却交易因果关系(即揭露日后买入的投资者因不存在交易因果关系而不予赔偿)的功能性意义,在确定揭露日时,除了揭露时间的首次性和揭露主体的权威性之外,还应着重考察揭露能否充分揭示投资风险,进而对投资者起到足够的警示作用,即对证券交易是否产生实质性的影响。结合本案中普天公司于 2017 年 1 月 19 日发布关于收到中国证监会的《立案调查通知书》的公告后,当日股价跌停、资金流出量显著增加以及其后十个交易日股价累计跌幅超过百分之十的情况,可以认定普天公司发布被立案调查的公告已向证券市场释放了充分的警示信号,相关投资者也已据此重新判断普天公司的股票价值,并据此作出新的投资决策。故本案虚假陈述揭露日为 2017 年 1 月 19 日,根据《虚假陈述司法解释》第三十二条、第三十三条的规定,确认本案 A 股的基准日为 2017 年 3 月 21 日,基准价为 31.59 元,B 股基准日为 2018 年 3 月 5 日,基准价为 0.792 美元。

关于被告普天公司的虚假陈述行为与四名投资者买卖普天公司股票是否存在交易上的因果关系问题,《虚假陈述司法解释》第十八条采用的系"推定信赖"原则,即推定在虚假陈述对市场产生影响的时段内进行相关股票交易的投资者,是基于对虚假陈述的信赖而进行的交易,与虚假陈述行为之间存在交易因果关系。至于投资者知悉普天公司虚假陈述行为被揭露后,出于通过大量购入跌价的股票以拉低持仓成本的目的,抑或是出于长期投资的目标继续购入,均属投资者的合理选择,与原告投资者此前基于对虚假陈述的信赖而进行的交易并不冲突。至于普天公司另提出部分原告投资者买入普天公司股票系因追涨充电桩概念,而非受普天公司虚假陈述的诱导的抗辩意见,因投资者买入普天公司股票的动机到底是基于对虚假陈述的信赖,还是基于对市场行情的判断,抑或是对普天公司将来经营情况良好预期等的综合考量,在客观上难以区分。因此,普天公司实施虚假陈述行为后,即便其经营业绩陷入低迷的情况下因市场出现的充电桩概念热度导致股价有所上升,也不能认定这些因素切断了其之前的虚假陈述行为与投资者之间的交易因果关系,不能据此排除投资者系基于对普天公司虚增利润后的营业预期而购入普天公司股票的可能性。至于普天公司主张充电桩概念拉升导致的股价非正常上涨部分,则应当在计算原告投资者损失时列入考量因素。

关于原告投资者的损失与被告普天公司的虚假陈述之间的损失因果关系认定问题,虚假陈述责任纠纷案件本质而言是一种特殊的侵权损害赔偿纠纷案件。虽然原告投资者在虚假陈述对市场产生影响的时段内进行相关股票交易,但由于在证券市场上,个股的股价不可避免会受到多重因素的影响,除上述虚假陈述外,还有包括市场风险因素在内的其他因素的影响,对于该些虚假陈述之外其他因素导致的股价涨跌所引起的投资者损失,如果均由虚假陈述行为人承担,既不合理也不公平。因此,《虚假陈述司法解释》第十九条也明确规定,被告举证证明损失或者部分损失是由证券市场系统风险等其他因素所导致的,应当认定虚假陈述与损害结果之间不存在因果关系。根据该条规定,虚假陈述行为的责任人仅对因虚假陈述这一证券侵权行为造成的投资者损失承担赔偿责任,如果有证据证明投资者损失的形成存在其他致损因素,且这些因素对股价的波动具有相当的影响程度,并且与虚假陈述行为无关,则应当认定该些因素导致的损失不属于虚假陈述行为人的赔偿责任范围。普天公司已举证证明,本案实施日到基准日期间,证券市场大盘指数、行业指数出现了整体性波动的情况,以及普天公司股价在受大盘、行业和个股经营巨亏的多重影响下整体呈现下跌走势,其间伴随着充电桩概念股热度上升和消退,股价发生大幅上升又回落的情况。据此可以认定,上述该等风险因素,与虚假陈述并无关联,投资者因受此影响所造成的损失部分,应认定与虚假陈述行为没有因果关系,故不在赔偿范围之列。

关于如何确定投资者损失的赔偿金额,包括采用何种计算方法,以及如何确定证券市场风险因素的影响程度及相应的扣除金额的问题。因本案存在导致原告投资者损失的"其他因素",但对于"其他因素"的影响程度如何确定,双方均未提出合理的计算方式,故本案审理中法院在向双方当事人释明后,经双方当事人同意,依职权委托专业机构进行核定。上海交通大学中国金融研究院于 2020 年 2 月 19 日出具《损失核定意见书》。根据该《损失核定意见书》,因虚假陈述导致的原告投资者的投资差额损失金额系根据以下步骤核定:第一,确定纳入损失核定的交易记录。《损失核定意见书》根据下述原则确定投资者可纳入损失计算范围内的交易:

投资者在实施日前一日持有的普天公司股票以及揭露后买入的普天公司股票不参与损失计算;证券余额为 0 前的所有买入股票已于揭露日前全部卖出,故该些股票不纳入损失计算,最后一次证券余额为 0 后的买入视为"第一笔有效买入",自"第一笔有效买入"至揭露日期间的股票交易均参与损失计算;实施日至揭露日期间净买入股票对应的卖出交易和持有至基准日的股票均参与损失计算。第二,确定具体计算方法。《损失核定意见书》采用"收益率曲线同步对比法"来计算投资者因虚假陈述导致的投资差额损失。该方法的基本逻辑是对影响股价的各种因素加以定量分析,在不考虑虚假陈述因素的前提下,以其他各因素所形成的普天公司收益率曲线计算得出投资者的模拟损益比例,从而计算因市场系统风险等其他因素导致的模拟投资损失,将其与含虚假陈述因素在内的各因素共同影响下形成的名义投资损失进行比较,进而得出投资者因受虚假陈述影响而产生的可获赔的投资差额损失。《损失核定意见书》认为,就普天公司而言,影响其股价的因素除大盘因素、行业因素、个股风格因素外,其因 2015 年至 2016 年间充电桩概念而产生的股价波动,以及 2017 年因经营业绩持续亏损而被列入 ST 后产生的股价波动,亦非其实施虚假陈述行为对股价造成的影响。故《损失核定意见书》基于大盘因素、行业因素、个股风格因素(包括充电桩以及 ST 概念因素)的量化计算构建模型,模拟计算出除虚假陈述因素外,其他因素影响形成的普天公司股票日收益率 r_t(t 代表不同日期),再以实施日的前一交易日 2015 年 3 月 20 日的普天公司股票实际收盘价为模拟初始价格 P0,根据模型计算的日收益率模拟出普天公司每日股票价格 $P_t=P0\times(1+r_1)\times(1+r_2)\times\cdots\times(1+r_t)$(以下简称普天公司股票模拟价格)。在计算出普天公司模拟价格的基础上,通过以下三个步骤计算出投资者因虚假陈述导致的投资差额损失:(1)计算名义损益比例。名义损益比例=名义投资损失/名义买入成本×100%。其中,名义投资损失=名义买入成本(买入均价×实施日至揭露日期间的净买入股数)-名义回收成本(揭露日后每笔卖出股数×实际卖出股票价格+基准日后仍持有股数×基准价),买入均价从"第一笔有效买入"开始,根据移动加权平均法计算【买入均价=(∑ 本次购入股票金额+本次购入前持股成本)/(∑ 本次购入股票数量+本次购入前持股数量)】。(2)计算模拟损益比例。模拟损益比例=模拟投资损失/模拟买入成本×100%。其中,模拟投资损失=模拟买入成本(模拟买入均价×实施日至揭露日期间的净买入股数)-模拟回收成本(揭露日后每笔卖出股数×卖出股票模拟价格+基准日后仍持有股数×模拟基准价)。此处,模拟基准价等于揭露日至基准日期间每日模拟股价的平均值。(3)计算投资者因虚假陈述导致的投资差额损失。可获赔的损失金额=名义买入成本×(名义损益比例-模拟损益比例)。第三,计算模拟日收益率:(1)损失量化计算模型采用多因子模型法来计算普天公司 A 股的模拟日收益率。该计算模型采用国家因子考虑市场风险对股票收益的影响,采用行业因子考虑行业对股票收益的影响,采用风格因子考虑各种基本面因素对股票收益的影响。其中,除多因子模型中包含的常见的 9 大类风格因素,即规模因素(大、小市值的收益差)、价值因素(估值高低的收益差)、beta 因素(对市场风险反应程度大小的收益差)、盈利因素(公司不同盈利水平的收益差)、杠杆因素(高杠杆和低杠杆公司的收益差)、成长因素(销售或盈利成长快慢公司的收益差)、动量因素(股票收益历史表现好坏的收益差)、波动率因素(股票交易波动大小的收益差)和流动性因素(股票换手率大小的收益差)外,因为普天公司还受到充电桩和 ST 概念的影响,所以在上述 9 大常见风格因素的基础上添加充电桩因素和 ST 因素。《损失核定意见书》使用整个 A 股市场的个股日收益率对国家因子暴露矩阵(全为 1)、行业因素暴露矩阵 I 和风格以及概念暴露矩阵 S 进行线性回归可以得到大盘、行业以及常见风格和概念因素带来的日收益率。《损失核定意见书》认为普天公司 A 股的模拟日收益率由无风险利率加上整个市场带来的收益以及风格因素、充电桩和 ST 因素带来的收益构成。(2)损失量化计算模型采用 A 股 B 股关联法计算普天公司 B 股的模拟日收益率。由于 B 股市场中股票数量有限(100 只左右),而多因子模型法需要大量的样本以估算各种因素带来的收益(降低估算误差),所以在 B 股中无法适用。损失量化计算模型采用 A 股 B 股关联法计算普天公司 B 股的模拟日收益率。该方法基于同一家公司 A 股股价变动和 B 股股价变动存在明显的相关性,根据普天公司 A 股采用的多因子模型法计算得到的普天公司 A 股模拟日收益率,再运用 A 股 B 股关联性,构建普天公司 B 股模拟日收益率。《损失核定意见书》依据上述方法核定了本案原告投资者因普天公司虚假陈述行为导致的投资差额损失金额。结合原告投资者与普天公司针对《损失核定意见书》发表的意见和庭审中损失核定人员对双方所提问题的回应,法院认为,首先,关于投资差额损失计算方式,《虚假陈述司法解释》规定,投资者的投资差额损失是以买入证券的平均价格与实际卖出证券的平均价格或基准价格之差,乘以投资者所持证券数量计算。在投资者有多笔买入卖出的情况下,买入均价或差额损失的计算方法有多种。本案《损失核定意见书》中采用第一笔有效买入后的移动加权平均法计算买入均价,即自投资者第一笔有效买入之日起,每次买入证券后,以新买入的证券成本加上原来的持仓成本,除以当前持仓数量。该种计算方法对于持股单价的计算更全面、客观,更能反映投资者真实的投资成本,也为司法实践所认可。因此,本案采用《损失核定意见书》第一笔有效买入后的移动加权平均法作为投资者投资差额损失计算中买入均价的计算方法。其次,关于证券市场系统风险等其他因素导致的损失如何计算,《虚假陈述司法解释》并无明确规定。《损失核定意见书》采用的计算方式为:市场系统风险等其他因素导致的损失＝投资者买入成本×模拟损益比例，即剔除虚假陈述因素，投资者投入相同的成本可以获得的损益金额。关于模拟损益比例的计算，《损失核定意见书》采用了多因子模型法计算大盘、行业以及各种风格因素所导致的普天公司 A 股股票日收益，在此基础上，通过 A 股和 B 股关联关系计算普天公司 B 股股票日收益率，由此得出普天公司 A 股、B 股的模拟价格，进而计算无虚假陈述影响下普天公司股票的模拟损益比例。《损失核定意见书》采用的上述计算方法全面考量了各种会对股价持续性造成影响的共性因素，不仅包括大盘因素、行业因素，还涵盖了公司规模因素、价值因素、beta 因素、盈利因素、杠杆因素、成长因素、动量因素、波动率因素、流动性因素，以及因普天公司经历 ST、*ST 和充电桩概念热度而加入的 ST 因素和充电桩因素，相比仅选取一段时间内个股与行业股价波动幅度进行对比的方法，实现了量化计算各种对股价产生影响作用的因素，克服了无法将虚假陈述因素与其他股价变动因素予以有效分离的弊端，更具有科学性和精确性，也更加符合虚假陈述案件中损失计算的立法本义与司法实践需求。故对本案原告投资者因虚假陈述导致的投资差额损失金额以《损失核定意见书》核定的金额为准。

关于原告投资者是否存在佣金、印花税损失，其计算方式应如何确定。因被告普天公司认可印花税损失属于赔偿范围且对原告投资者主张的计收标准未提出异议，故予以确认。关于佣金，原告投资者通过其开立账户的证券公司进行股票交易，在此过程中必然会产生佣金，故原告投资者对此无需再额外举证，但鉴于原告投资者未举证证明其证券公司对其收取佣金的具体比例，故参照目前证券公司的普遍收费标准，酌定为万分之三。

综上，一审法院依照《中华人民共和国证券法》第六十九条，《最高人民法院关于审理证券市场因虚假陈述引发的民事赔偿案件的若干规定》第十七条、第十八条、第十九条、第二十条、第三十条、第三十一条、第三十二条、第三十三条之规定，判决：一、被告普天公司应向原告许某某支付赔偿款 7 571.17 元；二、被告普天公司应向原告厉某某支付赔偿款 9 406.06 元；三、被告普天公司应向原告胡某支付赔偿款 10 301.83 元；四、被告普天公司应向原告王某某支付赔偿款 54 727.19 元。

一审判决作出后，被告普天公司不服，提起上诉。

二审法院经审理后认为，一审判决事实清楚、法律适用正确，应予维持。二审法院依照《中华人民共和国民事诉讼法》第一百七十条第一款第一项规定，判决驳回上诉，维持原判。

点　评

本案系证券虚假陈述纠纷，原告请求赔偿因被告虚假陈述所致投资损失。

本案值得关注的问题之一,是如何认定被告虚假陈述行为的揭露日。被告主张以立案调查通知书公告日为揭露日;原告投资者则主张以行政处罚事先告知书公告日为揭露日。依据《最高人民法院关于审理证券市场因虚假陈述引发的民事赔偿案件的若干规定》(以下简称《虚假陈述民事规定》)第二十条第二款之规定,① 在确定揭露日时,应考虑揭露时间的首次性和揭露主体的权威性。此外,《全国法院民商事审判工作会议纪要》第八十四条明确指出,虚假陈述的揭露和更正,要求交易市场对监管部门立案调查、权威媒体刊载的揭露文章等信息存在着明显的反应,由此,须着重考察揭露对证券交易是否产生实质性影响。2022 年 1 月 21 日,最高人民法院发布的《最高人民法院关于审理证券市场虚假陈述侵权民事赔偿案件的若干规定》第八条②对上述认定标准予以明确,并于第三款第一项规定,在当事人无相反证据时,监管部门以涉嫌信息披露违法为由对信息披露义务人立案调查的信息公开之日,应当认定为揭露日。本案中,中国证监会发布的立案调查通知书,首次披露了违法行为,并在披露后引起股票市场的强烈反应,法院据此以该通知书公告日为揭露日,理由充分、结果合理。

另一值得关注的问题,是如何确定原告因虚假陈述行为所致投资损失。首先,须确定原告买卖股票与被告虚假陈述行为之间是否存在交易上的因果关系。依《虚假陈述民事规定》第十八条之规定,③应推定原告自实施日到揭露日期间买入并一直持有股票的投资行为与虚假陈述行为之间存在交易上的因果关系。在本案中,被告主张,部分原告买入股票系因追涨充电桩概念,而非受虚假陈述的诱导。

① 该条规定:"虚假陈述揭露日,是指虚假陈述在全国范围发行或者播放的报刊、电台、电视台等媒体上,首次被公开揭露之日。"

② 该条规定:(第一款)虚假陈述揭露日,是指虚假陈述在具有全国性影响的报刊、电台、电视台或监管部门网站、交易场所网站、主要门户网站、行业知名的自媒体等媒体上,首次被公开揭露并为证券市场知悉之日。(第二款)人民法院应当根据公开交易市场对相关信息的反应等证据,判断投资者是否知悉了虚假陈述。(第三款)除当事人有相反证据足以反驳外,下列日期应当认定为揭露日:(一)监管部门以涉嫌信息披露违法为由对信息披露义务人立案调查的信息公开之日;(二)证券交易场所等自律管理组织因虚假陈述对信息披露义务人等责任主体采取自律管理措施的信息公布之日。(第四款)信息披露义务人实施的虚假陈述呈连续状态的,以首次被公开揭露并为证券市场知悉之日为揭露日。信息披露义务人实施多个相互独立的虚假陈述的,人民法院应当分别认定其揭露日。

③ 该条规定:投资人具有以下情形的,人民法院应当认定虚假陈述与损害结果之间存在因果关系:(一)投资人所投资的是与虚假陈述直接关联的证券;(二)投资人在虚假陈述实施日及以后,至揭露日或者更正日之前买入该证券;(三)投资人在虚假陈述揭露日或者更正日及以后,因卖出该证券发生亏损,或者因持续持有该证券而产生亏损。《最高人民法院关于审理证券市场虚假陈述侵权民事赔偿案件的若干规定》第十一条规定:原告能够证明下列情形的,人民法院应当认定原告的投资决定与虚假陈述之间的交易因果关系成立:(一)信息披露义务人实施了虚假陈述;(二)原告交易的是与虚假陈述直接关联的证券;(三)原告在虚假陈述实施日之后、揭露日或更正日之前实施了相应的交易行为,即在诱多型虚假陈述中买入了相关证券,或者在诱空型虚假陈述中卖出了相关证券。

对此,法院认为,虽难以从客观上确定原告买入股票的动机,但原告仍有可能是基于对被告虚增利润后的营业预期而购入股票,故以上因素的介入并未切断与虚假陈述行为之间的交易因果关系,上述因素仅得作为计算原告损失时的考量因素。其次,尚须考虑是否存在除被告虚假陈述以外的其他因素造成的原告的投资损失。本案中,在实施日到基准日期间,股价受大盘因素、行业因素、个股风格因素(包括充电桩以及 ST 概念因素)等影响产生了剧烈波动,同样造成了原告投资者的损失,而这些损失与虚假陈述行为之间不具有因果关系,应予扣除。最后,须确定投资者损失的赔偿金额。鉴于本案导致原告投资者的损失存在多种因素,为将其所产生的影响与虚假陈述因素剥离,并确定具体的赔付比例,本案法院首次开创性地采用"多因子量化模型"计算方法,通过"收益率曲线同步对比法",准确核定了原告投资者因虚假陈述导致的投资差额损失,殊值肯定。

该判决的价值在于通过引入第三方专业机构的技术支持,首次采用金融学研究和模型对证券虚假陈述行为造成的投资者损失进行估算,不仅对今后类似案件的审判有一定借鉴意义,而且很大程度上促进了司法审判与资本市场实践的结合,是一次非常有益的尝试和示范。

案例提供单位:上海金融法院

编写人:张文婷

点评人:金可可　张　琪

55. 吴某诉华澳国际信托有限公司财产损害赔偿纠纷案

——通道类信托业务中受托人外部责任的司法认定

案 情

原告(上诉人)吴某

被告(上诉人)华澳国际信托有限公司

2013 年 6 月,上海寅浔投资管理中心(以下简称上海寅浔)与被告华澳国际信托有限公司(以下简称华澳信托)签订《单一资金信托合同》(以下简称《信托合同》),约定该信托为指定管理单一资金信托。委托人上海寅浔指定将信托资金由受托人华澳信托管理,用于向浙江联众建设有限公司(以下简称浙江联众公司)发放贷款。信托资金金额为 2.8 亿元。

2013 年 6 月至 8 月期间,上海寅浔以"浙江联众杭州保障房投资基金项目"为名向社会公众募集资金,募集文件中载明产品类型为"华澳信托联众单一资金信托贷款有限合伙基金"。吴某认购 100 万元,《基金项目成立公告》载明募集资金于 2013 年 8 月 2 日正式成立并起息,项目期限为 24 个月,自成立之日起计算,每半年分配投资收益,项目结束返还本金。后,华澳信托与浙江联众公司签订《流动资金贷款合同》,华澳信托根据《信托合同》约定将上海寅浔交付的信托资金(包含吴某的投资款)向浙江联众公司发放贷款。基金到期后,上海寅浔未向吴某返还本金。吴某的投资款 100 万元被上海寅浔执行事务合伙人委派代表陈成志等人用于归还案外人辽阳红美置业有限公司(以下简称辽阳红美公司)股东的对外债务。

2018 年 6 月 29 日,上海市第一中级人民法院作出刑事判决,判决被告人陈成志、林小陈、王霞犯集资诈骗罪等。刑事判决认定:上海寅浔系于 2013 年 5 月 30 日成立,执行事务合伙人是杭州中楚资产管理有限公司(原杭州中楚实业有限公司,以下简称杭州中楚公司,委派代表:陈成志);浙江联众公司系被告人陈成志于 2007 年通过变更注册方式成立,陈成志系实际控制人。2013 年年初,被告人陈成志因辽阳红美公司有融资需求,通过他人介绍认识了被告人王霞等人,在王霞等人的帮助下确定了以浙江联众公司为融资主体的信托融资方案。其间,陈成志自行伪造浙江联众公司承建杭州保障房项目的合同,指使被告人林小陈伪造浙江联众公司的虚假财务报告,授权王霞成立并控制了上海寅浔等 7 家有限合伙企业(均由陈成志控制的杭州中楚公司担任执行事务合伙人,王霞控制银行账户和网银)。陈成志、林小陈等人与华澳信托在 2013 年 6 月签订了《单一资金信托合同》以及相关《贷款合同》《保证合同》,约定上海寅浔作为委托人,将资金交付受托人华澳信托,华澳信托再作为贷款人将资金贷款给借款人联众公司,辽阳红美公司作为保证人为浙江联众公司提供连带责任保证担保。2013 年 6 月至 8 月间,被告人王霞使用上海寅浔等有限合伙企业的名义,以年化利率 9.5%—12.5% 的高额利息为诱饵,向社会不特定公众销售"浙江联众杭州保障房投资基金项目",非法集资 2.8 亿余元。嗣后,王霞依照上述合同约定划款 2.8 亿元至华澳信托,华澳信托再贷款给浙江联众公司。浙江联众公司收到后,划款 2.53 亿余元至辽阳红美公司,划款 558 万余元至被告人陈成志银行账户,上述钱款主要用于归还辽阳红美公司股东的对外债务。至案发,各投资人共计收到 5 308 万余元,尚有 2.3 亿余元经济损失。

2016 年 2 月 24 日公安机关对罪犯王霞询问笔录记载,王霞称"华澳信托在整个过程中是发放贷款方。华澳信托没有参与向大众筹款的行为,但是华澳信托应该是知道我们这边有向大众筹款的动作,因为我记得有一个小插曲,有客户拿到我们的宣传资料,就向红星美凯龙公司求证,红星美凯龙公司发律师函给华澳信托,意思禁止这些单位对外宣传辽阳红美是红星美凯龙的母子公司关系,进行对外募集资金……"

2015 年 10 月公安机关对华澳信托项目经手人杜某某询问笔录记载,杜某某称,"做单一通道,华澳信托根据银监会的相关规定,要求委托资金确实存在,并且是自有资金,我当时询问过,也查过,并且对方也出具过自有资金的证明,实际资金情况不清楚"。在被问及"是否有具体的客户来你华澳信托电话询问是否有浙江联众信托这样一个产品"时,杜某某回答:"这个情况是有的,我把这个情况告诉王霞,并且向王霞说明过必须自有资金,并且王霞给我公司资金来源是自有资金的证明。"

在涉案信托项目进行期间,华澳信托内部曾于 2013 年 12 月出具过《项目风险排查报告》,该报告称浙江联众财务状况良好,由建设的多项目保障营收稳定;保证人辽阳红美的现金流充足,项目去化速度令人满意,担保意愿正常,担保实力佳。该项目为单一被动管理类信托项目,项目风险可控,本次检查未发现重大风险事项。

原告吴某诉称,因罪犯陈志成等人的集资诈骗犯罪行为而致投资受损,要求相关责任人华澳信托承担侵权赔偿责任。投资者系基于对华澳信托的信赖而进行投资,华澳信托明知信托的委托资金来源于社会募集,却在电话回应投资者询问时作了误导性回应。华澳信托在信托存续期间曾出具内容虚假的中期报告误导投资者,没有对信托项目进行有效监管,导致吴某损失,华澳信托应该全额承担赔偿责任。

被告华澳信托辩称,该信托产品是信托公司的通道业务,属于被动管理型信托。华澳信托系依照委托人指令发放贷款,无义务审查委托人的资金来源,无需对项目做实质性尽职调查,无义务对信托资金进行监管,更无义务保证全部收回信托贷款或刚性兑付。投资者损失系因犯罪分子集资诈骗,并将吸收的存款肆意挥霍造成的,与华澳信托无关,华澳信托从未参与基金销售和集资的过程,故不应承担任何责任。

审 判

一审法院经审理后认为,案外人陈成志、林小陈、王霞等人的犯罪行为是造成本案原告财产损失的直接原因,且原告自身对其损害发生亦具有过错,故应自行承担相应损失。但被告在管理涉案信托业务的过程中亦存在一定过错,故综合前述意见,法院认定被告应对原告涉案损失承担 20%的补充赔偿责任,即原告应自行根据前述生效刑事判决通过追赃程序向犯罪分子追索其全部损失,但对其损失中不超过 20 万元的部分,在原告追索不成的情况下,应由被告向原告承担补充赔偿责任。对于原告主张的利息损失,因缺乏相应法律依据,故法院不予支持。

综上,一审法院依照《中华人民共和国信托法》第二十五条,《中华人民共和国侵权责任法》第二条、第三条、第六条、第十二条、第二十六条,《最高人民法院关于适用〈中华人民共和国民事诉讼法〉的解释》第九十条的规定,判决被告华澳信托对原告吴某因刑事判决追赃程序追索不成的损失在 20 万元的范围内承担补充赔偿责任。

一审判决后,原告吴某、被告华澳信托均不服,提起上诉。

二审法院经审理后认为,上诉人吴某系上海寅浔所设浙江联众公司项目的投资人,由于上海寅浔和浙江联众公司均受案外犯罪分子陈成志等人的控制,上诉人吴某所投资金被犯罪分子转移而无法收回。上诉人吴某与上诉人华澳信托之间并无投资、信托等直接的合同关系,上诉人吴某系以侵权损害赔偿为由起诉要求上诉人华澳信托承担责任。根据事实,犯罪分子陈成志等人的集资诈骗行为是吴某等投资者损失的根本和主要原因,上诉人华澳信托在开展单一资金信托业务中明知信托资金来源于社会募集,未对犯罪分子借用其金融机构背景进行资金募集的行为采取必要防控措施,也未对社会投资者作相应警示;信托存续期间内,上诉人华澳信托曾出具内容明显虚假、足以误导案外人的《项目风险排查报告》,上述行为客观上促成了犯罪分子的集资诈骗行为,对上诉人吴某等投资被骗受损负有一定责任。二审法院亦认为,上诉人华澳信托在管理涉案信托业务过程中的过错行为一定程度造成了上诉人吴某损失,而上诉人吴某同时系相关刑事判决的被害人,其民事权利可先通过刑事追赃、退赔方式得以保障,故确认一审法院的判决,华澳信托应就投资者刑事追赃程序追索不成的损失在其投资本金损失 20%的范围内承担补充赔偿责任。

二审法院依照《中华人民共和国民事诉讼法》第一百七十条第一款第一项之规定,判决驳回上诉,维持原判。

点 评

本案涉及通道类信托业务受托人承担外部责任,即受托人因过错引发外部投资者信任而须承担相应的侵权责任。

本案核心争议问题之一,是华澳信托应否为投资者的损失承担责任。

其一,本案符合《民法典》第一千一百六十五条第一款的构成要件。首先,华澳信托明知应知其行为可能引起社会公众的信赖而投资,却未尽提示义务,且事前未作严格审查,事中未作审慎管理,违反《信托法》所要求的受托人诚实、信用、谨慎、有效管理的法定义务,其行为具有违法性。其次,其行为最终造成投资人蒙受损失,若无其行为则他人不会投资、陈成志等人亦无法将资金转移,损害本不会发生,且所致损害并非异常,故其行为与损害具有因果关系。再次,本案信托虽属被动事务管理型信托,但根据我国《信托法》第二十五条的规定,受托人仍应审慎尽职,但华澳信托明知或应知该资金可能来源于社会公众,却未作进一步合规性审查,亦未认真事中管理,故存在一定过错。

其二,华澳信托作为信托领域专业机构,因过失引发投资者特别信赖,导致投资者受有损失,亦可构成《民法典》第五百条的缔约过失。

本案另一核心争议问题涉及责任承担的形态。若使华澳信托承担连带责任,可能会被认为责任过重。本案法院认为,华澳信托的单独过失行为并不足以造成全部损害,且陈成志等人的故意犯罪行为是造成原告财产损失的直接原因,故判决华澳信托承担相应的补充责任。至于此种责任形态的法律基础,一审法院认为是原《侵权责任法》第十二条,但该条实为数人侵权按份责任条款,在现行法上,此种补充责任可能难以找到依据,或可类推《民法典》一千一百九十八条第二款以作填补。

司法实践中类似的案型是证券服务机构因过错引发投资者信赖造成投资者损失,此前的判决如(2020)沪民终 666 号判决以及"五洋债"案,令虚假陈述的证券服务机构承担与其他侵权人原因力重合部分的连带责任,即有限连带责任。

法院在裁判过程中紧扣本案纠纷的实质,进行实质审查,认为被动事务管理型信托仍需承担一定的法定审查、监管义务,否则可能对外部投资者承担相应损害赔偿责任,理由充分,逻辑融贯,对类似案件具有较好的示范意义。

案例提供单位:上海金融法院

编写人:朱颖琦

点评人:金可可 何权润

56. 交通银行有限公司太平洋信用卡中心诉卡友支付服务有限公司其他所有权纠纷案

——信用卡收单机构与发卡行间资金清算合同法律关系辨析

案 情

原告(被上诉人)交通银行股份有限公司太平洋信用卡中心

被告(上诉人)卡友支付服务有限公司

原告交通银行股份有限公司太平洋信用卡中心(以下简称交行信用卡中心)系交通银行太平洋信用卡的发卡机构,被告卡友支付服务有限公司(以下简称卡友公司)系经批准开展银行卡收单业务的机构。交行信用卡中心及卡友公司均系中国银联的会员单位,均接受中国银联制定的各项业务规则约束。

2018 年 1 月至 3 月期间,被告卡友公司为交行信用卡中心作为发卡行的信用卡提供收单业务,其中有 315 610 笔、涉及金额为 2 119 974 958.42 元的业务,商户类别码均为 9498,商户名称为北京诺泰龙汽车用品有限公司等主体。中国银联按照卡友公司提供的交易信息,根据商户类别码识别交易类型为信用卡还款业务,并按照信用卡还款业务的手续费收费标准即每笔 1.5 元进行结算,向交行信用卡中心支付了手续费 473 405.50 元。

2018 年 6 月,原告交行信用卡中心在检查业务过程中,发现被告卡友公司提供的交易信息存在问题,遂向被告卡友公司发送《公函》一份。该公函载明:我中心在日常交易监控中发现由贵司发送的部分交易存在非法套用信用卡还款交易商户类别码(MCC 9498)开展信用卡消费交易的情况。自 2018 年 1 月至 3 月,上述交易共计 315 610 笔,合计交易金额人民币 2 119 974 958.42 元。因上述交易实际刷卡消费商户名称与账单显示商户名称不一致,引发大量客户否认交易与投诉;另,因该类交易手续费率远低于消费类交易,造成我中心手续费收入严重受损……故通知贵司如下:(1)立即停止对我中心的侵权行为;(2)于收到本函后 30 日内赔付我中心发卡行手续费损失人民币 9 066 481.81 元。

2018 年 6 月,被告卡友公司工作人员通过电子邮箱向交行信用卡中心发送《致歉函》一份,载明:对于我们双方工作人员在银联总部面谈时贵方所述,由于我司走 9498MCC 消费交易导致贵中心交易手续费损失一事,我们深表歉意。在会前我司接到银联通知时,此事已引起我司高度重视,并展开了调查,发现是由于系统漏洞导致了此问题的发生,当时我司就漏洞进行了紧急处理。会后我司进一步对问题进行了排查,确认漏洞修补后已无通过 9498MCC 发生的消费交易⋯⋯

根据中国银联制定的《中国银联信用卡还款业务开办指南》规定,信用卡还款业务是持卡人通过固定电话、互联网等终端从其他指定的借记卡向信用卡进行款项支付的银联卡跨行业务。通过识别联机消费交易报文的 F18 域商户类别码(简称为 MCC)为 9498 的交易为信用卡还款交易。信用卡还款交易不区分渠道差别计费,统一执行标准为:借记卡发卡机构收 1.5 元/笔,信用卡中心付 3 元/笔,中国银联收 0.3 元/笔,收单机构收 1.2 元/笔。

根据中国银联制定的《关于发布银联卡刷卡手续费调整相关实施方案的函》规定,银联卡境内刷卡手续费,发卡行服务费为:借记卡(含预付费卡)费率为交易金额的 0.35%(单笔费用封顶 13 元),贷记卡(含准贷记卡)费率为交易金额的 0.45%。自 2016 年 9 月 6 日起,银联卡境内刷卡手续费调整正式执行。

原告交行信用卡中心诉称,被告卡友公司为支付机构,从事银行卡收单业务,为特约商户提供银行卡受理并完成资金结算服务。根据《中国银联信用卡还款业务开办指南》的规定,信用卡还款业务只允许借记卡作为资金转出卡,不允许将信用卡或预付费卡等其他性质的卡作为资金转出方。被告被诉涉及的交易均为信用卡消费交易,根本不应该出现信用卡还款交易的商户类别码。被告作为收单机构,有义务准确识别并向原告提交每一笔交易的交易类型和商户类别等交易信息。但被告却非法套用信用卡还款交易商户类别码开展由原告发行的信用卡消费交易,直接导致原告遭受巨额手续费损失。故诉请被告向原告赔偿信用卡手续费损失及逾期付款利息。

被告卡友公司辩称,不同意原告交行信用卡中心的诉讼请求。被告卡友公司并无套用信用卡商户类别码 9498 的行为,被告设置的商户类别码是准确的;被告在交易过程中将交易信息传递给中国银联,中国银联再将信息传递给原告,由原告进行审核。整个过程中,被告仅负责发送完整的信息。原告在收到中国银联发送的信息后,并没有向被告提出过异议。2018 年 6 月,原告向被告发送函件后,直到 2019 年 1 月才提起诉讼。2018 年 1 月至 2018 年 3 月期间的交易如确有差错,被告也已尽到了审核义务。原告至今未提供其交易明细情况。如原告要证明被告套用商户类别码,则需证明商户上传的商户类别码与被告发送给原告的商户类别码是不一致的。鉴于原告诉请赔偿信用卡手续费损失没有法律及事实依据,故原告诉请要求给付利息损失亦无依据,请求予以驳回。

审 判

一审法院经审理后认为,被告卡友公司和原告交行信用卡中心之间已形成了在银行卡收单业务过程中的资金清算合同法律关系,卡友公司据此负有设置正确商户类别码并向交行信用卡中心发送正确交易信息的合同义务。本案中收单业务中发生的商户交易类别码差错已成客观事实,至于该差错的原因系卡友公司设置错误商户类别码、系统漏洞、管理不当还是由于商户私自更改造成,并不影响交行信用卡中心享有向卡友公司主张赔偿损失的权利。基于双方之间的合同关系,卡友公司未按约提供并识别正确的商户类别码给交行信用卡中心造成损失的,卡友公司即应承担相应的违约责任。在卡友公司为交行信用卡中心发行的信用卡提供收单业务过程中,交易信息均由卡友公司通过中国银联网络系统传输给交行信用卡中心,卡友公司应负有提供真实、准确交易信息的责任。卡友公司主张部分交易可以享受优惠价格手续费率的,应当就此提供相应的证据。现卡友公司并未就此举证,故对卡友公司的上述意见,亦不予采信。

综上,一审法院认为,被告卡友公司违反中国银联制定的收单业务规则,提供错误商户类别码导致原告交行信用卡中心按低于实际消费交易类型的标准收取手续费,被告卡友公司应对此承担相应赔偿责任。依照《中华人民共和国合同法》第六十条、第一百零七条、第一百一十三条之规定,判决被告卡友公司赔偿原告交行信用卡中心损失 9 066 481.81 元,及支付自 2018 年 7 月 7 日起至一审判决生效之日止的逾期利息。

一审判决后,被告卡友公司不服,提起上诉,请求撤销一审判决,改判驳回被上诉人交行信用卡中心原审全部诉讼请求。

二审法院认定的事实与一审一致。

二审法院经审理后认为,本案争议焦点为以下三项。

第一,在不存在明确合同的情况下,上诉人与被上诉人之间成立何种法律关系。发卡行与收单机构之间成立基于《银行卡收单业务管理办法》以及中国银联制定的相关业务规则而形成的资金清算合同法律关系,双方相应权利义务均基于此法律关系而产生。理由为:(1)上诉人与被上诉人均认可加入中国银联信用卡交易的相关规则,并受此类规则约束。中国人民银行所制定的《银行卡收单业务管理办法》对收单机构的定义、收单机构对特约商户的管理、收单机构的有关权利义务及风险控制均作出了规定。中国银联作为银行卡的联合组织,为银行之间资金往来提供清算和交付服务,而保障资金交付结算的真实、安全、便捷,需有相关的业务运作规则予以规制。《信用卡还款业务开办指南》等规则由中国银联制定,银联成员在加入银联网络之时须作出同意受其规约约束的意思表示。具体到本案中,上诉人与被上诉人分别作为收单机构和发卡行,双方均系中国银联的会员单位,均同意接受中国银联制定的各项业务规则约束。双方当事人在信用卡收单业务中的各自权利、义务界定及收益分配模式均基于《银行卡收单业务管理办法》等监管政策以及中国银联所制定的《银联卡特约商户类别码使用细则》《关于发布银联卡刷卡手续费调整相关实施方案的函》等业务规则而确定。(2)上诉人向被上诉人实际支付信用卡刷卡手续费的费率标准也系遵照上述中国银联的交易规则而计算。当事人均确认遵循中国银联交易规则,且在除本案争议的交易之外的其他信用卡交易中,各自的收益分配也按照中国银联制定的相关交易规则和模式进行,双方当事人对此并未提出异议。即使在本案争议的 315 610 笔交易中,上诉人已向被上诉人支付的刷卡手续费金额,也系按照中国银联所确定的商户类别码(MCC)为 9498 交易每笔应当收取 1.5 元费用所计算。《中华人民共和国合同法》第十条第一款规定,当事人订立合同,有书面形式、口头形式和其他形式。故在本案中,虽然上诉人与被上诉人之间并未直接签订相关合同,但鉴于上诉人与被上诉人均遵循中国银联制定的交易规则,在实际的交易和结算过程中,也按照上述规则所确定的权利义务及费率进行结算并支付和收取刷卡手续费,故二审法院认定上诉人与被上诉人之间,构成银行卡收单业务中的资金清算合同关系。上诉人称根据《银行卡收单业务管理办法》第五十一条规定,其系特约商户的委托代理人,但《银行卡收单业务管理办法》第五十一条规定仅界定了该办法中特约商户、受理终端、网络支付接口,以及银行卡清算机构等相关用语的定义,仅在"特约商户"这一术语中表述特约商户应委托收单机构为其完成交易结算,并未涉及收单机构与发卡行之间的资金清算法律关系,上诉人以此否认其与被上诉人之间存在资金清算法律关系,主张难以成立。

第二,上诉人是否应对被上诉人的刷卡手续费损失负担赔偿责任以及相应的责任范围。本案中不涉及过错分担问题,应由收单机构承担发卡行全部刷卡手续费损失。二审法院认为,首先,根据《银行卡收单业务管理办法》第二十五条第一款规定,收单机构应当根据特约商户受理银行卡交易的真实场景,按照相关银行卡清算机构和发卡银行的业务规则和管理要求,正确选用交易类型,准确标识交易信息并完整发送,确保交易信息的完整性、真实性和可追溯性。上述规范界定了收单机构在信用卡支付交易过程中,确定和传输商户类别码(MCC)的各项义务。本案中,涉案的 315 610 笔交易中,上诉人为特约商户设定,并最终向被上诉人报送的商户类别码(MCC)为 9498,而适用商户类别码(MCC)9498 所进行的业务种类为信用卡还款,只允许借记卡作为资金转出卡,不允许将信用卡或预付卡等其他性质的卡作为资金转出方。而根据本案中已查明的事实,本案中所涉及的商户类别码 (MCC)均为 9498,共计 315 610 笔、总金额为 2 119 974 958.42 元的业务,商户名称 为北京诺泰龙汽车用品有限公司等主体,显然与信用卡还款交易主体存在明显差 异。且根据上诉人向被上诉人提交的《致歉函》之中的内容,上诉人也认可因其原 因导致特约商户通过 MCC9498 代码进行交易导致被上诉人出现手续费损失的事 实。目前,上诉人也并未举证证明,其为特约商户正确设定商户类别码(MCC)之 后,特约商户有自行改变 MCC 导致上诉人错误发送的情形。同时,上诉人也并未 举证证明,《银行卡收单业务管理办法》或中国银联所制定的相关信用卡交易规则 中,设定发卡行对收单机构发送的 MCC 进行二次审核方可进行信用卡付款的义 务。综合上述分析,在收单机构负有为特约商户正确设置,并向发卡行正确发送 MCC 的情况下,鉴于上诉人存在错误设置并发送了 MCC9498 代码,未能体现信用 卡真实交易场景,且在被上诉人无过错的情况下,应当由上诉人承担被上诉人因商 户类别码错误所造成的刷卡手续费损失的全部赔偿责任,并无不当。就上诉人称 中国银联未对其处罚故其不存在违规行为的主张,二审法院认为,中国银联仅基于 其交易规则对双方争议进行调解,其处理结果并非双方间民事诉讼的前置条件,故 该主张亦难以成立。

第三,一审判决认定的赔偿金额是否准确。上诉人主张 31 万余笔巨量交易中 存在正确交易应扣减其赔偿金额理由不成立。二审法院认为,一审审理中,本案所 涉及的 315 610 笔交易记录已经交由上诉人阅看,上诉人并未就其中存在错误提 出相应证据。二审中,上诉人虽提出上述交易中存在正确交易记录,赔偿损失额应 当相应扣减,但上诉人直至本案二审庭审事实调查阶段结束,仍未能明确举证证明 其观点。此外,本案事实系上诉人为特约商户错误设定了 MCC 为 9498 的信用卡 还款交易代码,而非真实刷卡消费交易场景,故亦不存在本案纠纷发生之时可适用 优惠费率,而相应减少上诉人应支付的刷卡手续费的情况,一审判决对此认定无 误。综上,上诉人主张一审判决对其应予赔偿的损失认定错误的主张,亦难以 成立。

综上,二审法院依据《中华人民共和国民事诉讼法》第一百七十条第一款第一 项、第一百七十五条规定,判决驳回上诉,维持原判。

点 评

本案系收单机构和发卡行之间的资金清算合同纠纷。

本案核心争议问题一为收单机构和发卡行之间是何种法律关系。收单机构卡 友支付服务有限公司和发卡行交通银行有限公司太平洋信用卡中心均系中国银联的会员单位,均同意接受中国银联制定的各项业务规则约束,双方虽未专门签订书面合同,但其自愿接受《银行卡收单业务管理办法》以及中国银联制定的相关业务规则,即在此共同框架契约下发生相互之间的权利义务关系(比如收单义务等),此即作为框架契约的"资金清算合同"。双方进而据此规则进行交易,根据意思表示解释规则,系就个别交易通过行为默示(《民法典》第一百四十条)达成合意,由于不存在要式的法律规定或约定,此等个别交易合同即成立并生效。

本案核心争议问题二为刷卡手续费损失是否应由双方依照过错比例分担。就此,根据双方都接受的银联交易规则,尤其是《银行卡收单业务管理办法》第二十五条,收单机构应当正确选用交易类型,准确标识交易信息并完整发送,确保交易信息的完整性、真实性和可追溯性。可知,确保发送的商户类别码(MCC)真实正确属于收单机构的义务范围,就其违反须承担无过错责任。同时,根据上述交易规则,发卡行并无二次核查类别码的义务,因此,无需按过错比例分担损失。

本裁判紧扣本案纠纷实质,认定收单机构和发卡行根据默示交易行为成立其他形式合同,且根据交易规则认定发送正确商户类别码(MCC)属于收单机构义务,若违反自应承担违约损害赔偿责任,理由充分,逻辑融贯,对类似案件有较好的示范作用。

案例提供单位:上海金融法院

编写人:任静远

点评人:金可可　何权润

57. 毛某诉上海维信荟智金融科技有限公司其他合同纠纷案

——互联网保险业务所涉主体和交易模式的辨析

案 情

原告(上诉人)毛某

被告(被上诉人)上海维信荟智金融科技有限公司

第三人永安财产保险股份有限公司上海分公司

第三人阳光保险经纪(上海)有限公司

"维信卡卡贷"系被告上海维信荟智金融科技有限公司(以下简称上海维信)旗下移动互联网消费金融服务平台,其官方网站介绍:"维信卡卡贷"为信用卡持卡用户提供日常消费的信用卡余额代偿服务。客户通过"维信卡卡贷"手机应用程序和官方微信公众号提交申请信息、验证个人资料、在线完成授信审批,成功获取授信额度后,即可代还信用卡。贷款汇入客户指定信用卡账户中,完成信用卡还款。官方网站"联系我们"一栏载明客服电话为4001809860,客服邮箱 kkdservice@vcredit.com,并提示"维信卡卡贷微信公众号和官方客服热线 4001809860 为官方客服渠道,请勿拨打其他任何号称维信卡卡贷的官方客服热线"。

2019 年 2 月 19 日,原告毛某通过"维信卡卡贷"手机应用程序向被告申请代偿 6 000 元招商银行信用卡债务。原告勾选借款后,跳出投保界面,如未勾选购买借款人意外伤害保险,则无法继续下一步操作。原告遂勾选确认,同意授权。

2019 年 2 月 20 日,原告毛某拨打被告上海维信 400 客服热线,未获接通。原告遂另行拨打了其自网络搜索的被告 61626545 客服电话,沟通未果。同日 18 时 8 分,被告代偿了原告所申请的招商银行 6 000 元信用卡债务。原告"维信卡卡贷"账户账单显示,借款总额 6 000 元,期数 12 期,首次还款日期为 2019 年 3 月 19 日,当期应还数为 602.60 元。此后,原告按期进行还款。

2019 年 2 月 23 日,原告毛某工商银行账户发生一笔 699 元扣款。银行交易凭证显示,交易对方户名为易宝支付有限公司,交易场所简称为"易宝支付—维信金科"。永安保险公司出具的借款人意外伤害保险单载明,投保人、被保险人为原告,保障项目为普通意外伤害,保险金额 18 542 元,保险费 699 元,保险期间自 2019 年 2 月 23 日 0 时起至 2020 年 2 月 20 日 23 时 59 分 59 秒止。特别约定栏载明:……2.本保险适用永安财产保险股份有限公司借款人意外伤害保险 C 款条款;3.被保险人指定本保险意外伤害事故、全残保险金第一受益人为本保险合同对应的借款合同项下的债权人,其受益额度最高不超过借款本息余额。

2018 年 9 月 19 日,被告上海维信与第三人阳光保险经纪(上海)有限公司(以下简称阳光保险经纪公司)签订《互联网平台合作协议》,双方约定阳光保险经纪公司在线上业务的客户开发、保险产品展示、数据系统对接等活动中,与被告及其运营的互联网平台"维信卡卡贷"网址:http://www.kkcredit.cn/kakadai/index.html,公众号:卡卡贷,App(手机应用程序):"维信卡卡贷"等渠道开展密切合作。被告同意向阳光保险经纪公司提供互联网信息技术支持辅助与平台服务,主要包括:保险产品展示、信息技术辅助、信息系统对接、交易过程的信息记录、传递与存档等以及其他平台合作与辅助。双方约定,阳光保险经纪公司不必向被告支付信息技术服务费;除被告获得保险业务经营资格外,互联网保险业务的销售、承保、理赔、退保、投诉处理及客户服务等保险经营行为,将由阳光保险经纪公司和保险人管理和负责,被告不得从事包括保险销售和保险费代收在内的保险经营行为。

第三人阳光保险经纪公司另与案外人易宝支付有限公司签订《消金还款分账协议》,约定基于易宝支付有限公司与被告(收单方)之合作,为阳光保险经纪公司(分账方)提供分账服务,服务内容为易宝支付有限公司根据被告系统平台为阳光保险经纪公司提供实时分账清分和结算服务。

2019 年 7 月 20 日,第三人阳光保险经纪公司出具《关于毛某投保借款人意外伤害保险并支付保险费过程的说明》,载明原告通过"维信卡卡贷"渠道经阳光保险经纪公司向第三人永安财产保险股份有限公司上海分公司(以下简称永安保险公司)投保上述保险,保险费 699 元。2019 年 2 月 23 日,被告作为代理扣款发起方,向易宝支付有限公司发起扣款申请,扣款成功后上述保险费由易宝支付有限公司直接清分至阳光保险经纪公司。阳光保险经纪公司按照与永安保险公司签订的保险业务合作协议,将该款项解付永安保险公司。

2019 年 11 月 14 日,第三人永安保险公司基于被告之请求,将 699 元保险费退还原告毛某。

原告毛某诉称,原告通过"维信卡卡贷"手机应用程序向被告申请代偿信用卡债务过程中,发现被告存在多处违规问题。2019 年 2 月 20 日与被告"维信卡卡贷"手机应用程序中的"卡卡机器人"对话,提出"取消当前交易""保险费不尽合理""保险费硬扣不能接受"等问题时,被告的"卡卡机器人"对原告问题或提供了常见问题链接,或对被告公司进行介绍,或关闭对话,但均未作出有效回应。同日,原告两次拨打被告客服热线 4001809860，均未接通。其后，原告拨打网络搜索的被告 61626545 号码电话，联系沟通未有结果。同日，被告代偿了原告 6 000 元信用卡债务。2 月 23 日，被告在原告不知情、不同意的情况下，自原告银行账户扣划保险费 699 元。保险费与原告还款总额之和与借款本金之比达到 32％以上，上述保险费收取不合理，显失公平，合同应无效。根据相关监管规定，互联网平台销售保险产品不得违反消费者意愿进行搭售，且不能代为收取保险费，被告违反行政法规的强制性规定，应该认定保险合同无效。请求法院判令被告维信公司退还原告保险费 699 元、光盘刻录资料费 10 元、交通费 80 元。

被告维信公司辩称，不同意原告要求返还 699 元保险费的诉讼请求，但对于原告主张的光盘刻录费和交通费自愿进行承担。第一，原告在被告平台借款和投保是在其知晓并主动勾选的情况下操作的，投保页面上显示了保险的相关信息；第二，原告所称与被告联系取消贷款，实际上是原告与被告平台"卡卡机器人"的人机对话，该机器人客服是被告为减少来电咨询常见问题开发的软件，仅针对关键词进行抓取，原告要求取消贷款和保险的信息并未到达被告。号码为 61626545 的电话并非被告客服电话，原告拨打 400 热线未获接通，且在贷款合同、保险合同成立生效情况下并不能随意取消；第三，该份保险系由阳光保险经纪公司承销的永安保险公司"借款人意外伤害保险"，被告并非保险人，原告不应要求被告退还保险费；第四，被告作为平台仅向原告发起扣款申请，扣款成功后款项直接由第三方支付公司清分至阳光保险经纪公司账户，被告未收取保险费；第五，保险费与贷款本息分属不同法律关系，原告不能混为一谈；第六，上述 699 元保险费在诉讼过程中，已由永安保险公司向原告进行了退还。

第三人永安保险公司辩称，案涉保单于 2019 年 11 月 14 日已全额退保，原告诉求已经得到满足。永安保险公司在保险销售中不存在强制销售或者搭售的行为，案涉保险是原告自主勾选的，平台页面上对保险信息的展示也是清晰的，故保险合同成立生效，不存在无效情形。

第三人阳光保险经纪公司辩称，第一，原告毛某请求退还保险费，现永安保险公司已经进行退款，故其诉请已经得到满足。原告主张的光盘刻录费、交通费尽管是其合理的费用支出，但并不能得到法律上的支持；第二，阳光保险经纪公司并非案涉贷款或保险合同的当事人，仅为居间撮合主体，对于原告的诉讼请求不承担任何法律责任；第三，原告于 2019 年 2 月 19 日向被告申请贷款，申请过程中原告点击勾选投保，申请页面对于保险信息有明确展示，原告应当知晓。但原告之后通过机器人客服作出相反意思表示，违反了诚实信用原则；第四，原告明确其请求权基础为保险合同无效，故维信公司不应成为被告；第五，在整个业务模式下，维信公司并不收取保险费，不违反监管规定；第六，原告提及的监管规定实际为银保监会文件,效力层级为部委文件,并非法律和行政法规,不属于确定合同效力的规范性法律文件,因此不影响合同效力。

审 判

一审法院审理查明,中国保险监督管理委员会于 2015 年 7 月 22 日公布、2015 年 10 月 1 日施行的《互联网保险业务监管暂行办法》第一条规定,本办法所称第三方网络平台,是指除自营网络平台外,在互联网保险业务活动中,为保险消费者和保险机构提供网络技术支持辅助服务的网络平台。第三条规定,互联网保险业务的销售、承保、理赔、退保、投诉处理及客户服务等保险经营行为,应由保险机构管理和负责。第十三条规定,投保人交付的保险费应直接转账支付至保险机构的保险费收入专用账户,第三方网络平台不得代收保险费并进行转账支付。保险费收入专用账户包括保险机构依法在第三方支付平台开设的专用账户。

2018 年 10 月 18 日,中国银行保险监督管理委员会办公厅发布《关于〈互联网保险业务监管办法(草稿)〉征求意见的函》,征求意见稿第四十三条规定禁止第三方网络平台以默认选项方式搭售保险产品,第四十四条规定禁止第三方网络平台代收保险费,第四十五条规定第三方网络平台应合理确定技术服务费标准,不得与保险费规模成比例挂钩,不得与中介费混同。

一审法院经审理后认为,原告毛某以保险合同无效为由请求被告退还保险费 699 元,故双方争议之焦点包括以下两方面:

第一,关于各方当事人在保险合同法律关系中的地位。保险合同是在原告毛某与第三人永安保险公司之间订立,而非原告毛某与被告之间订立,阳光保险经纪公司及被告为订立合同的中介和辅助机构。理由为:(1)根据法律规定,保险业务由保险公司等专门组织经营。本案原告向被告申请信用卡代偿,双方间产生的是借贷法律关系。在借贷过程中,原告通过“维信卡卡贷”购买保险产品,又产生了保险合同法律关系,但不能因借贷关系发生于原被告之间及保险费支付在被告平台完成而认定保险合同系在原告与被告之间订立。《中华人民共和国保险法》第四条规定,保险业务由依照本法设立的保险公司以及法律、行政法规规定的其他保险组织经营,其他单位和个人不得经营保险业务。根据在案证据所示,阳光保险经纪公司在被告技术支持下搭建保险平台服务,通过该平台展示永安保险公司借款人意外保险产品,投保人直接通过该平台向保险机构发出投保申请,缴纳保险费,完成保险购买。因此,在上述保险交易中,各方当事人的法律地位为:原告为投保人和被保险人,永安保险公司为保险人,阳光保险经纪公司为原告授权经纪机构,被告为阳光保险经纪公司的技术服务提供方;(2)保险权利义务之履行亦在原告与永安保险公司之间发生。投保人有缴纳保险费的义务,保险人有在保险事故发生时承担保险责任的义务。本案中,保险费 699 元系被告发起扣款申请,由案外人易宝支付有限公司自原告银行账户扣收,款项直接清分至阳光保险经纪公司后由永安保险公司收取,永安保险公司出具保险单承担保险责任,因此,保险合同权利义务的承担者为原告及第三人永安保险公司。

第二,关于保险合同效力。原告毛某所主张的无效理由并不成立。(1)原告毛某主张通过卡卡机器人留言和电话联系取消贷款和投保,并无事实依据。原告点击投保即代表向永安保险公司发出投保要约,永安保险公司承诺承保后,保险合同即告成立生效。在永安保险公司未作出承诺前,原告可撤回要约。然而,本案证据并不能证明原告撤回要约的请求在永安保险公司作出承诺之前到达。关于原告与卡卡机器人的对话内容,无原始数据得以印证,被告亦不予认可,故法院不予采信,况且,卡卡机器人并非被告官方网站上所列明的沟通渠道,从原告与其对话内容来看,双方亦不存在任何有效对话,故原告在卡卡机器人的留言不视为到达被告。原告拨打 400 热线并未接通,号码为 61626545 的电话也未出现在被告官方网站上,原告亦未提供证据证实通话内容。因此,法院无法认定原告向被告发出取消投保的指令,被告更无法向永安保险公司转达相关指令。保险合同在永安保险公司承诺承保后,已经成立生效;(2)案涉保险产品并非在原告完全不知情情况下购买,且保险搭售行为不足以否定合同效力。被告对原有投保流程已经作出变更且无法恢复,故其流程演示并不足以反映原告投保时的原始界面,但原告亦承认其在申请借款时被要求支付 699 元保险费,否则无法继续借款操作。据此,被告系推介其贷款产品时强制搭售保险产品,上述行为侵犯了消费者选择权利,有所不当。然而,搭售行为虽为《互联网保险业务监管办法(草稿)》禁止,但该监管办法草稿仅为意见征求稿,即使正式实施其效力亦并非法律和行政法规,故上述文件规定的禁止性行为并非《中华人民共和国合同法》第五十二条"违反法律、行政法规的强制性规定"的行为,不得据此否定合同效力;(3)本案不存在被告网络平台代收保险费行为,原告毛某被扣收的 699 元保险费系经易宝支付有限公司向阳光保险经纪公司支付,并非由被告收取,不违反相关规定。况且,即便存在保险费代收的问题,亦并非《中华人民共和国合同法》第五十二条认定合同无效的情形;(4)原告所反映涉案保险较其他同类型产品存在高保费、低保额的情形,对此本院认为,保险产品费率厘定系保险公司市场经营行为,受保险监管机构中国银行保险监督委员会监督。若保险产品定价违反监管规定,亦应由监管机构予以纠正或处罚,但相关违规行为并非否定合同效力的依据。因此,原告主张保险合同无效依据不足,法院不予支持。

被告上海维信系保险法律合同关系中促成合同订立的技术辅助机构,并非保险合同当事人,被告亦未与原告毛某在辅助投保事项上建立合同关系。原告毛某经法院释明后,仍坚持以保险合同无效为由要求被告返还保险费 699 元,法院对其请求不予支持。被告自愿承担原告毛某光盘刻录费和交通费用,于法不悖,法院予以确认。

综上,一审法院依照《中华人民共和国合同法》第六十条第一款、《最高人民法院关于适用〈中华人民共和国民事诉讼法〉的解释》第九十条的规定,判决:一、被告上海维信于本判决生效之日起十日内支付原告毛某光盘刻录费 10 元和交通费 80 元;二、驳回原告毛某其余诉讼请求。

一审判决后,原告毛某不服,提起上诉。

二审法院经审理后,判决驳回上诉,维持原判。

点 评

本案系关于互联网保险业务中保险合同当事人的认定,以及捆绑销售保险产品是否构成保险合同效力障碍事由的纠纷。

本案具有两方面的指导意义:

其一,因涉及投保人、保险经纪人、网络平台、保险公司和第三方支付机构等多方主体,本案裁判对互联网保险业务中各方主体间法律关系的厘清及合同当事人的认定具有参照作用,对保险合同关系以外的其他纠纷亦具有一定的参考价值。需注意的是,网络平台应在购买界面和服务协议的显著位置标明合同当事人的基本信息,并提请消费者注意。否则,网络平台可能基于消费者信赖保护而被认定为合同当事人。

其二,本案裁判对于通过搭售订立的互联网保险合同的效力认定具有参考意义。本案两级法院准确识别相关监管办法的效力位阶,并据此认定案涉搭售行为未因"违反法律、行政法规的强制性规定"而无效,值得赞同。但是,特定个案中,若经营者利用消费者急于达成目标交易(如借款)的急迫心理及通常不会仔细阅读相关界面和协议的行为特征,搭售与目标交易无直接关联的产品,系有预谋蓄意侵害潜在消费者的利益,搭售行为或可因悖于善良风俗而无效。

案例提供单位:上海市虹口区人民法院

编写人:任 一 夏 梦

点评人:金可可 李泓霖

58. 黄某诉刘某等海上人身
损害责任纠纷案

案 情

原告(上诉人)黄某

被告(被上诉人)刘某

被告(被上诉人)朱某

2018 年 9 月 11 日,"苏东台渔 02728"渔船在海上向"苏赣渔 01266"渔船售卖渔获时,原告黄某从"苏赣渔 01266"渔船跳到"苏东台渔 02728"渔船上,要求搭乘该船回港。被告刘某当时系"苏东台渔 02728"渔船的船长,表示"苏东台渔 02728"渔船要继续在海上捕捞作业,可在返航时将原告带回港。2018 年 9 月 15 日约 13 时,"苏东台渔 02728"渔船上船员从右舷进行起网作业时,船舶遇风浪晃动,吊起的渔包砸向站在船舶前甲板右侧靠中间位置的原告,造成原告左腿骨折。2018 年 9 月 16 日下午渔船抵岸,原告被送医治疗。

"苏东台渔 02728"渔船的船舶所有人为被告朱某。被告朱某与被告刘某于 2018 年 5 月 12 日签订了《渔船租赁合同》。被告刘某确认,涉案事故发生时,"苏东台渔 02728"渔船的生产经营由被告刘某负责,与船舶所有人朱某无关。

原告黄某持有效《渔业船员专业训练合格证》。

江苏公安边防总队海警支队二大队曾对相关人员进行询问。原告黄某在接受询问时称,之前在"苏赣渔 01266"渔船上工作,因与该船船员发生口角,担心被打,跳到"苏东台渔 02728"渔船上,希望跟船回港;在船期间,被告刘某要求原告在船期间帮忙干活,原告未回答,默认帮忙干几天活,双方没有签订书面合同。

原告黄某诉称,其因捕捞船工作辛苦而希望选择到工作强度较低的收鲜船工作。被告刘某经营的"苏东台渔 02728"主要从事捕捞活动。让其在船打杂,虽然未明确工资待遇,但实际上是"苏东台渔 02728"渔船上雇员,两被告应当对原告在该船上发生的人身损害事故承担赔偿责任。

被告刘某辩称,他从未雇用原告黄某在船工作,只是出于好意同意渔船返航时将其带回港;原告黄某是出于好奇才跑到甲板上看起网作业,而且事故发生突然,船上人员来不及提醒原告避让。因此,被告刘某认为他对原告受伤无过错,不应承担任何赔偿责任。

被告朱某辩称,原告与两被告均无雇佣关系。被告刘某应原告请求在船上收留原告,对原告受伤没有过错,两被告均不应对原告人身损害承担赔偿责任;即使法院认定事故发生时原告受雇在"苏东台渔 02728"渔船工作,当时该渔船生产经营由承租人刘某负责,被告朱某不应对人身损害事故承担任何责任。因此,请求法院驳回原告的全部诉讼请求。

审 判

一审法院经审理后认为,本案系海上人身损害责任纠纷。涉案事故发生时,"苏东台渔02728"渔船的生产经营由被告刘某负责,与登记船舶所有人被告朱某无涉,被告朱某不对原告黄某人身损害承担赔偿责任。

原告黄某未能提供有效证据证明其受雇在"苏东台渔 02728"渔船工作的事实,法院对原告黄某有关其与被告刘某存在雇佣关系的主张不予认可。此外,原告黄某亦未提供有效证据证明其受伤时正在从事起网捕捞相关作业。原告黄某确认其原系"苏赣渔 01266"渔船上的船员,因躲避"苏赣渔 01266"渔船其他船员追打跳到"苏东台渔 02728"渔船,请求搭乘该船回港。

鉴于海上不同于陆地的特殊环境,被告刘某出于人道和安全不能拒绝原告黄某的搭乘请求,其同意原告搭乘回港的行为值得肯定,同时被告刘某作为船舶经营人亦负有对船上人员安全予以充分保障的义务,包括告知搭乘人员在船期间注意事项,提醒在船风险等。考虑到原告本身系经训练合格的渔船船员,应对在船风险和注意事项有一定的了解,原告应对自身人身损害承担主要责任。被告刘某未向原告提示在船期间安全注意事项,事故发生前亦未有效阻止原告前往危险区域,未能对在船人员安全尽到充分保障义务,也应对原告的人身损害承担相应的赔偿责任。

综上,一审法院依照《中华人民共和国侵权责任法》第六条第一款、第二十六条,《最高人民法院关于审理人身损害赔偿案件适用法律若干问题的解释》第十七条第一款、第二十条,《中华人民共和国民事诉讼法》第六十四条第一款,《最高人民法院关于适用〈中华人民共和国民事诉讼法〉的解释》第九十条之规定,判决被告刘某应对原告人身损害承担 20% 的赔偿责任。

一审判决后,原告黄某不服,提起上诉。

后上诉人黄某撤回上诉。本案判决已生效。

点 评

本案系海上好意允许搭乘船舶的情形下产生的海上人身损害责任纠纷。

在好意搭乘船舶行为背景下,搭乘人在船遭受人身损害,施惠者是否需要承担人身损害赔偿责任。首先,关于好意搭乘船舶行为法律性质的认定问题。本案被告刘某准许原告搭乘渔船的行为满足好意施惠的特征,可以认为双方之间已经形成一种好意同乘的关系。其次,关于好意同乘情形下对施惠者侵权责任认定的一般原则问题。结合相关审判实践,本案被告是从事打捞活动的经营者,应引起在船人员的正当信赖。被告违反注意义务,未能及时提醒原告船上风险,应对自身过错承担责任。最后,关于海上好意同乘情形下侵权责任认定的特殊考量问题。好意施惠产生的侵权行为与一般侵权行为不同。由于施惠者是基于道德方面的原因而实施情谊行为,因而对于损害的后果不能按照侵权法的完全赔偿原则进行计算。被告系船舶经营人和控制人,不存在故意和重大过失的情形,其赔偿责任应当予以减轻。

本案明确了海上好意搭乘情形下产生的人身损害赔偿责任的确定,对于类似案件的处理具有较强的借鉴价值。施惠方应谨慎行事,并负有一定的安全保障和注意义务,如因故意或过失致人损害的,应当承担相应的侵权责任。

案例提供单位:上海海事法院

编写人:李　剑　马啸涛

点评人:王国华

59. 上海外经贸国际货运有限公司诉光明乳业股份有限公司海上货运代理合同纠纷案

——委托合同中约定年保底量条款的解释和适用

案　情

原告(被上诉人)上海外经贸国际货运有限公司

被告(上诉人)光明乳业股份有限公司

原告上海外经贸国际货运有限公司(以下简称外经贸公司)、被告光明乳业股份有限公司(以下简称光明公司)于 2013 年 12 月 1 日签订《光明优＋项目外高桥自贸区进口代理协议》《光明优＋项目外高桥自贸区仓库包装置换服务协议》(该两份协议以下简称原合同),约定光明公司委托外经贸公司为进口的澳优牛奶产品(以下简称澳优项目)提供进口代理与包装置换服务。两份合同均约定,光明公司进口箱量一年不得超过 820 个集装箱,超出部分外经贸公司按照比例收取超出部分服务费用,不足 816 个集装箱外经贸公司可以依然按照此数量收取代理服务费和包装置换费用,并约定每个集装箱的代理服务费和包装置换费价格。原合同均约定协议有效期自 2014 年 4 月 1 日至 2015 年 3 月 31 日,原合同到期前双方若无终止要求,协议有效期将自动顺延一年。原合同到期后,双方并未表示终止协议,协议自动顺延,双方仍按照原合同继续履行。

2015 年 12 月 9 日,外经贸公司向光明公司发送了 2016 年澳优项目的 2 份投标合同,其中均注明"本协议有效期自 2016 年 1 月 1 日起至 2016 年 12 月 31 日止"。2015 年 12 月 24 日,外经贸公司向光明公司盖章出具情况说明提出,涉案业务进行至 2015 年 10 月由于光明公司原因对此项目的进口数量进行了调整,导致此业务从当年 10 月 12 日开始出现暂停,外经贸公司生产线及工人长达 2 个月时间空置,新的货物到达仓库预计是 12 月 31 日,双方经过沟通,从 10 月 12 日至 12 月 31 日外经贸公司向光明公司收取因此造成的相关误工费用共计 34.8 万元。双方确认该笔误工费光明公司已实际支付。2016 年 1 月 15 日,外经贸公司向光明公司发送 2016 年澳优项目招标报价。2016 年 1 月 28 日,光明公司工作人员在发送给外经贸公司的电子邮件中称,原合同已于 2015 年底到期,根据光明公司 2016 年针对澳优项目进行的三方比价结果择优选择,决定双方合作不再继续,并要求外经贸公司尽快提供与光明公司未结算费用明细单。2016 年 2 月 16 日,外经贸公司工作人员向光明公司发送了 2015 年度澳优项目费用核对清单,其中包含常规费用清单(原合同项下最后 40 个集装箱乘以单价计算的费用)、误工费(即上述 34.8 万元误工费)等费用,未包括保底费或保底费差额。

其后,双方根据后续业务需要,于 2016 年 3 月 17 日和 2016 年 6 月 7 日,又签订了《光明优＋项目外高桥自贸区进口代理及置换协议补充协议》(即《关于原合同短期延续补充协议》及《关于原合同短期延续补充协议二》,该两份协议以下简称补充协议),约定由外经贸公司为光明公司处理原合同任务之后进口的 40 个集装箱和 85 个集装箱的澳优产品的进口代理与包装置换工作。补充协议约定了新的单价,并约定价格与相关特殊问题的价格按照新报价为结算依据。第一份补充协议有效期为:自本合同双方签字盖章生效之日起至外经贸公司完成 40 个集装箱的量,外经贸公司在完成 40 个集装箱的代理服务并且与光明公司结算完成后,此补充协议自动解除。第二份补充协议有效期为:自本合同双方签字盖章生效之日起至外经贸公司完成 85 个集装箱的量,外经贸公司在完成 85 个集装箱的代理服务并且与光明公司结算完成后,此补充协议自动解除。两份补充协议均约定,除本补充协议对原合同相关条款的变更外,原合同其他条款仍然有效。

签订上述两份补充协议后,被告光明公司实际委托原告外经贸公司代为处理 9 份提单下 89 个集装箱澳优产品的进口代理与包装置换。其中前 40 个集装箱是第一份补充协议项下,余下 49 个集装箱是第二份补充协议项下。

2017 年 8 月,原告外经贸公司曾就 2014 年至 2015 年度外经贸公司实际操作的集装箱量与光明公司承诺的保底箱量之间的差额纠纷两案诉至一审法院,外经贸公司主张自 2014 年 7 月 2 日至 2015 年 7 月 1 日,光明公司实际操作箱量为 579 个,比原定的 816 个集装箱少了 237 个,要求光明公司按此支付差额费用。经一审法院主持调解,双方就两案于 2018 年 1 月 31 日达成调解协议,一审法院据此作出两案民事调解书,确认被告光明公司应向原告外经贸公司支付 70 万元。

在本案一审中,双方一致确认在 2015 年 7 月 2 日至 2016 年 3 月 31 日期间,被告光明公司实际委托原告外经贸公司从事了 100 个集装箱货物的进口代理及包装置换服务。双方确认,如认定被告光明公司违约,应按照每个集装箱代理费 4 055.84 元,包装置换服务费 8 036 元来计算应补足的费用。

原告外经贸公司诉称,原告外经贸公司为履行双方协议,专门租赁与合同预定业务量相当的仓库,购买专门运作设备以及培训员工,这一切是基于双方预定的保底箱量,也正因为这一保底箱量,原告外经贸公司给予被告光明公司一定程度的费用折让。被告光明公司在第二个合同年度内委托箱量大大低于合同约定的保底箱量,应当按照合同约定支付保底的进口代理服务费和包装置换服务费共计 8 657 757 元(按照年保底箱量差额 716 个集装箱计算),后外经贸公司变更诉讼请求,要求光明公司支付两项保底费共计 6 045 900 元(按照剩余实际履行天数占全年天数的比例计算保底箱量,并减去该时间段内实际委托箱量的差额计算)。

被告光明公司辩称,外经贸公司已经就 2014 年 7 月 2 日至 2015 年 7 月 1 日这一年度委托箱量不足保底箱量这一纠纷向法院提起诉讼,并已经解决该纠纷。自 2015 年 7 月 2 日至原合同终止,外经贸公司实际履行合同的期间不足一个自然年度,无权援引原合同中年保底箱量的条款来主张光明公司支付差额的费用。在 2016 年 3 月以后,双方另行签订的两份补充协议从其约定背景和具体条款内容来说,都与原合同有本质上的变更,两份补充协议是针对特定的集装箱货物而签订的协议,并非原合同的延续。

审 判

一审法院经审理后认为,被告光明公司与原告外经贸公司签订了原合同及相关补充协议,对双方权利义务进行了约定,上述协议合法有效,双方均应依照合同约定全面履行自己的义务。本案主要争议焦点在于:第一,原合同的存续期间;第二,外经贸公司是否有权依据合同主张保底箱量的相关费用。

第一,关于原合同的存续期间。根据本案事实,合同应自动顺延一年至 2016 年 3 月 31 日终止。2016 年 1 月 28 日,被告光明公司员工向原告外经贸公司发送的电子邮件并非正式的要求终止协议的函件,其中对原合同的到期时间表述并不准确,也没有对该邮件送达之日合同即告解除的意思表示,同时结合双方后续签订补充协议等事实,一审法院认定该邮件不具有终止双方协议的意思和法律效力,双方原合同并未提前解除,其自然到期时间应为 2016 年 3 月 31 日。而且,2016 年 3 月 17 日和 6 月 7 日,双方签订两份补充协议,其中均写明依据双方原合同达成该补充协议。无论从补充协议的名称还是内容上看,均为双方原合同的短期延续。从双方对补充协议的履行情况来看,双方一直到 2017 年仍未完成合同中的包装置换业务和费用结算工作。

第二,关于原告外经贸公司是否有权依据合同主张保底箱量的相关费用,应结合整个合同的履行期限和履行情况来看待。原合同自 2014 年 4 月 1 日起生效,至 2016 年 3 月 31 日到期,即便不考虑双方在原合同到期之前签订并履行的补充协议,原合同存续期间也达两个整年,足以触发合同中关于保底箱量的条款约定。按照合同,被告光明公司应当在两年中给予原告外经贸公司操作不少于 1 632 个集装箱的业务量,否则外经贸公司有权主张光明公司按照上述箱量支付费用,外经贸公司主张在这两年中实际操作的集装箱量为 689 个(其中 2015 年 7 月 1 日前 579个,2015 年 7 月 2 日之后 110 个),对此数量光明公司也未提出质疑,可见光明公司两年中所委托的业务量远远不足合同约定的保底箱量。外经贸公司曾在 2017 年主张上述权利,并就 2015 年 7 月 1 日前保底箱量不足的纠纷与光明公司达成调解协议,获赔 70 万元。但 2015 年 7 月 2 日之后合同仍在持续,甚至在外经贸公司于2017 年 7 月提起前述诉讼的时候,双方业务也尚未结算了结。双方达成前述调解协议,并不意味着双方就原合同保底箱量问题的纠纷已经彻底解决,不影响外经贸公司就后续合同履行过程中保底箱量不足的问题继续主张权利。

一审法院经审理后认为,被告光明公司抗辩称自 2015 年 7 月 2 日至 2016 年 3月 31 日,合同不足一个年度,不能主张一个年度的保底箱量,这一主张实际是将双方合同履行的时间割裂开来看待。计算保底箱量的条件是否成就,应结合整个合同的存续期间和履行情况来看待,而不是因为外经贸公司在前案中主张了自 2014年 7 月 2 日至 2015 年 7 月 1 日时段的保底箱量权利,就将整个合同的存续期间割裂开来。双方实际履行合同的期限已经远超一年,并不属于因履行期限短,无法判断如正常履行是否能够满足保底业务量的情况。从双方合同履行的整个过程来看,整体上光明公司所委托的业务量是远远低于约定的。特别是在 2015 年 7 月 2日之后的时段,一直到 2016 年 3 月 31 日仅仅实际委托了 100 余个集装箱的业务量,这一时段虽然尚不足一年,但以双方处理涉案货物的速度和能力以及光明公司最终进口的货物数量来看,在一年内满足原定 816 个箱量远无可能,已经严重违反了合同约定,足以认定光明公司的违约行为。如果在此情况下,光明公司还能以外经贸公司所主张时段不足一年为由不承担违约责任,将有鼓励和放任违约行为之嫌。

即便自 2015 年 7 月 2 日之后起算,双方继续履行合同的期限也已经实际超过一年。如前所述,原合同在约定期限届满之前经双方签订补充协议延续。虽然双方对合同的结算价格、履行方式作了变更和调整,但同时约定补充协议中未作变更的条款仍按照原合同履行。补充协议中并未约定变更或废除双方在原合同中约定的保底箱量条款,故原合同中的该条款仍应得以适用。

合同中约定保底的业务量是商业实践中惯用的方式,这一般会影响合同中的价格谈判,以及一方为这一合同的投入程度,这一条款是对合同一方的重要保障。双方在原合同中对这一保底业务量的约定是明确的,在本案审理中双方对此也毫无争议,故一审法院对外经贸公司依据该合同条款所享有的权利予以确认。原告外经贸公司主张其因此而遭受损失,并依据合同主张赔偿,是符合情理的。原告外经贸公司实际主张按照 500 个集装箱的业务量差额计算光明公司因委托箱量不足而应支付的费用,并未超出合理范围,一审法院依法予以准许。关于每个箱子费用的计算单价,外经贸公司主张按照每个集装箱进口代理服务费 4 055.80 元、包装置换服务费 8 036 元计算,符合合同约定,光明公司也对这一计算方式并无异议,一审法院予以认定。

综上,一审法院依照《中华人民共和国合同法》第六十条第一款、第一百零七条,《中华人民共和国民事诉讼法》第六十四条第一款之规定,判决光明公司于判决生效之日起十日内向外经贸公司支付 6 045 900 元。

一审判决后,被告光明公司不服提起上诉。

上诉人光明公司上诉称:(1)原合同已经双方确认于 2015 年 12 月 31 日到期终止;(2)补充协议有独立的服务费结算标准,不能延用原合同中的服务费标准;(3)原合同自 2015 年 7 月 2 日至 2015 年 12 月 31 日到期时,剩余期限不足约定的保底箱量结算周期,上诉人光明公司未提供保底业务量不构成违约行为,不应支付保底费差额。故请求二审法院撤销一审判决,改判驳回被上诉人外经贸公司的全部一审诉讼请求。

二审法院对一审法院原调查的事实部分予以认定。

二审法院经调查审理后认为,本案二审争议焦点为:第一,原合同的终止时间;第二,被上诉人外经贸公司在本案中是否有权主张保底箱量的费用。

一、原合同的终止时间

根据本案事实,原合同本应自动延续到 2016 年 3 月 31 日终止,但根据《中华人民共和国合同法》第九十三条第一款之规定,当事人协商一致,可以解除合同。光明公司二审中提交的证据显示,双方曾在 2015 年底就 2016 年度涉案项目的合作事宜进行磋商,外经贸公司按光明公司的要求进行了投标并提供了报价,投标合同书中注明合同期限为 2016 年 1 月 1 日至 2016 年 12 月 31 日,2016 年 1 月 28 日光明公司告知外经贸公司没有中标,2016 年双方不再继续合作,并要求结算相关费用,2016 年 2 月 16 日外经贸公司向光明公司发了费用结算清单。上述事实已经形成证据链,说明外经贸公司至迟在其发送投标合同书的 2015 年 12 月 9 日就已意识到并同意,原合同将于 2015 年 12 月 31 日提前终止,外经贸公司需参加投标重新签订合同,以争取 2016 年与光明公司涉案项目的合作。换言之,双方已在原合同按期终止前,就解除原合同达成一致,原合同实际于 2015 年 12 月 31 日终止。

至于双方分别签订于 2016 年 3 月 17 日与 6 月 7 日的补充协议,因签订之时原合同已经终止,且补充协议项下双方约定合作的固定箱量系独立的合同标的,并不属于原合同项下外经贸公司已经为或者约定为光明公司提供进口代理与包装置换服务的集装箱,故补充协议系独立于原合同的新协议,并不能证明双方通过签订补充协议合意恢复或延续了原合同。

二、被上诉人外经贸公司在本案中是否有权主张保底箱量的费用

原合同中关于保底箱量的条款合法有效,双方当事人均应按约履行。原合同中约定,光明公司进口箱量一年不足 816 个集装箱外经贸公司可以依然按照此数量收取代理服务费和包装置换费用,即约定了年保底箱量。除此之外,原合同中并未约定光明公司每月或每天的保底箱量,或约定合同实际履行不满一年的情况下,外经贸公司可以按照实际履行时间占全年总时间的比例收取保底箱量的费用。并且,双方在协商一致解除原合同时,亦未就年保底箱量的计算方式作出新的约定。从涉案业务委托的客观事实来看,具有时间分布上的不均衡性,如何设定保底箱量的时间长度系当事人订立合同时出于商业判断的决策结果,不应任意换算。外经贸公司本案中诉讼请求金额的计算方式实际是将合同约定的年保底箱量换算为日保底箱量,外经贸公司的这一计算方式不具有合同依据。

此外,从合同的实际履行情况来看,原合同自 2014 年 4 月 1 日生效起至 2015 年 12 月 31 日终止为止,双方实际履行了 21 个月,外经贸公司主张其中自 2014 年 7 月 2 日至 2015 年 7 月 1 日实际操作箱量为 579 个,2015 年 7 月 2 日至原合同终止实际操作箱量为 100 个,总箱量远远低于保底箱量。但是,外经贸公司曾向法院起诉光明公司主张 2014 年 7 月 2 日至 2015 年 7 月 1 日时段按保底箱量计算的费用,法院已依法出具调解书解决争议。外经贸公司在行使权利的同时,也对其依据原合同按年主张保底箱量费用的期限利益作了依法自愿处分,外经贸公司继续主张保底箱量费用的权利亦应受其上述处分行为的约束,故只能从 2015 年 7 月 2 日起算至原合同终止,剩余实际履行时间仅不足半年。

同时,光明公司二审提交的证据显示,双方曾对 2015 年 10 月 12 日至 12 月 31 日外经贸公司的误工损失进行磋商,外经贸公司要求收取光明公司误工费 34.8 万元,二审中双方确认光明公司已实际支付。考虑到原合同中并未约定外经贸公司在据实结算或按保底箱量结算合同费用外,还有收取光明公司误工费之权利,且从约定保底箱量的目的与效果来看,外经贸公司并无在按保底箱量结算之外另收误工费之必要与合理性。况且,双方在协商一致解除原合同,并对原合同项下的费用进行结算时,外经贸公司向光明公司发送的费用核对清单中,仅包含按每个集装箱单价计算的实际操作箱量费用及误工费等,并未提及保底箱量的费用。故上述事实足以证明,双方已就 2015 年 10 月 12 日至 12 月 31 日期间的合同费用结算方式协商作了变更,原合同中的保底箱量条款在此期间不适用,转为收取误工费以弥补外经贸公司的相应损失。因此,2015 年 7 月 2 日之后,原合同中的保底箱量条款仅有效存续至 2015 年 10 月 11 日,该时间段内光明公司的实际委托箱量,显然并不足以作为判断光明公司全年能否达到保底箱量的依据,不足以触发保底箱量结算方式的适用。本案的情况也并不属于合同生效后无其它因素介入,双方实际履行已接近一年,如仅按实际业务量结算,不支持年保底费请求对提供服务一方显属不公的情形。综上,外经贸公司关于光明公司在本案中应按年保底箱量条款支付费用的主张,缺乏事实和法律依据,二审法院不予支持。

综上所述,二审法院认为光明公司的上诉请求具有事实和法律依据,应予以支持,一审判决应予改判。遂依据《中华人民共和国合同法》第九十三条第一款,《中华人民共和国民事诉讼法》第一百七十条第一款第二项、第一百七十五条之规定,判决:撤销一审判决;对原告外经贸公司的诉讼请求不予支持。

点 评

本案系海上货运代理合同纠纷案,主要涉及对委托合同中约定保底量条款的解释和适用,特别是在合同约定了年保底量,而实际剩余履行时间不满一年的情况下如何处理的问题。

关于委托合同中保底量条款的法律效力,应当认定为双方当事人真实意思表示,属于对合同履行结果和受托方利益担保的特殊安排,且不违反法律法规的强制性规定与公共政策、公共利益,应当尊重当事人意思自治的结果而确认其有效。关于保底量条款的解释,双方约定保底量条款的真实意思应当是,实际委托量未达保底量的按保底量结算,而不是对委托方是否履行其合同义务约定判断标准。委托方在约定周期结束时未达保底量的,不属于违约。关于年保底量条款在特定条件下的适用问题。该问题涉及合同漏洞的填补,应结合当事人的约定、合同的履行情况等综合判断衡量。

本案生效裁判通过对合同条款进行文本解释、体系解释、目的解释,填补合同漏洞,并通过对合同实际履行情况的分析论证,就合同中仅约定了年保底量而最后剩余实际履行时间不足一年的情况下,当事人能否按时间比例主张适用年保底量条款的问题,得出处理结论,较好地平衡当事人实体权利义务,并为类案的处理提供了有益借鉴。

案例提供单位:上海市高级人民法院

编写人:张　俊

点评人:王国华

60. 广东瑞高海运物流有限公司诉中国太平洋财产保险股份有限公司宁波分公司共同海损纠纷案

案 情

原告(被上诉人)广东瑞高海运物流有限公司

被告(上诉人)中国太平洋财产保险股份有限公司宁波分公司

原告广东瑞高海运物流有限公司(以下简称瑞高公司)为"恒宇9"轮船舶所有人和经营人。2016 年 9 月,中石化广州分公司委托原告将石脑油从广州黄埔港石化码头运至宁波镇海。9 月 12 日 12 时许,船舶完成货物装载后离泊,驶离起运港。13 日 12 时,船舶航行至广东汕尾海域。14 日,在船舶北上航行至福建泉州海域时,受台风"莫兰蒂"影响,进入泉州围头湾抛锚避风。船舶在避台过程中锚位发生移动,主机停车失去动力后搁浅,海事部门组织施救,进行堵漏、清除污染物等工作。原告后安排 3 条转运船将卸下货物安全运抵目的港,船舶离港进行永久性修理。原告后宣布共同海损,被告作为涉案货物的保险人向原告出具共同海损担保函。上海海损理算中心依据《海商法》对涉案事故进行共同海损理算并出具理算书,货物保险人应付共同海损分摊金额为 2 236 094.52 元。被告中国太平洋财产保险股份有限公司宁波分公司(以下简称太保公司宁波分公司)确认理算书确定的共同海损牺牲和费用及相应金额。

水上交通事故责任认定书认定,本次事故是由于船舶遭受超强台风袭击导致的水上交通事故,属于非责任事故。原告委托保险公估公司出具调查检验报告认为,"恒宇9"轮遭遇台风"莫兰蒂"袭击事故的原因是船公司岸管脱节,在相关气象预警显示该轮航经海域有台风来袭时,未及时指令该轮采取避台、防台措施,错失避台良机,导致该轮在台风路径上抛锚被动抗台,遭遇台风正面袭击。

原告瑞高公司诉称,2016 年 9 月 14 日,其所属的"恒宇9"轮航行至福建泉州海域时受强台风"莫兰蒂"影响,在围头湾抛锚躲避台风。9 月 15 日,船舶在抗台过程中走锚,导致触礁搁浅。为了船货共同安全,原告申请救助并宣布共同海损。

被告作为涉案货物的保险人提供了共同海损担保函,担保支付涉案货物应予分摊的共同海损费用。2017 年 12 月 15 日,中国国际贸易促进委员会上海海损理算中心(以下简称上海海损理算中心)对此次事故出具共同海损理算书,认定货方应当承担共同海损分摊人民币 2 236 094.52 元(以下币种均为人民币)。被告作为涉案货物保险人和共同海损担保的担保人,应当按照约定及时支付理算书确定的分摊金额。因此,诉请法院判令被告支付共同海损分摊 2 236 094.52 元及利息(按中国人民银行同期贷款利率从 2017 年 12 月 16 日起计算至实际支付之日止),并承担本案诉讼费用。

被告太保公司宁波分公司辩称,对发生共同海损的事实和共同海损理算书确定的理算金额无异议,但原告明知有超强台风的情况下,仍放任船舶朝台风方向开航,也未及时停航避台,具有重大过失,被告有权拒绝分摊。本案不适用《中华人民共和国海商法》(以下简称《海商法》)第四章规定,应按照《中华人民共和国民法总则》(以下简称《民法总则》)、《中华人民共和国合同法》(以下简称《合同法》)等法律来确定权利义务关系。

审 判

一审法院经审理后认为,本案系共同海损纠纷,"恒宇 9"轮在航行过程中遭遇超强台风,导致船舶发生搁浅事故,使船舶、货物均面临灭失、损毁风险。为了保障船舶和货物的共同安全,原告有意采取救助措施,被告对因此直接产生的特殊牺牲和特殊费用构成共同海损没有异议,并确认共同海损理算机构确定的具体项目和金额,原告有权主张共同海损分摊。但共同海损的成立和共同海损的分摊是两个独立的问题,成立共同海损不意味着必然应当进行分摊。如果引起共同海损特殊牺牲、特殊费用的事故是由一方过失造成,非过失方就相关损失有权拒绝进行共同海损分摊。

共同海损制度下的过失判断应当根据货物运输合同约定及调整货物运输合同关系的法律规定。涉案货物运输发生在中国沿海港口之间,权利义务内容应依约定或《合同法》等相关法律规定。如果法律规定或约定无需对特定原因造成损失承担赔偿责任,因该种原因造成共同海损事故,可以认为相关当事方在共同海损项下不存在过失。被告确认涉案事故及损失系由台风直接造成,但认为原告在明知或应当知道超强台风的情况下,仍选择开航并朝台风轨迹路线行进的行为存在过失,不能依据不可抗力免责,被告有权拒绝分摊共同海损牺牲和费用。

根据法律规定,构成不可抗力免责应当满足不能预见、不能避免和不能克服三个法律要素,这三个要素相互关联,不应孤立进行判断。在现代科技条件下,台风等自然灾害都可以在一定程度和范围内被预报,但预报并不当然属于法律意义上的"预见"。原告是否有能力预见事故发生,应当根据当时环境和条件来进行判断。在"恒宇9"轮开航前,正位于气象预报台风可能登陆的地区范围,意味着无论船舶按计划航线航行还是在附近海域泊船停航,都在台风可能影响的范围内。而且,根据当天有多艘船舶沿海北上航行的事实,可以佐证船舶开航并非个例。因此,在船舶已处于台风可能影响范围内的情况下,船长对停航还是开航会正面遭遇台风是不可预见的。在"恒宇9"轮航行过程中,9月13日,船舶已航行至广东汕尾海域,正处于预报的台风登陆范围,在当时情况下何种航行决定会正面遭遇台风或者最大程度远离台风中心同样是难以判断的,难以认定船长继续向北航行的决定存在过失;9月14日,船舶已航行至福建泉州海域,受台风影响,船舶进入泉州围头湾抛锚避风,被告对避风决定以及避风地点选择未提异议。依据现有事实,对于9月12日船舶开航和9月13日船舶继续北上航行的决定,难以认定其他有资质的船长会比涉案船长作出更加谨慎、明智的航海决定,可以认定原告对涉案事故的发生是不能预见的。

同时,"恒宇9"轮的触礁、搁浅事故是在避台过程中遭受超强台风袭击导致,经海事部门认定属于非责任事故。原告及海事管理部门采取了有效救助措施,避免了损失的进一步扩大,对已发生的损害后果是无法避免,也难以克服的。综合前述分析,可以认定涉案事故系不可抗力所致。现有证据尚不足以证明原告存在其他违反约定或法定义务的情形,被告无权拒绝分摊事故引起的共同海损特殊牺牲和特殊费用。

据此,一审法院依照《中华人民共和国民法总则》第一百八十条,《中华人民共和国合同法》第四十四条第一款、第一百零七条、第一百一十七条,《中华人民共和国海商法》第二条、第三十五条第一款、第一百九十三条第一款、第一百九十七条、第一百九十九条第一款和《中华人民共和国民事诉讼法》第六十四条第一款之规定,判决被告支付共同海损分摊费用人民币2 236 094.52元以及相应利息损失。

一审判决宣判后,被告太保公司宁波分公司不服,提起上诉。

二审法院经审理后认为,超强台风"莫兰蒂"造成涉案共损事故系不可抗力。被上诉人瑞高公司不存在过失。因此,被上诉人瑞高公司主张的免责成立,上诉人太保公司宁波分公司抗辩不成立,其无权拒绝分摊事故引起的共同海损特殊牺牲和特殊费用。鉴于太保公司宁波分公司出具保函同意担保支付涉案货物依法应予分摊的共同海损费用,同意及时支付上海海损理算中心确定的分摊金额。对上海海损理算中心出具的理算书亦没有异议,故一审法院以理算书确定的货物保险人应付金额2 236 094.52元作为太保公司宁波分公司应该分摊的共同海损金额并无不当,法院予以维持。

据此,二审法院依照《中华人民共和国民事诉讼法》第一百七十条第一款第一项、第一百七十五条之规定,判决驳回上诉,维持原判。

点 评

本案是一起典型的一方以对方存在过失为由进行抗辩,并拒绝分摊共同海损的案件。

首先,关于共同海损与过失的关系。基于公平原则,对因一方过失造成共同海损事故的,各国法律都赋予非过失方可以此进行抗辩并拒绝分摊或要求赔偿的权利。被告是否应承担共同海损分摊责任,需对其主张的过失抗辩进行审查。其次,关于共同海损分摊中过失的审查依据。如果法律规定或约定无需对特定原因造成损失承担赔偿责任,因该种原因造成共同海损事故,可以认为相关当事方在共同海损项下不存在过失。最后,关于不可抗力要素中不能预见的认定。即便依靠现代科技,航海仍面临特殊的海上风险,船长的航海决定受到客观条件和认识能力的限制,不能苛求船长在当时状况下作出与事后情况一致的准确预判。基于此,法院审理认定,涉案事故系不可抗力所致,被告需承担共同海损费用。

本案是对《海商法》第一百九十七条规定的扩展解释,对如何判断沿海货物运输中的共同海损过失的依据问题、在现代航海技术条件下如何理解和运用"不可抗力"的问题,本案作出了明确分析及回应,具有重要的指导意义。

案例提供单位:上海海事法院
编写人:李海跃
点评人:王国华

61. 沈某某等诉上海大智慧股份有限公司等证券虚假陈述责任纠纷案

——虚假陈述行为与投资者损失间因果关系及证券市场系统风险扣减比例的认定

案 情

原告(被上诉人)沈某某

原告(被上诉人)付某某

原告(被上诉人)沈1

原告(被上诉人)沈2

被告(上诉人)上海大智慧股份有限公司

被告立信会计师事务所

被告上海大智慧股份有限公司(以下简称大智慧公司)系在上海证券交易所上市的公司。2015年1月20日,中国证券监督管理委员会上海监管局(以下简称上海证监局)作出沪证监决〔2015〕4号《行政监管措施决定书》,该决定书认定大智慧公司在信息披露等方面存在问题。2015年1月23日,大智慧公司发布《上海大智慧股份有限公司关于上海证监局现场检查结果的整改报告》(以下简称《整改报告》),该公告载明了前述决定书中所涉及的具体问题,并逐一进行情况说明,注明整改措施和整改时间,整改时间为"已完成"。2015年5月1日,大智慧公司发布《关于收到中国证券监督管理委员会调查通知书的公告》,称公司因涉嫌信息披露违法违规被立案调查。2015年11月7日,大智慧公司发布《行政处罚及市场禁入事先告知书》(以下简称《事先告知书》),称公司于2015年11月5日收到前述《事先告知书》。2016年7月20日,中国证券监督管理委员会(以下简称中国证监会)作出(2016)88号《行政处罚决定书》,认定大智慧公司通过承诺"可全额退款"的销售方式提前确认收入,以"打新股"等为名进行营销、延后确认年终奖少计当期成本费用等方式,共计虚增2013年度利润120 666 086.37元,占当年对外披露的合并利润总额的281%,构成《中华人民共和国证券法》(以下简称《证券法》)所述"发行人、上市公司或者其他信息披露义务人未按照规定披露信息,或者所披露的信息有虚假记载、误导性陈述或者重大遗漏"的违法行为。2016 年 7 月 20 日,中国证监会作出(2016)89 号《行政处罚决定书》,确认立信会计师事务所(以下简称立信所)作为大智慧公司 2013 年财务报表审计机构,构成《证券法》所述"证券服务机构未勤勉尽责,所制作、出具的文件有虚假记载、误导性陈述或者重大遗漏"的违法行为。2015 年 11 月 7 日前述公告发布后,自该日后第一个交易日 2015 年 11 月 9 日至 2016 年 1 月 12 日,大智慧股票换手率达到 100%。

2015 年 6 月中旬至 2015 年 8 月期间,因证券市场去杠杆等多重因素影响,沪深股市发生大幅波动,出现千股跌停、千股停牌、流动性缺失等异常情况,导致上证综指出现大幅下跌,包括大智慧股票在内的绝大部分公司股票在此期间均大幅下跌。但大智慧股票在此期间前后最高点和最低点出现的时间和下跌的幅度与上证综指之间存在明显的差异。

2015 年 12 月 10 日至 2016 年 1 月 12 日期间,大智慧股票股价和其所在的软件服务板块均出现大幅度波动。大智慧股票股价的涨跌幅度与其所属软件服务板块指数涨跌幅度大致相当。具体分别为:2016 年 1 月 4 日,软件服务板块指数跌幅为 8.35%,该日大智慧股票股价跌幅为 9.98%;2016 年 1 月 7 日,软件服务板块指数跌幅为 8.5%,该日大智慧股票股价跌幅为 10.03%;2016 年 1 月 11 日,软件服务板块指数跌幅为 7.52%,该日大智慧股票股价跌幅为 3.93%。

四原告诉称,2014 年 2 月 28 日,大智慧公司公布了 2013 年年报。大智慧公司在年报中违法虚增收入,受到行政处罚。原告基于对大智慧公司年报的合理信赖购买并持有大智慧股票,因而遭受损失,大智慧公司应赔偿其损失。

被告大智慧公司辩称:(1)关于 2013 年年报信息披露违法的问题,上海证监局早在 2015 年 1 月就责令要求改正,大智慧公司于 2015 年 1 月 23 日公告了《整改报告》,全面披露了违法问题。《整改报告》公告后,理性投资者都知道或应当知道 2013 年年报存在信息披露违法问题,已获得充分的警示和提醒,完全可以预见投资风险。因此,应将大智慧公司公告《整改报告》的日期作为虚假陈述揭露日;(2)所谓信息披露违法行为的实质是,收入、利润及成本费用在 2013 年、2014 年两个会计年度分配的会计处理问题,不涉及虚构交易或伪造财务凭证等造假行为,不影响大智慧公司两年综合财务数据、公司总体价值及股票价格,对原告投资行为没有影响;(3)2015 年上半年,我国证券市场价格受各种因素影响出现大幅上涨局面,原告实际是由于证券市场暴涨的非理性因素而进行投资,而非由于大智慧公司披露了 2013 年年报;(4)同类上市公司股票价格跌幅超过大智慧公司,参照金融软件行业指数确定本案系统风险,原告的全部交易损失均是由系统风险所致,与大智慧公司信息披露无关。综上,原告的损失与披露年报的行为无关,大智慧公司不应承担赔偿责任。

被告立信所辩称:(1)立信所仅是业务上的过失,不是与大智慧公司串通合谋出具不实报告,不构成共同侵权;(2)立信所承担补充责任,且以不实审计金额为限;(3)原告自身投资行为有重大过错,对投资损失负主要责任;(4)投资损失与立信所的行为没有因果关系;(5)原告在计算损失金额时否认市场风险,主张的揭露日错误,计算方法错误。

审 判

一审法院经审理,认定了大智慧公司虚假陈述的实施日、虚假陈述的揭露日,并认定了被告大智慧公司虚假陈述与四原告损害结果之间存在因果关系。中国证监会作出的(2016)89 号《行政处罚决定书》,明确指出立信所在审计过程中存在的五项违法事实,认定立信所"未勤勉尽责,所制作、出具的文件有虚假记载、误导性陈述或者重大遗漏",一审法院确定被告立信所未尽负有的勤勉尽责义务,故违反该义务出具不实报告应承担连带责任。

据此,一审法院依照《中华人民共和国证券法》第一百七十三条、《最高人民法院关于审理证券市场因虚假陈述引发的民事赔偿案件的若干规定》(以下简称《若干规定》)第十八条、第二十条、第二十七条、第二十九条、第三十条、第三十一条、第三十二条、第三十三条之规定,判决大智慧公司应向沈某某等 4 名投资者分别支付投资差额损失、佣金,立信所承担连带清偿责任。

一审判决后,被告大智慧公司不服,提起上诉。

上诉人大智慧公司上诉称:(1)案涉虚假陈述的揭露日是上诉人公告《整改报告》之日,一审判决关于揭露日是大智慧公司公告《事先告知书》之日的观点不能成立,被上诉人在揭露日之后交易受损,与上诉人之间没有法定因果关系。《整改报告》首次公开揭露了中国证监会认定的虚假陈述行为,该报告公告日应为案涉"虚假陈述"的揭露日,而《事先告知书》公告并非对证监会认定的虚假陈述的首次公开揭露,不应作为揭露日的认定依据。《整改报告》披露的内容充分揭示了投资风险,对被上诉人起到了足够的警示作用,一审判决关于该报告并未起到警示作用的说法没有道理。《整改报告》公告中对每一项存在问题注明已完成整改,并不影响该公告对投资者起到的警示作用,不能否定《整改报告》公告揭露案涉虚假陈述的法律效力。(2)本案不能适用《若干规定》项下因果关系判断标准,一审判决关于本案符合《若干规定》第十八条规定,被上诉人的交易损失与上诉人之间具有因果关系的观点不正确。我国证券市场并非有效证券市场,一审判决采用推定因果关系的前提并不成立。案涉"虚假陈述"对于被上诉人而言属于"诱空型"虚假陈述,不会诱导被上诉人于 2015 年积极买入大智慧股票,本案不能适用《若干规定》第十八条的规定。案涉"虚假陈述"对于被上诉人 2015 年买入大智慧股票没有产生影响,与被上诉人交易损失之间缺乏因果关系。被上诉人是因重大重组的信息而买卖大智慧股票，与所谓的虚假陈述无关。一审判决不应简单理解和适用《若干规定》第十八条的规定。(3)假设按照一审判决确定的揭露日，本案投资者由于系统风险等因素所导致的交易损失至少在 89% 以上，该部分损失不属于虚假陈述民事赔偿范围，一审判决仅酌情扣减 30% 不符合事实和法律，也违反了司法统一性原则。即使按照一审判决确定的标准，其关于上诉人应赔偿沈 1 投资差额损失的认定也存在错误。沈 1 在 2015 年 6 月至 8 月期间持有、交易过大智慧股票，应在其投资差额损失中扣除 15%，而一审判决未进行扣除。

被上诉人沈某某等请求维持原判，驳回上诉。

二审法院经审理后认为，本案存在两个核心争议：(1)虚假陈述与投资者损失之间因果关系的认定问题；(2)证券市场系统风险及扣减比例的认定问题。

一、虚假陈述与投资者损失之间因果关系的认定问题

根据《若干规定》第十八条，证券虚假陈述责任的认定采推定因果关系立场，即投资人在虚假陈述实施日至揭露日期间买入与虚假陈述直接关联的证券，在揭露日后因卖出或者持续持有该证券发生亏损，便可推定上市公司虚假陈述与损害后果之间存在因果关系。被上诉人买卖、持有大智慧股票的情况均符合《若干规定》第十八条的规定，大智慧公司欲否定上述因果关系的存在，则必须举证证明存在《若干规定》第十九条规定的例外情形。

上诉人大智慧公司上诉称自己实施的是"诱多型"虚假陈述，会导致上诉人业绩在 2013 年增加和在 2014 年减少，形成前高后低的业绩趋势，对 2015 年 1 月 29 日(2014 年年报披露日)前的投资者才存在因果关系。但事实上，投资者的决策并不完全取决于最近一年度的公司年报。通过历年年报，投资者对企业盈利能力、经营能力、成长能力、偿债能力、周转能力和资产规模的判断都会对投资决策产生影响。虚假陈述造成的股价扭曲和偏离，在虚假陈述被揭露或更正前，也会持续影响后续股票价格的形成，进而影响投资者决策。

上诉人大智慧公司关于投资者受到重大资产重组信息及大牛市影响而进行投资决策、其虚假陈述与投资者损失不存在因果关系的主张并非《若干规定》第十九条所列因果关系不成立的抗辩事由。虽然证券市场投资者的买卖股票行为往往是多种因素综合叠加的结果，但在大智慧公司虚假陈述、资产重组信息同时存在的期间，大智慧公司的虚假陈述始终是影响投资者决策的较重要的因素。一审判决依据《若干规定》第十八条、第十九条的规定推定大智慧公司虚假陈述与投资者损失之间存在因果关系，并无不当。

二、关于证券市场系统风险及扣减比例的认定问题

根据《若干规定》第十九条第四项的规定，证券市场系统风险是证券虚假陈述责任纠纷案件中上市公司的法定免责或者减责事由。系统风险一般是指对证券市场产生普遍影响的风险因素,其因共同因素所引发,对证券市场中的所有股票价格均产生影响,并且这种影响为个别企业或者行业所不能控制,投资者亦无法回避、不可分散。若投资者全部或者部分损失系因证券市场系统风险,而非因上市公司虚假陈述行为所致,则在计算投资者损失时应予相应扣除。2015 年 6 月至 8 月间和 2016 年 1 月初,沪深股市出现大幅波动、千股跌停等异常情况,包括大智慧股票在内的大部分股票均大幅下跌。可以据此认定系争股票在此期间价格下跌,系证券市场系统风险因素所致,投资者的部分损失与大智慧公司的虚假陈述行为缺乏必要的关联性,该部分损失不应属于大智慧公司的赔偿范围。除沈某某外的其他三名被上诉人买入大智慧股票后均持股历经了 2015 年的股市异常波动和 2016 年初的熔断,一审法院根据当时市场具体情况,遵循保护投资者利益的原则,酌定各扣除 15％系统风险因素,合情合理,该院予以确认。

被上诉人沈某某在 2015 年 6 月买入大智慧股票,在 2015 年 12 月 29 日全部卖出,其持股历经了 2015 年的股市异常波动,未经历 2016 年初的熔断,故系统风险所导致的交易损失应扣减 15％。即沈某某投资差额损失为 30 040×85％＝25 534 元,佣金损失 7.66 元。

综上,二审法院认为,上诉人大智慧公司关于沈 1 投资差额损失计算错误的上诉理由成立,予以支持;其余上诉理由均不能成立,不予支持。二审法院改判,纠正一审法院在计算损失时未扣除部分系统风险因素导致的损失,维持其余判决。

点 评

本案主要争议焦点是虚假陈述与投资者损失之间因果关系的认定,以及证券市场系统风险及扣减比例问题。

首先,是虚假陈述行为与投资者损失之间的因果关系问题。本案中,大智慧公司主张,投资者是受到重大资产重组信息及大牛市影响而进行投资决策,故其虚假陈述与投资者损失不存在因果关系。但法院认为,大智慧公司的主张不符合《若干规定》第十九条所列因果关系不成立的抗辩事由。虽然证券市场投资者买卖股票往往受多种因素综合叠加的影响,但在大智慧公司虚假陈述、资产重组信息同时存在的期间,其虚假陈述始终是影响投资者决策的较重要的因素,故推定虚假陈述与投资者损失之间存在因果关系,即在责任成立上存在因果关系。这一裁判思路契合《若干规定》第十八条的立法目的,值得肯定。在证券市场上,投资者往往处于弱势的地位,在因果关系上适用推定原则有利于保护投资者的利益,激发经济市场的活力。

其次,是证券市场系统风险及扣减比例的认定问题。本案中,沈某某在 2015 年 6 月买入大智慧股票,在 2015 年 12 月 29 日全部卖出,其间经历了 2015 年的股市异常波动。法院认为,沈某某遭受的此种股市异常波动,属于《若干规定》第十九条第四项所谓证券市场系统风险,此种风险对证券市场中的所有股票价格均产生影响,并且这种影响为个别企业或者行业所不能控制,投资者亦无法回避、不可分散。在这一认识的基础上,法院主张,若投资者全部或者部分损失系因证券市场系统风险所致,则其与大智慧公司的虚假陈述行为无关,应在计算投资者损失时作相应扣除。认为系统风险引起的损失与大智慧公司的虚假陈述行为无关,表面上似与上述第一个焦点问题矛盾,实际上是区分责任成立和责任范围的因果关系之逻辑必然,不仅符合侵权法基本原理,亦契合《若干规定》第十九条之法规目的,值得赞同。

本案裁判区分责任成立和责任范围的因果关系,公平合理确定投资者的损失,保障投资者的利益,有利于维持投资市场的秩序和激发投资市场的活力,促进经济有序发展,对类似案件的裁判具有较好的示范效应。

案例提供单位:上海市高级人民法院
编写人:董　庶　华　蓉
点评人:金可可　陈盈冰

62. 青岛航美国际物流有限公司诉马士基航运有限公司等国际货物多式联运合同纠纷案

案 情

2015 年 9 月 22 日,青岛航美国际物流有限公司(以下简称航美公司)签发了托运人为 MAVERICK PACIFIC LIMITED(以下简称玛伟公司),收货人为 Carlos Ruiz Garcia 的多式联运提单。装货港上海,卸货港为墨西哥的拉萨罗卡德纳斯,交货地为墨西哥城,货物装 1 个 40 尺高箱,运输方式为 CY/DOOR。航美公司接受委托后又委托上海奥南国际物流有限公司(以下简称奥南公司)安排运输,奥南公司签发了自己的提单,提单载明收货人为航美公司在卸货港的代理人 ILS CAR-GO GROUP(以下简称 ILS 公司),并委托马士基航运有限公司(以下简称马士基公司)实际承运涉案货物。马士基公司签发了涉案货物海运单。海运单载明:托运人为奥南公司,收货人为奥南公司在卸货港的代理人 LOGISTICA IGC, S. A. DE C. V. (以下简称 IGC 公司),船名、航次、装卸港、交货地及货物信息同多式联运提单记载,运输方式为 CY/SD。

货物于 2015 年 10 月 12 日运抵卸货港。鉴于有消息反馈称收货人愿赴堆场自提货物,而非由马士基公司按海运单记载安排内陆运输。之后,IGC 公司与奥南公司、ILS 公司与航美公司、马士基公司与奥南公司间多次就内陆运输安排事宜协商确认。2016 年 3 月,马士基员工最后确认,内陆运输事宜由马士基公司安排。5 月航美公司出具情况说明,称涉案集装箱在到达目的港以后,按照海运单记载船公司做内陆拖车到门的业务,现在船公司内陆运输过程中,集装箱货物出现被抢的事件。

玛伟公司为涉案货物出运向中国人民财产保险股份有限公司上海分公司(以下简称人保上海分公司)投保海运一切险,2016 年 5 月 24 日,人保上海分公司按照保险合同约定向玛伟公司支付保险赔款 170 524 美元,其中包含涉案赔款 103 996 美元,即货物价值 94 542 美元加成 10%。随后人保上海分公司于 2016 年 9 月 13

日向上海海事法院提起诉讼,要求航美公司赔偿其损失 103 996 美元及相应的利息损失。马士基公司签单代理人马士基(中国)航运有限公司及奥南公司作为第三人参加诉讼,上海海事法院于 2017 年 6 月 29 日作出判决,判决航美公司赔偿人保上海分公司货物损失 94 542 美元。航美公司不服该判决向上海市高级人民法院提起上诉,上海市高级人民法院于 2017 年 11 月 15 日作出判决,驳回上诉,维持原判。航美公司依据上述判决向人保上海分公司支付了货损赔偿,同时还承担了一审、二审案件受理费共计人民币 19 922.44 元。2018 年 3 月 13 日航美公司向上海海事法院起诉请求判决马士基公司与奥南公司连带向航美公司赔偿人民币618 947.57 元及前述一审、二审案件受理费。

马士基公司辩称:(1)马士基公司不是涉案货物陆运段的承运人,马士基公司已向海运单的记名收货人放货,该收货人已经确认陆运段并非马士基公司承运。(2)即便货物灭失于马士基公司的掌控期间,根据我国海商法规定,多式联运运输中货物灭失于某一运输区段的,应适用调整该区段的相关法律法规确定承运人的责任限制。根据墨西哥的法律规定,道路运输的承运人可享受责任限制,每吨按照墨西哥现行的 15 天最低工资计算。本案中马士基公司作为实际承运人可享受多式联运下道路运输的责任限制。

奥南公司辩称:(1)奥南公司作为马士基提单的托运人,从未向马士基公司发出过变更运输方式的指令。马士基公司是涉案货物实际承运人,应承担连带责任。(2)关于马士基公司主张责任限制的抗辩,同样适用于奥南公司。

本案一审、二审期间各方当事人均表示整体适用中华人民共和国法律审理本案纠纷。

另,法院在二审期间查明,根据马士基公司提交的《墨西哥抢劫案官方调查报告》显示,本案涉案集装箱在到达墨西哥拉萨罗卡德纳斯港后于 2015 年 11 月 25 日由墨西哥斯雷尼奥古兹曼运输服务公司[TRANSPORTE SIRENIO(CIRENIO)GUZMAN]实际承运,并在前往墨西哥城过程中灭失。同时根据马士基公司提交的墨西哥律师意见、华东政法大学外国法查明研究中心就上海海事法院审理的另案出具的法律意见书以及(2018)最高法民再 196 号民事判决书(以下简称最高院196 号判决书)中已查明的墨西哥法律,确认《墨西哥道路、桥梁和联邦汽车运输法》第六十六条及《墨西哥联邦车辆运输及附属服务条例》第八十四条等规定与本案具有关联性并确认上述规定在本案货物灭失时的 2015 年内有效。

审 判

上海海事法院于 2018 年 5 月 27 日作出(2018)沪 72 民初 929 号民事判决:

一、奥南公司、马士基公司于判决生效之日起十日内向航美公司连带赔偿货物损失人民币 618 947.57 元；二、对航美公司的其他诉讼请求不予支持。判决后，马士基公司不服，提起上诉。上海市高级人民法院于 2020 年 6 月 3 日作出(2018)沪民终405 号民事判决：驳回上诉，维持原判。

法院生效裁判认为：本案主要争议焦点为涉案货物灭失的赔偿责任主体以及该主体能否援引责任限额的有关规定进行限制性赔偿。

一、关于涉案货物灭失的赔偿责任主体

从涉案多式联运提单记载运输方式为 CY/DOOR 和海运单记载的运输方式CY/SD 来看，货抵目的港交收货人之前的内陆段运输责任和风险由承运人负担。马士基公司依据《墨西哥抢劫案官方调查报告》中进口商陈述"涉案货物由我司委托斯雷尼奥古兹曼运输服务公司负责运输"的表述认为，马士基公司未参与涉案货物在墨西哥陆路段的运输，对此法院认为，马士基公司事实上是否直接参与陆路段运输，并不能证明其依据海运单记载所需承担的运输区段责任发生改变或得以免除。奥南公司提出，《墨西哥抢劫案官方调查报告》中涉案货物单据中显示的卖方为 FS 国际有限公司，非本案实际卖方玛伟公司，所以对该调查报告与本案的关联性质疑。对此法院认为，国际货物买卖关系应与本案的货物运输关系分离识别，国际贸易中货物流转频繁，无法完全通过交易主体准确识别货物运输流转。该调查报告中显示的报案集装箱号、装箱单号及清关代理人姓名均与本案多式联运提单、海运单等记载一致，所以可以认定该调查报告与本案具有关联性，进而确定货物灭失区段。同时，马士基员工与奥南公司员工多次沟通中确认涉案货物内陆段运输由马士基公司负责，而此时货物已经灭失，该答复也可佐证马士基海运单记载的运输方式和责任区段并未发生改变。货物灭失区段属于多式联运承运人的运输责任区段，奥南公司和马士基公司作为多式联运合同承运人，应当对权利人承担赔偿责任。

二、关于责任主体能否援引责任限额的有关规定

鉴于本案各方当事人选择整体适用我国法律审理本案纠纷。依照我国《海商法》第一百零五条的规定："货物的灭失或者损坏发生于多式联运的某一运输区段的，多式联运经营人的赔偿责任和责任限额，适用调整该区段运输方式的有关法律规定。"所以本案多式联运经营人马士基公司和奥南公司的赔偿责任和责任限额应适用墨西哥调整当地公路运输的民商事法律。根据已查明的《墨西哥道路、桥梁和联邦汽车运输法》第八条第一款规定，从事公路运输营运需要主管机关授予许可证。根据该法第六十六条规定，除非具有该条规定的免责情形，否则该经许可的公路承运人原则上应对运输期间的货物损失负责。委托人如没有申报货物价值，赔偿一般按照每吨货物计算，责任限制为相当于墨西哥联邦区一般最低工资 15 天的金额。本案中马士基公司与奥南公司不具备免责情形,同时,航美公司与奥南公司也未在托运货物时申报过货物价值。但是,上述责任限制条款得以适用的前提是墨西哥公路运输实际承运人即斯雷尼奥古兹曼运输服务公司承运涉案货物时必须具备墨西哥主管机关授予的运输营运许可。就该资质证明材料,应马士基公司申请,法院多次延长举证期限,但最终马士基公司仍无法提供有效证明材料,故对其责任限制主张不予支持。同样,奥南公司也并未就墨西哥公路运输实际承运人具备相应资质进行举证,法院对其援引责任限制的主张亦不予支持。至此,已查明的墨西哥法律无法适用于本案。此种情形下,本案多式联运经营人的赔偿责任应根据我国法律确定。根据《海商法》第六十三条和第一百零四条的规定,本案多式联运经营人马士基公司和奥南公司应就航美公司根据生效判决赔付范围内的损失向航美公司承担连带赔偿责任。

点 评

本案的主要争议焦点是国际货物多式联运合同纠纷下的法律适用与外国法查明。

首先是关于涉案货物灭失所属运输区段责任的主体。虽然奥南公司和马士基公司均非涉案货物内路段实际运输实施人,但这并不影响其依据提单、海运单所证明的运输合同应当承担的交货义务,以及货物在其运输责任区段内发生灭失所致的违约责任。

其次是国际货物多式联运合同纠纷的法律适用问题。判决基于目的解释,明确如下裁判规则:(1)如当事人已就具体区段发生的货损责任认定明确约定所适用的法律,只要无涉于我国公共秩序保留,应予尊重。(2)区段法律适用约定不明确,但货损区段可确定情况下,可根据我国《海商法》第一百零五条的规定,适用该区域调整该种运输方式的有关法律规定,认定多式联运经营人的赔偿责任;在货损区段无法确定,但各方同意整体适用我国法律情况下,可根据我国《海商法》第一百零六条的规定认定多式联运经营人的赔偿责任;在货损区段与整体法律适用均无法确定的情况下,可根据最密切联系原则确定适用法律进而认定各方责任。

再次是外国法查明问题。法院指出,外国法查明既要查明外国法的准确性与有效性,也要审查案件法律关系适用该外国法的对应性及主体适格性。当上述条件均满足的情况下,已查明外国法才可适用。如欠缺适用对应性或主体适格性,应重新进行外国法的查明。如本案,马士基公司主张援引《墨西哥道路、桥梁和联邦汽车运输法》第六十六条第五款规定限制赔偿责任,但该条规定:公路承运人具备主管机关授予的从事公路运输营运许可证,是承运人主张限制性赔偿的先决条件,即马士基公司需证明墨西哥公路运输实际承运人斯雷尼奥古兹曼运输服务公司承运涉案货物时具备墨西哥主管机关授予的运输营运许可,但马士基公司未能提供有效证明。当已查明的外国法因主体不适格无法适用时,法院只能在该国法律框架下,再次查明该类主体所应适用的法律,若确实无法查明,应根据我国《涉外民事关系法律适用法》第十条第二款的规定,适用我国法律。

在本案中,法院对国际货物多式联运合同纠纷的法律适用问题采用明确的检索步骤,为解决该类问题提供有效的经验与方法,有较好的法律效果与社会效果。在解决外国法查明问题上,提出不仅要审查查明外国法的准确性与有效性,也要审查案件法律关系适用该外国法的对应性及主体适格性,对类似案件的处理有较强的引领示范意义。

案例提供单位:上海市高级人民法院

编写人:顾　全　牛晨光

点评人:陈盈冰

知识产权

63. 上汽大众汽车有限公司诉沈春健等侵害商标权纠纷案

——刑民交叉案件刑事处罚后民事侵权责任的承担

案 情

原告(被上诉人)上汽大众汽车有限公司

被告(上诉人)沈春健

被告(被上诉人)徐炜巍

原告上汽大众汽车有限公司(以下简称上汽大众公司)经授权享有第 205770 号图形商标和第 G1110655 号图形商标在中华人民共和国境内的非独占性许可使用和维权的权利。

2018 年 4 月 24 日,浙江省慈溪市人民法院就沈春健、徐炜巍犯假冒注册商标罪作出(2017)浙 0282 刑初 666 号刑事判决书。刑事判决书认定:2013 年下半年,沈春健化名"刘云飞"结识了徐炜巍,向徐炜巍担任副总经理的慈溪博运通汽车配件有限公司(以下简称博运通公司)购买气囊袋。2014 年 4 月,沈春健在未取得注册商标所有人授权的情况下,租用博运通公司一楼仓库作为生产场所,擅自组装标注第 205770 号、第 G1110655 号等商标的汽车安全气囊。徐炜巍明知沈春健所组装的气囊涉嫌商标侵权,为销售气囊袋赚取利润,仍提供场地、人员给沈春健,帮助其组装气囊。2016 年 1 月 15 日、同年 5 月 30 日,宁波市市场监督管理局杭州湾新区分局、宁波市公安局杭州湾新区分局在博运通公司内查获同时标注第 205770 号、"YFKSS"商标的副气囊 439 个(按出厂价计价值 230 475 元),标注第 205770 号商标的主气囊(无发生器)361 个,标注第 G1110655 号商标的主气囊(无发生器)590 个,另查获其他品牌气囊及无品牌副气囊若干。经慈溪市价格认证中心慈认字(2018)102 号价格认定结论书认定,同时标注第 205770 号、"YFKSS"商标的副气囊成品,在价格认定基准日的被侵权商品的出厂价格为 525 元/只。浙江省慈溪市人民法院认为,沈春健、徐炜巍未经注册商标所有人许可,在同一种商品上使用与其注册商标相同的商标,且假冒两种以上注册商标,经营额达 62 万余元,情节特别严重,其行为均已构成假冒注册商标罪。公诉机关指控的罪名成立。在共同犯罪中,沈春健起主要作用,系主犯,应当按照其所参与的全部犯罪处罚,沈春健当庭自愿认罪,酌情从轻处罚;徐炜巍起次要作用,系从犯,且有立功表现,又能如实供述自己的罪行,依法予以减轻处罚。根据本案实际情况,结合沈春健、徐炜巍的犯罪情节和悔罪表现,依法均可适用缓刑。浙江省慈溪市人民法院依法判决沈春健犯假冒注册商标罪,判处有期徒刑三年,缓刑五年,并处罚金三十二万元;徐炜巍犯假冒注册商标罪,判处有期徒刑六个月,缓刑一年,并处罚金六万元。

另,慈溪市价格认证中心慈认字[2016]488 号价格认定报告书(关于"一批涉案侵权商品"价格认定结论书),载明侵权大众 PAB 安全气囊在价格认定基准日的被侵权商品认定价格为 2 750 元/只。慈溪市价格认证中心慈认字[2016]1086 号价格认定报告书中价格认定明细表载明侵权帕萨特副气囊单价 2 750 元。案外人延锋百利得(上海)汽车安全系统有限公司于 2018 年 8 月 22 日出具 DAB 安全气囊(无发生器)的组件市场销售价说明,内容为其系原告的零部件配套企业,专司生产大众品牌和斯柯达品牌的安全气囊,大众 DAB 安全气囊(无发生器)的组件市场销售价约为 520 元,斯柯达 DAB 安全气囊(无发生器)的组件市场销售价约为520 元。

原告诉称,两被告冒用大众和旗下斯柯达商标的安全气囊被公安查获,因数额巨大而受到慈溪市人民法院(2017)浙 0282 刑初 666 号的刑事有罪判决处罚。两被告构成商标侵权,故起诉至法院,请求两被告共同连带赔偿原告经济损失及合理费用共计 500 000 元。

被告沈春健辩称:(1)439 个大众副气囊是有发生器属于成品构成商标侵权,但 361 个大众主气囊和 590 个斯柯达主气囊没有发生器不是成品,不构成商标侵权;(2)大众安全气囊按照刑事判决书的认定单价为 525 元;(3)刑事判决书认定涉案侵权产品尚未销售,没有对大众的市场产生影响,且其已经受到了刑事处罚,交了 32 万元罚金并被判刑。综上,请求法院依法驳回原告诉请。

被告徐炜巍辩称:(1)439 个大众副气囊是有发生器属于成品构成商标侵权,但 361 个大众主气囊和 590 个斯柯达主气囊没有发生器不是成品,不构成商标侵权;(2)没有任何证据证明其明知侵权,刑事判决书也认定其为应该知道侵权,没有参与生产销售,仅是租赁场地并按被告沈春健要求雇人,也没有从中获得任何利益;(3)大众安全气囊按照刑事判决书的认定单价为 525 元,折合共 23 万元,实际上侵权产品单价为 160—180 元之间,且没有销售。综上,请求法院依法驳回原告诉请。

审 判

一审法院经审理认为,原告经商标注册人许可享有第 205770 号、第 G1110655

号注册商标的许可使用权和维权权利。根据已生效的浙江省慈溪市人民法院(2017)浙 0282 刑初 666 号刑事判决书认定,被扣押产品包括 439 个大众副气囊(有发生器)、361 个大众主气囊(无发生器)和 590 个斯柯达主气囊(无发生器),在本案庭审中原、被告均予以认可,法院予以确认。关于 439 个大众副气囊(有发生器),两被告认可系属于在相同的产品上使用与注册商标相同的标识构成商标侵权,法院亦予以确认。关于 361 个大众主气囊(无发生器)和 590 个斯柯达主气囊(无发生器),被告从事侵权产品的生产销售,其在气囊上印有涉案商标明显是为销售做准备,亦属于在相同的产品上使用与注册商标相同的标识,构成商标侵权。涉案刑事判决书已明确认定被告徐炜巍明知被告沈春健所组装的气囊涉嫌商标侵权,为销售气囊袋赚取利润,仍提供场地、人员给被告沈春健帮助其组装气囊,故对其没有参与生产销售抗辩,法院不予采信。两被告未经注册商标所有人许可,在同一种商品上使用与其注册商标相同的商标,其行为已构成商标权侵权行为,应当承担相应的民事责任。

关于赔偿数额,原告未能举证证明其因侵权行为遭受的实际损失,也未能证明被告因涉案侵权行为而获得的利益,故法院考虑到原告商标在相关产品上具有较高知名度、产品的质量可能影响到消费者的人身安全,并综合考量被告的主观恶意程度、侵权行为的性质、时间、后果、侵权产品数量和单价等因素,对原告主张经济损失 450 000 元予以支持。对于原告主张合理费用律师费 50 000 元,原告虽未提交相应委托代理合同和支付凭证,但确有律师出庭参加诉讼,法院综合考虑案件情况、律师实际工作量及相应的收费标准予以酌定。

综上,一审法院依照《中华人民共和国侵权责任法》第四条、第八条、第十五条第一款第六项,《中华人民共和国商标法》第五十七条第一项、第六十三条第一款及第三款,《最高人民法院关于审理商标民事纠纷案件适用法律若干问题的解释》第四条、第十六条第一款及第二款、第十七条规定,判决被告沈春健、徐炜巍于判决生效之日起十日内共同赔偿原告上汽大众汽车有限公司经济损失 450 000 元及为制止侵权行为支出的合理费用 20 000 元。

一审判决后,被告沈春健不服提出上诉,并在二审中申请撤回上诉,二审法院裁定准许沈春健撤回上诉。

点 评

随着我国知识产权刑事司法保护力度的不断加大,知识产权领域刑民交叉问题越来越多,人民法院积极探索此类案件的审理。本案的亮点在于厘清了民刑责任在认定标准、赔偿金额等方面存在的差异,对于类案处理提供了很好的借鉴。

本案两被告在被判处有期徒刑并处罚金 30 余万元后，原告又提起民事诉讼要求两被告赔偿损失 45 万元，法院经审理后对原告主张的经济损失予以全额支持。本案解决了以下三个问题：

首先，在民事责任有无的问题上，法院认为刑事未作认定或认定未遂的部分，不能排除侵权人承担民事责任。刑事未认定的部分或认定未遂的部分，只是说明被评价的行为未具备法律规定的犯罪要件，但并不意味着该行为不构成侵权，也并不意味着行为人不需要承担民事责任。另外，商标侵权属于法律判断，在先刑事判决对于同一法律事实的法律判断可能十分正确，但仍不能替代在后民事裁判的法律判断。本案中，被告从上家购买标识主观上是为销售气囊袋赚取利润，客观上在安全气囊上印有涉案商标(粘贴行为)是为销售做准备，已构成商标侵权行为。

其次，在民事责任大小的问题上，法院认为主从犯的认定，并不当然意味着民事责任存在差异，刑事责任大小并不能平行移植到民事责任中。根据当时有效的《侵权责任法》第八条与第九条(《民法典》第一千一百六十八条与第一千一百六十九条)之规定，刑事案件中所有共同犯罪人，包括帮助犯与教唆犯，在民事案件中都应承担连带责任。

最后，在民事赔偿多少的问题上，民事赔偿数额不能简单以犯罪数额为基准。确定民事上的赔偿数额除了根据侵权人获利外，还可以计算被侵权人的损失或给他人的许可使用费，并根据知名度、市场份额等因素综合考虑。另外，在举证责任方面，民事赔偿责任由当事人举证，达到"高度盖然性"的证明标准即可。因此法院未将刑事犯罪数额作为民事案件的赔偿标准来确定赔偿数额，而是根据民事诉讼证据标准，综合考量被告侵权行为的时间、原告商标在相关产品上的知名度、产品的质量对消费者人身安全的影响等因素，对原告主张的 450 000 元经济损失予以全额支持。针对被告主张其已受到刑事处罚的抗辩，法院认为，尽管某行为在刑法领域被追究刑事责任，但其引发的民事法律后果应当根据民事诉讼程序及民事法律责任规范进行独立评价，因此，被告的抗辩不成立。

商标权作为私权，对权利遭受侵害后的民事救济措施(民事责任形式)，如赔偿损失，不应随着民事侵权行为上升到刑事违法行为的程度而受到影响。本案所确立的裁判规则对于正确处理民刑交叉下民事与刑事法律责任的衔接进行了有益探索，充分体现了我国当前对知识产权实施全面保护的要求。

案例提供单位：上海市杨浦区人民法院

编写人：韩　磊　倪贤锋

点评人：袁秀挺

64. 斐珞尔(上海)贸易有限公司诉珠海金稻电器有限公司等侵害外观设计专利权纠纷案

——外观设计相同或者近似的判断标准及相关侵权的损失计算方式

案 情

原告(被上诉人)斐珞尔(上海)贸易有限公司

被告(上诉人)珠海金稻电器有限公司

被告(上诉人)中山市金稻电器有限公司

被告上海卓康实业有限公司

原告斐珞尔(上海)贸易有限公司(以下简称斐珞尔公司)是名称为"面部清洁器(二)"、专利号为 ZL201330013432.2 的外观设计专利(以下简称涉案专利)的专利权人。该专利申请日为 2013 年 1 月 17 日。涉案专利系形状和图案相结合的外观设计,整体近似扁平椭圆体,前表面向上向后弯曲,底端为平面;从主视图看,刷毛在顶部中间为扇形环状分布,外围为放射状分布,且靠近顶部的刷毛个体较大、间隔略宽,外围的刷毛个体较小、间隔略窄;靠近下部中间有圆形凹陷设计;从后视图看,顶部有多条环状弧线凸条,平行排列,靠近下部中间有圆形充电口。2014 年 9 月 18 日,国家知识产权局针对涉案专利出具外观设计专利权评价报告,其中展示了 10 项对比设计,并载明:"从检索到的现有设计状况可以发现,面部清洁类产品整体形状和各部分的具体设计变化较大,这些变化会对整体视觉效果产生更显著的影响。本专利与对比设计在整体形状、顶部刷毛的形状及其分布、表面的其他设计等方面均存在较大差异,对于面部清洁类产品的一般消费者来说,该差别对外观设计的整体视觉效果产生了显著影响,因此,本专利与对比设计相比具有显著差异。"

2017 年 11 月 14 日至 2018 年 8 月 3 日,斐珞尔公司申请公证处进行了多次证据保全。公证书显示,珠海金稻电器有限公司(以下简称珠海金稻公司)和中山市金稻电器有限公司(以下简称中山金稻公司)分别在天猫、阿里巴巴和京东网络平台上经营的网店销售型号为 KD308 的洁面仪产品(以下简称被诉侵权产品)。珠海金稻公司和中山金稻公司确认,被诉侵权产品系由中山金稻公司生产各部件并经珠海金稻公司组装后,由上述两被告在天猫、阿里巴巴和京东网络平台上销售,同时还授权了天猫网上的 16 家店铺(其中包括上海卓康实业有限公司经营的店铺)、1688 网站上的 10 家店铺和京东网上的 8 家店铺销售被诉侵权产品。除了上述公证书所涉及的天猫、京东、阿里巴巴网络平台外,珠海金稻公司和中山金稻公司还与网易考拉、淘宝、小红书、唯品会、聚美优品、1 号店、苏宁易购、当当网、拼多多网络平台均有合作。根据天猫网络平台上调取的数据,自 2016 年 4 月 29 日至 2019 年 6 月 16 日,天猫网络平台的上述店铺销售被诉侵权产品的合计销售数量为 358 074 个,合计销售金额为 35 262 990 元;其中,上海卓康实业有限公司(以下简称卓康公司)自 2018 年 4 月 3 日至 2019 年 6 月 2 日销售总量为 1 229 个,销售总额为 150 533 元。涉案专利产品的市场零售价在 1 380 元至 1 880 元不等。

斐珞尔公司向法院起诉请求:(1)判令三被告立即停止对涉案专利权的侵权行为;(2)判令被告珠海金稻公司、中山金稻公司立即销毁制造侵权产品的模具;(3)判令被告珠海金稻公司、中山金稻公司、卓康公司立即销毁所有库存侵权产品;(4)判令被告珠海金稻公司、中山金稻公司共同赔偿斐珞尔公司经济损失与合理开支 300 万元,被告卓康公司在其销售侵权产品范围内承担连带赔偿责任。

审 判

一审法院经审理认为,本案的争议焦点是:第一,被诉侵权产品的外观设计是否落入涉案专利权的保护范围;第二,卓康公司的合法来源抗辩能否成立以及其应否承担相应的民事责任;第三,珠海金稻公司、中山金稻公司应承担的民事责任。

关于第一个争议焦点,被诉侵权产品与涉案专利的外观设计相比,在整体外形结构、刷毛及凸起弧线的排列分布、按钮及充电口的位置设置上均基本一致,在以下几方面存在区别:(1)整体形状上是否存在收腰设计;(2)顶部是否有半球体凸起设计以及刷毛的具体分布;(3)产品主视图下方的圆形凹陷的大小;(4)产品后视图下部的充电口是否有小尾巴形状的插盖;(5)产品整体的弧线分布及形状。上述区别 1 和 3 均属于细微差别,对整体视觉效果不产生实质性影响;针对上述区别 2、4、5,被诉侵权产品在设计上额外增加的凸起、插盖设计以及额外增加的类"U"形波浪纹和类倒"V"形弧线凸条设计,对整体视觉效果亦不产生实质性影响。综上,两者构成近似,被诉侵权产品的设计落入涉案外观设计专利权的保护范围。

关于第二个争议焦点,合法来源抗辩的成立应同时满足两个要件:一是侵权产品来源合法;二是侵权产品的销售者、使用者的主观善意。卓康公司作为经合法授权的洁面仪销售者,已满足合法来源抗辩成立的第一个要件。但卓康公司在原告起诉前及起诉后均实施了许诺销售、销售侵权产品的行为。在原告起诉前,有合理理由相信卓康公司实际不知道且不应当知道其销售的洁面仪是未经原告许可而制造并售出的专利侵权产品。在原告提起本案诉讼后,卓康公司通过起诉状及原告的证据材料已能明确知道其销售的洁面仪具有一定的侵权可能性。在此情况下,被告卓康公司仍继续许诺销售、销售具有侵权可能性的且与原告专利产品售价差价巨大的产品则难以认定其为善意。综上,卓康公司对其在收到本案诉状后继续许诺销售、销售侵权产品的行为的合法来源抗辩不能成立,其应在收到本案诉状后销售侵权洁面仪的范围内与生产者连带承担赔偿经济损失及合理费用的责任。

关于第三个争议焦点,珠海金稻公司及中山金稻公司共同实施了制造、销售被控侵权产品的行为,珠海金稻公司还实施了许诺销售被控侵权产品的行为,两者应承担停止侵权行为、赔偿相应经济损失的责任。斐珞尔公司要求上述两被告销毁库存侵权产品及用于制造侵权产品的模具的诉请,一审法院亦予以支持。

关于赔偿损失的具体数额,斐珞尔公司主张按照原告因侵权所受损失或上述两被告侵权获利两种计算方法计算出的赔偿数额已远超其在本案中所主张的 300 万元。一审法院认为:斐珞尔公司主张以侵权产品在市场上销售的总数乘以每件专利产品的合理利润所得再乘以原告主张的涉案专利设计对专利产品利润的贡献度之积作为确定其因被告侵权行为所受到的实际损失的计算方式,合法有据。16 家天猫店铺的销售数量 358 074 个仅是天猫平台上侵权产品的销售数量,本案中还有涉及 1688、京东、网易考拉、淘宝、小红书、唯品会、聚美优品、1 号店、苏宁易购、当当网、拼多多等多家网络平台以及其他实体店铺的销售数据未能统计。因此,侵权洁面仪从上市至今的销售数量应当超过 358 074 个。关于本案专利产品的合理利润以及涉案专利设计对专利产品贡献度:(1)专利产品的最低售价为 1 380 元,常规售价为 1 880 元,一审法院确定以专利产品的较低销售价作为计算产品合理利润的依据;(2)综合考量同类产品的利润率、涉案专利产品的售价及产品定位等因素,涉案专利产品的利润率应当不会低于 20%;(3)考虑到面部清洁类产品整体形状和各部分的具体设计变化较大,而功能较为统一,故涉案外观设计对专利产品利润的贡献度至少在 30% 以上。综上,依照"已查明的侵权产品销售总数 358 074 个×专利产品的低价销售价格 1 380 元×专利产品合理利润率 20%×酌定的涉案专利设计对专利产品利润的贡献度 30%"的计算方式,可以推算出斐珞尔公司因被告侵权行为所受的损失已超出其主张的 300 万元。同时,被告生产的侵权产品还有其他销售渠道,且斐珞尔公司还为制止侵权行为支出了公证费、律师费等费用,故斐珞尔公司主张的赔偿数额依据充分,一审法院予以支持。

一审法院判决：一、珠海金稻公司、中山金稻公司、卓康公司应于判决生效之日起立即停止对斐珞尔公司享有的涉案专利权的侵害；二、珠海金稻公司、中山金稻公司应于判决生效之日起十日内共同赔偿斐珞尔公司经济损失及合理费用3 000 000元，卓康公司对其中的50 000元承担连带赔偿责任。

一审判决后，珠海金稻公司、中山金稻公司不服，提出上诉认为：（1）被诉侵权产品与涉案专利在整体轮廓、按摩刷毛排布、机身图案等诸多部分设计有明显差别，涉案专利的椭圆形轮廓属于洁面仪产品的惯常设计，不应作为区别设计特征予以考虑。两者外观设计明显不同，不构成侵权。（2）一审判决的赔偿金额过高，缺乏事实依据：一审法院不应根据专利产品价格计算赔偿金，而应当按照被控侵权产品售价确定赔偿金额；一审法院对被诉侵权产品销售数量、产品利润率以及涉案外观设计专利对产品利润的贡献度的认定明显失当。综上，请求二审法院改判驳回斐珞尔公司一审全部诉讼请求。

二审法院经审理认为，本案二审争议焦点是：第一，被诉侵权产品的外观设计是否落入涉案专利权的保护范围；第二，一审法院判决的赔偿金额是否有误。

关于第一个争议焦点，根据涉案专利权评价报告以及现有设计方案可知，涉案专利在整体形状、刷毛排布、表面凸起的环状弧线、按钮及充电口的位置等设计特征方面与现有设计存在明显差异，上述设计特征属于涉案专利具有的区别设计特征，对整体视觉效果具有影响。被诉侵权产品在整体形状、刷毛排布、表面凸起的环状弧线、按钮位置方面的设计特征与涉案专利近似，其充电口的位置设计与涉案专利相同，因而在整体视觉效果上与涉案专利无实质性差异，应当认定被诉侵权设计与涉案专利构成近似设计。虽然除了采用与涉案专利相同或近似的上述设计特征以外，被诉侵权产品还额外增加了顶部半球体凸起、充电口插盖、表面凸起的U形波浪纹和倒V形弧线等设计要素，但是以一般消费者的知识水平和认知能力进行综合判断，上述设计要素的添加不足以造成整体视觉效果的实质性差异。

两上诉人主张椭圆形轮廓属于洁面仪产品的惯常设计，因而一般消费者更容易注意到其他设计上的差异。二审法院对此认为，判断外观设计是否相同或者近似，应当基于被诉侵权行为发生时一般消费者对于外观设计所具有的知识水平和认知能力进行综合判断。两上诉人提交的其他洁面仪产品设计的证据未能反映被诉侵权行为发生时洁面仪产品相关设计的全貌，不能据此认定椭圆形轮廓属于一般消费者所熟知的、只要提到洁面仪产品就能想到的相应设计。相反，根据检索到的被诉侵权行为发生时相关产品设计状况，洁面仪产品的整体形状和各部分的具体设计形态多样，外观设计受产品功能和生产工艺的限制较少，因而设计空间较大。因此，以被诉侵权行为发生时一般消费者的知识水平和认知能力来判断，被诉侵权设计仍属于涉案专利的近似设计。

综上,被诉侵权产品的外观设计与涉案专利在整体视觉效果上无实质性差异,落入涉案专利权的保护范围。

关于第二个争议焦点,一审法院系根据侵权产品在市场上销售的总数乘以每件专利产品的合理利润所得之积推算权利人因被侵权所受到的实际损失。二审法院认为,根据在案证据,涉案专利产品最低销售价格为 1 380 元,被诉侵权产品最高销售价格为 198 元,两者销售价格相差悬殊,且无证据表明原告专利产品没有或少有可替代的同类产品,故被诉侵权产品销售数量等于或接近原告专利产品因侵权而减少的销售数量可能性较小。因此,本案不宜采用侵权产品在市场上销售的总数乘以每件专利产品的合理利润所得之积的损失计算方式,而采用侵权产品在市场上销售的总数乘以每件侵权产品的合理利润所得之积的侵权获利计算方式则更为合理。

一审法院根据天猫公司提交的销售数据并考虑到本案中还涉及其他多家网络平台及实体店铺的销售数据未能统计,认定本案被诉侵权产品销售数量超过358 074个,具有事实依据,二审法院予以认可。一审法院确定的20%利润率尚属合理,二审法院亦予以认可。由于两上诉人未能提出被诉侵权产品上含有其他对产品利润有贡献的知识产权,考虑被诉侵权产品自有商标等因素,二审法院认为一审法院确定的涉案外观设计专利对被诉侵权产品利润具有30%贡献度尚属合理。依照上述侵权产品在市场上销售的总数乘以每件侵权产品的合理利润所得之积计算出侵权获利,并考虑斐珞尔公司为制止侵权行为支付的合理开支,斐珞尔公司主张的300万元赔偿数额依据充分,一审法院对此全额支持并无不当。

据此,二审法院依照《中华人民共和国民事诉讼法》第一百七十条第一款第一项规定,判决驳回上诉,维持原判。

点 评

本案是一起外观设计专利侵权纠纷,在侵权判定方面,围绕被诉侵权产品的外观设计是否落入涉案专利权的保护范围,应当以涉案洁面仪产品领域的一般消费者视角,对外观设计的整体视觉效果进行综合判断,如两者无实质性差异,则被诉侵权产品就落入了外观设计专利权的保护范围。对此,一、二审法院的认识及结论是一致的,均认定被告构成侵权。

在责任承担方面,本案的一个亮点是关于被告承担的损害赔偿数额的计算。《专利法》第七十一条规定,侵犯专利权赔偿数额按照权利人的实际损失或者侵权人因侵权所获利益确定。而根据相关司法解释的规定,在权利人销售量减少的总数难以确定的情况下,侵权产品在市场上销售的总数乘以每件专利产品的合理利润所得之积可以视为权利人因被侵权所受到的实际损失。本案中,原告主张以侵权产品在市场上销售的总数乘以每件专利产品的合理利润所得再乘以原告主张的涉案专利设计对专利产品利润的贡献度之积作为确定其因被告侵权行为所受到的实际损失,一审法院予以认可。二审法院则认为,根据在案证据,涉案专利产品与被诉侵权产品的销售价格相差悬殊,销售渠道也完全不同,且涉案洁面仪类产品的市场竞争充分,故被诉侵权产品销售数量等于或接近原告专利产品因侵权而减少的销售数量可能性较小。因此,本案不宜采用侵权产品在市场上销售的总数乘以每件专利产品的合理利润所得之积的损失计算方式,而采用侵权产品在市场上销售的总数乘以每件侵权产品的合理利润所得之积的侵权获利计算方式更为合理。最终,二审法院修正了侵权人非法获利的计算方式,按照上述方法计算出侵权获利数额,再考虑到权利人为制止侵权行为支付的合理开支,一审法院全额支持专利权人主张的 300 万元赔偿数额依据充分,故二审法院维持了一审法院的判决结论。

本案在损害赔偿方面对司法解释相关规定的具体适用进行了有益探索和深化提炼,值得肯定。

案例提供单位:上海市高级人民法院
编写人:刘军华　朱佳平　张　莹
点评人:袁秀挺

65. 费希尔技术有限公司诉上海东方教具有限公司等侵害著作权及不正当竞争纠纷案

——搭建式模型玩具是否构成作品、作品类型及侵权性质判定

案 情

原告(上诉人)费希尔技术有限公司

被告(被上诉人)上海东方教具有限公司

被告(被上诉人)上海雅讯智能机器人科技有限公司

原告费希尔技术有限公司(以下简称费希尔技术公司)从事创意组合模型的研发、制造和销售。自 2000 年起,其产品进入中国市场,主要用于大学生创新教育的教学实践,在全国高校中具有一定的知名度。本案权利商品于 2004 年推出,内含拼装组件及安装说明书,消费者可以依照安装说明书所载拼装步骤分别搭建成 30 种展现不同机械结构原理的立体模型。消费者还可以根据自己的创意搭建出 30 种之外的造型。被告上海东方教具有限公司(以下简称东方教具公司)、被告上海雅讯智能机器人科技有限公司(以下简称雅讯科技公司)生产、销售的被控侵权产品亦内含与权利商品相同的拼装组件且附装配手册,装配手册中的展示图与权利商品实质相同。两被告曾在展会现场陈列搭建完成的部分立体造型与涉案权利商品相同。

原告费希尔技术公司诉称,涉案权利商品中的 30 个立体模型实物构成立体作品;安装说明书中载有已搭建完成的 30 种静态模型展示图样、102 幅拼装组件展示图例均构成产品设计图;组件拼装步骤图构成示意图。东方教具公司、雅讯科技公司的行为侵害了权利作品的署名权、复制权及发行权,且足以造成相关公众误认、混淆,构成不正当竞争,故诉至法院,其诉讼请求包括停止侵权行为并赔偿损失 100 万元等。

被告东方教具公司、被告雅讯科技公司共同辩称,30 种静态模型不构成著作权法意义上的作品;涉案搭建式模型均是以组件形式销售的,尚未形成有形表达,

不受著作权法保护;搭建完成的 30 种模型是对图形作品的精确复制,未形成新的表达,故 30 种模型不构成新的作品;被诉侵权商品未与权利商品形成混淆。

审 判

一审法院经审理认为,安装说明书中的 102 幅拼装组件图例、30 种静态模型图样、30 种组件拼装步骤图示,分别构成图形作品、示意图作品。被控侵权产品装配手册中记载相应图样与上述作品构成实质性相同,两被告复制、发行装配手册,构成对上述作品复制权、发行权、署名权的侵害。一审法院未认定 30 个立体模型实物构成作品,理由是 30 种静态模型尚处于设想性的"腹稿"状态,还仅停留在"可搭建"的阶段,缺少"已搭建完成"这一关键的外在表达,属于思想领域,不具备可感知性,无法作为作品受到著作权法保护。关于不正当竞争部分,一审法院认为,费希尔技术公司未举证证明其主张权利的商业标识产生了合法竞争权益,故未予支持。

综上,一审法院判决被告东方教具公司、被告雅讯科技公司停止对涉案图形作品的复制、发行,停止对涉案图形作品署名权之侵害,共同赔偿原告费希尔技术公司经济损失、财产保全申请费及合理支出合计 16 万元。

一审判决后,原告费希尔技术公司不服,提起上诉。

上诉人费希尔技术公司称,除一审认定的图形作品外,30 种立体模型亦构成"立体作品""科学作品",两被上诉人东方教具公司、雅讯科技公司制造、销售侵权商品构成对上诉人费希尔技术公司立体作品著作权的侵害;应支持不正当竞争部分的诉请;一审判赔数额过低。

二审法院经审理认为,一审关于不正当竞争部分的判决应予维持,但著作权部分和赔偿数额应予改判。除一审已认定的图形作品外,涉案 30 种立体造型亦符合我国著作权法关于模型作品的构成要件,应认定为模型作品;两被上诉人未经作为著作权人的上诉人许可,以同样方式生产、销售涉案商品,实质上是行使了对 30 件模型作品的复制许可权,侵犯了上诉人对 30 种模型作品享有的复制权。在此基础上,本案的赔偿数额亦应予改判。

据此,二审法院判决维持了一审关于对图形作品停止侵权的判决,撤销了一审关于损害赔偿的判决,并判决东方教具公司等两公司停止对 30 种模型作品著作权的侵权行为,共同赔偿费希尔技术公司经济损失 50 万元及合理支出 7.5 万元。

点 评

随着搭建式模型教具的流行,其知识产权保护问题也随之而来。本案的涉案权利产品为搭建式模型教具中的佼佼者——慧鱼创意组合模型。在一审法院判令二被告立即停止侵犯费希尔技术公司(一审原告、二审上诉人)享有的涉案图形作品著作权的基础上,二审法院还判令二被告停止侵害涉案30种模型作品的著作权。

首先,对于是否构成作品的判断,法院仍沿袭了我国《著作权法》的定义,重点审查涉案对象是否为客观表达以及是否满足独创性的要求。一审法院审理后认为,涉案静态模型展示图、拼装组件展示图及组件拼装步骤图示构成图形作品。对图形作品的独创性程度不宜参照美术作品等标准予以苛责,涉案图形作品的表达体现了著作权人对角度的选取及其色彩的搭配等,已满足图形作品独创性最低限度的要求。但一审法院认为静态模型还停留在"可搭建"的阶段(尚处于一种零散拼装组件的状态),缺少"已搭建完成"这一关键的外在表达,不具备可感知性,无法作为作品保护。二审法院则不认可此观点,其认为构成模型作品需具备三个条件:一是必须具有展示、试验或者观测等用途,如与地理、地形、建筑或科学有关的智力创作等;二是具有独创性,模型作品应当是根据物体的形状和结构,按照一定比例制成,但在造型设计上必须具有独创性,否则只是实物的复制品;三是能以有形形式固定的立体造型。对存在争议的第三个要件,二审法院认为,运用组件,按照说明书步骤图能够搭建出静态模型,即能以有形形式固定,并各自独立于图形作品构成模型作品,应受我国著作权法保护。

其次,对于是否侵犯著作权,一审法院认为被告产品中的装配手册与涉案图形作品存在实质性相似,被告复制、发行装配手册,侵害了费希尔技术公司享有的涉案图形作品的署名权、复制权、发行权,且被告主观上存在侵权的故意。对于模型作品,二审法院补充认为被上诉人在自身并不享有涉案模型作品复制权的情况下,以同样方式生产、销售涉案商品,商业性向购买者提供复制权利作品的授权,侵害了上诉人对涉案模型作品享有的复制权。

最后,对于是否构成不正当竞争,法院认为"创意组合模型"并不构成知名商品的特有名称,原告对这一称谓不享有竞争利益,"慧鱼"才是识别商品来源的标志。另外,原告所使用的涉案产品的颜色并不能发挥特定指向之识别功能;涉案产品的组件编号也不用于识别产品,不属于竞争法的保护对象。因此,被告不构成不正当竞争。

模型作品的保护在实践中存在模糊之处,本案的亮点在于明确了模型作品的独创性及司法构成要件,对同类案件的审理具有一定的参考价值。

案例提供单位:上海知识产权法院

编写人:秦天宁

点评人:袁秀挺

66. 刘某诉周某、上海利达影业有限公司等著作权侵权纠纷案

——文学作品著作权侵权的实质性相似判断

案 情

原告(上诉人)刘某

被告(被上诉人)周某

被告(被上诉人)上海利达影业有限公司

被告(被上诉人)天津嘉会文化传媒有限公司

被告(被上诉人)北京正和顺文化传媒有限公司

被告(被上诉人)大盛国际传媒集团有限公司

被告(被上诉人)凤凰传奇影业有限公司

被告(被上诉人)弘道影业有限公司

被告(被上诉人)湖南广播电视台

一、关于原告及其小说《暗箱》创作、发表的情况

原告刘某,笔名南嫫,系陕西省作家协会会员,曾在中央电视台《东方之子》栏目任记者,担任《财神周刊》《视点》执行主编、《女友》杂志社记者。2010 年 6 月 23 日,原告开始在"天涯论坛"连载发布小说《暗箱》。小说点击量为 83 401,回复量为 1 688。2011 年 1 月小说《暗箱》一书出版,署名"南嫫"。该书共 39 章,32 万字。该书在"内容简介"中介绍:有着五十多年辉煌历史的国防厂被残留的氯气罐炸成一片瓦砾,省长刘云波万万没有想到他到南岭后启动的国企改制竟如此惨烈收场。国防厂的老工人拉出了"血债血还"的标语在市政府前示威游行,政府、厂方工人和收购国防厂的资方展开了艰难的谈判。此时,真正的幕后推手已经悄然无声地打扫干净门前雪。在女记者季子川面前,国防厂并购以及江东半岛开发中暗箱操作的内幕一步步被揭开,然而,越接近真相,她越感到恐慌,也许更让她感到恐慌的是:她不得不面临天理与情感的抉择。

二、小说《暗箱》的故事梗概

一石厂是国营军工企业,在国企改制背景下先后易手三家企业进行经营,因在

关键性条款上的分歧与官员的贪腐,一石厂改革陷入停滞,故事以此为背景展开。主人公刘云波是一名学者型官员并曾任南岭省旧城市市长,在任期间与对此次风波进行报道的记者季子川产生交集。后刘云波转任北京某部部长。川汇集团董事长、天和集团大股东李玉庭欲得到半岛项目的开发权,尝试以季子川作为诱饵吸引刘云波,通过麦立先的居中安排,该计划初步取得成功。刘云波最终对李玉庭的好意敞开大门,但为了免受李玉庭控制,刘云波安排季子川回到南岭继续做记者,转而通过麦立先作为居间人以刘云波儿子刘大茅获得天和集团股份和出国为对价,与李玉庭交换半岛项目的开发权。在此交互过程中,刘云波认识并欣赏李玉庭的儿子外贸集团董事长姚依山,随后,刘云波与李玉庭结为儿女亲家。刘云波回到南岭担任省长后,开始推动一石厂改制,将一石厂交由川汇集团接手。一石厂工人因为政府安居工程没有落实以及工资、医保得不到保障而对国营厂改制进行激烈抵抗,川汇集团对一石厂进行转产的计划由此搁置。在一石厂氯气爆炸事故后,政府、川汇集团与一石厂工人获得三方会谈的契机但没有取得会谈成果。因崔长青市长的错误处置方式,工人与政府的冲突升级,爆发了礼堂枪击事件。刘云波亲自前往市委礼堂平息动乱,崔长青市长因贪腐败露而潜逃。刘云波察觉此次一石厂改制中的系列矛盾直指自己,开始安排家人出国。随后,作为刘云波与李玉庭交易的证人,麦立先遭遇意外车祸去世,季子川坚信刘云波的清白。最终,涉及国营厂改制的三方达成和解协议。

三、被告周某及其小说、电视剧《人民的名义》出版、发行的情况

被告周某系中国当代作家、编剧,中国作家协会主席团委员,江苏省作家协会副主席,中国作家协会第九届全国委员会委员。著有《人民的名义》《人间正道》《中国制造》《绝对权力》等多部小说,并有部分小说被改编为电视剧。小说《人民的名义》于2017年1月出版,2017年3月第6次印刷,该书共54章,30万字。

电视剧《人民的名义》于2017年3月28日在湖南卫视"金鹰独播剧场"播出,编剧为周某、孙某岳,由最高人民检察院影视中心、中共江苏省委宣传部、中央军委后勤保障部金盾影视中心及本案七被告等10家单位共同出品。据介绍,自开播以来,网络总播放量破19亿,市场占有率突破25%,网络点击量高达220亿,周某版税收入1 400万元。

四、小说《人民的名义》及其同名电视剧的故事梗概

国家能源局某处处长赵德汉经人举报涉嫌贪污受贿,国家反贪总局侦查处处长侯亮平就此案展开调查。在调查过程中,侯亮平通知京州反贪局局长陈海关注与此案关系紧密的汉东省京州市副市长丁义珍,但因汉东省省委的抓捕会议经汉东省公安厅厅长祁同伟泄密,丁义珍成功出逃至加拿大。后侯亮平至汉东省老检察长陈岩石处了解丁义珍主管的光明湖项目与大风厂问题。同时,京州市市委书记李达

康担心因丁义珍的出逃引发投资商撤退,抓紧推进大风厂拆迁项目,从而引发大风厂拆迁危机"九一六"大火事件。此次事件后,汉东省反贪局局长陈海围绕大风厂股权变动展开调查,在掌握初步线索后遭到暗害,成为植物人。侯亮平被派往汉东省接替陈海职务,继续围绕大风厂股权质押案件展开调查。到任后,侯亮平得到新任汉东省省委书记沙瑞金的支持,并根据其发小蔡成功的举报以京州市委书记李达康的妻子、城市银行副行长欧阳菁和山水集团为切入点进行调查。随着调查的深入,侯亮平挖出了盘根错节的利益链条,同时也打破了以往汉东省的政治生态平衡。汉东省委副书记高育良、省公安厅厅长祁同伟开始对侯亮平进行遏制与反击,侯亮平遭到停职审查的处理。在汉东省老检察长陈岩石、现任检察长季昌明、京州市公安局局长赵东来的帮助下,侯亮平摆脱陷构,最终查实高育良、祁同伟等违规违法事实。

原告刘某诉称,周某的作品《人民的名义》公开剽窃、抄袭、模仿和改编原告作品《暗箱》并加以侵权获利性利用,侵害了原告的作品改编权、摄制权、署名权、获得报酬权,同时还对原告作品续集的创作和出版销售造成了实质性妨碍和侵害,给原告造成了精神和财产上的巨大损失。其余七被告应当连带承担侵权的民事责任。原告遂请求判令:(1)八被告停止侵权行为,停止侵权电视剧《人民的名义》的一切播出、复制、发行、信息网络传播的行为;(2)被告周某停止小说《人民的名义》出版、销售;(3)八被告在全国性媒体上刊登经原告和法院书面认可的致歉声明,消除侵权影响,恢复原告著作权益;(4)八被告赔偿原告经济损失 1 800 万元,互负连带责任。(5)八被告承担原告为本案制止侵权、保护权益而花费的合理费用 20 万元。

八被告共同辩称,被告没有抄袭原告作品,被告作品《人民的名义》与原告作品《暗箱》完全不同,主要体现在以下方面:(1)作品主线和核心事件不同。《人民的名义》围绕检察官侯亮平查办贪腐案件展开,反腐主线贯穿作品全程,展现了当代检察官维护公平正义和法治统一的风采。《暗箱》围绕企业转制和记者季子川与省长刘云波之间的情人关系展开,该关系贯穿作品全过程,重点展示官商勾结、高官腐败。(2)叙事结构不同。《人民的名义》以检察官侯亮平的侦查行动为叙事主线,以大风厂为故事的辅线,讲述了检察官查办贪腐案件中艰辛、曲折的故事,揭示了汉东省官场政治生态中存在的问题。而《暗箱》以官场和商场为背景,将记者季子川与省长刘云波之间的情人关系作为小说的主线,详细描写了高官与情人之间情感的产生和发展过程,展示了在企业转制和项目开发中官商勾结的腐败现象。(3)故事桥段不同。《暗箱》中涉及的桥段并不多,与《人民的名义》差距很大,两者描写的内容、语言、事件、人物、情节均不同。(4)人物关系设计不同。《人民的名义》中设计有七十多位有名有姓、性格鲜明的人物,在人物关系的设计上与《暗箱》存在天壤之别。同时在人物职位和经历、性格描写、人物之间发生的联系及交往的过程等均完全不同。(5)人名不同。《人民的名义》中的人名与《暗箱》中的人名没有任何的关联性。原告的比对完全是根据主观臆想、硬性套搬的结果,毫无根据。(6)原告起诉状中提到的特定暗扣,同样不能证实抄袭模仿的问题。综上,被告认为,原告不能证明被告的作品抄袭了原告的小说,请求依法驳回原告的诉讼请求。

审 判

一审法院经审理后认为,著作权法所保护的是作品中作者具有独创性的表达,即思想或情感的表现形式,不包括作品中所反映的思想或情感本身。在文学作品中,表达不仅体现在文字上,也体现在作品的具体内容中,包括作者对素材、情节等的设计、编排和取舍,同时还要排除公有领域的内容及表达方式有限的表达。

本案中,原告刘某主张其作品与被告作品在"整体结构"及"老国营厂命运发展""男主人公腐败变迁过程""男主人公夫妻关系变化"等四个主题,以及其他不存在内在逻辑串联关系的情节,构成了整体外观上的相似,导致作品相似的欣赏体验,侵害了原告的著作权。

一、关于作品的整体结构比对

经比对,原、被告作品反映的主题不同,形成作品整体结构的情节组成内容、发展顺序、层次作用均不同。原告所作的作品整体结构对比是基于其主观需要而对两部作品中的部分情节进行了不当的概括和拼凑,人为造成两部作品整体结构相似的假象,故原告在本案中主张的作品整体结构相似没有事实依据,法院不予支持。

二、关于作品具体情节的比对

文学作品的相似性比对中,故事情节是关键的比对内容。如果两部作品在主要情节的具体细节描述、事件的逻辑关系以及人物角色的重要特征与相互关系上相似,而不是停留在抽象情节和次要情节上的相似,则可以认定构成实质性相似。同时,判定作品构成实质性相似还应当将确定的相似之处结合全文进行整体比对,而不是孤立地对相似之处进行一对一的比对。本案中,原告将其主张作品相似的具体情节分为四个方面,包括:老国营厂命运发展;男主人公腐败变迁过程;男主人公夫妻关系变化;其他相似情节。

(1)关于老国营厂命运发展。经比对,原、被告作品仅仅停留在具有相同的"国营厂改制"主题层面,在具体情节的设计、发展上则完全不同。原告在"老国营厂命运"方面概括了 22 个相似情节,但原、被告作品在上述情节的具体表达、逻辑关系上完全不同。原告将具体表达剥离后抽象出的情节属于思想范畴或是常见的素材,难以受到著作权法的保护。

(2)关于男主人公腐败变迁过程。法院认为,原告在本情节中提炼的相似情节亦是抽象的情节,虽然表面上看两个故事都是因官员沉迷美色而导致腐败,似乎有一定的相似性,但原、被告作品中填充该情节的具体人物设置、人物关系、具体情节及桥段的表达却完全不同。因此,原告主张的内容缺少具体的相似情节支撑。

(3) 关于男主人公夫妻关系变化。法院认为,原、被告作品在本情节中都只是共同拥有"官员与其妻子感情淡漠,婚姻关系名存实亡"的主题,难以进一步提炼出相同的情节设计,对情节进行填充的表达更不相同。同时,原告在本情节中将被告作品中李达康的婚姻状况和高育良的婚姻状况裁剪拼凑后,与原告作品中的刘云波进行比对。在人物关系和事件的逻辑关系完全不同的情况下,这样的比对没有任何意义,无助于作品的著作权侵权判定。

(4) 关于其他相似情节。法院认为,原告提炼的领导打篮球等上述 16 个相似情节均为单个的抽象情节,且原、被告作品在这些情节的表达上完全不同。

三、关于人物关系和人物设置的比对

法院认为,被告作品包含三条主线,第一条线是检察机关查处贪腐事件,第二条线是政府领导班子中的权力斗争,第三条线是一个普通工人家庭的命运变化,在每一条线上均附着有多个人物和人物关系。因此两部作品围绕各自的主线设置的人物及人物关系在整体数量上相差悬殊。原、被告作品中基于人物和人物关系产生的具体情节并不相似。在题材类似的情况下,原告比对的脱离了具体情节的抽象的人物特征难以受著作权法的保护。

四、关于人名等其他细节的比对

法院认为,作者在创作过程中对人物角色取名时可能会根据其所处的年代、性格特征等作一定的考虑,但从思想和表达二分法的角度来分析,人物的名称过于简短,无法获得著作权法的保护,更何况原、被告作品中的人物姓名并不相同。同时,原告主张姓名相似的人物在故事中的角色、人物性格、人物特征、经历等均不相同,且没有关联性和延续性,因此完全没有可比性。

综上,原、被告作品既不存在文字表达上的字面相似,也不存在作品整体结构、具体情节、人物关系等具体表达上的非字面相似。故原告主张各被告侵害其作品著作权没有事实和法律依据,一审法院不予支持。一审法院依据《中华人民共和国民事诉讼法》第六十四条、《最高人民法院关于适用〈中华人民共和国民事诉讼法〉的解释》第九十条之规定,判决驳回原告的诉讼请求。

一审判决后,原告不服,提起上诉,后申请撤回上诉。二审法院裁定准许撤回上诉。一审判决已生效。

点 评

反腐题材剧集《人民的名义》开播后,持续的高热度致使其同名小说引发的著作权侵权纠纷接踵而至,在社会层面引起了高度关注。本案判决依托于文学作品侵权判定的三步测试规则,详细论述了题材类似小说作品实质性相似的判断思路,为同类案件的审理提供明确指引。

本案原告刘某认为《人民的名义》小说擅自使用其所著官场题材小说《暗箱》具有的独创性表达,因而将《人民的名义》编剧兼小说作者周某及其他相关出品者一并诉至法院。在我国司法实践中,判定作品侵权的标准为"接触+实质性相似"。由于小说《暗箱》已面向公众公开,可以推定符合"接触"的要求,故而"实质性相似"的认定成为本案核心争议焦点。

著作权法意义上的作品,是指文学、艺术和科学领域内具有独创性并能以一定形式表现的智力成果。"以一定形式表现"构成作品受保护的思想表达二分法的法律基础,正如法院在判决中指出:在作品著作权侵权判定时,先要判断权利人主张的元素是属于不受著作权法保护的思想,还是属于受著作权法保护的具有独创性的表达,同时要剔除属于公有领域的表达和表达方式有限的表达。因此,"实质性相似"的判定前提在于确认被诉侵权内容属于受《著作权法》保护的对象。然而,原告所主张的相似元素中有大量内容恰无法归入《著作权法》的保护范畴。单独的主题和结构不足以构成具有独创性的表达,脱离了具体情节的抽象人物特征在性质上也仅属于思想,不受著作权法的保护,因而不得仅凭两部作品中的主题存在重合或人物共享某种性格特征即主张实质性相似的存在。在具体情节方面,即使原告罗列出了四个方面61处相似情节,但如"国营厂改制""地皮增值"等描写均属于公有领域的常见情节,如果任由创作者垄断此类公有表达,那么在相似题材作品中可以选用的素材将受到不合理的限制。

进入类似文学作品实质性相似的判定时,应通过小说所表达的内容进行综合认定,除了单纯的文字描写相似性,也包括整体结构、具体情节、人物关系等文学作品核心要素的相似性。判断中需要对情节之间的前因后果予以全局性的解读,不得打破其中的贯穿关系,将某一情节孤立地抽离出来进行评价。鉴于两部作品的情节层次与人物关联存在诸多区别之处,综合上述分析,法院认定《暗箱》与《人民的名义》不构成实质性相似,遂判决驳回原告的诉讼请求。

本案法官成功地论证了类似题材小说著作权侵权的裁判规则,为防止文学创作领域抽象思想与表达内容的不当垄断提供了宝贵经验,有助于在全社会营造自由、多元的文化创作环境。

案例提供单位:上海市浦东新区人民法院

编写人:倪红霞

点评人:袁秀挺

67. 上海点点乐信息科技有限公司诉上海犀牛互动网络科技有限公司等侵害商标权及不正当竞争纠纷案

——证据出示令制度在司法实践中的适用

案 情

原告(上诉人)上海点点乐信息科技有限公司

被告(上诉人)上海犀牛互动网络科技有限公司

被告(被上诉人)上海畅梦移动网络科技有限公司

上海点点乐信息科技有限公司(以下简称点点乐公司)系"恋舞""恋舞 OL"商标的商标权人,上述商标核定使用在计算机网络上提供在线游戏等,点点乐公司的《恋舞 OL》自 2013 年 8 月起开始运营。2014 年该游戏收入 5 300 多万元,2015 年 1.1 亿元,截至 2018 年该游戏下载量共计 4 363 万次。2015 年起,点点乐公司在各大网站、视频平台投放《恋舞 OL》广告。

涉案侵权游戏《梦幻恋舞》由上海畅梦移动网络科技有限公司(以下简称畅梦公司)、上海犀牛互动网络科技有限公司(以下简称犀牛公司)运营,该游戏与《恋舞 OL》游戏在类型上相同,均为炫舞类游戏。《梦幻恋舞》游戏著作权登记证书显示,该游戏首次发表日期为 2016 年 1 月 15 日。《梦幻恋舞》在腾讯 QQ 游戏、华为应用商店、百度手机助手、苹果商店等 37 家平台上运营。截至一审判决前,《梦幻恋舞》游戏下载次数 300 多万次。《恋舞 OL》《梦幻恋舞》的盈利模式均为销售道具、服装。此外,针对《恋舞 OL》游戏,有不同昵称的网络用户在不同的游戏下载平台上发布了共计 16 组完全相同的用户评论,用户评论内容主要为游戏玩家的用户体验。

原告点点乐公司诉称,犀牛公司、畅梦公司的行为构成商标侵权和虚假宣传,请求法院判决停止侵害,赔偿 300 万元损失。

被告犀牛公司、畅梦公司共同辩称,被告游戏与原告游戏内容完全不一样,被告游戏的上线运营时间是 2017 年下半年,盈利特别差,故原告主张的赔偿金额没有事实及法律依据。

审 判

一审法院经审理后认为,被告犀牛公司、畅梦公司的行为构成商标侵权,但未有证据显示有关的用户评价系由两被告组织实施的,被控行为不构成虚假宣传。一审法院依据《中华人民共和国侵权责任法》第二条、第十五条,《中华人民共和国商标法》第四十八条、第五十六条、第五十七条第二项、第六十三条第一款、第三款,《最高人民法院关于审理商标民事纠纷案件适用法律若干问题的解释》第九条、第十条、第十六条第一款、第二款、第十七条,《中华人民共和国商标法实施条例》第七十六条,《最高人民法院关于民事诉讼证据的若干规定》第二条之规定,判决犀牛公司、畅梦公司立即停止侵犯点点乐公司注册商标专用权的行为,并赔偿点点乐公司经济损失 200 000 元及合理开支 50 000 元。

一审判决后,原告点点乐公司、被告犀牛公司均不服,提起上诉。

针对上诉人点点乐公司上诉主张一审判赔金额过低的上诉请求,二审法院向上诉人犀牛公司和被上诉人畅梦公司发送证据出示令,要求提供有关道具的销售数量和收入,以及其他可以证明该游戏获利的证据。被上诉人畅梦公司拒绝向二审法院提交有关被控侵权游戏获利的证据,上诉人犀牛公司所提交的证据不能真实反映该游戏的营收。

据此,二审法院认为,上诉人点点乐公司已经尽力举证,而与侵权行为相关的证据由上诉人犀牛公司、被上诉人畅梦公司掌握,法院以证据出示令的方式责令犀牛公司、畅梦公司提交有关被控游戏营收的证据,但犀牛公司、畅梦公司未能提交反映真实营收的证据,存在刻意隐瞒游戏收入的主观故意。二审法院综合考虑原告商标的知名度,其游戏的营收额均较高、被控游戏的下载量巨大、侵权的主观故意程度较高,以及网络游戏利润率较高等因素,在充分考量有关证明妨碍制度的司法内涵的情况下,二审法院认为原审判决认定事实清楚,但判赔数额明显过低,应依法予以改判。二审法院依据《中华人民共和国民事诉讼法》第一百七十条第一款第二项之规定,维持原审部分判决,改判畅梦公司、犀牛公司赔偿点点乐公司经济损失 300 万元。

点 评

本案中,一、二审法院均确认了以下三个争议焦点:两被告是否侵害了原告的商标专用权? 两被告的相关行为是否构成不正当竞争? 若两被告的行为构成商标侵权或不正当竞争,应承担何种民事责任?

关于前两个争议焦点,两级法院观点一致,均认为两被告在其开发、运营的网络游戏中使用上述"梦幻恋舞"标识的行为属于在相同服务上使用与原告注册商标近似的商标的行为,容易使消费者混淆服务来源,侵害了原告的商标专用权;而两被告将"恋舞"等文字设置为《梦幻恋舞》搜索关键词的行为已经构成商标侵权,无需再认定为不正当竞争行为。

但在第三个争议焦点上,两级法院的认定出现分歧:一审法院认为,原告未充分证明权利人的实际损失或被告的侵权获益,因而综合原告商标知名度、被告经营规模等因素酌定 20 万元的赔偿数额;二审法院则认为,根据《商标法》第六十三条第二款的规定,在本案原告已尽力举证的前提下,法院出具证据出示令责令被告提供相应证据而被告拒绝提供证据的,可参考原告的主张和提供的证据,结合原告较高的商标知名度、游戏行业高利润率的商业经验以及本案被告的侵权故意,来确定赔偿数额,最终判定被告承担 300 万元的赔偿责任。

本案的生效判决在赔偿数额的计算问题上否定了原审判决直接依据法定赔偿规则确定赔偿数额的审理思路,而是依据《商标法》第六十三条第二款的规定,在原告尽力举证的情况下,被告收到证据出示令后仍拒绝提供证据的,参考原告的主张和提供的证据判定赔偿数额。值得注意的是,本案二审判决代表着上海法院首次在知识产权案件中适用证据出示令制度确定损害赔偿数额,一方面在个案中规制了知识产权侵权纠纷中常见的举证妨碍现象,填补了权利人因他人的侵权行为而遭受的损失;另一方面在知识产权侵权案件法定赔偿规则泛用的背景下,树立了借助证据出示令制度确定赔偿数额的典范。

案例提供单位:上海知识产权法院

编写人:范静波

点评人:袁秀挺

68. 车王(中国)二手车经营有限公司诉车好多旧机动车经纪(北京)有限公司虚假宣传纠纷案

——对比广告是否构成虚假宣传的司法认定

案 情

原告(上诉人)车王(中国)二手车经营有限公司

被告(被上诉人)车好多旧机动车经纪(北京)有限公司

原告系一家从事二手车经营的公司,在全国设有 30 余家实体店。其主要经营模式为传统模式,即规模化购入二手车,翻新后出售给消费者。被告同为二手车经营公司,其通过"瓜子二手车直卖网"等平台,在经营活动中高频次使用"没有中间商赚差价""比车商多卖××元(××为具体数字)"等宣传用语,引起较大社会关注。

原告诉称,被告将其运营的瓜子二手车平台与包括原告在内的经营者进行片面的对比宣传,"无差价""多卖××元"等宣传用语并无事实依据,易造成误导,使消费者相信在瓜子平台上可以实现"车主多卖钱,买家少花钱"的双赢局面,严重影响了消费者对二手车交易渠道的判断和选择,贬损了包括原告在内的传统车商在消费者心目中的形象与声誉,导致原告流失了大量二手车车源和顾客群体,构成虚假宣传。故原告诉请要求被告停止虚假宣传,并赔偿原告经济损失 1 000 万元及合理开支 6.8 万元。

被告辩称,其从事的是二手车经纪服务,作为平台方,仅提供居间服务,促成交易后按照比例收取服务费,该模式与原告模式不同,故"没有中间商赚差价"是对其自身商业模式的客观描述;"多卖××元"亦来源于相关大数据分析,不属于虚假宣传,且相关宣传并未指向原告,亦未对原告造成损失,故损害赔偿等诉请并无事实和法律依据。

审 判

一审法院认为:本案主要争议焦点如下:第一,按照 2018 年新施行《反不正当竞争法》的判定标准,被告使用的相关宣传用语是否构成虚假宣传;第二,如被告的行为构成虚假宣传,则原告作为非特定被侵权人,是否具备诉讼主体资格以及是否应获得赔偿?

一、判定比较广告是否构成虚假宣传

法院认为,可从两个方面分析:一是该比较广告本身是否有事实依据,是否构成虚假陈述;二是该比较广告是否达到引人误解的程度,是否会影响消费者的判断,进而影响公平竞争的秩序和其他经营者、消费者的合法权益。如该比较广告本身有一定的事实依据,表述方式亦未达到引人误解的程度,即可判定为不构成虚假宣传;反之,比较广告内容缺乏事实依据,表述方式易引人误解的,构成虚假宣传。回到本案,对于原告主张构成虚假宣传的两句宣传用语分述如下:

1. "没有中间商赚差价"

一方面,本案原告作为传统二手车商,其主要商业模式为先购入二手车,经整备翻新后,销售给消费者;而被告主要商业模式为通过搭建瓜子平台,将二手车直接由车主卖给买家,被告作为居间方,在促成双方交易后收取一定比例或金额的服务费。无论在直卖模式还是保卖模式下,被告均系通过其运营的瓜子平台为二手车买卖双方提供撮合交易服务平台。故从双方的商业模式来看,被告确有别于传统二手车商,其利用互联网快捷便利、轻资产的优势,赚取的系居间服务费,而非买入卖出之间的差价。上述宣传用语基本符合被告的商业模式,不属于虚假陈述。另一方面,从"没有中间商赚差价"的表述方式本身来看,它属于比较广告,而该比较广告是否达到片面的宣传或者比对,从而引人误解的程度系本案的争议焦点。本案被告系一个商业主体,其在进行宣传推广时必然会趋向于选择最能体现其商业模式、产品、服务最大优势的表述方式,如前所述,被告的商业模式有别于传统模式,其利用互联网快捷便利、轻资产的优势,能够为相关公众提供更快速、便捷、灵活、有价格优势的服务,其在宣传时亦会突出且集中地展示上述优势所在,而法律并未苛责商业主体在进行对比宣传时,必须全面完整地展示自己所有优缺点,并与他方逐一进行比较说明。事实上,只要该宣传没有明显超出合理范围,未达到引人误解的程度,即不具有法律上的可苛责性。且从消费者的角度来看,二手车交易市场面对的消费群体系二手车的买方和卖方,汽车具有其特殊性,它不同于生活中一般的低值易耗品,故相关公众在进行交易时,必然会对交易条件、交易平台、交易对象、交易安全施以更全面、更审慎的合理注意义务。作为一个理性人,应当知晓被告作为商业主体,并非公益组织,其必然以营利为目的,故正常、理性相关公众一般也不会将"没有中间商赚差价"误解为瓜子平台系提供免费服务。因此,上述宣传用语亦尚未达到片面对比宣传,"引人误解"的程度,不构成虚假宣传的不正当竞争。

2.“比车商多卖××元”

一方面,被告陈述,其与车 300 建立数据合作关系,“比车商多卖××元”中“车商”的概念来自车 300 网站,数据亦同样来源于车 300,而车 300 网站的运营商亦确认被告的上述说法。但根据查明的事实,被告从未在瓜子平台上披露上述数据来源的出处,亦未举证上述数据系如何统计得出的。另一方面,被告的上述表述方式只是简单地列明“比车商多卖××元”(××为具体数字),却既未标明比较的基准,亦未标明比较的方式,并非科学严谨的表述方式。事实上,车 300 网站与瓜子平台的主要投资人系同一组织。且客观上说,二手车系特定物,应为一车一价,被告的上述宣传用语未标明系同时段、同类型二手车的比较方式,可能使人误解系同一辆二手车在不同平台的询价结果。即便退一步说,基于被告的居间服务性质,卖家确有可能通过瓜子平台获得多卖车价的机会,但当其使用了精确的数据描述进行宣传推广时,在向相关公众披露与其他市场竞争者有关的信息时,应遵守经济伦理、慎言慎行,对于数据来源、比较方式、比较基准等信息应当进行注释注解,公开尽量多的相关信息和背景资料,指引受众正确理解。因此,被告上述宣传用语缺乏事实依据,表述方式亦易引人误解,构成虚假宣传的不正当竞争。

二、关于非特定被侵权人是否具备诉讼主体资格及应否获得受偿的问题

虽然最高人民法院曾于 2009 年黄金假日诉携程不正当竞争纠纷一案中,就该问题提出裁判意见,即只有同时满足与被诉经营者之间具有竞争关系、有关宣传内容足以造成相关公众误解、被诉不正当竞争行为对其造成了直接损害这三个基本条件的其他经营者才有权提起民事诉讼,才涉及该经营者应否承担不正当竞争的民事责任。然而,随着时代的变化,该裁判意见所产生的对当事人合法权益保护不充分的问题遭人诟病。而现今知识产权保护的趋势也从行政主导向行政、司法双保护,甚至突出司法保护的方向发展。结合 1993 年施行的《反不正当竞争法》中“经营者不得利用广告或者其他方法……作引人误解的虚假宣传”到 2018 年新实施的《反不正当竞争法》中“经营者不得对其……等作虚假或者引人误解的商业宣传,欺骗、误导消费者”的描述来看,其保护范围亦得到进一步扩大和强化。因此,再以有无合法权益直接受损作为起诉依据与现行价值导向相悖。故本案中,法院认为,非特定被侵权人作为当事人,就其合法权益受到损害及停止侵权行为的主张依法享有诉权,但对于赔偿损失部分,应根据其实际权益是否直接遭受损害审慎予以确定,如其未能举证证明其因该侵权行为遭受直接损害的,应依法不予支持。

如前所述,被告使用“比车商多卖××元”宣传用语的行为已构成虚假宣传,法院认为,原告作为非特定被侵权人具备诉讼主体资格,但在其未举证证明合法权益已经因被控侵权行为遭受直接损害的情况下,对其要求经济赔偿的诉请不应支持,具体理由如下:

从被告使用的宣传用语本身分析,"比车商多卖××元"属于抽象的比较广告,从有效制止不正当竞争行为、促进市场公平竞争的角度出发,在被告构成虚假宣传的前提下,即使该行为未对原告造成直接损害,原告仍有权要求被告承担停止不正当竞争的法律责任,而非留待行政管理机关进行查处,故对于原告要求被告停止侵害的诉请应予支持。然,从反法规制虚假宣传的目的看,反法是通过制止对商品或者服务的虚假宣传行为,来维护公平的市场竞争秩序。一方面,从不正当竞争行为人的角度分析,侵权人通过对产品或者服务的虚假宣传,如对产地、性能、用途、生产期限、生产者等进行不真实或者片面的宣传,获取市场竞争优势和市场机会,损害其他经营者的合法利益;另一方面,从消费者角度分析,正是由于侵权人对商品或者服务的虚假宣传,易使消费者发生误认误购,损害其他经营者的合法利益。故从《反不正当竞争法》规制虚假宣传的目的看,其并不以被侵权人的直接损害为要件判断虚假宣传行为是否成立,但对于作为同业竞争者的原告属于非特定被侵权人,即便被告因被控虚假宣传行为增加了商业机会获取的可能性,也不能因此得出必然会对原告造成损害后果的结论。因此,原告需举证证明其合法权益已经因被控侵权行为遭受直接损害,才有权要求被控侵权行为的实施者对其进行经济赔偿。回到本案,原告并未举证证明其因被告的虚假宣传行为而遭受的具体损失,故法院对于原告要求被告赔偿经济损失 1 000 万元的诉讼请求不予支持。考虑到原告确为本次维权支出了律师费、公证费,亦提供了相关支付凭证,以上费用属于合理费用,故予以支持。

综上,一审法院依照《中华人民共和国侵权责任法》第十五条第一款第一、六项、第二款,《中华人民共和国反不正当竞争法》第二条、第八条、第十七条,《中华人民共和国广告法》第二条、第三条、第四条、第五条以及《最高人民法院关于审理不正当竞争民事案件应用法律若干问题的解释》第八条规定,判决:一、被告立即停止使用"比车商多卖××元"宣传用语的不正当竞争行为;二、被告赔偿原告合理费用6.8 万元;三、驳回原告的其他诉请。

一审宣判后,原告不服,提起上诉。后因未缴纳上诉费,二审法院裁定,按上诉人自动撤回上诉处理。一审判决现已生效。

点 评

本案涉及"瓜子二手车广告"这一知名对比广告是否构成虚假宣传,社会关注度较高。同时本案对此类案件争议较多的"引人误解"之虚假宣传行为的判定标准进行了界定,并对最高人民法院典型案例所确定的泛主体在虚假宣传诉讼中作为原告的适格性判断条件进行了突破,对同类案件审理具有较大的参考价值。

首先,判定比较广告是否构成虚假宣传,法院认为应从以下两方面进行判断,一是该比较广告本身是否有事实依据,是否构成虚假陈述;二是该比较广告是否达到引人误解的程度,是否会影响消费者的判断,进而影响公平竞争的秩序和其他经营者、消费者的合法权益。回到案件本身,被告广告中的"没有中间商赚差价",是对被告商业模式(搭建二手车交易平台,作为居间方,在促成双方交易后收取一定比例或金额的服务费,不同于买入卖出,赚取差价的二手车商)的客观描述,同时该宣传没有明显超出合理范围,未达到引人误解的程度,不属于虚假宣传。而"比车商多卖××元",由于被告在宣传时并未披露对比数据的来源、出处,且并未标明比较的基准、方式,并非科学严谨的表述,可能使消费者误解系同一辆二手车在不同平台的询价结果,构成虚假宣传。

其次,关于非特定被侵权人是否具备诉讼主体资格及应否获得受偿的问题。最高人民法院曾于2009年黄金假日诉携程不正当竞争纠纷一案中确立了以下三个判断要件:与被诉经营者之间具有竞争关系,有关宣传内容足以造成相关公众误解,被诉不正当竞争行为对其造成了直接损害。只有满足这三个基本条件的其他经营者才有权提起民事诉讼的标准。但本案处理中,法院结合近些年来诉权理念的转变以及《反不当竞争法》的立法精神,认为再以有无合法权益直接受损作为起诉依据与现行价值导向相悖。非特定被侵权人作为当事人,就其合法权益受到损害及停止侵权行为的主张依法享有诉权。在本案中,车王公司系车好多公司同行业的竞争企业,属于非特定被侵权人,在"比车商多卖××元"构成虚假宣传的前提下,即使该行为未对车王公司造成直接损害,车王公司仍有权要求车好多公司承担停止不正当竞争的法律责任。

最后,对于赔偿损失部分。即便被告因虚假宣传增加了更多商机,也不能得出必然会对原告造成直接损害后果的结论,应根据原告实际权益是否直接遭受损害审慎予以确定赔偿数额,如其未能举证证明其因该侵权行为遭受直接损害的,则依法不予支持。

广告是塑造品牌价值与推销商品的重要渠道,但也易滋生乱象。本案对规范广告业的行为,维护公平竞争的市场秩序进行了积极的司法指引。法院敢于突破典型案例判决观点的精神与做法值得称赞。

案例提供单位:上海市普陀区人民法院

编写人:李　霞

点评人:袁秀挺

行　政

69. 上海大易云计算股份有限公司诉上海市浦东新区市场监督管理局不服行政处罚决定案

——广告法中绝对化用语规定条款的理解与适用

案 情

原告(被上诉人)上海大易云计算股份有限公司

被告(上诉人)上海市浦东新区市场监督管理局

原告上海大易云计算股份有限公司(以下简称大易公司)住所地位于上海市浦东新区内,主要从事人力资源软件开发服务业务。上海市浦东新区市场监督管理局(以下简称浦东市监局)在接到举报后,于 2018 年 5 月 15 日对大易公司经营场所进行了现场检查,同月 23 日,对大易公司涉嫌发布违法广告的行为进行了立案。浦东市监局经延长办案期限,组织听证后、作出沪监管浦处字(2018)第 152018011327 号行政处罚决定。行政处罚认定大易公司于 2018 年 4 月 1 日起在其自设网站(www.dayee.com)上发布的广告,在荣誉奖项部分含有"2017—2018 大中华区最佳招聘管理软件服务商""连续三年(2013—2016)蝉联'大中华区最佳招聘管理软件服务商'"等获奖内容并贴有相应的获奖证书图片,在上述奖项名称中含有"最佳"用语。大易公司发布上述广告的网站由其自行搭建及运营维护,上述广告均系大易公司自行设计、制作、发布,无广告费用。大易公司上述行为违反《中华人民共和国广告法》(以下简称《广告法》)第九条第三项"使用'国家级'、'最高级'、'最佳'等用语"的规定,根据《广告法》第五十七条第一项和《中华人民共和国行政处罚法》第二十七条第一款第一项的规定,减轻处罚,罚款 100 000 元。

原告大易公司不服,向法院提起诉讼,要求撤销浦东市监局作出的上述行政处罚决定,并返还大易公司已缴纳的罚款 100 000 元。

原告大易公司诉称,首先,浦东市监局认定大易公司行为构成广告,属于事实认定错误;大易公司是在自有网站上介绍公司所获得的荣誉奖项时客观复述了其所获得的荣誉奖项的名称,《广告法》第二条所规定的广告范围是经营者对所推销商品或提供的服务进行的广告,不涉及商品或营利性服务的广告则不在其规范之列。其次,浦东市监局适用法律错误,大易公司行为并不构成广告行为,因此不应当适用《广告法》的相关规定对大易公司进行处罚。再次,大易公司所获得的奖项内容真实,不存在虚构事实、虚假宣传的情形;大易公司所获相关奖项的评选机构系行业内权威媒体 HRoot 公司,该评选活动已经连续举办 13 年,已有 66 家机构荣获年度"最佳"大奖;大易公司同步贴出相关荣誉证书,进一步避免了受众对大易公司服务产生错误认识。最后,浦东市监局的处罚违反公平公正原则,大易公司在听证时出示的证据显示,有其他获奖企业也在其官网上使用含"最佳"用语的奖项描述,而所属的北京市工商行政管理局朝阳分局等市场监管机关均认为不构成违法。因此,大易公司认为浦东市监局作出的行政处罚决定,认定事实不清,适用法律错误,诉请法院判决撤销浦东市监局作出的《行政处罚决定书》,并返还大易公司已缴纳的罚款。

被告浦东市监局辩称,大易公司在其自有网站上发布的获奖荣誉符合广告的特征,是对其所提供服务的推广。而对相关奖项的描述包含《广告法》禁止使用的"最高""最佳"等绝对化用语。因此,大易公司的行为违反了《广告法》第九条的规定。浦东市监局对大易公司所作处罚也考虑了大易公司违法情节等,作了减轻处罚。被诉行政处罚决定认定事实清楚,程序合法,适用法律正确。故请求驳回大易公司的诉讼请求。

审 判

一审法院经审理后认为,被告浦东市监局仅因原告大易公司引用所获奖项名称即认定其构成违法,并作出罚款 100 000 元的处罚,有违法益相称性,属于适用法律错误。遂判决:撤销浦东市监局作出的行政处罚决定;浦东市监局自判决生效之日起 60 日内返还大易公司已缴纳罚款 100 000 元。

一审判决后,被告浦东市监局不服,提起上诉。

二审法院认定的事实与一审相同。

二审法院经审理后认为,本案争议焦点为:第一,被上诉人大易公司使用"最佳"用语的情形是否属于《广告法》规定的广告活动;第二,该行为是否违反《广告法》第九条第三项之规定,应对其实施行政处罚。

第一,关于被上诉人大易公司的行为是否属于广告。《广告法》第二条规定,商品经营者或者服务提供者通过一定媒介和形式直接或者间接地介绍自己所推销的商品或者服务的商业广告活动,适用本法。据此,商业广告活动应具备两个特征:一是通过一定媒介和形式广而告之,具有广泛宣传的属性,二是直接或间接地推销具体的商品或者服务,具有诱导受众购买其商品或者服务的可能性。本案中,大易公司在自建的公司官网中发布企业获得的荣誉奖项,任何人只要搜索大易公司名称,无需密码、受邀等特殊条件,即可进入公司官网,浏览到载有"荣誉奖项"内容的页面,该网页面向的是不特定的大众,大易公司系通过互联网的形式向大众发布其获得荣誉奖项的信息,具有广泛宣传属性。大易公司在公司官网中以图片配合文字的形式宣传其获得"2017—2018 大中华区最佳招聘管理软件服务商"奖项,该奖项虽然是颁发给企业而非商品或服务,直接宣传的是企业形象,但奖项名称"最佳招聘管理软件服务商"直接指向了大易公司的主营业务即招聘管理软件服务,能够引发受众对具体商品或服务的直接联想,对于诱导受众购买大易公司提供的"招聘管理软件服务"有明显的推动作用,具有间接推销商品或服务的功能,故大易公司的上述行为应属《广告法》第二条规定的广告活动范畴。

第二,关于被上诉人大易公司的广告活动是否违反《广告法》的规定,应实施行政处罚。

首先,行政机关在执法过程中,应遵循执法手段与执法目的相一致的原则,而执法目的是由其适用的法律法规的立法目的所决定的。《广告法》第一条规定,为了规范广告活动,保护消费者的合法权益,促进广告业的健康发展,维护社会经济秩序,制定本法。上诉人作为市场监督管理部门,在适用《广告法》对市场主体实施行政处罚时,应当综合考量处罚结果是否有助于实现保护消费者合法权益、维护社会经济秩序等立法目的。具体而言,即应考量相对人的广告活动是否导致消费者合法权益受到损害,破坏了社会经济秩序;是否必须实施行政处罚,否则难以恢复正常市场秩序或弥补消费者受损权益。因此,对大易公司使用"最佳"用语的情形是否应实施行政处罚,应结合该行为的危害后果进行判断,如果在大易公司的行为不存在危害后果的情况下,仍实施行政处罚,则会导致执法手段与执法目的相悖,有违《广告法》的立法目的。

其次,准确适用《广告法》第九条第三项之规定,需要结合该法条的上下文进行理解。该条规定了十一项广告不得出现的情形,相应法律后果为第五十七条规定的处二十万元以上一百万元以下的罚款。除第三项外,《广告法》第九条其他各项所规定的禁止情形,指向的都是危害后果较为严重,可能侵害国家利益、社会公共利益或他人人身权、财产权、妨碍公序良俗的行为,而第三项规定的"使用'国家级'、'最高级'、'最佳'等用语"的行为并未直接指向任何侵权行为,只有在其危害后果与同条款其他各项的危害后果相当,足以构成可能侵害国家、社会公共利益或他人合法权益时,才具有适用《广告法》第九条之规定认定为违法行为,实施行政处罚的必要。

本案中,被上诉人大易公司使用"最佳"用语的情形,系置于"公司简介"栏目下,如实介绍该公司曾经获得过的荣誉奖项,无法推断出大易公司主观上具有贬低其他竞争对手、误导消费者的恶意。从客观后果来看,大易公司展示的荣誉证书图片下方的文字即为证书中所获奖项的名称,文字与图片内容具有一致性,尺寸大小亦相互适应,并未突出使用含"最佳"用语的文字,故图文应视为一个整体,共同承担介绍大易公司所获奖项的功能。结合荣誉证书的图片和文字内容可以看出,大易公司所获"最佳招聘管理软件服务商"奖项的颁发机构为 HRoot,时间限定为2017—2018 年,表明大易公司并非自称"最佳",而是由市场上独立的机构经过一定程序、以一定标准、设定一定时限后评选获得的奖项,该奖项具有明显的个体主观性和时空限定性,并不意味着普通大众对大易公司的评价是"最佳",更不代表大易公司客观上就是"最佳"。因此,大易公司使用"最佳"用语的情形,不属于贬低竞争对手的排他性宣传,也不可能造成受众误解,不存在扰乱市场秩序、侵害潜在消费者的合法权益的危害后果。在此情况下,上诉人浦东市监局依据《广告法》第九条第三项等规定对大易公司处以罚款 100 000 元的行政处罚,其执法手段显然与大易公司的行为后果不相符合,与《广告法》的立法目的亦相违背。上诉人所作行政处罚决定适用法律错误。

随着法律法规的日益完善和消费者成熟度的不断提高,广告发布者使用绝对化用语对大众造成误导的可能性也在降低,上诉人作为市场监督管理行政执法机关,应当根据社会客观现实,从普通大众角度判断广告活动的危害后果,衡量其与执法手段的相称性。执法机关如果仅仅依照《广告法》的字面意思机械适用相关规定,就执法而言确实更为简便,但却对并未扰乱市场秩序或损害他人权利的广告活动造成不当惩罚,反而有损《广告法》立法目的的实现,亦无法切实保护公民、法人和其他组织的合法权益。

综上,上诉人的上诉请求和理由缺乏法律依据,原审判决撤销被诉行政处罚决定、判令上诉人返还大易公司已缴纳的罚款正确,应予维持。据此二审判决驳回上诉,维持原判。

点 评

本案的争议焦点为大易公司的宣传行为是否属于《广告法》中规定的广告活动,以及该宣传行为是否违反《广告法》的规定,应予处罚。

本案中,大易公司在自建的公司官网中发布企业获得的"2017—2018 大中华区最佳招聘管理软件服务商"奖项,因该网页面向的是不特定的大众,且该奖项直接指向大易公司的主营业务即招聘管理软件服务,对于诱导受众购买大易公司提供的"招聘管理软件服务"有明显的推动作用。大易公司的行为具有广泛宣传的属性,并能够间接地推销具体的商品或者服务,因此属于《广告法》规定的广告活动的范畴。但是,大易公司使用"最佳"用语的情形,系置于"公司简介"栏目下,如实介绍该公司曾经获得过的荣誉奖项,不属于贬低竞争对手的排他性宣传,也不可能造成受众误解,不存在扰乱市场秩序、侵害潜在消费者的合法权益的危害后果。故不应对大易公司的行为进行行政处罚。

本案明确了适用《广告法》中绝对化用语规定条款适用的一般规则,即在属于《广告法》调整范畴的前提下,以是否产生误导消费者、引起不正当竞争的危害后果作为认定是否构成违法行为的要件,在维护市场秩序与保护商家企业合法权益之间达到合理的平衡,为创造良好营商环境保驾护航。

案例提供单位:上海市第二中级人民法院

编写人:张　璇　王立帆

点评人:张淑芳

70. 上海邦特尔文化传媒有限公司诉上海市长宁区人力资源和社会保障局拖欠农民工工资"黑名单"决定案

——拖欠农民工工资黑名单决定的司法审查

案 情

原告上海邦特尔文化传媒有限公司

被告上海市长宁区人力资源和社会保障局

"马丁健身"星空广场会所(以下简称星空会所)是原告上海邦特尔文化传媒有限公司(以下简称邦特尔公司)投资的健身会所。徐某燕系原告股东及实际经营人,其代表原告分别与案外人上海玮哲体育发展有限公司(以下简称玮哲公司)、上海亿众劳务服务有限公司(以下简称亿众公司)签订委托管理合同、人事委托服务协议,约定原告分别委托玮哲公司、亿众公司经营管理星空会所,为原告聘用的星空会所员工提供人事管理、代发工资等服务。2018 年 4 月至 6 月,原告向亿众公司转账会所员工工资、社会保险及人事服务费。2018 年 8 月 18 日,徐某燕代表原告与玮哲公司签订协议,约定双方自 2018 年 8 月 25 日起解除委托管理协议。

2018 年 8 月 1 日,被告上海市长宁区人力资源和社会保障局(以下简称长宁人社局)劳动保障监察大队接到举报,反映原告拖欠 20 余名劳动者工资以及未将劳动合同交付劳动者的违法行为,受理举报后即对原告展开劳动保障监察,8 月 7 日对原告进行立案调查。被告长宁人社局经调查后认定原告存在无故拖欠 22 名劳动者 2018 年 6 月至 7 月工资报酬的行为,遂于 2018 年 9 月 12 日对原告作出行政处理事先告知书、拖欠农民工工资"黑名单"事先告知书,被调查对象均无法提供原告的实际经营地及实际经营人徐某燕的联系方式,被告遂向星空会所员工送达上述两份告知书,因员工拒签,留置送达。原告未在规定期限内提出陈述申辩意见,被告于当月 20 日作出长人社监理〔2018〕637 号行政处理决定,责令原告补发拖欠

22 名劳动者工资报酬人民币 266 323.38 元,并留置送达行政处理决定书。

因行政处理决定所涉的 22 名员工中有 14 人的户籍属于农村户籍,被告于 2018 年 10 月 12 日作出长人社监列〔2018〕637 号列入拖欠农民工工资"黑名单"决定(以下简称黑名单决定),认定原告无故拖欠赵某梅、王某月等 14 名农民工 2018 年 6 月至 7 月的工资 213 669.10 元,根据《拖欠农民工工资"黑名单"管理暂行办法》(以下简称《暂行办法》)第五条第一款第一项规定,被告决定自 2018 年 10 月 12 日起将原告列入上海市拖欠农民工工资"黑名单",期限为 1 年,自作出列入决定之日起计算。原告工作人员于同月 19 日签字确认收悉黑名单决定。尔后,被告将被诉黑名单决定报上海市人力资源和社会保障局(以下简称市人社局),市人社局在其网站上发布了原告拖欠 14 名农民工工资黑名单信息,姚某琴作为原告法定代表人、徐某燕作为原告实际经营人,二人的姓名及 10 位身份证号码一并被公示。原告不服黑名单决定,提起本案诉讼。

原告邦特尔公司诉称:第一,被告长宁人社局作出黑名单决定的程序违法。根据《暂行办法》第六条规定,被告作出黑名单决定前应提前告知并听取原告的陈述申辩,但原告未收到事先告知书,无法提出陈述、申辩意见;第二,黑名单决定认定事实不清。原告与被欠薪劳动者的劳动关系存在争议,被诉黑名单决定对原告的社会信用及财产造成了极大损害,影响了原告的实际经营。故请求法院撤销被诉黑名单决定,并责令被告删除在市人社局及其他网站上公示的将原告列入黑名单的信息。

被告长宁人社局辩称,原告存在拖欠员工工资的违法行为,因其中 14 名员工系农民工,故被告针对原告的行为分别作出行政处理决定与被诉黑名单决定,责令原告补发拖欠员工的工资,并将原告列入拖欠农民工工资黑名单予以公示。根据《暂行办法》第十一条规定,黑名单决定没有创设、改变或者重新确定原告的权利义务,并非独立的行政行为,其效力依附于行政处理决定;另,根据《重大劳动保障违法行为社会公布办法》第十一条规定,原告对黑名单决定有异议的,只能申请复核,故被诉黑名单决定不属于行政诉讼受案范围;即便黑名单决定属于行政诉讼审理范围,原告与被拖欠 213 669.10 元工资的 14 名劳动者之间存在劳动关系,且该 14 名劳动者属农民工,被告认定事实清楚。被告在作出黑名单决定之前向原告履行了事先告知义务,因原告未在规定期限内陈述、申辩,被告根据法律规定作出黑名单决定并通过市人社局网站向社会公示,程序合法,适用法律正确。综上,请求法院依法裁判。

审 判

法院经审理后认为,根据《暂行办法》第五条第一款第一项之规定,被告对无故拖欠农民工工资且数额达到拒不支付劳动报酬入罪标准的违法行为具有作出列入黑名单决定的职权。本案争议焦点在于:第一,黑名单决定是否属于人民法院行政诉讼受案范围;第二,被告作出的黑名单决定认定事实是否清楚,适用法律是否正确;第三,被告作出黑名单决定的程序是否合法。

关于争议焦点之一,黑名单决定是否属于人民法院行政诉讼受案范围。法院认为,行政诉讼的目的在于保护公民、法人和其他组织合法权益以及监督行政机关依法行使职权,当事人能否获得行政诉讼救济的前提在于其权利义务是否受到行政行为的影响,是否对被诉行政行为具有诉的利益。本案中,被告对原告作出黑名单决定,并在上海市人社部门官方网站上公布原告拖欠农民工工资情况及法定代表人、实际负责人信息,减损了原告及经营负责人的社会信用评价,对原告经营造成影响。原告作为黑名单决定的相对人,对减损其权益的黑名单决定具有诉的利益,其起诉符合法定起诉条件。

关于争议焦点之二,被告作出黑名单决定的行为认定事实是否清楚,适用法律是否正确,涉及以下三个问题:

一是原告与被诉黑名单决定载明的 14 位劳动者是否存在劳动关系。根据劳动合同、劳动仲裁调解书、委托管理合同、人事委托服务协议、2018 年 4—6 月原告转账费用、代收代发工资、代扣代缴个税的发票、原告拖欠劳动者 2018 年 6—7 月工资明细等证据,可以认定涉案劳动者系原告聘用,工资亦由原告委托案外人发放,该 14 名劳动者的劳动系原告业务的组成部分,原告与该 14 名劳动者具有劳动关系。

二是被诉黑名单决定载明的 14 位劳动者是否属于农民工。《国务院关于解决农民工问题的若干意见》(国发〔2006〕5 号)规定:"农民工是我国改革开放和工业化、城镇化进程中涌现的一支新型劳动大军。他们户籍仍在农村,主要从事非农产业。"本案中 14 名劳动者户籍在农村,外出从事非农产业,符合上述对于农民工的界定。

三是被告作出被诉黑名单决定适用法律是否正确。被告认定原告拖欠 14 名农村户籍劳动者 2018 年 6 月至 7 月的工资报酬 213 669.10 元有确切的证据证明,原告对拖欠工资人数及资金均无异议。《最高人民法院关于审理拒不支付劳动报酬刑事案件适用法律若干问题的解释》第三条第一款第二项规定,拒不支付 10 名以上劳动者的劳动报酬且数额累计在 3 万元至 10 万元以上的,应当认定为刑法第二百七十六条之一第一款规定的"数额较大"。本案,原告拖欠 14 名农村户籍劳动者工资已超过 10 万元,被告根据《暂行办法》第五条第一款第一项规定,决定自 2018 年 10 月 12 日起将原告列入上海市拖欠农民工工资黑名单,为期 1 年,属认定事实清楚,适用法律正确。

关于争议焦点之三,被告作出被诉黑名单决定行为的程序是否合法,涉及两个问题:一是被告在作出被诉黑名单决定前是否向原告有效送达事先告知书,是否保障了原告陈述、申辩的权利。在调查过程中,参与调查的人员未向被告提供除星空会所以外的原告的经营场所。被告在作出黑名单决定前,向原告送达黑名单事先告知书,因在场员工不愿签收,被告将行政处理事先告知书、黑名单事先告知书等留置于星空会所,后被告用同样的方式向原告送达行政处理决定书。因原告未在规定期限内提出陈述、申辩意见,被告在期限届满后作出被诉黑名单决定,并向原告依法送达,程序合法。

二是黑名单决定的公示是否合法。徐某燕是原告的股东及实际经营人,姚某琴系原告的法定代表人,被告该二人信息与被诉黑名单决定内容报与市人社局公示,符合暂行办法第六条规定,且公示的信息已隐去姚某琴、徐某燕二人各8位身份证号码,未侵害原告和姚某琴、徐某燕的合法权益,被告对原告作出的被诉黑名单决定合法。

综上,一审法院依照《中华人民共和国行政诉讼法》第六十九条之规定,判决驳回原告上海邦特尔文化传媒有限公司的诉讼请求。

一审判决后,原、被告均未提起上诉,一审判决已生效。

点 评

本案争议焦点在于用人单位被列入拖欠农民工工资"黑名单"的行为是否属于人民法院行政诉讼受案范围;人力资源和社会保障局作出的黑名单决定认定事实是否清楚,适用法律是否正确,程序是否合法。

法院认为,行政诉讼的目的在于保护公民、法人和其他组织合法权益以及监督行政机关依法行使职权,本案中人社局将用人单位加入黑名单并在市人社部门官方网站上公布对其经营造成影响,用人单位对被列入黑名单决定具有诉的利益,属于人民法院行政诉讼受案范围。法院审查了用人单位与劳动者签订的劳动合同、劳动仲裁调解书并结合相关法律法规认为人社局作出黑名单决定的行为认定事实清楚,适用法律正确;此外,人社局在作出黑名单前已将行政处理事先告知书、黑名单事先告知书等留置送达于用人单位的经营场所,后用同样的方式送达了行政处理决定书。人社局对于黑名单及用人单位实际经营人、法定代表人的信息进行公示的行为也符合相关法规。因此,人社局作出黑名单决定行为的程序合法。

法院在该起黑名单疑难复杂案件审理中紧紧围绕"依法保障农民工取得工资报酬权益"的目标,根据行政行为合法性审理思路,判决确认拖欠农民工工资黑名单决定的合法性,切实维护了被拖欠工资的农民工的合法权益,对规范用工单位按约支付劳动者报酬、建立和谐有序、良性发展的用工市场具有重要意义,凸显了司法保障民生的作用和价值。

案例提供单位:上海铁路运输法院

编写人:汪霄云　李　晓

点评人:张淑芳

71. 江苏瑞达海洋食品有限公司诉盐城市大丰区人民政府等海域使用权行政许可纠纷案

案 情

原告江苏瑞达海洋食品有限公司

被告盐城市大丰区人民政府

被告盐城市大丰区自然资源和规划局

2015 年 8 月,原告江苏瑞达海洋食品有限公司(以下简称江苏瑞达)参与被告盐城市大丰区自然资源和规划局(以下简称大丰区自然资源局)组织的海域使用权出让招投标,并通过投标与被告大丰区自然资源局签订三份 2015 年东沙紫菜养殖海域使用权第一轮出让合同,出让海域均位于东沙辐射沙洲,海域规定用途为紫菜养殖,约定的海域使用权期限均为自 2015 年 8 月 20 日至 2018 年 6 月 30 日。合同写明:"合同期满,海域使用权终止,本海域使用权不予续期。"此后,原告江苏瑞达取得对应的海域使用权证书,证书写明的登记机关为大丰区自然资源局,发证机关为被告盐城市大丰区人民政府(以下简称大丰区政府)。证书载明的终止日期为 2018 年 6 月 30 日,并写明"招标海域到期后不再续期"。

2018 年 3 月,原告江苏瑞达向被告大丰区政府、大丰区自然资源局邮寄海域使用权续期申请。大丰区自然资源局向原告江苏瑞达出具"关于海域使用权不予续期的答复",答复称海域使用权合同明确约定,海域使用权到期后不续期。2018 年 8 月,大丰区自然资源局向东沙海域的各紫菜养殖业主发出"关于清理东沙紫菜养殖的通知",称根据《中华人民共和国海域使用管理法》(以下简称《海域使用管理法》)第二十九条规定,海域使用权期满,未申请续期或申请续期未获批准的,海域使用权终止。要求东沙海域使用权期满的业主立即停止紫菜养殖行为,拆除全部人工设施设备。

原告江苏瑞达诉称,根据《海域使用管理法》第二十六条的规定,除根据公共利益或者国家安全需要收回海域使用权的外,原批准用海的人民政府应当批准续期。

涉案海域使用权出让合同中"到期不予续期"的约定与法律规定相悖,应认定为无效。综上,请求法院判决:(1)撤销大丰区自然资源局向原告江苏瑞达发出的"关于海域使用权不予续期的答复";(2)大丰区自然资源局和大丰区政府履行法定职责,对原告江苏瑞达海域使用权依法予以续期。

被告大丰区政府、大丰区自然资源局共同辩称,涉案的海域使用权出让合同和海域使用权证书上均写明了到期后不再续期,申请续期不应适用于通过招投标取得的海域使用权。东沙紫菜养殖海域部分与盐城湿地珍禽国家级自然保护区范围重合或邻近,在此海域养殖紫菜违反自然保护区管理的相关法规,且在保护区的实验区内养殖还必须取得保护区管理部门的批准,大丰区政府部门曾向保护区管理部门提出申请,但未获得批准,因此不可在保护区范围内继续进行紫菜养殖。东沙养殖海域部分在生态红线范围内,2018 年期间,盐城市黄海湿地申报世界自然遗产工作正在进行当中,东沙养殖海域与黄海湿地申遗的提名地重合或邻近,在该海域继续进行紫菜养殖不利于对遗产地的保护。当前中央对海洋采取更为严格的督察措施,对于海洋生态环境的保护力度空前,地方政府须严格执行中央政策。综上,请求驳回原告江苏瑞达的诉讼请求。

审 判

一审法院经审理后认为,本案的主要争议为被告大丰区政府、大丰区自然资源局拒绝原告江苏瑞达的海域使用权续期申请是否具有事实和法律依据,以及大丰区自然资源局向原告江苏瑞达发出的"关于海域使用权不予续期的答复"是否有效。

首先,根据《海域使用管理法》第二十条的规定,海域使用权可以通过招标或者拍卖的方式取得。招标或者拍卖方案由海洋行政主管部门制订,报有审批权的人民政府批准后组织实施。海域使用权出让合同条款,是招标方案的主要组成部分,制订该合同条款依法属于大丰自然资源局和大丰区政府的权限范围。其次,涉案海域使用权出让合同第十条明确写明"合同期满,海域使用权终止,本海域使用权不予续期",意思清晰明确并无歧义。相关合同的签订并无欺诈、胁迫行为存在,原告江苏瑞达对合同相关条款应当是明知且理解其含义的,参加投标并签订合同,即意味着接受招标方案和合同条款的限定条件。涉案海域使用权出让合同"到期不予续期"的约定为有效约定。最后,原告江苏瑞达认为该条款无效的主要理由在于其违反了《海域使用管理法》第二十六条关于海域使用权人申请续期的规定。法院认为,该条是对于一般情况下海域使用权人申请续期权利的规定,并非强制性的规定,其并不排除政府机关与海域使用权人对于使用权到期后是否续期以及续期方式通过明确约定的方式进行变更。由于海域使用权这一国家自然资源具有稀缺性特点,政府机关通过定期招投标的方式进行海域使用权出让,系以市场化手段促进自然资源的优化配置,以竞争性方式最大化保障和体现国有资产的价值,是政府更公开透明行使海域使用权出让管理职权的体现。尤其考虑到涉案海域毗邻国家级自然保护区、盐城黄海湿地以及江苏省海洋生态红线,对于是否能够持续地进行养殖开发,具有一定的不确定性,政府以该条款对相关海域的使用权出让作出一定的限定,具有合理性,也并未违反法律法规的强制性规定。综上,法院判决驳回原告江苏瑞达的诉讼请求。

一审判决作出后,各方均未上诉。一审判决现已生效。

点 评

本案的主要争议为被告大丰区政府、大丰区自然资源局拒绝原告江苏瑞达海洋食品有限公司的海域使用权续期申请是否具有事实和法律依据以及大丰区自然资源局向原告江苏瑞达海洋食品有限公司发出的"关于海域使用权不予续期的答复"是否有效。

法院认为,根据《海域使用管理法》第二十条的规定,海域使用权可以通过招标或者拍卖的方式取得。招标或者拍卖方案由海洋行政主管部门制订,报有审批权的人民政府批准后组织实施。海域使用权出让合同条款,是招标方案的主要组成部分,制订该合同条款依法属于大丰自然资源局和大丰区政府的权限范围。其次,涉案海域使用权出让合同第十条明确写明"合同期满,海域使用权终止,本海域使用权不予续期",意思清晰明确并无歧义。相关合同的签订并无欺诈、胁迫行为存在,原告对合同相关条款应当是明知且理解其含义的,参加投标并签订合同,即意味着接受招标方案和合同条款的限定条件。

其次,涉案海域使用权出让合同中关于海域使用权期限条款的约定也并不违反《海域使用管理法》第二十六条关于海域使用权人申请续期的规定。法院认为,该条是对于一般情况下海域使用权人申请续期权利的规定,并非强制性的规定,其并不排除政府机关与海域使用权人对于使用权到期后是否续期以及续期方式通过明确约定的方式进行变更。

本案明确了海域使用权人在海域使用期限届满前有权申请续期,但若政府与海域使用权人以行政协议方式约定到期后不再续期的,该约定属于海域使用权人对申请续期权利的放弃,不违反法律法规的强制性规定,应认定有效。

案例提供单位:上海海事法院
编写人:张　健　鲍海跃
点评人:张淑芳

72. 柴某某诉上海大学要求履行法定职责案

——高校学位授予履职的司法审查

案 情

原告柴某某

被告上海大学

原告柴某某诉称，其于 2014 年 9 月至 2017 年 12 月在被告上海大学应用经济学（法律金融学）专业攻读博士研究生。就读期间，原告无任何违法乱纪行为，按规定修完全部课程并通过全部学业考试。原告撰写的博士论文《中国农地信托构造研究》，通过了被告组织的开题、预答辩、盲审、正式答辩等环节，论文答辩委员会的最终答辩意见为建议授予博士学位。在读期间，原告在南大核心期刊《大连理工大学学报》上发表了学术论文，并在全国性学术会议"中国商法年会"上发表了会议论文。2017 年 12 月 9 日，被告向原告颁发了上海大学《博士研究生毕业证书》，准予原告毕业。2018 年 11 月 28 日，原告依据《上海大学学位授予工作实施细则》（以下简称《上大学位实施细则》）的规定，向被告邮寄了申请颁发博士学位的全部材料。原告认为，根据《上大学位实施细则》第十五条、《上海大学攻读博士学位研究生指导性培养方案》第六部分以及《上海大学博士学位授予科研成果量化指标》的规定，原告已经符合了学校关于"在国内外核心期刊或全国性学术会议上正式发表 2 篇与学位论文有关的学术论文"的博士学位授予条件。被告却以原告发表的核心期刊学术论文数量不符合经济学院的科研量化指标为由，未组织学校学位评定委员会对原告的博士学位申请进行审核评定，未出具法定答复。原告已经通过答辩，答辩意见也是建议授予博士学位，应当认为被告已经认定原告符合被告的科研量化要求。原告还认为，上位法均未规定在核心期刊发表论文才能申请学位，立法本意是重点审查在校成绩和学位论文情况。科研量化指标的制定是学校的行政管理行为，而非学术自治范畴，经济学院的量化指标突破学校规定，不能对原告产生效力。依据《中华人民共和国学位条例》（以下简称《学位条例》）规定，被告负有依法对原告提出的学位申请进行评定并对符合学位授予条件者颁发学位的法定职责，被告在申请阶段增设条件,缺乏上位法依据。被告仅通过学院秘书微信告知,也不具备法定形式,应当视为未履行法定职责,被告也无证据证明学位评定分委员会曾就原告申请进行过审查和开会表决程序,违反正当程序原则,被告的做法已经严重侵害了原告的合法权益。故原告诉至法院,请求法院判令被告履行法定职责,组织学校的学位评定委员会对原告的博士学位申请进行审核评定。

被告上海大学辩称,原告柴某某系被告上海大学经济学院应用经济学下属二级学科法律金融学的 2014 级博士生,在进校之初就应当了解学校关于博士毕业和取得学位的相关要求,相关规定和科研量化指标被告也通过学生手册和官网的方式予以周知。经济学院的科研量化指标体系是上海大学科研量化考核体系的一部分,通过学校统一向学生公布,在该专业就读的学生理应符合该专业的论文发表要求。原告发表论文数量不符合经济学院的科研量化考核要求,只发表了一篇核心期刊论文,不符合三篇的要求。同时,原告发表的论文也不符合学校的科研量化指标要求,与原告的博士学位论文没有相关性,商法年刊的论文不属于会议论文。被告收到原告的申请材料后,由经济学科的学位评定分委员会予以审查,审查后认为原告不符合博士学位申请条件,遂对原告申请予以驳回。根据被告关于学位评定分委员会及秘书的职责相关规定,通过学位评定分委员会秘书微信对原告告知,属于合法告知,其后也对原告进行了面谈告知。被告认为,对申请的形式要件是否符合规定,无需开会表决,只有审查接受学位申请后,才进入下一步的审核评定程序。故被告未组织学位评定委员会对原告的博士学位申请予以审核评定,符合学校惯例和相关规定。关于答辩委员会作出的"建议授予博士学位",只是建议,是否接受,由被告和学位评定委员会予以审查判断。另外,原告明知其论文发表数量不符合要求,也向被告申请延期申请博士学位,被告并未最终作出结论,原告依旧可以在论文发表符合要求的情况下,要求被告组织审核评定。在最终审核评定未作出之前,原告提起本案诉讼没有意义。综上,原告不符合博士学位申请条件,被告并不存在不履行法定职责的情形。请求法院依法驳回原告的诉讼请求。

一审法院经审理查明,2014 年 9 月,原告柴某某进入被告上海大学应用经济学(法律金融学)专业就读,攻读法律金融学博士学位。2017 年 12 月 9 日,被告组织博士论文答辩,原告持博士学位论文《中国农地信托构造研究》参加答辩。答辩当日,原告向被告学位评定委员会提交书面申请称,因科研不达标,要求准予其暂缓申请博士学位。同日,原告以 5 票通过 0 票反对,通过答辩。随后,被告向原告颁发了落款日期为 2017 年 12 月 9 日的《博士研究生毕业证书》,证书载明:原告于2014 年 9 月至 2017 年 12 月在应用经济学(法律金融学)专业学习,修完博士研究生培养计划规定的全部课程,成绩合格,毕业论文答辩通过,准予毕业。同年 12 月11 日,被告上海大学经济学院研究生办公室盖章出具成绩单,载明原告柴某某的博士学位论文答辩结果为建议授予博士学位。2018 年 11 月 28 日,原告柴某某向被告上海大学学位评定委员会递交了博士学位申请书及相关材料,包括博士学位论文纸质版、成绩单、论文中英文摘要、照片和已经发表的两篇论文。被告收悉后,经济学科学位评定分委员会秘书(兼经济学院秘书,以下以学院秘书指代)陈某某于 2018 年 12 月 5 日通过微信告知原告,因其发表的论文数量不符合经济学院科研量化考核指标,故其博士学位申请不符合要求。之后,被告对原告的博士学位申请未组织学位评定委员会进行审核评定,也未出具任何书面决定。原告不服,遂涉诉。

另查明,《上海大学关于研究生学位授予科研成果量化指标体系的规定》及附件规定,文学、历史学、管理学、法学等的科研量化指标为:(1)申请人在国内外核心期刊或全国性学术会议上正式发表 2 篇与学位论文有关的学术论文,作者排序:第一作者或者除导师以外的第一排序署名,其中至少有 1 篇论文是第一作者;(2)申请人一般应在国内外核心期刊上发表与学位有关的论文 1 篇(作者排序要求同上),并有 1 项经省部级以上(含省部级)主持鉴定、验收的科研成果,研究者排序:前三名;(3)参加专著或教材编著,并正式出版,其字数不得少于十五万字(编著者排序要求同学术论文要求)。以上条件只需符合 1 项即可。

《应用经济学博士研究生科研量化考核办法》(2013 年 4 月修订)规定,本学科博士研究生在举行学位论文答辩时,应已发表(含录用)与学位论文研究相关的研究论文,量化要求为:1 篇一级论文,或者 2 篇二级论文,或者 1 篇二级论文和 2 篇三级论文。对一级、二级、三级论文进行了明确,并列举了期刊名录。此后,经济学院发布《上海大学经济学院研究生学位授予科研量化指标》(2014 年版)规定,本学科博士研究生在举行学位论文答辩时,应已发表(含录用)与学位论文研究相关的研究论文(CSSCI/SSCI/SCI 期刊),量化要求为:一级 B 及以上期刊论文 1 篇,或二级(A、B)期刊论文 2 篇,或二级(A、B)期刊 1 篇和三级期刊论文 2 篇,并在附件中将论文分级进行明确。庭审中,被告称上述两个量化要求一致,经法院核对,量化要求基本一致,但列明的各个级别的期刊名录略有不同,原告发表的两篇论文不符合上述两个量化要求。根据《上海大学关于研究生学位授予科研成果量化指标体系的规定》的相关规定,学校规定部分学科能够另行制定科研量化指标的主体是学位评定分委员会,而非二级学院。鉴于本案中经济学院和应用经济学关于科研量化指标的规定基本一致,后文阐述对此不作区分,以经济学院的科研量化指标统一指代。

原告柴某某向被告上海大学申请博士学位时,作为科研成果提交的论文为:(1)《寿险核保期被保险人意外身故法律问题研究》,载于《大连理工大学学报(社会科学版)》(2017 年第 2 期第 38 卷);(2)《私法自治与民商主体制度的重构——从小商贩与城管的矛盾冲突谈起》,载于《中国商法年刊》(2015 年),法律出版社出版。被告认可原告论文一发表于核心期刊,属于经济学院科研量化指标中的三级论文,论文二不属于经济学院规定的论文类型范围,故原告的论文发表数量不符合经济学院的科研量化指标。

再查明,《上海大学关于研究生学位授予科研成果量化指标体系的规定》(2004年版本)第一点规定博士学位申请者在学习期间必须有公开发表的论文或取得经过鉴定的科研成果,具体要求见附件《上海大学研究生学位授予科研成果量化指标》,附录说明 5 载明文科中的美术学研究生学位的标准另定。《上海大学关于研究生学位授予科研成果量化指标体系的规定》(2018 年 7 月修订)第一点规定,为保证毕业研究生学位授予的质量,上海大学博士、硕士学位申请者,在学习期间必须有公开发表的论文,或取得经过鉴定的科研成果,博士具体要求见附件《上海大学博士学位授予科研成果量化指标》,硕士不再统一要求,由学位评定分委员会确定。《上海大学博士学位授予科研成果量化指标》附录说明 4 载明,艺术类学位科研成果量化指标的标准由学位评定分委员会制订。

又查明,原告柴某某在 2018 年 11 月 28 日向被告上海大学提出博士学位申请前后,还曾向被告时任校长金某寒邮寄了三封信,对被告通过设置核心期刊论文发表数量来提高获取博士学位门槛的做法表示不满,希望被告对原告诉求予以研究,并妥善处理。原告还于 2018 年 12 月 3 日通过电子邮件方式,向被告信访机构发送信访材料,要求被告对原告的博士学位申请事宜进行研究处理。2018 年 12 月11 日,被告相关人员与原告就原告学位问题进行面谈,原告在面谈记录尾部书写"双方对法律、经济学院内部文件有效性存在较大分歧"并签名。

还查明,被告上海大学于 2019 年 12 月组织学位评定委员会对原告的博士学位申请进行了审核评定,审核评定结果为不同意授予原告博士学位。

审 判

一审法院经审理后认为,本案的争议焦点主要是:第一,就被告以原告发表论文的数量未达到经济学院的科研量化指标为由,对原告的博士学位申请不予组织审核评定,且以微信的方式告知,其行为是否符合相关规定;第二,关于原、被告争议的学校科研标准和学院科研标准的问题。

关于第一个争议焦点。第一,根据《学位条例》第六条和《暂行办法》第二十五条的规定,被告上海大学作为博士学位授予单位有权制定博士学位授予的相关细则。《上大学位实施细则》相关条款对博士学位授予条件进行了限定,规定了学位授予的申请程序、博士学位审批、不授予学位的情形,来源于上位法的授权,并未违反《学位条例》和《暂行办法》的规定。《学位条例》第六条对"学术水平"的界定比较原则,上海大学将学术水平的衡量标准通过科研成果量化指标予以具体化,并未违反《学位条例》第六条关于授予博士学位条件的相关规定。原告关于被告将科研量化指标作为申请学位的申请要件属于突破上位法规定,应属违法的主张,缺乏依据,法院不予采纳。第二,根据上位法和被告相关规定,原告的博士学位申请材料应当由所属学科的学位评定分委员会进行审查。《学位条例》第十条、《暂行办法》第十条、第十八条、第十九条及《上大学位实施细则》第十三条、第二十四条规定,学位评定委员会根据授予学位权限,在规定期限内具有履行审查通过接受申请博士学位的人员名单的相关职责。学位评定分委员会协助学位评定委员会工作,负责审查学位申请材料是否符合规定。本案中,除原、被告争议的科研成果是否达标的问题外,原告在规定的期限内提交了全部申请材料,被告未出具证据证明学位评定分委员会曾就原告的博士学位申请材料进行过审查,不能证明被告的程序正当性。第三,学院秘书通过微信向原告告知,不能当然视为学位评定分委员会履职的行为。《上海大学学位评定委员会章程》《上海大学经济学科学位评定分委员会工作章程》规定,学位评定委员会下设若干学位评定分委员会,学位评定分委员会设秘书一人,协助学位评定分委员会主席处理日常工作。上述规定将学院秘书在学位授予工作中的职责限定于协助主席工作。学院秘书的行为是否可视为学位评定分委员会的履职行为,应结合上述规定对秘书协助开展相关工作的性质予以认定。学院秘书对明显不符合申请材料形式要件的,可以通过简便方式告知申请人补充相关材料。但本案中,原告向被告提交的申请材料中所涉已发表 2 篇论文,一篇刊载于核心期刊(属于经济学院指标中的三级论文),一篇是会议论文(不属于经济学院指标中的任何论文级别),已符合学校科研标准关于 2 篇核心期刊或者全国性会议论文的数量要求,但不符合经济学院科研量化指标中关于 2 篇三级论文和 1 篇二级论文的数量要求。原、被告对应当适用学校科研标准还是学院科研标准存有争议,该争议的判断结论不仅会影响申请材料是否完备的审查定性,更关乎学生的重大权利义务,显然不宜直接由学院秘书予以决定,也不能当然视为学位评定分委员会的履职行为。

关于第二个争议焦点。《上大学位实施细则》规定,对博士学位申请者的科研成果应当符合《上海大学研究生学位授予科研成果量化指标》,该量化指标是上海大学校级层面的规定。该校级科研量化指标 2004 年版本仅规定"文科中的美术学研究生学位"可以另行制定标准。2018 年版本仅说明"硕士不再统一要求,由学位评定分委员会确定","艺术类学位科研成果量化指标的标准由学位评定分委员会制订"。由此可见,上海大学并未将经济学院应用经济学学科纳入另行制定科研成果量化指标的学科范围。经济学院的科研量化指标规定的论文发表载体和数量与学校规定不相一致,并非对学校规定的简单细化,而是重新定义。学位的授予与否关涉学生重大切身利益,经济学院的相关规定并不能如被告所称通过事先告知的方式,当然上升为校级规定。法院还认为,在不违反上位法的前提下,高校对博士学位申请者的学术衡量标准有自主自治的权力,可以设置相关规范,但设定的规则应当被严格遵守,以防止学术评价标准上的混乱。各学科标准高于或低于学校标准,应在学校规定中予以体现,高校在学位授予方面的程序规制并未否定各学科制定具有本学科特点科研标准的自主性。

综上,一审法院认为,在原、被告对学院科研标准和学校科研标准存有争议的情况下,被告上海大学仅通过学院秘书以微信告知的方式驳回原告的博士学位申请,缺乏事实和法律依据,属于未履行法定职责的行为,依法应予纠正。在本案审理过程中,原、被告确认被告已于 2019 年 12 月对原告的博士学位申请组织学位评定委员会进行了审核评定,并出具了评定结论。经法院释明,原告不撤回本案起诉。

一审法院依照《中华人民共和国行政诉讼法》第七十四条第二款第二项、《最高人民法院关于适用〈中华人民共和国行政诉讼法〉的解释》第八十一条第四款之规定,判决确认被告上海大学对原告柴某某提交的博士学位申请未组织学校学位评定委员会予以审核评定的行为违法。

一审判决后,双方均未提起上诉。一审判决已生效。

点 评

本案的争议焦点主要是:第一,就被告以原告发表论文的数量未达到经济学院的科研量化指标为由,对原告的博士学位申请不予组织审核评定,且以微信的方式告知,其行为是否符合相关规定;第二,关于原被告争议的应适用学校科研标准和学院科研标准的问题。

法院认为,根据相关规定被告上海大学作为博士学位授予单位有权制定博士学位授予的相关细则将学术水平的衡量标准通过科研成果量化指标予以具体化,但本案中被告未出具证据证明学位评定分委员会曾就原告的博士学位申请材料进行过审查,不能证明被告的程序正当性。此外,关于原被告争议的学校科研标准和学院科研标准的问题,法院认为,在不违反上位法的前提下,高校对博士学位申请者的学术衡量标准有自主自治的权力,此属高校学术自治的范畴。

本案中,原告向被告提交的申请材料中所涉已发表 2 篇论文,一篇刊载于核心期刊(属于经济学院指标中的三级论文),一篇是会议论文(不属于经济学院指标中的任何论文级别),已符合学校科研标准关于 2 篇核心期刊或者全国性会议论文的数量要求,但不符合经济学院科研量化指标中关于 2 篇三级论文和 1 篇二级论文的数量要求。在原被告对学院科研标准和学校科研标准存有争议的情况下,被告仅通过学院秘书以微信告知的方式驳回原告的博士学位申请,缺乏事实和法律依据,属于未履行法定职责的行为,依法应予纠正。

本案系博士学位申请人要求高校履行组织学位审核评定的履职类案件,在司法实践中对此类案件的司法审查尺度需要审慎把握,严格高校程序规制与尊重高校自主自治并不矛盾。本案在肯定高校自治的前提下,对高校申请学位及学位授予方面进行了程序规制,体现了人民法院在审理高校学位评定案件中的有益探索。

案例提供单位:浦东新区人民法院

编写人:孙忠耘　郭寒娟

点评人:张淑芳

73. 何某不服上海市公安局黄浦分局交通警察支队交通行政处罚案

——声呐探测电子证据的属性及其审查方式的特殊性

案　情

原告(上诉人)何某

被告(被上诉人)上海市公安局黄浦分局交通警察支队

2018年5月12日18时02分,原告何某驾驶车辆牌号为沪BQV×××的小型轿车在上海市徐家汇路近蒙自路路段实施了鸣喇叭的行为,该行为被电子监控设备予以记录。同年6月30日,原告何某前往被告上海市公安局黄浦分局交通警察支队(以下简称黄浦交警支队)处理上述事项,被告黄浦交警支队向原告何某作出《交通违法行为处罚事先告知书/确认单》,对原告何某进行处罚事先告知,原告何某在申辩、陈述内容项下的"你对由本部门实施处罚是否有异议"及"你对实施本起违法行为是否有异议"栏内均勾选"无异议",并签署本人姓名。同日,被告黄浦交警支队作出编号为 310101-1850605020 的《公安交通管理简易程序处罚决定书》,主要内容为:原告何某于2018年5月12日18时02分,驾驶车辆牌号为沪BQV×××的小型轿车在本市徐家汇路近蒙自路路段实施在禁止鸣喇叭的区域或者路段鸣喇叭的违法行为(代码10480),违反《中华人民共和国道路交通安全法实施条例》第六十二条第八项之规定,依据《中华人民共和国道路交通安全法》第一百一十四条、第九十条的规定,决定予以人民币100元罚款。该处罚决定当场向原告何某送达。原告何某不服,遂诉至法院请求予以撤销。

原告何某诉称,2018年5月12日18时许,其驾驶小型轿车在徐家汇路由东向西行驶至蒙自路遇红灯停车时,收到上海交警短信通知,称"涉嫌鸣号违法",但原告在此时并无按喇叭鸣号的行为。5月12日当天,事发处摄像头上并未安装声呐设备,被告黄浦交警支队提供的照片缺乏真实性,照片中原告车辆上的椭圆形黄色标记系事后叠加,照片中的波段曲线图没有计量单位,没有图例说明,仅凭该照片无法证实违法行为的存在;被诉处罚决定程序违法。原告在收到违法告知短信后曾提出异议,但在现场处理时,却被告知如不在《交通违法行为处罚事先告知书/确认单》上勾选"无异议",将无法获得行政处罚决定书,故其勾选了"无异议",因此本案适用简易程序不当。

被告黄浦交警支队辩称,被诉处罚决定认定事实清楚。照片证据系违法鸣号电子监控设备系统自动生成,不存在人为事后添加因素。有关椭圆形黄色标记系系统自动标记发声点,波段曲线图亦是系统自动生成。该设备系统经过国家检验机关检验合格有效,2017 年起经市交警总队统一部署,在全市逐步推广设置。在事发当时是双杆设置,声呐设备并未安装在摄像头上,之后改进为单杆设置。该设备系统捕捉到违法鸣号行为后,均由市交警总队统一人工审查校准,最终确认违法行为。被诉处罚决定认定的违法事实能够成立;不存在原告所称若不在《交通违法行为处罚事先告知书/确认单》上勾选"无异议"就无法获取处罚决定书的事实,本案按照简易程序处理合法。

审 判

一审法院经审理后认为,根据被告黄浦交警支队提供的证据并结合其当庭陈述的相关技术分析,该设备投入使用前已经有关检测机构检测合格,从其设计原理及功能分析看,能对相关区域面积内的车辆鸣号予以定位抓拍,故被告黄浦交警支队依据该设备拍摄的照片认定原告何某存在违反交通法规的事实,并无不当。原告何某主张的意见,未能提供相应的证据予以证明,难以采信。被告黄浦交警支队在作出被诉处罚决定前履行了行政处罚事先告知程序,并将被诉处罚决定向原告何某进行送达,保障了其程序性权利。一审法院认为,原告提出要求撤销被诉处罚决定的诉讼请求缺乏事实和法律依据,依法应予驳回。据此,一审法院依照《中华人民共和国行政诉讼法》第六十九条的规定,判决驳回原告何某的诉讼请求。

一审判决后,原告不服,提起上诉。

二审法院经审理查明,确认一审法院认定的事实。

二审法院经审理后认为,本案争议焦点在于被诉处罚决定认定的违法鸣号行为是否成立及执法程序是否合法。

关于争议焦点一,被诉处罚决定认定的违法鸣号行为是否成立。

本案被告用以证明违法行为存在的证据具有特殊性。其形式上虽然主要由照片、《交通违法行为处罚事先告知书/确认单》、被诉处罚决定三项证据组成,但该照片的形成系由违法鸣号电子监控设备系统自动生成,该设备系统具有较专业的针对性和独特的证明效力。本案中被告提供的照片系证据的形式,而形成该照片的设备系统系证据的本质。照片系由设备系统自动生成,并不存在原告所称事后添加的因素,因此具有真实性、合法性和关联性,能够作为证明涉案违法行为的证据,原告对照片证据效力的异议不能成立。

同时,根据被告在原审和二审庭审中进行的解释说明,可以证明该套设备经过了一定的升级改造,在事发时为双杆设置,与摄像头分离,之后才改为设置在摄像头上,故原告以事发时摄像头上无声呐监控设备为由,否认该设备的客观存在,进而否定被诉处罚决定的合法性,明显依据不足。

法院经审查认为本案不存在涉案设备系统存在明显问题导致原告被错误处罚的有效证据,亦不存在行政机关滥用执法权等执法目的问题,被告的技术解释较为合理,原告的异议缺乏合理性,故法院对该设备系统的专业性予以尊重,原告否认违法行为存在的依据不足。

关于争议焦点二,被诉处罚决定的执法程序是否合法。

原告主张其至交警办案窗口现场办理时被告知如不勾选"无异议"将无法取得处罚决定书,其对违法行为的认定一直存在异议,不应适用简易程序。法院认为,交通违法处理程序分为简易程序和一般程序。简易程序一般适用于当场处罚情形,对于交通管理部门通过电子警察执法方式发现违法行为,违法行为人到交警窗口接受处理,并未提出异议的情形,事实上视作当场处罚,适用简易程序处理,符合电子警察执法方式的特点,并无不当。从法律规定而言,简易程序并不以被处罚人无异议为前提,即使违法行为人接受处理时提出异议,只要符合简易程序条件的,公安部门仍然可以适用简易程序,并作出处罚决定书,因此被诉处罚决定按照简易程序作出并无不当。

综上所述,被诉行政处罚决定认定事实清楚、适用法律正确、主要程序合法,上诉人何某的上诉理由不能成立。二审法院依照《中华人民共和国行政诉讼法》第八十九条第一款第一项之规定,判决驳回上诉人上诉,维持原判。

点 评

本案争议焦点在于被诉处罚决定认定的违法鸣号行为是否成立、执法程序是否合法。

本案中用以证明违法行为存在的照片系由违法鸣号电子监控设备系统自动生成,该套设备系统经过相关部门的检测认证,从技术手段上具有可信度且该套设备系统投入运行后未发现设备系统存在明显违反逻辑和科学性的情形。亦不存在行政机关滥用执法权等执法目的问题,故法院对该设备系统的专业性予以尊重,认为根据该套设备系统所捕捉到的上诉人的违法鸣号行为能够成立。

此外,对于交通管理部门通过电子警察执法方式发现违法行为,违法行为人到交警窗口接受处理,并未提出异议的情形,事实上视作当场处罚,适用简易程序处理。但从法律规定而言,简易程序并不以被处罚人无异议为前提,即使违法行为人接受处理时提出异议,只要符合简易程序条件的,公安部门仍然可以适用简易程序,因此被诉处罚决定按照简易程序作出并无不当。

本案系全国首例以"声呐探测电子设备"自动生成的电子证据为依据,对违法鸣号行为作出行政处罚所引发的行政诉讼。对电子警察执法方式下简易程序的运用等程序审查、电子证据的属性和实体审查方式方面具有典型意义。

案例提供单位:上海市高级人民法院

编写人:汤　军　王蜀莹

点评人:张淑芳

74. 上海蓝云环境服务管理有限公司 不服上海市宝山区人力资源和 社会保障局工伤认定案

——"主动放弃治疗"视同工伤的价值判断与裁判要素

案 情

原告(上诉人)上海蓝云环境服务管理有限公司

被告(被上诉人)上海市宝山区人力资源和社会保障局

第三人张某某

原告上海蓝云环境服务管理有限公司(以下简称蓝云公司)与郝某某于 2017 年 12 月 1 日签订《聘用协议》,郝某某自当日起在蓝云公司处从事保洁工作,约定劳动期限至 2020 年 11 月 30 日止。2018 年 12 月 5 日 16 时许,郝某某在蓝云公司处工作时突然晕倒,经单位同事拨打 120 急救电话,由救护车送往上海市同仁医院进行救治。2018 年 12 月 7 日,上海市同仁医院开具居民死亡医学证明书,宣布郝某某于 2018 年 12 月 7 日 14 时 08 分死亡,主要死亡原因:猝死(心源性可能)。2019 年 4 月 17 日,郝某某妻子即第三人张某某就郝某某上述事项向上海市宝山区人力资源和社会保障局(以下简称宝山人保局)提出工伤认定申请,宝山人保局作出认定工伤决定书并送达各方当事人。

原告蓝云公司不服,以郝某某妻子及其家属在医院救治和病情好转的情况下非法剥夺郝某某的生命权,郝某某的死亡不是因医院抢救无效的正常死亡,不应认定为工伤为由,起诉至浦东新区人民法院,请求判令撤销宝山人保局作出的认定工伤决定。

原告蓝云公司诉称,2018 年 12 月 5 日 16 时 30 分许,郝某某在原告处工作时突然晕倒,原告不惜一切代价对其进行了送医抢救,并垫付了所有医疗费用。在医院救治过程中,医生告知原告及郝某某家属,郝某某系心脏问题,与工作无关。在抢救过程中,郝某某病情出现好转,血清改善、血氧饱和度增加;后郝某某病情处于平稳,生命体征有所好转;12 月 7 日,郝某某家属突然冲入抢救室,强烈要求医生对郝某某拔管放弃治疗。原告工作人员看到郝某某身体特征有好转，劝其家属不能放弃治疗，郝某某妻子张某某强烈要求医生放弃治疗。后原告拨打 110 报警，民警到医院了解了相关情况，对郝某某要求医院放弃治疗，人为拔管一事予以记录。后值班医生根据医院规定，在郝某某家属签署了自愿放弃治疗的法律承诺文件书后放弃了对郝某某的治疗。原告认为，本案系郝某某妻子及其家属在医院救治和病情好转的情况下非法剥夺了郝某某的生命权，郝某某的死亡不是因医院抢救无效的正常死亡，而是其妻子和家属违法强制的行为造成的，是非因工死亡的行为。被诉认定工伤决定认定事实不清，适用法律错误，故诉请判决撤销被诉认定工伤决定。

被告宝山人保局辩称，郝某某的情形属于在工作时间和工作岗位，突发疾病在 48 小时内经抢救无效死亡。被诉认定工伤决定认定事实清楚，证据确凿，适用法律正确，程序合法，请求驳回原告诉讼请求。

第三人张某某述称，根据《工伤保险条例》第十五条第一项在工作时间和工作岗位上 48 小时内经抢救无效死亡的规定，如果在医疗机构已经无计可施，家属没有恶意伤害情形的情况下，放弃治疗在 48 小时内死亡的，可以视同工伤。郝某某在刚入院时的记录是死亡，其在医院抢救期间的病例显示是情况越来越差，放弃救助是医生的建议，符合视同工伤的情形，请求驳回原告的诉讼请求。

审 判

一审法院经审理后认为，根据《工伤保险条例》第十五条第一款第一项规定，在工作时间和工作岗位，突发疾病死亡或者在 48 小时内经抢救无效死亡的，视同工伤。本案中，根据宝山人保局提交的聘用协议、蓝云公司档案机读材料、郝某某病历资料、相关人员调查笔录及蓝云公司提交的上海市同仁医院门急诊就医记录册、110 接处警信息反馈单等证据，可以证明郝某某与蓝云公司之间存在劳动关系，其在工作时间和工作岗位上突发疾病在 48 小时内死亡的事实。各方当事人对上述事实无争议，争议焦点主要在于郝某某的死亡是否符合经抢救无效在 48 小时内死亡的条件。郝某某的情况符合《工伤保险条例》第十五条第一款第一项规定的视同工伤的条件。首先，郝某某是在工作时间和工作岗位上突发疾病；其次，以 2018 年 12 月 5 日 16 时 28 分上海市同仁医院初次诊断为突发疾病起算点，至医院经抢救无效宣布其于 2018 年 12 月 7 日 14 时 08 分死亡，符合经抢救无效在 48 小时内死亡的要件。故宝山人保局对郝某某的情形予以视同工伤，认定事实清楚，适用法律正确。原告要求撤销被诉认定工伤决定的诉讼请求缺乏充分的事实根据和法律依据，法院难以支持。

据此,一审法院依据《中华人民共和国行政诉讼法》第六十九条之规定,判决驳回原告蓝云公司的诉讼请求。

一审宣判后,原告不服,提起上诉。

二审法院经审理查明,确认一审法院认定的事实。

二审法院经审理后认为,本案争议焦点在于家属主动放弃治疗是否构成经抢救无效死亡。第一,关于举证责任。根据《工伤保险条例》第十九条第二款的规定,职工或者其直系亲属认为是工伤,用人单位不认为是工伤的,由用人单位承担举证责任。上诉人在工伤认定调查程序以及诉讼中提供的证据不足以推翻被上诉人认定的事实,应当承担举证不能的法律后果。第二,关于家属放弃治疗行为性质。对于郝某某应当采取何种治疗措施以及是否放弃治疗的决定权在郝某某家属,上诉人作为用人单位对此仅具有建议权,不具有决定权。医疗救治本身即存在诸多风险要素,具有高度不确定性,在郝某某多次被医院下病危通知、随时存在死亡风险、基本无治疗痊愈希望的情形下,其家属结合郝某某身体状况、病例记载及医生建议对风险进行合理评估,在不存在公安机关认定的违法犯罪行为且不存在主观故意、重大过错并愿意自担后果的情形下,家属作出的放弃治疗决定于法不悖,亦符合情理。家属对患者放弃治疗情形在医疗实践中亦属常见,无需苛责。第三,关于家属放弃治疗是否属于经抢救无效死亡。医生对郝某某采取何种治疗方式并不取决于其单方决定,对于抢救过程均有家属参与并需经其同意,故患者的医治效果本身即是医疗水平和设备、医生判断、家属建议共同作用的结果。本案中,在排除故意杀人、故意伤害等违法及违背伦理道德的情形下,一审法院关于家属放弃治疗亦可构成经抢救无效死亡并应予以认定工伤的观点,既符合《工伤保险条例》维护劳动者合法权益的立法目的,亦可减少因劳动者死亡无法认定工伤,继而无法获取工伤保险导致的一系列社会矛盾。故二审法院对一审法院裁判观点予以认可,对上诉人意见不予采纳。

综上,上诉人提出的上诉请求依据不足,二审法院难以支持。一审判决驳回上诉人的诉讼请求正确,应予维持。二审法院依照《中华人民共和国行政诉讼法》第八十九条第一款第一项之规定,判决驳回上诉,维持原判。

点 评

本案争议焦点主要在于家属主动放弃治疗是否符合《工伤保险条例》中规定的经抢救无效在 48 小时内死亡的条件。

首先,劳动者病情危急且持续处于危重状,继续实施抢救不具有改变死亡结果可能性的情况下,其家属选择放弃治疗,本质上系被动承认劳动者经抢救已无生还可能的事实,而非主动去改变抢救结果,其家属签字同意表示放弃抢救不影响经抢救无效死亡的认定。

其次,本案中不存在自杀、自残、醉酒、吸毒等《工伤保险条例》第十六条排除工伤认定的情形。其家属在跟医院多次交流后,在认为劳动者没有继续存活可能性的情况下,签字要求放弃治疗不属于主动拒绝治疗、侵害他人生命健康权的范畴,依法可享受工伤保险待遇。

最后,根据《工伤保险条例》第十九条第二款的规定,职工或者其直系亲属认为是工伤,用人单位不认为是工伤的,由用人单位承担举证责任。用人单位提交的现有证据,远不能证明劳动者家属存在违法强制剥夺劳动者生命权的事实,应当承担举证不能的法律后果。故法院认为在本案中家属放弃治疗亦可构成经抢救无效死亡并应予以认定工伤。

判断"主动放弃治疗"是否可以视同工伤需要从主客观要素进行综合判断。从客观要素来看,需从劳动者是否无继续存活可能性、医生是否进行合理化建议并释明、工作性质及内容与突发疾病是否具有关联性三个方面判断放弃治疗对于死亡结果的作用力。从主观要素来看,要排除家属存在故意、重大过失,家属与劳动者关系正常,放弃治疗时间具有一定合理性,综合判定家属放弃治疗的主观能动性,即是否构成善意,从而不具有可非难性。本案例对于今后此类案件的审理具有借鉴参考意义。

案例提供单位:上海市第一中级人民法院

编写人:刘　月

点评人:张淑芳

刑　事

75. 高洪等人组织卖淫、协助组织卖淫案

——组织卖淫与协助组织卖淫行为的辨析

案 情

公诉机关上海市人民检察院第二分院

被告人高洪

被告人(上诉人)何黎明

被告人(上诉人)汪治珍

被告人(上诉人)吴志国

被告人高洪为非法牟利,经与他人共谋后,在上海市徐汇区天钥桥路某体育场内注册成立"金宛会所",并于 2016 年 7 月起正式对外营业,由高洪担任总经理,何黎明、汪治珍、吴志国等人担任经理,以提供洗浴服务为幌子,通过招募卖淫女、招揽嫖客至该会所进行卖淫嫖娼,并雇用主管、领班、服务员等各级工作人员,对卖淫活动进行管理、控制。其中,高洪全面负责会所的整体运营,何黎明、汪治珍等经理负责会所的日常经营管理,吴志国参与后勤事务的管理。同年 10 月左右,郭玉彬经人介绍结识高洪,两人商定,由郭玉彬安排专门的团队负责为会所招揽接待嫖客、招募培训卖淫女,嫖资价格定为人民币 1 298 元、1 498 元、1 798 元、2 098 元、2 698 元、3 998 元等不同档次。会所经营期间,先后有近百名卖淫女在高洪、何黎明、汪治珍等人的管理和控制下进行卖淫活动。

2017 年 8 月 10 日,公安机关对"金宛会所"进行检查,当场查获数十名卖淫女及嫖客,抓获汪治珍等数十名涉案人员,在会所财务办公室等处缴获营业款人民币七百余万元、卖淫女账单、客服账单、POS 机、对讲机等大量书证、物证及电子数据。同时,公安人员还在上海市黄金城道某室抓获被告人高洪。

同年 8 月 24 日、9 月 28 日,公安人员分别在江苏省太仓市、射阳县抓获被告人何黎明、吴志国。

经司法会计鉴定,2016 年 7 月 1 日至 2017 年 8 月 9 日,"金宛会所"共计实现营业收入人民币 2.8 亿余元,营业利润人民币 1 亿余元,消费人数 13 万余人。

被告人高洪、何黎明、汪治珍到案后均如实供述了主要犯罪事实。

公诉机关认为,被告人高洪、何黎明、汪治珍、吴志国组织他人卖淫,情节严重,其行为均已触犯《中华人民共和国刑法》第三百五十八条,应当以组织卖淫罪分别追究刑事责任。

被告人高洪、何黎明、汪治珍对起诉指控的主要事实及罪名不持异议,辩解称到案后能如实供述自己的犯罪事实,且何黎明、汪治珍系从犯,请求对其从轻处罚。

被告人吴志国辩称其未参与过"金宛会所"的经营活动,并非会所的重要管理人员,在共同犯罪中的作用较小,其行为应构成协助组织卖淫罪或者组织卖淫罪的从犯,请求对其减轻处罚。

审 判

一审法院经审理后认为,被告人高洪、何黎明、汪治珍共同管理、控制近百人卖淫,其行为均已构成组织卖淫罪,且情节严重;被告人吴志国明知高洪等人组织他人卖淫仍予以协助,其行为已构成协助组织卖淫罪,且情节严重,对该四名被告人均应依法予以处罚。被告人高洪、何黎明、汪治珍到案后能如实供述主要犯罪事实,依法可以从轻处罚。

一审法院依照《中华人民共和国刑法》第三百五十八条、第二十五条第一款、第六十七条第三款、第五十六条第一款、第五十五条第一款、第六十四条以及《最高人民法院、最高人民检察院关于办理组织、强迫、引诱、容留、介绍卖淫刑事案件适用法律若干问题的解释》第一条、第二条、第五条、第十三条的规定,对被告人高洪犯组织卖淫罪,判处有期徒刑十五年,剥夺政治权利四年,罚金人民币一百万元;被告人何黎明犯组织卖淫罪,判处有期徒刑十二年,剥夺政治权利三年,罚金人民币五十万元;被告人汪治珍犯组织卖淫罪,判处有期徒刑十二年,剥夺政治权利三年,罚金人民币五十万元;被告人吴志国犯协助组织卖淫罪,判处有期徒刑九年,剥夺政治权利一年,罚金人民币五十万元;查获的违法所得、犯罪工具等予以没收。

一审宣判后,被告人高洪对原判的定罪量刑无异议;被告人何黎明、汪治珍、吴志国不服,提出上诉。

上诉人何黎明认为,其行为应构成协助组织卖淫罪,上诉人汪治珍认为其系组织卖淫罪的从犯,上诉人吴志国认为对其判决量刑过重。主要理由如下:(1)何黎明仅在职权范围内负责涉案会所日常工作,该行为应认定为协助组织卖淫罪。(2)汪治珍未参与对卖淫团队的管理和支配,应认定为组织卖淫罪的从犯。(3)吴志国未实质参与会所的管理活动,在协助组织卖淫活动中并非情节严重,判决量刑过重。

二审法院经审理后认为,上诉人何黎明、汪治珍、原审被告人高洪共同管理、控制近百人卖淫,其行为均已构成组织卖淫罪,且情节严重;上诉人吴志国明知高洪等人组织他人卖淫仍予以协助,其行为已构成协助组织卖淫罪,且情节严重。三名上诉人的上诉理由及其辩护人的相关辩护意见均不能成立。依照《中华人民共和国刑事诉讼法》第二百三十六条第一款第一项之规定,裁定驳回上诉,维持原判。

点 评

在涉案人数多、涉案金额高的组织卖淫案件中,对于参与犯罪的共同犯罪人行为性质、作用大小的认定至关重要,本案进一步厘清"组织"和"协助组织"的认定边界,为类似案件提供了参考和指引。

一是从组织卖淫与协助卖淫的定性上区分。组织卖淫是指以招募、雇佣、纠集等手段,管理或控制他人卖淫的行为,其特点体现在对卖淫人员和卖淫行为的管理和控制上,与卖淫行为具有实质上、核心性的关联;而协助卖淫是为组织卖淫的人招募、运送人员或充当保镖、打手、管账人等协助组织他人卖淫行为,其特点体现在协助、帮助上,与卖淫行为仅具有形式上、外围性的关联。前者是犯罪分子通过一定手段直接影响卖淫活动,主从犯的区分在于组织或控制的程度。后者是犯罪分子通过配套措施间接促进卖淫活动进行,行为人仅对组织卖淫活动提供了帮助作用,即为组织卖淫罪行为人的帮助犯,是帮助犯的正犯化。由于立法单独将其列出,构成独立罪名,因而依照罪刑法定原则,不再视为一般共同犯罪中的帮助行为,从而明确区分为两罪。

二是从组织卖淫从犯与协助卖淫上进行界定。组织卖淫罪的从犯在参与管理、控制他人卖淫活动中发挥了辅助或次要作用,但其行为性质仍是组织行为;而协助组织卖淫罪,是在有组织的卖淫活动中,听命于组织者,不仅不具有管理或控制行为,更不对卖淫活动起主导作用,其行为性质与组织行为无关。

三是从案件事实和证据上来判断。具体到本案中,何黎明和汪治珍直接负责卖淫场所的日常经营管理,承担布置、安排、汇报、请示等工作任务,行为方式均是对卖淫场所经营、管理的参与和对卖淫人员的管理、调配、安排,符合组织卖淫罪要求的"具体管理、控制作用"。吴志国负责卖淫场所的后勤管理工作,承担食堂管理、工程部管理、物业协调等工作任务,这与"管理或者控制他人卖淫"性质的行为并不一致,属于协助、服务于组织卖淫的犯罪行为,认定为协助组织卖淫罪是于法有据的。

案例提供单位:上海市第二中级人民法院

编写人:夏　菁

点评人:张　栋

76. 李宇杰等诈骗、虚假诉讼案

——虚假诉讼型诈骗的审查与认定

案 情

公诉机关上海市黄浦区人民检察院

被告人李宇杰

被告人赵春玲

被告人李宇杰之母黄某原系黄某章、仇某娟夫妇的养女，双方于 1987 年解除收养关系。2000 年，黄某章夫妇购买位于上海市徐汇区清真路的房屋一套，产权登记为黄某章夫妇和被告人李宇杰共同共有。后黄某于 2011 年去世，仇某娟于 2014 年去世。

2018 年，被告人李宇杰因欠高额债务无力偿还，遂起意将上述房产登记到自己一人名下后用于抵押贷款。因当时黄某章尚健在，被告人李宇杰遂通过他人伪造死亡证明、户籍信息、亲属关系证明等材料，捏造黄某章已于 2016 年去世的事实，以虚构的"黄某章的女儿黄骅"为被告，向上海市黄浦区人民法院提起法定继承纠纷的民事诉讼，要求继承系争房屋中黄某章夫妇的份额。后法院组织双方调解，被告人赵春玲受他人贿买而以被告黄骅的身份应诉，与被告人李宇杰一同参与调解过程，并作出愿意放弃系争房屋继承权的虚假陈述。法院根据双方调解协议出具民事调解书，确认系争房屋中黄某章夫妇的份额由李宇杰继承所有。其后，被告人李宇杰据此民事调解书将清真路房屋登记到自己一人名下（此时该房屋市场价值为人民币 775 万元），并用于向他人抵押借款。

案发后，上海市黄浦区人民法院认为上述民事调解书确有错误，经再审，于 2019 年 10 月 22 日裁定撤销该民事调解书。

公诉机关上海市黄浦区人民检察院指控，被告人李宇杰为偿还欠债，于 2018 年 10 月 23 日向上海市黄浦区人民法院提起虚假法定继承民事诉讼案，递交虚假证明材料，并伙同被告人赵春玲前往法院参与民事调解，捏造被害人黄某章已经死亡、黄某章的其他法定继承人放弃继承等事实，致使黄浦区人民法院于 2018 年 11 月 3 日出具民事调解书，确认系争的清真路某室房产由李宇杰继承。被告人李宇杰将上述房产变更登记为其自己单独所有后，将该套房产予以抵押，并将抵押得款用于还款及花用。公诉机关认为,被告人李宇杰犯诈骗罪、被告人赵春玲犯虚假诉讼罪。被告人李宇杰在虚假诉讼罪中起主要作用,系主犯;被告人赵春玲在虚假诉讼罪中作用较小,系从犯。

被告人李宇杰及其辩护人对指控的事实不持异议。但被告人李宇杰辩称其没有非法占有黄某章房产的故意,其主观上始终认为自己是黄某章的外孙,是唯一法定继承人,并不知道母亲黄某已与黄某章夫妇解除收养关系。被告人李宇杰的辩护人认为:第一,被告人李宇杰不明知自己的母亲已与被害人黄某章解除收养关系,故其主观故意有别于恶意侵占他人财产。第二,被告人李宇杰受高利贷者胁迫,在无助的情况下只得听从高利贷者安排进行虚假诉讼,且抵押房产所得的绝大多数钱款均被高利贷者获取,因此被告人李宇杰处于胁从地位。第三,被告人李宇杰系初犯、偶犯,到案后能如实供述、认罪悔罪,故建议对其从轻处罚。

被告人赵春玲及其辩护人对指控的事实不持异议。其辩护人提出,赵春玲犯罪的主观恶性较轻,且系从犯,到案后能如实供述罪行且愿意退赔违法所得,故建议对其从轻处罚并宣告缓刑。

审 判

一审法院经审理后认为,被告人李宇杰、赵春玲共同实施以捏造的事实提起民事诉讼、妨害司法秩序、严重侵害他人合法权益的行为,均构成犯罪。其中,被告人李宇杰以非法占有为目的,通过向法院提起虚假诉讼的手段骗取他人财物,数额特别巨大,其行为构成诈骗罪;被告人赵春玲的行为构成虚假诉讼罪。两被告人的虚假诉讼行为成立共同犯罪。在共同犯罪中两被告人均起主要作用,无主从犯之分。对于被告人李宇杰称其不知母亲已与黄某章夫妇解除收养关系的辩解,法院认为被告人提起虚假诉讼时,黄某章尚健在,其财产权受法律保护,与被告人是否有继承权无关。对于辩护人提出的被告人李宇杰处于胁从地位的辩护意见,法院认为虽不排除被告人李宇杰受他人指使产生犯意的可能性,但骗取房产以偿还债款确为其本人意愿,提起虚假民事诉讼也是其主动行为,故不应认定其处于胁从地位。

据此,一审法院依法判决,被告人李宇杰犯诈骗罪,判处有期徒刑十二年,剥夺政治权利二年,并处罚金人民币十万元;被告人赵春玲犯虚假诉讼罪,判处有期徒刑一年,并处罚金五千元;责令被告人李宇杰退赔违法所得,即上海市徐汇区清真路房屋产权中应属被害人黄某章所有的份额,返还给黄某章的法定继承人;责令被告人赵春玲退赔违法所得人民币三千元,予以没收。

一审判决后,被告人未提出上诉,公诉机关亦未提出抗诉。一审判决已发生法律效力。

点 评

本案是一起串通型虚假民事诉讼入刑案件,其难点和关键点在于罪、责、刑的确定。

第一,罪名确定。

首先,关于盗窃罪和虚假诉讼罪(特定类型的诈骗罪)的区分。本案中被告人李宇杰通过完全虚构的借款合同,向法院提起虚假诉讼来获取他人财物,其虚假诉讼罪的认定于法有据。而被告人李宇杰再通过法院出具的民事调解书将涉案房屋登记至自己一人名下的行为应当归于盗窃罪还是特定类型的诈骗罪,则需要对其侵害法益、犯罪手段进行考究。在盗窃罪与特定类型的诈骗罪的区分上,关键在于犯罪手段和财产处置行为的认定,核心是确定被害人是谁以及被害人有无自愿交付的行为。本案中的虚假诉讼行为系三角诈骗犯罪模式,被害人不知情不影响诈骗罪的成立,属于被骗人基于错误认知而处分了被害人财产的情形,因此可排除盗窃罪。

其次,在三角诈骗犯罪模式中,要特别注意被骗人的权限大小问题。如果被骗人具有处分被害人财物的权限的,则成立三角诈骗。反之,如果被骗人不具有处分被害人财物的权限的,则应当认为被骗人只具有工具价值,属于间接正犯中的"工具人"地位,则行为人应当认为盗窃罪。具体到本案中,法院和不动产权登记机关可能都处于被骗人的地位,但两者的处分权限却有所不同。法院调解书具有实质性决定财物处分方式的权限,《民法典》第二百二十九条规定:"因人民法院、仲裁机构的法律文书或者人民政府的征收决定等,导致物权设立、变更、转让或者消灭的,自法律文书或征收决定等生效时发生效力。"也就是说,法院的权限属于"实质性处分",而不动产登记机关则属于"形式性处分"。将法院视为被骗人,仍然可以适用诈骗罪的三角诈骗理论,但是如果将不动产登记机关也视为被骗人,则可能要适用盗窃罪的间接正犯理论,进而引起罪名认定上的不必要争议。因此,是否将不动产登记机关视为被骗人,可能在实务操作中需要进行技术性处理。特别是在理论上一般认为侵财类犯罪中的占有分为物理占有和观念占有,两者都成立占有。但是在实务中,要实现物理占有有时需要在实现观念占有后进行必要的后续行为,这是因为在实务中一些单纯的观念占有不被相关单位承认或者在办理相关手续中会陷入被动。具体到本案中,虽然从《民法典》的角度,行为人在虚假诉讼行为后获得调解书已经实现了观念占有,但是要完成银行的房产抵押手续,仍需通过不动产登记机关的变更登记才能实现物理占有进而完全地实现其犯罪目的。因此,从这个角度来说,本案在盗窃罪和诈骗罪的区分上是较复杂的,这也是刑民交叉问题的困难所在,两者交织糅杂在一起时,需要实现刑事定性和民事判断之间的平衡。

再者,在合同诈骗与诈骗罪的区分上,关键在于侵害法益的认定,实践中要注重把握合同的"形"与"实",不能有合同存在就认定为合同诈骗罪。如果合同只是用以包装掩饰普通诈骗行为的,则不宜认定为合同诈骗。合同诈骗罪保护的法益除了财产法益,更主要的是市场交易秩序和国家合同管理制度。本案虚构借款合同进行诉讼,再通过民事调解书变更房屋权属,其行为目的和实际法益侵害是针对司法秩序以及他人私有财产的侵害,并非是对市场经济秩序、合同管理秩序的破坏,因此可排除合同诈骗罪。同时,需要注意的是,在特定案件中,以实质被害人或者法律被害人理论而认定合同诈骗罪在刑法理论上是不存在异议的,但是这样的认定方式对后续法院的执行工作可能会造成不必要的麻烦,特别是涉及盗赃物不适用善意取得的适用等,应当考虑其中的诉讼效率问题。

第二,共同犯罪认定以及共同犯罪参与程度确定。根据共同犯罪的理论学说,只有行为人在主观上意识到自己正在进行共同犯罪行为,与其他行为人之间存在犯意联络,才能成立虚假诉讼罪的共同犯罪。本案中两被告人的恶意串通是在犯意联络下相互配合,因此对被告人赵春玲定性为虚假诉讼罪并无异议。至于赵春玲在共同犯罪中作用的大小,虽然是被动参与犯罪,但其虚假陈述行为是法院错误裁判这一犯罪后果发生的主要原因,因而在共同犯罪中起主要作用,属于主犯。没有赵春玲的密切配合,李宇杰的行为无法单独完成。从犯一般应当是盗窃行为中望风类的角色,有没有从犯的帮助都不影响主犯行为的成立。

被告人李宇杰虽然声称其受高利贷主胁迫,但胁从犯规定在我国《刑法》"共同犯罪"一节之下,应属于独立共犯的类型。所以,有关胁从犯刑罚的减免规定必须以构成共同犯罪为前提,对于存在胁迫事实但并非共同犯罪的情况,不能以胁从犯条款直接适用,因此本案中被告人李宇杰不构成胁从犯。

第三,退赔责任确定。共同犯罪中被告人就共同犯罪部分承担责任,重合范围之外的罪责刑应由各人自负其责。基于此,两被告人就其虚假诉讼罪的共同犯罪承担刑事责任,而对于被告人赵春玲来说,其并不与被告人李宇杰后续实施的诈骗罪有犯罪共谋的故意,因而也就不对房产损失部分承担刑事责任。

案例提供单位:上海市黄浦区人民法院

编写人:高瑜泠

点评人:张　栋

77. 柯学成侵犯公民个人信息案

——传播售卖未公开房源信息是否构成侵犯公民个人信息罪

案 情

公诉机关上海市金山区人民检察院

被告人柯学成

2016 年 1 月至 2017 年 10 月期间,被告人柯学成创建及经营管理"房利帮"网站,主要通过从房产中介人员处有偿获取上海市二手房出租、出售房源信息,或者安排公司员工从微信群、其他网站等获取部分房源信息,并对信息的准确性进行核实后,将房源信息以会员套餐方式提供给"房利帮"网站会员付费查询使用,并以此获利。房产中介人员向"房利帮"网站上传房源信息时未事先取得信息权利人即房东的同意及授权,被告人柯学成在获取房源信息时也未对信息的合法性进行审查,并在安排公司员工通过电话向房东核实信息过程中,存在冒充其他中介进行核实的情况,未如实告知"房利帮"网站的真实身份及使用信息的方式、目的等并取得房东的同意、授权。至案发,被告人柯学成共获取房源信息 30 余万条,并通过收取会员套餐费方式获利人民币 150 余万元。涉案房源信息包括房东联系方式、房源具体地址、门牌号码、房屋出售、出租价格等信息,部分信息含有房东姓氏或姓名。

2017 年 10 月 19 日,被告人柯学成被公安机关抓获,到案后如实供述了上述主要事实。

公诉机关认为,被告人柯学成违反国家有关规定,非法获取公民个人信息并向他人出售,情节特别严重,犯罪事实清楚,证据确实、充分,应当以侵犯公民个人信息罪追究其刑事责任。

被告人柯学成对起诉指控的主要事实不持异议,但辩称:(1)房源信息没有房东的姓名,无法确定到具体的公民,不属于公民个人信息;(2)"房利帮"网站房源信息来源包括房产中介人员及房东上传,且网站以用户协议方式要求注册用户上传的房源信息必须合法,如涉及他人信息则需经过他人委托;(3)"房利帮"网站没有规避审查义务,会安排员工核实房源信息真实性;(4)"房利帮"网站对房源信息的使用是为了促进房产交易,房产中介人员购买会员套餐后可以匹配合适的房源信息。

被告人柯学成的辩护人认为其行为不构成犯罪：（1）事实方面，起诉书未能全面、客观认定案件事实，包括起诉指控被告人柯学成"规避审查义务"没有证据支持，也没有指出审查义务来源；起诉指控"直接从房产中介人员处收购房源信息"与在案证据不符，"房利帮"网站房源信息来源包括中介人员、房东及公司员工上传；起诉指控套取房主准确房源地址、联系电话未能得到证据印证，实际情况为核实房源信息的真伪；起诉指控"包月价格打包出售"无法得到证据证实，实际情况为"房利帮"网站将经过核实的房源信息，结合电话费整合成套餐，中介人员购买套餐后可享有免费查看相应房源信息及拨打电话的权利等；（2）实体方面，房利帮的行为没有违反国家有关规定，所涉及信息属于房源信息，没有房主姓名，不具有特定自然人识别性，不属于刑法规定的公民个人信息；房源信息系房主主动向市场公开的信息，在案证据显示大多数房主愿意公开，故不宜对收集后出售或者提供的行为要求二次授权，不应认为行为人出售或者提供公民个人信息的行为系违反国家有关规定；（3）证据方面，本案证据不足，没有被害人陈述，也没有其他证据证明侵犯公民个人信息的危害后果的发生；（4）本案"房利帮"商业模式是一种信息创新，其他房产电商网站也存在相同商业模式，本案一旦定罪，将具有示范效应。

审 判

一审法院经审理后认为，本案的焦点在于：

第一，关于涉案房源信息是否属于公民个人信息的问题。本案中，涉案房源信息包含房东联系方式、具体房产地址、门牌号码等信息，且部分房源信息包含房东姓名或姓氏，能够单独或者与其他信息结合识别特定自然人身份，属于公民个人信息。

第二，关于涉案房源信息是否属于公开信息的问题。涉案房源信息由房东挂牌至房产中介门店，其仅向特定范围公开，或即使通过公开网站发布，也只公开非重要、敏感信息，且房东公开目的仅为促成房产交易。因此，房源信息不属于向社会公开的信息。

第三，关于被告人柯学成的行为是否构成侵犯公民个人信息罪的问题。首先，被告人柯学成的行为侵犯了房东的公民个人信息权利。房源信息经"房利帮"网站发布后，导致房东的房源信息由特定范围公开转变为向全社会公开，由公开非重要、敏感信息转变为公开全部隐私信息，侵害了房东的隐私及生活安宁，极易被不法分子利用从而造成房东相关人身、财产权益受到侵害。其次，被告人柯学成的行为未经房东授权、同意，未尽审查义务。"房利帮"网站作为网络运营者应对获取的房源信息合法性进行审查，但其未尽审查义务，并在核实房源信息时冒充其他房产中介身份欺骗房东,在未取得房东授权、同意的情况下将房源信息对外出售。最后,被告人柯学成的行为本质上属于非法买卖房源信息牟利行为。"房利帮"网站并非专业房产中介机构,且获取房源信息并非为了促进房产交易,而系将房源信息作为商品用于出售牟利,与房东发布房源信息的目的相悖。

综上,被告人柯学成在未取得信息权利人同意及授权的前提下,在网站上公开房源信息,使信息陷入失控及泄露风险,并从中获取巨额违法所得,其行为违反国家规定,侵犯公民个人信息权利,故被告人及其辩护人提出的相关辩解、辩护意见,与查明事实不符,法院不予采纳。被告人柯学成非法获取、出售公民个人信息,情节特别严重,其行为已构成侵犯公民个人信息罪。被告人柯学成到案后能如实供述自己主要犯罪事实,可以从轻处罚。综合本案犯罪事实、性质、情节及社会危害性,对被告人柯学成可适用缓刑。

一审法院依照《中华人民共和国刑法》第二百五十三条之一、第六十七条第三款、第七十二条第一款、第三款、第七十三条、第六十四条之规定,判决被告人柯学成犯侵犯公民个人信息罪,判处有期徒刑三年,缓刑四年,并处罚金人民币一百六十万元。

一审判决后,被告人柯学成未提起上诉,公诉机关没有抗诉,一审判决已经生效。

点 评

在大数据时代,数据成为信息的新型载体,但信息的集合与规模效应容易造成对公民个人信息的侵害,《刑法》第二百五十三条之一正是对侵犯公民个人信息罪的规制。2021 年全国人大常委会通过了《个人信息保护法》,该法是专门保护公民个人信息的法律,其通过和实施对完善公民个人信息保护法制体系具有重大意义。本案涉及对公民个人信息的侵害,核心在于罪与非罪的认定,这就需要明确把握侵犯公民个人信息罪的理论内涵。

首先,是对公民个人信息进行界定。现行法律对公民个人信息的定义聚焦于可识别性,在学理上,对公民个人信息的本质有三种不同学说,分别是关联说、隐私说、识别说。关联说关注信息与信息主体的关联属性,认为只要是与信息主体产生关联的信息,都属于个人信息的范畴。隐私说强调公民个人信息的私密性,即不被知晓的非公共信息都属于个人信息。识别说是指以单独存在或与其他信息结合的方式对特定自然人信息的有所识别。该学说要求对具体信息内容进行分析,审查其直接或间接关联到特定个人的程度,从而综合评价个人信息。识别说相较于前述两种学说,更具有客观性和全面性,而且一旦信息泄露,社会危害性也更大,可以说,关联说、隐私说、识别说是呈阶梯式递进关系的。如果不认定识别说的信息属于公民个人信息,则公民个人信息就可能处于保护失灵状态。因而在该案中,应对涉案房源信息的可识别性进行判断,在房东自愿向房产中介这一特定主体公开的特定房产信息内容外,被告人未经权利人同意或授权而对包含房东联系方式、具体房产地址、门牌号码以及房东姓名或姓氏的涉案房源信息进行公开,这些不存在明显虚假、无效的信息,能够有理由、有根据地对应到具体公民,因此这种单独或者与其他信息结合识别到特定自然人身份的信息,理应属于公民个人信息的范畴,应当予以刑事规制。

其次,对于被告人是否构成侵犯行为进行界定。本案被告人实施了"非法提供"个人信息的行为,即违反国家有关规定而向他人出售公民个人信息。具体来说,是为谋取经济利益或实现其他非法目的,将自己掌握的公民信息卖给他人,并从中牟利的行为。但是个人信息权具有专属性和排他性,以及与公民的人格尊严、人身权益、财产权益紧密性,导致任何的泄露、转让、出售等行为本身都是对公民权益的侵害。因此被告人非法获取、出售公民个人信息的行为属于侵犯公民个人信息罪的构成要件行为。

本案对公民个人信息范围、侵害行为认定等问题进行了充分的阐述,对今后该类案件的处理具有较强的借鉴意义。值得注意的是,本案还入选了最高人民检察院的典型案例。

案例提供单位:上海市金山区人民法院

编写人:舒平锋　金淑琴

点评人:张　栋

78. 任鸿虎等违规披露重要信息案

——违规披露、不披露重要信息罪在司法实践中的适用

案 情

公诉机关上海市人民检察院第三分院

被告人任鸿虎

被告人林旭楠

被告人盛燕

被告人秦思华

上海中毅达股份有限公司（以下简称上海中毅达）系上海证券交易所上市公司（A 股代码：600610），依法负有信息披露义务。2015 年 7 月，上海中毅达全资子公司厦门中毅达环境艺术工程有限公司（以下简称厦门中毅达）与江西中岭旅游投资有限公司签订《井冈山国际山地自行车赛道景观配套项目施工合同》（以下简称《施工合同》，合同中包含已由其他企业完工的约 80％工程量），后因未支付保证金等原因，合同未生效，由厦门中毅达承接的工程量未实际开展。

2015 年 10 月，上海中毅达为虚增业绩，由时任公司副董事长、总经理任鸿虎决定将上述项目中已由其他企业完工的约 80％工程收入违规计入公司三季报，具体由公司副总经理、财务总监林旭楠、公司财务经理秦思华、厦门中毅达副总经理盛燕实施。盛燕安排厦门中毅达提供虚假的工程、财务数据，秦思华依据上述数据编制上海中毅达三季度财务报表，交林旭楠签字确认。2015 年 10 月 28 日，上海中毅达将该三季度财务报表对外披露。经鉴定，上海中毅达共虚增主营收入人民币 72 670 000.00 元（以下币种均为人民币），占同期披露主营收入总额的 50.24％；虚增利润 10 638 888.00 元，占同期披露利润总额的 81.35％；虚增净利润 7 979 166.00 元，将亏损披露为盈利。

2019 年 9 月、10 月，被告人任鸿虎、盛燕、秦思华、林旭楠分别接公安机关电话通知后主动到案，如实供述了上述犯罪事实。

公诉机关认为，上海中毅达作为依法负有信息披露义务的公司，向股东和社会公众提供虚假的财务会计报告，情节严重；被告人任鸿虎作为直接负责的主管人员，被告人林旭楠、盛燕、秦思华作为其他直接责任人员，行为均已涉违规披露重要

信息犯罪。四名被告人系自首,可以从轻处罚,适用缓刑。

四名被告人对指控事实、罪名及量刑建议均无异议。

任鸿虎的辩护人认为,任鸿虎系初犯,无前科劣迹,到案后积极配合调查,具有自首情节,认罪悔罪态度较好,已接受过证监会的行政处罚,短时间内对违规披露重要信息予以更正,未对股民利益造成损害,主观恶性不大,希望法庭对任鸿虎免予刑事处罚,或者在量刑建议基础上从轻减轻处罚。

林旭楠的辩护人认为,林旭楠系初犯,到案后积极配合调查,具有自首情节,认罪悔罪深刻,其因认识上存在误差认为未尽到勤勉职责不构成犯罪,主观恶性较小;其曾接受证监会的处罚,及时缴纳了罚款,相应罚款可折抵罚金,其行为未造成股民利益受损,违规披露信息期间上海中毅达股票波动也不大,希望法庭在量刑建议基础上减轻处罚。

盛燕的辩护人认为,同意公诉机关有关从轻情节的意见,盛燕一贯表现良好,系初犯,其系接受任鸿虎的授意安排相关业务,希望法庭对盛燕从轻处罚。

秦思华的辩护人认为,秦思华在上海中毅达担任财务经理,其所应当承担的勤勉职责、披露义务等与公司董事、监事、高管等人员应有所区别,其系接受任鸿虎的指令行事,主观恶性较小,希望法庭对秦思华免予刑事处罚。

审 判

一审法院经审理后认为,上海中毅达作为依法负有信息披露义务的公司,向股东和社会公众提供虚假的财务会计报告,严重情节。被告人任鸿虎作为直接负责的主管人员,被告人林旭楠、盛燕、秦思华作为其他直接责任人员,行为均已构成违规披露重要信息罪,依法应予惩处。四名被告人犯罪后均能自动投案,如实供述自己的罪行,认定自首,可以从轻处罚。被告人任鸿虎、林旭楠在本案前已缴纳过行政罚款,应折抵罚金。四名被告人均自愿认罪,且均已缴纳了罚款或罚金,依法可从宽处理。

关于任鸿虎、林旭楠及秦思华的辩护人提出的有关量刑的辩护意见,一审法院认为,上海中毅达的三季度报表中虚增利润 1 063 万余元,占同期披露利润总额的81.35%,虚增净利润 797 万余元,将亏损披露为盈利,属于法律规定的其他严重情节,任鸿虎、林旭楠和秦思华作为主管人员或直接责任人员,或决定或直接参与对外提供虚假财务会计报告,损害了股东和社会公众的知情权,一定程度上也影响到证券市场的稳定,不属于犯罪情节轻微,对被告人不能免予刑事处罚。

综上,一审法院依照《中华人民共和国刑法》第一百六十一条、第二十五条第一款、第六十七条第一款、第七十二条第一款、第三款、第七十三条、第五十二条,《中华人民共和国刑事诉讼法》第十五条、第二百零一条第一款之规定,判决以违规披露重要信息罪,判处被告人任鸿虎有期徒刑一年,缓刑一年,并处罚金人民币二十万元;判处被告人林旭楠有期徒刑六个月,缓刑一年,并处罚金人民币十万元;判处被告人盛燕拘役三个月,缓刑三个月,并处罚金人民币五万元;判处被告人秦思华拘役三个月,缓刑三个月,并处罚金人民币五万元。

宣判后,被告人任鸿虎、林旭楠、盛燕、秦思华未提出上诉,检察机关亦未抗诉,一审判决已发生法律效力。

点 评

随着证券发行注册制的施行,《刑法修正案(十一)》对违规披露、不披露重要信息罪再次进行重大修订,以完善信息披露犯罪的治理困境。对于与投资价值判断和投资决策有关的信息,且负有披露义务的公司、企业及其控股股东、实际控制人,只要对相关信息故意实施违规披露或不披露的不法行为,即有可能构成违规披露、不披露重要信息罪。本案在实现违规信息披露行为的刑事制裁力度方面具有典型性,实现对信息披露犯罪的科学管制,关键主要在以下两个方面。

一是依托客观证据,构建完整证明体系。违规披露、不披露重要信息案件中,犯罪主体主要通过财务造假手段实现犯罪行为。本案中几名被告人在公司三季度报表中虚增利润1 063万余元,虚增净利润797万余元,将亏损披露为盈利,形成虚假的财务数据。通过审查财务报表等客观证据,再结合多名犯罪嫌疑人供述等言词证据,可以清楚判断其犯罪动机、作案经过、职责分工等,就此形成完整的证明体系,法官依此确认案件事实。

二是依法准确定性,确保罪责刑相适应。违规披露、不披露重要信息罪的主体是直接负责的主管人员和其他直接责任人员,应当依据主客观相统一的原则来认定每个责任主体的责任。对于虽未以董事、监事的身份参与审议定期报告,但却指使或参与制作了含有虚假内容的定期报告且具有违规披露主观故意的相关责任主体,亦应追究其违规披露的刑事责任。本案中,公司副董事长、总经理任鸿虎作出虚假财务数据的决定,公司副总经理、财务总监林旭楠,公司财务经理秦思华,子公司副总经理盛燕具体实施造假行为。分别是盛燕安排、提供虚假的工程、财务数据,秦思华依据上述数据编制财务报表,林旭楠作为财务总监签字确认。因而被告人任鸿虎作为直接负责的主管人员,被告人林旭楠、盛燕、秦思华作为其他直接责任人员,决定或直接参与对外提供虚假财务会计报告,损害了股东和社会公众的知情权,应以其具体参与披露的内容为限,就违规披露重要信息罪方面共同承担责任。值得注意的是,本罪是单位犯罪,但是采取的是单罚制,也就是并不对单位判处罚金而只追究自然人的刑事责任。

本案彰显了立法对于强化证券违法责任、落实从严监管的要求,为今后该类案件的审理奠定了一定的基础。

案例提供单位:上海市第三中级人民法院

编写人:高卫萍

点评人:张　栋

79. 翟某某非法经营药品案

——法律修订期间销售未经批准进口药品行为的认定

案　情

公诉机关上海铁路运输检察院

被告人翟某某

2018 年 2 月,被告人翟某某和郭某某(另案处理)在未取得药品经营许可证的情况下,共同商议决定,由郭某某利用境外渠道购买 OPDIVO、KEYTRUDA、LENVIMA 抗癌药品,经国际航班乘务人员私自带入境内交给被告人翟某某,后由被告人翟某某负责通过 QQ、微信等渠道向癌症患者销售,其中,OPDIVO(100 mg/10 ml)售价为人民币 13 500 元(以下币种均为人民币)、OPDIVO(40mg/4ml)售价为 5 500 元、KEYTRUDA(100 mg)售价为 28 000 元、LENVIMA(30 粒装)售价为 19 500 元。2018 年 2 月至 7 月间,被告人翟某某与郭某某共同非法经营药品数额共计四百七十余万元。

2018 年 7 月 24 日,公安机关在被告人翟某某租住的上海市宝山区盛桥三村 32 号 503 室将其抓获,当场查获部分 OPDIVO、LENVIMA 药品,在其租用的宝山区石盛路 270 号(华能上海石洞口电厂 3 号楼 209 室)查获部分 KEYTRUDA 药品。后经药品生产企业认定,上述被查获的药品均系正规生产药品,且均于 2018 年 7 月至 9 月间经国家药品监督管理局批准在中国上市销售。

公诉机关认为,被告人翟某某伙同他人共同违反国家药品管理法律法规,在未取得药品经营许可证的情况下非法经营药品,情节特别严重,其行为已构成非法经营罪,翟某某在共同犯罪中起次要、辅助作用,系从犯,应当减轻处罚;鉴于被告人翟某某自愿认罪认罚,建议对可以适用缓刑,提请法院依法审判。

被告人翟某某对上述犯罪事实及罪名均无异议。

审　判

一审法院经审理后认为,被告人翟某某伙同他人共同违反国家药品管理法律法规,在未取得药品经营许可证的情况下非法经营药品,数额达四百七十余万元,情节特别严重,其行为已构成非法经营罪。被告人翟某某在共同犯罪中,起次要、辅助作用,系从犯,依法应当减轻处罚;被告人翟某某归案后能如实供述犯罪事实,且对认罪认罚可能导致的法律后果有明确的认知,自愿认罪认罚,依法可以从轻处罚。综合本案的犯罪事实、性质、情节和对于社会的危害程度,一审法院依照《中华人民共和国刑法》第二百二十五条、第二十五条第一款、第二十七条、第六十七条第三款、第七十二条、第七十三条第二款、第三款、第五十二条、第五十三条、第六十四条和最高人民法院、最高人民检察院《关于办理危害药品安全刑事案件适用法律若干问题的解释》第七条第一款、第三款、第十一条第一款以及《中华人民共和国刑事诉讼法》第十五条之规定,判决:一、被告人翟某某犯非法经营罪,判处有期徒刑三年,缓刑三年,并处罚金人民币三万元;二、禁止被告人翟某某在缓刑考验期限内从事药品生产、销售及相关活动;三、违法所得予以追缴,查获的赃物和供犯罪所用的本人财物予以没收。

宣判后,被告人翟某某未提出上诉,检察机关亦未抗诉,一审判决已发生法律效力。

点 评

本案发生在《药品管理法》修订过程中,被称为"上海药神案"。

本案是依据新修订的立法规范和刑法修正案对罪名进行的变更,在适用"从旧兼从轻"原则方面起到一定引领和示范效应。

首先,本案涉及溯及力问题。本案审理时,新修订的《药品管理法》已获审议通过,虽然新《药品管理法》未正式实施,但由于该法对于"假药"的范围重新定义,因此可能涉及《刑法》第一百四十一条生产、销售假药罪的罪与非罪认定,因而应当对法律的溯及力进行探讨。也就是说,在本案中《药品管理法》的效力究竟如何?

其次,本案涉及"从轻"法条的认定。本案中,被告人属于未决犯,应当按照从旧兼从轻原则进行处理。我国《刑法》规定,生产、销售假药、劣药致人死亡、情节特别严重、后果特别严重,可判死刑或无期徒刑。其中假药、劣药的内涵界定是依据《药品管理法》的规定。修订前的《药品管理法》关于假劣药范围的界定比较宽泛,并含有法律推定,导致我国假劣药案件较多,并且标准不统一,既有根据药品质量界定的假劣药,又有未经批准生产进口的药品等按假药劣药论处的情形,这导致关于假劣药的法律规定与民众期待存在较大差异,以"药神案"为例的案件处理产生了具有争议的社会效果,基于此,新修改的《药品管理法》删去了"按假药论处""按劣药论处"的分类,主要以药品质量功效为标准,回归假劣药的本来面目。

在本案中,按照旧的《药品管理法》规定,被告人销售的"未获得国家批准进口的抗癌药物"属于"假药",因此被告人构成生产、销售假药罪,法定刑为"十年以上有期徒刑、无期徒刑或者死刑"。按照新《药品管理法》的假劣药认定标准,被告人销售未经批准进口的境外已合法上市药品的行为不再构成生产、销售假药罪。但被告人直接销售给癌症患者服用的抗癌药品未取得《药品经营许可证》,虽为真药,但难保药品质量,是对国家药品经营监管的逃避,扰乱了药品市场监管秩序。本案定罪的关键在于,上述行为并非完全没有社会危害性,"药神案"的获利性与本案具有很大差别,本案的行为具有非法牟利 470 多万元的主观故意和客观事实,构成《刑法》第二百二十五条非法经营罪,属于"情节严重,应处五年以下有期徒刑或者拘役,并处或者单处违法所得一倍以上五倍以下罚金"的情形。而根据"从旧兼从轻"原则,当新法与旧法规定不同时,原则上如果新法处刑较轻或不认为是犯罪,则适用新法。因此本案依据新法认定被告人犯非法经营罪的量刑更轻,是刑法从旧兼从轻原则的遵循。

案例提供单位:上海铁路运输法院

编写人:王战资　杨建军

点评人:张　栋

80. 何小伟抢劫案

——抢劫手机并用支付宝转账、绑定银行卡提现等犯罪行为的认定

案 情

公诉机关上海市嘉定区人民检察院

被告人何小伟

2017 年 11 月中下旬,被告人何小伟化名刘凡,通过网络结识被害人钱某某后,以办理贷款业务、合租房屋等理由,至钱某某位于上海市嘉定区马陆镇丰登路某室的暂住处借宿。11 月 24 日晚间,何小伟趁钱某某不备,向钱所饮用的"佳得乐"饮料瓶内掺入其随身携带的兽用麻醉药"速眠新Ⅱ"盐酸赛拉嗪注射液。次日凌晨,何小伟趁钱某某饮用上述饮料陷入昏睡之际,使用事先窥得的密码,解锁钱所使用的 iphone7 手机,对钱某某的支付宝账户进行交易付款、提现、转账等操作,在确定可以控制该账户后,携该手机及钱某某的一部 miniPOS 机离开钱某某住处。何小伟联系张鹏,以急需套取现金等理由,将张鹏从江西省约至上海市。其后何小伟操作钱某某的支付宝账户,以提现、交易套现等形式,从账户余额及绑定的银行卡账户内共计转账 73 000 余元,通过张鹏将上述钱款取现,后用于个人花用等。案发后,公安机关经上网追逃,于 2017 年 12 月 30 日将被告人何小伟抓获,并缴获其随身现金 13 700 元、POS 机一台等。何小伟到案后,在侦查阶段如实供述主要犯罪事实,后予以否认。案件审理中,被告人家属代为赔偿被害人 31 318 元,并取得被害人谅解。

公诉机关上海市嘉定区人民检察院认为,被告人何小伟以非法占有为目的,使用麻醉手法排除被害人反抗,劫取被害人财物,数额巨大,其行为已触犯《中华人民共和国刑法》第二百六十三条第四项,犯罪事实清楚,证据确实充分,应当以抢劫罪追究其刑事责任;被告人到案后,在侦查阶段供述了主要犯罪事实,后翻供,不构成如实供述;建议对被告人何小伟判处十年六个月以上十三年以下有期徒刑,并处罚金,附加剥夺政治权利。

被告人何小伟辩称,其向被害人饮中掺入兽用麻醉剂,只是想让被害人早点睡觉,而不是出于谋财故意,其是在被害人正常入睡之后,才产生转取被害人钱款的

想法。miniPOS 机是被害人整理东西时放在其包里故而被带走的,其构成盗窃罪而非抢劫罪。

被告人何小伟的辩护人辩称,被告人下药的行为是作弄被害人,并非是通过麻醉方法劫取被害人财物,之后用被害人手机转账是临时起意,属于盗窃犯罪;就算认定被告人构成抢劫罪,那么被害人 11 月 25 日凌晨醒来之后,发生的转取被害人钱款的金额,也不应当计入抢劫的犯罪金额。

审 判

一审法院经审理后认为,被告人何小伟以非法占有为目的,使用药物麻醉的方式,强行劫取被害人财物,数额巨大,其行为已构成抢劫罪,依法应予惩处。被告人何小伟及其辩护人提出的其不具有抢劫的主观故意及客观行为,对其应以盗窃罪处罚辩解;以及即使其有抢劫行为,也应扣除被害人醒来以后取得钱款的部分辩解,法院认为,被告人何小伟当场使用麻醉药物与取得被害人手机、miniPOS 机及之后转取的 7.3 万余元资金之间具有刑法上的因果关系,其行为符合抢劫罪的构成要件,涉案指控的财物均应计入其抢劫犯罪数额。被告人何小伟及其辩护人辩解意见,与查明的事实、法律不符,法院不予采纳。至于被告人何小伟关于miniPOS 机是被害人整理东西时放入何包中的辩解,与常理不符,法院亦不予采纳。法院结合被告人何小伟作案的手段、退赔情况及取得被害人谅解等,在量刑中一并予以考虑。

综上,为严肃国法,保护公民的人身、财产权利不受侵犯,维护社会治安秩序,一审法院依照《中华人民共和国刑法》第二百六十三条第四项、第五十六条第一款、第五十五条第一款、第五十二条、第五十三条、第六十四条之规定判决:被告人何小伟犯抢劫罪,判处有期徒刑十三年,剥夺政治权利三年,并处罚金人民币一万五千元;继续追缴被告人何小伟违法所得。

宣判后,被告人何小伟不服判决,提起上诉。

二审法院经审理后裁定:驳回上诉,维持原判。

点 评

本案的争议焦点在于被告人抢走手机后又转走支付宝平台内资金的行为该如何进行定性。该案的处理遵循了主客观相一致原则,并对犯罪行为进行准确分析,为今后此类案件的认定提供审理思路。

第一,抢劫故意的认定。刑事案件中通过直接证据定罪主要有两种不同的方式:一是通过对直接证据所包含的证据事实进行印证和补强,从而达到证明待证事实从而定罪;二是通过将若干个间接证据所包含的证据事实进行逻辑推理,使其形成较为完整的证据锁链,从而排他性地认定待证事实的存在,最后确定犯罪事实。本案中被告人多次供述不一,存在相互矛盾的供述和辩解,因此应当有其他证据对被告人供述进行印证和补强,从而达到判定案件的"证据确实、充分"标准。例如公安机关对手机的勘验检察笔录、从被告人处扣押的速眠新二注射液、相关的检验报告、委托对饮料内塞拉嗪浓度的鉴定检验报告及药品说明内容计算报告,均可得出从被害人处提取的其曾饮用的饮料液体中检出的塞拉嗪成分与被告人处扣押的注射液成分一致,且被告人在作案时存在加大剂量使用药物的情况。因而,被告人在往被害人杯中注射药物时,可以推定出已产生意图采用其他足以压制被害人反抗的手段来实现非法目的的主观故意。

第二,抢劫手机,事后通过支付宝转账、绑定的银行卡提现获取钱款行为的定性。如上文所述,本案中被告人主观上具有意图获取他人手机微信、支付宝等支付平台账户资金的故意,通过抢劫被害人手机后自行破译被害人手机密码和支付平台账户密码来转移被害人资金。之后的转账行为系抢劫手机故意的进一步实现,因而不能将前面抢劫手机的行为与之后秘密转走手机支付平台账户资金的行为分割评价,应当按照抢劫信用卡的情形进行分析。信用卡作为财产凭证的一种,可以成为财产犯罪的对象。当信用卡被犯罪分子偷抢后,信用卡所有人的合法财产将处于被侵害的紧迫危险状态。即便行为人未使用所抢劫的信用卡,由于信用卡本身记载了一定金额的财产内容,仍导致财产陷于危险之中,因而构成对《刑法》第二百六十三条所保护法益的侵害,单就抢劫信用卡的行为已经构成了抢劫罪。

此外,与盗窃等侵财类犯罪不同的是,盗窃、诈骗信用卡并使用行为的社会危害性主要体现在其使用行为,而抢劫信用卡并使用的行为的社会危害性主要体现在抢劫行为本身,使用行为只是把抢劫行为的社会危害性进一步扩大。抢劫信用卡的行为只能实现观念占有,却不能实现物理占有。转移银行卡里的钱与盗窃后的销赃折现行为明显不同,而是实现抢劫罪对物占有目的的必要组成部分。

抢劫罪当场性问题也值得讨论,实践案件中,抢劫信用卡后前往 ATM 机取钱或者劫持被害人前往 ATM 机取钱是较为常见的。这些案件中抢劫行为的当场性与一般抢劫犯罪中当场劫财的当场性有所不同,但是在评价上仍认为前者具有当场性,因为其事后取钱的行为与先前对人暴力的行为具有相当的连贯性,这一连贯性意味着其本身是抢劫行为的一部分,甚至可能难以评价为手段行为和目的行为的关系。本案事后通过支付宝转账的行为与上例同理。

还值得讨论的一点是,涉第三方平台案件中,第三方平台的地位如何评价的问题,这其实也关系到案件的定性。第三方平台错误地将被害人的财物交给被告人,类似于三角诈骗理论中的被骗人地位。那么第三方平台有没有处分被害人财物的权限呢？从事前被害人的授权来看，可以认为属于有权处分，从这一角度来看，似乎被告人的行为更倾向于诈骗类犯罪。但是需要进一步厘清的是，第三方平台并非自然人，本质上属于机器（非机器人），而机器由于没有民事行为能力而不能被骗。这相当于三角诈骗理论中的被骗人不具有民事行为能力而使得被告人成立盗窃罪的间接正犯的情况。也就是说，即使被害人事前授权被骗人相应权限，但是这样的授权仅限于合同相对方之间，而与被告人的行为无涉，不能因此成立诈骗类犯罪，而只能成立盗窃类犯罪。由于抢劫罪较之盗窃罪而言，主要是增加了对人暴力，在财物转移方面与被害人的主观认识关联度不大，因而本案只能以抢劫罪一罪论处，并且被告人破译被害人支付平台账户密码并非法转移的资金应计算为抢劫数额。

案例提供单位：上海市嘉定区人民法院

编写人：范娅楠

点评人：张　栋

81. 王洁炜强制猥亵案

——在公共交通工具上猥亵行为的认定

案 情

公诉机关上海铁路运输检察院

被告人王洁炜

2019 年 7 月 1 日 18 时 23 分许,被告人王洁炜在上海市轨道交通八号线列车车厢内,紧贴坐在被害人王某某(女,16 岁)左侧,以左手搭在自己右臂的方式掩人耳目,并用左手直接触摸王某某左臂。18 时 25 分许,王某某往右挪动一个座位以躲避被告人,被告人王洁炜见被害人不敢声张,遂跟上贴坐在王某某左侧,以同样姿势触摸王某某左侧胸部,直至被害人于 18 时 29 分许起身离开。其间,被害人王某某通过身体前倾后仰的方式多次躲避被告人王洁炜的猥亵行为。

同日 18 时 31 分许,被告人王洁炜在原座位紧贴入座的被害人任某某,以上述同样姿势用左手触摸任某某左侧胸部,后被任某某当场察觉并质问。被告人王洁炜遂下车逃跑,在中兴路站站台处被被害人任某某与其他乘客一同扭送至公安机关。

同年 7 月 26 日,被告人王洁炜接民警电话通知后于 7 月 29 日主动至公安机关,但否认其实施了上述猥亵行为。在检察机关审查起诉阶段,被告人王洁炜如实供述了上述犯罪事实。

公诉机关上海铁路运输检察院指控被告人王洁炜犯强制猥亵罪,依法提请审判。

被告人王洁炜及其辩护人对上述指控的事实均无异议。

审 判

一审法院经审理后认为,被告人王洁炜为满足个人私欲,利用地铁车厢相对拥挤、不易察觉、较难避让的客观条件,利用被害女性当众羞于反抗的心理特点,在同一时段内先后对两名女性实施摸胸等猥亵行为,且其中一名为未成年女性,其行为已构成强制猥亵罪,依法应予惩处。公诉机关指控的罪名成立。本案中,虽然被告人的行为相对于其他严重侵犯妇女身体的猥亵行为来说,恶性程度较轻,但其在公共场所公然实施上述行为,不仅侵害了被害人的人身权利,同时在一定程度上扰乱轨道交通的正常秩序,具有较大的危害性,社会影响恶劣。因此,被告人的行为已符合强制猥亵罪的构成要件,应当受到刑事处罚。公诉机关将"公共场所当众"作为入罪情节考虑,不再以加重情节重复评价,符合罪刑相适应的刑法基本原则,应予支持。被告人王洁炜到案后如实供述自己的犯罪事实,且认罪认罚,依法可以从轻处罚。

综上,一审法院依照《中华人民共和国刑法》第二百三十七条第一款、第六十七条第三款之规定,判决被告人王洁炜犯强制猥亵罪,判处有期徒刑六个月。

一审宣判后,被告人未上诉,公诉机关未抗诉,一审判决已发生法律效力。

点 评

实践中,一些在公共交通领域的性骚扰案件由于情节较轻,仅构成行政处罚而达不到刑事处罚的程度。但对于个别较为恶劣的强制猥亵案件,为发挥刑法的震慑作用,应当予以刑事处罚。本案是公共交通"咸猪手"入刑的一起典型案例,为"咸猪手"入刑标准提供法律指引,为日后此类案件在法律适用方面提供两方面的借鉴。

一方面,该类案件在事实认定上严加把握。需要对被告人猥亵部位、持续时间、猥亵次数、损害程度等方面进行全面考量,从而判定案件是否应当进行刑事处罚。另外,应对"公共场所当众猥亵"的情况进行合理分析,本案中地铁车厢作为开放的交通工具,其公开性毋庸置疑,这种实施在众人面前的猥亵行为更损害了被害人性自主权和性羞耻心,较之普通猥亵案件,当众实施的猥亵行为是行为人对公共秩序的蔑视,理应升格法定刑。但正因如此,应当合理把握"公共场所"的理论内涵。而《刑法》对于在公共场所实施强制猥亵行为的,属于加重情节,但考虑到罪责刑相适应,技术性地将之处理为入罪情节,不作为加重情节重复评价,具有一定的道理,但也要考虑震慑效果的问题。

另一方面,该类案件在证据认定上综合评判。强制猥亵案件往往发生在"一对一"的私密场景中,通常仅有被害人陈述、证人证言等言词证据予以佐证,证据形式较为单一。为确保案件事实清楚,应当完善证据体系构建,加强对实物证据的收集、调取,例如及时调取案发现场监控等视听资料。本案正是通过对列车内的监控录像及截图的调取,直接反映了被告人的行为手段。此外,还应注意强化和审查言词证据的细节,确保言词证据的真实性和准确性。另外,对于对多人实施的猥亵、被害人系未成年人等情节较为严重的猥亵案件,公安机关还可以提请检察机关提前介入,以推动证据收集的合法性、事实认定的准确性。

本案对于侵害妇女儿童权益类案件的处理有一定的指导意义,确保法律效果和社会效果的统一。

案例提供单位:上海市静安区人民法院

编写人:章　玮

点评人:张　栋

82. 沈某被控敲诈勒索宣告无罪案
——目的及手段合法的权利行使行为不构成敲诈勒索罪

案情

公诉机关上海市闵行区人民检察院

被告人沈某

2017 年 9 月 11 日,被告人沈某与上海国宏市政绿化工程有限公司(以下简称国宏公司)签订《劳动合同书》及补充条款,约定沈某同意至国宏公司任土建项目经理一职,合同期自 2017 年 9 月 11 日至 2018 年 9 月 10 日止,月工资 13 000 元,加班加点可安排调休或相应的工作报酬等内容。另国宏公司的《土建项目经理岗位职责》载明,土建项目经理作息时间为 9:00 至 17:30。2018 年 8 月 8 日,被告人沈某通过"钉钉管理平台"向国宏公司人事主管陈某芸提出离职申请,内容是 2018 年 9 月 11 日合同到期,不再续约,后因国宏公司未为其报销油费而撤销申请,并于同年 8 月 13 日向国宏公司发出书面申请,主要内容为劳动合同即将到期,请国宏公司明确是否与其续签。同年 8 月 15 日,国宏公司向沈某发出《解除劳动合同通知书》,以沈某"严重失职、营私舞弊,给公司造成重大损失"为由与其解除劳动关系。沈某接到通知后即联系陈某芸,提出解除理由不实,要求公司支付解除劳动合同赔偿金及加班费等费用,遭拒。沈某陆续向相关部门举报国宏公司未按规定缴纳民工社保及其客户上海澹然资产有限公司(以下简称澹然公司)在上海市闵行区浦江镇浦航路 211 号满天星广场项目(沈某任该项目土建经理)中存在违章搭建等问题。国宏公司董事长王某从他人处得知沈某举报之事后,安排陈某芸约谈沈某,陈某芸于同年 8 月 18 日左右与沈某见面后,沈某提出要求国宏公司支付其解除劳动合同赔偿金、加班费等,商谈未果。同年 8 月 20 日左右,王某主动约沈某至其办公室"商谈"并私下录音,其间沈某表明国宏公司应向其支付解除合同赔偿金、加班费、绩效考核、高温费、社保等费用及相关支付依据,而王某对沈某提及的上述费用予以回避,直接向沈某提出撤回举报需要多少钱,并表明如沈某撤回对澹然公司违章搭建的举报支付其 6.5 万元,撤回对国宏公司社保事宜的举报支付其 7 万元,共计 13.5 万元。同年 8 月 27 日左右,王某再次主动"约谈"沈某并私下录音,要求沈某就 13.5 万元出具承诺书,沈某手写一份后王某对付款事由提出异议,要求沈某在国宏公司打印好的下列《承诺书》上签名,内容如下:"本人沈某承诺在收到支付人支付的人民币¥135 000 元(大写:壹拾叁万伍仟元整)后,于一天内至相关部门撤销对位于浦航路 211 号的上海澹然资产管理有限公司商业改建项目的投诉。本人离职补偿及未结算工资及各项报销由上海国宏市政绿化工程有限公司按实结算并于撤销投诉后一天内结清。结清涉及离职的全部费用后,于一天内至相关部门撤销对上海国宏市政绿化工程有限公司的投诉"。沈某按王某要求在划杠处填写金额并签名后对打印内容提出异议,并当场撕毁承诺书离去。因几次商谈不成,沈某开始着手准备劳动仲裁的申请材料。同年 9 月 11 日,王某以沈某敲诈国宏公司巨额钱款为由向上海市公安局闵行分局鲁汇派出所报案。同年 9 月 17 日,沈某向上海市浦东新区劳动人事争议仲裁委员会递交了仲裁申请,要求国宏公司向其赔偿加班费、高温费、年假费、单方解除合同补偿金及被扣工资等,列明了各项赔偿金额,总计 143 022 元,并提供劳动合同、考勤表、加班证明、社保中心告知书等证据。同年 9 月 19 日,仲裁受理案件,并向沈某送达了国宏公司的答辩状及证据等材料。同年 9 月 20 日,沈某接陈某芸通知至国宏公司领退工单,王某又主动提出可以先支付一部分钱款给沈某,并经与沈某协商确定金额后以公司转账的方式向沈某支付了 3 万元,同时国宏公司打印好收款事由等内容后由沈某在收据上签名,内容如下:"今收到上海国宏市政绿化工程有限公司金额(大写)叁万。收款事由:撤销对国宏及澹然公司投诉的费用。¥30 000,收款人沈某",此次商谈与付款过程也由国宏公司私下录音。同年 10 月 19 日,公安机关将沈某抓获。原定同年 10 月 22日开庭的劳动争议仲裁案因沈某被抓中止审理。

上海市闵行区人民检察院指控被告人沈某犯敲诈勒索罪,向上海市闵行区人民法院提起公诉。

上海市闵行区人民检察院指控,2018 年 8 月至 9 月期间,被告人沈某因离职事宜不满国宏公司,以投诉国宏公司未按规定缴纳社保及澹然公司在闵行区浦江镇浦航路 211 号满天星广场项目违章搭建等问题为由,要挟国宏公司支付其人民币13.5 万元(以下金额币种相同),并以此为条件撤销对澹然公司等的投诉。2018 年9 月 20 日,被告人沈某至国宏公司以撤销对上述两家公司的投诉为由收取了国宏公司 3 万元。2018 年 10 月 19 日,被告人沈某被抓获归案,否认所得钱款系敲诈勒索。为证实上述指控的事实,公诉机关申请被害单位负责人王某及证人陈某芸出庭陈述及作证,当庭播放了录音光盘,并宣读、出示了以下证据:证人崔某浩、杨某正、周某祥的证言,上海市公安局闵行分局出具的《案发简要经过》《调取证据通知书》《调取证据清单》《民警工作情况》,被告人沈某签署的《承诺书》《收据》,上海市人民检察院检验鉴定文书,华夏电子银行回单,支付宝转账截屏,国宏公司及证人陈某芸提供的《申明》《劳动合同书》《新员工录用会签单》《上海市单位退工证明》

《解除劳动合同通知书》手机截屏复印件、工资发放情况等,被告人沈某家属提供的仲裁申请书、受理通知、开庭通知、《劳动手册》《土建项目经理岗位职责》、社保中心告知书、国宏公司答辩状、《土建项目经理沈某管理失职损失表》、送达回证等及被告人沈某的供述及辩解。据此,公诉机关认为被告人沈某以非法占有为目的,以实施威胁的方法,勒索 13.5 万元,实得 3 万元,数额巨大,构成敲诈勒索罪,部分犯罪未遂,提请法院依照《中华人民共和国刑法》第二百七十四条、第二十三条之规定依法予以判处。

被告人沈某辩称,国宏公司以其"严重失职、营私舞弊"等不实之由与其解除劳动合同,给其造成严重影响,其出于不平而向有关部门举报国宏公司未按规定为员工缴纳社保及公司客户澹然公司存在违章搭建等问题,但其并未要挟国宏公司实施敲诈。其与公司达成的 13.5 万元的款项是劳动争议款,并为此手写过一份相关内容的承诺书,国宏公司打印后让其签署的承诺书其并不认可并当场撕毁,其事后收取的 3 万元是 13.5 万元劳动争议款中的部分。关于指控证据,被害单位国宏公司王某的陈述及证人陈某芸的证言不实;对证人崔某浩、杨某正、周某祥的证言基本无异议;对承诺书的内容不认可;对收据及笔迹鉴定书无异议,但 3 万元是其应得的赔偿金等费用的一部分;录音音频内容属实,但不完整;对案发简要经过、劳动合同、解除合同通知书、退工证明等其余所有证据均无异议。另公安机关在对其讯问时曾两次向其出示由其手写的那份承诺书,要求公安机关提供。综上,其没有犯罪,系被国宏公司陷害,请求依法得到公正判决。

被告人沈某的辩护人提出辩护意见,被告人沈某无罪,理由如下:

一、起诉书认定的事实有误

(1)本案无任何证据证明沈某举报前以明示或暗示的方法要挟公司不给钱就举报,国宏公司知道被举报时,沈某已经实施了举报行为,故不存在以举报相要挟的情况;举报发生后国宏公司主动找沈某商谈,提出沈某撤销举报公司支付钱款,故也不存在沈某以撤销举报要挟公司的情况。(2)国宏公司主动找沈某商谈并进行录音,打印好承诺书与收据让沈某签署,都是为向公安机关报案而收集证据。结合录音证据、证人陈某芸、周某祥等人的证言及沈某将承诺书撕毁的行为等,可反映沈某对于 13.5 万元钱款的性质始终认为是劳动争议款,3 万元是其中的部分,且系国宏公司主动支付。(3)沈某实施的是举报行为而非投诉行为,举报是不可撤销的,而投诉是可撤销的。

二、以 13.5 万元解决双方间的劳动争议纠纷是合理的

沈某是被解雇的,理由是营私舞弊,对此国宏公司并没有证据证明,应依法赔偿沈某两倍月工资;社保经查实国宏公司为沈某少缴 4 万余元;法定年休假 10 天沈某未休过,国宏公司依法应按日工资 3 倍支付;关于加班费用,国宏公司在递交仲裁的答辩状中未否认沈某加班的事实,沈某任土建项目经理岗位一职需经常加班也合乎逻辑,双休日加班费是日工资的 2 倍,总计 7 万余元,不算高温费等,上述各项已达 15 万余元。

三、关于法律适用问题

敲诈勒索行为不能是不作为的行为,本案中撤销举报是一种特殊的不作为行为,因举报而产生的进程和结果,是不会因为撤销举报而导致有关部门该查的不查,所以国宏公司将付款与撤销举报扯在一起是一个伪命题。

四、关于刑侦中存在的问题

公安机关在受理此案后未展开全面的侦查工作,调查的证人均与国宏公司有一定的利害关系,从受理案件至抓获沈某的一个多月内未找沈某谈过话;各项证据反映沈某手写的 13.5 万元的承诺书真实存在,且已由国宏公司交公安机关,但其未随案移交;公安机关应该知道沈某申请了劳动仲裁,但其未对相关仲裁情况与本案有无关联作任何调查。关于指控证据,王某作为"被害单位"国宏公司负责人,其陈述与本案有直接利害关系,不认可;证人陈某芸、崔某浩均系国宏公司员工,证人杨某正是国宏公司的客户,均与本案有利害关系,且相关证言也无法证实沈某有敲诈勒索的犯罪事实;证人周某祥的证言证实了其从王某处得知沈某与国宏公司存在劳资纠纷;承诺书是国宏公司打印的,被沈某撕毁,没有证据效力;收据是国宏公司打印的,结合相关音频可反映沈某认为收取的是劳动争议款的部分;音频是王某偷录的,但其内容证实沈某敲诈勒索的事实不成立;对案发简要经过、劳动合同、解除合同通知书、退工证明、仲裁申请、答辩状等其余证据无异议。综上,沈某不构成犯罪,请求对其依法作出公正判决。辩护人提供了仲裁申请书、受理通知、开庭通知书、劳动合同、个人账户收入明细、养老保险个人账户记账情况、沈某向国宏公司发出的是否续签合同的申请,解除劳动合同通知书、考勤记录、上海市社会保险事业管理中心告知书等证据,公诉机关对此无异议。

审 判

上海市闵行区人民法院经审理后认为,被告人沈某的行为不具备敲诈勒索罪中"以非法占有为目的"的主观特征,也未实施敲诈勒索罪"以威胁、要挟手段,强索公私财物"的客观行为,故不构成敲诈勒索罪。公诉机关指控的犯罪事实及理由不成立,应对沈某宣告无罪。

针对被告人沈某的辩解及其辩护人的辩护意见,经法院审理调查:第一,沈某的行为不具备敲诈勒索罪中"以非法占有为目的"的主观特征。根据认定证据,沈某与国宏公司间确实存在劳动争议纠纷,沈某在与国宏公司的商谈中始终提出要求国宏公司支付解除合同赔偿金、加班费、年假费等劳动争议款项,且在商谈失败后即申请仲裁;沈某也未在劳动争议款项之外另行向国宏公司索要撤回举报的钱款,故沈某对于国宏公司不存在非法占有的主观故意。第二,沈某的行为不符合敲诈勒索罪中"以威胁、要挟手段,强索公私财物"的客观要件。首先,沈某的举报行为不属于敲诈勒索罪中的"威胁、要挟"手段,而是其争取民事权利的一种方法,且事后证明其举报内容属实。其次,本案中沈某讨要钱款不具有主动性,从商谈金额到出具承诺书到支付 3 万元,每次均系国宏公司采取主动,尤其是国宏公司已报案并由公安机关立案后仍主动要求先向沈某支付 3 万元,完全不符合敲诈勒索案中被害人受胁迫、不得不为之的情形。综上,对于被告人沈某及其辩护人提出的沈某不构成犯罪的辩解及辩护意见,法院予以采纳。据此,依照《中华人民共和国刑事诉讼法》第二百条第二项之规定,一审法院判决被告人沈某无罪。

一审判决后,上海市闵行区人民检察院提出抗诉,上海市人民检察院第一分院认为全案证据尚不足以支持抗诉理由,决定撤回抗诉。上海市第一中级人民法院裁定准许上海市人民检察院第一分院撤回抗诉。本案判决已经生效。

点 评

当前关于敲诈勒索犯罪的司法认定逐渐呈现"口袋化"迹象。实践中,一定数量的敲诈勒索案件主要源自于双方当事人事前就存在侵权索赔的民事纠纷,因协商不成或者事后反悔所致。本案中存在权利行使与敲诈勒索罪之间的界定,因而对于权利行使和敲诈勒索罪两者基本理论的明确在该类型化案件中极为重要。

首先,明确权利正当行使的要件。第一,权利来源具有合法性,即行为人在实现自己权利时,具备可被公众所接纳并且为法律所保护的理由。例如双方间存在债权债务关系,并且一方对另一方负有法定的补偿或者赔偿义务。第二,行为人目的具有合法性,即权利人行使权利是为了维护自身合法权益。第三,行为人手段具有适当性。权利的行使方式应有边界限定。

其次,辨析敲诈勒索罪的构成要件。该罪的主观构成要件是:第一,具有认识因素,即对于行为性质的明知、对于行为结果的明知。第二,具有意志因素。即行为人积极追求某一结果的发生。本罪在主观方面表现为直接故意,必须具有非法强索他人财物的目的。如果行为人不具有这种目的,或者索取财物的目的并不违法,如债权人为讨还久欠不还的债务而使用带有一定威胁成分的语言,催促债务人加快偿还等,则不构成敲诈勒索罪。

最后,权利行使与敲诈勒索罪的区分。本案被告人以我国《民法典》和《劳动者权益保护法》作为权利基础的损害赔偿请求权与用人单位产生权利争议,权利行使过程中,未使用暴力或以暴力相威胁,而是以向相关部门举报为手段。该手段与所救济的权利具有关联性,且是法律赋予公民的权利。用人单位在争议权利解决的过程中并未受到精神强制,也未丧失意志自由,通过双方协商后作出的财物处分是对自身利益平衡后意思自治的结果,具有合法性。权利行使和敲诈勒索的界限,在于维权行为是否产生社会危害性以及该社会危害性与刑法打击必要性之间的大小关系。如果所维护的权益本身是价值无法估量的,例如生命权、性自主权利等,则实际上很难认为维权行为具有社会危害性,因为无法认为维权行为所产生的社会危害性大于上述生命权等权利的价值,因而也就没有刑法打击之必要。而如果所维护的权益可以用金钱数额衡量的,例如本案中的劳动报酬赔偿等,经行衡量赔偿大小来判断行为是否属于敲诈勒索可能并不妥当,这是因为在金额计算罪与非罪界限的划分上,具有很强的主观性,则可能造成出入罪的随意性。应当以行为人有无非法占有的目的来判断。具体到本案中,双方通过劳动仲裁达成的赔偿以及给付财物的手段行为、目的、结果均在法定程序内进行,通过这样的方式可能是难以获得法定赔偿以外财物的,因此应当认定为行为人权利的正当行使,而非敲诈勒索罪的构成。被告人作为劳动者,处于弱势地位,以举报用人单位存在违反劳动法律法规为要挟索要劳动报酬的行为,即使有"滥用权利"的可能性,也应当限制在民法规制的范围内而没有刑法上评价的必要。

案例提供单位:上海市闵行区人民法院

编写人:李 红 黄 龙

点评人:张 栋

83. 邬志明非法吸收公众存款案

——监外执行期间犯新罪并罚时前罪减刑刑期不予扣减

案 情

公诉机关上海市杨浦区人民检察院

被告人邬志明

被告人邬志明,2008 年 11 月因犯职务侵占罪被江西省丰城市人民法院判处有期徒刑十年,刑期自 2008 年 5 月 22 日起至 2018 年 5 月 21 日止,2010 年 12 月 30 日被减刑八个月,减刑后刑期至 2017 年 9 月 21 日止,2011 年 9 月 2 日因病被暂予监外执行,2017 年 9 月 21 日刑满释放。2016 年 3 月任上海沃松资产管理有限公司总经理,后因涉嫌犯非法吸收公众存款罪于 2019 年 7 月 19 日被刑事拘留,同年 8 月 21 日被逮捕。

2016 年 1 月,上海沃松资产管理有限公司(下称沃松公司)在上海市崇明区(原崇明县)注册成立,法定代表人王齐君,由胡馨文和孙银莲(均另案处理)实际经营该公司。沃松公司在上海市杨浦区黄兴路 1800 号东方蓝海国际广场 3 号楼某室设立办公地点,招募业务员,在未经国家有关部门批准的情况下,以投资理财为名,通过发放广告等方式对外进行宣传并许以高息回报,通过与投资人签订《个人出借咨询与服务协议》的方式,吸引社会不特定公众参与投资。

2016 年 3 月起,被告人邬志明在沃松公司担任总经理,负责管理业务团队。任职期间,其参与沃松公司非法吸收公众资金共计 200 余万元。

2017 年 1 月 10 日,公安机关接投资人报案。2019 年 7 月 16 日,被告人邬志明在浙江省宁波市宁海县华山花园小区被民警抓获。

公诉机关指控,被告人邬志明伙同他人违反国家金融管理法律规定,未经依法批准,非法向社会公众变相吸收资金,扰乱金融秩序,数额巨大,其行为已触犯《中华人民共和国刑法》第一百七十六条第一款、第二十五条第一款的规定,应当以非法吸收公众存款罪追究其刑事责任。邬志明在共同犯罪中起主要作用,根据《中华人民共和国刑法》第二十六条第一款、第四款的规定,是主犯,应当按照其所参与的全部犯罪处罚。邬志明在判决宣告以后,刑罚执行完毕以前又犯罪,根据《中华人民共和国刑法》第七十一条、第六十九条第一款、第三款的规定,应当对新犯的罪作出判决,把前罪没有执行的刑罚和后罪所判处的刑罚数罪并罚,决定执行的刑罚。

被告人邬志明及其辩护人当庭对起诉书指控的犯罪事实、罪名均无异议。辩护人认为,本案的犯罪起意来自胡馨文和孙银莲,邬志明主要是受老板控制负责管理业务团队,其实际作用类似业务经理,应与胡馨文和孙银莲有所区分;邬志明基本认罪,对证据也都认可,请求根据《刑法》第六十七条的规定考虑认定其有坦白情节,依法从轻处罚。邬志明确有肝硬化等疾病,请求在量刑时能酌情从轻考虑。

审 判

一审法院经审理后认为,被告人邬志明在沃松公司任职期间,伙同他人违反国家金融管理法律规定,未经有关部门依法批准,以投资有关项目的名义向社会公开宣传,承诺在一定期限内以货币方式还本并给付回报,非法向社会不特定对象变相吸收资金,扰乱金融秩序,数额巨大,其行为已构成非法吸收公众存款罪,依法应予处罚。公诉机关指控的罪名成立。邬志明作为公司总经理负责业务管理,在共同犯罪中起主要作用,是主犯。邬志明当庭自愿认罪,可以酌情从轻处罚。《中华人民共和国刑法》第六十七条第三款规定,犯罪嫌疑人虽不具有自首情节,但是如实供述自己罪行的,可以从轻处罚。"如实供述自己的罪行",除供述自己的主要犯罪事实外,还应包括姓名、年龄、职业、住址、前科等情况。犯罪嫌疑人隐瞒自己的真实身份等情况,影响对其定罪量刑的,不能认定为如实供述自己的罪行。邬志明到案后直至提起公诉前的历次供述,始终否认其在沃松公司内任职总经理负责业务管理,甚至在庭审中仍有所抵赖。邬志明否认自己职务身份的实质是对自己在犯罪中作用、地位及社会危害程度的否认,意图影响对其的定罪量刑,不能认定其如实供述自己的罪行。故辩护人关于被告人是坦白的意见与法院查明的事实和相关法律规定不符,不予采纳。邬志明的共同犯罪事实、情节、对社会的危害程度等具体情况均在量刑中综合考虑,其与公司实际经营控制人的作用可在量刑中予以区分。邬志明在前罪判决宣告以后,刑罚执行完毕以前又犯罪,应当对新犯的罪作出判决,把前罪没有执行的刑罚和后罪所判处的刑罚予以并罚。综上,一审法院判决:被告人邬志明非法吸收公众存款罪,判处有期徒刑三年三个月,并处罚金人民币五万元,连同前罪没有执行完毕的有期徒刑一年二个月零十九日,决定执行有期徒刑三年九个月,并处罚金人民币五万元;违法所得应予追缴,不足部分责令继续退赔。

一审宣判后,被告人邬志明没有上诉,检察机关亦没有抗诉,本案判决已经生效。

点 评

本案准确定罪量刑的关键在于,如何确定前罪刑罚停止执行的起算点及本案被告人之前减刑的刑期如何计算在已执行的刑罚中。

首先,新罪的发现时间以及前罪刑罚停止执行的起算点。实践中,对于罪名的发现时间和主体存在一定争议,依照刑事诉讼的无罪推定原则来看,被告人的犯罪事实只有经过人民法院的依法审判才能确定为有罪,因此严格意义上应由人民法院在确认新罪成立时认定为发现新罪。但如果将发现时点确定为审判阶段,会导致审前阶段能否并罚的刑法适用的不确定性,造成一般民众对刑法权威的质疑。因此有观点认为,新罪的发现时点应从被告人第一次接受讯问或采取强制措施之日或者新罪被立案侦查之日起算。但立案日、被告人被讯问或被采取强制措施日往往存在一定的时间差,因此有鉴于被告人因新罪被立案侦查且有证据指向被告人的日期是固定不变的,较之于前述情况,被告人被立案侦查的时间节点更为稳定,受到外部影响更小,故被告人的立案日作为新罪判断发现时点更有意义。此外,从数罪并罚的制度价值出发,为了避免部分被告人因办案机关的诉讼进程迟延而使得前罪刑罚执行完毕,无法实现与新罪的并罚,进而丧失获得总和刑期减让的机会,造成被告人的权利贬损,以立案日这一最早发现时间点锁定为新罪发现日,也更体现了刑事诉讼所要求的有利于被告人原则。

其次,减刑刑期的计算。本案中前罪经减刑裁定减去的刑期不再计入已经执行的刑期,这一点不存在疑问。实践中对于减刑裁定减去的刑期不应计入已执行刑期的规定,应从减刑的实质条件进行把握和理解。刑法中对于减刑的前提条件规定为"确有悔改表现或立功表现",但这一规定的把握较为笼统,相关司法解释的列举式规定的标准也缺少可操作性和明确性。"悔改表现"的考核标准主要是依据罪犯狱中表现的考核得分,但这种以劳动表现和日常行为的计分考核制,不够全面,难以确保罪犯人身危险性的降低;"立功表现"的考核标准主要依据社会的有益评价,同样忽视罪犯的人身危险性的考量。基于此,我国减刑裁定不能完全确保评价的真实性和可靠性,具有一定风险性。尤其在本案中,罪犯故意再犯新罪,实则暴露了隐匿的人身危险,此时将减去刑期不计入已执行刑期体现了对减刑裁定的否定,也是对原减刑判断不足的恰当补救,符合罪责性相适应的原则,但在数罪并罚时可在决定执行的刑期中酌情予以考虑,也体现了从人身危险性角度进行考虑的宽严相济处罚精神。

案例提供单位:上海市杨浦区人民法院

编写人:孙　颖

点评人:张　栋

84．史一峰盗窃案

——秘密使用他人支付宝账户转账侵财构成盗窃罪

案 情

公诉机关上海市嘉定区人民检察院

被告人(上诉人)史一峰

2016 年 6 月间,被告人史一峰与被害人李某相识后常至李某家中过夜。2016 年 11 月至 12 月,史一峰多次趁李某不备,使用李某手机,通过操作李某支付宝账户先后从李某支付宝账户余额中转出 1.1 万元,从李某支付宝账户所绑定的李某平安银行卡中转出 5.5 万元。上述款项转入史一峰控制的户名为苏某的建设银行卡内及苏某的支付宝账户内。转账记录从李某手机支付宝终端中先后被删除。被害人李某支付宝账户所绑定的其平安银行卡是李某本人先前绑定,史一峰没有实施绑定李某银行卡之行为。史一峰所使用的苏某身份证及户名为苏某的建设银行卡是史一峰从网上非法购得。

公诉机关指控史一峰犯盗窃罪、信用卡诈骗罪。

被告人史一峰辩称,11 月的 3.5 万元是其向李某借的,12 月的 3.1 万元是其和李某商量后决定,造成李某支付宝被他人盗刷的假象,再报警后向支付宝申请赔付。其未实施盗窃和信用卡诈骗行为。

审 判

一审法院经审理后认为,公诉机关指控所依据的证据,能相互印证,形成证据锁链,证实本案被告人史一峰以非法占有为目的,通过事先掌握的相关信息,利用其能单独使用被害人李某手机的机会,将被害人支付宝、银行卡内的资金转移至其掌控的支付宝、银行卡账户内。公诉机关指控被告人史一峰犯罪的事实清楚,证据确实充分,指控罪名成立。被告人史一峰关于其未实施犯罪行为的辩解,与查明的事实不符,法院不予采纳。被告人史一峰盗窃他人财物,数额较大,其行为已构成盗窃罪;被告人史一峰冒用他人信用卡进行信用卡诈骗,数额巨大,其行为已构成信用卡诈骗罪;被告人史一峰犯数罪,应予数罪并罚。为严肃国法,保护公私财物的所有权不受侵犯,维护国家信用卡管理制度,一审法院依照《中华人民共和国刑法》第一百九十六条第一款第三项、第二百六十四条、第六十九条第一款、第三款、第五十三条、第六十四条,《最高人民法院、最高人民检察院关于办理盗窃刑事案件适用法律若干问题的解释》第一条第一款、第二款、第十四条及《最高人民法院、最高人民检察院关于办理妨害信用卡管理刑事案件具体应用法律若干问题的解释》第五条之规定,判决:一、被告人史一峰犯盗窃罪,判处有期徒刑一年三个月,罚金人民币 3 千元;犯信用卡诈骗罪,判处有期徒刑五年,罚金人民币 6 万元;决定执行有期徒刑六年,罚金人民币 6.3 万元。二、责令被告人史一峰退赔犯罪所得人民币 6.6 万元,发还被害人李某。三、在案犯罪工具予以没收。

一审判决后,被告人史一峰不服,提出上诉。

二审法院经审理后裁定,维持一审判决。

本案裁判发生法律效力后,上海市人民检察院以一、二审裁判适用法律错误为由,按照审判监督程序向上海市高级人民法院提出抗诉,认为对史一峰的行为应以盗窃罪一罪论处,原一、二审裁判以盗窃罪、信用卡诈骗罪两罪并罚,属定性不当,适用法律错误,应予纠正。原审量刑尚在法定幅度内,可予维持。

在法院一、二审审理中,被告人史一峰拒不供认公诉机关指控的犯罪事实。再审中,被告人史一峰承认公诉机关指控的事实。

再审中,原审被告人史一峰及其辩护人对原一、二审认定的事实及所依据的证据没有异议,请求法院考虑其已认罪悔罪且已获得被害人谅解的情况,酌情判处。

再审法院经审理后认为,史一峰无论是从支付宝余额转账还是从支付宝绑定的银行卡转账,其主观故意内容相同,即非法占有被害人的财物;行为方式相同,即使用被害人手机,操作支付宝账户的转账功能;所侵害的法益相同,即未妥善保管手机和相关密码的被害人个人财产权利。因此,转移支付宝余额的行为与转移支付宝所绑定的银行卡内资金的行为性质是相同的。在同一案件中,行为人多次实施相同性质的犯罪行为应以同一罪名定罪处罚。原审以行为人所转移的资金来源于支付宝余额还是来源于所绑定的银行卡为标准对行为分别定性没有法律依据。

根据我国《刑法》第二百六十四条,"盗窃公私财物,数额较大或者多次盗窃的"定盗窃罪。盗窃罪区别于其他侵财类犯罪的行为特征是秘密窃取。支付宝这类第三方支付系统是转移资金的通道,支付宝账户相当于通道的门,支付宝账户的密码相当于打开门的钥匙。史一峰秘密使用被害人李某的手机,通过被害人支付宝账户转移被害人支付宝余额和所绑定的银行卡内的资金,转入其掌握的银行卡或支付宝账户内,其行为先破坏他人对财物的控制支配关系,建立起自己对财物的控制支配关系,符合盗窃罪的秘密性与主动获取财物的行为特征,构成盗窃罪。我国《刑法》第一百九十六条第三款规定:"盗窃信用卡并使用的,依照本法第二百六十四条的规定定罪处罚。"即盗窃信用卡并使用的行为以盗窃罪定罪处罚。秘密使用他人支付宝账户取财的行为,与盗窃他人信用卡并使用的行为本质上没有区别。因此,史一峰的行为应以盗窃罪一罪论处。原一、二审对史一峰的行为以盗窃罪和信用卡诈骗罪两罪并罚,属适用法律错误,应予纠正。

刑罚应与罪行相一致,定盗窃罪和信用卡诈骗罪两罪并罚,与单独定盗窃罪或单独定信用卡诈骗罪,量刑结果是有差异的。本案史一峰行为应以盗窃罪一罪论处,而原审以盗窃罪、信用卡诈骗罪两罪并罚,实质上加重了对行为人的处罚。原审裁判因定性错误导致主刑偏重,应予纠正。本案应根据盗窃罪相关量刑规定立足原审当时情况确定史一峰的刑罚,综合考虑盗窃金额、盗窃次数、盗窃对象和行为的社会危害性等因素重新量刑。

综上,再审法院判决原审被告人史一峰犯盗窃罪,判处有期徒刑四年九个月,罚金人民币 6.3 万元。

点 评

互联网的快速发展改变了人们的支付方式,通过第三方支付平台或者银行转账的新型支付方式逐渐取代了传统的货币支付方式。相应伴随而来的则是侵犯财产犯罪方式的更新。本案涉及被告人通过支付宝内余额以及支付宝绑定银行卡内的行为定性问题,再审监督针对关键事实和法律焦点进行厘清。

对侵犯第三方支付账户余额及绑定银行账户资金的犯罪定性关键在于准确认定造成法益侵害的犯罪行为。根据 2015 年《非银行支付机构网络支付业务管理办法》,银行卡内资金的转移是银行通过识别调拨资金指令进行的自动化程序,只要发生正确的调拨资金指令,银行就会划拨信用卡内资金。这种不存在人为判断和操作的资金划拨程序,是银行在协议约定下的正确处分行为,而非基于错误认识的处分行为,因而这就否定了以银行被骗为前提的信用卡诈骗罪。另外,信用卡诈骗罪属于《刑法》第三章破坏社会主义市场经济秩序罪中的金融诈骗罪一节,是对信用卡管理制度和公私财产所有权的侵害,而本案中被告人实施的秘密转移他人支付宝账户余额内资金和银行卡内资金的行为,并没有影响国家信用卡管理秩序,而仅是针对他人私有财产的侵害,因而符合秘密窃取的行为特征。

值得注意的是,我国《刑法》第一百九十六条第三款之规定,盗窃信用卡并使用的以盗窃罪定罪处罚。对此,有观点认为,盗窃信用卡并使用的情况下,使用的是信用卡内的资金,对这种行为刑法明确规定以盗窃罪论处,说明使用或转移信用卡内的资金与信用卡诈骗罪之间并无天然联系。这样的认识可能是值得商榷的,因为该条属于法律拟制而非符合传统理论所推导出的规定。此外,还有观点认为,支付宝账户相当于通道的门,支付宝账户的密码相当于打开门的钥匙。同样也是值得商榷的。支付宝等第三方平台有其特殊性，将之类比为传统盗窃行为的行为模式并不完全契合，例如涉及支付宝项下的花呗等 App 的犯罪行为，是否仍然能够认定盗窃罪，还是认定信用卡诈骗罪，抑或是贷款诈骗罪，是存在不小的争议的。

利用支付宝转账功能秘密侵财案件的行为定性，应当依据行为人主观状态、行为方式、侵害法益等方面分析认定，而不应简单依所转移的资金来源不同进行区别定性。本案再审判决对于此类案件的审理具有一定的参考意义。

案例提供单位：上海市高级人民法院

编写人：朱蔚云

点评人：张 栋

85. 古利东等提供侵入计算机 信息系统工具案

——提供侵入计算机信息系统工具罪中 "侵入"的理解及量刑标准

案　情

公诉机关上海市虹口区人民检察院

被告人古利东

被告人李荣峰

2018 年 12 月,被告人古利东、李荣峰二人通过网络结识并经事先商议,由古利东编写名为"水滴子"的计算机软件(其中包含"翼支付重置双密软件""翼支付加入常用设备软件""翼支付扫商家二维码软件"等一系列应用程序)并架设远程服务器用于软件的日常运营,李荣峰负责通过 QQ 及微信将古利东开发的"水滴子"软件销售给他人,所售钱款二人均分。该款名为"水滴子"的软件可供他人在计算机环境中运行,同时使用数量巨大的手机卡针对被害单位天翼公司旗下"翼支付"App 及平台批量生成电子参码、手机型号等数据,从而模拟出正常"翼支付"用户进行注册、登录、修改密码、扫描商家二维码等操作,进而实现虚假交易套取天翼公司营销立减、代金券交易等活动的营销资金。两名被告人通过网络向祁煜(已判决)出售"水滴子"软件,非法获利人民币 5 000 元;通过网络向徐亚楠(已判决)出售"水滴子"软件,非法获利人民币 1 000 元。2019 年 4 月间,被告人古利东通过网络向易伟建(已判决)出售"水滴子"软件,非法获利人民币 3 000 元。

2019 年 5 月 23 日,被告人古利东在广东省深圳市红荔路 5011 号福莲花园被公安机关抓获;同日,被告人李荣峰于广西壮族自治区南宁市鲁班路 66 号 A 栋附近被公安机关抓获。

上海市虹口区人民检察院以被告人古利东、李荣峰犯提供侵入计算机信息系统工具罪,向上海市虹口区人民法院提起公诉。

被告人古利东、李荣峰对指控的犯罪事实基本无异议,但辩称,其对下家购买"水滴子"软件后骗取被害单位天翼公司优惠让利的行为并不明知,且因下家的诈骗犯罪行为导致天翼公司的利益损失,与其出售"水滴子"软件行为之间不具有直接因果关系,故不应由其承担后果。

被告人古利东的辩护人辩称,本案指控的罪名提供侵入计算机信息系统工具罪,按照体系解释,犯罪对象应限定于侵入国家事务、国防建设、尖端科学技术领域的计算机信息系统,而本案中的"水滴子"软件所针对的计算机信息系统属于商业开发领域的计算机系统,不涉及该三种特定领域,故公诉机关的指控罪名不当。

被告人李荣峰的辩护人辩称,李荣峰应认定为从犯,且李荣峰并未出售"水滴子"软件给徐亚楠用于诈骗天翼公司,故该部分经济损失和犯罪金额不应由李荣峰承担。

审 判

一审法院经审理后认为,被告人古利东、李荣峰结伙或者单独提供专门用于侵入计算机信息系统的工具,情节严重,其行为均已构成提供侵入计算机信息系统工具罪。公诉机关上海市虹口区人民检察院指控被告人古利东、李荣峰犯提供侵入计算机信息系统工具罪罪名成立。本案第一节犯罪系共同犯罪。案发后,被告人古利东、李荣峰均能如实供述自己的罪行,可依法从轻处罚。本案审理期间,被告人古利东通过家属帮助,主动向法院缴纳人民币三万元用于自愿补偿被害单位相关经济损失,可酌情予以从轻处罚。

综上,一审法院依照《中华人民共和国刑法》第二百八十五条第二款、第三款、第二十五条第一款、第六十七条第三款及第六十四条之规定,判决:一、被告人古利东犯提供侵入计算机信息系统工具罪,判处有期徒刑一年三个月,并处罚金人民币一万元。二、被告人李荣峰犯提供侵入计算机信息系统工具罪,判处有期徒刑一年三个月,并处罚金人民币一万元。三、违法所得及作案工具予以追缴没收;退出的补偿款发还被害单位。

一审判决后,被告人古利东、李荣峰未提起上诉,公诉机关未提起抗诉,本案判决已生效。

点 评

近年来,我国电子商务蓬勃发展,各类电商平台为了吸引新用户、扩大市场,经常推出让利活动。然而,这些让利也被大量职业"薅羊毛"者所盯上,他们利用非法软件,形成网络黑灰产业,因此,对于开发、销售此类非法软件的行为,应当依法予以惩处,从源头上阻击网络黑灰产业的发展,防止互联网企业财产权益被非法侵害,净化互联网营商环境。本案关键在于对提供侵入计算机信息系统程序、工具罪的"侵入"理解及量刑标准的把握。

首先,罪名的确定。《刑法》第二百八十五条第三款的"专门用于侵入、非法控制计算机信息系统的程序、工具",是指行为人所提供的程序、工具只能用于实施非法侵入、非法控制计算机信息系统的用途。此类程序、工具是专门以违法犯罪为目的进行使用的,对于那些既可以用于违法犯罪目的又可以用于合法目的的"中性程序"并不包括在内。因此,"专门"是对程序、工具本身的用途非法性的限定,是通过程序、工具本身的用途予以体现的。而程序、工具本身的用途又是由其功能所决定的,如果某款程序、工具在功能设计上就只能用来违法地实施控制、获取数据的行为,则可以称为"专门工具、程序"。因此应当从功能设计上可以对"专门用于侵入、非法控制计算机信息系统的程序、工具"作如下限定:首先,程序、工具本身具有获取计算机信息系统数据,控制计算机信息系统的功能。其次,程序、工具本身具有避开或者突破计算机信息系统安全保护措施的功能。最后,程序、工具获取数据和控制功能能在未经授权或者超越授权的状态下得以实现。

本案中,涉案"水滴子"软件,通过破解了前端"翼支付"App 软件的加密算法和通信协议,绕开了天翼公司的安全防护措施,从而伪装成正常的实体手机用户和被害单位天翼公司后台服务器之间进行数据响应与数据交换,最终实现诈骗功能,该程序以侵入为目的,具有避开或者突破计算机信息系统安全保护措施的功能,并在未经授权或超越授权的情况下,获取计算机信息系统数据,属于"专门"用于侵入计算机信息系统的程序,因此"水滴子"软件,应认定为专门用于侵入计算机信息系统、非法获取计算机信息系统数据的工具,被告人通过终端设备对他人的计算机信息系统进行非法访问,或对其进行数据截收的行为,属于"侵入计算机信息系统行为"。

其次,是量刑标准的把握。对于提供专门用于侵入、非法控制计算机信息系统的程序、工具,或者明知他人实施侵入、非法控制计算机信息系统的违法犯罪行为而为其提供程序、工具的行为,主要从以下几个方面认定"情节严重":一是提供的程序、工具的人次。二是违法所得和经济损失数额。三是对于其他无法按照提供的人次、违法所得数额、经济损失数额定罪的,设置了兜底条款。

本案中,虽然被告人古利东开发、被告人李荣峰出售的"水滴子"软件具有针对"翼支付"App 平台及其后台服务器非法侵入、非法获取计算机信息系统数据的各项功能,但造成天翼公司经济损失的直接原因确系下家购买该软件后,非法使用该软件对"翼支付"平台实施"薅羊毛"的诈骗犯罪所造成,也即,被告人古利东、李荣峰提供"水滴子"软件的行为与被害单位的经济损失之间不具有直接的因果关系。所以,上述"薅羊毛"行为所造成的天翼公司经济损失,不能认定为被告人古利东、李荣峰提供"水滴子"软件给被害单位造成的直接经济损失。而通过微信聊天记录、转账记录、转账截图等电子数据等审查,可以与证人证言相互印证得出被告人古利东的违法所得金额 9 000 元,被告人李荣峰违法所得金额 6 000 元,因而构成"违法所得 5 000 元以上或者造成经济损失 1 万元以上"的"情节严重"的标准。将被告人古利东、李荣峰开发、出售"水滴子"软件的违法所得作为定罪量刑的客观依据,符合立法目的。

案例提供单位:上海市虹口区人民法院

编写人:叶 琦 葛立刚

点评人:张 栋

86．庞富诈骗案

——利用结算漏洞大量重复退票退款获利犯罪行为的认定

案　情

公诉机关上海市长宁区人民检察院

被告人庞富

2016 年至 2018 年期间，被告人庞富通过在携程网上频繁购买各大航空公司机票后，再立即向携程网申请退票退款，利用携程网对退款订单先行垫付的漏洞，在明知携程网已经为其办理退票退款情况下，仍然继续使用机票或者向航空公司再次退票退款共计 28 次，造成携程网损失人民币 117 808 元。

2019 年 1 月 11 日，被告人庞富到广东省湛江市公安局出入境管理支队办理业务时被抓获。

案发后，被告人庞富在家属帮助下退赔全部赃款 117 808 元。

公诉机关指控被告人庞富犯诈骗罪，向一审法院提起公诉。

被告人庞富对起诉书指控其犯诈骗罪的事实不持异议，但辩称，有三人的机票系其订购，但该三笔钱款未退给其本人，不应计入其犯罪数额。

被告人庞富的辩护人辩称，本案中携程网在技术层面存在重大漏洞，本身具有重大过错，且庞富在购票、退票的过程中系实名制，遇到天气等特殊情况，改、退机票属正常操作，携程网发现该问题后也并未及时制止，庞富对于携程公司或者航空公司多退钱款的占有仅是抱有放任和侥幸的心理。

审　判

一审法院经审理后认为，被告人庞富以非法占有为目的，采用虚构事实、隐瞒真相的方法诈骗他人财物，其行为已构成诈骗罪，且属数额巨大，依法应予惩处。被告人庞富当庭认罪，且能在家属的协助下退赔全部赃款，酌情予以从轻处罚。

关于被告人庞富辩称起诉书指控腾飞等三人的机票不应计入其犯罪数额的辩解。（1）根据携程网提供的资料，本案涉案 28 笔订单均系庞富所定，庞富本人对此亦予以承认。（2）庞富为他人支付机票改签差额的账户均系庞富，庞富系假冒他人的名义进行操作退票或者改签。结合庞富一贯的作案手法，庞富的供述辩解明显与事实不符,此三人的机票退款应计入庞富的犯罪数额。对被告人庞富的辩解,法院不予采信。

关于被告人庞富的辩护人所称的携程网存在漏洞,具有重大过错及庞富主观上不具有诈骗故意的辩护意见。(1)结合本案证据,携程网是否存在漏洞并非携程网存在过错的理由,仅是携程网内部在技术层面需要改进的地方,被告人庞富属于恶意利用该漏洞,骗取他人财物。(2)被告人庞富系成年人,所订涉案机票只能使用一次应属基本常识,对于携程网及航空公司所退多余钱款不仅未能及时制止、提醒或者归还,却在长达 2 年的时间内,用相同手法作案高达 20 余次,涉案金额高达10 余万元。综上,本案现有证据足以证明庞富主观上具有骗取他人财物的故意,辩护人的辩护意见明显与事实不符,法院不予采纳。

综上,为严肃国家法制,维护正常的社会治安秩序,保障公民的财产权利不受侵犯,一审法院依照《中华人民共和国刑法》第二百六十六条、第七十二条第一款及第三款、第七十三条第二款及第三款、第五十二条、第五十三条之规定,判决被告人庞富犯诈骗罪,判处有期徒刑三年,缓刑三年,并处罚金人民币一万元。

一审判决后,被告人庞富未上诉,公诉机关亦未提出抗诉,本案判决已经生效。

点 评

本案中受骗人与被害人的不同,首先,是三角诈骗的构成要件,由于本案受骗人是处分了自己的财产而非被害人的财产,因此还符合新型三角诈骗的构成要件。新型三角诈骗的构造是:被告人实施欺骗行为—受骗人产生或者继续维持认识错误—受骗人基于认识错误处分了自己的财产—被告人获得财产—被害人遭受财产损失。与传统三角诈骗中受骗人处分被害人财产的结构相比,新型三角诈骗是受骗人处分自己的财产。按照该逻辑构造,本案可清晰的辨识出,被告人庞富在携程网上频繁购买机票后,再向携程网申请退票退款,在申请成功后,利用携程网部分机票退票后的状态变更延迟的漏洞,继续在网上值机后乘机、或向航空公司改签后乘机、抑或再次要求航空公司退票,被告人在长达 2 年的时间内,用相同手法作案高达 20 余次,可见其具有犯罪的主观故意。其次,受骗人航空公司因庞富隐瞒退票的行为,误认为庞富持有有效的机票,并再次向庞富支付退款。因此,航空公司作为受骗人产生了错误认识。再次,基于错误认识,受骗人航空公司向庞富支付退票费,由此可见航空公司退回的机票费是其自身的财产,并非携程网的财产,因而是受骗人处分了自己的财产。紧接着被告人通过线上支付平台,获取非法所得。但由于航空公司与携程的结算规则,航空公司在向庞富支付了退款后可以就相关机票向携程网要求支付。在携程网已经向被告人退回一次机票费用的情况下,就同一机票再次向航空公司支付相关费用的情况,增加了原本不属于携程网的债务承担,因而携程网的财产性利益受到损失,所以携程网成为本案被害人。

由此,本案的新型三角诈骗逻辑形成,被告人庞富实施欺骗行为使航空公司陷入错误认识继而向庞富支付退款,受骗人航空公司的处分行为给被害人携程网增加了负债,致使被害人携程网遭受损失,认定被告人庞富构成诈骗罪于法有据,并且该案的审理为新型三角诈骗类型案件的定性提供了有力借鉴。

案例提供单位:上海市长宁区人民法院

编写人:王一婷

点评人:张　栋

87. 深圳市点触达有限责任公司、陈启商等破坏计算机信息系统案

——流量劫持犯罪的刑事责任认定

案 情

公诉机关上海市徐汇区人民检察院

被告单位深圳市点触达有限责任公司

被告单位陕西西普数据通信股份有限公司

被告人(上诉人)陈启商

被告人田镇邦

被告人(上诉人)朱雪冰

2016 年 1 月至案发,被告人陈启商作为被告单位深圳市点触达有限责任公司(以下简称点触达公司)负责人,为扩大点触达公司的营业收入,遂从他人处购入具有重定向功能的 DPI 程序源代码,点触达公司员工、被告人田镇邦为其编译成可执行文件 DPI 程序。点触达公司与陕西西普数据通信股份有限公司(以下简称西普公司)签订业务推广技术服务合同书,约定通过西普公司服务平台为点触达公司的广告业务推广提供服务,点触达公司将因西普公司的平台或服务而产生的收益与西普公司分成。时任西普公司大数据部总监的被告人朱雪冰与陈启商私下商定,以西普公司与点触达公司合作分成的方式,由朱雪冰利用西普公司业务渠道及其他渠道获取相关电信运营商流量服务器的权限并提供给陈启商,陈启商利用该权限通过设置在上述服务器上的 DPI 程序进行流量劫持牟利。经查,陈启商通过设置在阿里云空间的管理平台对 DPI 程序进行策略布置,并指令田镇邦在上述相关服务器上部署 DPI 程序,该程序可以对上述服务器中监测到的上网用户 http 数据包包头进行解析、修改,植入陈启商预先设置的广告推广数据,并将修改后的数据包再次发送给用户,用户在访问相应网站时,该网站会被强制弹出陈启商设置的广告,陈启商再与其他商家结算广告费用,以上述流量劫持方式非法获利。

被告人陈启商等人通过上述流量劫持方式,对东方财富信息服务有限公司(简称东方财富网)运营的客户端 App(简称东方财富 App)炒股大赛页面广告位进行

劫持操作,东方财富 App 部分用户访问炒股大赛页面时,页面会被强制弹出其设置的广告(淘宝网网店广告),致使无法正常显示东方财富 App 炒股大赛页面,用户无法正常浏览与操作。东方财富网收到用户投诉,反映公司炒股大赛页面发生劫持现象后,为查找劫持源、解决部分用户投诉、恢复 App 炒股大赛页面正常显示,通过第三方公司自动化监测平台专业监控系统捕捉劫持源,经查,2017 年 2 月 13 日至同月 23 日,通过此方式流量劫持,劫持 App 炒股大赛页面次数达 408 次。

2017 年 3 月,被告人陈启商、朱雪冰、田镇邦先后被公安人员抓获到案。

公诉机关指控称,被告单位点触达公司、西普公司、被告人陈启商、朱雪冰、田镇邦的行为均触犯《中华人民共和国刑法》第二百八十六条第二款、第四款、第二十五条第一款、第三十条、第三十一条之规定,应当以破坏计算机信息系统罪追究其刑事责任。陈启商、朱雪冰系主犯;田镇邦系从犯,应当减轻处罚。陈启商、朱雪冰、田镇邦坦白,陈启商有立功表现,可以从轻处罚。

被告单位点触达公司对公诉机关指控的犯罪事实及罪名无异议。

被告人陈启商辩称,添加广告渠道码的行为对用户上网没有影响,对相关计算机信息系统未造成破坏,否认对东方财富网炒股大赛页面进行流量劫持,对指控的非法获利数额有异议,认为该数额中包括其他合法收入。

被告人陈启商的辩护人辩称,陈启商供述的流量劫持行为是将他人网络推广的渠道号进行变更,以此获得网络推广联盟的结算利润。陈启商没有破坏计算机信息系统的主观故意,其目的是通过流量劫持后变现提高业务收入,DPI 程序并非破坏性程序,客观上也未造成计算机信息系统不能运行、瘫痪等危害后果。点触达公司与西普公司之间的资金往来包括正常的广告推广业务结算,公诉机关没有证据证明指控的犯罪所得数额。陈启商有立功情节,建议从宽处罚。

被告人田镇邦的辩护人辩称,田镇邦系公司技术人员,从事本案行为系为完成被告人陈启商交付的任务,主观恶性不大,田镇邦拿固定工资,没有收取其他好处费,系从犯、有坦白情节。

被告单位西普公司辩称,本案系被告人朱雪冰的个人行为,西普公司未参与流量劫持,不构成犯罪。

被告单位西普公司的辩护人辩称,安装 DPI 程序、使用其重定向功能,并不必然是违法行为,如果更改下载应用或者登录网页的链接,就是破坏计算机信息系统行为;如果更改广告渠道码,虚增点击数量,因其不影响计算机系统,则不是破坏计算机信息系统行为。本案被告人陈启商等人流量劫持行为,虚构点击数量,欺骗客户,在案证据不能证明陈启商等人使用 DPI 程序破坏计算机信息系统,不能证明陈启商等人劫持了网站链接,不能证明其行为有危害后果,陈启商等人的流量劫持行为不是破坏计算机信息系统行为。西普公司与点触达公司之间开展正常合法业务,不知情被告人朱雪冰劫持流量行为,其行为并非按照公司决策程序决定,公司未授权朱雪冰从事违法行为,朱雪冰的上述行为不能代表公司。朱雪冰还通过陈启商将部分非法获利打入其决定的个人账户。综上,西普公司不构成破坏计算机信息系统罪。

被告人朱雪冰对指控的非法获利数额有异议,称未经西普公司领导同意,即与被告人陈启商开展流量劫持业务。

被告人朱雪冰的辩护人辩称,被告人对行为过程的描述模糊,没有说明行为细节,无法判定该行为对计算机信息系统是否造成影响,公诉机关无证据证明本案劫持行为的发生过程和产生后果,无证据证明单次劫持行为是否对计算机信息系统造成破坏性影响及影响时间,违法所得数额无法确定。添加 DPI 程序的行为对计算机信息系统不具有破坏性,没有对上网用户和运营商服务器的正常运行产生影响。现有证据只能证明被告人在安徽合肥的流量服务器中添加了 DPI 程序,其他省份的收入不应认定为违法所得。公诉机关指控的违法所得没有区分正常业务与非正常业务,未将两家公司之间的正常业务收入扣除。本案不应认定为破坏计算机信息系统罪。

审 判

一审法院经审理后认为,本案控辩双方争议的焦点,主要集中在两方面。

关于争议焦点之一,被告人的行为是否构成破坏计算机信息系统罪。基于现有证据及查明事实,法院认为,东方财富 App 部分用户向东方财富网反映炒股大赛页面出现空白、页面上发现有淘宝网网店广告等弹窗广告,上述用户无法正常浏览东方财富 App 炒股大赛页面,无法进行相关操作。在案的第三方监测平台进行监测的相关材料显示,该监测平台于 2017 年 2 月 13 日至 23 日,11 天对 31 省会 4 网(118 个监测点)监测 22 913 次,其中东方财富 App 炒股大赛页面劫持现场出现 655 次;元素劫持总次数为 6 341 次,劫持元素为对应目标服务器 IP 地址的劫持次数为 408 次。被告人陈启商等人的流量劫持行为虽然未造成东方财富网运营计算机信息系统无法正常运行,但因流量劫持行为造成东方财富 App 炒股大赛页面出现空白、强制弹出弹窗广告等后果,致使部分用户访问东方财富 App 炒股大赛页面、进行相应操作的目的未能实现,上述流量劫持行为严重干扰了用户上网体验,侵害了这部分用户正常浏览和使用操作东方财富 App 的合法权利,造成了东方财富 App 对受流量劫持干扰的部分用户未能发挥相应功能,影响了东方财富网的合法经营。据此,虽然公诉机关指控涉案违法所得逾百万元的相关证据尚达不到证据确实、充分的要求,但被告人的流量劫持行为对计算机信息系统及网络环境的安全与稳定,对网络用户的上网行为及网络公司的运营行为,具有现实及其他潜在的危害,确有刑事处罚的必要,可认定为造成"其他严重后果的"破坏计算机信息系统行为,相应构成破坏计算机信息系统罪。

关于争议焦点之二,被告单位西普公司是否构成单位犯罪。一审法院认为,单位犯罪应当同时满足下列三个要件:(1)行为人的行为体现单位意志;(2)行为人以单位的名义为单位谋取利益;(3)违法所得归单位所有。本案西普公司与点触达公司通过签订合同开展广告推广业务,现有证据可以证明被告人朱雪冰作为西普公司部门负责人、大数据部总监与点触达公司被告人陈启商以各自单位名义合作开展流量劫持,朱雪冰的收入大部分进入西普公司账户,陈启商、朱雪冰商定部分资金 20 万余元进入"肖晖"个人账户(实际已支付 42 000 余元,尚有 169 000 余元未付款),上述行为基本满足"以单位的名义为单位牟取利益""违法所得归单位所有"等两要件。上述第三要件,即朱雪冰的行为能否体现西普公司的意志就是判断西普公司是否构成单位犯罪的关键。首先,朱雪冰作为西普公司部门负责人,其行为并不能代表西普公司的单位意志;其次,西普公司董事长、总经理艾绍远否认同意或者授权朱雪冰进行流量劫持,本案亦未见同意或者授权朱雪冰进行流量劫持的公司决议;再次,现有证据并不能证明西普公司主观明知朱雪冰与陈启商等人开展流量劫持合作,且两家公司之间有合法、正规业务,公诉机关指控涉案违法所得尚无法区分两家公司之间正常业务与破坏计算机信息系统的流量劫持业务。据此,由于单位意志相关证据的缺失,本案难以认定西普公司构成单位犯罪。

综上,一审法院认为,被告单位点触达公司伙同被告人朱雪冰,违反国家规定,对计算机信息系统中传输的数据进行修改、添加等操作,造成其他严重后果,被告人陈启商系点触达公司直接负责的主管人员,被告人田镇邦系该公司其他直接责任人员,其行为均已构成破坏计算机信息系统罪,且系共同犯罪,应予处罚。公诉机关指控上述被告单位及被告人犯破坏计算机信息系统罪的罪名成立。在共同犯罪中,被告人陈启商、朱雪冰系主犯;被告人田镇邦系从犯。被告单位点触达公司、被告人陈启商、田镇邦、朱雪冰有坦白情节,陈启商还协助公安机关。公诉机关对被告单位西普公司犯破坏计算机信息系统罪的指控,因证据不足,不能成立。根据被告单位、被告人犯罪的事实、性质、情节和对于社会的危害程度,依照《中华人民共和国刑法》第二百八十六条、第三十条、第三十一条、第二十五条第一款、第二十六条、第二十七条、第六十七条第三款、第六十八条、第五十二条、第五十三条、第六十四条,《中华人民共和国刑事诉讼法》第二百条第三项之规定,判决:一、被告单位深圳市点触达有限责任公司犯破坏计算机信息系统罪,判处罚金人民币十万元。二、被告人陈启商犯破坏计算机信息系统罪,判处有期徒刑二年。三、被告人田镇邦犯破坏计算机信息系统罪,判处有期徒刑一年十一个月。四、被告单位陕西西普数据通信股份有限公司无罪。五、被告人朱雪冰犯破坏计算机信息系统罪，判处有期徒刑二年一个月。六、违法所得应予追缴；犯罪工具予以没收。

一审判决后，被告人陈启商、朱雪冰提出上诉。

二审法院经审理后认为，上诉人陈启商作为原审被告单位深圳市点触达有限责任公司直接负责的主管人员，伙同上诉人朱雪冰、原审被告人田镇邦，违反国家规定，对计算机信息系统中传输的数据进行修改、添加等操作，危害网络安全，造成其他严重后果，其行为已构成破坏计算机信息系统罪。原审法院根据陈启商、朱雪冰、田镇邦及深圳市点触达有限责任公司犯罪的事实、性质、情节和对社会的危害程度，对其所作出的判决，定罪准确，量刑适当，且诉讼程序合法。二审法院依照《中华人民共和国刑事诉讼法》第二百三十六条第一款第一项规定，裁定驳回上诉，维持原判。

点 评

近些年来，互联网技术在高速发展中呈现出深度性与多元性，流量劫持行为借助这一科技媒介呈现出实现技术手段的先进性、侵犯法益的复杂性等特征，因而在社会危害性层面日益上涨，值得引起相关部门加以审慎对待。该案妥善解决了流量劫持行为的刑事法界定问题。

《刑法》第二百八十六条规定了破坏计算机信息系统罪的三种行为方式，从犯罪对象上来说，三种行为方式分别针对的是计算机信息系统功能、计算机信息系统中存储、处理或者传输的数据和应用程序以及计算机系统。而"后果严重"则是三种行为方式入罪的必要条件。第一种和第三种行为类型均要求造成"计算机信息系统不能正常运行"和"影响计算机信息系统正常运行"的后果，第二种行为类型并没有要求必须造成计算机信息系统不能正常运行的后果，即只要对数据和应用程序进行删除、修改、增加，达到司法解释规定的"后果严重"的标准，就可以认定为破坏计算机信息系统罪。2011年最高人民法院、最高人民检察院颁布《关于办理危害计算机信息系统安全刑事案件应用法律若干问题的解释》，第四条规定了破坏计算机信息系统功能、数据或者应用程序"后果严重"的五种情形，对上述内容进行了细化解释。

本案被告人对数据"解析、修改、植入"的行为符合《刑法》第二百八十六条第二款规定的"对计算机信息系统中存储、处理或者传输的数据和应用程序进行删除、修改、增加的操作"。这属于流量劫持的不法行为，即不法分子通过各类技术手段，修改用户的计算机信息系统设置，使得用户在键入操作时，无法访问目标地址，甚至被强制跳转至指定域名，从而导致用户流量流向其预设的网站，获取不法利益的行为。流量劫持行为的发生领域具有广泛性,可以在流量流经任意节点时发挥作用。本案中,被告人的流量劫持行为造成东方财富 App 炒股大赛页面出现空白、强制弹出弹窗广告等后果,致使部分用户访问东方财富 App 炒股大赛页面、进行相应操作的目的未能实现,严重干扰了用户正常浏览和使用操作东方财富 App 的合法权利。现实生活中,常存在大量修改用户数据,推送广告或者发布弹窗,但却未影响计算机信息系统正常运行、未严重影响用户正常上网的流量劫持行为,此类行为常见于不正当竞争案件,但当这些行为一旦严重影响到用户正常上网体验,并导致用户上网目的无法实现时,对其行为的定性以及相关罪名的理解适用应当建立在厘清该行为所侵犯法益的基础上加以认定,否则会导致在司法适用时毫无章法可寻。本质上说,传统的破坏计算机信息系统的目的也是为了破坏用户在使用计算机时的体验,也就是说,破坏计算机的系统、软件、信息在影响用户体验上具有同质性。本案虽然无法证明违法所得逾百万元,但被告人的流量劫持行为对计算机信息系统及网络环境的安全与稳定,对网络用户的上网行为及网络公司的运营行为,造成了现实及其他潜在的危害,构成对计算机系统安全的危害。因而本案将用户的上网体验及其网络目的的实现纳入破坏计算机信息系统罪的保护法益,体现了我国刑法对于高速发展的互联网行业的保护,符合国家对互联网良好的安全秩序建设的长远目标。

案例提供单位:上海市徐汇区人民法院
编写人:戚　俊　赵拥军
点评人:张　栋

88. 蔡银桥职务侵占案

——刑事一审对犯罪分子违法所得财物未判决处理的纠正路径

案 情

公诉机关上海市浦东新区人民检察院

被告人（上诉人）蔡银桥

2016 年 4 月至 2018 年 10 月间，被告人蔡银桥与王银章（另案处理）合谋，在王银章担任上海吉田拉链有限公司（以下简称吉田公司）物流部领班、主管期间，利用王银章负责吉田公司闵行厂区拉链成品仓库保管、收发货管理的职务便利，由王银章采取修改公司库存系统拉链成品库数据、伪造出库指示书的方法，将公司成品拉链非法运送出库，并低价销售给蔡银桥获利，蔡银桥将收到的拉链转卖并从中获利。经审计，王银章共收取蔡银桥人民币 120 万元左右。

2019 年 1 月 18 日，被告人蔡银桥被公安机关抓获；另查明，扣押在案的 90 万余条 YKK 拉链尚未发还被害单位吉田公司。

公诉机关指控，被告人蔡银桥与公司人员勾结，利用公司人员的职务便利，共同将该单位的财物非法占为己有，数额巨大，其行为已构成职务侵占罪。蔡银桥到案后能如实供述自己的罪行，可以从轻或者减轻处罚。

被告人蔡银桥及其辩护人辩称，蔡没有与王银章事前通谋，只是帮助王银章销售拉链，蔡的行为不构成职务侵占罪，应当认定为掩饰、隐瞒犯罪所得罪。被告人蔡银桥的辩护人还辩解称，若认定蔡银桥构成职务侵占罪，本案犯罪主要由王银章起决定作用，蔡系从犯；蔡具有坦白行为，主动退还部分赃物，减少被害单位损失，建议法庭对蔡从轻处罚并适用缓刑。

审 判

一审法院经审理后认为，被告人蔡银桥与吉田公司工作人员勾结，利用吉田公司工作人员职务上的便利，共同将该单位财物非法占为己有，数额巨大，其行为已构成职务侵占罪。蔡银桥到案后如实供述自己的罪行，依法从轻处罚。根据《中华人民共和国刑法》第二百七十一条第一款、第二十五条第一款、第六十七条第三款之规定，以职务侵占罪对蔡银桥判处有期徒刑五年，没收财产人民币一万元。

一审判决后,被告人蔡银桥不服一审判决提出上诉。

二审法院经审理后认为,一审判决认定事实清楚,证据确实充分,定罪准确,量刑适当,且审判程序合法;但一审判决主文未对蔡银桥职务侵占所得财物的追缴、退赔问题进行表述,导致被害单位损失挽回缺乏法律依据,故应当增加相应判项。本案中:(1)被害单位吉田公司的损失尚未挽回。本案从蔡银桥仓库处扣押的 90 余万条 YKK 拉链仅系部分赃物,且该部分查扣财物尚未发还。(2)一审法院对共同犯罪人王银章所作判决中,亦未涉及对两人共同侵吞财物的处理与追缴、退赔问题。(3)增加追缴、退赔判项并不违反上诉不加刑原则。对违法所得追缴、退赔的法律依据是《刑法》第六十四条,并不属于刑罚的范围,而上诉不加刑原则针对的是主刑和附加刑;设立上诉不加刑原则的初衷在于让犯罪人通过上诉途径救济自己合法权益时不存在任何后顾之忧,而违法所得自始至终并非上诉人的合法权益,因此不存在导致上诉人消极行使救济途径的情形。

综上,二审法院依照《中华人民共和国刑法》第二百七十一条第一款、第二十五条第一款、第六十七条第三款、第五十九条、第六十四条以及《中华人民共和国刑事诉讼法》第二百三十六条第一款第二项之规定,判决:一、维持上海市浦东新区人民法院(2019)沪 0115 刑初 2360 号刑事判决,即被告人蔡银桥犯职务侵占罪,判处有期徒刑五年,并处没收财产人民币一万元。二、扣押在案的赃物发还被害单位;责令退赔其余不足部分发还被害单位。

点 评

涉案财物处理问题,是刑事诉讼中的重点问题。由于涉案财物的处理遍布刑事诉讼各个阶段,不同阶段各个机关肩负着不同的财物管控使命,但由于"重人身权、轻财产权"的传统理念,我国刑事诉讼过程中普遍存在财物的处理问题。本案涉及刑事纠正路径,本案一审判决未对犯罪分子违法所得财物予以判决处理的情形,提供了通过二审直接改判增加相应判项的裁判思路,对漏判涉案财物的处理方式具有一定的参照意义。

实践中,一审未对犯罪分子违法所得财物判决处理的情形时有发生,二审对此类情形的处理并不一致,值得商榷。实际上,由于涉案财物的处理关涉到被告人、被害人或其他利害关系人的财产权益,因此如何在刑事诉讼的合法框架内对涉案财物作出正确处置十分重要。2021 年最高人民法院修改的《刑事诉讼法解释》新增第四百四十六条,以规范涉案财物的处理程序,即"第二审期间,发现第一审判决未对随案移送的涉案财物及其孳息作出处理的,可以裁定撤销原判,发回原审人民法院重新审判,由原审人民法院依法对涉案财物及其孳息一并作出处理。判决生效后,发现原判未对随案移送的涉案财物及其孳息作出处理的,由原审人民法院依法对涉案财物及其孳息另行作出处理"。新增条款解决了实践中出现的漏判涉案财物问题,但应当注意该条规定仅限于"随案移送的涉案财物及孳息",对于二审期间一审判决未对随案移送的涉案财物及其孳息作出处理的情形,二审法院采用"可以"的选择性处理方式,虽未明确其他处理方式,但是这从侧面赋予二审法院可以针对案件具体情形作出其他处理方式的情况。

涉案财物的处理与被告人、被害人以及利害关系人的财产权益保障关系重大。如果处理程序过分冗杂,不仅会浪费司法资源,也不利于保障当事人的合法财产权益。考虑到每个案件的涉案财物具体情况不一,为节约司法资源,及时保障利害关系人的合法权益,二审法院可根据涉案财物的查控情况进行区分处理:对于权属关系明确、不存在争议的涉案财物,为节约诉讼成本,二审法院可以通过对遗漏内容的补充完善而直接改判,同时确保公正与效率的实现。对于权属情况复杂、存在争议的涉案财物,由一审法院处理更为妥当的,二审法院可以选择裁定撤销原判,发回重审。本案属于涉案财物权属明确、争议不大的情况,若由二审法院发回重审会导致司法资源的不当浪费,也会导致当事人合法权益无法及时得到保障,采用直接改判的方式于法不悖。有观点认为,对违法所得追缴、退赔的法律依据是《刑法》第六十四条,并不属于刑罚的范围,因此可以在二审期间增加判项且不违反上诉不加刑原则。需要注意的是,一审适用的审判程序也不属于刑罚的范围,但是审判程序违法则属于应当再审的情形,因此是否属于刑罚的范围与是否需要发回重审没有必然联系。而追缴、退赔是被告人应当承担之义务,是刑事判项的应有之义,与上诉不加刑原则无涉。判断遗漏判项的案件是否有必要发回重审,关键在于判断遗漏行为是否可能侵犯到诉讼当事人的程序性权益。

在涉案财物的处理中,应当改变"重人身权,轻财产权"的理念,规范涉案财物的处理程序,同时还应坚持诉讼经济原则,减少司法资源损耗,防止诉讼程序过度拖延。

案例提供单位:上海市第一中级人民法院

编写人:李长坤 张亚男

点评人:张 栋

89．王飞鸣泄露内幕信息、蔡哲民内幕交易案

——利用内幕信息抛售股票获利违法所得的标准认定

案 情

公诉机关上海市人民检察院第一分院

被告人（上诉人）王飞鸣

被告人（上诉人）蔡哲民

被告人王飞鸣于 2012 年 1 月进入国信证券股份有限公司（以下简称国信证券）投资银行事业部并购业务部,2015 年 5 月担任国信证券投资银行事业部业务总监。2014 年 8 月起,山东路桥集团股份有限公司（以下简称为山东路桥公司）系深交所上市公司,筹备收购山东天岳先进材料科技有限公司（以下简称为山东天岳公司）,被告人王飞鸣受国信证券委派参与此次并购项目。同年 10 月 8 日,山东路桥公司对外发布重大事项停牌公告,并于次年 1 月 13 日复牌并公告终止筹划重大资产重组。王飞鸣作为该内幕信息知情人,在敏感期内将内幕信息泄露给被告人蔡哲民。蔡哲民非法获取内幕信息后,于 2014 年 9 月 15 日至 30 日间,利用本人及其实际控制的"马某某""姜某某""冯某"等人证券账户大量买入山东路桥公司股票共 3 665 814 股,交易金额共计人民币 16 684 407.93 元。2015 年 1 月至 4 月间,涉案证券账户所购入山东路桥公司股票全部抛售,共计获利 1 084 万余元。

公诉机关认为,王飞鸣、蔡哲民分别系证券交易内幕信息的知情人员和非法获取证券交易内幕信息的人员,在对证券交易价格有重大影响的信息尚未公开前,分别泄露内幕信息和交易该证券,情节特别严重,其行为均已触犯《中华人民共和国刑法》第一百八十条第一款之规定,应分别以泄露内幕信息罪、内幕交易罪追究刑事责任,依法提请审判。

被告人王飞鸣辩称,其行为不构成起诉指控的泄露内幕信息罪：(1)证监会没有认定他泄露内幕信息并且给予他行政处罚；(2)他当时主要是与被告人蔡哲民联系《中金基金中智资产管理计划 C 类购买协议》(以下简称《购买协议》)事宜。

被告人王飞鸣的辩护人辩称：(1)王飞鸣并不在证监会与公安机关沟通是否予以立案追诉名单之中；(2)公安机关在《提起逮捕决定书》中伪造了"犯罪嫌疑人蔡哲民、王飞鸣的供述"，从而使得王飞鸣被错误地逮捕；(3)蔡哲民在涉案内幕信息敏感期内利用刺探、套取手段获取该内幕信息，并利用该内幕信息和实际控制的涉案证券账户进行交易；(4)王飞鸣与蔡哲民系为山东路桥公司定增和购买基金两项事宜进行手机通话和见面。据此，建议法庭对王飞鸣作出证据不足、指控的犯罪不能成立的无罪判决。

被告人蔡哲民辩称：(1)其系从被告人王飞鸣频繁至山东出差等信息中自行推测出山东路桥公司可能会有重大资产重组项目，进而进行股票交易；(2)其与王飞鸣在涉案内幕信息敏感期内手机通话主要内容为讨论购买基金和山东路桥公司中报事宜。

被告人蔡哲民的辩护人辩称：(1)蔡哲民具有坦白情节；(2)蔡哲民并未实际控制马某某账户，故应当认定蔡哲民的交易金额 288.4 万余元；(3)蔡哲民的违法所得应当以山东路桥公司复牌当日的收盘价计算。

审 判

一审法院经审理后认为，被告人王飞鸣作为国信证券参与山东路桥公司重大资产重组项目的证券负责人，系涉案内幕信息的法定知情人员。王飞鸣在上述内幕信息的敏感期内将内幕信息告诉被告人蔡哲民，且蔡哲民利用该内幕信息进行证券交易，故王飞鸣的上述行为已构成泄露内幕信息罪。蔡哲民作为涉案内幕信息的非法定知情人，在从王飞鸣处非法获悉内幕信息后，利用涉案证券账户进行山东路桥公司证券交易，其行为已构成内幕交易罪。两名被告人所涉内幕交易成交额和非法获利数额分别为 1 667 万余元、1 084 万余元，属于情节特别严重，应当判处五年以上十年以下有期徒刑，并处违法所得一倍以上五倍以下罚金。王飞鸣到案后拒不认罪，认罪态度极差，虽无非法获利，亦应依法应予从严惩处。蔡哲民到案后拒不认罪，但在庭审期间能认罪，非法获利数额特别巨大，依法予以惩处。

综上，为维护社会主义法制，保障国家证券管理制度，一审法院依照《中华人民共和国刑法》第一百八十条第一款和第三款、第六十四条和《最高人民法院、最高人民检察院关于办理内幕交易、泄露内幕信息刑事案件具体应用法律若干问题的解释》第一条第一项、第二条、第十条之规定，判决：以泄露内幕信息罪判处被告人王飞鸣有期徒刑七年，并处罚金人民币一百万元；以内幕交易罪判处被告人蔡哲民有期徒刑六年六个月，并处罚金人民币一千万元；追缴违法所得人民币一千零八十四万元，上缴国库；扣划多家证券公司多个涉案账户内的资金，不足部分查封、扣押、扣划其他等值财产,折抵上述违法所得。

一审判决后,被告人王飞鸣、蔡哲民不服,提出上诉。

二审法院经审理后裁定,驳回上诉,维持原判。

点 评

内幕交易之违法所得不仅会影响行政罚款和刑事罚金的数额,更是行政违法案件是否移送司法机关追究刑事责任以及定罪量刑的重要参考标准。本案为我国证监会与人民法院对"如何计算违法所得"这一问题的误解与混淆进行释明。

根据内幕信息的性质,可以将内幕交易分为利空型内幕交易和利好型内幕交易。利空型内幕交易的行为模式是指在利空信息公开前卖出原持有证券以规避损失的情形。利好型内幕交易的行为模式,根据交易时点的不同,可分为三种情形:一是在利好信息公开前买入,公开后全部卖出;二是在利好信息公开前买入,公开后部分卖出;三是在利好信息公开前买入,公开后继续持有。而内幕交易罪的违法所得是指行为人因内幕交易行为而获利或避损的数额。本案属于第三种情况,本案中行为人利用利好型信息买入股票,案发后未卖出而继续持有的部分,由于其持有股票是利用了信息优势的缘故,未卖出的部分也应当视为内幕交易非法所得。但是对于该部分数额如何计算,司法解释未作明确规定,本案证监会和人民法院均采用实际卖出金额减去买入成本及交易费用的方法计算违法所得,即实际所得法。

一方面,被告人因内幕交易行为而持有股票,虽然其掌握的利好型内幕信息因重组失败而未兑现,但并不能据此否定其后的股价变化与该内幕信息之间的因果关系。被告人从买入,持有,到卖出的完整的内幕交易过程,即便股价受到市场影响的因素而波动,但由于犯罪行为的连续和整体性,因而股价上涨带来的收益也应认定为违法所得。

另一方面,在证券行政违法和证券刑事犯罪的行刑衔接上保持违法所得的认定标准一致,有利于对证券犯罪的严惩刑事政策的贯彻。以实际获利认定违法所得,符合当前国家对证券交易市场秩序和投资者合法权益的维护。

案例提供单位:上海市高级人民法院刑庭

编写人:许　浩

点评人:张　栋

90. 吴某国有公司人员失职案

——代履职的人员是否为国有公司人员失职罪主体的认定

案 情

公诉机关上海市崇明区人民检察院

被告人吴某

上海崇明西沙国家湿地公园管理有限公司（以下简称西沙湿地公司）系上海崇明旅游投资发展有限公司（以下简称旅投公司）下属国有独资企业。2018 年 9 月 12 日，西沙湿地公司办公室工作人员顾某收到所谓的支部书记"徐忠"邮件，让其加入名为"公司高层内部群"的 QQ 群，群内另有所谓的西沙湿地公司主任"陆美超"、支部书记"徐忠"两人。此后，群内的"陆美超"让顾某通知会计查询公司账户余额及当日有无资金到账，并让其将出纳吴某拉入该 QQ 群。接到顾某电话后，被告人吴某查询了公司账户，查询结果除了告知顾某，还通过微信告知了西沙湿地公司主任陆某超。此后吴某被顾某拉入 QQ 群，"陆美超"在群内准备安排吴某汇款，但因吴某不在公司未果。

2018 年 9 月 13 日，"陆美超"在 QQ 群内指示被告人吴某向指定账号汇款人民币 75 万元（以下币种均为人民币）。按照规定，西沙湿地公司对外地账户汇款，出纳必须取得由经手人、证明人及单位负责人签字的费用报销单，审核无误后，填写单位业务委托书，再到旅投公司财务部加盖西沙湿地公司财务专用章，并加盖西沙湿地公司法人章，最后至银行转账。但在对方催促下，被告人吴某仅在 QQ 群内向"陆美超"索要发票或者文件，在对方以"下午再把文件发给你"答复后，吴某即在未取得费用报销单的情况下，填写了"上海农商银行单位业务委托书"，并直接加盖了违规存放于其身边的财务专用章和法人章，随后到上海农商银行绿华支行办理了汇款，致使西沙湿地公司被骗 75 万元。当天下午，吴某也未向对方索要报销凭证。

2018 年 9 月 26 日，在吴某向陆某超索要 75 万元汇款的凭证时，才发现被骗，遂向公安机关报案。

2019 年 4 月 25 日，被告人吴某接通知后到指定地点接受调查谈话，并如实交待了上述情况。

2019 年 5 月，被告人吴某向西沙湿地公司退赔 15.032 6 万元。

公诉机关认为,被告人吴某的行为已触犯《中华人民共和国刑法》第一百六十八条第一款之规定,应当以国有公司人员失职罪追究其刑事责任。被告人吴某具有自首情节,适用《中华人民共和国刑法》第六十七条第一款。

被告人吴某及辩护人对公诉机关指控的事实及罪名不持异议,均提出本案的发生存在诸多客观因素,与西沙湿地公司管理不规范有关,系多因一果。被告人吴某另提出,其是在领导要求下去西沙湿地公司帮忙从事出纳工作,但其实际是与上海西岭酒店有限公司签订的劳动合同。被告人吴某的辩护人还提出,被告人吴某具有自首情节,案发后积极主动退赔钱款,减小了公司损失,建议对被告人免予刑事处罚。

审 判

一审法院经审理后认为,被告人吴某作为国有公司工作人员,理应对与其职务相关联的公共事务及监督、管理国有财产的职务活动依法履行职责,而其在担任西沙湿地公司出纳期间,在工作中严重不负责任,懈怠履行自己的职责,在收到诈骗人员要其打款的信息后,并未仔细辨别和核实对方真实信息,未能认真履行出纳职责,严格按照财务制度支付资金,造成国有公司严重损失,致使国家利益遭受重大损失,其行为已构成国有公司人员失职罪,依法应予惩处。关于被告人吴某称其是兼带履职的辩解,合议庭认为,在案证据已证实被告人吴某兼带西沙湿地公司出纳工作,且被告人吴某自己也供述西沙湿地公司的出纳工作由其实际负责,故即使其并没有与西沙湿地公司签订过劳动合同并从西沙湿地公司获取劳动报酬,也不影响其系西沙湿地公司工作人员身份性质认定。虽然本案西沙湿地公司损失的造成属于多因一果,但在案证据相互印证,足以证实被告人吴某承担的出纳工作是西沙湿地公司资金管理的重要一环,其严重不负责任行为是本案西沙湿地公司损失的重要原因,其行为符合国有公司人员失职罪的构成要件,被告人吴某应当承担相应的刑事责任。因此,对被告人吴某应当以国有公司人员失职罪追究刑事责任。但辩护人提出被告人吴某具有自首情节,并能主动向西沙湿地公司退赔 150 326 元以弥补其造成的损失,认罪悔罪态度较好。此外,造成本案重大损失的因素中有多种原因,系多因一果,被告人的主观恶性不大,犯罪情节较轻,建议免予刑事处罚的意见,符合法律规定和本案实际,合议庭予以采纳。

综上,一审法院判决,被告人吴某犯国有公司人员失职罪,免予刑事处罚。

一审判决后,被告人吴某未上诉,检察机关未抗诉,判决已经生效。

点 评

国有公司人员失职罪体现了刑法对国有资产的专门保护,对该罪犯罪主体的准确认定对审判实务中的类案处理和法律统一适用具有重要参考价值。

　　本案涉及国有公司、企业、事业单位人员失职罪。一方面，应当对"严重不负责任"的情形加以明确。《刑法》第一百六十八条第一款描述的罪状中"严重不负责任"，在罪名中被概括为"失职"，指没有尽到职责。文义上均可理解为行为人不履行或不认真履行职责。这里的职责是指经营或管理的职责，具体包含两层含义：一是确定性职责，指法律、法规及规章制度对公司、企业、事业单位的工作人员予以明确规定的工作职责；二是概括性的职责规定，即没有明文规定，但在习惯上应遵循的责任事项。本案中行为人在收到诈骗人员要其打款的信息后，并未仔细辨别和核实对方真实信息，未能认真履行出纳职责，未能严格按照财务制度支付资金，这样的失职行为符合"严重不负责任"的客观构成要件。另一方面，对本案被告人是否具有本罪规定的特殊主体身份进行断定。该案的被告人属于在国有公司兼代履职的人员，并未与受损国有企业之前签订任何合同。在刑法分则中"国家工作人员"的身份可以构成不同犯罪的行为主体、行为客体，抑或加重情节，对于有关国家工作人员的定义上仍然较为模糊、抽象，随着监察体制改革和监察对象全覆盖，上述情况有所缓解，理论争议也逐渐平息该案中，被告人不论是劳务派遣为西岭酒店公司的出纳，抑或受旅投公司委派从事西沙湿地公司出纳工作，均实际履行了出纳的职责。而这一职务的履行和承担体现了国有公司人员对国有资产的管理和监督行为，属于"履行组织、领导、监督、管理等与职权相关的公共事务或监管国有财产的职务活动"，符合国有公司中以管理"国有资产"为核心的维护国家经济利益层面的"公务"，因此主体身份的认定与是否进入编制无关，仅与工作性质关联，本案被告人具有国家工作人员身份。当然，由于本案被告人认罪态度良好、主动赔偿损失，加之被害单位财物管理确有漏洞，判处免予刑事处罚是合理的。相较于追究本案被告人的刑事责任，抓捕诈骗本案被告人的犯罪嫌疑人可能是更为重要的。

　　在该类案件中应当准确把握刑法中"国家工作人员"理论内涵，从而实现法益保护与犯罪预防的双重目的。

案例提供单位：上海市崇明区人民法院

编写人：沈敏伟

点评人：张　栋

91. 叶文荣等诈骗、掩饰、隐瞒犯罪所得案

——利用"爬虫"技术实施网络犯罪的刑法规制

案 情

公诉机关上海市宝山区人民检察院

被告人叶文荣

被告人孙雷杰

2017 年 12 月至 2019 年 8 月间,被告人叶文荣为谋取非法利益,雇佣他人使用购买的爬虫软件获取淘宝网新开店店家信息,冒充淘宝客服人员向店家发送店铺未激活、交易关闭等虚假信息,以帮助店家解决问题为由诱骗被害人同意其进行远程协助并提供支付宝账户及密码,后其通过电脑远程操作的方式使用被害人支付宝为视频账户充值。其间,被告人孙雷杰为牟利,以七折的价格收购已由被告人叶文荣充值的视频账号后加价转卖给他人。被告人孙雷杰共计向被告人叶文荣支付视频账号收购款人民币 160 万余元。

被告人叶文荣于 2019 年 8 月 2 日被抓获,被告人孙雷杰于同月 12 日被抓获,两名被告人到案后均如实供述了上述犯罪事实。被告人叶文荣家属在案发后分别代为退赔两名被害人 8 564 元、13 458 元。

公诉机关认为,被告人叶文荣的行为构成诈骗罪,犯罪数额特别巨大,被告人孙雷杰的行为构成掩饰、隐瞒犯罪所得罪,情节严重,且两名被告人均具有坦白情节,建议依照《中华人民共和国刑法》第二百六十六条、第三百一十二条第一款、第六十七条第三款之规定,对被告人叶文荣、孙雷杰定罪处罚。

被告人叶文荣及其辩护人对公诉机关指控的犯罪事实和罪名均无异议。被告人叶文荣的辩护人提出,被告人叶文荣到案后如实供述其所犯罪行,且已赔偿部分被害人损失,请求对其从轻处罚。

被告人孙雷杰对公诉机关指控的犯罪事实及罪名均无异议。被告人孙雷杰的辩护人提出,被告人孙雷杰于 2018 年 6 月间才知晓所收购的视频账号可能系犯罪所得,且其具有坦白情节,请求对其减轻处罚。

审 判

一审法院经审理后认为,被告人叶文荣以非法占有为目的,利用电信网络对不特定多数人实施诈骗,骗取财物数额特别巨大,其行为已构成诈骗罪;被告人孙雷杰明知是犯罪所得而予以收购,情节严重,其行为已构成掩饰、隐瞒犯罪所得罪,依法均应予惩处。公诉机关指控的犯罪事实清楚,证据确实充分,指控罪名成立。被告人叶文荣系先将被告人孙雷杰提供的 YY 视频账号充值后再低价售予被告人孙雷杰,交易过程显悖于正常商业交易的逐利特性,结合两名被告人在交易初期的交易频次、交易金额,应当认定被告人孙雷杰明知其所收购的 YY 视频账号系违法犯罪所得,且被告人孙雷杰对此亦有供认。故对被告人孙雷杰的辩护人提出的被告人孙雷杰于 2018 年 6 月份才知晓所收购的 YY 视频账号系违法犯罪所得的相关辩护意见,不应予以采纳。两名被告人到案后均能如实供述各自所犯罪行,依法均可从轻处罚;被告人叶文荣已退赔部分受害人经济损失,可以酌情从轻处罚。辩护人的相关辩护意见,可予采纳。

据此,为保护公私财产权利不受侵犯,一审法院依据《中华人民共和国刑法》第二百六十六条、第三百一十二条第一款、第六十七条第三款、第五十二条、第五十三条第一款、第六十四条之规定,判决:一、被告人叶文荣犯诈骗罪,判处有期徒刑十一年,并处罚金人民币十万元。二、被告人孙雷杰犯掩饰、隐瞒犯罪所得罪,判处有期徒刑四年,并处罚金人民币二万元。三、追缴二名被告人违法所得发还各被害人;不足部分,责令继续退赔。四、扣押在案的作案工具依法没收。

一审宣判后,两名被告人均未提出上诉,公诉机关亦未提出抗诉,一审判决现已生效。

点 评

随着大数据时代的到来,数据和信息已成为网络和现实社会的核心要素。利用大数据获取个人信息数据实施电信网络诈骗的案件日益攀升,严重影响网络空间和现实社会秩序的稳定以及公民的财产安全,由于电信网络诈骗的犯罪分子始终隐藏在幕后,只通过网络、电话等通讯工具接触被害人,几乎不留痕迹,加之被害人散布各地且被骗人人数众多,导致电信网络诈骗的取证工作十分困难,诈骗集团往往未能全部归案。此外,诈骗行为与结果的分离性,又容易引发上下游关联犯罪,导致案件出现罪名认定、犯罪证据收集、犯罪金额确定等审理难题,本案司法机关在侦办新型电信诈骗犯罪在面对上述治理痛点问题提供了有利借鉴。

首先,了解电信诈骗的特点。电信诈骗的犯罪分子往往通过短信、电话、网络等方式,编造虚假信息,设置骗局,对受害人实施远程、非接触式诈骗,诱导受害基于错误认识处分自身财物。一般来说,电信诈骗通常是多人结伙作案,犯罪组织分工严密,针对不特定群体实施。而近年来,电信网络的诈骗对象有相对特定化的趋势,具体表现为在非法获取特定群体的公民个人信息后再实施诈骗。例如本案中专针对淘宝店铺卖家以退款为由骗其支付宝账户、密码。

当然,本案有一定的特殊性,对被告人叶文荣认定为诈骗罪还是盗窃罪存在一定的争议。判断的关键在于被告人如何实现非法占有的目的的。在电信网络语境下,获取第三方交易平台的账号密码既不能实现意念占有也不能实现物理占有,甚至只能认定为获得钥匙或者通行证的行为,性质上与骗得他人信用卡无异,本身可能并不构成犯罪,只有嗣后利用该账号密码取现的行为才构成犯罪。本案中,转移占有的行为系用获得的被害人账号密码购买 YY 币而非获得账号密码本身。在转移占有之前,被告人并未实现意念占有或者物理占有该账户内的财物,而只是在账户内设置了一个自己可以进入的"后门"。

其次,确定电信诈骗数额。根据最高人民法院、最高人民检察院、公安部发布的《关于办理电信网络诈骗等刑事案件适用法律若干问题的意见》规定,确因被害人人数众多等客观条件的限制,无法逐一收集被害人陈述的,可以结合已收集的被害人陈述,以及经查证属实的银行账户交易记录、第三方支付结算账户交易记录、通话记录、电子数据等证据,综合认定被害人人数及诈骗资金数额等犯罪事实。本案中结合已收集的被害人言词证据,查证属实的银行账户交易记录、互联网电子数据等证据,可以综合认定诈骗资金数额等犯罪事实。但鉴于实践中不同案件的案情有别,一些情节认定存在多样性,应当加强对文件规定的正确理解和相关法律、证据规则的统一适用。

最后,进行电信诈骗上下游关联违法犯罪的罪名认定。在电信诈骗犯罪查处过程中,特别是对于被告人在"主观明知是诈骗行为而提供帮助"的认定上,应当结合被告人的认知能力、既往经历、行为次数和手段、获利情况等主客观因素对其主观认知进行综合分析认定。本案中被告人孙雷杰与被告人叶文荣二人间往来多次的交易模式、交易金额等事实,均可以推断出被告人孙雷杰作为专门从事 YY 视频礼物转卖生意的淘宝店主,从交易初始就明知所收购的 YY 视频账户系违法犯罪所得,结合其供述,可以推定行为人孙雷杰主观上明知涉案财物系违法犯罪所得而帮助其掩饰、隐瞒,应当构成掩饰、隐瞒犯罪所得罪。

案例提供单位:上海市宝山区人民法院

编写人:张国滨　钱丹凤

点评人:张　栋

执 行

92. 天马微电子股份有限公司申请执行上海与德科技有限公司等系列执行案

案 情

申请执行人天马微电子股份有限公司

被执行人上海与德科技有限公司

被执行人上海与德通讯(集团)有限公司

2019 年 1 月 25 日,上海市金山区人民法院经审理后判决:一、被告上海与德科技有限公司应于本判决生效之日起十日内继续履行《Z210 项目物料消耗处理协议》第二条,支付原告天马微电子股份有限公司货款 6 884 823.24 元,并对库存物料予以提货(详见库存呆滞明细);二、被告上海与德科技有限公司应于本判决生效之日起十日内支付原告天马微电子股份有限公司以 6 884 823.24 元为基数,自 2018 年 10 月 11 日起至判决生效之日止,按照每日万分之五的标准计算的违约金;三、被告上海与德通讯技术有限公司对被告上海与德科技有限公司上述第一、二项付款义务承担连带清偿责任;四、驳回原告天马微电子股份有限公司的其余诉讼请求。

原审原、被告均不服判决提起上诉,后申请撤诉,二审法院裁定准许撤回上诉,原审判决生效。

执 行

因被告未能按照判决履行法律义务,故原告向执行法院申请执行,要求被告支付货款人民币 6 884 823.24 元、违约金 743 560.91 元以及迟延履行金。

执行立案后,执行法院依法向被执行人送达执行通知书、传票、报告财产令等相关法律文书,并通过执行查控系统查询两被执行人名下财产。

经过查询得知,被执行人名下只有一辆汽车,并无房产、银行存款等其他可供财产。另外,根据申请执行提供线索获知被执行人从事手机制造相关业务,公司规模较大,在全国多省市均有投资设立公司,并有发明专利一千余项。

本案执行过程中,涉及被执行人的执行案件逐渐增多,并出现了几十件工人工资案件,全部涉案金额超过两千万。

因涉及被执行人财产线索较多,执行法院根据线索类别进行了详细的分类。共分为股权、知识产权、动产财物、银行账户。及时查封了股权、车辆、物料,并对其在上海、江西场所进行了实地走访。采取这些措施的同时,执行法院对两被执行人名下二十多个银行账户采取冻结措施。并逐一对每个银行账户进行流水分析。当对开立在广发银行徐汇支行进行核对时,承办人发现对该账户的实际冻结金额为 0,但该账户显示为信用证账户,账户存款金额为 1 336 万元,优先权人为广发银行。结合流水发现,这笔保证金开立在半年前,而据申请执行人提供消息,该公司于半年前已经出现经营问题,该笔保证金可能仅为存款。

为此,执行法院至广发银行徐汇支行,要求该行提供关于该账户的详细信息,并对保证金账户存款已丧失保证金功能作出说明。由于该银行第一次并未按承办人要求提供信息。承办人于 2019 年 10 月 15 日依据《中华人民共和国民事诉讼法》向该行送达《限期执行通知书》,告知如未按期履行协助义务,法院将对其采取罚款等强制措施。在法律的威慑下,该行于 2019 年 10 月 31 日电话告知,该账户已丧失保证金功能,法院可以扣划。由于其内部系统限制,在其多次上报广发银行总行并修改系统后,协助执行法院扣划该笔存款。该笔存款解决了执行法院 70 余件案件,解决工人工资案件 67 件,发放劳动工资 230 余万元。

点 评

根据最高人民法院《关于人民法院能否对信用证开证保证金采取冻结和扣划措施问题的规定》第一条规定,"人民法院在审理或执行案件时,依法可以对信用证开证保证金采取冻结措施,但不得扣划"。基于该条规定,执行过程中,大多仅对信用证保证金采取冻结措施了之,并无后续措施。金融机构也对此规定一知半解,碰到信用证保证金账户,均拒绝予以扣划。本案首次对信用证保证金进行扣划,可为同类案件提供参考。

本案中,承办法官发现被执行人账户的实际冻结金额为 0,但该账户显示为信用证账户,账户存款金额为 1 336 万元,优先权人为广发银行。结合流水发现,这笔保证金开立在半年前,而据申请执行人提供消息,该公司于半年前已经出现经营问题,该笔保证金是否仅为存款。

为此,承办法官至广发银行徐汇支行,要求该行提供关于该账户的详细信息,并对保证金账户存款已丧失保证金功能作出说明。由于该银行第一次并未按承法官要求提供信息。承办法官向该行送达《限期执行通知书》,告知如未按期履行协助义务,法院将对其采取罚款等强制措施。在法律的威慑下,该行电话告知,该账户已丧失保证金功能,法院可以扣划,并协助法院扣划被执行人该笔存款,解决了相关执行案件。

通过本案执行,为涉及被执行人信用证保证金账户执行带来新的执行思路。切记避免盲从信用证保证金账户只冻结不扣划的错误观点。避免信用证保证金账户成为被执行人逃避执行的安全港。该案件执行为信用证保证金账户存款执行提供了参考。

案例提供单位:上海市金山区人民法院

编写人:王见文

点评人:张淑芳

93. 上海嘉定大众小额贷款股份有限公司申请执行上海佰旺钢结构有限公司等小额借款合同纠纷案

——司法执行中关于"唯一住房"的认定

案 情

申请执行人上海嘉定大众小额贷款股份有限公司

被执行人上海佰旺钢结构有限公司

被执行人程某某

被执行人欧某某

申请执行人上海嘉定大众小额贷款股份有限公司申请执行被执行人上海佰旺钢结构有限公司、程某某、欧某某（两人系夫妻）小额借款合同纠纷一案,依据(2019)沪 0114 民初 12732 号法律文书的判决,被执行人应支付欠款本金 300 万元,偿付截至 2019 年 7 月 20 日止的利息 80 003 元,偿付自 2019 年 7 月 21 日起至实际清偿之日止的逾期利息,偿付自 2019 年 7 月 21 日起至实际清偿之日止的利息复利,支付律师费 113 374 元,负担诉讼费 20 903 元。因上海佰旺钢结构有限公司、程某某、欧某某未按生效法律文书履行义务,上海嘉定大众小额贷款股份有限公司向法院申请强制执行。执行过程中,法院查封了被执行人欧某某、程某某名下位于上海市宝山区罗迎路 800 弄 9 号 401 室及 1—8 号地下 1 层车位 688 的房产,申请人上海嘉定大众小额贷款股份有限公司向法院申请拍卖该房产,经法院审核后该房产进入评估、拍卖程序。

评估、拍卖过程中,被执行人欧某某、程某某提出涉案房屋系其唯一住房,且二人尚有小孩需要抚养,提出应当从房屋拍卖款中扣除五至八年租金,按照当地房屋租赁市场平均标准给予其 200 000 元的住房保障金。法院将该情况告知申请人后,申请人表示被执行人欧某某在老家江苏淮安可能仍有房产,该房屋并非其唯一住房,不同意从拍卖所得款项中扣除 200 000 元的住房保障金。

执 行

执行法院对相关系统查询,上述房屋确为被执行人欧某某、程某某名下唯一住房,且被执行人提供了从江苏省淮安市自然资源和规划局调取的不动产档案信息,证明其二人名下在淮安市未有其他房产。申请人未能提供相关证据材料证明被执行人名下有其他房产,最终同意从拍卖款项中扣除 200 000 元的住房保障金。

点 评

在法院执行工作中,围绕申请人申请对被执行人名下"唯一住房"进行拍卖的情形存在诸多争议,包括唯一住房如何认定、举证责任由谁承担、司法解释中的有关标准如何落实等。

本案中,被执行人在其房屋被评估、拍卖过程中提出涉案房屋系其唯一住房,且被执行人尚有小孩需要抚养,提出应当从房屋拍卖款中扣除五至八年租金,按照当地房屋租赁市场平均标准给予其 200 000 元的住房保障金。经核查,涉案房屋系被执行人唯一住房,由于申请执行人未能提供相关证据材料证明被执行人名下有其他房产,最终同意从拍卖款项中扣除 200 000 元的住房保障金。

法院在遵循相关司法解释的基础上,应结合实践中此类案件的具体情况,对"唯一住房"进行文义解释,在谁主张谁举证的大前提下,举证责任应由提出异议一方承担,关于补偿标准则由法院协调各方达成一致,协商不成应再在听取申请人意见的基础上行使自由裁量权。

案例提供单位:上海市嘉定区人民法院

编写人:何家梁

点评人:张淑芳

94. 张某某申请执行上海兴盛实业发展(集团)有限公司股东知情权纠纷案

案 情

申请执行人张某某

被执行人上海兴盛实业发展(集团)有限公司

申请执行人张某某诉被执行人上海兴盛实业发展(集团)有限公司(以下简称兴盛公司)股东知情权纠纷一案,一审法院经审理后判决:一、兴盛公司于判决生效之日起十日内向张某某提供公司自 1996 年 8 月 13 日起至 2019 年 9 月 30 日止的股东会会议记录、财务会计报告供张某某查阅、复制;二、兴盛公司于判决生效之日起十日内向张某某提供公司自 1996 年 8 月 13 日起至 2019 年 9 月 30 日止的会计账簿(包括总账、明细账、日记账和其他辅助性账簿及全部原始凭证、记账凭证)供张某某查阅。被执行人兴盛公司不服判决,提出上诉,二审法院终审判决,驳回上诉,维持原判。二审法院依据《最高人民法院关于适用〈中华人民共和国公司法〉若干问题的规定(四)》第十条第一款规定,确定张某某在本案中行使股东知情权的时间为十个工作日,地点为上海市××路××号××大厦××层。

判决生效后,被执行人兴盛公司未履行生效法律文书确定的义务,申请执行人张某某向法院提出执行申请。

执 行

执行法院受理案件后,向被执行人兴盛公司发出执行通知书及报告财产令,责令其履行生效法律文书确定的义务。在执行过程中,申请执行人与被执行人就对能否聘请专业人员辅助行使股东知情权、查阅的内容、查阅的时间、查阅的形式发生激烈争议,互不相让。经执行法官协调处理,双方就查阅账簿基本达成一致方案。然而,在实际操作过程中,双方又因能否查阅电子账簿产生新的争议焦点,矛盾激化。执行法官在充分听取双方意见并经合议庭评议认为,当前社会电子账簿已经普遍化,查阅电子账簿不超出执行依据内容,而且有利于充分保障股东知情权,申请执行人的诉求应予支持。但在实际执行中,被执行人仍以各种理由不予配合。基于上述情况,执行法院向被执行人发出《预处罚通知书》,要求被执行人在三个工作日内提供电子化的账簿供申请执行人查阅,否则将予罚款。随后,被执行人积极履行义务,该案顺利执结。

点 评

股东知情权纠纷作为一种特殊的执行案件,兼具行为执行与物之交付执行的特点,在执行过程中存在资料查找难、执行方法适用难、执行义务确定难、执行争议化解难等诸多难题。如何妥善化解这些执行难题,对股东知情权的保护具有重要意义。

本案中,被执行人未履行已生效的法律文书确定的义务,向被执行人提供的会计账簿等资料供申请执行人查阅。在执行过程中,双方就对能否聘请专业人员辅助行使股东知情权、查阅的内容、查阅的时间、查阅的形式发生激烈争议,互不相让。经过承办法官协调处理,双方就查阅账簿基本达成一致方案。然在实际操作过程中,双方又因能否查阅电子账簿产生新的争议焦点,矛盾激化。承办人在充分听取双方意见并经合议庭评议认为,当前社会电子账簿已经普遍化,查阅电子账簿不超出执行依据内容,而且有利于充分保障股东知情权,申请执行人的诉求应予支持;但被执行人仍以各种理由不予配合。最终,法院向被执行人发出《预处罚通知书》,要求被执行人在三个工作日内提供电子化的账簿供申请执行人查阅,否则将予罚款。随后,被执行人积极履行义务,该案顺利执结。

股东知情权与公司法等法律具有密切联系,执行过程中也要充分运用和领会公司法的精神,在执行依据的范围内,要尽可能地充分保障股东知情权:第一,股东知情权纠纷执行过程中,应该合理运用执行裁量权,充分保障股东知情权实现。第二,股东知情权纠纷执行兼具物之交付与行为执行的特点,要充分运用直接执行措施和间接执行措施。第三,《预处罚通知书》具有督促被执行人履行义务、达到教育与惩戒相结合的效果,是一种间接执行措施,能够有效保障当事人胜诉权益实现。

案例提供单位:上海市闵行区人民法院
编写人:周青松 万 涛
点评人:张淑芳

95. 鲍某申请执行戴某、上海某置业 发展有限公司公证债权文书纠纷案

——网络司法拍卖一拍流拍后能否以物抵债

案情

申请执行人鲍某

被执行人戴某

被执行人上海某置业发展有限公司

2013 年 1 月 22 日,申请执行人鲍某与被执行人戴某、上海某置业发展有限公司(以下简称置业公司)签订《借款抵押合同》,约定戴某向鲍某借款人民币 350 万元,期限自 2013 年 1 月 22 日至 2014 年 1 月 21 日止(以实际放款日为准,借款期限相应顺延),置业公司以上海市松江区九亭镇涞亭南路 129 号××室等五套商铺房产(以下简称抵押房产)设定抵押,作为还款担保。该合同经公证后赋予强制执行效力,后因戴某未按时履行还款义务,鲍某于 2014 年 9 月 28 日向公证处申请签发执行证书并于 2014 年 11 月 5 日取得执行证书,载明申请执行人鲍某的执行标的为:借款本金人民币 350 万元;利息自 2013 年 7 月 25 日起至实际清偿之日止,以未归还借款本金人民币 350 万元计算,月利率 1.6%,不足一月按一月计算;违约金自 2014 年 1 月 25 日起至实际清偿之日止,每天按未归还借款本金人民币 350 万元的 0.1% 计算以及律师费和公证费等。因戴某、置业公司未能按执行证书的要求履行偿付义务,鲍某于 2015 年 1 月 20 日向法院申请执行,要求戴某、置业公司偿付借款本金 350 万元及相应利息、违约金、公证费等。

执行

2015 年 1 月 20 日,执行法院立案受理后于当日向被执行人戴某、置业公司发出执行通知,限其于 2015 年 1 月 28 日履行偿付义务,但被执行人未能按期履行。在执行过程中,执行法院依法查封了抵押房产。同时,经向中国人民银行上海分行、上海市房地产交易中心、中国证券登记结算有限责任公司上海分公司、上海市车辆管理所等对被执行人财产进行调查,查明被执行人名下无车辆、证券、银行存

款等其他可供执行的财产。此后,执行法院依法在抵押房产张贴拍卖公告,多个案外人先后向执行法院提出执行异议,经依法审查后都裁定驳回。2018 年 4 月 4 日,执行法院发布拍卖公告,载明将于 2018 年 5 月 21 日至 5 月 24 日对抵押房产中的四套公开进行网络司法拍卖。第一次拍卖的过程中无人应买,申请执行人鲍某申请以起拍价 311 万元接受以物抵债,执行法院据此作出以物抵债裁定。以物抵债裁定作出后,被执行人戴某认为网络司法拍卖的,应当两次流拍后才能变卖,执行法院违反网络拍卖司法解释的有关规定,在一拍流拍后就直接将抵押房产中的四套以起拍价裁定抵债给申请执行人的行为是违法的。

执行法院认为,《最高人民法院关于人民法院网络司法拍卖若干问题的规定》(法释〔2016〕18 号)第二十六条规定:"网络司法拍卖竞价期间无人出价的,本次拍卖流拍。流拍后应当在三十日内在同一网络司法拍卖平台再次拍卖……"2017 年 7 月 18 日发布的《最高人民法院关于认真做好网络司法拍卖与网络司法变卖衔接工作的通知》(法明传〔2017〕455 号)第二条规定:"网拍二拍流拍后,人民法院应当于 10 日内询问申请执行人或其他执行债权人是否接受以物抵债,不接受以物抵债的,人民法院应当于网拍二拍流拍之日 15 日内发布网络司法变卖公告。"根据《最高人民法院关于人民法院网络司法拍卖若干问题的规定》第二十六条,一拍流拍后再次拍卖的,起拍价降价幅度不得超过前次起拍价的百分之二十,虽然二拍并不必然降低起拍价,但从执行实践来看一拍流拍后启动二拍的,绝大多数都降低了起拍价,而且多数直接降低了百分之二十。据此,二拍流拍后再以二拍起拍价抵债给申请执行人,显然较一拍流拍后以一拍起拍价抵债给申请执行人更不利于保护被执行人的利益,因此应当允许一拍流拍后的以物抵债。

点 评

本执行案件的争议焦点是,适用网络司法拍卖的,第一次拍卖流拍后,申请执行人申请以物抵债的,执行法院是否应当予以支持。

2017 年 1 月 1 日起施行的《最高人民法院关于人民法院网络司法拍卖若干问题的规定》第二十六条规定:"网络司法拍卖竞价期间无人出价的,本次拍卖流拍。流拍后应当在三十日内在同一网络司法拍卖平台再次拍卖……"2017 年 7 月 18 日发布的《最高人民法院关于认真做好网络司法拍卖与网络司法变卖衔接工作的通知》第二条规定:"网拍二拍流拍后,人民法院应当于 10 日内询问申请执行人或其他执行债权人是否接受以物抵债,不接受以物抵债的,人民法院应当于网拍二拍流拍之日 15 日内发布网络司法变卖公告。"结合上述两条规定,网拍一拍流拍后应当直接进行二拍,二拍流拍后才可以依申请执行人的申请裁定以物抵债,一拍流拍后即行以物抵债的不符合相关规定,是违法的执行行为。

然而,根据前述《司法拍卖解释》第二十六条,一拍流拍后再次拍卖的,起拍价降价幅度不得超过前次起拍价的百分之二十,虽然二拍并不必然降低起拍价,但从执行实践来看一拍流拍后启动二拍的,绝大多数都降低了起拍价,而且多数直接降低了百分之二十。据此,二拍流拍后再以二拍起拍价抵债给申请执行人,显然较一拍流拍后以一拍起拍价抵债给申请执行人更不利于保护被执行人的利益,因此应当允许一拍流拍后的以物抵债。

本案中被执行人主张不能以一拍起拍价由申请执行人进行以物抵债,因为既没有实质利益受到损害需要给予救济的权利基础,也与拍卖标的物价值最大化以及执行程序的效率原则相悖,不应当得到支持。

案例提供单位:上海市高级人民法院

编写人:金殿军　张丽利

点评人:张淑芳

96. 刘某某等申请执行上海金汇通用航空股份有限公司案

案 情

申请执行人刘某某等 12 人

被执行人上海金汇通用航空股份有限公司

被执行人上海金汇通用航空股份有限公司是一家专注于直升机航空救援的企业，其业务遍及全国多个省市。新冠肺炎疫情发生后，湖北前线医疗物资高度紧张，该公司接到湖北省应急管理厅任务指示，派遣机组人员至湖北武汉一线，多次运输护目镜、口罩、防护服、消毒水等紧急医疗防护物资至武汉、黄冈、鄂州、随州等地；2019 年，该公司在规模扩张过程中，恰逢重要客户与公司合作发生中断，一度导致公司运营资金出现困难，于是出现工资缓发的状况；除了欠薪案件以外，运营资金周转困难导致公司缠上了一些其他案件的纠纷，公司账户也早已被其他法院冻结。

被执行人上海金汇通用航空股份有限公司总部及各地分公司被拖欠劳动报酬的部分员工分别向北京、上海等地劳动仲裁机构申请劳动仲裁，已经劳动仲裁调解尚未履行的有百余案件，总标的数百万元。刘某等 12 名员工先后依据生效法律文书向上海市奉贤区人民法院申请执行，该批案件总标的 24 余万元。被执行人上海金汇通用航空股份有限公司向法院出具了一份《延期履行执行通知申请书》，请求法院在这段特殊时期内，看在其肩负保障疫情运输物资的使命上，申请延缓强制执行、延缓采取失信、限高等措施。

执 行

执行法院充分运用善意文明执行理念，通过视频谈话的形式，法官、申请执行人和被执行人三方在线对话，在法官的主持下，12 名申请执行人逐一与被执行人达成和解，并通过"云端"系统在线签署执行和解协议，同时，法院将对协议履行全程"护航"，实现抗击疫情与保障民生两不误。被执行人最终按照执行和解协议，在案件履行期内全部履行，执行法院也第一时间将案款发放给当事人，该批案件得到圆满解决。

本案是善意文明执行的典型案例。针对被执行人配合法院执行工作,但是无有效财产偿还全部债权的情况,法院应综合考量各方意见,采取善意文明执行的做法,采取综合性措施,确保案件执行取得良好的法律效果与社会效果的统一。

点 评

执行是公平正义最后一道防线的最后一个环节,强化善意文明执行理念,在依法保障胜诉当事人合法权益同时,最大限度减少对被执行人权益影响,实现法律效果和社会效果有机统一。

本案被执行人是直接保障疫情防控、在疫情防控前线运输医疗防护物资的关键企业,2019 年,因该公司在规模扩张过程中,恰逢重要客户与公司合作发生中断,一度导致公司运营资金出现困难,于是出现工资缓发的状况;除了欠薪案件以外,运营资金周转困难导致公司缠上了一些其他案件的纠纷,公司账户也早已被其他法院冻结;现在受到新冠肺炎疫情影响,公司尚未复工,生产经营无法正常开展。被执行人向法院出具《延期履行执行通知申请书》,请求法院在这段特殊时期内,看在其肩负保障疫情运输物资的使命上,申请延缓强制执行、延缓采取失信、限高等措施。

执行局贯彻落实上级关于疫情防控的部署和要求,充分强化善意文明执行理念,从保障疫情防控大局和司法为民的角度出发,依法慎用强制执行措施。被执行人最终按照执行和解协议,在案件履行期内全部履行,法院也第一时间将案款发放给当事人,该批案件得到圆满解决。

案例提供单位:上海市奉贤区人民法院

编写人:赵经纬

点评人:张淑芳

97. 中国光大银行股份有限公司上海宝山支行申请执行杨某平等金融借款合同案

——"电子封条"在司法拍卖房产中的运用

案 情

申请执行人中国光大银行股份有限公司上海宝山支行

被执行人杨某平

被执行人杨某燕

申请执行人中国光大银行股份有限公司上海宝山支行与被执行人杨某平、杨某燕金融借款合同纠纷一案,经一审法院主持调解,双方当事人自愿达成如下协议:一、被告杨某平、杨某燕于 2020 年 2 月底前共同归还原告借款本金 2 355 940.64 元,截至 2019 年 12 月 20 日的利息 8 671.02 元,逾期利息 33.72 元(以原告出具的对账单为准);二、被告杨某平、杨某燕于 2020 年 2 月底前共同支付原告自 2019 年 12 月 21 日起至实际支付之日止的逾期利息(按合同约定的逾期利息计算);三、被告杨某平、杨某燕于 2020 年 2 月底前共同支付原告律师费 5 000 元;四、如被告杨某平、杨某燕届时未履行上述调解主文第一、二、三项中任意一期还款义务,原告有权就未到期的全部款项一并向法院申请执行(具体金额以原告出具的对账单为准),并有权以被告杨某平、杨某燕所有的坐落于上海市浦东新区凌河路 354 弄 47 号 601 室的房屋折价,或者拍卖、变卖上述房产所得价款优先受偿,抵押物折价或者拍卖、变卖后,其价款超过债权数额的部分归被告杨某平、杨某燕所有,不足部分由被告杨某平、杨某燕继续清偿。五、本案受理费减半收取为 13 014 元、财产保全费 5 000 元、公告费 300 元,合计 18 314 元(原告已预缴),由被告杨某平、杨某燕共同负担,于 2020 年 2 月底前支付给原告。

因被执行人杨某平、杨某燕未按调解协议履行义务,申请执行人中国光大银行股份有限公司上海宝山支行向执行法院申请强制执行。

执 行

申请执行人中国光大银行股份有限公司上海宝山支行向执行法院申请强制执行,执行法院于 2020 年 4 月 2 日立案执行,于 2020 年 4 月 6 日向被执行人发出执行通知要求被执行人履行义务,被执行人一直未到庭履行义务。其后,执行法官前往涉案房屋张贴拍卖公告等材料时,查明该房屋在法院查封并张贴纸质封条后,纸质封条被人为撕毁。导致案外人将房产对外群租作为职工宿舍。在进行强制清场并对被执行人及案外人依法采取措施后,如何对该房屋实现有效监控,防止被执行人及其亲属再次将房屋出租,为后期拍卖做好准备,成为本案顺利推进的关键因素。

为此,执行法官联系了网络科技公司,该公司基于移动互联网和物联网领域相关信息化技术研发出一种"电子封条"。该"电子封条"能够对被执行人房产实行24 小时不间断的监控和取证,运行时间最长可达 5 年,安装牢固不易脱落损坏。执行法官遂对涉案房屋进行安装"电子封条","电子封条"有效震慑了被执行人及非法占据房屋的案外人,本案再无反复。该房产评估价 345 万元,2020 年 9 月 14日网络司法拍卖成交,成交价为 412 万元,高出评估价 20%。本案顺利执行完毕。

点 评

当前,人民法院在查封房产时主要采用张贴纸质封条的做法,但传统纸质封条在执行实践中的缺点与不足非常明显。

本案中,涉案房屋在法院查封并张贴纸质封条后,纸质封条被人为撕毁。导致案外人将房产对外群租作为职工宿舍。承办法官在进行强制清场并对被执行人及案外人依法采取措施后,对涉案房屋安装了"电子封条"。该"电子封条"能够对被执行人房产实行 24 小时不间断的监控和取证,运行时间最长可达 5 年,安装牢固不易脱落损坏,能够有效震慑被执行人及非法占据房屋的案外人。该房产评估价345 万元,最终司法拍卖成交价为 412 万元,高出评估价 20%。本案顺利执行完毕。

本案法官在上海首次启用"电子封条"。"电子封条"外观醒目,牢固耐用、自防破坏,取证及时。能对任何破坏设备的相关人员及其行为进行同步拍照取证,并上传到执行人员的手机终端。既保证了申请人利益,也提高了被执行人偿付能力,同时将科技赋能、智慧执行落到实处,达到了共赢的局面。

案例提供单位:上海市宝山区人民法院

编写人:曲劲松

点评人:张淑芳

98. 上海快升金融信息服务有限公司诉朱某等案外人执行异议案

——货币"占有即所有"规则适用辨析

案 情

原告(案外人、上诉人)上海快升金融信息服务有限公司

被告(申请执行人、被上诉人)朱某

第三人(被执行人)上海骏合融资担保股份有限公司

第三人(被执行人)上海屹万实业有限公司

前案民事调解书确认:第三人上海屹万实业有限公司(以下简称屹万公司)分期偿还朱某借款本金及截至 2018 年 10 月 10 日的利息合计 3 100 000 元以及此后自 2018 年 10 月 11 日起计算的逾期利息损失;第三人上海骏合融资担保股份有限公司(以下简称骏合公司)对屹万公司的上述债务承担连带清偿责任。

因第三人屹万公司、骏合公司未履行上述生效法律文书确定的义务,被告朱某于 2019 年 1 月 15 日向法院申请强制执行,法院以(2019)沪 0117 执 645 号立案执行。在执行过程中,法院先后通过网络查控申请冻结、扣划骏合公司名下银行账户存款,经银行反馈实际冻结骏合公司包括开立在南京银行股份有限公司(以下简称南京银行)的 ＊＊＊＊＊＊ 0000000760 账户内存款 2 169 477.02 元等 11 个账户内的存款。涉案账号冻结日期为 2019 年 3 月 18 日。原告上海快升金融信息服务有限公司(以下简称上海快升)于 2019 年 4 月 9 日以 ＊＊＊＊＊＊ 0000000760 账户内存款主张所有权而向法院提起执行异议,被驳回后遂提起执行异议之诉,截至庭审当日该账户内的实际冻结的金额因利息收入上浮至 2 172 065.54 元。2019 年 5 月 22 日,法院出具执行裁定书,以除银行存款外无可供执行财产为由,终结了该案的此次执行程序,朱某在执行中目前受偿金额为 495 246.75 元。

南京银行(甲)、上海万达小额贷款有限公司(乙,以下简称万达公司)和第三人骏合公司(丙)于 2018 年 3 月 8 日签订了《个人在线消费贷款项目合作协议》,根据合作协议第二章第十五条约定:"甲乙丙三方合作向客户提供万达信用支付产品的信贷服务,合作开展万达信用支付产品信贷服务的全流程业务。甲方负责提供贷

款资金、根据客户授权进行客户的个人征信查询、贷款审批、发放贷款等管理服务；
乙方为个人客户提供借贷信息撮合居间服务及提供贷款客户资料，乙方为客户与
甲方、丙方在万达信用支付产品服务中产生的信贷关系和担保关系提供信贷撮合、
信息展现和信息交换等服务；丙方自愿对借款合同项下借款人的债权提供保证担
保，向客户收取担保费用，当客户出现逾期归还借款情形时，由丙方向甲方承担担
保责任。"在该合作协议的第七章约定了骏合公司的借款担保责任的履行，确定骏
合公司在借款人发生逾期支付情形下的代偿责任，要求骏合公司开立代偿专用监
管账户，账号为 ******0000000760，用于代偿借款人未清偿款项，每月第 21 日
骏合公司根据银行反馈预先准备代偿金，并在每月的第 28 日根据核查结果向银行
清偿；第八章保证金中约定了骏合公司需提供保证金质押，该章节的第 49 条至 55
条对保证金的金额要求、使用规则、优先受偿权进行了明确的约定，其中要求骏合
公司应当在南京银行开设保证金账户，账号为 ******0000000762，初始保证金
为 10 000 000 元，后续根据贷款余额进行调整，账户内的资金在骏合公司未依约履
行担保代偿责任时授权银行方扣除相应的担保款项，若账户被查封、冻结，那么银
行方就应代偿款项的金额享有优先受偿权。该合作协议的附件部分，附有业务流
程图以及骏合公司代偿后获得债权转让结清证明的表格样本，其中逾期代偿的流
程图显示，每月 21 日早晨 6 点前，向快钱发送截至当月 20 日逾期达到 51 天的客
户试算文件，包括截止逾期至 27 日需代偿的预估应付本金和利息，对账确认后，由
快钱转账代偿资金至担保公司银行代偿账户，每月 27 日晚上，南京银行从担保公
司代偿账户扣款，对于 20 日以后发生的逾期客户还款，不再提交南京银行，资金由
快钱支付归集放入万达公司南京银行共管户内，由南京银行根据文件分别代发至
担保公司户及原告上海快升收入户。

同时期，原告上海快升(乙方)与骏合公司(甲方)签订《债权转让协议》，合同第
一条约定："甲方依据个人在线消费贷款项目合作协议等相关协议替借款人履行担
保责任后而享有对借款人享有本协议附件一《标的债权清单》所列标的债权。甲方
拟将本协议附件一《标的债权清单》所列标的债权转让予乙方。"第三条约定："本协
议签订并生效后，乙方应于每月 25 日前以'债权转让预付款'的名义将资金存入甲
方开立在南京银行的'代偿专用监管账户'内，甲方于每月 28 日收到南京银行反馈
的'应清偿款项'明细文件后确定当期最终代偿金额，甲方立即将最终金额反馈给
乙方后，乙方应于每月 28 日当天补足差额款项。甲方即以此资金为借款人履行担
保代偿责任后，连同担保费用和逾期违约金等一并将债权转让于乙方。甲方'代偿
专用监管账户'信息如下：户名:【上海骏合融资担保股份有限公司】开户行:【南京
银行洪武支行】账号:【******0000000760】。"

2018 年 2 月 11 日，骏合公司在南京银行启用了账号为 ******0000000760

的银行账户,该账户预留银行签章式样中除骏合公司的法人章和财务专用章以外,还有"曲某某"的个人印章,其身份为万达公司的法定代表人,同时也是原告上海快升当时的法定代表人。2018年6月28日至2019年1月2日期间,原告在每月月底以预付款的名义向上述账户汇入金额,最后一笔汇入时间为2018年12月28日,而南京银行通常在汇入款项的次日或者当天进行扣款,扣款后又返还一部分金额,最后一笔扣款的时间为2019年1月2日。截至庭审前,该账户余额显示为2 172 065.54元,其中8 441.54元为广东集成融资担保有限公司(以下简称广东集成)转账、3 110.30元为利息累积收入,剩余2 160 513.70元为原告上海快升汇入款与银行发生交易后的余额。

对于上述账户中与南京银行发生的交易以及广东集成的转账,一审法院前往南京银行进行调查,该行工作人员向法院解释如下:按照银行与骏合公司的合作协议,每月20日银行会将预估的代偿金额告知万达公司,万达公司再通知骏合公司准备好相应的款项汇入代偿账户,在28日银行会根据当天实际应代偿的金额进行扣款,这个金额与预估金额会有差别。在扣款之后,因为有些客户会有逾期后还款,银行就把相应的钱款退还至代偿账户。广东集成的转账是银行方出现了一些小差错,这8 441.54元本就是要退还给骏合公司的,但因为汇错给了广东集成,故银行直接把这笔款项从广东集成的账户划到了骏合公司的账户。

原告上海快升诉称,2018年3月,原告与骏合公司签订《债权转让协议》,并根据约定在南京银行开立专用监管账户专门用于受让骏合公司因业务合作而向第三方代偿的不良债权。在原告存入资金时,原告从骏合公司受让的债权尚未实际发生,该账户内的资金尚未转让为债权转让款,因此该资金实际是担保原告履行向骏合公司支付转让价款义务的出质资金,骏合公司仅对该资金享有担保物权,而非所有权,在资金转化为债权转让价款之前,其所有权归属于原告。即便是预付款的性质,因为该账户资金的特定而不适用金钱"占有即所有"的规则,而应当按照一般动产所有权归属即当事人的合意来判定,原告汇入资金并没有向骏合公司转移占有的意思表示,而只是受让了骏合公司对南京银行的保证义务,相关的资金关系也是发生与原告和南京银行之间,骏合公司对该账户内的存款并不享有所有权。故向法院提出诉讼请求:确认第三人骏合公司名下(账户号为:******0000000760,开户行:南京银行)账户内的资金2 172 065.54元归原告所有,并要求不得执行上述账户内的资金2 172 065.54元。

被告朱某辩称,不同意原告的请求。专用监管账户内注入的资金实际是预付款,也就是债权买卖的对价,原告上海快升取得的是债权而并非享有所有权。

第三人骏合公司、屹万公司未到庭发表意见。

审 判

一审法院经审理后认为,案外人对执行标的提出的排除执行异议,人民法院应当审查下列内容:(1)案外人是否系权利人;(2)该权利的合法性与真实性;(3)该权利能否排除执行。

原告上海快升对第三人骏合公司在南京银行开设的账号为＊＊＊＊＊＊0000000760 的银行账户内 2 172 065.54 元为其所有而主张排除执行。根据《个人在线消费贷款项目合作协议》《债权转让协议》两份协议的内容来看,前者是骏合公司为在线消费的借款人提供担保,其向南京银行代偿逾期的借款本金和利息后取得相应的债权,而后者的协议则是原告与骏合公司之间,原告为骏合公司的代偿提供资金,骏合公司以该资金向银行代偿后取得的债权再转让给原告,因此两份协议对应的是两个债权转让的行为,即银行将债权转让给骏合公司,再由骏合公司转让给原告。就原告向骏合公司账户汇款的金额实际为履行双方的《债权转让协议》而支付的预付款,而该款项经由银行扣划、返还,现存于账户内的余款为原告购买骏合公司债权的预付款结余以及预付款本身所产生的利息收入,因此原告对预付款享有何种权利,该权利是否能排除执行是本案的焦点。

预付款,顾名思义就是合同价款的先行支付,其性质仍然属于债的清偿,其目的是为了解决合同一方周转资金短缺,并不产生任何担保的效力,因此,原告上海快升主张其预付款的支付是一种金钱的出质,法院难以认同。法院认为,预付款作为债的一种提前清偿,对买受人来说,该种交易模式本身存在诸多的交易风险,因为买受人在支付的同时该笔款项的所有权就已经发生了转移,而合同的履行则尚未完成。就本案来说,原告将预付款打入骏合公司账户后,该笔预付款的所有权就已经归骏合公司所有,该款项经银行扣划后的余款也当然归属骏合公司。至于利息部分,双方并无约定,按照交易习惯银行存款的法定孳息所有权通常归属于银行存款的所有人,在本案中即骏合公司所有。原告因提前支付预付款而产生的损失可以通过其他途径要求骏合公司承担合同责任。

综上,原告上海快升对第三人骏合公司在南京银行开设的账号为＊＊＊＊＊＊0000000760 的银行账户内 2 172 065.54 元并不享有所有权,也无法排除执行,故原告的诉讼请求,法院不予支持。据此,一审法院依照《中华人民共和国物权法》第一百一十六条,《中华人民共和国民事诉讼法》第二百二十七条,《最高人民法院关于适用〈中华人民共和国民事诉讼法〉的解释》第二百四十条、第三百零四条、第三百零七条、第三百一十二条第一款第二项的规定,判决驳回原告的诉讼请求。

一审判决后,原告上海快升不服,提出上诉。

二审法院经审理后认为,一审判决认定事实清楚,法律适用正确,判决驳回上诉,维持原判。

点 评

本案为案外人执行异议之诉。案件审理的关键内容为涉案账户资金的性质认定以及是否具有排除执行的效力。

原告主张涉案账户资金为预付款,属于出质性质的担保物权,所有权未发生转移。被告认为该资金为交付性质,所有权已经转移给第三人骏合公司。处理本纠纷的重要法律基础,在于两个债权转让法律关系,第一个是南京银行将债权转让给本案第三人骏合公司,第二个为骏合公司将债权再次转让给原告。涉案账户资金即为原告为履行协议向第三人骏合公司支付的预付款。依据民法原理,预付款是合同价款的先行支付,并非占有关系的变动,也不存在相关货币特定化的可能,其性质仍然属于债的清偿而非担保,原告主张其预付款的支付是金钱出质不能成立。所以,原告将预付款打入第三人骏合公司账户后,该笔预付款的所有权就已经归骏合公司所有,该款项经银行扣划后的余款及其利息亦属骏合公司。因此,原告支付预付款的行为,是依合同约定实施的交付行为,其结果必然导致所有权转移。同时,作为支付预付款而产生的普通债权,原告与被告对第三人的债权处于同一位阶,没有优先受偿权。在第三人骏合公司享有上述款项所有权的情况下,不能产生排除执行的效力。

因此,法院驳回原告的诉讼请求的事实与法律依据清楚,原告因支付预付款而产生的损失可以通过其他途径要求骏合公司承担法律责任。

案例提供单位:上海市松江区人民法院

编写人:徐晓枫　周新宇

点评人:李　峰

99. 中国船舶油污损害理赔事务中心与怀远县永裕油轮有限公司执行异议案

——因海洋环境污染启动船舶油污损害赔偿基金理赔后,第三人在执行程序中申请直接追加为申请执行人是否准许

案 情

申请人(第三人、追加为申请执行人)中国船舶油污损害理赔事务中心

申请执行人上海夕阳环保科技有限公司

被执行人(复议申请人)怀远县永裕油轮有限公司

2012 年 12 月,被执行人怀远县永裕油轮有限公司(以下简称永裕公司)所有的"山宏 12"轮船舶在长江常熟段水域发生沉没溢油事故,大量溢油扩散漂移至上海崇明水域,造成水域、岸线、滩涂等严重污染。事故发生后,申请执行人上海夕阳环保科技有限公司(以下简称夕阳公司)根据上海海上搜救中心崇明分中心指示进行清污,产生各类费用,遂诉至上海海事法院。2016 年 4 月 13 日,上海海事法院作出(2016)沪 72 民初 66 号民事判决,确认永裕公司应向夕阳公司支付清理油污等各项费用人民币 1 301 700 元(以下币种相同)及利息,并承担诉讼费用。因永裕公司未履行生效判决义务,2016 年 9 月 18 日,夕阳公司向上海海事法院申请执行,执行案号为(2016)沪 72 执 441 号。因执行中未发现永裕公司有可供执行的财产,2016 年 11 月该执行案以终结本次执行程序方式结案。

2017 年 1 月 13 日,申请执行人夕阳公司向申请人中国船舶油污损害理赔事务中心(以下简称理赔中心)递交船舶油污损害赔偿基金补偿申请书。同日,夕阳公司出具权利转让/授权委托同意书,同意书中载明,夕阳公司承诺自收到赔偿或补偿之日起,同意在取得赔偿或补偿金额范围内将对第三人请求赔偿的权利转让给理赔中心。2017 年 7 月 6 日,理赔中心出具船舶油污损害赔偿基金理赔决定通知书,其中载明因"山宏 12"轮沉没溢油事故,理赔中心先行赔付夕阳公司在船舶油

污事故中产生的应急处置费用 469 419 元。2018 年 4 月 16 日,理赔中心通过中国工商银行网上银行向夕阳公司支付赔付款 469 419 元。后理赔中心向上海海事法院申请追加其为(2016)沪 72 执 441 号执行案的申请执行人。

申请人理赔中心称,鉴于理赔中心已实际向夕阳公司赔偿人民币 469 419 元且取得了夕阳公司出具的权利转让/授权委托同意书,根据《最高人民法院关于民事执行中变更、追加当事人若干问题的规定》第九条的规定,理赔中心向法院申请追加其为(2016)沪 72 民初 66 号民事判决书执行程序之申请执行人,有权在人民币 469 419 元范围内获得赔偿。

申请执行人夕阳公司称,夕阳公司确认其已从理赔中心处获得补偿款人民币 469 419 元,同意在上述款项范围内追加理赔中心为(2016)沪 72 执 441 号案申请执行人。

被执行人永裕公司称,永裕公司对(2016)沪 72 民初 66 号民事判决书、(2016)沪 72 执 441 号执行裁定书的内容均不知情,所以不同意追加理赔中心为(2016)沪 72 执 441 号案的申请执行人。

审 判

一审法院经审理后认为,本案中认定理赔中心能否被追加为申请执行人的关键要点有两点:一是理赔中心是否已经在赔偿或补偿的范围内合法取得代位求偿权;二是理赔中心虽已持有具权利转让/授权委托同意书,但其能否直接被追加为执行案件的申请执行人。

关于理赔中心是否已经在赔偿或补偿的范围内合法取得代位求偿权问题。从事实上讲,夕阳公司于 2017 年 1 月 13 日出具的权利转让/授权委托同意书中载明,夕阳公司承诺自收到赔偿或补偿之日起,同意在取得赔偿或补偿金额范围内将对第三人请求赔偿的权利转让给理赔中心。从法理上讲,权利转让/授权委托同意书的性质应当是一个附条件生效的承诺书,只要夕阳公司实际收到赔偿或补偿的条件成就,其关于转让向第三人追偿权利的承诺即生效。再者,财政部、交通运输部于 2012 年 5 月 11 日共同颁布实施的《船舶油污损害赔偿基金征收使用管理办法》第二十六条规定:"船舶油污损害赔偿基金管理委员会(以下简称基金管委会)在赔偿或者补偿范围内,可以代位行使接受赔偿或补偿的单位、个人向相关污染损害责任人请求赔偿的权利。"理赔中心作为基金管委会的办事机构,有权代表基金管委会向污染事故责任人进行追偿。上述部门规章虽然法律位阶较低,不能直接作为法律依据和裁决依据,但是可以据此认定理赔中心取得代位求偿权的事实,故该院对理赔中心在赔偿或补偿的范围内取得代位求偿权予以确认。

关于理赔中心能否直接被追加为执行案件中申请执行人的问题。虽然理赔中心可依据前述部门规章取得代位求偿权,但从法理上讲,该权利仅是一种诉讼程序中的索赔权,其权利的实现应当通过诉讼或仲裁的方式实现。但是对此,《最高人民法院关于民事执行中变更、追加当事人若干问题的规定》(以下简称《变更、追加规定》)第九条规定:"申请执行人将生效法律文书确定的债权依法转让给第三人,且书面认可第三人取得该债权,该第三人申请变更、追加其为申请执行人的,人民法院应予支持。"本案中,理赔中心向夕阳公司进行赔偿或补偿,夕阳公司向理赔中心出具权利转让/授权委托同意书,上述行为显然具有行政行为的特征,但更符合司法解释中所称债权转让的标准。在夕阳公司与永裕公司之间已存在生效判决和执行裁定的基础上,理赔中心与永裕公司之间的债权债务关系已在该生效判决和执行裁定中予以明确,理赔中心依法可以通过申请直接追加其为执行案件申请执行人的方式行使代位求偿权,无需另行提起诉讼。

综上,一审法院依照《最高人民法院关于民事执行中变更、追加当事人若干问题的规定》第九条、第二十八条第二款、第三十条之规定,作出执行裁定:一、追加第三人理赔中心为(2016)沪 72 执 441 号案的申请执行人;二、第三人理赔中心在(2016)沪 72 执 441 号案中的债权数额为 469 419 元。

执行异议裁定后,被执行人永裕公司不服,向二审法院申请复议。

复议申请人永裕公司称:(1)根据船舶油污损害赔偿基金的相关规定,理赔中心应赔偿不能从船舶所有人处得到赔偿的那部分损失,逻辑上不能就其赔偿款项向船舶所有人追偿。如果能够追偿,夕阳公司亦可从船舶所有人处获得赔偿,就没有向理赔中心申请赔付的必要了;(2)理赔中心应以诉讼方式取得判决,确认其代位求偿权及金额,然后再申请执行判决,不能直接作为申请执行人参与执行。其赔付是否适当,代位求偿权是否成立需要诉讼予以确认;(3)理赔中心向夕阳公司赔付的行为,不是《变更、追加规定》第九条所说的债权转让,而是基于部门规章的行政行为。理赔中心在赔付过程中有充分的自由裁量权,整个赔付过程及最终结果确定,不是双方意思表示,与债权转让无关。故本案不适用民事执行程序中的《变更、追加规定》。综上,请求撤销一审法院执行裁定,驳回理赔中心追加为申请执行人的申请。

申请执行人夕阳公司称,对理赔中心成为申请执行人不持异议,由法院依法裁决。如确定理赔中心成为申请执行人,希望后续执行仍由夕阳公司优先受偿。

第三人理赔中心称,理赔中心已通过赔付取得了相应部分的债权,可以参照《变更、追加规定》第九条的规定成为本案的申请执行人。一审法院执行裁定认定事实清楚,适用法律正确,请求予以维持,驳回复议申请。

二审法院经审查后认为,本案可以在执行程序中直接追加理赔中心为申请执行人,理由如下:首先,本案中,在永裕公司造成水上油污事故后,夕阳公司根据政府相关部门指令进行油污清理工作所产生的费用支出应由侵权方永裕公司承担。在夕阳公司起诉永裕公司并经生效判决确认后,夕阳公司即依法获得对永裕公司的金钱债权。在夕阳公司申请法院强制执行,永裕公司未按照法律规定履行生效判决确定的义务的情况下,夕阳公司有权将该债权进行转让。其次,国家为保护海洋环境,确保一旦发生水上油污事故,能得到专业公司的及时清理,促进海上运输业健康发展,专门设立船舶油污损害赔偿基金制度。本案中申请执行人夕阳公司在未获永裕公司赔偿的情况下,向理赔中心申请船舶油污损害赔偿基金理赔并出具权利转让同意书,在理赔中心依照国家船舶油污损害赔偿基金使用的相关规定向夕阳公司理赔后,即视为受让了夕阳公司对永裕公司的债权。虽然权利转让同意书载明在夕阳公司取得赔偿或补偿金额范围内将对第三人请求赔偿的权利转让给理赔中心,由于夕阳公司申请基金理赔的时间在其起诉永裕公司之后,该债权已经生效判决确认,因而理赔中心无需再次通过起诉永裕公司的诉讼方式来获取债权,否则即增加理赔中心的讼累,也浪费司法资源。再次,原申请执行人夕阳公司在出让债权后,对将理赔中心申请追加为申请执行人不持任何异议,而且追加理赔中心为申请执行人并不额外增加被执行人永裕公司负担,对该公司在履行生效判决义务方面并无实质影响。最后,理赔中心在对夕阳公司进行理赔后,依照夕阳公司出具的权利转让同意书,在其支付给夕阳公司赔付款的金额范围内受让夕阳公司经生效判决确定的债权,该部分债权为永裕公司应向理赔中心支付的金额。人民法院根据理赔中心的申请在执行程序中直接追加其为申请执行人符合法律规定,也更加便利于保护船舶油污损害赔偿基金各方当事人的合法权益。

综上,复议申请人的复议请求缺乏法律和事实依据,不予支持。二审法院依照《最高人民法院关于民事执行中变更、追加当事人若干问题的规定》第九条、第三十一条第一款之规定,裁定,驳回复议申请,维持原执行裁定。

点 评

本案在执行程序中直接追加理赔中心为申请执行人,符合民事实体法律、民事程序法律的规定,也符合国际惯例,依据明确,理由充分。环境污染涉及社会公共利益,政府相关部门是环境公共利益的代表,负有及时消除污染、防止损害扩大、调查处理等法定职责。本案水上油污事故发生后,夕阳公司根据政府部门指令进行油污清理工作,所产生的费用支出系环境侵权造成的损害后果之一,理应由侵权方永裕公司负责赔偿。夕阳公司就赔偿数额将永裕公司诉至法院,经生效判决确认了债权数额,获得对永裕公司的金钱债权并申请法院强制执行。同时,国家设立船舶油污损害赔偿基金制度,为保护海洋环境,及时清理水上油污,保护专业清污公司的利益,意义重大。基于权利义务一致原则、公平原则等,理赔中心赔偿后,其追偿权应获保障,有关规章规定理赔中心可获得债权转让。本案中,申请执行人夕阳公司在未获永裕公司赔偿的情况下,向理赔中心申请船舶油污损害赔偿基金理赔并出具权利转让同意书,在理赔中心依照国家船舶油污损害赔偿基金使用的相关规定向夕阳公司理赔后,即视为受让了夕阳公司对永裕公司的债权。由于该债权已经生效判决确认,因而理赔中心自然无需再次进行争讼之必要,为避免诉累以及矛盾裁决,依照有关民事执行的司法解释规定,可以直接追加为申请执行人。法院的裁决符合海洋环境保护的实际,也有基本的法律规范依据,可高效平衡地维护各方当事人权益,对相关司法问题的处理具有借鉴作用。

案例提供单位:上海市高级人民法院

编写人:杜治平

点评人:李　峰

图书在版编目(CIP)数据

2021年上海法院案例精选/陈昶主编.—上海：
上海人民出版社,2022
ISBN 978 - 7 - 208 - 17984 - 4

Ⅰ.①2…　Ⅱ.①陈…　Ⅲ.①案例-汇编-上海-
2021　Ⅳ.①D927.510.5

中国版本图书馆 CIP 数据核字(2022)第 188901 号

责任编辑　史尚华
封面设计　甘晓培

2021 年上海法院案例精选
陈　昶 主编
郑天衣 副主编

出　　版	上海人民出版社	
	（201101　上海市闵行区号景路 159 弄 C 座）	
发　　行	上海人民出版社发行中心	
印　　刷	上海商务联西印刷有限公司	
开　　本	720×1000　1/16	
印　　张	30.5	
插　　页	2	
字　　数	563,000	
版　　次	2022 年 11 月第 1 版	
印　　次	2022 年 11 月第 1 次印刷	
ISBN 978 - 7 - 208 - 17984 - 4/D·4023		
定　　价	108.00 元	